한국 우언문학사 1

한국 우언문학사 1

윤주필

한국문화사

한국 우언문학사 1

1판 1쇄 발행 2019년 2월 28일

지 은 이 윤주필
펴 낸 이 김진수
펴 낸 곳 **한국문화사**
등   록 1991년 11월 9일 제2-1276호
주   소 서울특별시 성동구 광나루로 130 서울숲 IT캐슬 1310호
전   화 02-464-7708
팩   스 02-499-0846
이 메 일 hkm7708@hanmail.net
홈페이지 www.hankookmunhwasa.co.kr

책값은 뒤표지에 있습니다.

잘못된 책은 구매처에서 바꾸어 드립니다.
이 책의 내용은 저작권법에 따라 보호받고 있습니다.

ISBN 978-89-6817-738-5 94810
       978-89-6817-737-8 (세트)

이 도서의 국립중앙도서관 출판예정도서목록(CIP)은 서지정보유통지원시스템
홈페이지(http://seoji.nl.go.kr)와 국가자료종합목록시스템(http://www.nl.go.kr/kolisnet)에서
이용하실 수 있습니다. (CIP제어번호: CIP2019006026)

이 저서는 2014년 정부(교육부)의 재원으로 한국연구재단의 지원을 받아
수행된 연구임 (NRF-2014S1A6A4024530).

머리말

　그동안 우언에 관한 연구에 천착해 왔다. 논문도 많이 쌓이고 저서나 편저도 제법 된다. 그런데 이 책을 왜 또 쓰는가? 책 제목으로 보자면 한국문학사에 우언문학을 얹은 모양새인데 과연 그럴 필요가 있을까? 이러한 물음에 진지하게 답하기 위해 '한국 우언문학사 연구의 관점'을 서장에서 여러 절에 걸쳐 밝혔다. 그럼에도 여기에서 저자의 변을 좀더 진솔하게 말하면서 저술 의도가 무엇이었나 새삼 되돌아 본다.

　우언이 문학이라면 작품이 무엇보다 중요하다. 작품을 꼼꼼히 따지면서 우언문학을 이해할 수 있다. 우리는 설총의 <화왕계>를 그러한 대표적인 작품으로 여겨왔다. 또 김춘추를 살려낸 <귀토지설>도 그 비슷한 유형으로 이해한다. 조금 더 확대하면 임춘과 이규보가 똑같이 술이라는 소재와 가전이라는 형식을 가지고 판이한 내용을 창작했던 <국순전>과 <국선생전>도 전범이 될 만하다. 그렇지만 이들을 분석하다 보면 그 속뜻이 한 겹이 아님을 깨닫게 된다. 그러한 깨달음의 계기는 작품의 주변 혹은 이면에서 주어진다. 이는 어찌 보면 당연할지도 모른다. 그게 우언 아닌가! 문학이라는 게 원래 그런 것이겠지만 우언은 유독 그러한 우회적 통로를 애써 매설해 놓았다고나 할까?

　그래서 우언문학은 작가에 관해 더 연구할 필요가 있다. 사람을 알아야 그가 남긴 글을 더 깊게 이해할 수 있다는 일반론을 말하는 게 아니다. '그 사람'이 그 시대 속에 놓인 상황을 알지 못하면 우언 작품의 에둘러 말하는 우회 통로는 묻혀 버리고 말장난 같은 이상한 헛소리만 남는다. <귀토지설>과 <화왕계>의 문면을 추출해 놓는다고 순수한 작품이 되는 게 아니다. 그것은 오히려 의미의 소통을 죽이는 일이다. 그렇게 되면 <귀토지설>은 민담에 가까운 우화처럼 보이고, <화왕계>와는 어디에 소속되기 어려운 기타의 문학 양식이 되어버린다. 그래서 어떤 연구자들은 굳이 우화와 우언을 별개의 문학 양식이나 갈래처럼 이해한다. 이 작품들의 진정한 의미는 그 문면이 놓여 있는 작가론적 맥락 속에 살아 있다.『삼국사기』의 <김유신열전>과 <설총전>이 중요한 이유이다. 하지만 <국순전>과 <국선생전>은 그러한 문맥이 바로 찾아지지 않아 말장난 이상의 속뜻이 무엇인지 모르는 독자를 어리둥절하게 만든다.

설사 우언이 문학이라고 하더라도 그것은 작가와 독자만을 전제하지 않는다. 앞에서 언급한 <귀토지설>과 <화왕계>, <국순전>과 <국선생전>의 차이는 바로 입말과 글말의 소통 방식이 판이하다는 점 때문에 생겨났다. 전자는 담론 상황의 한 요소로 우언 작품이 삽입되는 데 비해서, 후자는 글 창작의 개체성이 작품의 양식이나 특징을 유별나게 만든다. 이처럼 우언은 구비문학으로 소급될 뿐만 아니라 인공적 문학 양식을 새롭게 만들어내는 데 관여한다.

우언은 인간의 상상체계 전반에 관여한다. 인간은 만물을 인식의 대상으로 삼지만 사물 그 자체를 인식하지 못한다. 실재와 인식 사이에는 상상체계가 작용한다. 우리가 인식하는 현실은 상상의 분비물이라고 해도 과언이 아니다. 만약 상상이 제거된 현실이라면 그것은 사람이 끼어들지 못하는 원시자연의 세계이다. 그런데 우언은 그 상상체계의 층위와 인식의 질을 문제 삼는다.

예컨대 신화적 세계관이 흔들리는 고대 말기에 모든 문명권에서 일제히 우언이 발생했다. 상상과 현실의 문턱이 낮았던 고대 문명에서 우언은 그 상상체계의 환상성을 가상으로 대체하면서 고대 문명의 현실적 의미를 드러내고자 했다. 따라서 고대 말기의 우언은 종종 고대 신화를 적절한 소재로 선택하면서 의미를 변형시켰다. 그러한 우언 덕분에 신화의 환상성은 부정되고 신화는 현실의 이면을 탐구하기 위한 가상의 자료로 재활용됐다. 다시 말하면 고대 신화는 중세의 우화로 재해석됐다.

한편 가상의 상상체계는 현실을 위계질서 안에서 재구성하는 중세 문명권에서 번성했다. 중심과 주변, 보편과 특수, 평등과 차별, 전범과 창안 등의 대립항이 공존하면서 세계관, 가치관, 계층, 글쓰기 등의 다양한 방식을 구성해 나갔다. 중세 우언은 그러한 이원론적 공존의 실상과 이면을 가상체계를 통해 구성해 나갔다. 문명권의 공동문어 문학인 한문학, 민족어 문학인 국문문학과 구비문학이 상호 경쟁하면서 보완 관계를 유지했던 것이 그 공존의 산물이다. 그러나 위계질서의 하위에 놓이는 주변, 특수, 차별, 창안 등이 상위의 요소보다 상대적으로 더 중요하게 작용하는 문명 단계가 되자 한문학 자체에 변화뿐만 아니라 국문 문학의 우언이 발생했다. 한문학에서 역사문학과 소설이 등장했고, 한문학의 사부(辭賦) 양식에 못지않게 국문문학의 교술시가 양식에서 우언 글쓰기가 중요해졌다. 중세 전기에서 중세 후기로의 전환이다.

그러나 가상의 상상체계는 중세적 위계질서의 모순이 심화되면 제대로 작동하기 어렵다. 신분제가 흔들리고 경제력에 기반한 계급이 대두되는 상황에서 중세적 통치술은 퇴색할 수밖에 없다. 이러한 해체기적 상황에서 우언은 기껏 모순을 폭로하는 세태 묘사나 풍자에 만족하지 않고 대안 모색의 상상력을 발휘한다. 그것은 근대로의 이행기에서 추구한 이상의 상상체계라고 일컬을 만하다. 중세에서는 의(義)와 이(利)의 대립상을 원리와 실제의 수직적 관계로 공존시켰다면, 이 시기에는 이용(利用), 후생(厚生), 광덕(廣德)의 지향을 통해서 현실과 이상을 통합하고자 했다.

그러나 다시 생각해 보면 우언은 문학에 국한되지 않는다. 수수께끼, 점괘, 풍수지리, 불교, 도교, 도상(圖像), 판놀이(board game), 심성도설(心性圖說) 등의 영역은 물론이고 석가산(石假山) 같은 인공 정원, 와유(臥遊)나 가어옹(假漁翁)의 산수 애호 등의 문화 현상도 우언적 사유에 기반하고 있다. 더구나 계급사회에 기반한 근대 이후는 더 이상 상상체계에 기대어 현실을 인식하지 않는다. 모든 존재가 물신화하는 현실에서 '돈'은 그것들의 가치를 매개할 뿐만 아니라 그 관계를 조정함으로써 물신의 우두머리, 즉

빅브라더가 된다. 근대적 유토피아의 이상에도 불구하고 돈이야말로 디스토피아의 핵심이라고 할 때 우언적 사유가 여기에도 작동하고 있음을 알 수 있다. 근대 문명의 시대가 도래하자 우언은 퇴장하고 알레고리가 등장한 것은 아니다.

어쨌거나 우언은 작품론과 작가론을 넘어서 문명사의 단계에 입각하여 문학사로 기술할 이유가 충분하다는 말이다. 한문학을 학문의 출발점으로 삼았던 경험에 비추어 보면, 그것은 온통 본과 보기의 관계를 전제로 한 글쓰기이다. 독해를 할 때 자구마다 전고를 염두에 두지 않으면 낭패하기 일쑤이다. 글자만 가지고 씨름하면 옆길로 미끄러진다. 흔히들 '요순시절', '요순지치'를 말하지만 진짜 요임금 순임금의 시대를 말하는 것은 아니다. 그것은 하나의 비유이다. 누가 요순 임금을 겪어보았겠는가. 단지 요순이라는 전범에 빗대어서 특정한 시대의 정치를 사례로 들어 평가하는 언어 구사이다. 그러한 한문학의 특징을 이해하는 방법론으로 문학사 기술이 요긴하고, 우언은 한문학 이전과 이후까지 이어지는 사유 방식이므로 더욱 문학사의 종합적 관점에서 기술하고자 했다.

이제 감사의 말씀을 전해야겠다. 우선 이 저서에서 인용한 수많은 논저가 있다. 책 장절 아래의 각 항에 연구물의 출처와 저자를 밝혀 적었고, 도움 받은 부분을 간략히 부기했다. 일일이 인사드리지 못하지만 논지 전개에 길잡이가 됐음에 감사드린다. 그 가운데 조동일의 『한국문학통사』는 본 저서의 가장 큰 길잡이였음을 밝히며 감사드린다. 설파(雪坡) 조동일 선생의 문하에서 배웠고, 또 『한국문학통사』 제1판~4판(지식산업사, 1982~2005)에 이르기까지 누구보다 가깝게 읽고 강단의 교재로 사용했다. 또 단국대 대학원 <문학사비평연구> 강의에서 조동일, 『문학사는 어디로』(지식산업사, 2015)와 함께 이 저서의 완성 원고를 교재로 삼아 번갈아 읽고, 석박사반 수강생 이혜란, 유진희, 김도언이 제시한 교정 사항과 의견을 나름대로 수용했다. 차제에 고마운 마음을 전한다.

이 저서는 2014년 한국연구재단의 저술지원을 받아 수행된 연구이다. 3

년간 정액 지원을 받으면서 좋은 여건하에 초고를 마련할 수 있었다. 또 한국문화사에서 출판하는 내력도 특이하여 즐거운 추억을 여기에 밝힌다. 출판사의 조정흠 차장은 동 재단의 저술지원을 받고 있다는 사실을 알고 여러 차례 학교 연구실로 방문하여 원고를 맡겨달라고 청했다. 채 완성하지도 못한 상황인지라 확답을 주지 못했는데도 기회가 될 때마다 방문하는 성의를 보여주었다. 출판 계약서를 쓰고 나니 조 차장은 "영업하는 맛이 이런 거지요!"라며 웃었다. 이후 편집부의 유인경 님은 꼼꼼하게 교정과 윤문 과정을 담당해 주었다. 색인 작성도 권하여서 따랐다. 김솔희 님은 몇 차례 표지디자인를 제작하면서 저자의 의견을 수용해 주었다. 모두의 수고에 감사드린다.

이 책은 한국우언문학사의 첫 권이다. 고대에서 중세후기(조선 전기)까지 다루었다. 애초에는 통사를 기획했지만 중간 결과물로 내놓는다. 이만해도 책 한 권 분량이 훌쩍 넘으니 우선 세상에 선을 보여 스스로 다잡는 계기로 삼는다. 중세에서 근대로의 이행기에 해당되는 조선후기, 1919년 이전까지의 애국계몽기와 일제 초기의 얼개를 세우고 자료를 배치해 보았지만 집필을 완성하기까지 또 몇 년이 걸릴지 장담하기 어렵다. 대학 정년을 세 해 앞두고 힘닿는 대로 노력할 것을 기약할 뿐이다. 한국 문학을 사랑하는 대방가의 관심과 질정을 바라 마지 않는다.

2019년 2월 7일 기해년 설명절 연휴를 마치고
윤주필 쓴다

차례

■ 머리말_v

1장 한국 우언문학사 연구의 관점

1.1. 한국 우언문학사의 개념 ··· 3
1.2. 한국 우언문학사의 범위 ··· 9
1.3. 한국 우언문학사의 기술 방식 ·· 13
1.4. 한국 우언문학사의 시대 구분 ·· 18

2장 고대 우언문학사

2.1. 한국 우언문학의 시원 ··· 25
2.2. 창조신화에 끼어든 우언적 사유 ····································· 27
2.3. 건국신화에 끼어든 우언적 사유 ····································· 31
2.4. 고대에서 중세 이행기의 우언적 사유 ···························· 38

3장 중세전기 제1기 우언문학사 - 삼국시대와 남북국시대 -

3.1. 삼국시대의 우언 ·· 49
   3.1.1. 삼국 초기 음악에 반영된 우언적 사유 ················· 49
   3.1.2. <온달>과 <서동> 이야기 ······································ 51
3.2. 삼국 통일의 진통과 우언의 역할 ··································· 56
   3.2.1. 삼국 통일과 관련된 예언과 도참 ·························· 56
   3.2.2. <귀토지설>과 <화왕계> ·· 64
   3.2.3. 신라 불국토의 도상학적 우의 ······························· 71
3.3. 통일신라 시대의 우언 ··· 76
   3.3.1. 흥성과 쇠망을 우의하는 노래와 일화 ··················· 76

3.3.2. 최치원의 우언시와 정치외교 문서의 우언적 표현 ·················· 89
3.3.3. 남북국 시대 발해국의 상황 ··· 99

4장 중세전기 제2기 우언문학사 – 고려 전기 –

4.1. 고려의 통일을 뒷받침하는 우언적 사유 ·· 107
   4.1.1. 후삼국 시대와 통일 정국의 상황 ·· 107
   4.1.2. 태조의 <훈요십조>에 나타난 정치적 우의 ························· 110
4.2. 고려의 정치적 안정과 개혁을 위한 우언 ······································ 114
   4.2.1. 정치적 우언 시문의 창작과 소통 ·· 114
   4.2.2. 응제시와 상화시(賞花詩)의 우의 ··· 118
   4.2.3. 유학적 문신관료의 정치윤리와 자부심 ······························· 122
4.3. 『삼국사기』의 역사 글쓰기와 『수이전』의 문학 글쓰기 ················ 131
   4.3.1. 『삼국사기』의 역사관과 사론의 우의 ································· 131
   4.3.2. 『삼국사기』 열전의 삽입 우언 ··· 136
   4.3.3. 『수이전』과 『삼국사기』의 거리 ·· 145

5장 중세후기 제1기 우언문학사 – 고려 후기 –

5.1. 무신집권기의 우언문학 ··· 161
   5.1.1. 무신집권기와 문인층의 전반적 상황 ·································· 161
   5.1.2. 이인로와 임춘의 우언적 성취와 한계 ································· 164
   5.1.3. 우언 글쓰기의 거장 이규보 ·· 170
   5.1.4. 무신집권기 문신들의 다양한 우언 글쓰기 ························· 188
5.2. 우언의 양식화 ·· 205
   5.2.1. 전기우언(傳記寓言) 양식의 발생과 추이 ···························· 205
   5.2.2. 임춘과 이규보의 선례 ··· 207
   5.2.3. 무의자 혜심과 식영암 연감의 개척 ···································· 212
   5.2.4. 최해, 이곡, 이첨의 변화 모색 ··· 217
5.3. 역사문학의 우의 ··· 222
   5.3.1. 이규보의 역사 재인식과 역사문학 ······································ 222
   5.3.2. 일연의 감통 의식과 이류중행(異類中行) 사상 ··················· 227
   5.3.3. 이승휴의 『제왕운기』와 영사시 ··· 234

5.4. 문학론에서의 우언적 사유 ·· 242
   5.4.1. 이인로의 『파한집』과 탁물우의(托物寓意) ································ 242
   5.4.2. 이규보의 우언적 문학론 ··· 245
   5.4.3. 최자의 『보한집』과 비흥풍유(比興諷諭) ································ 250
   5.4.4. 고려말 신흥사대부의 우언적 문학론 ································ 256
5.5. 선종의 파격적 사유와 우언 글쓰기 ······································· 262
   5.5.1. 지눌과 혜심의 세대 ··· 262
   5.5.2. 충지와 보우와 혜근의 한문가요 ································ 274
   5.5.3. 식영암 연감의 우언 실험 ··· 282
5.6. 사대부의 출현과 시대 전환의 우언 글쓰기 ································ 285
   5.6.1. 이제현의 세대 ··· 285
   5.6.2. 이곡과 이색의 우언 개척 ··· 296
   5.6.3. 고려말 신흥사대부의 전환기적 모색과 우언적 주제 ···················· 305

6장 중세후기 제2기 우언문학사 - 조선 전기 -

6.1. 조선초 전환기 사대부 지식인의 우언 글쓰기 ···························· 319
   6.1.1. 사대부 문학의 전반적 상황과 우언 글쓰기의 양상 ················ 319
   6.1.2. 정도전과 권근의 세대 ··· 322
   6.1.3. 길재에서 유방선까지 ··· 333
6.2. 관인 문학의 우언 - 경륜의 철학과 정치생활의 교훈 ················ 340
   6.2.1. 서거정과 강희맹의 세대 ··· 340
   6.2.2. 성간과 성현 형제의 성취 ··· 347
   6.2.3. 채수에서 김안로까지의 우언 글쓰기 ································ 354
6.3. 사림파 문학의 우언 - 자기 성찰의 방편과 당파 정치의 파란 ············ 362
   6.3.1. 김종직과 그의 제자들 ··· 362
   6.3.2. 김안국에서 강유선까지의 정치적 소용돌이 ································ 368
   6.3.3. 성리학과 우언 글쓰기 ··· 386
   6.3.4. 사림파의 약진과 분열 ··· 401
6.4. 방외인 문학의 우언 - 반발과 모색의 자취 ································ 410
   6.4.1. 김시습의 선구적 작업 ··· 410
   6.4.2. 남효온과 잠령칠현의 방외인 집단 ································ 417

6.4.3. 방외인문학의 확대와 임제의 기여 ·· 424
6.5. 민족어 교술시의 우언적 수법 ··· 437
　6.5.1. 악장·경기체가의 우언적 수사 ·· 437
　6.5.2. 유배가사와 기행가사의 우언적 수법 ··· 444
　6.5.3. 정철 가사의 성취 ··· 452
6.6. 우언 양식의 발달 ··· 459
　6.6.1. 전기우언의 지속과 확대 ·· 459
　6.6.2. 가상 주체로 꾸미는 쟁변 우언 ·· 466
　6.6.3. 몽유기의 출현과 전개 ·· 474
　6.6.4. 심성우언의 출현과 전개 ·· 479
6.7. 잡록집의 분화와 우언 모음집의 출현 ··· 487
　6.7.1. 잡록집에 수습된 우언 ·· 487
　6.7.2. 강희맹의 『훈자오설』의 실험 ·· 501
　6.7.3. 성현의 『부휴자담론』의 성취 ·· 507
6.8. 역학서에 수록된 우언 ·· 522
　6.8.1. 『훈세평화』의 선례 ··· 522
　6.8.2. 『경국대전』에 기록된 역학서와 우언 작품 ································· 524
　6.8.3. 역학서 <오륜전비기>와 번안소설 <오륜전전> ······················· 529
6.9. 초기 소설의 우언 글쓰기 ··· 533
　6.9.1. 초기 소설의 개념과 우언적 특징 ·· 533
　6.9.2. 『금오신화』의 성취와 『기재기이』의 도전 ··································· 540
　6.9.3. 우언문학사를 통해 본 16세기 소설사 ······································ 554
　6.9.4. 우언계 소설의 정착과 성취 ··· 558
6.10. 우언 비평의 여러 양상 ·· 563
　6.10.1. 관각문학의 우의론 ·· 563
　6.10.2. 사림파문학의 탁물우의론 ··· 569
　6.10.3. 도가 한문고전의 해석과 우언론 ··· 573
　6.10.4. 소설의 우언론 ··· 577

■ 찾아보기_ 582

차례 | xiii

1장

한국 우언문학사
연구의 관점

1.1. 한국 우언문학사의 개념

한국 우언문학사는 우언문학을 한국문학사의 관점에서 고찰하기 위한 것이다. 그것은 한국문학사의 한 부분이 되겠지만 우언을 중심에 놓음으로써 문학사 기술의 영역을 확대하고 문학 현상을 더 깊게 이해하고자 하는 연구 목적을 지닌다. 그러나 우언이 그처럼 문학사를 관통할 수 있는 근거는 무엇인가? 우언은 역사적 갈래로 보자면 우화와 혼동되기도 하지만 이론적 갈래로 보자면 거의 모든 문학 시대에 존재했던 큰 갈래이다. 설득의 수사법으로서 우언은 궁극적으로 교술에 귀속되겠지만, 그 구현 방식에 있어서는 타 갈래와 혼합하는 가탁성을 주요 특징으로 삼는다. 말하자면 문학 갈래를 좌표 개념으로 이해하자면 우언은 서사, 서정, 희곡 갈래를 활용하면서 교술적 주제를 담아내는 중간 갈래를 대표하고 있다. 그래서 우언은 기존의 관습적 문학 형식을 차용하거나 변형시키는 주변성을 띠기도 하고, 때로는 문학사에서 특정 양식을 탄생시키기도 한다. 우언문학사는 갈래, 양식, 수사법, 주제 등의 여러 국면에 얽혀있는 문학사의 복잡한 국면을 효과적으로 고찰할 기회를 제공할 수 있다.

한국 우언문학사의 주체는 한국문학사의 주체와 크게 다르지 않다. 우언이 발생하는 첫 시기에서부터 근대문학이 이루어진 시기까지의 한국 민족문학사의 담당층이 모두 관련된다. 다만 한국 우언문학은 작가가 알려진 것도 있고 그렇지 않은 것도 있다. 작품에는 구비문학에 속하는 민간 우언과 특정한 작가가 문자로 만든 창작우언이 있다. 또 기존의 것을 모방, 변형한 것도 있고, 구비문학에서 한문문학으로 넘어오거나 한문문학과 국문문학이 번역 혹은 번안 관계에 놓인 것들도 있다. 따라서 한국 우언문학의 담당층은 구비문학, 한문문학, 국문문학의 집단 계층과 한문, 국문을 사용한 개별 작가 혹은 특정 계층이 모두 포함된다.

한국 우언문학사의 대상은 우언이다. 우언은 기존 갈래에 기대어 교술적 주제를 가탁하는 큰 갈래로서 존재했기 때문에 통사적 기술이 가능이다. 여기서 '우언'이라 함은 특정한 시대에 성행했던 양식 혹은 역사적 갈래에 한정되지 않고 그를 가능하게 했던 원리로서의 담론방식을 총칭하는 개념이다. 동아시아에서 애초 '우언(寓言)'이라는 개념은 『장자(莊子)』에서 비롯되었다. 제자백가(諸子百家)라고 지칭되던 고대말기의 사상가들이 자신들의 철학적, 정치적 견해를 효과적으로 펴나가기 위해 우언을 애용했다. 이는 플라톤의 『공화국(Politeia)』, 초기 팔리어 경전 『자타가(Jataka)』, 고대 유대인의 『구약』과 예수의 『신약』 등에도 우언을 중요한 담론 전략으로 활용했던 것과 비슷하다. 그들의 이름을 비유담(Parable), 우의담(Allegory)이라고 다르게 부른다고 해서 문학사 현상이 크게 달랐던 것은 아니다. 그리스에서 이솝(Aesop)이라는 사람에 의해 짤막한 설화형 우언이 창작되어 우화(Fable)라고 불린 것도 모두 고대 말기의 현상으로서 세계문학사에서 동일한 역사적 배경을 지니고 있다.

그런데 『장자』에서 '우언(寓言)'은 '중언(重言)'과 '치언(巵言)'이라는 용어와 함께 언급되고 있어 주목된다. 우언을 다른 담론 방식과 함께 거론하면서 막연하나마 개념 정립의 시원을 열었다. 이들 '삼언(三言)'은 다른 무엇보다도 『장자』라는 저작의 말하기 방식을 스스로 세 가지로 분류하여 특징화한 것으로 이해된다. 물론 동아시아의 후대 저술가들에 의해 이들이 재해석됨으로써 좀 더 분명한 개념으로 정비되어 나갔다. 따라서 본 저술에서도 '삼언'에 기대어 새로운 해석의 가능성을 찾을 수 있다. 우언은 허구적 인물에 의한 담론, 중언은 역사적 인물에 근거한 가상적 담론, 치언은 일상적 체험을 통해 그 이면의 뜻을 찾아가는 담론을 지칭한다고 해석해 보자. 그렇다면 우언은 이계적 존재, 의인화된 존재 등이 등장하여 인간의 문제를 뒤집어 보고, 중언은 역사적 권위를 지닌 고인을 불러내어 당대의 사적을 말하게 함으로써 현실의 문제를 가탁하며, 치언은 현실적 체험 안에 숨어있는 의미를 도출해 낼 수 있다. 『장자』 전편의 담론은 그 셋의 여러 가지 조합으로 이루어지며, 삼언을 종합하는 담론 방식을 무엇이라 지칭하여 말하지는 않았다. 다만 우언이 열에 아홉이고, 중언이 열에 일곱이며, 치언은 늘 하는 말이라 했다. 여기서 삼언은 셋이나 둘이 겹쳐서 구사되는 담론 형태일 수밖에 없는데, 삼언의 결합 방식을 [허구+가상+우의], [허구+우의], [가상+우의] 등으로 상정할 수 있다. 반면에 어떠한 경우이든 우의를 곁들이지 않고 허구나 가상을 구사하는 담론은 『장자』의 글쓰기가 아니다. 또 일상에서 발견하는 반어나 역설은 우의만 단독으로 구사되는 것이며 치언에 가깝다. 이같이 삼언을 각기 단독으로 구사하거나 여러 방식으로 조합하는 담론 방식을 총칭하자면 그 또한 우언이라고 하는 것이 가장 타당할 듯하다. 이들은 다른 문명권의 우언 개념과 대비될 수 있다.

동아시아에서 고사성어의 배경이 되는 우화 양식을 '우언'이라 하거나 이솝(Aesop)이 지었다고 하는 짤막한 이야기와 경구를 '페이블'이라 칭하는 것은 가장 좁은 범위의 우언이다. 앞에서 말했던 여러 문명권의 고대 말기 주요 사상가들은 자신들이 생각하는 진실을 에둘러 말하기 위해 비유담을 애용했다. 한국 고전 우언문학사에 지대한 영향을 끼쳤던 『장자』와 같은 저술은 그 자체로 우언 글쓰기의 결과물이며 철학우언집이라 말할 수 있을 정도이다. 따라서 한국 우언문학이 한문문명권에 속했기 때문에 '우언'이라는 용어를 쓰는 것이 현실적으로 가장 적절하다.

우언은 서구의 '알레고리'와 동일한 개념이다. 서구에서는 알레고리, 패러블, 페이블을 구분하기도 하지만 그것을 통괄하는 개념은 알레고리가 맡고 있다. 패러블은 특정한 이야기나 대화에 끼어드는 삽입 비유담의 양식이며, 페이블은 설화적 성격을 띤 단편적인 비유 격언의 양식이다. 이에 비해서 알레고리는 양식에 그치지 않고 알레고리적 수사법이나 담론 방식을 포괄하며 로망스 혹은 픽션이라는 역사적 양식의 유형을 구분하기 위한 기본 개념이다. 그것은 동아시아에서 설화적 속성을 지닌 우화, 일정한 창작 의도를 지닌 역사서 혹은 철학 담론에 삽입된 비유담, 문학사에서 특정한 문학 양식으로 변형을 거듭했던 전기(傳奇) 혹은 우언계 소설과 다르지 않다.

우언은 기본적으로 담론자의 이념을 주장하는 주제적 갈래이면서도 에둘러 말하는 방식으로 인해 다른 갈래와의 혼성적 특징을 띠게 된다. 우언은 교술이라는 큰 갈래에 속하지만 서사, 서정, 희곡 등의 큰 갈래의 하위 양식에 침투하여 실질적으로는 중간 갈래의 좌표에서 움직여 나갔다. 순수한 교술은 근대문학의 실용문에서나 실현될 뿐이며, 고전문학의 교술문학에서는 다른 갈래와의 혼종 양상이 두드러져서 수많은 시문체 형식의 변형과 분화를 촉진시켰다. 우언은 어떠한 특정 시문체가 아니며 오히려 새로운 양식을 개척해 나갔고, 그 와중에 기존의 문체에 어정쩡하게 끼어 있으면서 양식화되지 못한 경우도 많다. 따라서 우언은 교술문학의 혼종 양상 그 자체이며, 글쓰기 방식이자 수사 전략이라고 보아야만 포괄적인 문학사적 전망을 펴 나갈 수 있다.

한편 우화 양식을 설화에서 비롯된 서사 갈래에 소속시키고 우화와 우언은 근본적으로 다른 갈래라고 하면서 그 차별성을 크게 부각하는 것은 오히려 문학사의 실상을 왜곡시킨다. 우언이라는 상위 개념 아래에 우화가 포섭되는 양상을 문학사적 현상으로서 요긴하게 포착할 필요가 있다. 우언은 전래 설화, 체험담, 주변 사물 혹은 사유 방식 그 자체를 대상으로 삼고 기존의 형식과 문체를 활용해서 새로운 양식을 만들어내기 일쑤이다. 그러한 반의모방(反意模倣)을 통해서 기존 통념의 이면적 의미를 부여하는 말하기, 글쓰기, 예술매체로 표현하기 등등을 시도하는 것이 우언이다. 우언의 사유 방식과 표현 영역은 문학 이외에도 도상과 조형, 표제음악과 서사극, 애니메이션과 전자다매체까지 확장될 수 있다. 따라서 가장 넓은 범위의 '우언' 문학은 에둘러 말하는 방식이 문학적 형식과 관습으로 정착된 특정 양식은 물론이고, 상징적 비유체계로 형상화된 문화적 담론까지를 포괄한다. 그 비유체계는 결국 우언적 사고와 표현으로서, 그 특정 양식은 우언문학의 하위 유형과 작품군으로서 범주화하여 고찰할 수 있다.

한국 우언문학사의 시대적 배경은 고대로부터 근대까지의 한국 역사와 문화이다. 우언은 고대 말기에 여러 문명권에서 일제히 생겨나서 근대이행기에 이르기까지 큰 구실을 하다가 근대 문학에 이르러 쇠퇴했다. 고대 우언은 문명권의 중심부에서 성행하여 중세 우언문학의 기준을 제시하고 중세 우언의 모방 대상이 되는 지위를 누렸다. 중세 우언문학은 문명권의 주변 민족들이 고대 우언을 받아들이면서 크게 확산됐지만, 중세 후기에 주변 민족의 민족어가 함께 발달하면서 새로운 활로를 찾을 수 있었다. 그러한 모색은 지속적으로 이어져 근대 이행기에는 우언이 문학사에서 큰 구실을 했다.

한국 우언문학의 시작도 고대 말기에 시작됐다. 우언적 사유는 고대 사회의 균열과 신화적 세계관에 대한 반성에서 생겨났다고 할 때 한국 문학에서도 그 자취를 찾을 수 있다. 특히 구비문학의 전승에서 구체적 자료가 마련되고, 중세 문헌에 끼어든 변형의 자취까지 자료에 포함시킬 수 있다. 중세 시기에는 문명권 공동문어와 민족어 문학에서 본격적 우언문학이 전개됐다. 중세 전기에는 말과 글의 우언문학이 교체되는 현상이 나타나며, 중세후기에는 문필 작가에 의해 우언문학의 양식이 개척됐다. 또한 중세후기에는 한문 영역을 넘어서 국문 우언이 교술 산문과 교술시에서 나타났다. 근대 이행기에는 우언이 구비 서사시나 소설에까지 침투했으며, 서구의 알레고리 문학이 알려지면서 신·구 우언의 충돌과 습합이 이루어졌다. 재래의 우언 수법을 활용한 작품들을 신문이나 잡지에 실어서 새로운 유통 방식을 꾀하였다. 근대문학에서도 우언이 존재하지만 서구의 알레고리 수법을 활용한 작품이 많아졌다.

첸푸칭 지음, 윤주필 옮김, 『세계의 우언과 알레고리』(지식산업사, 2010)에서는 한국 우언문학사의 개념을 세계 3대 우언체계 가운데 '중국-동아시아 우언체계'에서 다루었다. 우언의 개념을 『장자』의 삼언(三言) 해석과 관련지어 논의한 것은 윤주필, 「우언의 전통과 조선 전기 몽유기」, 『민족문화』 16(한국고전번역원, 1993) 28~33면; 「한문 문명권의 우언론 비교 연구」, 『동아시아 우언론과 한국의 우언문학』(집문당, 2004) 14~31면 참조. 한국의 근대국가 수립 이후의 우언도 한국 우언문학사의 당대 문학으로서 함께 살피는 것은 바람직한 일이다. 또한 북한의 현대문학에도 적지 않은 우언 작품이 있을

것으로 예상된다. 그러나 연구의 능력이 부족하고 비평적 관점을 마련하는 것도 쉽지 않다. 이 부분에 대한 연구는 오늘날 전자매체에서의 우언 양상까지 고찰할 수 있는 문명사적 안목을 갖춘 연구가 필요하다. 그것은 우언문학사를 통한 우리문학사의 미래를 전망하는 작업이기도 할 것이다.

1.2. 한국 우언문학사의 범위

우언은 문학사에서 혼합 갈래의 양식으로 다양하게 발전했다. 따라서 우언문학사를 기술하기 위해서는 문학사에서 우언 글쓰기가 양식의 주요 원리로 작용했던 실상을 파악하고 그 대표적인 양식과 범위를 정하는 작업이 선행되어야 한다. 우언 글쓰기는 (1) 자연물을 모방하거나 선행 텍스트를 반의모방하여 제재로 삼고, (2) 모방 대상을 통해 궁극적으로 다른 계통의 대상을 지시하되, (3) 모방 대상을 가장하면서 별도의 지시 대상을 위장시켜 놓으며, (4) 이러한 과정은 텍스트에서 전면적으로 이루어지면서 몇 층위의 이면적 의미를 생성한다. 이는 우언 글쓰기로 이루어지는 작품의 구현 원리이다. 요약하자면 우언의 (1) 모방의 원리, (2) 대비의 원리, (3) 가상의 원리, (4) 층위의 원리라 할 수 있다. 따라서 우언의 범위는 이와 같은 원리가 구현되는 양식 내지 해당 작품들이라 정의할 수 있다.

한편 실제 우언문학 작품은 양식, 유통방식, 주제, 미의식, 시기 등의 여러 기준을 적용하여 분류할 수 있다. 양식은 작품의 형식과 문학적 관습을 반영한 내적 특징을 드러내므로 그에 속하는 작품을 우선적으로 선택할 필요가 있다. 우언 양식으로는 잡설, 우화, 소화, 야담, 전기우언, 몽유록, 가전체, 의인 쟁변담, 토의체 우언, 우언 가사, 우언 소설 등의 여러 종류가 있다. 그러나 특별히 양식화되지 않고 기존의 문체에 끼어들어가 있는 우언 작품도 많다. 한시(漢詩)의 여러 시체(詩體), 교술산문의 형식을 빌린 의체(擬體), 사부(辭賦), 이야기 형식의 담론우언, 학습용 고문서 사례집, 국문 우언집, 재담식의 단편소설집, 개화기의 신문 잡지, 서구 번역물 등에서 우언 작품의 범위로 넣어야 할 것이 많다.

우언 양식을 작품 선정의 기준으로 삼을 때 기존 형식의 모방 여부와 새로운 양식으로의 변환 정도를 판단하는 것도 요긴하다. (1) 단형 우언: 양식화되지 않은 짧은 길이의 서사적 우언 작품들이다. 흔히 교훈성이 짙은 일화나 우화가 여기에 해당된다. 잡록집 저술에 수록되기도 하고 의외로 정식 역사서에 끼어들기도 한다. (2) 형식 차용의 우언: 기존의 문체와 그 형식을 빌려와서 우언적 글쓰기를 시도한 작품들이다. 한시문의 여러 시체와 교술적 문체가 여기에 해당된다. 고시(古詩), 악부시(樂府詩), 사부(辭賦), 설(說)과 잡설(雜說), 전(傳), 기(記), 문대(問對), 잠명(箴銘) 등의 정식 문체들이 애용된다. 또 애초 풍유(諷喩)의 의도성을 지닌 한문고전의 명작들에 차운한 시문 형식이나 반의모방작, 기존의 산문 형식으로 처리하기 곤란한 잡저(雜著) 등도 여기에 해당된다고 볼 수 있다. (3) 양식 생성의 우언: 기존 형식을 활용하여 독자적 양식으로 생성시킨 우언이다. 이들은 특정한 기존의 문체와 형식인 양 가장하되 점차 새로운 문학적 지향을 창출해서 문학사에 특정한 양식을 정착시킨 사례이다. 역사적 귀감이 될 만한 역사적 인물의 일생을 평가하기 위한 전(傳)으로부터 사물의 일생을 가탁한 가전(假傳), 비역사적 개인의 이면사를 그린 전기(傳奇), 작가의 상황을 사물이나 꿈에 가탁한 전기우언(傳記寓言), 역사 사건을 가탁한 몽유록(夢遊錄), 역사의 원리를 동식물이나 문장과 기호의 나라에 가탁한 가상왕국의 우언소설, 근대 이행기의 사회적 동향과 이면을 가탁한 동물 우화소설과 일부 판소리계 우언소설 등이 여기에 해당된다.

또 한국 우언문학사에서 다루는 작품의 범위는 구비, 한문, 국문 문학을 망라한다. 동아시아 문학에서 우언을 한문학의 영역으로 한정시키는 것은 부당하다. 비록 한문학 작품이 월등 많다고 하더라도 그러한 제한적 이해는 우언을 협소하게 만든다. 중국의 선진(先秦) 우언이 동아시아 우언문학사의 출발점으로서 중요하기는 하지만, 그것에 한정된다면 단형 우언만을 우언으로 인정하는 편견을 낳는다. 문학사에 작용하는 언어 매체, 문학담당층, 시대적 특징을 두루 고려할 때 균형감 있는 문학사 기술이 가능해진다.

한국 우언문학사의 시작은 한문문명권의 중심부인 중국과는 달리 구비문학에서 비롯되었다. 중국으로부터 불교와 한문 고전이 수입되는 중세에는 구비문학과 한문문학의 병립과 교체에 따라 독립된 우언 작품이 산출되었고, 특정한 우언 문체를 통해서 우언 글쓰기의 독립된 문학 양식이 개발되고 유행되기도 했다. 그러나 중세후기에는 국문문학이 가세하여 한문 및 구비우언과 밀접한 관련을 가지면서 발달해 나갔다. 예를 들면 한시 우언에는 국문이나 구비적 요소가 끼어들어간 한문가요 혹은 악부시가 포함되고, 국문 속요나 민족어 교술시인 악장·경기체가와 가사에서도 우언적 글쓰기를 발견할 수 있다. 한편 근대 이행기에는 여성문학이나 번역문학으로서 국문 우언이 본격화되었으며 구비서사시나 국문 소설에서도 우언의 활용도가 커졌다. 그뿐만 아니라 한문 우언과 국문 우언이 상호 번역되면서 향유층의 범위와 표현 방식에서 상호 연관성을 맺기도 했다. 또 애국계몽기에는 서구의 우화를 포함한 알레고리 문학이 국문으로 번역되고 새로운 단형소설 양식이 국문으로 실험되면서 우언의 영역이 더욱 넓어졌다.

한국 우언문학사의 실상에서 보자면 한문학 작품은 수적으로 절대적 우위를 차지하고 있다. 그러나 그 작품들은 한국문학의 일부이자 한국 한문학의 성격을 띤다. 물론 한문 우언에 한국 한문학적 성격만 개입되는 것은 아니다. 당연히 중국 한문학의 선례가 중요하게 작용한다. 그렇지만 문학적 제재와 표현에 있어 한국문학의 또 다른 부분인 구비문학과 국문문학과의 관련성이 깊다. 한문 우언은 한국문학의 일부이자 동아시아 문학사의 일부이기도 하다. 이러한 측면에서 그것들은 비교문학 연구의 좋은 대상이 될 수 있다.

유교와 불교라는 보편 종교와 한문이라는 공동 문어를 통해 중세문명권을 형성한 이후 중국의 문학적 전거는 한국 우언문학사의 전개에서 중요한 인자였음은 부정하기 어렵다. 그럼에도 불구하고 원산지 중국에 비해서 한국에서 색다른 양상으로 전개된 경우도 없지 않다. 이른바 가전(假傳) 형식에서 파생되어 갔던 전기우언의 양식적 전개가 그 좋은 사례이다. 따라서 중국의 선례가 자국문화와 어떠한 길항 작용을 일으키며 우언문학사를 이어갔는가에 관심이 주어져야 마땅하다. 이러한 관점을 취할 때만 중세를 문명권 공동의 문학과 민족문학 사이의 경쟁/보완 관계로서 정당하게 인식할 수 있다.

더구나 근대로 이행하는 역사 단계에서 한국 우언문학사의 독자성은 더욱 세심하게 살펴야 한다. 문명권 공통의 자질은 줄어들고 민족문화의 개별 상황이 늘어나는 상황에서 한국 한문학의 우언뿐만 아니라 국문 우언과 구비우언이 복잡하게 얽혀서 전개되었다. 또한 인도의 『판차탄트라』나 불경 우언의 오래된 연원이 다시 문제시되고 유럽의 이솝/라퐁텐/끄레이로프 우화 같은 서구 문명권의 우언이 도래하는 현상 등이 함께 일어났다. 넓게는 중국 우언과의 관계뿐만 아니라 몽골과 일본까지 연결되는 동아시아 우언 체계 속에서 한국 우언의 특성을 따져야 하며, 좁게는 한국의 역사 현실 속에서 시대성, 보편성, 문명성의 길항관계를 따져야 한다.

　우언의 범위에 관한 연구는 윤주필, 「우언 글쓰기의 원리와 적용 자료의 범위 연구」, 『한국한문학연구』(한국한문학회, 2001)에서 한 차례 다루었다. 우언의 개념과 범위를 어떻게 잡느냐에 따라 문학사 기술은 유동적이다. 기존의 우언 연구에서 이 부분은 중요하게 다루지만, 대개 특정한 시대의 특정한 작가를 대상으로 하기 때문에 제한적 관점을 택하기 일쑤이다. 이 책은 문학사 기술이 목표이므로 여러 인자의 관계성을 중시하면서 포괄적 관점을 택했다.

1.3. 한국 우언문학사의 기술 방식

그간 학계에서는 '우언'을 고정된 양식으로 이해하여 왔다. 그러한 이해 방식에 따르면 우언문학은 문학사의 현상으로 다룰 수 있는 여지가 매우 한정적이다. 기껏해야 설화 형식의 단형 우언이나 형식화된 가전(假傳)과 일부 몽유기(夢遊記)를 다루면 그만이다. 해당 작품을 선정하는 사전작업이 필요 없고 다루는 분량도 적어지니 품이 적게 들어가서 경제적이다. 그러나 그렇게 다루는 우언문학은 문학사 기술이기보다는 작품론이나 작가론에 머무르고 만다. 문학사를 기술하자고 우언의 개념을 좀 더 유연하게 설정하자고 강변할 일은 아니지만, '문학사'라고 하는 연구방법론을 굳이 우언에 적용시키는 까닭은 담론방식으로서의 우언을 포괄적으로 관찰하기 위해서이다. 역으로 '우언'이라는 큰 갈래를 통해 문학사 기술이라는 오래된 학문영역을 새롭게 개척하자는 목적도 있다.

'문학사' 기술은 20세기에 들어와 근대적 학문방법론으로 각광을 받았다. 우리의 경우에도 일제 강점기부터 시작되어 30여 종 가까운 국문학사가 집필되는 성황을 이루었다. 그러한 문학사 집필은 시기적으로 세 단계를 거쳐 왔다. (1)조선문학사, (2)한국문학사와 북한문학사의 병존, (3)통합 문학사가 그것이다. 문학사적 주체로는 민족을 최대의 단위로 설정하면서 각 시대 문학담당층의 구성단위로서 귀족 문인, 중인, 평민, 위항인, 여성 등의 문학사를 거론했다. 민족보다 큰 단위로는 동아시아와 세계가 광역 문학사로, 그보다 작은 단위로는 지방 문학사가 기술되기도 했다. 문학 영역으로는 구비문학, 한문문학, 국문문학이 큰 범위로 설정되는 데까지 나아갔다. 큰 갈래로는 서정, 서사, 희곡에다 교술이 보태지고, 역사적 작은 갈래로는 한시, 시가, 잡록, 야담, 소설, 문학 비평 내지 문학론, 민요, 설화, 무가, 판소리, 탈춤, 연희 등이 거론됐다. 다룬 시기로 보자면 전사(全史)의 형태로부터 근대문학과 고전문학으로 나누어진 형태에서 신라문학, 고려 전기, 조선 후기 등의 시대사까지 다양하게 집필됐다. 문학사적 방법론이 문학적 주체와 담당층, 문학의 영역 및 갈래와 양식, 역사 시기에 두루 적용되어서 그동안 각종 연구물이 쏟아져 나왔음을 알 수 있다.

그러나 문학사적 방법론은 오늘날 그 '근대적 기획'의 작위성을 비판받으면서 '한국문학사'의 기술이 한계에 봉착해 있는 것처럼 보인다. 여기에 비해서 우언은 정치, 종교, 철학, 역사, 문학, 교육, 예술 등의 주제를 다루는 담론 방식이면서 문학사적으로 양식의 변화를 거듭해 왔다. 우언은 주변적이면서도 침투적이기 때문에 일반 문학사에서는 집중적으로 다루기 곤란하고, 그 문화적 맥락을 전제하지 않으면 숨은 의미를 알기 어려우므로 포괄적 연구 방법론이 필요하다. 혼종 갈래의 특성, 그와 관련된 갈래 운동, 문학 담당층의 계승과 변화 등을 두루 다루기 위해서는 오히려 문학사적 방법론을 적용해야 수준 높은 연구 성과를 기대할 수 있다. 또 우언의 그 주변적 갈래의 속성으로 인하여 인문·예술·교육의 문화사에 침투한 다양한 간섭 현상을 포괄하는 데 있어서 문학사의 방법론이 유효하다. 역으로 한국 우언의 문학사적 기술을 통해서 문학사 연구의 새로운 가능성을 찾을 수도 있다.

우언은 형상과 논리를 결합시켜 어떤 사안의 진실과 교훈을 비유적으로 전달한다. 구체적 사안이 창작의 계기가 되고 특정한 우의를 형성하지만 시대를 뛰어넘어 창작 제재의 비유 방식이 계승과 변형을 거듭하면서 보편적 의미를 형성한다. 우의는 여러 층위로 존재하며 특수한 데에서부터 보편적인 것으로 개방될 수 있다. 우언은 고대문명이 존재하고 이후 중세문명권을 형성했던 지역에서 일제히 발달했다. 고대문명이 발달한 지역에서는 신화적 세계관이 흔들리던 고대 말기에 우언이 성행하여 뚜렷한 자취를 남겼다. 반면 중세문명권은 우언이 발전하고 소통 범위를 넓히기 위한 필수적 역사 공간이었다. 우언은 고대적 가치를 부정적으로 계승하면서 중세문명권에서 여러 민족의 문학사로 발전해 나갔다. 이처럼 우언의 역사는 문명권의 단계적 발전을 거시적으로 이해하기 위한 긴요한 연구거리가 된다. 한국 우언문학사는 고대에서 중세로의 이행기, 중세의 전·후기 및 중세에서 근대로의 이행기, 그리고 서구적 근대의 수용과 저항기 등에 있어 동아시아 문명권의 비교문화적 측면에서 살필 수 있는 좋은 본보기가 된다.

한국 우언문학사는 향유 주체, 문체와 양식, 시대 등의 기준에 따라 기술되어야 한다. 주체는 창작자 혹은 수용자에 따라 작가 우언과 민간 우언으로 대별되지만 민간에서 전승되어 온 우언이 어떠한 계기에 작가층에 의해 가공되어 기록으로 남는다. 따라서 기록 자료의 대다수를 차지하는 작가 우언을 살피면서도 민간 우언과의 교섭 관계를 면밀히 살펴야 한다. 민간 우언이 여러 작가에 의해 변형되어 이본 관계를 형성하는 경우도 주의해서 고찰할 필요가 있다.

우언 작품은 특정한 양식으로 발전한 것도 있지만 기존 문체나 잡저와 같은 불특정한 문체에 어정쩡하게 흩어져 있기도 하다. 물론 '우언'이라고 밝힌 경우도 없지 않고 우언 담론집이라 이름할 만한 저술도 남아 있다. 그러나 많은 작품이 특정한 주제나 문체 혹은 양식을 표방하고 있는 것은 아니라는 점에서 우언은 주변적 갈래의 성격을 띤다. 사·부(辭賦), 고시(古詩), 악부(樂府), 화운시(和韻詩), 문답(問答), 문대(問對), 설(說), 전기(傳記) 등의 형식을 차용한다. 또 그냥 문(文)이라고 하거나 잡저(雜著)라고 하여 선입견을 차단하고, 필기(筆記)와 패설(稗說)이 잡록집 혹은 야담집에 끼어들어가고, 심지어 기존 갈래로는 설명되지 않는 새로운 서사 양식으로서 소설의 영역으로 넘어가기도 한다. 이 때문에 양식화된 우언은 그것대로 중요하게 다루어야 하지만 양식 이전에 수사법이나 담론 방식으로 이해하는 관점이 절실히 요청된다.

예를 하나 들어 보자. 흔히 한국문학사에서 최초의 '우언' 작품으로 취급되어 왔던 설총의 <화왕계>도 처음부터 그렇게 불렸던 것은 아니다. 이 작품을 처음 수록했던 『삼국사기·설총전』에서는 애초 제목 같은 것은 없으며 설총의 사적으로 인용된 삽입 기사일 뿐이다. 조선 전기에 편찬된 『동문선』에서는 「주의(奏議)」편으로 분류하면서 제목을 <풍왕서(諷王書)>라고 붙이고 그 내용도 인용하면서 축약했다. 또 박상(朴祥)의 『동국사략』과 이종휘(李鍾徽)의 『동사열전』 등에는 설(說)로 간주하여 <화왕설(花王說)>,

<화왕장미백두옹지설(花王薔薇白頭翁之說)> 등으로 불렀다. <화왕계>는 장지연이 1907년에 편찬한 『대동문수(大東文粹)』라는 문학선집에서 제목으로 사용한 것에서 비롯되었을 뿐이다. 작품의 형식과 핵심 내용을 두고 편찬자에 따라 서로 다른 관점을 적용해 왔던 것이다.

이와 같은 현상은 어째서 일어나는가? 우언은 기본적으로 의도적인 '돌려 말하기'여서 인식과 표현에, 또 화자와 청자 사이에 틈새가 존재한다. 그러한 틈새에는 언어의 불완전성 때문만이 아니라 의도적 설정이기에 여러 층위의 우의가 깃들어 있다. 설총이 진언한 그 "꽃왕 이야기"를 들었던 신문왕은 "뜻깊은 우언"이라 평하고 후대 임금에게 전하게 했다지만 그 우의가 구체적으로 무엇인지는 하나로 고정되어 있지 않다. 우언 담론의 구조는 작가가 전달하고자 하는 바를 우회시키면서 문제적 상황을 환기하고 수용자의 적극적 개입을 유도한다. 화자의 주장을 지연시키면서 청자 스스로의 참여를 유도하고 심층적 소통을 도모한다. 따라서 문학사 기술은 어떠한 하나의 우의를 특정하기보다는 이러한 소통 현상을 있는 그대로 수용하는 것이 더 바람직하다.

따라서 본 문학사는 각 시대에 제출된 작품들에서 다양한 우언적 소통의 가능성에 주안점을 두면서 우언문학사를 기술하고자 한다. 이에 다음과 같은 몇 가지 기준에 의거해 작품을 선택하고 문학사적 의미를 고찰할 것이다.

첫째, 문인관료층의 창작우언은 그것대로 잘 살펴야 하겠지만 역사서나 설화집에 보이는 우언적 사유와 표현, 전승과 창작의 부분이 겹치는 국문우언과 구비우언 등을 포괄할 것이다. 창작우언과 민간 우언이 여러 형태로 넘나드는 현상은 문학사에서 중요하게 다루어야 할 부분이다.

둘째, 작품은 '단형'으로부터 '양식 차용'과 '양식 변용' 우언의 순으로 기술한다. 작가 우언의 경우에는 대체로 먼저 시가 부분을 다루고 특정 문체를 활용한 우언 산문을 다룬다. 다만 우언 글쓰기가 양식화의 과정을 보인다고 판단되는 경우에는 별도의 절목을 두어 다룬다. 이들 모두 문학 담당층, 갈래 운동, 우의적 특성 등을 기준으로 다루어 나갈 것이다.

셋째, 창작의 계기와 우의의 속성에 따라 정치적 우언, 관념적 우언, 반의 모방의 우언 등을 분류하여 기술한다. 우언은 기본적으로 '에둘러 말하기'의 담론방식을 사용하는 공통점을 지닌다. 반면에 정치적 우언은 정보의 지연과 공백을 의도하는 딴말하기를, 관념적 우언은 철학적이나 종교적 주제를 다루기 위해 예시적으로 말하기를, 반의모방의 우언은 선행 고전작품의 형식을 모방하면서 주제를 변형시켜 말하기를 위주로 한다는 차이점이 있다.

넷째, 우언의 전달 방식에 있어 주요 변화가 있었던 기점을 준거로 삼아 우언문학사에서 나타나는 시대구분의 특징을 도출할 것이다. 일반문학사의 시대구분을 염두에 두면서 우언 담론의 기능, 역할, 소통 등의 여러 측면에서 질적 변화가 있는 현상을 중요하게 다룰 필요가 있다. 이를 통해 우언문학사의 관점에서 문학사 시대구분의 근거를 마련하도록 노력할 것이다.

다섯째, 각 시대의 우언문학사를 고찰하면서 개인적 삶에서의 보편적 의미, 민족문학에서의 시대적 의미, 동아시아 한문문명권에서의 의미 등을 다각도로 연결시켜 논할 것이다. 이는 우언문학의 미시적 측면과 거시적 측면을 연결시켜 고찰하기 위한 원칙 기준이 될 것이다.

한국 우언문학사의 저술은 [中]陳蒲淸/[韓]權錫煥, 『韓國古代寓言史』(長沙: 岳麓書社, 2004)가 선편을 잡았다. 중국 독자들을 위한 한국 우언의 대략을 소개하는 데 초점을 두었다. 한문 우언을 위주로 하면서 동물 우화소설이나 판소리계 소설도 포함시켰지만, 구비/한문/국문 작품의 관련성을 주목하지는 못했다. 한국 우언이 7세기에 시작되어 가전(假傳)을 발달시킨 특징이 있다고 하는 등의 견해를 제시했다. 문학사 방법론의 실제적 적용을 설명한 것으로는 조동일, 「문학사 이해의 새로운 관점」, 『한국문학통사 1.』(지식산업사, 2005. 제4판) 15~49면이 모범적이다. 문학사의 종류와 학문적 추이에 대해서는 조동일, 『문학사는 어디로』(지식산업사, 2015)에서 광범위하게 고찰했다. 우언문학사의 기술에 대해서는 윤주필, 「향후 10년간의 우언연구를 위한 영역 설정과 제언」, 한국우언문학회 편, 『우언의 인문학적 위상과 현대적 활용』(박이정, 2006) 23~29면에서 논했다.

1.4. 한국 우언문학사의 시대 구분

한국 우언문학사는 우언문학의 역사적 이해를 기본으로 삼고 있으니 시대 구분이 필요하다. 문학사의 시대 구분은 문학사 연구에서 가장 큰 문젯거리의 하나여서 거듭 논의되어 왔다. 왕조 교체를 기준으로 삼는 방식은 가장 오래되고 일반적이지만 거기에 머무를 수는 없다. 우언문학의 주변성과 침투성을 포괄적으로 이해하기 위해 문학사적 방법론을 적용하고자 하므로 그 총체적 변화의 내적 원리를 드러낼 만한 시대구분의 큰 기준을 마련해야 한다.

문학사의 시대 구분에 많은 방법론이 제시되어 왔지만 문학의 매체인 언어 사용의 변화를 기준으로 삼는 것이 가장 타당하다. 우언문학사의 경우에도 일단 말과 글이라는 매체의 사용 변화가 최상위의 기준이 된다. 그보다 하위 국면에서는 문학담당층이나 갈래 활용 양상이 문제가 될 수 있다. 이러한 세부적 변화는 실제의 해당 시대에서 상황에 맞게 면밀하게 따져야 할 것이 많으므로 여기서는 언어생활사의 변화 기준에 따라 거시적인 우언문학사의 시대 구분만을 제시하기로 한다. 그 구분의 기본 형태는 (1) 구비문학만 있던 시대, (2) 한문문학이 정착되면서 문학사를 주도하고, 구비문학의 일부가 한문학으로 기록되고 국문문학은 단계적으로 보조적 위치에서 독자적 위치로 발전해 갔던 시대, (3) 한문문학과 국문문학과 구비문학이 역동적으로 상호 교류하며 공존하고 경쟁하던 시대, (4) 신분제가 무너지면서 한문문학은 존재 기반을 잃고 구비문학의 의의도 약화되면서 국문문학이 크게 확대된 시대로 나뉜다. (1)은 원시와 고대 문학, (2)는 중세 전기와 중세 후기 문학, (3)은 중세에서 근대로의 이행기 문학, (4)는 근대 문학의 시기이다.

우언의 최초 형태는 (1)의 고대 말기에 나타났다. 주로 서사시의 신화적 세계에 의문을 제기하는 반성적 사유의 형태를 띠고 있다. 고대 시가에는 그러한 주제 의식을 드러낸 작품이 여럿 있어 우언적 사유의 원형을 보여준다. 한문학권에서는 중국 남방에서 생겨난 초사(楚辭)에 그러한 전형적 작품이 많다. <이소(離騷)>, <원유(遠遊)>, <사미인(思美人)>, <어부사(漁父辭)> 등에는 사물의 의인화, 가상적 공간의 설정, 군신 관계와 정치 상황에 대한 비유가 차지하는 비중이 높다. 또 <천문(天問)>은 창세 공간, 신화적 역사, 삶의 모순 등에 대한 여러 주제를 의문문으로 연속시킨 장편 시가여서 후대에 많은 모방 작품을 낳았다. 한국에서도 무속 서사시에서 그와 유사한 반성적 사유를 찾을 수 있다. 후대에 건국 신화로 정착된 작품 속에도 우언적 사유가 끼어들어간 예를 발견할 수 있다. 고대에서 중세로의 이행기에 발생하여 후대에 한문으로 기록된 가요도 이 시기에 해당된다.

(2) 중세문학 시대는 한문학이 주도하는 우언문학의 전성기라고 할 수 있다. 중세는 이념과 실제, 보편과 특수, 문명권과 민족 등의 여러 기본적 관계가 이원론적 구조로 설정되면서 인식과 표현의 틈새를 활용하는 우언은 그것에 가장 적합한 담론 체계로서 발달했다. 다만 우언문학사에서 국문문학의 성장 정도와 한문문학과의 관계에 따라서 전기와 후기의 질적인 차이를 보인다. 중세 전기는 구비문학이 한문학을 통해 일부가 기록으로 남고 국문문학은 보조적 위치에 머물러 있었다. 설화적 성격의 우화가 기록문학의 성격을 지닌 우언으로 전환되어 민간 우언과 작가 우언이 교차하던 시기였다. <귀토지설>과 <화왕계>가 이 시대에 속하는 전형적 작품이다. 삼한 통일의 전후기라는 비상한 정치적 상황 덕분에 후대에 편찬된 『삼국사기』라는 정통 역사서에 자취를 남겼다. 이 이외에도 삼국 시대의 속요가 전승되다가 한문으로 기록된 경우, 배경 설화와 함께 향찰로 기록된 향가, 동아시아의 보편 종교로서 불교 문화가 토착화하는 과정, 중국의 고대 우언이 전거수사로 활용된 정치적 교술 문학 등의 여러 사례에서 이 시대의 우언 양상을 살필 수 있다.

반면에 중세 후기에는 한문학의 우언 양식이 개척되기 시작했다. 사람의 일생을 평가하는 전(傳)과 공간적 체험을 기술하는 기(記)의 형식을 빌려서 가전, 탁전, 자전, 몽유기 등의 전기우언(傳記寓言)의 양식을 실험했다. 또 전기우언은 기이한 체험을 이야기로 전하는 전기(傳奇)와 결합하면서 초기 소설사의 중요한 양식적 인자로 작용했다. 또 이 시기에는 훈민정음이 창제되면서 국문문학의 비중이 크게 향상됐다. 아울러 구비문학이 한문학의 잡록집에 다양한 형태로 가공 편집되면서 작품의 주제를 정당화하기 위한 방편으로 우언적 사유와 표현 방식이 요긴했고, 민족어 교술시 특히 가사의 수준을 높이는 데 있어 우언 글쓰기가 크게 기여했다. 또한 문학론을 전개하는 데 있어 우언 혹은 우의의 개념이 유용하게 쓰였다.

(3) 근대 이행기는 신분제가 이완되면서 계급 개념에 기초한 새로운 계층과 사유가 대두됐던 시기이다. 이상과 현실은 더 이상 중세적 이원론으로 조화될 수 없고 충돌하면서 새로운 가치체계를 요구하면서 현실주의가 크게 부각됐다. 그러나 그 자체가 일원론적 세계관으로 통일됐던 것은 아니다. 오히려 이원론과 일원론이 공존하면서 표면과 이면의 간극이 크게 벌어지는 현상이 시대적 특징으로 자리잡았다. 한국 문학사에 있어서도 한문, 국문, 구비 문학의 세 영역이 그 어느 때보다 활발히 소통되면서 어느 쪽도 주도권을 잡지 못하고 역동적인 문학사를 만들어 나갔다. 우언문학으로 보자면 한문 우언이 국문으로 번역되었으며, 간혹 국문 우언이 한문으로 번역되기도 했다. 또 여성의 생활상을 반영하는 국문우언이 발생했다는 측면에서는 상층 남성 위주의 작가 우언과는 다른 생활상의 우언이 발생했다. 이는 소외된 남성 작가의 소품문과 희작에서 보이는 우언적 성향과도 유사한 맥락을 보인다. 또 근대 이행기 2기에는 신문, 잡지, 신활자 매체의 단행본 등을 통해 서구 우언의 번역이 이루어져 매체와 문학담당층의 커다란 변화를 불러일으켰다. 그렇다고 한문 우언이 위축된 것도 아니다. 신·구 문학이 공존하면서 우언 서사의 활용 욕구가 그 어느 때보다 팽창했다. 중세 문학의 자산을 활용하면서 한문과 국문 그리고 구비우언의 소통이 더욱 활발해지고, 문학의 표면적 주제와 이면적 주제가 작품에서 모두 소중한 구실을 했다.

(4) 근대 문학기에는 교술 문학의 몰락과 함께 한문 우언문학의 영역도

함께 사라졌다. 소설은 환상 세계를 배척하고 현실주의를 표방하면서 단일 평면 서사로 위축됐다. 다만 서구의 알레고리 문학이 소설의 기법으로 수용되는 차원에서 우언의 명맥이 유지됐다. 그렇다고 해서 알레고리와 우언이 크게 다른 그 무엇은 아니다. 갈래의 혼성, 전범의 반의모방, 가상적 주체와 시공간의 설정, 주제의 이중성, 역설과 풍자 등에서 우언의 전통이 활용될 여지는 여전히 남아 있다.

김흥규, 「한국문학의 범위」; 조동일, 「한국문학사의 시대구분」, 황패강 등 4인, 『한국문학 연구 입문』(지식산업사, 1982) 11~17면; 76~81면 참조. 이행기, 중세 전기·후기, 각 시대의 1기와 2기의 개념 및 실제 시대구분의 적용은 조동일, 『한국문학통사 1』, 앞의 책 34~43면 참조.

2장

고대 우언

2.1. 한국 우언문학의 시원

고대 말기에 이르러 모든 문명권에서 우언이 발달했다. 고대 문명에 균열이 오면서 신에 대한 절대적 숭배가 사라지고 신화에 대한 재해석이 이루어졌다. 우언이라는 형식은 신화를 재해석한다는 인식적 측면에서는 철학적이고, 돌려 말한다는 이야기 방식에서는 문학적이었다. 우언은 고대 말기로부터 중세로 이행하는 문학사의 단계를 반영하는 유력한 담론 방식이 됐다.

동아시아 문명권에서 『장자』라는 책에는 「우언」편을 따로 두고 있는 데다가 우언(寓言)의 개념을 중언(重言), 치언(巵言)과 함께 담화방식의 하나로 규정하고 자신의 저술에서도 다양하게 활용했다. 「우언」편을 실제 장주(莊周)라는 사상가가 직접 지었는지는 확신할 수 없지만, 그가 활약했던 중국 전국시대에 이르러 제후국의 경쟁이 가속화되면서 이른바 제자백가(諸子百家)라는 사상가들에게 우언 글쓰기가 매우 익숙할 만큼 널리 퍼져있었던 것만은 분명하다.

또한 『노자』라는 책은 역설의 철학을 아름다운 운문체로 간결하게 전개시켰다. 단상에 가까운 생각들을 통해 정통적 사유를 해체시키는 작업을 했다. 신화적 어휘를 받아들이면서 우언적 사유로 뒤집어 모방하는 방식이 자주 사용됐다. '천지의 시작', '만물의 어머니', '이름 없음', '행위 없음', '스스로 그러함', '행함 없는 일', '말하지 않는 가르침', '골짜기의 신', '가무룩한 암컷', '천하의 암컷', '천하의 하류' 등등의 수많은 표현은 기존 통념을 거부하는 철학적 인식을 우의적으로 개념화한 좋은 사례들이다.

이를 통해 보건대 우언은 인식적으로 신화의 거부이자 신화의 재해석이다. 우언은 담론적으로 교술적 이야기 방식이다. 우언은 형상적으로 신화의 서사적 상징성을 모방하면서 인식적으로 서사의 의미를 다시 생각하게 만든다. 신화의 상징성은 우언의 우의성에 의해 '반의모방'됐다고 할 수 있다. 『장자』는 '혼돈'이라는 신화 이야기를 새삼스레 가져와서 인간 문명이 혼돈의 생명성을 살해한다는 비평적 인식을 전개시켰다. 세계의 유사신화를 대표하는 <대홍수 설화>는 여러 문명권에서 인간 문명의 정착과 조정과 관련된 사유를 보편적으로 담고 있다. 한국의 <창세가>에서 '꽃 피우기' 화소는 인간 문명의 탄생을 상징하면서도 문명의 속성을 반성하게 하는 핵심적 요소로 작용했다.

한국의 우언문학사의 시원도 원칙적으로 고대 말기에서 시작됐음은 중세문명권의 중심부와 다를 바 없다. 중국에서는 고대로부터 문자문화가 발달하여 이 시기에 해당하는 풍부한 우언 글쓰기의 작품적 유산을 남겨놓았다는 차이가 있을 뿐이다. 한국의 고대 우언은 구비서사시나 고대 신화에서 우언적 사유에 입각한 신화의 재해석을 통해 나타났다. 물론 그 같은 우언적 사유가 명확하게 어느 시기에 이루어졌는지 불분명한 경우도 종종 있다. 현대에까지 전승된 구비서사시는 구전된 전시기에 걸쳐 전승자들의 인식이 적층되어 왔으며, 『삼국사기』나 『삼국유사』 등의 중세적 문헌에 실린 고대 자료들에도 편찬자의 해석이 중요하게 작용하기 때문이다. 현재로서는 고대 말기의 문학적 현상이라고 판단되는 부분과 중세적 재해석의 부분을 구별하면서 고대로부터 중세로의 이행기적 현상을 넓은 범위에서 추정하는 대안을 마련할 수밖에 없다.

신화와 우언의 연속성에 관하여서는 조현설, <지혜, 신화와 우언을 잇는 고리>, 『고전문학연구』 26(한국고전문학회, 2004) 및 같은 곳에 실린 김선자의 논평이 참고가 된다. 고대말기의 우언이 지니는 문학사적 의의와 중국의 제자백가의 상황에 대해서는 조동일, 『철학사와 문학사 둘인가 하나인가』(지식산업사, 2000)과 『세계문학사의 전개』(지식산업사, 2002)에서 다루었다.

2.2. 창조신화에 끼어든 우언적 사유

한국 구비문학에는 천지, 사람, 문명 등이 창조된 내력을 다룬 <창세가> 유형의 작품이 다수 전승되고 있는데, 그 시원은 신석기 시대까지 거슬러 올라갈 수 있다. 그 시대에 인간은 도구를 필요에 따라 만들어 쓰고, 계절을 이용하여 먹고 사는 더 적극적인 생활 방식으로서 농사를 발견했을 것이라 추정된다. 이러한 사실은 인간이 우연적 요소를 줄이고 계절이라는 순환 원리에 따라 일상생활에서 어느 정도의 예측과 대비가 가능해졌음을 말해준다. 말하자면 추상적 사고의 능력이 생겨나서 인간 존재의 배후에 대한 의문을 창세 서사시의 유형으로 묻고 답했다. <창세가>의 내용은 세계의 모든 문명권에서 나타나는 원시시대의 창조 신화를 포함하고 있다.

그러나 우리에게 전해지는 창조 신화가 모두 원시 시대의 원형 그대로라고는 말하기 어렵다. 주인물의 명칭은 물론이고 하늘과 인간의 관계가 원시 시대의 이후의 것이 끼어들어 있다. 특히 이 세상을 누가 맡아 다스릴 것인가를 두고 '미륵과 석가' 혹은 '대별왕과 소별왕'이라는 짝패(the double) 성격의 신화적 주인공들이 주술적 내기와 수수께끼 경합을 벌이는 핵심 대목에서 그 점이 두드러진다. 여기에서는 인간 세상의 문명적 특성을 반성적으로 관찰하는 인식이 드러나므로, 신화와 우언의 교차 지점, 즉 신화의 우의성을 살필 수 있다.

미륵은 일월성신과 사람을 만들어 살아가는 창세주이다. 그런데 석가여래 세존님이 장성하여 나타나서 자신이 그럴 나이가 됐다고 말함으로써 싸움이 벌어졌다. 창세주와 그를 이을 중흥주 사이의 다툼이 일어났다고 요약할 수 있다. 미륵과 석가는 인간 세상을 차지하는 내기를 걸고 다툼을 결판 짓기로 합의했다. 허공에 술 넣은 유리병 매달기, 달걀을 낫가리처럼 쌓기, 잠자며 꽃 피기를 기다리기의 세 종목이다. 미륵은 이 세 가지에서 성공을 거두는 데 비하여 석가는 실패하거나 미완에 그친다. 그럼에도 불구하고 내기 결과에 대하여 석가여래는 승복하지 않고 내기를 연장하거나 인간문명의 속성을 강변한다. 깨어진 병에서 술이 흘러나와 땅에 떨어지면 그때부터 온갖 세상 물의 근원이 된다고 했다. 또 세상의 수많은 곡식 낟가리는 내리쌓는 법은 없고 치쌓는 법이 있을 뿐이라 했다. 미륵은 대단한 주술의 소유자이면서 창세 공간의 영험함을 나타내는 데 비해서, 석가는 인간의 농사법을 옹호하므로 인간을 자신이 차지해야 한다고 주장한 셈이다. 마지막으로 미륵의 무릎에서 꽃이 피어났으나 석가는 잠자는 사이에 그 꽃을 꺾어 자기 소유로 만들었다. 미륵은 석가에게 인간 세상의 통치를 허락하면서 앞으로 '무근화', 즉 뿌리 없는 꽃이 만발하겠다고 예언했다. 이는 인간의 문명이 자연을 변용하고 이용하는 데서부터 시작됐음을 말해준다. 무근화라는 꽃은 문명의 가공성을 비유한다. 서술자는 이로부터 인간 세상에 영물이 없어지고 언어가 구별되며, 도적과 무당과 기생과 같은 비노동 계층과 과부와 역적 같은 소수자가 생겨났다는 인식을 암시했다. 석가는 원천 능력을 겨루는 내기에서 졌지만 오히려 그것을 뒤집는 능력을 발휘했다. 그는 권세의 찬탈자이기도 하지만 인간을 돕는 패배한 신격이며, 후대 설화에 등장하는 꾀보형 인물 주인공의 원형이기도 하다.

　이러한 <창세가> 유형이 본토에서 다양하게 전승되는 양상에 상응해서 제주도에서는 <천지왕본풀이> 유형이 풍부하게 구연되어 최근까지 전해지고 있다. 이 구비 서사시에서도 세상을 누가 다스리느냐를 두고 천지왕의 두 아들인 대별왕과 소별왕이 다툼을 벌인다. 이 아들들은 지상의 절대악을 징치하기 위해 내려온 천지왕과 가난한 지상국 부인 사이에서 태어나고 지상의 어머니에게 양육된 후에 아들의 증표를 가지고 부친을 찾아갔다. 여기서 천부지모(天父地母)의 결합은 신화에서 흔하게 나타나는 이야기 요소이지만, 지상국 부인이 남·녀/빈·부의 차별을 받아 희생자가 되는 사회적 갈등 양상을 반영했다. 여기서 선악의 존재라든가 계층적 갈등을 나타낸 것은 신화에서 벗어난 민담적 주제가 끼어들었다 할 수 있다.

　그런데 두 아들이 하늘에 올라가 천지왕의 친자임을 확인받은 뒤에 부친은 이승과 저승을 두 아들에게 다스리도록 명했음에도 불구하고, 두 아들은 인간 세상을 차지하는 다툼을 벌인다. 이본에 따라 동생 소별왕의 욕심 때문이라기도 하고 세상의 악을 징치하기 위해서는 소별왕 자신이 세상을 다스려야 한다는 명분을 내세우기도 하지만, 이 또한 인간의 통치 원리가 무엇인지를 반성적으로 음미하게 하는 신화의 우의성을 보여준다.

또 제주도 유형에서는 다툼의 방식에 있어서도 수수께끼와 꽃심기 내기로 변형되어 있어 주목된다. 여기서 수수께끼는 제주도의 <천지왕본풀이>에서만 나타난다. 수수께끼를 내는 사람과 답하는 사람, 그 내기에서 이기는 사람과 지는 사람이 이본에 따라 여러 양상을 보여주지만, 수수께끼의 내용과 진행방식은 대부분 일치한다. 하나는 사철 푸른 나무가 그럴 수 있는 이유를 묻는 것이고, 또 하나는 높은 곳과 낮은 곳 어디에서 풀이 잘 자라며 이유는 무엇인지 묻는 것이다. 이에 대해 답변자는 상식적으로 답하고, 질문자는 반대 증거를 대어 답변자의 말문을 막히게 했다. 수수께끼를 낸 사람이 내기에서 이긴 셈이다. 이것은 공자(孔子)와 어린아이가 수수께끼 문답을 통해 지혜를 겨뤘다는 동아시아의 <공자동자문답> 유형 가운데에도 들어있는 화소이다. 예외적 현상을 가지고 일반적 현상을 반박하는 것이지만 일반화의 오류에 빠진 논쟁 대상자를 무력화시키는 황당문답의 언어경합담이다. 선후 영향관계를 알기는 어렵지만 정통적 사유를 뒤집어 그 근원을 새삼 되물으면서 기존 권위에 도전한다는 의미를 지닌다는 점에서 같다.

수수께끼에 이어서 '꽃 심기' 화소가 이어지는 것은 의미심장하다. 그것은 창조신화에 필수적 화소처럼 보이지만 절대자인 천지왕이 생명력을 가꾸어나가는 경쟁자들의 능력을 관찰하기 위해 시험 과제로 제시됐다. 잠자기는 내기의 필수적 과정이 아닌데 시험에서 실패한 소별왕의 사술의 하나로 제안됐을 뿐이다. 원시 창세공간의 상징인 꽃에게 짝패의 우열과 승패의 판단을 의뢰했지만 서시 주체에 의해 거부됐다. 따라서 소별왕이 이승을 차지한 후에 세상은 혼돈이 계속된다. 해와 달이 둘씩이고 나쁜 사람과 귀신들이 너무 많아 편안히 살 수 없었다. 대별왕이 해와 달을 하나씩 없애 주고 떠도는 귀신들을 모두 잡아가서 어느 정도 큰 질서는 잡혔지만 애초 천지왕의 명을 어겼으므로 세상에는 여전히 여러 어려운 일들이 많아졌다. 애초 지상의 수명장자의 혼란으로부터 천지왕의 징치와 미해결, 대별왕과 소별왕의 경쟁까지 합쳐서 보자면 이 서사 과정은 혼돈과 질서 회복의 반복이다. 카오스 안에 코스모스가, 코스모스 안에 카오스가 내재하며 '카오스모스'의 서사가 전개된다. 그러나 임기응변으로 현실적 문제를 해결하는 동생이 이승을 다스리고, 반면에 근원적 질서를 지향하며 큰 문제를 해결하는 형은 저승을 다스리기에 더 적합하다는 설정은 '대별(大別)'과 '소별(小別)'이 각각 그 자체로는 불완전한 질서이며, 서로 보완해야만 새로운 질서를 향해 나갈 수 있다는 인식이 드러나 있다. 이는 유사한 창세 신화 가운데에서도 유독 인간 문명의 양면성을 설명해주는 신화의 우의성으로 이해된다.

창세신화에 대해서는 김헌선, 『한국의 창세신화』(길벗, 1994)에서 풍부한 자료 소개와 함께 전반적 논의를 폈다. 창조신화에 나타난 트릭스터담의 성격과 의미에 대해서는 신연우, 「한국 창세신화의 '속이기' 모티프를 통한 트릭스터의 이해」, 『고전문학연구』 44집(한국고전문학회, 2013)에서 세밀하게 고찰했다. 수수께끼의 기능과 신화적/반신화적 성격에 대해서는 김열규, 「수수께끼라는 언어 전략이 텍스트 상관성에 던지는 문제 몇 가지」, 『배달말』 14집(배달말학회, 1989); Elli K. Maranda, *Riddles and Riddling*; Thomas A. Burns, *Riddling: Occasion to Act*, Journal of American Folklore vol.89(Journal of the American Folklore Society, 1976)이 참고가 된다. 이강엽, 「둘이 된 하나」, 『신화 전통과 우리소설』(박이정, 2013); 『둘이면서 하나 – 고전 서사의 짝패 인물』(앨피, 2018) 105~124면에서는 <천지왕본풀이>의 형제를 상반된 짝이면서도 하나의 패가 되는 '짝패'(the double)의 개념으로 설명하면서 질서와 혼돈이 반복되는 의미를 따졌다. 정진희, 「'꽃 피우기'의 실제와 '꽃에게 묻기'의 대안적 가능성」, 『한국고전연구』 41(한국고전연구학회, 2018)에서는 짝패의 경쟁에서 서사 주체들이 '꽃'의 선택을 수용/조정/거부한다는 내용의 서사를 일컬어 '꽃에게 묻기' 화소로 명명하고 그것이 오랜 역사를 지닌 서사일 가능성을 추적했다.

2.3. 건국신화에 끼어든 우언적 사유

　흔히 <단군신화>로 일컬어지는 이야기는 고조선의 건국신화이자 민족 시조신화의 핵심 내용을 포함하고 있다. 그것은 우리 민족이 최초로 나라를 세웠던 역사적 사실을 상징적으로 형상화한다. 이 신화에는 단군이 최초의 임금이 된 내력과, 그 후손들이 우리 민족의 후대 국가들에서 군장이 되었다는 계승 관계를 언급하므로 여느 한 나라의 건국신화와는 다른 초월적 의의를 지닌다. 이러한 신화의 전승이 13세기 몽고 항쟁기에 비로소 문헌에 올라 제 모습을 드러냈고, 민족의 통합이 절실하게 요구되는 역사적 계기가 있을 때마다 재해석되곤 했다.
　<단군신화>의 전승은 중국 측 역사서에서 일찍부터 나타났지만 단편적이었다. 13세기 고려가 국가적 위기를 만났을 때『삼국유사』와『제왕운기』는 민족사의 관점에서 좀 더 자세하게 그 전승을 기록하고 의미를 드러내고자 했다.『삼국유사』는 단군에 이르는 건국의 내력을 서사시나 제의를 연상시키는 삼대기의 형태로 풍부하게 드러내는 한편으로 다른 곳에서는 단군의 부인이나 아들을 차이가 나게 기록했다. 이에 따르면 고조선의 계승 국가는 북부여이면서 고구려이다. 이에 비해『제왕운기』는 단군의 건국 내력을 천신족의 하강으로 단순화하면서 계승 국가를 신라(尸羅), 고구려(高禮), 남북옥저(南北沃沮), 동북부여(東北扶餘), 예맥(濊貊)으로 확대시켰다. 동이족의 고대 국가를 전수 포함시켰다고 할 수 있다. 이 두 저술은 작가의 의미 해석의 관점에 따라 기존의 전승을 취사선택하고 강조점을 달리했다고 여겨진다.
　이에 비해 12세기 저술인『삼국사기』에서는 고구려 동천왕 때 외침을 받아 수도를 평양성으로 옮겼다는 대목에서 그곳이 "선인왕검(仙人王儉)이 살던 지역"이라고 기록했다. 또 이러한 관점을 14세기 고려의 한 묘지문에서 이어받아 '선인왕검'을 '평양의 조상'이라고도 하고 '평양의 군자'라고도 하면서 그 유민이 평양의 관리로 남았다고 했다. 이 같은 전승은 단군을

한 지역의 수호신이나 창건자로 보는 관점을 내포하고 있다. 고려 전기에 단군 숭배의 중심지로서 구월산(九月山)의 삼성사(三聖祠)가 존재했다고 하는 기록에서 엿볼 수 있는 지역신으로서의 단군 인식과 일맥상통한다.

그렇다면 13세기 『삼국유사』와 『제왕운기』의 기록은 평양의 지역 전승이 고려의 중심부에까지 전해지면서 좀 더 자세한 내용의 전승이 발굴되고 우리 민족의 개조신으로 확대 해석된 결과물이라고 추정할 수 있다. 다만 '삼성(三聖)'으로 상징되는 삼대기의 이야기는 단군신화의 근간이 됐을 것으로 보인다. 그럼에도 불구하고 두 저술이 묘사하고 있는 삼대기의 결정적 차이는 웅녀(熊女)의 존재 여부에서 발생한다. 『제왕운기』에서는 웅녀 대신에 환인의 손녀가 등장한다.

『삼국유사』의 단군신화는 「기이(紀異)」편의 첫 기사 <고조선>조에 기록되어 있다. '고조선'이라는 제목 옆에 '왕검조선'이라고 부기하고 있어 이 이야기가 고조선의 건국신화이자 단군왕검의 영웅신화임을 밝힌 셈이다. 그런데 내용에 있어서는 환인, 환웅, 단군의 3대를 이야기하면서도 제2대 환웅 부분이 특히 상세하여 신화적으로 풍부한 내용을 갖추고 있다. 환인은 불교적 용어로 '제석(帝釋)'이라고도 하고 유가적 용어로는 '상제(上帝)'라고도 일컫는 천신이니 하늘에 속한 존재이다. 환웅은 그 천신의 아들이지만 맏이는 아니어서 하늘을 다스릴 권한이나 의무가 없어 지상으로 하강한 천신족이다. 단군은 지상에서 태어나 처음으로 나라를 세운 신령한 임금이다.

그런데 이 하강한 천신족은 일정한 통치 이념을 지니고 있는 것으로 묘사되고 있다. '홍익인간(弘益人間)'이라 함은 지상의 존재들을 지배하기 위해서가 아니라 사람들이 모여 사는 시공간으로서의 '인간 세상'을 풍요롭게 하려는 의도를 집약하는 표현이다. 그 구체적 내용으로 제시된 천부인(天符印) 세 개는 천신족의 권위와 신령함을 환기시키는 종교적 상징물이지만, 거느리고 내려왔다는 풍백(風伯), 우사(雨師), 운사(雲師)는 기후를 관장하는 신격을 관리의 형상으로 의인화한 것이다. 그들을 통해 곡식, 생명, 질병, 형벌, 선악 등의 인간 360여 일을 주관하게 했다는 것은 인간의 일상사를 모두 맡게 했다는 뜻이다. 그 천신족의 우두머리를 '천왕'이라 했다. 따라서 '홍익인간'의 주체는 고대적 신성성을 지닌 천신족이지만 그 이념의 구체적 내용은 다분히 중세적이다. 고대 신화에 끼어든 중세의 가치관이 신화를 재해석하고 있다.

한편 이 천신족이 지상의 존재와 결합하는 방식은 고조선 건국신화의 핵심적 요소이지만 『삼국유사』와 『제왕운기』는 서로 다른 부류의 전승을 대표한다. 크게 보면 천부(天父)와 지모(地母)의 결합이라는 신화적 구조를 근간으로 삼으면서도 『삼국유사』는 웅녀의 동굴 금기를 통해 여신의 시련담을 부각시켰다. 호녀의 실패담과 대비시키면서 웅녀의 시련은 긍정적 의미를 획득한다. 웅녀는 금기를 지키고 사람으로 변신하는 데 성공하며, 이어서 사람으로 잠시 변신한 환웅천왕과 결합하여 단군왕검을 낳는다. 여기서 웅녀의 지위는 천신족 혈통의 영웅을 낳는 지신족으로서 보조적 위치에 있다. 결국 웅녀의 시련은 가부장 사회에서 강요되는 지모신의 인고와 침묵을 상징하는 것이며, 웅녀의 또 다른 자아라 할 호녀는 오히려 자연에 가까운 지모신 본래의 모습을 간직한 것으로 해석될 수 있다. 물론 지상의 군장인 단군을 통해 천신족의 지배와 지신족의 피지배 갈등이 중재되는 구조를 지니며, 그 가운데 웅녀의 시련은 희생을 통한 보상이라는 교훈적 우의를 내장하게끔 되어 있다. 여기서 '홍익인간'이라는 이념은 그러한 우의와 맞물려 있는 셈이다. 예컨대 곡식, 생명, 질병과 같은 일은 하늘과 땅의 자연적 조건에 의해 유불리가 결정되지만, 형벌과 선악과 같은 인간 세계의 대립과 모순은 금기-보상 체계와 희생 제의라는 가부장적 종교 질서에 의거해 해소 또는 중재되는 셈이다. 순수한 신화를 넘어서는 이상적 통치 이념이 개입되어 있음을 발견하게 된다.

이에 비해 『제왕운기』에서는 천신의 손녀가 약을 먹어 사람으로 변신하고 박달나무 신과 혼인하여 단군을 낳았다고 했다. 말하자면 단군은 단웅천왕의 외손자이며 나무로 상징되는 지상신의 부계 혈통을 지니고 태어난 것이다. 억압받는 지모신 대신에 천신 모계의 연원을 내세우면서 지상의 통치자가 됐다는 설정이다. 여기에는 어떤 해소나 중재의 의미가 끼어들 여지가 없다.

단군신화가 13세기에 이르러 문화사의 표층으로 부상한 것은 사실이지만 위 두 저술이 단군 전승을 인위적으로 역사화했던 것은 아니다. 그 당시까지 저층에 머물러 있던 전승의 여러 가닥을 잡아 민족사의 시원을 상징하거나 증언하는 역사문학의 혼합물 형태로 기록했다고 보는 것이 합당하다. 그 가운데에는 고조선이 고대 국가로서 성립된 역사적 사실을 유추할 신화 본연의 내용도 있지만, 고려 당시의 중세적 가치관에 이끌린 해석도 개입되었을 것이다. 그것은 바로 신화의 우의적 측면으로 읽힐 수 있는 부분이다. 단군신화는 이후의 고대국가들의 건국신화보다도 더 먼 시대의 전승물이어서 구술 상관물인 서사시나 제의로 나타나는 국중대회 같은 자료가 전무하다시피 하다. 그렇기 때문에 단군신화에는 오히려 향유자의 시대 상황에 따라 후대적 의미가 끼어들기 더 좋은 조건을 지니고 있다 할 수 있다.

고구려의 건국신화인 주몽 이야기에도 천신족과 지신족의 결합이 나타난다. 천제의 아들 해모수는 환웅 혹은 단웅 천왕에, 하백의 딸 유화는 웅녀에 해당된다. 유화도 웅녀와 비슷하게 억압받는 여신의 모습으로 묘사됐다. 천신의 아들에게 유린을 당하고 귀양을 갔다가 방에 갇힌 상태에서 햇빛이 자꾸 따라와 비추어 주몽을 잉태했다. 그런데 알을 낳는 괴변이 일어나 시련이 아들에게까지 계속됐다. 알에서 태어나 버림을 받은 주몽은 단군처럼 천신족과 지신족의 대립을 중재할 위치에 있지 못하니 유화는 웅녀보다도 더 심한 시련을 겪었다 할 수 있다. 그러나 자식 세대의 시련은 주몽이라는 건국 영웅의 일생으로 전환되므로 단군신화와는 다르게 천부지모의 결합담은 하나의 예고편이며 주몽의 성취담이 신화의 중심에 놓인다.

주몽은 부여국에서 견디지 못하고 다른 지역으로 망명했다. 주몽은 졸본주에 도읍을 정하고 비류수에 임시 거처를 마련했다고 했다. 『삼국유사』는 여기까지만 기록했다. 『삼국사기』에서는 오히려 여러 이설을 두루 기록했다. 주몽이 졸본부여로 망명하여 왕의 사위가 되어 나라를 이었다고도 했다. 한편으로『삼국사기』는 근접한 비류국의 왕 송양과 쟁변으로 다투기도 하고 활쏘기 기예를 겨루기도 해서 상대를 굴복시키고 비류국을 복속시켰다고 했다.

주몽과 송양 왕의 다툼이 구체적으로 무엇인지는 이규보가 <동명왕편>에서 자세하게 묘사했다. 이 가운데 '쟁변(爭辯)'에 해당되는 내용은 누가 더 어른인지를 말싸움으로 겨루는 쟁장(爭長) 우화에 가깝다. 주몽의 새 나라에는 왕의 위엄을 나타내는 고각(鼓角)이 없어 비류국에서 북을 훔쳐 자신의 오래된 물건처럼 검게 만들어 놓았고, 누구의 도읍이 더 오래됐는지를 다투면서는 썩은 나무 기둥으로 천 년 된 궁실인 양 만들어서 송양을 눌렀다는 것이다. 활쏘기 내기에서의 신이한 솜씨는 영웅 신화담으로서 손색이 없지만, 이러한 기지 싸움은 건국신화와 성격을 달리하는 이질적 요소가 끼어들었다고 할 수 있다. 이주민의 천신족이 선주민의 지상족 지배를 여신의 희생 신화를 통해 정당화했다면, 희생 신화를 통해 출생한 그 후예는 또다시 이주하여 또 다른 선주민을 기지로서 누른 셈이다. 무력에 의지하는 싸움을 피하고 그 대신에 기술과 지혜로 겨뤄서 나라를 차지했다는 점이 고대적 신화보다 진일보한 우의를 조성했다. 선주민과 이주민의 갈등을 치열한 전투를 통해 해결하는 것이 고대적 실상에 맞는 것이라면, 기지를 통해 우열을 겨루고 원만한 통합을 이룬다는 이야기는 고대국가의 모순을 반성적으로 사유하는 의미가 들어있다. 이야기 자체가 역사적 사실이라 할 수는 없지만 역사적 모순과 해결 방향을 반성하게 하는 우의가 형성된다.

<석탈해> 전승은 한국에서 가장 이른 트릭스터(trickster) 이야기에 해당된다. 신화에서 트릭스터는 속임수를 통해 신과 인간, 자연과 문명, 혼돈과 질서, 지식과 무지 따위의 경계선에서 굳어져가는 기존 가치를 거부하고 새로운 재통합을 중개한다. 그런 관점에서 석탈해의 일생을 새삼스레 다시 음미할 수 있다.

석탈해는 먼바다를 건너온 이주자인데 신라에 어렵사리 정착하여 임금

의 지위에까지 이른 인물이다. 그를 치질금(齒叱今) 혹은 니사금(尼師今)으로 호칭했다는 것은 '닛금', 즉 신라 초기사회의 통치자로 등극했다는 말이다. 『삼국사기』에 의하면 그는 62세 나이에 왕위에 올라 24년간 재위했다. 그의 통치 기간에 이룬 최대 업적은 '월성'을 중심지로 삼고 '계림'이라는 나라 이름을 정하며, 왜국, 신라, 가야 등의 인접국과 전쟁을 치르면서 고대국가로서 신라의 위상을 정립시킨 것이다. 그 가운데 월성을 근거지로 삼은 내력에 속임수 이야기가 포함되어 있다.

『삼국유사』에서는 탈해가 계림 동쪽 혁거세왕의 고기잡이 할멈의 인도로 아진포에 정박하고 바로 이어 토함산에 올라가 돌무덤을 만들고 이레 동안 머물면서 성중에 살 만한 곳을 찾았다고 했다. 마치 초생달 같은 산봉우리가 오래 거주할 만한 곳이어서 찾아가 보니 호공(瓠公)의 거처였다. 이에 속이는 꾀를 써서 숫돌과 숯을 주변에 몰래 묻고 자기 조상이 대장장이였음을 주장하며 재판을 벌여 그 집을 빼앗아 살게 됐다. 이에 당시 임금이었던 남해왕이 그가 지혜로운 사람임을 알고는 사위로 삼았다.

이상의 이야기를 통해 탈해가 신라 사회에 편입된 과정과 도래인으로서의 구실을 짐작할 수 있다. 당시 신라의 지배층은 박혁거세의 후손이었다. 아진포에 살았다는 할멈은 혁거세왕의 해척(海尺)이며 아진포를 관장하는 관리였을 것이다. 또 반월성의 선주민으로 등장한 호공(瓠公)은 혁거세의 같은 박씨 족속이었을 것이다. 진한(辰韓) 사람들은 표주박[瓠]을 박(朴)이라 하며 혁거세가 표주박 같은 알에서 깨어났기 때문에 '박'으로 성을 정했다고 <혁거세본기>에서 설명한 바도 있다. 또 대장장이의 직능을 상징하는 숫돌과 숯으로 속임수를 쓴 것은 탈해가 신라 선주민에 편입되는 대가로 철을 다루는 새로운 기술을 전해주었음을 암시한다. 굳이 속임수를 써서 집을 빼앗는다는 것은 탈해가 전하는 기술의 내용이 기득권의 세력을 흔들 만한 갈등 요소를 지녔음을 우의하기도 한다. 그러나 일단 갈등 요소가 봉합되면서 탈해는 신라의 고대 사회에 새로운 통합성을 부여하는 구실을 했다. 반월성이 신라의 중심 지역이 되고 호공이 탈해의 재상 노릇을 하며,

김알지의 탄생을 발견함으로써 새로운 족속을 수용하고 나라 이름도 계림으로 칭하게 됐다. 그뿐만 아니라 탈해는 죽어서 거인신의 형상을 띤 채 토함산에 묻히고 동악신으로 좌정했다. 훗날 김알지의 후손은 새로운 왕권의 계보를 형성했고 삼한 통일의 과업을 수행했다. 또 삼국 통일을 완성하기 위해 외세를 방비하기에 힘썼던 문무왕 때에 이르러서 탈해 동악신의 구실은 더욱 중요하게 인식됐다. 호공(瓠公)의 집을 빼앗는다는 이야기에 담긴 비밀과 후대적 의미가 크다.

단군 관련자료와 그 유형에 대해서는 서영대, 「단군관계 문헌자료 연구」; 「단군 관계 자료」, 윤이흠 외 편, 『단군 -그 이해와 자료』(서울대출판부, 1994)를 참고할 수 있다. 그 인문학적 의미와 연구사는 성현경, 「단군신화의 문학적 연구」, 같은 책에서 다루었다. 단군의 문학사적 의미는 조동일, 『한국문학통사 1.』(지식산업사, 2005. 제4판)에서 종합적으로 따졌다. 여신의 알레고리적 사유와 변형 방식에 대해서는 이강엽, 「여신의 양상과 역할」, 『신화 전통과 우리소설』, 앞의 책에서 논했다. 트릭스터 이야기에 대한 기본적 고찰은 김열규, 『한국문학사』(탐구당, 1983); 조희웅, 『설화학 강요』(새문사, 1989)을 참고할 수 있다.

2.4. 고대에서 중세 이행기의 우언적 사유

우언은 고대적 질서가 흔들리고 신화적 동질성이 의심되면서 대량으로 생겨났다. 문학사의 시대 구분으로 말하자면 고대 말기라고도 할 수 있고 중세를 향한 이행기라고도 할 수 있다. 한국 문학사에서 우언이 가치관의 큰 변혁이 이루어지면서 이중적 특성을 지니는 여러 이행기에 특히 중요한 구실을 했다는 점은 중요한 의미를 지닌다. 고대에서 중세로의 이행기에서는 가치관의 혼재 속에서 구비문학과 한문문학의 습합과 교체 과정에서 우언문학사의 특징을 관찰할 수 있다. 먼저 한문을 빌려 고대가요의 전승을 기록한 자료에서 그러한 실례가 발견된다. 그 대표적인 작품이 <구지가(龜旨歌)>, <공무도하가(公無渡河歌)>, <황조가(黃鳥歌)>이다.

<구지가>는 『삼국유사』에서 수록한 「가락국기」의 수로왕 건국신화와 함께 전한다. 대개 수로왕은 이주민 집단의 우두머리로 여겨지는데, 가야 지방에 부족 연맹을 이루었던 선주민을 철기문명의 기술로 이미 지배할 수 있었던 존재였다. 그 점은 탈해와의 관계에서 충분히 짐작할 수 있다. 신라 쪽 기록에서는 탈해가 먼저 가락국 해변에 도착했을 때 그곳 사람들이 거두지 않았다거나, 수로왕이 신하와 백성들과 함께 야단스럽게 맞아들이고자 했지만 배가 달아나서 신라 지역 경계의 아진포에 이르렀다고 했다. 반면에 가락국의 기록에서는 수로왕과 탈해가 변신 도술시합까지 벌이면서 승패를 겨루고 패배한 탈해가 계림의 영토 안으로 도망했다고 했다. 신라와 가야 등의 선주민을 두고서 이주민 세력인 수로왕과 탈해는 철기문명의 새로운 기술을 가지고서 경쟁 관계에 있었다고 할 수 있다.

그러나 수로왕은 탈해보다 가야 지방에 먼저 이주했고 선주민에 융합하기보다는 군림하는 강압적 방식을 취했던 듯하다. 그러한 차이는 그들이 이주하는 과정의 이야기에서 잘 드러난다. 탈해는 속임수라는 기지를 발휘하여 충돌을 피했고 왕의 사위가 되면서 선주민 신라 사회에 편입됐던 데 비하여 수로는 추대의 의례를 구지봉에서 스스로 연출하면서 왕으로 새롭게

태어나고 대가락국을 새로 건설했기 때문이다. <구지가>는 그러한 의례 과정의 절정에 해당하는 부분이다.

>   龜何龜何   거북이여 거북이여
>   首其現也   머리를 내어놓으시오
>   若不現也   만약 내놓지 않으시면
>   燔灼而喫也   구워서 먹을 테니까

이 같은 한문 가사를 두고 수많은 해석이 있지만, 분명한 것은 이 노래가 주술 대상에 대해 은근한 협박조의 요구를 하고 있다는 점이다. 이러한 식의 노래는 오늘날까지 동요의 형태로 전승되며, 신라 성덕왕 때의 <해가(海歌)>나 고려 이제현이『역옹패설』에서 전하는 박세통(朴世通)의 후손 이야기에서 유사한 상황을 발견할 수 있다. 따라서 이 노래는 가락국의 건국 제의에서 처음 만들어졌기보다는 민요의 오랜 전승이 상황에 따라 변개됐던 것으로 추정된다. 따라서 전승 과정을 대비해 보면 <구지가>의 창작 상황도 미루어 짐작할 수 있다.

후대까지 전해지는 작품에서 주술 대상을 반복해 부르는 "龜何龜何" 혹은 "龜乎龜乎" 대목은 공통되지만, 요구하는 방식이나 내용에는 차이가 생겼다. <구지가>에서는 "머리[首]를 드러내라"고 하고, <해가>에서는 "수로(水路)를 내놓으라"고 하고, 박세통의 후손은 "잠자지 말라"고 했다. 또 <구지가>에서는 주술물을 다소 높이는 듯하면서도 주술물이 요구를 듣지 않으면 구워 먹겠다고 을러댔고, <해가>에서는 좀 더 거세게 따지며 주술물을 협박했으며, 박세통 후손의 시에서는 거북이의 약속이 헛말일 뿐이라고 비아냥거렸다. 결국 '거북[龜]'을 수단으로 삼은 주술의 목적과, 주술의 행위자인 '수로(首露/水路)'와 박세통 후손의 상황이 달라졌기 때문에 유사한 노래이면서도 그것의 의미가 달라졌던 것이다. <구지가>는 일종의 건국 신화에 끼어든 노래이어서 주술물의 신성성을 어느 정도 인정하면서도 협박조의 정서를 나타냈다는 점에서 모순된 종교 관념을 드러내고 있다. 노래로만 보자면 중세적 통치 질서에 위기가 온 것을 해결하고자 주술적 노래를 활용하고자 했던 <해가>와 크게 다르지 않은 것 같지만, 다른 신격의 출현을 위해 기존의 신성성을 공격하는 고대에서 중세로의 이행기적 모습이 두드러진다고 할 수 있다.

<공무도하가>는 2~3세기 중국 측 문헌에 <공후인(箜篌引)>이라는 악곡명과 함께 민간 가요로 수록된 것이 중국의 후대 문헌에까지 악부시(樂府詩)의 형태로 다양하게 전승돼 온 것이다. 다만, 그런 원자료의 내용이 16~18세기 조선의 차천로, 이덕무, 한치윤 등에 의해서 위만조선 혹은 한사군 때의 사안으로 취급되고 한국문학사에서 다루어질 계기를 마련했다. 그럴 수 있는 근거는 이 노래가 '조선(朝鮮)'의 나루터를 배경으로 하고 있기 때문이며, 여기서 조선은 과연 어느 시대 어느 지역을 가리키는가를 두고 문제가 제기되기도 했다. 그러나 그것은 대개 고조선의 옛 지역에 살던 거주민들의 상황을 배경으로 한 것이라고 보아도 무리가 없다. 머리를 풀어헤친 채 조그만 항아리를 들고 물에 빠져 죽은 남자, 그를 통곡하다가 뒤따라 투신하여 죽은 여자의 모습은 옛 조선 지역의 뱃사공에게 '미친 사내'와 '그 아내'로 비쳤을 것이다. 비극적 상황임은 분명하나 그들의 정체가 무엇인지는 뱃사공과 그 주변 사람에게도 충격적일 뿐 다양한 추측을 불러일으킨다. 급박한 상황에서 아내의 목소리로 묘사된 노래의 내용은 다음과 같다.

　　　公無渡河,　　님이여 물을 건너지 마소서!
　　　公竟渡河.　　님은 기어이 물 건너시네.
　　　墮河而死,　　물에 빠져서 죽으시니,
　　　當奈公何.　　님을 마땅히 어찌할거나?

기록자들이 '미친 사나이'라고 설명했던 사람을 아내는 '공(公)'으로 불렀다. 아내라고 하더라도 이 사나이의 전력이 상당한 지위에 있었음을 암시한다. 또한 '물'[河]이 지속적으로 언급되고 있다. 물은 이쪽과 저쪽의 공간을 가르는 장애물이자 새로운 공간을 만드는 경계선을 상징한다. 전후 사정은 알 수 없으나 그 사나이가 고조선의 유민으로서 '공'으로 불릴 만한 지위에 있었다고 한다면 그 물이 의미하는 속뜻은 정치적일 수 있다. 기록자의 설명에 눈을 돌려서 그 사나이가 물을 건널 때의 모습을 중시한다면 종교적일 수도 있다. 어느 쪽이든 '공'의 물 건너기는 실패로 끝나고 죽음에 이르렀다. 고조선 지역의 거주민 사이에 퍼진 이 노래는 물 건너기의 회한이라는 정서로 유행됐던 것은 확실하다. '물 건너기'는 개인적으로는 인생의 여러 역경을 이겨나가야 하는 당위와 그 시련에 좌절하는 회한을 상징할 수도 있고, 집단적으로는 역사적 당위와 현실을 우의할 수도 있다. 그러나 문학적으로는 자초지종은 감추어둔 채 어떤 부부의 비극과 그를 목격한 주변인의 정서를 전할 뿐이다. 고대문학의 신화적 권능이 더 이상 작동하지 못하는 상태에서 중세적 서정시에 가까운 형태로 나타났다고 할 수 있다. 그러한 틈새에서 '물 건너기'의 주제가 후대에는 문인 관료의 처세, 권력자의 통치와 관련한 우언시로 변형되어 계승되기도 했다.

한편 <황소가>는 『삼국사기』의 「유리왕 본기」에 전한다. 그것은 고구려 제2대 유리왕의 등극과 통치 내용을 기록한 내용이다. 유리왕은 주몽이 부여에서 망명한 이후에 부여 땅에서 태어난 유복자이다. 그래서 부친을 찾아 나서는 과정의 이야기가 유리왕 서사에서는 가장 중요한 부분이 된다. 그것은 부친의 왕권을 계승하기 위한 탐색담의 성격을 띤다. 주몽은 부러진 칼을 "일곱 모의 돌 위 소나무 아래" 숨겨놓고 떠나면서 수수께끼를 남겨두었다.

이규보의 <동명왕편>에서는 "칠령칠곡석상지송(七嶺七谷石上之松)"에 물건을 감췄다고 했다. 일곱 고개와 일곱 골짜기의 돌 위 소나무에 숨겼다는 말이니 이쪽이 수수께끼담으로서 더 그럴듯하다. 유리가 산골짜기를 헤매며 돌아다니는 시행착오를 겪는 것은 결핍의 상태에 있는 주인공이 잠재된 능력을 발휘하기 위해 겪어야 하는 예정된 시련 과정이다. 그는 결국

'칠령칠곡'이 '일곱 모서리'이고 '돌 위 소나무'가 '기둥'을 뜻한다는 것을 해독해 낸다. 유리는 어머니와 함께 고구려로 도망하여 부왕 주몽에게 칼을 바쳤다. 왕은 유리가 자기 아들임을 인정하면서도 어떠한 신성함이 있는지를 보이도록 요구했다. 유리는 몸을 솟구쳐 창문으로 올라서면서 해에다 몸을 맞추었다. 그는 주몽과 같이 천신족의 후예임을 증명한 셈이다. 왕은 기뻐하여 그를 태자로 세웠다. 탐색담 가운데 수수께끼의 부과와 해독이 과업 성취의 계기가 됐다.

이규보의 <동명왕편> 서사는 유리의 성취담으로 대단원에 이른다. 그것은 유리의 신성성이 결국 주몽 신화의 연장임을 말해준다. 그에 비해『삼국사기』는 「유리왕 본기」에서 수수께끼 풀이를 통한 유리의 지혜를 부각시켰고, 유리가 태자가 될 만한 재목임을 암시했다. 유리가 부친을 만나 태자가 되고 주몽왕이 죽어 동명성왕이 되는 것은 거의 동시적 사건으로 기록되어 있다. 유리왕 자신만의 서사는 여기서부터 시작된다. 선왕에 의해 고구려에 복속된 다물후 송양의 딸을 왕비로 삼았으나 이듬해 왕비가 죽었다. 다시 골천 사람 화희(禾姬)와 한족의 치희(稚姬)를 계실로 맞았으나 둘 사이에 다툼이 벌어져 치희가 떠나가고 유리왕이 고민에 빠져 <황조가>를 불렀다. 유리왕의 시작은 영웅의 모습과는 거리가 멀다.

翩翩黃鳥,	펄펄 나는 꾀꼬리는
雌雄相依.	암수 서로 노니는데,
念我之獨,	나는야 홀로 있으니
誰其與歸.	누가 함께 돌아갈꼬?

개인의 정서로 보자면 이 작품은 짝을 찾지 못하거나 짝을 찾기 위한 사랑 노래 같지만 배경 설화를 연관 지어 보지 않을 수 없다. 유리는 왕의 지위에 있고 왕후가 연달아 죽거나 떠나갔으니 나라의 안살림에 커다란 위기가 왔음을 표현했다고 볼 수 있다. 또 골천의 화희가 주몽왕이 도읍으로 삼

앉던 골령에 속한 지역을 배경으로 하고 있다면, 그녀는 주몽을 따라온 구세력 집단과 관련이 있다. 따라서 한족의 딸인 치희는 주몽왕이나 유리왕 이후에 도래한 외래 집단과 관련이 있다.

반면에 배경 설화를 모두 역사적 사실로 받아들이기 곤란한 부분도 있다. 비류국 출신의 송씨를 왕비로 삼은 지 1년여 만에 죽었는데 바로 10월 같은 달에 계비를 두 명이나 맞이했다는 것은 이상하다. 더구나 그들의 이름이 '벼 계집'과 '꿩 계집'이라는 의미를 지닌 것은 나름의 상징성이 있다고 보아 무리가 없다. 이를 주몽의 신화와 연결시켜 보면 신화적으로 해석할 만한 더 분명한 의미가 생겨난다. 주몽은 어머니 유화가 보낸 비둘기 한 쌍으로부터 보리씨를 전달받았다. <동명왕편>에 의하면 이 대목은 신화적으로 생동감을 준다. 어머니가 오곡 종자를 싸주었는데 주몽이 망명하는 경황 중에 보리 씨앗을 놓치고 왔다. 주몽은 큰 나무에 기대어 쉬고 있다가 비둘기 한 쌍이 날아오는 것을 보고는 '신모(神母)'가 보낸 줄 알아채고 화살로 쏘아 떨어뜨려 목구멍에서 보리 종자를 취하고 물을 뿜어 비둘기를 소생시켜 날려보냈다. 주몽은 유화를 통해 씨앗도 얻고 새도 온전히 돌려보낼 수 있으니 그 과정을 하나의 신화적 의례로 해석할 만하며, 주몽이나 유화는 곡식의 전령인 새를 온전히 부릴 줄 아는 신화적 인물에 속한다. 그에 비하여 유리왕은 관련되는 여인들이 화희와 치희로 분리되어 대결 상황에 이르러서 화희를 얻으면 치희를 보내야만 하는 상황에 있다. 그만큼 온전한 신성성을 획득하지 못하고 있는 셈이다. 그 결핍감은 <황조가>와 같은 서정시적 정서에서 가장 분명하게 드러난다.

유리왕의 결핍감은 후계자 아들들의 문제에서도 지속됐다. 셋째 아들 무휼은 재위 1년여 만에 죽은 왕비 송씨의 소생이며 고구려의 제3대 대무신왕에 즉위했다. 그에 비해 맏형인 태자 도절은 부여의 인질로 가는 것을 거부하다가 부여의 침략을 불러들였고 몇 년 만에 죽었다. 그를 이은 태자 해명은 인접한 황룡국의 사신에게 무력을 시위하다가 부왕의 노여움을 사서 자살했다. 그 두 태자가 누구의 소생인지는 『삼국사기』에서 기록하고 있지 않고 부왕과의 관계가 모두 원만하지 못했다. 유리왕 부여는 큰 나라인 부여의 요구를 받아들여 태자 도절을 인질로 보내려고 했지만 도절은 두려워하며 가지 않았다. 태자 해명은 황룡국에서 강궁(强弓)을 보내니 고구려를 가볍게 보는 것이라 여기고 활을 꺾어버려 무력을 과시한 것인데 유리왕은 외교 관계를 어지럽혔다고 해서 한사코 태자를 응징하고자 했다. 해명은 동쪽 들판에 창을 꽂아놓고 말을 달려 창에 찔려죽는 비극적 결말을 택했다. 이에 태자의 예로 그곳에 장사를 지내고 그 땅을 창원(槍原)이라 이름했다. 이로써 해명 태자는 전설 시대의 가장 확실한 주인공이 된 것이지만, 부왕인 유리왕도 더 이상 탐색담의 영웅 주인공으로서 신화적 인물이 되기에는 부족함을 분명하게 드러냈다. 유리왕은 부여의 강대함을 두려워하여 태자를 인질로 보내려 하면서도 아들의 두려움은 살피지 못했으며, 인접국과의 외교적 마찰을 꺼리면서 태자에게 불효의 죄를 물었지만 아들의 용력은 인정하지 못했다.

이에 비해 왕자 무휼은 부여의 무력적 압박에 대해 지략으로 물리쳤다. 첫 번째는 부여왕의 압박에 맞서서 상대 국가의 지혜를 시험했다. "지금 여기에 달걀을 쌓아놓았으니, 만일 그 알을 헐지 않는다면 섬기겠지만 그렇지 않으면 섬기지 않겠다."라는 수수께끼 같은 말을 전하게 했다. 부여왕은 그 말을 듣고 신하들에게 두루 물었지만 한 노파가 비로소 답을 했다. "달걀을 쌓는 것은 위험함을 뜻한다. 왕이 자신의 위험은 알지 못하면서 남의 나라가 복속하기를 원한다"고 했다. 남의 나라를 넘보지 말고 부여국 내부의 위기부터 돌보라는 조롱이 섞여 있는 셈이다. 두 번째는 부여가 실제로 내침했을 때 무휼은 고구려의 병졸 수가 적으므로 정면 대결을 피하고 매복을 설치하여 물리쳤다. 무휼은 앞선 태자들의 불행을 겪지 않으면서도 적국의 횡포에 맞설 수 있었다. 이러한 점에서 무휼은 조부 주몽의 영웅상과는 달리 지혜로 세계에 맞서는 민담적 주인공에 가깝게 묘사됐다.

그러나 무휼이 고구려 제3대 대무신왕에 등극하면서는 더 이상 민담의 주인공일 수 없었다. 부여와의 전쟁이 다시금 첫 번째 시험대가 됐다. 대무신왕은 자기 경내에서 신령한 말을 얻었고, 부여왕으로부터는 머리 하나에 몸이 둘인 붉은 까마귀를 전해 받았다. 신마는 행운을 상징하지만, 까마귀는 불길함을 전하는 위협이 될 만하다. 그러나 부여의 의도를 뒤집어 해석함으로써 오히려 고구려에 유리한 징조로 바꾸어버렸다. 또 대무신왕이 부여를 정벌하고자 할 때는 여러 신물과 용장 두 명을 얻었다. 특히 비류수에서 한 여인으로부터는 저절로 밥이 지어지는 솥을 얻어 군사들을 먹일 수 있었다. 이 여인은 다물후의 딸이자 왕의 모친인 송씨와 관련이 있어 보인다. 그녀는 유리왕 때 별다른 활약 없이 일찍 죽었지만 이제 신모(神母)의 구실을 하며 병사들의 먹거리를 도왔다고 해석할 수 있다. 그러나 대무신왕은 부여왕의 목을 자르는 전공을 세웠음에도 불구하고 식량 부족으로 간신히 탈출했다. 후퇴 중에는 신마와 솥을 잃고 군사들이 굶주림에 시달렸다. 비류수 여인과 신비한 솥의 도움은 일회적이며 제한적이었다.

대무신왕의 두 번째 시험은 다시금 자기 아들과의 사건에서 불거졌다. 왕자 호동은 낙랑국의 부마가 되어 아내인 낙랑공주를 꾀어내고 낙랑국을 복속시켰다. 그러나 국내에서는 그러한 전공이 빌미가 되어 태자 측의 참소에 의해 자실하는 데 이르렀다. 이러한 사건은 유리왕이 태자 해명의 비극에 끼어든 상황과 크게 다르지 않다. 그들은 고구려 초기의 통치자 혹은 그 후계자로서 때로 신령한 존재의 징조에 기대거나 도움을 받기도 하지만 스스로는 신화의 동질성에서 벗어나 세계의 횡포와 개인의 무력감에 노출된 존재들이다. 이미 고대 서사시의 주인공이 되지 못하며, 역사 기술의 대상으로서 부분적으로 전설 혹은 민담적 세계관을 보여주는 인물이 됐던 것이다.

부여·마한·가야는 고조선 멸망 이후에 토착세력으로 강한 고대국가를 세워 넓은 지역을 차지하고 세력을 떨쳤다. 반면에 고구려·백제·신라는 신흥 국가로서 그들과 외교관계를 원만하게 유지하고 때로는 무력 충돌의 틈새에서 어렵게 성장했다. 그 과정은 역사적으로 고대이기보다는 고대에서 중세로의 이행기에 해당하며 문학사적으로는 신화의 우의화 과정이나 한문으로 기록되어 파편적으로 남아 있는 서정시 같은 짧은 한문가요에서 잘 드러났다. 원래는 구비문학으로 전승되던 것이 먼 훗날 한문의 기록문학에 자취를 남겼다. 따라서 구비우언과 문자우언이 교체되는 시기가 지연되어서 본격적인 한문우언 양식의 출현은 중세에 접어들어서도 상당히 후대에나 가능했다.

고대에서 중세로의 이행기문학은 조동일, 앞의 책에서 시대 설정의 근거를 설명하고, 작품으로 전설·민담과 <구지가>, <공무도하가>, <황조가>를 다루었다. <구지가>에 관한 연구는 황패강, 「구지가고」, 『국어국문학』 29호(국어국문학회, 1965); 김열규, 「구지가 재론」, 『한국 고전시가 작품론』 제1책(백영 정병욱선생 10주기 추모논문집 간행위원회, 1992); 김균태, 「구지가 연구 - 수로신화의 기능을 중심으로」, 『국어교육』 92권(한국어교육학회, 1996) 등을 참고할 수 있다. 또 신격 대립의 역사적 상황이나 신성성의 모독에 대한 논의는 성기옥, 「구지가 형성의 문화기반과 역사적 상황」, 『한국고대사 논총』 2집(가락국사적개발연구원, 1991); 임재욱, 「<구지가>에 나타난 신격에 대한 이중적 태도의 이해」, 『국문학연구』 19권(국문학회, 2009)에서 논의했다. <공무도하가>를 전하는 최초의 문헌이 최표(崔豹)의 『고금주』보다 150년가량 앞선 채옹(蔡邕)의 『금조』임을 밝히고 그 역사적, 문헌적 의미를 따진 논문으로 이영태, 「<공무도하곡>론」, 『한국학연구』 6·7합집(인하대 한국학연구소, 1996); 유종국, 「<공무도하가>론 - 악부의 원전 탐구를 통한 접근」, 『국어문학』 37집(국어문학회, 2002)을 참고할 수 있다. 성기옥, 「<공무도하가>와 한국 서정시의 전통」, 박노준 편, 『고전시가 엮어 읽기』(태학사, 2003)는 <공무도하가>가 동일성 상실과 불연속적 세계관에 기초한 한국 서정시의 전통을 만들었다는 관점에서 종합적으로 따졌다. <공무도하가>의 우언적 의미는 윤주필, 『틈새의 미학』(집문당, 2003)에서 이백의 <공무도하가>와 조식의 <민암부>와 함께 다루었다. 신연우, 「제의의 관점에서 본 유리와 <황조가> 기사의 이해」, 『한민족어문학』 41집(한민족어문학회, 2002)에서는 <황조가>를 고구려의 국중대회인 동맹의 제의와 관련지어 이해하고 동명왕, 유리왕, 대무신왕 3대의 『삼국사기』 기사를 신화, 전설, 유학적 사고의 관점에서 고찰했다.

3장

중세전기 제1기 우언문학사

- 삼국시대와 남북국시대 -

3.1. 삼국시대의 우언

3.1.1. 삼국 초기 음악에 반영된 우언적 사유

고대국가가 중세 문화의 기준으로 재편되자 문화적 교류가 전에 없이 활발해졌다. 상층과 하층은 물론이고 중국과 동국의 여러 나라가 문화를 공유했다. 그 가운데 음악문화는 중세 국가로 성립한 삼국에 집중되는 양상을 보였다. 가야의 음악이 가야금이라는 악기와 더불어 우륵과 같은 음악가를 통해서 신라로 들어와 큰 구실을 했던 것이 좋은 실례이다. 『삼국사기·악지』에서는 우륵이 가야풍의 음악을 전했지만 신라의 관리들이 그것을 전수받아 "낙이불류(樂而不流) 애이불비(哀而不悲)"의 올바른 방향으로 개작하자, 선생은 그에 감동하여 자신의 제자이기도 한 신라 관료들에게 왕 앞에서 연주하도록 허락했다고 한다. 여기서 개작의 기준이 된 그 말은 예술이 "즐겁고 슬픈 감정을 나타내면서도 지나침에 빠지지 않는다"는 『예기(禮記)』「악기(樂記)」편의 개념을 원용하여 중용의 미학을 나타낸 것이다. 이는 신라사회가 이미 중세적 이념에 입각한 예술 철학의 인식을 형성했음을 보여준다. 한편 니문(泥文)이라는 사람이 지은 세 가야금 곡의 이름이 <까마귀>[烏], <쥐>[鼠], <메추라기>[鶉]라고 한 것으로 보아서는 동물들의 특이한 울음과 동작을 본뜨는 음악까지 창작됐던 듯하다. 그 안에 우화적 내용이 기악으로든 성악으로든 결합됐을 가능성이 있다.

또 삼국시대 고구려 사람이 불렀다는 노래가 『고려사·악지』에 기록되어 있어 이 시기 예술에서 우언적 사유가 어느 정도 통용됐는지 짐작하게 한다. 그 가운데 <연양(延陽)>은 변방에서 미관말직으로 고초를 겪던 어떤 사람의 사연을 비유적으로 담고 있어 주목된다. 연양은 고려 때의 연산부(延山府)에 해당되는 곳인데 지명 이름을 바로 노래 제목으로 삼았다. 이곳은 약산동대(藥山東臺)가 있는 지금의 평안북도 영변 지역인데 철옹성으로 유명하며 평안도 일대를 방어하기 위한 최적의 장소로 평가되어 왔다. 노래의 주인공은 아마도 조정의 관직에서 배척되어 겨우 변방에서 귀양살이 비슷한 직책을 맡은 사람인 듯하다. 한문으로 기록된 노랫말을 제시하고 번역하면 다음과 같다.

木之資火,	나무가 땔감이라 불을 피우다 보면,
必有戕賊之禍.	필시 본성을 손상시킬 재난이 있게 마련!
然深以收用爲幸,	하지만 다시금 거두어 쓰였으니 큰 다행
雖至於灰燼,	비록 잿가루에 이른다 한들
所不辭也.	마다할 수 없는 처지!

한문 가사로 보면 두 줄씩 겨우 운을 맞추는 데 그쳤다. 글자 수, 구절 수 등의 형식이 산만하다. 구전으로 전하는 속악 가사를 뜻만 통하게끔 엉성하게 말을 맞추었다고 여겨진다. 그러나 의미하는 내용은 선명하고 비유법이 뚜렷하다. 나무와 불의 관계는 자신과 자신을 거두어 쓰는 이에 빗댔다. 나무가 땔감이 되어 불을 피우듯이 자신은 어떤 사람을 최선을 다해 섬겼다는 뜻이다. 자식이 부모를 넉넉하게 봉양하고 그러한 도리로 임금을 섬긴다는 『효경』의 "자부사군(資父事君)"의 표현을 빌려왔다. 반면에 '손상시킨다'는 표현은 본성을 어기면서까지 어떤 일을 과도하게 추구하다 보면 심한 손해를 입는다는 뜻이다. 현실적 목표를 향해 매진하다 보면 본성을 해친다는 『장자』의 '장적(戕賊)'의 표현을 빌려왔다. 한문으로 옮기는 과정에서 차용했을 법한 표현들이지만, 불쏘시개 구실을 마다하지 않는 땔감의 운명 같은 것을 에둘러 말했다. 땔감이 제 몸을 불사르듯 최선을 다했지만 불길이 번져 의외의 재앙이 발생했다는 변명일 수도 있다. 후반부에서는 전반부의 분위기를 가라앉히고 저 자신의 불리한 처지로부터 재출발했다. 장작이 아직은 다 타지 않고 다시 땔감이 되었으니 다행이라 할 수 있으니 '잿가루' 운운한 것은 죽을 때까지 최선을 다하겠다는 다짐이다. 그러나 그것은 좋아서 하는 것이 아니라 어쩔 수 없다는 여운을 남겼다. 다시금 전반부에서 언급한 제 본성을 해치는 재앙 혹은 운명을 환기시킨다. 이렇게 보면 이 노래를 들려주는 예상 청자는 예사 사람이 아니라 당대 최고의 집권

자이거나 임금일 수도 있다. 자기를 희생해야만 하는 처지로 몰려난 변방 관리의 노래에서 상세한 사연은 탈락된 채 통일신라와 고려를 거치면서 역사서의 「예악지」에 희미한 흔적을 남겼다.

백제의 노래인 <정읍>은 전주의 속현인 정읍 사람이 행상을 떠나서 오래도록 돌아오지 않자 아내가 불렀다는 배경 설명이 있다. 여인이 산 위의 바위에 올라 멀리 바라다보며 남편이 밤길에 해를 입을까 걱정하여 더러운 진흙물에 가탁하여 노래했다는 말에서 가사 내용의 속뜻을 짐작할 수 있다. 조선 전기의 『악학궤범』에 전하는 <정읍사> 가사에 비추어 보자면, 그 가탁한 내용이 "즌져재 녀러신고요 어긔야 즌듸를 드듸욜세라"에 해당된다. "온 저잣거리를 나다니시는가요? 아아! 진 데를 디디실까봐." 달에게 높이 돋아 멀리 비치기를 기원한 이유를 그같이 나타냈다. "진 데를 디딘다"는 말은 이외의 해코지에 빠질 것을 걱정하는 상징적 표현이면서, 동시에 남편의 성적 방탕을 은근히 걱정하는 여성 화자의 우의를 이중적으로 표현하고 있다.

소동일, 『한국문학통사 1』, 앞의 책, 135~143번에서는 중세 전기 「노래의 새로운 모습」으로 고구려, 백제의 초기 가요 상황을 전반적으로 논했다.

3.1.2. <온달>과 <서동> 이야기

<온달>과 <서동>은 미천한 남성이 고귀한 여성을 만나 사회적 성취를 이루는 이야기라는 점에서 공통점을 지닌다. 그 과정에서 여성은 원래 계층에서 쫓겨났다가 남편의 성공에 의지해 새롭게 인정받고 본래의 지위로 복귀한다. 반면에 차이점도 있다. <온달>은 여성이 남성을 택해 애정과 후원을 통해 함께 성공에 이른다면, <서동>은 남성이 속임수로 여성을 취하고 재력을 키워 함께 성공에 이른다. 이 같은 내용의 이야기가 『삼국사기』의

<온달전>과 『삼국유사』의 <무왕>조에 각각 실려 있다. 그러나 두 작품은 당시까지 전해지던 설화를 역사 기술의 방향성에 맞추어 어느 정도 윤색하여 기록했을 뿐이며 원래의 전승은 두 작품 모두 쫓겨난 딸의 성취담과 관련이 있을 것이다. 설화와 역사의 틈새에 기술자의 시각이 개입하고 역사적 우의가 발생한다.

<온달>의 내용은 고유명사를 제외하고 보자면 '바보 거지와 울보 공주'의 이야기이다. 온달장군은 오직 <온달전>에만 등장하는 인물이다. 평강공주가 실제로 당시에 공인된 바보 거지를 스스로 찾아나서 아내가 됐다는 것은 역사적으로 있기 어려운 일이다. 그러한 빈틈을 메우기 위해 작가는 여러 교술적 장치를 배치했다. "왕 노릇 하는 자에게는 희언이 없다"라든가, "한 말의 곡식이라도 찧어 먹을 수 있고, 한 자의 베라도 꿰어 입을 수 있다. 같은 마음이라면 하필 부귀한 다음에야 함께할 수 있을까?"라는 발언에는 교훈적 의미가 짙게 깔려 있다. 유래가 있는 유식한 표현이지만 얼마든지 이 이야기를 떠나서도 보편적 의미가 형성된다.

그러나 비루먹은 국마를 싼값에 사서 정성껏 길러 천하 명마로 만든다는 일화는 바보 온달의 가능성과 처지 변신에 적용될 만큼 닮은꼴이다. 설화 내용 그 자체로도 우언적 의미를 지니면서 서사 내용과도 부합된다. 또 온달이 전쟁터에 자원해 나가 전공을 세우고 죽음에 이르렀을 때의 내용은 작품의 주제를 극적으로 드러내 준다. 온달의 운구 행렬이 움직이지 않자 공주가 와서 관을 쓰다듬어 상엿소리 같은 위로를 하고서야 장례를 마칠 수 있었다는 결말은 깊은 공감을 불러일으킨다. 성취와 애정에 관련된 '알아줌'의 문제의식을 그런 식으로 다루었다. 이러한 주제는 <쫓겨난 딸>의 성취담에서도 추출될 수 있지만 역사서에 편입되면서 재창작되고 의미가 강화되었다.

<서동> 이야기가 <무왕>의 역사적 자료로 편입된 것은 더욱 이해하기 어렵다. 산마를 캐어 파는 마퉁이가 고귀한 여인을 만나 출세하는 이야기야 얼마든지 있을 수 있다. 그러나 백제의 무왕과 진평왕은 정치적으로는 여러

차례의 격렬한 전투를 벌여 공방을 벌였고, 문화적으로는 불교의 미륵신앙을 왕권 강화의 수단으로 수용하면서 경쟁 관계에 놓였던 맞수였다. 양국의 격화된 정치 군사적 관계 때문에 시달리던 민중이 평화를 염원하면서 상상의 이야기를 만들어 놓았던 것을 역사적 사실들과 함께 섞어서 역사의 이면을 드러냈다고 판단된다.

그런데 <서동> 이야기가 사실인 양 보이게 하는 데는 향가의 노랫말이 결정적 구실을 했다. 그것은 헛소문을 퍼뜨리기 위한 내용이지만 소문이 사실로 변하기를 바라는 주술 감응적 효과도 지니고 있기 때문이다.

> 선화 공주님은 남 그윽이 얼어두고,
> 서동 방으로 밤에 몰래 안겨 가다.

선화공주는 신라 진평왕의 셋째 딸이었다고 했다. 그녀는 이 같은 노래가 퍼져 진평왕의 귀에까지 들어가자 영문도 모른 채 쫓겨났다. 왕후가 순금 한 말을 싸주어 노자로 삼았는데 길에서 서동이 나와 맞았다. 근본 모를 사내였지만 공주는 왠지 그를 믿고 따랐으며 부부의 연을 맺었다. 그런 다음에 서동의 이름을 알았고, 공주는 아이들이 부르던 위 노랫말의 영검함을 믿고 함께 백제로 갔다고 했다. 궁실에 있을 때는 동요가 불행을 초래한 하나의 참요(讖謠)였다면, 이제는 미래를 바꾸어 놓는 계시적 성격의 시징(詩徵)으로 바뀐 셈이다. 노래가 불릴 당시에는 있지도 않은 일의 거짓말이 미래에는 사실로 바뀌는 변화가 가사의 표면과 이면으로 작용하고 있다.

이후의 성취담은 <내 덕에 산다> 유형의 셋째 딸 설화나 제주도 무가의 <가문장아기>의 구조와 대체로 일치한다. 마퉁이 청년과 쫓겨난 셋째 딸의 성취담은 세상의 편견을 이기고 성공하는 결함 있는 남녀의 혼인담이 민중의 소망을 반영하면서 널리 흥미를 끌었다 할 수 있다. 이에 비해 <무왕 서동> 전승은 특별히 동요를 향가로 지어 편입시키면서 실감을 더했다. 이 노래에서 '선화공주'와 '서동'은 얼마든지 대체가 가능한 부분이다.

원효가 요석궁의 과부 공주를 꾀어내기 위해 항간에 퍼뜨렸다는 두 줄 노래도 상당한 정도의 우의성을 지니면서 상대 배우자의 반응을 유도하고 있다. 득도송은 있어도 파계시는 유래가 없는 일인데, '풍전한(風顚漢)' 노릇을 하며 희한한 시를 지어 거리에 퍼뜨렸다. 속세의 한복판에서 풍찬노숙을 하며 미치광이 노릇을 했다는 말이다.

誰許沒柯斧,　누가 자루 빠진 도끼를 빌려주려나?
我斫支天柱.　내가 하늘을 받칠 기둥을 찍어내리라!

노래가 퍼져 나가도 신라에 아무도 이해하는 사람이 없다고 했다. 다만 태종무열왕만 이 노래를 전해 듣고 다음과 같이 해석했다.

"스님께서 아마 귀부인을 얻어 훌륭한 아들을 낳고 싶으신가보다. 나라에 큰 현인이 있으면 그보다 이로운 일이 없을 것이다"

왕은 '자루 빠진 도끼'가 귀부인의 우의이고, '하늘 받칠 기둥'이 훌륭한 아들이자 큰 현인의 우의임을 간파했다는 것이다. 결과적으로 보자면 왕은 과부 공주와 풍전한 원효가 결합하여 설총 같은 신라 유학의 개창자가 탄생할 것을 예견하고 기꺼이 중신아비 노릇을 했다. 그 같은 우의적 해석의 근거가 무엇인지는 분명치 않지만, 원효의 파계시에는 『시경』<벌가(伐柯)>장과 유사한 시상이 엿보인다. 도끼자루를 벌목하는 나무꾼이 좋은 자루를 다른 데서 구하지 말고 제가 쥐고 있는 도끼자루를 본으로 삼듯이, 좋은 혼처를 구하려면 노래하는 자신을 중매하면 된다는 내용이다. 나무꾼 총각들이 작대기로 지게목발을 두들기며 부르던 <어사용>처럼 나무하러 간 사람이 노동요 삼아 장가라도 가고 싶은 마음을 중국 고대에서 그처럼 불렀다. 그렇다면 요석공주에게 마음을 둔 원효는 태종무열왕을 향해 자신을 신랑감으로 자천하면서 중매에 나서라고 촉구했던 셈이다. <서동> 전승이

무왕의 사적으로 연결되기 위해서는 실제 진평왕보다는 뒤늦게 이루어졌다고 볼 때, 원효의 노래와 서동의 노래는 한시와 향가라는 차이가 있을지언정 그 시기와 수법에 있어 유사성이 인정된다.

<온달> 전승의 설화성과 역사성에 대해서는 이창식 편저, 『온달 문학의 설화성과 역사성』(박이정, 2000)이 참고가 된다. 정민, 『불국토를 꿈꾼 그들』(문학의문학, 2012)에서는 『삼국유사』의 「무왕」조를 중심으로 백제와 신라의 관계를 상세히 해독했다. 김선기, 『향가의 새풀이』(한울, 2007)에서는 <서동요>에 대한 해독과 더불어 작가를 원효의 파계 사적과 연결시켜 설명했다. 특히 薯童(쇼뚱)과 원효의 민간 이름인 誓幢(셰뚱)을 동일하게 보았다. 이가원, 『조선문학사』 상책(태학사, 1995) 69~70면에서는 '자루 빠진 도끼'는 과부를 지칭하는 속어이며, '지천주(支天柱)'는 옥경(玉莖)을 암시하면서 원효 자신의 기력이 왕성함을 표현했다고 했다.

3.2. 삼국 통일의 진통과 우언의 역할

3.2.1. 삼국 통일과 관련된 예언과 도참

　삼국이 패권 다툼을 하는 과정에서 통일은 다툼을 끝내야 하는 이유이자 이념이 되었다. 패권을 차지하는 일이 실제적 목표라면, 삼국은 다투고 있는 실제의 시공간에서 각기 바람직한 통일의 지향점을 미리 설정하고 노력했다는 이야기를 만들어냈다. 그것은 통일의 과업에서 성공한 신라에 좀 더 많이 남아있지만 이긴 자의 특권이라 할 수 있다. 그에 비해 패배한 고구려와 백제의 이야기는 반어적 형태로 변형되어 전해지는 것은 어쩔 수 없는 현상이므로 그 이면을 함께 살펴야 한다.

　삼국의 통일 과업은 신라의 선덕여왕, 고구려의 보장왕, 백제의 의자왕, 그리고 당 태종 시대에 본격화됐다.『삼국유사』「왕력」편에는 이 네 명의 통치자들을 동시대의 인물로 대비시켜 놓고 있다. 고구려는 중국의 수나라 때부터 북방에 거점을 두고 쟁패했으며, 백제는 고구려와 연합 전선을 펴면서 신라와의 다툼에서 상대적 우위를 차지했다. 이에 비해 신라는 지리적으로나 외교적으로 고립된 상태에서 새로운 활로를 찾아야만 하는 기로에 놓여 있었다. 또한 중국에 새로운 통일왕조로 들어선 당나라는 요동 지방의 강자인 고구려와 알력 관계에 있으면서 신라와 백제를 외교 관계로 조정하고 고구려를 고립시키고자 했다.

　신라의 통일 과업은 백제로부터 큰 타격을 입었던 선덕여왕이 김춘추와 김유신을 적극 등용함으로써 본격화됐다. 그는 성골 왕위의 마지막 계승자이자 최초의 여성 임금이어서 정치적으로 큰 약점을 지녔지만 오히려 지혜를 통해 신라의 위기를 이겨내고자 했다. 그러한 선덕여왕의 역설을『삼국유사』에서는 <지기삼사(知機三事)>에서 압축해서 묘사했다. 그 내용은 무엇보다도 선덕왕이 미래를 내다보았다는 세 가지 일화이므로 우언적 사유의 관점에서 재음미할 필요가 있다.

　첫 번째는 당태종이 모란 씨앗을 보내주었는데 이 꽃은 향기가 없을 것을 선덕여왕이 미리 알았다는 내용이다. 씨앗과 함께 보내진 꽃 그림에 나비가 그려져 있지 않을 것을 보고 그런 줄 알았고, 자신이 여왕임을 조롱하는 뜻도 들어 있음을 간파했다고 했다. 『삼국사기』는 「선덕여왕본기」에서 이 일화를 선왕이었던 진평왕 시절에 덕만공주로 있을 때의 일로 언급하면서 선덕여왕의 즉위담으로 처리했다. 그에 비해 『삼국유사』에서는 모란꽃이 신라의 상황에 빗대어 우의를 생성하고 있음을 강조했다. 당태종은 제시자이고 여왕은 해답자인데 여왕이 답을 맞혀 수수께끼의 경합에서 이긴 셈이다. 당나라는 중국의 신흥 제국으로서 동쪽의 삼국을 이용하면서 열세에 놓였던 신라의 능력을 시험해 볼 필요가 있었고, 신라는 당의 세력을 끌어들이면서도 그들의 속내를 읽어내야만 했다. 이 이야기는 양국 사이에 조성됐던 외교적 줄다리기의 긴장된 실제 상황을 이면화하면서 우의를 조성하고 있다.

두 번째는 겨울철에 많은 개구리가 사나흘을 우는 이변을 보고 신라 영내에 숨어들은 백제 군사를 탐색하여 몰살시켰다는 내용이다. 개구리들이 출현한 곳은 서라벌 서쪽 영묘사 경내의 옥문지(玉門池)라는 곳이다. 선덕여왕은 개구리들의 이변을 국가적 재난의 징조로 파악하고 자신이 건립하여 익히 드나들었던 영묘사의 지리를 매개로 도참적 해석을 했다. 개구리들이 노한 듯이 몇 날을 울어대는 모습에서 군사의 형상을 읽어내고, '옥문'이라는 명칭에서 여성의 생식기를 연상하면서 음양의 '음'에 해당하는 서쪽과 여근곡(女根谷)이라는 곳을 찾아내게 했다. 백제와 첨예한 군사적 갈등을 일으켰던 당대 상황을 배경으로 하면서 삼국통일 직전의 격화될 공방전을 우의하고 있다. 『삼국사기』에 의하면 선덕여왕이 여근곡에서 백제군을 몰살시킨 것은 동왕 5년(636)의 일이다. 이에 비해 11년(642)에는 백제 의자왕이 크게 군사를 일으켜 신라에게 막대한 손실을 안겼다. 백제는 당나라와의 교통 요지였던 지금의 화성시 남양반도를 끼고 있는 당항성(黨項城)을 공격하고, 지금의 경남 합천 지역인 대야성(大耶城)을 함락시켰다.

세 번째는 여왕이 아무런 병도 없을 때 자신의 죽을 날과 장사지낼 곳을 예언했다는 내용이다. 특히 자신을 도리천(忉利天) 가운데에 묻어달라고 지정할 때 신하들이 그곳을 알지 못하여 물으니, 서라벌 외곽에 있는 낭산(狼山)으로 일러주었다는 것이다. 이곳은 훗날 삼국통일을 이룬 뒤에 당나라의 야욕을 물리쳐야 했던 문무왕의 사적과 연결된다. 여왕의 유언대로 조성된 선덕여왕릉 아래에는 신유림(神遊林) 터가 있었는데 문무왕은 그곳에 사천왕사를 건립함으로써 여왕의 선견지명에 화답했다. 낭산은 이제 한갓 잡신들이 노니는 이전의 야산이 아니다. 정상에 여왕릉이 조성된 도리천이 있고 그 중턱에 사천왕이 수호하는 사찰이 있으므로 그 자체로 낭산은 불국토의 중심인 수미산(須彌山)이 된다. 또 여왕은 도리천의 주인인 제석천왕으로서 사천왕과 팔부중의 권속을 거느리고 인간세를 다스리는 존재로서 거듭난다. 문무왕은 당나라의 간섭으로 인해 삼국통일이 수포로 돌아갈 듯한 일대 위기를 극복하기 위해 제석(帝釋) 신앙에 의지할 수 있었다. 이러한 전통은 진평왕의 성골 왕권신성화의 일환으로 추구됐던 것인데 선덕여왕은 부왕의 정책을 이어받아 그 절정을 보여주었다. 결국 여왕의 세 번째 예지담은 낭산이라는 실제 공간을 도리천으로 비정함으로써 신라가 삼국통일 직후에 겪게 될 위기를 내다보고 불교의 힘으로 극복하자는 대비책까지 예언한 셈이 됐다.

태종무열왕 시절에는 신라가 당나라에 청병하는 외교 전술을 적극적으로 폈다. 그 결과로 당나라의 군대가 한반도에 진출했지만, 외국 군대의 주둔과 전투는 예기치 못한 부작용을 낳았다. 그 같은 이면적 상황을 『삼국사기』와 『삼국유사』에서는 몇몇 일화 속에 내장해 놓았다.

나당 연합군의 총사령관으로 소정방(蘇定方)이 임명됐다. 그는 전투에서는 소극적이었으며 삼국의 판세를 읽는 데 더 골몰했다. 실제 싸움은 신라군이 담당하게 하고 중국군의 주둔에 필요한 병참을 신라에게 책임 지웠다. 『삼국사기』는 소정방과 김유신의 이면적 관계를 단적으로 보여주는 일화 한 대목을 수록했다. 황산벌 전투에서 계백의 결사항전을 극적으로 역전시킨 김유신의 군대가 당나라 병영에 이르렀을 때 소정방은 약속한 기일보다 늦었다고 하여 본보기로 신라의 장수 한 명을 참수하는 형벌을 시행하고자 했다. 이에 김유신이 백제에 앞서 당군과 맞서 싸우겠다는 결기를 보이고 신라군이 변고의 조짐을 드러내자 소정방은 마지못해 그 장수를 풀어주었다.

『삼국유사』는 김유신과 소정방이 합군하는 그 시점에서 소화담에 가까운 일화를 실어놓았다. 백마강 어구에 군사를 주둔시키자 새 한 마리가 소정방의 진영 위를 빙빙 돌았다. 사람을 시켜 점을 치게 하니 반드시 원수(元帥)가 다칠 것이라고 했다. 소정방은 겁을 집어먹고 싸움을 그만두려고 군사를 퇴진시키려 했다. 이에 김유신은 그럴 수 없다고 하면서 신검을 뽑아 들고 새를 겨누어 찢어발기는 시늉을 하자 새가 자리 앞으로 떨어졌다고 했다. 소정방의 소심함과 김유신의 담대 신이함을 강조한 이야기이다. 그러나 그 이면에서는 당군과 신라의 군대가 목표로 삼는 것이 전혀 다름을 단적으로 드러냈다.

또 문무왕 2년(662)에는 평양 교외에 주둔한 당나라 군대가 신라에 서신을 보내어 군수물자를 급히 수송하도록 요청했다. 김유신과 김인문 등은 군사를 거느리고 고구려 국경 안으로 들어가서 군량을 전해주는 위험천만한 일을 감행해야 했다. 그 임무를 성공시킨 후에 김유신 등은 당의 군대와 합세하여 고구려를 공격할 기일을 소정방에게 물었다. 소정방은 종이에 난새와 송아지를 그려 보냈다. 신라 사람들이 해독하지 못해 원효 스님에게 물었다. 그것은 '서독(書犢)=속(速)', '화란(畵鸞)=(還)'의 두 글자를 반절(反切)로 표기한 것이라 풀어주었다. "속히 돌아가라"라는 뜻의 암호화한 군사 기밀문서라고 하겠지만, 소정방의 당나라 군대는 전투에 뜻이 없었고 신라로부터 식량을 조달받아 철군하려는 속내를 지녔던 것이다. 황당한 소정방의 처사에 김유신이 황망하게 고구려 영내에서 철군하면서 피해를 최소한으로 줄이기 위해 지혜를 발휘했다는 점을 강조하고 있지만, 신라가 고구려에 잠입한 때문에 입은 군사적 손실은 사실상 엄청났다.

『삼국유사』에는 소정방의 수수께끼 암호에 대해 비판적 기사는 없다. 원효의 지혜와 김유신의 활약을 돋보이게 했을 뿐이다. 그러나 그 뒷 기사에서는 신라 고전(古傳)에 나온다면서, 소정방이 고구려와 백제를 토벌하고 다시금 신라를 치고자 도모하여 주둔하고 있었으나, 김유신은 그 음모를 알아채고 당병을 초대하여 독살하고 모두 구덩이에 묻었다고 했다. 상주(尙州) 지경에 당교(唐橋)라는 곳이 그 묻은 땅이라는 것이다. 물론 편집자 일연은 『당사(唐史)』를 근거로 소정방이 죽은 시점은 맞지만, 문무왕 2년 평양 잠입의 피해 때문에 신라 사람이 소정방의 군사를 죽였다면 후일 신라가 당나라에 청병하여 고구려를 멸망시키는 일이 이루어질 수 없다고 했다. 그러나 이러한 신라의 전승은 역사적 사실이기보다는 신라인들이 품고 있었던 당나라 군대에 대한 반감을 이면화했다고 보아야 마땅하다.

 이상에서 소정방에 관한 일화들은 『삼국유사』의 「태종춘추공」 기사에 집약되어 있다. 위 대목을 이어 「장춘랑(長春郎)·파랑(罷郎)」의 제목 아래에 짤막한 사찰 연기설화가 수록되어 있다. 장춘랑과 파랑은 백제와의 황산벌 싸움에서 전사한 신라 화랑도인데, 뒤에 백제를 정벌할 때 태종무열왕에게 현몽하여 이상한 말을 했다. 자신들은 이전에 나라를 위해 죽었지만 백골이 되도록 땅과 나라를 온전히 보호하고 싶어 군대 행군을 따라다니고 있다. 그런데 당나라 장수 소정방의 위세에 핍박되어 사람들 뒤꽁무니나 쫓고 있는 형편이니 왕이 자기들에게 적은 인원의 병력을 붙여달라고 청했다. 그래서 대왕은 두 혼령을 위해 하루 동안 설경을 베풀고 지금의 서울시 세검정 계곡 신영동에 장의사(莊義寺)를 세워 명복에 보탬이 되게 했다. 그러나 『삼국사기』에서는 다른 계통의 사찰 연기설화를 제시했다. 이 두 명은 선덕여왕 시절의 신하로서 죽은 지 오래된 시점에서 태종에게 나타났다. 왕은 당나라 청병의 회보가 없는 것을 근심하고 있었는데 이들이 소정방 군대의 파병 소식을 미리 전해주어 그 보답으로 절이 창건됐다고 했다. 그러나 이는 단순한 추모담은 아닌 듯하다. 소정방 군대에 대한 여러 전승 가운데 신라인의 우려와 반감을 나타내는 설화의 하나로서 전승되었을 가능성이 높다. 그것은 <황창무> <해론가>처럼 추도문학의 연원이 될 만한 소중한 사례이지만, 과거의 사례를 기억하면서 현재 상황에 대한 풍자와 경계의 말이 끼어들 수 있기 때문에 우의가 조성되고 연극으로 발전될 여지를 지니게 된다.

또 『삼국사기』의 문무왕 11년(671) 기사에서는 신라가 당나라에게 입은 막대한 피해를 종합적으로 기술했다. 설인귀(薛仁貴)의 군대는 신라에게 진압되고 있는 백제의 잔존 세력을 구원한다는 명분으로 진군했다. 당나라는 신라와 연합하여 한반도의 삼국 시대를 종식시켰지만 삼국 지역의 분할 통치에 대한 야심을 드러냈다. 신라는 당나라의 기획을 물리쳐서 삼국 통일을 궁극적으로 완성하는 새로운 과제를 수행해야 했다. 이 때문에 당과 신라는 실제 전쟁에 돌입했지만 외교적 명분상의 싸움을 병행했다. 설인귀는 편지를 보내 신라의 저항을 나무라고 당제국의 통치 아래에서 평화를 누리라고 설득했다. 이에 대해 문무왕은 예전의 당태종이 신라의 태종무열왕에게 평양 이남의 독립성을 약속했음을 상기시키고, 통일 과정에서 당나라 군대의 병참을 위해 신라가 감내해야 했던 고통이 대단했음을 조목조목 피력했다. 백제와 고구려를 평정하지 못했을 때는 신라가 당나라의 수족과 같이 부림을 당하더니 야수 같은 적을 멸망시키자 도리어 그들의 핍박을 받는 형국이라 했다. 설인귀와 문무왕의 편지글은 한문학적 수식과 전고를 구사하는 능력을 한껏 뽐내면서 국가 간의 정식 문서에서는 볼 수 없는 문장력과 긴장감을 유감없이 드러냈다. 아울러 중세적 통치 질서의 해석과 삼국통일을 둘러싼 동아시아 정세에 대해 당과 신라의 엇갈린 지향점을 보여줌으로써 강대국과 약소국의 국제 관계가 지니는 이면을 동시에 보여주고 있다.

한편 이보다 앞서 백제 의자왕은 신라의 선덕·진덕여왕에 맞서 경쟁적으로 당나라를 끌어들이기 위한 외교전을 펼치고 고구려와는 협력 관계를 유지했다. 또 신라와의 공방에서는 서라벌 여근곡의 침투에서 대패한 이후에 대야성(大耶城)을 점령해 차지하고 성주 품석(品釋)과 그 처자를 무자비하게 처형한 것을 최대의 전공으로 삼았다. 그로부터 신라와는 돌이킬 수 없는 적대적 관계가 됐다. 『삼국사기』에는 비교적 그러한 상황이 의자왕 재위시기에 연대별로 자세히 기록되어 있는 데 비해서 『삼국유사』에는 태자 시절 '해동 증자'라고 칭송을 받았던 것과는 다르게 의자왕이 즉위하면서부터 주색에 빠졌다고 비판했다.

백제의 대신이었던 성충(成忠)이 옥중에서 죽어가며 마지막 충언을 올리고 의자왕이 그를 귀담아듣지 않았다는 대목은 백제의 멸망을 예언하는 참언(讖言)으로 작용하는 복선의 이야기이다. 성충은 시변과 지리를 통해 전쟁의 조짐과 육해 협공을 읽어냈다. 그가 지적한 탄현(炭峴)과 기벌포(伎伐浦)는 신라의 육군과 당나라의 해군이 쳐들어올 길목이었다.『삼국사기』에서는 이 대목을 의자왕 16년(656)의 일로 기록했다. 이어서 두 해에 걸쳐 해괴한 흉조가 백제 땅을 휩쓴 것을 여러 가지로 묘사했다. 흉조의 대미를 장식한 것은 땅속에서 파낸 거북 등짝의 도참문이다. "백제는 둥근달과 같고 신라는 초승달과 같다"라고 쓰여 있었다. 이를 두고 왕은 무당에게 물었는데 두 가지 해독이 제시됐다. 첫 번째 무당은 "둥근 달은 꽉 차서 이지러질 것이요 초승달은 차지 않아서 점점 차게 될 것이다"라고 답하고 왕의 노여움을 사서 죽임을 당했다. 두 번째 무당은 "둥근 달은 왕성하고 초승달은 미약하니 우리나라가 성하고 신라는 점점 미약해질 것이다"라고 말해 왕을 기쁘게 했다. 이 같은 상반된 해독에서 의자왕이 솔깃한 해독을 선택했다는 것은 그 자체가 흉조를 넘어선 망조가 됐다.

이에 신라 태종은 백제 안에서 괴변이 많다는 말을 듣고 당나라에 청병 사신을 파견하고, 당 고종은 소정방 등의 12만 대군과 1,900척의 병선을 보내 백제를 치게 했다. 백제의 최후는 계백 장군의 황산벌 전투에서 이루어졌다기보다 대신들의 분열과 의자왕의 의심에서 결정됐다. 나당 연합군의 침공 소식을 접한 백제는 대책을 마련하느라 설왕설래하다가 귀양 가 있었던 흥수(興首)의 자문을 구했다. 그는 이전에 충언을 올리고 옥사했던 성충의 말을 전술적으로 부연하여 설명했다. 대신들은 그의 설명이 원망에서 나온 오도된 전략이라고 곡해하고 왕은 대신들의 의심에 동조했다. 갈림길에서 나쁜 선택을 반복하면서 흉조를 망조로 만드는 비극적 역사의 파국이 이로써 완결됐다 할 수 있다. 이 모든 백제의 기사를『삼국유사』는「태종춘추공」조에서 다루었다. 흉조 그 자체가 불길하다 하겠으나 백제 의자왕의 잘못된 해독이 더욱더 망국의 징조로 읽히도록 배치했다. 물론 이러한 오독의 결과가 망조로 이어진다는 우의와 반대로 아슬아슬하게 제대로 된 해독을 함으로써 위기의 순간을 극복하는 이야기도 있다. 신라 제21대 비처왕(毗處王) 때 "금갑(琴匣)을 쏘라"라는 신탁에 덧붙여 전해진 "열어보면 두 사람이 죽고 열어보지 않으면 한 사람이 죽는다"는 알쏭달쏭한 수수께끼의 경우가 그런 좋은 예이다. 망국의 통치자였던 의자왕에게 주어진 도참은 비처왕의 선례와는 반대되는 결과의 이야기로 전승될 수밖에 없었다.

한편 고구려 보장왕의 수수께끼 이야기는 김유신의 전생담과 관련하여 『삼국유사』에 전한다. 자연 질서에 어긋나는 괴이한 조짐을 해독하기 위해 보장왕은 점술사 추남(楸南)에게 물었다. 그는 왕비가 음양의 도를 역행함으로써 그러한 표징이 생겼다고 답했다. 대왕이 놀라고 왕비는 노하여 시험해 보기로 하고 틀리면 중형에 처하기로 했다. 자연 현상을 통한 예비적 수수께끼를 제대로 맞추었지만 통치자의 비위를 거슬렀으므로 본격 수수께끼가 진행됐다. 쥐 한 마리를 함 속에 감추어 두고 무엇이냐고 물었다. 추남은 쥐기 여덟 마리 있다고 했다. 감추어진 쥐를 알아맞힌 것만 해도 틀린 것은 아닌데 숫자가 안 맞는다고 왕은 추남의 목을 베어 서둘러 죽였다. 그러나 쥐의 배를 갈라 보니 새끼가 일곱 마리가 들어 있었다. 추남은 죽으면서 적국의 대장이 되어 고구려를 반드시 멸망시킬 것이라 맹세했다. 수수께끼 부과자가 온전한 앎의 상태에 있지 못했음이 드러난 데다가 앞선 수수께끼처럼 흉조를 제대로 인정하지 못함으로써 나라에 망조가 들게 됐다.

진평왕이 진행시켰던 성골(聖骨)의 왕권 신성화와 왕권 강화에 제석 신앙이 결합된 상황에 대해서는 안지원, 「신라 진평왕대 제석신앙과 왕권」,『역사교육』63집(역사교육연구회, 1997) 65~98면; 진평왕의 정치 개혁과 왕권 강화의 성격을 이후 진골 왕권과 대비한 것은 김두진, 「신라 진평왕대 초기의 정치개혁 ― 삼국유사 소재 <도화녀·비형

랑>조의 분석을 중심으로」, 『진단학보』 69집(진단학회, 1990) 17~38면 참조. 또한 석가모니의 가계를 신라 왕의 혈통에 일치시키려는 진흥왕 이래의 석종(釋種) 의식과 의미에 대해서는 정민, 『불국토를 꿈꾼 그들』, 앞의 책, 17~22면 참조. 소정방의 반절 수수께끼의 번역은 이재호 역주, 『삼국유사(상)』(광문출판사, 1967) 169~176면 참조. 비처왕, 선덕여왕, 김유신 전생담, 의자왕의 이야기를 수수께끼담으로 해석한 것은 김경수, 「≪삼국유사≫ 소재 수수께끼담의 서사구조」, 『한국문학형태론』(일조각, 1993) 100~119면, 또 이러한 수수께끼담이 역사의 비유적 담화로서 알레고리적 메시지로 기능한다는 점은 이호, 「삼국유사 수수께끼담의 서사 원리와 세계관」, 『한국고전연구』 3집(한국고전연구학회, 1997) 319~344면 참조.

3.2.2. <귀토지설>과 <화왕계>

<귀토지설(龜兎之說)>과 <화왕계(花王戒)>는 한국 우언문학사에서 독립된 우언 작품으로서는 첫 번째 사례로서 중요하게 취급되어 왔다. 한국문학사의 중세 우언으로서 어느 정도 독립된 형식을 갖춘 형태이므로 그럴 만하다. 그러나 이들이 『삼국사기』 열전(列傳)에 포함되어 전해졌다는 점은 작품의 유통과 우의와 관련하여 중요하게 고려해야 할 특징인데도 불구하고 자칫 간과되어 왔다. 기본적으로 이들은 「김유신전」과 「설총전」의 큰 맥락 가운데에서 의미를 형성하는 삽입 우언의 속성을 띠고 있다. 서구의 비유담(Parable)과 동일한 성격의 우언이라 할 수 있다. 완전히 독립된 단형 우언인 것처럼 해당 문면만 떼어내어서는 그 우의(寓意)가 제대로 도출되기 어렵다. 이들은 모두 삼국통일 전후에 복잡하게 전개됐던 외교전과 정치적 상황을 집약해서 표현하고 어떤 특정 의견을 주장하기 위한 설득 방법으로서 우언 양식을 택하고 있다.

또한 이들은 애초 글로 쓰인 작품이 아니라 말로 소통된 우언이었다는 점도 흔히 놓치기 쉬운 중요 특징의 하나이다. 그것들은 입말 문학에서 글말 문학으로 전환되는 즈음의 우언 작품임을 여실히 보여준다. 중국뿐만 아니

라 인도라는 다른 문명권의 우언까지 활용하면서 국내적 정치상황에 맞추어 창작우언을 산출해 낼 만한 역량을 갖추었음을 말해준다. 한문문명권의 중심 역할을 한 중국의 우언이 고대 말기에 본격적으로 시작되었다고 한다면, 한국에서는 그러한 여건이 삼국통일 전후의 중세전기에 무르익었다.

『삼국사기·김유신열전』문면에서 '귀토지설'이라 칭했던 <거북이와 토끼 이야기>는 서기 642년 고구려 보장왕의 총신 선도해(先道解)에 의해 구술된 우언이다. 그 근원설화는 인도의 고대 우화 및 불전『자아타카』의 전생담에 여러 형태로 전해지는데 서사구조에 있어 <귀토지설>과는 근본적인 차이점이 발견된다. 근원설화들은 친구인 악어와 원숭이 사이에 악어의 처가 끼어들어 원숭이의 심장을 먹고 싶어 하면서 갈등이 생겨난다. 그에 비해 <거북이와 토끼 이야기>에서는 용왕과 용의 딸이 등장하여 물과 뭍에서 별 상관없이 살던 거북이와 토끼 사이에 갈등을 불러일으킨다. 말하자면 근원설화들은 한결같이 우정과 애정 사이의 수평적 갈등을 문제 삼았던 데 비해 선도해의 구술은 권력관계의 '상하 갈등'을 문제시했다. 근원설화는 친구 처의 탐욕과 그에 영합한 친구의 배신 때문에 조성된 위기를 거짓말을 통해 벗어나는 이야기이다. 우정이니 정직이니 하는 보편적 윤리보다 임기응변의 능력을 지혜로 인정해야 한다는 일반적 주제를 지니고 있다. 그에 비해 <거북이와 토끼 이야기>는 권력자의 이기심이 저대로 삶을 누리고 사는 개체들을 짓밟고 그 관계를 망가뜨릴 때 지혜롭게 저항해야 한다는 일반적 의미를 지니게 된다. 그러나 그러한 차이는 보편적 주제의 우화를 특정한 주제의 정치적 우언으로 변용했기 때문에 발생했다. 따라서「김유신열전」에 삽입된 <귀토지설>은 당시의 정치적 맥락에 맞게 해독해야 제대로 된 우의를 도출할 수 있다.

<거북이와 토끼 이야기>에서 구술자 선도해는 불전의 <악어와 원숭이 이야기>를 변용하여 김춘추의 처지와 삼국의 관계를 빗대고 그가 처한 눈앞의 위기를 해결할 방안까지 제시했다. 김춘추의 처지는 이 이야기가 구술될 당시에 매우 절박한 상황에 놓여 있었다. 애초 적국과 다름없는 고구려

에 청병 사신으로 잠입한 결정적 이유는 신라가 대야성(大耶城) 전투에 막대한 피해를 입음으로써 백제와 "같은 하늘 아래 있을 수 없는" 원한 관계에 놓였기 때문이다. 김춘추는 백제군에게 자신의 사위와 딸 가족을 잃었을 뿐만 아니라 시체조차 돌려받지 못했다. 「선덕왕 본기」에서는 김춘추가 받은 충격과 결심을 자세히 묘사했다. 따라서 김춘추의 고구려 사행은 백제에 대한 복수에 눈에 멀어 성급하게 저지른 무모한 일이었다. 그는 고구려에서 목숨을 잃거나 장기 구금될 위기에 처했다.

김춘추가 뇌물을 먹인 대가로 고구려왕의 총신 선도해는 동물 이야기를 해 주었다. 용왕 앞으로 유인되어 온 토끼는 김춘추를 빗대고 있음이 분명하다. 또 용왕은 현재 김춘추를 구금하고 목숨을 위협하고 있는 고구려왕에 빗대었다 할 만하다. 또 거북이는 용왕의 심부름꾼이기는 하지만 용왕에게 영합하여 토끼를 유인한 존재이다. 김춘추가 헛된 바람을 가지고 고구려에 들어가게 한 장본인이니 백제의 의자왕에 해당된다고 할 만하다.

이렇게 우언의 비유 구조를 분석해 보면 이 이야기는 삼국의 정치적 상황과 외교 관계라는 틀 속에서 김춘추의 처지를 우의로 설정하고 있음을 알 수 있다. 그런데 이 이야기는 불전의 근원설화는 물론이고 조선 후기에 창작된 판소리 <수궁가>의 서사구조와는 다르게 왕의 딸이 또 하나의 주체로 설정되어 있다. 이는 권력 분배의 내홍을 겪고 있는 보장왕과 실권자 연개소문을 특별히 환유했다 할 만하다. 용왕과 중병이 든 용녀는 삼국의 최강자이면서도 안으로 곪아가고 있는 고구려의 국내 정세를 나타낸다. 토끼는 백제에 큰 타격을 입고 헛된 바람으로 적국 고구려에 제 발로 걸어 들어간 약소국 신라의 처지를 나타낸다. 또 용왕이 요구하는 토끼의 '간'은 고구려가 반환을 요구한 신라의 계립령(鷄立嶺)과 죽령(竹嶺)의 땅을 환유한다. 보장왕 혹은 막리지는 김춘추를 없애려는 노림수로써 무리한 영토 반환을 요구했지만, 김춘추는 애초 불가능하다고 버티던 그 땅을 돌려주겠다고 하고 탈출했다. 그 땅은 떼어 줄 수 없는 간을 떼어줄 것처럼 속였던 토끼 간에 해당된다. 반면에 거북이는 강국 고구려를 좇아 연합전선을 구축하고 신라를 견제하려는 백제를 암유하게 된다. 그러나 김춘추와 김유신은 선덕여왕에게나 삼국통일을 염원한 신라에게나 심간(心肝)과 같은 존재였다. 김유신은 결사대를 동원하여 김춘추의 탈출을 도왔고, <거북이와 토끼 이야기>를 통한 깨달음을 분수령으로 삼아 삼국 내의 연합을 포기하고 적극적인 국내전과 당나라를 매개로 한 외교전을 추진하게 된다.

『삼국사기·설총전』에 끼어있는 이른바 <화왕계>라는 작품은 애초 이름이 정해져 있지 않았다. 후대에 여러 제목으로 불리다가 근대 이후 그렇게 불렸을 뿐이다. 이 이야기는 신라 신문왕 2년(AD.682) 5월로 추정되는 시기에 설총에 의해 구술된 우언이다. 정확하게 말하자면 설총이 왕과 독대하는 자리에게 구술한 후 왕이 뜻이 깊은 '우언'이라 평가하고 후대 왕을 위해 글로 남기라 명하여 후대에까지 전해진 작품이다. 어느 정도 미리 써놓았던 한문 작품을 구두로 전달하고 구술 이후에 다시 한문학적 윤색을 가했을 가능성이 높다. 후대 편찬서에서는 내용조차 약간의 출입과 윤색이 있을 정도이다.

<꽃왕 우언>은 근원 설화가 따로 없는 대신에 선덕여왕 때 모란이 당나라로부터 신라사회에 진래되었던 내력을 근간으로 삼아 꽃왕과 두 신하에 대한 허구적 이야기를 꾸며냈다. 귀화식물 모란의 도래는 선덕여왕으로부터 신문왕까지의 신라 사회를 압축적으로 비유하고 있다. 선덕여왕은 신라가 삼국통일의 과업에 본격적으로 착수했던 시기의 통치자이다. 백제와의 전투가 격화되고 당나라와의 외교에 전력을 기울여야만 하는 상황이었다. 그로부터 당제국의 정치적 영향력은 점점 커져가고 신라 전통과 중국 문화가 충돌하는 경우도 자주 생겨났다. 선덕여왕을 이은 진덕여왕으로부터 신문왕 때까지 화백회의(和白會議)와 같은 토착적 권력기구를 약화시키고 전제 왕권을 강화하기 위해 관리 제도가 지속적으로 정비되어 나갔다.

그러나 신문왕 즉위 초년에는 정치 상황이 급변했다. 문무왕은 당나라와 무력 충돌을 불사하면서도 당제국을 정점으로 하는 중세적 질서에 편입되는 외교 전략을 병행해야 했다면, 신문왕은 삼국통일이 완성된 시점에서 통

일정국을 성숙시켜야 했다. 그런데 신문왕 초년에는 오히려 『삼국유사』의 <만파식적(萬波息笛)>조가 상징하듯이 깊은 위기감이 팽배해 있었다. 신문왕은 부친 문무왕이 죽은 지 7일 만에 즉위하여 그해 동해 바닷가에 감은사(感恩寺)를 창건했다. 그리고 이듬해 5월에 이견대(利見臺)에 거동했는데, 문무왕의 수중릉이 있는 곳에서 대나무가 자라나 갈라졌다 합해졌다 하는 신비 현상이 나타났다. 그리고는 어쩐 일인지 이레 동안 천지가 진동하고 비바람이 몰아치며 암흑이 됐다. 바람이 걷히자 용이 나타나 검은 옥대를 바치고 문무왕과 김유신의 유지를 전했다. 그 대나무를 잘라 나라의 모든 어려움을 잠재울 피리를 만들라는 신탁이었다. 통일의 신이 된 문무왕과 김유신이 마음을 합하여 그 뜻을 전한 셈이다. 즉위년에 있었던 국구 김흠돌(金欽突)의 반란을 평정하는 과정에서 김유신 계보의 사량부(沙梁部) 진골 귀족이 큰 타격을 입었지만 이제는 봉합을 넘어선 정치적 결단의 단계로 나가면서 그 후유증을 치유해야만 한다는 사정을 고스란히 담고 있다.

『삼국사기』 신문왕 2년에는 <만파식적>에 대응하는 <꽃왕 우언>의 배경이 될 만한 정치적 사건들을 기록했다. 정월에는 대사면 명령이, 4월에는 선거(選擧) 관청과 책임자를 두는 일이, 5월에는 태백성(太白星)이 달을 침범하는 변괴가, 6월에는 국학을 세우고 책임자를 두는 일이 있었다. 여기서 5월이 문제적이다. 그 천체 현상은 「설총전」에서 묘사한 <꽃왕 우언>의 배경과 직접 연결되고, <만파식적>의 시간적 배경이 된다. 따라서 작품에서 '장미'와 '백두옹'이라는 인물형을 등장시킨 것은 단순히 폐신(嬖臣)과 현신(賢臣)을 환유하는 데 그치지 않는다. 신문왕 즉위 초년의 정치상황을 빗대고 있다고 보아야 구체적인 우의가 드러난다. 특히 삼한통일의 화신인 김유신 계열의 구귀족 계층을 마냥 내칠 수만은 없어서 고심했던 신문왕에게 설총은 <만파식적>의 상징적 해법과는 다른 방향에서 새로운 의견을 제시했던 것이다. 신문왕 스스로도 천체 이변을 핑계로 5월 한여름에 궁궐을 떠나 설총을 인견하여 정책 수렴의 차원에서 이야기를 요청했던 상황이 「설총전」 문면에 암시적으로 기록되어 있다.

<꽃왕 우언>의 등장인물들은 제법 세밀하게 묘사되어 있어 실제 상황을 빗댈 만한 개연성을 충분히 간직하고 있다. 모란왕[花王]은 새로 등극한 임금이자 이내 고민에 빠진 신라의 신문왕이다. 꽃동산[香園]은 통일은 이루었으나 그것을 안정 내지 성숙시켜야 할 과제를 떠안은 신라사회이다. 장미아가씨[薔薇女]는 서울에 거주하며 세련된 풍모를 오랫동안 닦아온 구귀족 세력이다. 김흠돌의 난으로 된서리를 맞았지만 화합의 차원에서 다시금 선택될 수도 있는 계층이다. 할미십갑이[白頭翁]는 지방이나 산야에 거주하는 설총과 같은 지식인 계층이다. 그는 모란왕에게 다음과 같이 말했다.

　　　임금께서 아랫사람들의 봉양이 비록 넉넉하여 고량진미로 배를 채우며 차와 술로 정신을 맑게 할지라도, 상자 속에는 반드시 양약을 비축해서 기운을 보충하고 극약도 지녔다가 독기를 제거해야 합니다. 그러므로 "명주실과 삼베가 있더라도 왕골이나 띠풀을 버리지 말지어다. 모든 군자들이여! 어려울 때를 대비하지 않을소냐?"라고 했던 것입니다.

　임금은 구미에 당기는 것만 취하지 말고 여러 가지 약이 될 만한 것을 두루 비축해 놓아야 한다는 말이다. 또 식섭 인용한 어구는 『좌선』 성공(成公) 9년 기사에서 가져온 시구절이다. 설총이 신문왕에게 구술할 때에 이런 인용구가 들어있었을지는 의문이지만, 작품을 설명하면서 출전을 밝히고 우의를 보강했을 가능성도 있다. 세련되고 귀한 것과 거칠고 천한 것은 대립적이기보다는 보완적 관계에 있음을 주장한 것이다. 설총의 가문은 신라 육부에 속하는 오랜 연원을 지니고 있었지만 육두품의 한계를 벗어날 수 없었다. 구귀족 계층의 문제로 통일정국의 성숙이 가로막혀 있을 때 그들은 새로운 지식을 통해 난국을 타개할 예비적 존재로 발탁될 수 있다는 것이다.
　이러한 주장은 작품 말미에서 좀 더 구체적인 비판으로 발전한다. 무릇 임금된 사들이 아첨꾼을 가까이하고 징직한 이를 소원하게 해서 맹가(孟軻)가 불우하게 일생을 마치고 풍당(馮唐)이 사무직에 머물러 머리가 세었다고 했다. 맹자(孟子)를 아직 유학의 아성(亞聖)으로 높이기 이전이니 '맹가'

라는 이름을 불렀지만, 특별히 그를 거론한 것은 아마도 공자의 가르침을 최대로 선양한 인물이기 때문일 것이다. 그는 불교의 수많은 종파를 화쟁(和諍)시킨 원효와 같은 존재이다. 또 풍당은 한 문제(漢文帝)의 관리인데 늙도록 중간 관리자인 낭서(郎署)의 직에서 벗어나지 못했다. 결재권이 없는 실무 책임자의 하위 직급인 낭(郎)에서 육두품이 더 승진할 수 없었던 것을 암유한다.

작품은 작가론적 맥락을 벗어나면 형식적 독립성을 지니면서 다층적 우의를 생산해 낸다. <꽃왕 우언>의 양자택일 상황은 살가운 신하와 간쟁하는 신하, 당제국과의 우호적 외교와 통일정국의 자주적 내치, 세련된 중세 표준의 문명과 토착화된 창조적 문화의 여러 대립상을 다면적으로 가상하고 있다. 그럼에도 불구하고 강수, 최치원과 함께 유학자 열전의 대상으로 설총을 끼워 넣은 『삼국사기』의 편찬 의도에 비추어 보자면, 육두품 출신인 설총이 신문왕의 자문에 나섰다는 것은 더없이 좋은 기회였으며 <꽃왕 우언>은 유학자로서의 성공을 담보했던 자기소개서이자 귀족정치의 폐해를 일신시키고자 한 정책적 진언이었다. 그 결과 설총은 유학 인재의 교육을 담당하는 국학의 책임자로 발탁되었다. 그는 이를 계기로 임금의 글을 짓는 한림(翰林)의 직책을 맡는 문장가로서, 또는 국학에서 한문 경전을 훈도하기 위해 구결(口訣)을 만드는 학자 내지 교육자로서 신라의 통일 안정기를 이끌어 나갔다.

이상의 두 작품은 문학사적 의의가 매우 크다. 이들은 민간 우언과 창작 우언의 후대적 흐름을 선도하면서 한국우언사의 원천이 되었다. 기존에 전승되던 설화 혹은 우화를 받아들여 우언으로 변용하는 방식과, 기존 지식과 역사적 사실을 바탕으로 가상적 이야기를 꾸며서 우언을 새로 만드는 방식을 뚜렷하게 보여주었다. 후대 문학사에서 민간 우언은 당대의 사회적 구조를 문제 삼는 동물 우화소설이나 판소리 혹은 판소리계 소설로 진화하였고, 창작우언은 가전체와 몽유록을 비롯하여 역사적 문제의식과 문명적 주제를 다루는 우언계 소설로 발전했다.

<화왕계(花王戒)>라는 제목은 1907년 장지연이 휘문의숙의 문학교과서로 편찬한 『동국문수(東國文粹)』에서 비롯됐다. 김태준의 『조선소설사』(1939)에서 이를 답습함으로써 오늘날 이 작품의 제목으로 굳어졌다. 또 『개벽』 제68호(1926.4.1)에는 '청오(靑吾)'라는 필자가 <화보(花譜)>라는 글을 기고하면서 선덕여왕의 삼지(三知)의 하나로 모란의 전래담을 설명하고 "화왕의 우언"을 소개했다. '화왕'과 '우언'이라는 말은 「설총 열전」 문면에 직접 언급된 어휘이다. <화왕계>보다는 '화왕 우언' 혹은 '꽃왕 우언'이라는 명명이 더 적절해 보인다. <귀토지설>과 <화왕계>에 대한 작품론은 윤주필, 「<귀토지설>과 <화왕계>의 대비적 고찰」, 『고소설연구』 30집(한국고소설학회, 2010)에서 전개했다. 또한 우언의 정치적 기능과 실례에 대해서는 윤주필, 「우언과 정치 – 정치담론으로서의 한국 우언문학」, 『고소설연구』 29집(고소설학회, 2010)에서 전반적으로 다루었다. 이우경, 「삼국사기 <열전>의 편찬 체재와 세로(새로) 읽기 – 제5,6권을 중심으로-」, 『한국고전연구』 3(한국고전연구학회, 1997) 82~88면에서는 <설총전>의 액자 구조를 통해 <화왕계>를 분석하고 신라의 삼국 통일 이후 설총의 역할에 대해서 분석했다. <만파식적>의 정치적 배경은 정민, 『불국토를 꿈꾼 그들』, 앞의 책, 322~355면 참조.

3.2.3. 신라 불국토의 도상학적 우의

불교는 삼국에서 국교로 인정되고 번성하면서 통일 과업에서도 경쟁적 역할을 했다. 불교는 각국의 토속 종교와도 결합하고 왕권 강화에도 일정한 기여했다. 백제에서는 무왕이 부왕 때 시작된 왕흥사(王興寺)를 완성하고 미륵사(彌勒寺)와 제석사(帝釋寺)를 창건하며 나라의 부흥을 꾀했다. 『삼국유사』에서는 과부와 용의 자식으로 태어나 마를 캐어 팔던 미천한 청년이 신라 진평왕의 선화공주를 꾀어내어 아내로 맞이하고 금을 모아 왕위에 올랐다고 했다. 실제로는 적대적 관계에 있던 신라와 그러한 혼인 관계를 맺을 수는 없었겠지만, 불교 정책만은 진평왕으로부터 배우시 않을 수 없었음을 그런 식의 이야기로 만들었다 할 수 있다.

신라는 법흥왕 이래로 삼국 통일을 완수할 때까지 나라 전체를 불국토(佛國土)로 인식하는 종교 정책을 수행했다. 그 중심 사업은 서라벌 주변의 사찰 건립에 있었다. 그것은 석가모니 부처 이전 시대의 불국토가 신라의 수도 경주였음을 상징하는 일곱 가람으로 완성됐다. 여기서 일곱 가람은 과거불 일곱 부처를 상징한다. 법흥왕이 착공하여 진흥왕이 낙성한 흥륜사(興輪寺)는 불법의 수레바퀴를 굴리기 시작한다는 의미를 담았다. 법흥왕의 왕비가 세운 영흥사(永興寺)는 흥륜의 영원한 지속을 이름에 담았다. 황룡사(皇龍寺)는 진흥왕 때 새 궁궐을 용궁 남쪽에 지으려고 땅을 파는데 황룡이 나타나서 계획을 바꾸어 지은 절이다. 여기서 용궁(龍宮)이라 일컬은 것은 습지대를 신화적으로 지칭하는 말이다. 분황사(芬皇寺)는 용궁을 사이에 두고 북쪽에 지으면서 황룡사를 향기롭게 만든다는 뜻을 담았다. 그리고 선덕여왕의 원찰로 건립한 영묘사(靈廟寺)와, 문무왕 때 당나라 침입에 맞서 선덕왕릉 아래에 지은 천왕사, 즉 사천왕사(四天王寺)와, 알천 양산촌 남쪽에 건립 시기가 미상인 담엄사(曇嚴寺)가 더 있다.

이 가운데에서 황룡사는 신라 불국토 사상의 핵심이라 할 수 있다. 그것은 진흥왕 때 가람 연기에서 시작되어 후대 왕들에 의해서 여러 신화적 사건과 건축물이 추가로 덧보태졌기 때문에 단연코 신라 제일의 사찰로 인식됐음을 알 수 있다. 여기서 황룡사 터가 지니는 장소적 의미가 무엇보다 중요하다. 『삼국유사』 「탑상」 편에는 황룡사와 관련하여 무려 네 항목의 기사를 배치하고 있다.

첫째, 최초의 연기 유래이다. 경주 월성 동쪽 습지대 남쪽에 가섭불(迦葉佛)의 연좌석(宴坐石)이라고 불리던 돌이 있었다. 보통 사람 키 높이에 세 발 둘레의 평평한 돌이라 한다. 가섭불로 인하여 그 돌이 놓인 장소가 부처 이전 시대의 절터이며 신라 일곱 가람의 하나임을 상징하는 증거물로 여겨졌다.

둘째, 사찰 건립 기사이다. 진흥왕 때 이르러 그곳에 새 궁궐을 지으려다 황룡이 나타나 그 대신으로 황룡사를 건립하면서 이전부터 내려오던 가섭불의 연좌석은 불전의 후면에 두었다고 한다.

셋째, 불상 조성 기사이다. 진흥왕은 17년간의 대역사 끝에 황룡사 건립을 겨우 마쳤는데 얼마 안 가서 인도의 아육왕(阿育王)이 바다에 띄었다는 황금·황철과 부처상·보살상 모형이 바닷가에 도착했다. 왕은 동축사(東竺寺)를 지어 그 불상 모형들을 모시게 하고 황금과 황철은 서라벌로 수송하여 장륙존상(丈六尊像)을 단번에 지었다고 했다. 여기서 '동축(東竺)'은 부처가 서축(西竺)으로부터 동쪽으로 건너와 신라가 본디 부처의 나라였음을 상징한다. 또 장륙존상은 한 길 여섯 자, 즉 16척의 부처상을 지칭하는데 8척 장신의 거구인 사람보다 두 배가 된다. 기원전 3세기 인도의 아소카왕이 세 차례나 조성에 실패하고 장만해 두었던 원료를 바다에 띄워 보냈다는 전설이 있다. 신라에 도착하기 전 거의 1천년 동안에 남인도와 중국을 비롯한 수많은 지역을 두루 돌아다녀도 주조하지 못했던 장륙 불상을 기원 후 7세기 신라 땅에서 바로 성공시켰다는 의미를 지닌다. 이처럼 믿기 어려운 일이 가능하다고 믿는 것은 단순한 기술상의 문제가 아니다. 신라가 석가 이전의 불국토였고 서축에서 성불한 석가의 가르침이 아소카왕에 의해 세세에 크게 전파됐지만 이제는 신라로 전해져 진정한 불국토를 이루게 됐다는 우의를 지니고 있다.

넷째, 9층탑 건립 기사이다. 탑 연기설화는 선덕여왕 시절 당으로 유학 간 자장법사의 영험 서사로부터 시작한다. 중국 오대산에서 문수보살을 친견하고 전해 받은 법문은 기실 신라의 정세에 관한 것이다. 또 태화지(太和池)를 지나다가 신인(神人)과 문답한 말은 신라의 어려운 상황과 해결 방안을 좀 더 구체적으로 나타낸 것이다. 그 해결책의 핵심은 황룡사에 구층탑을 세우라는 것이다. 그리고 탑을 완성한 후에는 팔관회(八關會)를 베풀고 죄인을 방면하면 외적이 침범하지 못한다고 예언했다. 선덕여왕 재위 때 신라의 형세는 삼국의 각축 속에서 열세를 면치 못했던 상황이었고, 이를 극복하기 위해서는 미봉책을 넘어서서 오히려 삼국 통일의 원대한 목표를 세워야만 했다. 구층탑을 건립하는 유래나 과정의 영검함을 전해주는 이야기는 여러 자료를 통해 증언되고 있으나 그 핵심은 탑의 효험에 있다. 9층은 구한(九韓)의 침범을 막자는 데 일차적인 뜻이 있고 더 나아가 동아시아의 주변 세력을 진압한다는 염원을 담고 있다. 각 층마다 진압의 대상이 되는 나라 혹은 지역을 일일이 언급하고 있는 자료도 있는데 그 지명이 오늘날 어디에 해당되는지는 여러 의심을 자아낸다. 오히려 그 영험의 핵심은 백제와 고구려의 압박에서 벗어나고 더 바람직하게는 삼한을 통일하자는 데 있었을 것이다. 『삼국사기』에서는 선덕여왕 14년(645) 정월부터 3월까지 김유신이 백제와 몇 차례 치열한 공방을 주고받으며 때로는 승리를 거두기도 했던 것으로 기록하고, 3월에 황룡사 탑이 자장의 청을 좇아 창건됐음도 아울러 기록했다. 애초 동서고금을 거대한 단위로 넘나드는 황룡사의 상징성은 9층 목탑의 역사적 의미로 인하여 좀 더 실제성을 획득하게 된다. 그것은 신라가 처한 현재와 미래에 대한 역사적 비유담의 특수한 우의이다.

  삼국의 각축전이 가장 치열한 시기에 자장법사는 신라의 영토 안에서 보현보살과 그 권속들이 거주한다는 오대산(五臺山)을 찾아냈으며 황룡사에 9층 목탑을 조성하도록 건의했다. 부처의 가르침은 어느 곳에서나 가능하지만 가섭불 연좌대를 포함하고 있는 황룡사를 신라 7가람의 중심 터로 견주면서, 9층탑은 당시의 세계를 불국토의 이상으로 다스리겠다는 호국적 불교의 우의를 상징하는 도상물(圖像物)로 여겼기 때문일 것이다. 삼한 통일을 성공시킨 후대의 신라인들은 이러한 우의를 통해 황룡사를 신라 최대의 중심 사찰로 여겼다. 또 9층탑은 통일 이후에 세 왕의 통치 기간에 벼락을 맞아 훼손되었지만 다시 중수되곤 했다. 고려에 들어와서도 이 사찰의 중요성은 그대로 전수되어 몽골 군대에 의해 전소되기 전까지 세 차례나 다시 수축됐다. 또한 경덕왕은 황룡사에다 신라 최대의 범종을 두 차례나 조성했다. 이는 자신의 부왕을 기리기 위해 조성을 계획했던 봉덕사 신종에 비해 규모가 훨씬 크고 공적인 의미를 더 많이 부여한 것이었다.

  한편 신라의 삼한 통일이 일단 완수됐던 문무왕 시절에는 당나라와의 싸움이 현안 과제로 제기됐다. 신라와 당은 명분과 군사적 대결의 두 가지 방향에서 강온책을 구사했지만 신라로서는 불교의 종교적 힘에 의지하는 또 하나의 길을 찾아냈다. 그것 또한 불국토 사상에 의한 도상학적 우의에 기댄 것이었다. 경주 남동쪽 근교에 자리 잡은 낭산(狼山)은 황룡사와 같은 방향으로 2배가량 더 멀리 떨어진 곳에 있다. 낭산에는 삼한통일 과업의 원년을 장식했던 선덕여왕의 능이 모셔져 있다. 문무왕은 그 아래에 위치한 신유림(神遊林)에 사천왕사를 지었다. 낭산 위쪽이 선덕여왕의 유언대로 도리천이라면 그 아래에 신들이 노닐던 숲속에다 도리천의 주인인 제석(帝釋)을 호위하기 위한 사천왕(四天王)과 그 권속을 배치한 셈이 되므로 불국토를 호위하는 그 능력을 현실로 옮겨올 수 있게 된 것이다.

자장법사가 오대산을 찾는 이야기는 『삼국유사』 「탑상」편의 <대산(臺山) 오만진신(五萬眞身)> 이하의 두 기사와 「의해」편의 <자장정률(慈藏定律)> 기사에서 계속 이어진다. 이러한 자료에서도 그의 최대 공적은 오대산에 절을 세워 보현보살 및 그의 '다섯 종류 권속'[五類聖衆]을 발현하게 한 것과 황룡사 구층탑의 건립이라고 언급하고 있다. 불교 도상학적으로 큰 의미를 지니고 있음을 짐작하게 한다. 신라 불국토의 중심축으로 황룡사 구층탑을 고찰한 것은 정민, 『불국토를 꿈꾼 그들』, 106~135면 참조.

3.3. 통일신라 시대의 우언

3.3.1. 흥성과 쇠망을 우의하는 노래와 일화

신라 제33대 성덕왕은 신문왕이 실질적인 삼한통일의 정국을 운영하면서 전제왕권을 강화했던 정책을 계승하면서 신라 전성기를 구가했던 것으로 이해된다. 그는 신문왕의 둘째 아들로서 형 효소왕의 왕위를 이어받았다. 당나라와의 국경 문제를 매듭짓고 당 현종과 여러 차례의 국서를 주고받았다. <백관잠(百官箴)>을 만들어 신하에게 보이고, 국가 행정을 총괄하는 집사부의 시중(侍中) 직책을 설치하였다. 문성왕(文聖王)과 십철(十哲) 및 칠십이 제자들로 구성된 공자(孔子) 학문왕국의 인물 도상을 들여와 국학에 비치하기도 했다. 당 제국과의 활발한 교류를 통해 선진된 제도와 문물을 수용했던 것이다.

이러한 성덕왕의 치적은 중앙 집권의 강화와 당나라와의 외교를 통해 이루어진 것이다. 그러나 자연재해나 흉년이 닥쳤을 때는 통치 능력이 시험대에 오를 수밖에 없었을 것이다. 『삼국유사』에서는 그의 재위 5년(706)에 커다란 기근이 들어 구휼 사업을 벌였던 일을 특별히 기록해 놓고 있다. 이듬해 정월부터 만 7개월 동안에 백성 한 사람당 하루 세 되씩 나누어 주었다고 했는데, 사용된 곡식의 총량이나 사업 방식을 구체적인 수치를 들어 상세히 기록한 것은 하나의 성공 사례를 들어 보이기 위해서였다고 여겨진다. 또 태종무열왕을 위해 봉덕사를 창건하여 형제 상속으로 왕위를 이은 자신의 정통성을 확보하고 그곳에 인왕도량을 열어 불교계의 지지도 얻고자 했다.

『삼국유사』「수로부인」조는 국문학 자료로 일찍부터 관심이 대상이 됐지만 기본적으로 「성덕왕」조에 딸린 기사이다. 이는 왕조별로 편찬된 「기이」편의 성격으로 보아 분명하다. 성덕왕과는 직접적인 상관이 없어 보이지만 성덕왕대의 대표 사적으로 기술된 것이라 한다면 새로운 해석 시각이 필요하다. 다만 이 기사의 주인공이라 할 강릉태수, 수로부인, 시골 노인, 바다 용은 실재 인물로 보기는 어려운 점이 있다. 그것은 성덕왕 시대의 역사적 상황에 대한 문학적 상관물로 이해해야만 이면적 의미가 되살아난다.

강릉태수로 부임해 갔다는 순정공(純貞公)은 이 기사 이외에 다른 자료에는 나타나지 않는 인물이다. 실재 인물인지의 여부는 확정지을 수 없지만 적어도 그의 여행이 지방관의 정상적인 도임행차는 아닌 듯하다. 그가 부임하는 노정에서 한 일이라고는 바닷가나 정자에 이를 때마다 '점심 차림'[晝膳]뿐이었다. 그때 일어난 신이한 일의 기록과 노래가 이 기사의 내용이고 그 사건의 주인공도 그가 아닌 수로부인이다. 더구나 그 행차에서 차려낸 점심 식사는 여행 중의 간편식이 아니라 흔히 임금의 삼시 세끼 수라상의 하나인 주선(晝膳)이다. 『삼국유사』「태종춘추공」조에서는 태종무열왕이 백제를 멸망시킨 후로는 '주선'을 그만두고 아침저녁만 먹었다고 한 적이 있다. 그런데 수로부인이 겪은 일이라는 것이 식사를 하는 가운데 발생한 것이며 해룡에게 잡혀가 용궁에서 차려낸 음식[膳]이 훌륭함을 일컫고 있다. 그렇다면 순정공 일행의 강릉 행차는 애초 「성덕왕」조에서 언급한 흉년과 구휼에 대한 마을굿 차원에서 이루어진 것이라 해석할 수 있다.

첫 번째 사건에서 암소를 끌고 가던 노옹이 바닷가 천 길 낭떠러지에서 칠죽꽃을 꺾어 수로부인에게 바친 것은 지방 무당과 나라에서 파견된 무당이 협력하여 굿을 열었던 과정으로 여겨진다. 이때 민요체에 가까운 4줄 노래 향가로서 <헌화가>를 부른 것은 풍요를 기원하는 의미도 들어있을 것이고, 암소를 잡고 있던 노옹의 형상은 농사꾼의 소망을 상징하기도 했을 것이다. 두 번째 사건은 그보다 심각한 내용을 담고 있다. 수로부인이 점심을 먹고 있을 때 용이 그를 끌고 바다로 들어가 버렸다. 그를 찾아낼 방법이 없는데 또 한 노인이 나타나 해법을 일러줬다. 그때 노인이 "뭇 사람의 입은 쇠도 녹인다"라고 한 말은 『국어(國語)』라는 한문고전에서 유래했다. 원래 그 앞의 말로 "뭇 사람의 마음은 성(城)을 이룬다"는 어구와 짝을 이루어 뭇 사람이 협력하면 소원을 이룰 수 있고 어려움도 풀어낸다는 뜻이다. 뭇 사람의 바람은 풍년 든 농사일 테고 그 어려움은 기근의 해결일 터이다. 이때 불린 노래가 <해가(海歌)>이다. 이 작품은 두 줄의 짤막한 <귀지가(龜

旨歌)>를 상황에 맞게 늘려 '수로'를 내놓으라고 협박하는 내용이다. <귀지가>에서의 수로(首露)가 수로(水路)로 바뀐 것은 수로부인의 <해가> 굿거리의 주된 목적이 '물길'에 있었음을 짐작하게 한다. 그것은 기근의 구휼에 그치지 않고 풍년을 기약하는 굿거리였을 듯하다.

제35대 경덕왕은 신라 전성기를 문화적으로 더욱 발전시켰다. 경덕왕은 성덕왕의 셋째 아들이자 효성왕의 동생으로 왕위에 올랐다. 그는 황룡사에다 신라 역사상 최대 규모의 범종을 두 차례나 조성했다. 또 부왕에 의해 창건된 봉덕사에는 부왕을 기리는 성덕대왕신종(聖德大王神鍾) 조성에 착수하였고 아들 혜공왕 때 완성되어 봉안됐다. 이 종은 신라 전성기의 예술적 수준을 대표하는 유물이 됐다.

그러나 위기의 상황이 없었던 것은 아니다. 토함산의 석불사(石佛寺)와 불국사(佛國寺)는 신라 문화를 상징하는 걸작품이지만 일본 나라(奈郎) 정부의 신라 정벌 계획에 맞서기 위한 조성 동기를 가지고 있는 것으로 추측된다. 이는 마치 문무왕이 사천왕사에서 유가(瑜伽) 승려들을 통해 신인종(神印宗)의 '문두루' 비법을 통해 당나라 군사를 물리쳤던 것을 연상시킨다. 8세기 왕실에서 건립한 사원들이 평지나 산기슭에 있었던 것과는 달리 굳이 산꼭대기에 석굴을 조성하여 정교한 석물 건축을 조성했던 데는 특별한 의도가 있었을 것이다. 『삼국사기』의 기록에 의하면 경덕왕이 신라 유가종의 교조인 태현(太賢)과 화엄종의 법해(法海)를 각기 불러들여 법력을 비교하게 했던 것도 이와 관련이 있을 것이라 여겨진다. 밀교와 화엄의 협력이 호국불교의 차원에서 이루어졌음을 짐작하게 한다.

토함산 정상에 조성된 석굴 중앙에 봉안한 본존불은 동쪽을 향해 앉은 채 오른손 모양을 [그림1]과 같이 항마촉지인(降魔觸地印)의 모습을 지어 보이고 있다. 이는 전통적으로 서방정토의 아미타불의 모습으로 해석되어 왔다. 특히 손가락의 인상(印相)은 악마의 유혹을 물리치고 땅을 짚어 부처의 진리를 증명하는 도상(圖像)이다. 더 나아가 정치적으로 이러한 불상의 모습은 일본 세력을 상징하는 동해의 파도가 동악(東岳)을 넘어 신라를 침

[그림 1] 동해를 바라보며 항마촉지(降魔觸地) 손 모양을 하고 있는 석굴암 본존 아미타불

몰시키는 것을 막고 평화를 유지하고자 하는 염원의 우의로 해석될 만하다.

또 토함산 중턱에 화엄불국토(華嚴佛國土)를 상징하는 불국사를 조성할 때는 화엄적 배경 속에서 천태(天台), 선(禪), 정토(淨土) 등의 여러 요소를 혼용하고자 했다. 불국사의 최대 특징은 무엇보다도 이들 사상을 조화시키려는 공간 분할과 가람 배치에 수어진다. [그림2]의 불국사 선경을 소감하면 회랑에 의해 좌우가 구획되어 있고, 다시 위아래가 상대와 중대와 하대로 분할되어 있음이 눈에 선명히 들어온다. 오른쪽으로 연꽃 연못 → 청운

3.3. 통일신라 시대의 우언 | 79

[그림 2] 불국사 전경을 조감하면 좌·우 회랑과 상·중·하단의 구획이 뚜렷이 관찰된다

교와 백운교의 돌계단 → 자하문 → 다보탑과 석가탑 → 대웅전 → 비로전 등의 동선으로 연결되는 화엄원(華嚴院) 구역과, 왼쪽으로 칠보교와 연화교 → 안양문 → 극락전으로 연결되는 미타원(彌陀院)의 구역이 분명하게 대비된다. 전자와 후자는 연화장(蓮花藏)과 극락(極樂)의 장소를 상징하면서 구역의 대소 차이를 두었다. 또 상대에는 불국사 이전 법류사(法流寺)의 자취인 관음전과 비로전, 중대에는 불국사의 대웅전과 극락전, 하대에는 지형의 높낮이를 장엄하게 구성한 돌계단과 문이 배치되어 있다. 이 같은 불국사의 가람 배치는 사바, 극락, 연화장 세계로의 여정을 나타내는 듯하지만, 이들 장소를 대표하는 석가불과 미타불과 비로자나불은 강조점의 차이

가 있을 뿐이며 현실과 이상과 진리가 연화장에 포섭된다는 화엄일승(華嚴一乘) 사상을 표상한다. 여기서 '화엄'은 화엄종이라는 특정 종파이기보다는 화엄의 원융무애한 사상적 경향성을 지니게 된다. 최치원은 불국사의 <아미타상찬(阿彌陀像讚)>에서 다음과 같이 의미를 부여했다.

東海東山有佳寺,   동쪽 바다 동쪽 산에 아름다운 절 있으니
華嚴佛國爲名號.   '화엄불국'으로 이름을 삼았다네.
主人宗袞親修置,   주지 종곤이 몸소 중수하여 세우니
標題四語有深義.   표제 네 글자에 깊은 의의가 있네.
華嚴寓目瞻蓮藏,   '화엄'에 눈을 두어 연화장을 우러르고
佛國馳心係安養.   '불국'으로 마음 달려 극락세계 이어놓았네.
欲使魔山平毒嶂,   복마산(伏魔山)이 독기 어린 봉우리들을 평정하여
終令苦海無驚浪.   끝내는 사바세계에 놀란 물결 일지 않게 하고저

비록 신라말의 불국사 중수와 관련하여 지은 글이지만 '화엄불국'이라는 사찰의 표제에 대해 깊은 의의를 부여했다. 그것은 애초 경덕왕이 지녔던 불국시의 창건 동기를 100년 후까지도 계승하고 있는 도상학적 이미지다. 화엄종의 소의경전인 『대방광불화엄경(大方廣佛華嚴經)』에 의하면 석가모니불이 깨달음을 이룬 후에 삼매 속에서 설법한 붓다의 나라가 바로 '화엄불국'이다. 그것은 지상의 세계는 물론이고 신라가 삼한통일을 지향했던 시기에 염원했던 불국토로서 도솔천, 도리천, 사천왕천을 포함하는 욕계의 제천(諸天)을 아우르는 공간이다. 최치원의 시에서 말하는 '복마산'도 마찬가지로 『화엄경』을 근거로 하고 있다. 그것은 석가여래가 출현하는 것을 큰 구름과 큰비와 여러 바람이 작용하여 우주가 생성된 것에 비유하는 대목에서 '움직임 없는 큰 산'이 생겨났다고 표현하면서 열거했던 산의 이름이다. 거기에 비해 '독기 어린 봉우리'나 '놀란 물결'이라는 표현은 연화장의 장엄한 세계를 이루고 있는 신라의 영토에 큰 장애를 일으키려는 일본의 침공을 우의하고 있다. 경덕왕은 그와 같은 불교 건축물의 도상학적 의미를

통해 통일신라의 위기를 극복해 나가고자 했다.

또 경덕왕은 불교의 여러 종파의 승려들을 궁궐로 불러들여 다양하게 접촉했다.『삼국유사』에서 향가의 전문 작가로 거론한 월명사(月明師)와 충담사(忠談師)의 경우도 그에 해당된다. 통일신라의 정치적 변동에 대처하기 위한 문화적 방책을 마련하려는 의도였을 것이다. 이 두 작가는 개인적 차원의 수준 높은 향가 <제망매가>와 <찬기파랑가>를 지은 것으로 이미 이름이 높았다. 왕이 그 명성을 듣고 공적인 목적으로 향가 <도솔가>와 <안민가>를 짓게 했다. 월명사는 늘 사천왕사에 거주하는 국선(國仙)의 무리라고 했고, 충담사는 특별한 날에는 남산 삼화령의 미륵불에게 차를 공양하고 기파랑을 찬양하는 사뇌가를 지어 유명세를 탔다. 그들은 모두 불교 종파의 일반 승려들과는 달리 화랑에 소속된 낭승(郎僧)의 가객이었다.

<도솔가>는 경덕왕 19년(760) 4월에 두 해가 나타나는 흉조를 털어내기 위해 다음과 같은 가사로 지어졌다. 향가의 두 줄 노래 형식에 맞추어 현대어 번역 및 일연의 번역 한시와 현대어 대역을 모두 제시한다.

> 오늘 이에 <산화가> 불러 날려 올리는 꽃아, 너는.
> 곧은 마음의 명령에 부려져서 미륵 좌주 모셔라!
>
> 龍樓此日散花歌, 挑送靑雲一片花.
> 오늘 궁궐에서 <산화가>로 꽃 한 송이 하늘로 골라 보내니,
> 殷重直心之所使, 遠邀兜率大僊家.
> 무겁고 곧은 마음에 사역하여 멀리 도솔천 부처님을 모셔올지라.

꽃을 매개로 도솔천의 미륵부처를 모셔와 액막이 의례의 신격으로 좌정케 하는 내용이다. 그런데 그 효험으로 곱고 맑은 동자가 나타나 왕이 월명사에게 하사한 명차와 수정염주를 받아서 내궁(內宮) 혹은 내원(內院)의 탑 속으로 사라졌다고 했다. 여기서 동자가 사라졌다는 곳은 신라 진평왕에 의해 기능이 강화되어 왕실의 내불당 구실을 했던 내제석궁(內帝釋宮), 즉 천

주사(天柱寺)를 지칭하며 고려 때까지 내제석원(內帝釋院)으로 불렸던 곳이다. 왕의 하사품이 그곳 미륵화상 옆에 남겨져 있다고 했으니 동자는 미륵부처의 감응을 전하기 위해 나타났던 셈이다. 그렇지만 애초 두 개의 해가 떴다는 현상은 왕위 계승에서 문제가 발생했음을 암시한다고 보아야 전후 맥락이 이해된다. 이 점은 훗날 혜공왕으로 등극하는 태자의 탄생담과 관련이 있어 보인다. 표훈 대덕이 천제(天帝)에게 올라가 아들이 없어 고민하는 경덕왕의 소원을 전하고 딸을 아들로 바꿔 나라를 위태롭게 했다는 내용이 그것이다. 여기서 '천제'는 천주사의 주존인 제석천(帝釋天)의 약칭이다. 표훈은 의상의 화엄학을 전수받아 경덕왕이 석불사와 불국사를 창건하는 데 영향을 끼친 고승이기도 하다. 왕자는 월명사를 만나기 전 해에 탄생했고, 이 해 7월에 태자로 봉해졌다. 태자 책봉을 앞두고 궁궐의 사찰에서 미륵 혹은 제석신앙에 기대어 벽사진경의 의례를 진행시켰던 것으로 여겨진다.

또 <안민가>는 경덕왕이 재위한 지 24년(765)되는 해에 신라 호국신에 해당되는 중요 산신들이 때때로 대궐 뜰에 나타나 왕에게 보이는 변고가 창작의 계기가 됐다. 그 이전에는 월명사의 <도솔가>에서 나타나듯이 경덕왕은 왕위 계승에 있어 극도의 불안감을 지니고 있었다. <안민가>가 지어지던 전 해에는 경덕왕의 정적인 김양상(金良相)이 시중에 오르는 정변이 일어났다. 김양상은 훗날 반란을 일으켜 혜공왕을 살해하고 선덕왕에 즉위하여 무열왕계를 대신하는 내물왕계의 왕통을 연 인물이다.

또 이태 전에는 효성왕에 대한 <원가>의 작가이자 경덕왕을 2대째 섬기고 있던 신충(信忠)이 상대등에서 물러나고, 총신 이순(李純)은 갑자기 출가를 감행했다. 이들은 세속에서 물러나서 단속사(斷俗寺)라는 절을 짓고 왕의 복을 빌었다. 특히 이순은 왕이 풍악을 즐기며 음탕한 행위를 할 때면 임금을 만나 걸주(桀紂)에 비기며 격렬하게 간쟁했다. 왕의 측근들이 현직에서 물러날 수밖에 없는 상황에서도 불교나 유교적 논리에 기대어 임금을 측면에서 지원했던 셈이다.

이 같은 정치적 배경하에서 경덕왕은 삼월 삼짇날 충담사를 불러들여 향가를 짓도록 부탁했다. 충담사는 미륵을 섬기는 낭도이지만 유가적 이념을 활용하여 아래와 같이 가사를 지었다.

> 임금은 아비요 신하는 사랑하실 어미요,
> 백성은 어린아이라고 하실진대 백성이 사랑을 알리로다.
> 구렁의 불을 살린 바의 먹거리 이를 먹고는 편안하여
> "이 땅을 버리고는 어디로 가리!" 할진대 나라가 지켜줌을 알리로다.
> 아아, 임금답게 신하답게 백성답게 한다면 나라가 태평하니이다.

첫째, 둘째 줄은 우선 임금, 신하, 백성의 관계를 가족 관계로 비유했다. 그 가운데 어리석은 아이에 빗댄 백성을 매개로 어미에 빗댄 신하의 역할이 커진다는 점을 표현한 것이 이 노래의 핵심이다. 그러나 이 노래를 짓게 된 경덕왕 시절의 정치적 배경을 대입해야만 보편적 유교 윤리를 넘어선 속뜻이 온전하게 드러난다. 왕위 계승이 불안한 이유는 반대파의 신하가 강성하기 때문이다. 임금은 그들을 유가적 논리로 포용하면서 나라와 백성이 편안해질 방도를 제시했다. 셋째, 넷째 줄은 백성의 아궁이가 꺼지지 않고 먹거리를 공급 받을 수 있다면 나라의 고마움을 알게 된다는 시상을 전개했다. 이는 백성이 사랑을 알게 되는 지름길이자 유가적 논리의 구체적 사례이다. 마지막 줄에서는 『논어·안연』편에서 공자가 제경공(齊景公)에게 답한 정치의 요체를 인용하는 듯하면서도 애초의 비유 체계를 연상시키게끔 했다. 공자도 문답에서 "비록 곡식이 있더라도 임금과 신하, 아비와 자식답지 못하면 먹을 수 없다"고 했지만, <안민가>에서는 국태민안(國泰民安)의 요체가 어미와 같은 사랑, 어리석은 아이가 받을 사랑임을 강조했다. 비록 다스림의 정점에 임금이 있다고 하더라도 백성이 피부로 느끼는 정치 일선에서는 신하의 역할이 더 중요하다는 뜻을 천명했다고 할 수 있다.

<도솔가>와 <안민가>는 이전부터 존재했던 향가의 형식이지만, 꽃과 백

성을 매개로 제석신앙과 원시유학의 이념을 재해석했다. 경덕왕은 화엄학과 유가종을 결합하여 불교의 도상 건축물을 조성하고 국난을 타개하려 했던 것처럼 전문 가객의 낭도를 불러 향가를 지어냄으로써 왕권을 강화하고 왕위 계승의 약점을 보완하려 했던 것으로 여겨진다. 그러나 통일신라의 전성기는 경덕왕대에서 끝이 나고 불안한 그림자를 다음 대에 남기지 않을 수 없었다. 혜공왕은 경덕왕이 딸로 점지되어 있던 아이를 나라 멸망의 예언을 무릅쓰고 아들을 원해서 낳았다는 탄생담을 지니고 있다. 혜공왕 대에는 천하에 병란이 일어날 흉조가 각가지로 나타나서 왕이 대사면령을 내리고 스스로를 반성한다고 했지만 여러 차례의 반란을 막지 못했다. 마침내는 친왕파와 반왕파 사이의 내란까지 일어나 그 와중에 왕이 시해되는 지경에 이르렀다.

제38대 원성왕 김경신(金敬信)은 앞 대의 선덕왕 김양상(金良相)과 함께 혜공왕의 정적으로서 세력을 키워 왕위에 오른 사람이다. 그는 강원도 일대를 세력 기반으로 하고 있었던 김주원(金周元)과의 경쟁을 통해 즉위했고, 그의 고조까지 대왕으로 추존했다. 이러한 사적으로 미루어 보아 무열왕계를 대신하여 내물왕계 김씨의 왕통이 원성왕 시기에 이르러 정립됐음을 짐작할 수 있다. 그런데 『삼국유사』 「원성대왕」조에서는 몽조(夢兆)를 포함하는 특이한 즉위담을 싣고 있다. 그것은 수수께끼담의 구조를 지니고 있다. 그 몽조가 불길하다는 것은 결과적으로 잘못된 해몽이고, 왕위에 오를 극히 상서로운 징조로 푼 것은 옳은 해몽이다. 이렇게 해몽이 엇갈리는 것은 이 수수께끼담이 왕위에 오르기 전에 시험 단계를 필요로 하는 예비적 성격을 띠고 있음을 말해준다. 이 즉위담에서 김경신은 북천신에게 제사를 지내서 가장 유력한 왕위 계승자였던 김주원을 홍수로 고립시켜 따돌렸다고 했지만, 현실적으로는 치열한 왕위 경쟁을 벌였음을 우의하고 있다.

또 제42대 흥덕왕에 대해서 『삼국유사』는 앵무새에 관한 짤막한 기사를 수록해 놓았다. 당나라에 사신으로 다녀온 사람이 앵무새 한 쌍을 갖다 주었는데 암놈이 죽었다. 수놈이 애처롭게 울어 왕이 거울을 걸어주니 새가 짝을 찾은 줄 알고 거울을 쪼다가 그것이 제 그림자임을 알고는 죽어버렸다는 내용이다. 이 이야기에서 새가 꼭 앵무새일 필요는 없다. 이 설화와 유사한 발상이 남조(南朝) 송(宋) 범태(范泰)의 <난조시(鸞鳥詩)> 서문에 전해진다. 다만 여기서는 인도 변방의 계빈왕(罽賓王)에게 잡힌 난새가 새장에 갇혀 노래를 불러야만 했던 것으로 상황이 설정되어 있다. 난조새는 이를 거부하고 삼 년 동안이나 한 번도 울지 않다가 왕이 거울을 걸어주니, 그것에 비추인 새가 제 짝인 줄 알고 울다가 마침내는 거울을 향해 달려나가 부딪혀 죽었다고 했다.

홍덕왕은 자신의 처지를 앵무새에 빗대어 노래를 지었다고 했다. 『삼국사기』에 의하면 홍덕왕은 즉위년에 왕비와 사별했는데 이후로 홀로 거처하며 재취를 거부하고 자신을 짝 잃은 새에 비유했다고 한다. <앵무가>의 가사는 전하지 않지만 거울 속에서 잃은 짝을 찾다가 죽음에 이르는 새를 읊는 비극적 정서의 내용이었을 듯하다. 통치자로서는 어울리지 않는 거동을 짝 잃은 새 이야기를 통해 보여줌으로써 신라 쇠망기의 이면을 드러냈다.

제48대 경문왕은 "임금님 귀는 당나귀 귀"로 유명한 신라 하대의 임금이다. 그는 말을 그럴듯하게 해서 선대의 헌안왕에게 발탁되어 임금이 됐다. 우연한 기회를 잡았던 것처럼 묘사된 즉위담이 『삼국사기』와 『삼국유사』에 모두 실려 있지만, 그만큼 곡절 있는 사연이 숨어 있음을 암시한다. 경문왕의 이름은 응렴(膺廉)이며, 그의 신분은 왕족이자 국선, 즉 화랑 무리의 수장이다. 그의 조부는 고독에 빠져 살던 당숙 홍덕왕을 시해하고 왕위를 차지했던 희강왕이다. 그러나 희강왕 또한 재위 3년 만에 민애왕에게, 민애왕은 1년 만에 신무왕에게 다시 시역을 당했다. 신무왕은 홍덕왕의 아들이자 희강왕의 사촌으로서 왕위 찬탈의 골육상쟁을 원점으로 되돌린 장본인이지만, 즉위 몇 달 만에 죽고 아들 문성왕에게 보위를 물려주었다. 문성왕 치세에서 김응렴의 아버지는 시중에 올랐다. 가까운 친척끼리 벌인 지루한 권좌다툼의 와중에 모종의 정치적 타협이 이루어졌을 법하다. 그리고 헌안왕은 문성왕을 이었으니 헌안왕에게 발탁된 김응렴은 예사로운 왕족이 아니다.

　헌안왕과 김응렴 사이에 오간 문답은 왕좌를 내기로 건 예비적 수수께끼의 성격을 띤다고 보면 골육상쟁의 권력 싸움을 끝장내기 위한 모종의 담판으로 이해할 수 있다. "착한 사람을 본 적이 있는가?"라는 질문에 응렴은 세 가지 덕목을 답했다. 명예욕, 물질욕, 권력욕에서 벗어난 세 사람을 보았다고 말했다. 그 셋은 누군가 자기의 본디 혈통, 재산, 위세보다도 낮추어 처신하는 염결주의(廉潔主義)를 실천한다는 공통점을 지니고 있다. 응렴은 스스로 그러한 경지에 이르렀음을 목격한 적이 있다고 에둘러 말했다. 왕은 예비 시험을 통과한 응렴에게 본격적 과제를 제시하면서 자신의 두 딸을 걸었다. 마치 요임금이 제위를 선양할 때 바깥의 평판이 가장 좋았던 순임금의 내면을 점검하기 위해 아황과 여영을 그에게 시집보냈다는 이야기를 닮았다. 그런데 맏공주는 추녀였고 둘째는 미인이었다. 자기의 참모였던 범교(範敎)는 못생긴 맏공주에게 장가를 들라고 강하게 진언했다. 응렴은 그 말대로 해서 왕 부부를 안심시키고, 왕위를 이어받고, 나중에는 둘째 공주를 왕비로 맞아들였다.

　경문왕은 왕위쟁탈전의 소용돌이 속에서 '청렴함' 혹은 '모범' 등의 도덕주의 인상을 가지고 왕위에 올랐다. 그러나 그가 내세운 덕목은 강박관념이거나 명분에 지나지 않을 가능성이 훨씬 크다. 현실의 통치 행위에서는 그것이 왜곡되어 나타날 수밖에 없다. 왕이 된 이후에 그는 매일 밤 수많은 뱀의 혀에 눌려서 잠이 들었고, 갑자기 당나귀처럼 귀가 커져 모자로 가려야만 했다고 했다. 이 같은 설화적 내용이 무엇을 상징하는지를 두고 많은 해석이 가능하지만 '혀'[舌]와 '귀'[耳]의 상관성이 중요하다. 왕권을 제대로 수행하기 위해서는 수많은 말을 접해야 했지만, 그를 제대로 듣고 현실로 옮기기란 쉽지 않다. '당나귀 귀'는 유종원의 <검(黔) 땅의 당나귀>에서처럼 실속 없는 허울에 불과하다. 언로를 개방하고 소통을 중시하자면 귀 또한 열어놓아야 한다는 것은 명분일 뿐이다. 경문왕의 귀가 커진 것은 또 다른 도덕적 강박증을 상징하며 그러한 내적 상황은 비밀에 부쳐야만 했다.

"임금님 귀 당나귀 귀"는 경문왕이 소통을 강조하면서도 실제로는 소통을 할 수 없는 진퇴양난에 빠진 것을 우의한다고 볼 수 있다.

경문왕의 아들딸들은 부왕을 이어서 제49대에서 제52대 신라 임금이 됐다. 특히 맏아들 헌강왕은 『삼국유사』에서 일컫는 '사절유택(四節遊宅)'의 번영기를 누렸다. 온 나라에 초가집이 없으며 음악 소리가 끊이지 않는다고 했다. 그러나 <처용가>를 부른 처용랑, 포석정에 나타난 남산 신, 금강령에 나타난 북악 신 등은 신라가 전성기를 넘어서서 기울어지고 있는 조짐을 암시하고 있다. 북악 신이 참요로 불러준 노랫말이 나라가 장차 망할 것을 예언한 것이었는데 나라 사람들은 오히려 상서로움이 나타난 것으로 착각하고 즐거움을 탐닉했다고 했다. 이 또한 흥조를 제대로 알아보지 못하면 망조로 변질된다는 소통 부재의 상황과 종교의 타락을 우의하고 있다.

또 제51대 진성여왕은 경문왕의 딸로서 선덕, 진덕여왕 이래로 꺼려왔던 여성 왕위의 장본인이 됐다. 나라가 비선 실세와 서너 명의 총신에 의해 농단되는 상황에서 그를 지적하는 다라니 은어(隱語) 시(詩)가 유행했다. 왕거인(王巨人)의 옥중시는 하늘의 무심함을 원망하는 내용이었다. 또 당나라 사신 행렬에 끼어 있었던 궁수 거타지(居陀知)의 이야기는 나라의 운세가 흥조에서 망조로 악화되어가는 상황에서 새로운 영웅의 출현이 필요하다는 점을 보여준다. 이것이 고려 건국신화의 작제건(作帝建) 설화나 이조 국조설화에서 도조(度祖)의 백룡과 흑룡 설화로 이어질 때는 영웅상이 온전하게 구현된다.

반면에 후백제 견훤은 용이 못된 큰 지렁이와 과부의 야합으로 탄생한 전설의 주인공으로 전락했다. 그가 장자 신검에게 왕위를 빼앗기고 금산사에 갇혔을 때 동요는 아들을 꾸짖고 아비의 신세를 조롱하고 있다.

  可憐完山兒, 가련한 완산 땅 아들아!
  失父涕連灑. 아비를 잃고 눈물을 뿌리는구나.

여기서 "아비를 잃었다"는 것은 중의적 의미를 지닌다. 견훤이 야래자의 자식으로 사생아처럼 태어났음을 연상시키기도 하고, 신검이 아버지의 왕위를 강탈한 것을 비난하는 것이기도 할 것이다.

석굴암(석불사)과 불국사에 관한 논의는 황수영,『불국사와 석굴암』(세종대왕기념사업회, 2000. 2판); 신영훈 글/ 김대벽 사진,『토함산에 이룬 이상세계 불국사』(조선일보사, 2004); 자현,『불국사에 대한 재조명』(한국학술정보, 2009); 배진달,『연화장 세계의 도상학』(일지사, 2009) 79~154면 참조. [그림1]은『한국민족문화대백과사전』12(한국정신문화연구원, 1992); [그림2]는 대한불교청년회 불교공부방 인터넷카페의 도판이다. '마산(魔山)'이라는 용어는『대방광불화엄경』제50권의「제삼십칠 여래출현품(如來出現品)」에서 세계가 처음 이루어질 적에 큰물이 가득하고 큰 연꽃이 생겨나는 장엄함을 묘사하는 대목에서 언급됐다. 여러 속성의 바람둘레[風輪]가 일어나서 제천(諸天)의 궁전, 깨뜨릴 수 없는 금강산(金剛山), 수미산(須彌山), 움직이지 않는 열 개의 큰 산 등을 만든다고 할 때 복마산(伏魔山), 대복마산(大伏魔山)을 열거했다. 경덕왕이 국가행사에서 향가를 정치적으로 활용하여 향가의 기능을 극대화시켰다는 논의는 박노준,『향가여요 종횡론』(보고사, 2014) 57~63면; 신재홍,『향가의 미학』(십문낭, 2007) 387~400면; <안민가>의 해독은 신재홍,『향가의 해석』(집문당, 2002) 78~96면 참조. 경문왕에 대한 논의는 정민,『불국토를 꿈꾼 그들』354~375면; 심민호,「경문대왕」,『우리 고전 캐릭터의 모든 것』(휴머니스트, 2008) 147~163면 참조.

3.3.2. 최치원의 우언시와 정치외교 문서의 우언적 표현

신라는 삼국을 통일한 이후에 당 제국 중심의 동아시아문명권을 구축하는 데에 적극적으로 호응했다. 당에서 실시했던 국제 과거시험이라 할 수 있는 빈공과(賓貢科) 합격자가 58인에 이르렀다. 신라는 낭이 망하고 송나라가 들어서기 이전 시기인 오대(五代)에도 32인의 합격자를 배출했다. 그 가운데 최치원, 박인범, 왕거인 등은 시와 문장으로 이름을 날렸다.

최치원(崔致遠)은 나라의 통치에 소용되거나 비문에 새기는 글을 지은 문장가로서 큰 명성을 얻었지만, 당나라와 신라에서 그의 정치적 견해가 크게 쓰일 길은 없었다. 그는 문장가의 길을 가다가도 이따금 스스로의 내면을 돌아보는 시를 써서 문학인으로서 보람을 찾았다. 시 창작을 통해서 자신의 신세를 한탄하는 데 그치지 않고 세태 속에서 올바른 도리를 확인하고자 하는 의도로 시를 만들어내기도 했다. 『동문선』 「오언고시」에는 그와 같은 최치원의 시 네 수를 맨 처음으로 실어서 참고가 된다. 그 첫 수가 <우흥(寓興)>이다. 우연히 목격한 사물에서 얻은 느낌에다가 자신의 생각을 덧붙인다는 의미를 지니는 제목이다.

願言扃利門,	아무쪼록 이욕의 문에 빗장을 걸어
不使損遺體.	부모님 주신 몸을 손상치 말지어다.
爭奈探珠者,	어쩌자고 저 진주 캐는 사람들은
輕生入海底.	목숨 걸고 바다 밑을 들어가는 걸까?
身榮塵易染,	몸이 영화로우면 티끌 세상에 쉬 물들고
心垢水難洗.	마음에 때가 끼면 물로도 씻기 어렵다네.
澹泊與誰論,	담박한 사귐을 누구와 논해 볼거나!
世路嗜甘醴.	세상에는 달콤한 감주만을 좋아하는 걸.

시인은 바다에서 목숨을 걸고 진주조개 잡이로 살아가는 사람을 이해하지 못한다. 화자가 짐짓 생업을 등한시해서가 아니라 그것이 비유의 고리일 뿐이기 때문이다. '진주 캐는 사람들'이란 목숨까지 아랑곳하지 않고 이욕의 문을 끊임없이 두드리는 자들을 연상시키는 '흥(興)'의 비유체이다. 비유의 대상은 현세의 영화를 누리면서 마음에 잔뜩 때가 낀 자들이다. 그들이 살아가는 곳은 한번 몸을 담그면 세속적 가치에 찌들어 좀처럼 씻어내기 어려운 환해(宦海)라는 싸움터이다. 이러한 비유체계에 기댄다면 진주를 캐기 위해 바다 밑바닥을 훑는 행위는 벼슬의 바다라는 공간에서 문인 관료들이 어떠한 행위를 하는지를 연상시킨다. 환해에서 오염된 마음은 아무

리 넓고 깊은 바다라 하더라도 회복되기 어렵다. 사람들의 사귐을 마시는 물에 빗대기도 한다. 말하자면 맑은 물이 달콤한 감주보다 변치 않고 오래 간다. 벼슬의 바다에서 이처럼 변치 않는 사귐이 가능할까? 마음에 낀 때를 씻어낼, 아무것도 섞이지 않는 담박한 물이 과연 있을까? 시인의 고민이 묻어나는 대목이지만, 소재로 삼은 진주잡이의 목숨 건 생활에 비하여 현실에 대한 우의적 비판은 다소 관념적 수준에서 그쳤다.

<촉규화(蜀葵花)>는 접시꽃을 두고 지은 시이다. 이 소박한 꽃에서 시인은 특별한 느낌을 받고 다음과 같이 노래했다.

寂寞荒田側,	고느적한 묵정밭 한켠에는
繁花壓柔枝.	여린 가지 무겁게도 접시꽃이 다닥다닥
香輕梅雨歇,	매실 영근 장맛비 개이니 그 향기 시들
影帶麥風欹.	보리 익어가는 바람에 그림자만 기우뚱
車馬誰見賞,	거마 타신 높은 분 그 누구라 감상하리
蜂蝶徒相窺.	한갓 벌과 나비만이 와서 엿볼 따름이라
自慙生地賤,	자라난 땅 천한 것 부끄러워하는 터에
堪恨人弁遺.	사람들에게 버림받으니 그서 한스러워라

접시꽃은 특별히 가꾸어 내는 꽃이 아니다. 매실이 익어가는 계절에는 향기도 변변치 못하고, 보리를 추수할 때에는 묵정밭 먼발치에서 누구의 주목도 받지 못한다. 한마디로 거마를 이용하는 행세객과는 마주할 일이 없는 꽃이다. 그나마 사심 없는 벌과 나비만이 이따금 주위를 맴돌 뿐이다. 접시꽃은 중국 사천성이 주산지이다. 중국에서도 변방 태생이다. 태생이 미천하여 부끄럽고 사람들에게 버림받으니 견디기 어려운 한으로 남는다. 시인에게 이러한 꽃은 아무래도 남의 일 같지가 않다. 시인의 자화상이 그 위에 포개진다. 최치원은 신라 변방에서 당나라 빈공과에 합격하여 강남의 종사관으로 문재를 발휘해 세상을 놀라게 했다. 그만하면 여린 가지가 휘어지도록 꽃을 함빡 피운 격이다. 그러나 변방 출신의 문인이 지니는 한계는 분명

했고, 귀국 후에도 크게 쓰일 수 있는 처지가 아니었다. 스스로가 부끄럽고 버려진 재주가 한스럽기만 하다.

<강남녀(江南女)>는 중국 남방 하층민의 생활상과 연민을 나타낸 최치원 작품으로 잘 알려진 것이지만 우언시의 관점에서 새롭게 볼 여지가 있다. 작가가 양주(揚州), 요주(饒州), 산양(山陽) 등의 양자강 하류 지역을 전전했던 하급 관리 때의 체험이 응축되어 있다.

江南蕩風俗,	강남땅은 풍속이 제멋대로여서
養女嬌且憐.	딸을 오냐오냐 애교스럽게만 키우네.
冶性恥針線,	요염한 성품으로 바느질을 싫어하고
粧成調管絃.	단장하고서 대풍류 줄풍류 고르기만.
所學非雅音,	고상한 음악은 배운 바 없으니
多被春心牽.	대부분 춘정에 이끌리는 소리로세.
自謂芳華色,	제 속셈으로는 꽃다운 고운 얼굴이
長占艷陽年.	길이 청춘에 머무를 줄 아는구나.
終朝弄機杼,	그러면서 온종일 베틀과 씨름하는
却笑隣舍女.	이웃집 딸 비웃으며 하는 말이라니
機杼縱勞身,	"옷감을 짜느라 죽을 고생한다마는
羅衣不到汝.	비단옷은 너에게 갈 일이 없다구" 하네.

가난한 집안 딸들이 길쌈과 침선에 청춘을 바쳐도 그 옷의 주인은 결코 될 수 없다는 하층민의 생을 실감 나게 묘사했다. 이는 만당(晚唐)의 시인 진도옥(秦韜玉)의 <빈녀(貧女)>에서 해마다 바느질하며 다른 처녀들 시집 갈 옷만 만드는 자기 신세를 괴로워하는 여성의 심사를 연상시키기도 한다. 조선의 여류시인 허난설헌의 <빈녀음(貧女吟)>에서도 이러한 제재는 지속되고 있으니 제재 측면에서 시적 전통을 이루었던 셈이다. 그러나 시적화자는 강남의 풍속을 빙자하여 하층민과는 다른 삶을 지향하는 또 하나의 여성을 전면에 내세웠다. 그들은 귀족의 풍류 생활이 잉태시킨, 잘돼 보았자

요염한 기생이 될 뿐인 어정쩡한 존재들이다. 가난한 딸들이 만든 옷을 입으며 가난을 비웃을 수는 있어도 제 손으로 무엇을 생산해 내는 부류들은 아니다.

시인은 중국 '강남'이라는 이국적 풍류 생활 속에서 빈부의 문제나 문화적 취향을 문제 삼으려 했던 것 같지는 않다. 작품에 등장하는 두 부류의 여성은 최치원이 경험했던 문인의 기본 처지를 빗대고 있다고 보면, 그 어느 쪽도 편들지 못하는 시인의 갈등과 모순을 짐작하게 된다. 최치원은 변방의 급제자로서 주문자의 요구에 부응하는 글은 그럴듯하게 만들어도 제 몫의 자기 글을 짓기는 어려운 신세였다. 치세를 장식하는 글을 만들어 출세한 사람이 된다고 하더라도 가난한 선비를 비웃을 처지는 되지 못한다. 그 어느 처지에도 만족할 수 없는 그는 신라로 귀국하지 않을 수 없었다.

최치원은 세상에 이름을 알리는 정도에 만족할 수는 없었을 것이다. 그가 생각한 문인의 역할은 결국 역사의 추이에 참여하는 지식인이어야 했다. 그러나 신라의 현실은 만만하지 않았다. 이미 신라는 허울만 남았고 새로운 국가 세력이 생겨나고 있었다. 오언고시의 마지막 작품 <고의(古意)>는 옛날이야기에서 지신의 뜻을 찾는 우언 수법을 적극적으로 활용했다.

狐能化美女,	여우는 미녀로 도섭하고,
狸亦作書生.	삵은 글하는 선비가 된다네.
誰知異類物,	그 누가 알리 다른 동물들이
幻惑同人形.	인두껍을 쓰고 속이고 홀리는 것을.
變化尙非艱,	그렇지만 변신하고 도섭하기는 어렵지 않아,
操心良獨難.	마음 붙잡기가 진실로 어려운 법이라네.
欲辨眞與僞,	진짜인지 가짜인지 가리고 싶으니
願磨心鏡看.	마음의 거울을 닦아서 비춰보고 싶네!

여우가 나는 골짜기는 어느 때 어느 곳에나 있었다. 미녀로 화한 여우가 학동을 호리는 이야기도 쉽게 들을 수 있다. 다만 삵이 가짜 선비 노릇하는

이야기는 현재 한국에서 전승되는 설화는 아니다. 하지만 변신 설화는 옛이야기의 중요한 유형이며 불경의 내용으로도 널리 퍼졌다. 작가보다 후대의 저술이지만 『종경록(宗鏡錄)』에 의하면 여우나 삵이 오래 묵어 변신하여 사람과 신령에게 붙어 요괴가 되는 것을 '요통(妖通)'이라 일컫는다. 이러한 종류의 이야기를 한갓 고사로만 듣지 않고 시인의 삶 속에 적용시켜 본다면 어떨까? 과연 인두껍을 뒤집어쓴 요괴들을 어찌 가려낼 것인가? 여기서 미녀와 선비는 다른 사람이 아니다. <강남녀>에서 보듯이 두 길로 갈린 강남의 처자들은 바로 문장가의 두 이면이다. 요괴가 둔갑을 했든 요괴에게 홀렸든 제 본마음을 잃으면 딴 사람에게 기대어 덤으로 살아가는 인생이 된다. 그렇다면 어찌할 것인가? "마음을 붙잡다"라든가 "마음의 거울을 닦다"라는 표현은 유가 지식인으로서 자기 정체성을 찾고 싶어하는 시인의 외마디소리이지만 관념적 수사에 그쳤다. 최치원이 지은 <무염화상비명(無染和尙碑銘)> 서문에서 스스로 언급했던 것처럼 고승의 '심학(心學) 입덕(立德)'에 대해서 문장가의 '구학(口學) 입언(立言)'은 어떻게 다르고 어떠한 구실을 하는지 더 이상 따질 계제가 못 되었다.

최치원은 이상의 작품에서 물, 꽃, 여인, 동물 등의 소재를 취하면서 한결같이 자신의 처지와 지식인의 정체성을 문제 삼았다. 겉으로는 객관적 사물을 읊으면서 고시(古詩)의 품격을 지향하고 이면으로는 자신이 체험했던 문인의 한계와 정체성을 그려냈다. <강남녀>는 강남의 풍속에 빗대어 문장가의 지위를 풍자했다는 측면에서 악부시 형식을 취했다고도 할 수 있다. 이들을 통해 정치의 부속물 같은 문장가의 처지를 탈피하고 지식인의 비판적 기능을 지향하려는 우의를 암시했다. 그러나 당제국에서의 빈공제자의 위치나 신라 골품제에서의 신분은 개인이 극복하기 어려운 역사적 한계였다.

위 작품들은 문학의 기능과 지식인의 구실에 대한 시적 작업을 나름대로 꾸준히 추구한 결과라고 할 수 있다. 이 외에도 최치원이 884년 중국 산동지방의 대주산(大珠山) 아래에서 읊었다는 『계원필경집』 소재의 영물시 10수도 우언시로서 함께 다룰 만하다. 신라로의 귀국 전후에 지녔을 시인의 착잡한 심회를 잘 드러내고 있다. 특히 <들불>[野燒], <진달래꽃>[杜鵑], <산꼭대기 아슬아슬한 바윗돌>[山頂危石], <바위 위 작은 소나무>[石上矮松], <바위에 흐르는 샘물>[石上流泉] 등은 영물시로서 소재를 객관적으로 다루면서도 주목할 만한 우의를 곁들였다. 이 가운데 <들불>은 앞서 비유체로 삼았던 '여우'와 '삵'이 제거되고 새로운 세상이 오기를 염원하는 마음을 읊어서 주목된다.

望中旌旆忽繽紛,	눈앞에서 수많은 깃발들이 갑자기 나부끼며
疑是橫行出塞軍.	앞다투어 변방으로 출동하는 군대의 행진인 듯,
猛焰燎空欺落日,	사나운 화염이 하늘을 태워지는 해가 무색하고
狂煙遮野截歸雲.	미친 연기가 들녘을 뒤덮어 가는 구름 흩어지네.
莫嫌牛馬皆妨牧,	마소를 먹이는 데 방해된다 걱정하지 말지어다!
須喜狐狸盡喪群.	여우와 삵 같은 무리들 싹쓸이하면 기뻐해야지.
只恐風驅上山去,	다만 두려우니 바람이 산 위까지 몰아쳐서,
虛敎玉石一時焚.	옥과 돌을 한꺼번에 태우면 헛된 일이 될까봐서!

시인은 정월 대보름의 쥐불놀이와 같은 광경을 목격하고 회한한 상상에 잠긴다. 논밭둑을 불태워 액운을 쫓고 병충해를 박멸하며 한 해 농사를 준비하는 일에서 '청산(淸算)'의 이미지를 떠올린다. 마치 적에게 제공될 만한 모든 것을 차단하는 초토화 청야작전(淸野作戰)이나 펴듯이 인두껍을 쓰고 못된 짓을 하는 인간들이 청산되는 세상이 오면 얼마나 좋을까? 어쩌면 민란이 빈번했던 당나라 말기의 시대상을 빗댄 것일 수도 있다. 그러나 시인은 모든 것이 소멸되는 옥석구분(玉石俱焚)의 세상이 되기를 바라지는 않았다. 세상이 한번은 뒤집혀 정화될 수 있으면 좋겠다는 심정을 민속에 빗대어 소박하게 표현했다. 최치원의 이 모든 작품들은 시인의 정체성 모색과 현실에서의 초월 의지를 담은 우언시의 선례로서 의의가 있다.

빈공과 급제자들은 신라로 귀국한 이후에 여러 가지 정치적 행로를 택했던 것으로 이해된다. 그 가운데 육두품의 신분적 한계로 인하여 각 지방에서 성장하고 있던 호족 세력에 가담하는 부류도 생겨났다. 견훤에게 간 최승우(崔承祐)와 왕건에게 협력한 최언위(崔彦撝)가 그 대표적인 인물이다. 최승우는 왕건에게 보내는 견훤의 편지를 대필하면서 후삼국의 관계를 동물 고사에 빗대어 묘사하면서 감정을 불러일으키고 문장력을 과시하고자 했다.

> (1) 지난번 신라 재상 김응렴(金膺廉) 등이 장차 족하(足下: 王建)를 서울로 불러들이려 한 것은 작은 자라가 큰 자라의 소리에 응하였지만, 종달새가 매의 날개를 찢으려는 짓과 같다. … 나는 이 때문에 조적(祖逖)처럼 채찍을 먼저 잡고 한금호(漢擒虎)같이 도끼를 홀로 휘둘렀다.
> (2) 족하는 충고에는 귀기울이지 않고 … 소동을 일으켰으나 오히려 내가 탄 말의 머리도 보지 못했고 내 소털 하나도 뽑지 못했다.
> (3) 토끼와 사냥개가 함께 지치고 보면 끝내는 필시 남의 조롱을 받으며, 조개와 황새가 버티면 역시 남의 웃음거리가 될 것이다. 마땅히 미혹함을 경계하여 후회하는 일을 자초하지 말도록 하라!

(1)에서는 고려 태조를 작은 자라와 종달새에, 신라의 고위 관리를 큰 자라에, 후백제의 견훤을 매에 빗댔다. 신화적 의미를 지니고 있기도 한 자라의 여러 종류인 '별원(鼈黿)'이 유유상종처럼 호응했다고 하면서, 이면적으로는 자라의 굼뜬 이미지를 통해 신라와 고려가 꿍꿍이속으로 군신 관계를 맺었다고 비하한 것이다. 또 그것은 마치 종달새가 매의 날개를 찢으려 하는 턱없는 짓임을 다시 비유적으로 표현했다. 여기서 '안피준익(鷃披鶽翼)'이라는 어휘가 마치 고사인 양 제시됐다. 그러나 그것은 집텃새와 맹금이 지니는 현격한 차별성의 이지미를 통한 기선 제압을 의도하고 있다. 그렇기 때문에 후백제는 동진(東晉)의 조적(祖狄)의 고사에서처럼 선편(先鞭)을 잡고, 수나라 장수 한금호(韓擒虎)와 같이 단독으로 정벌에 나섰다는 것을 과시했다.

(2)는 후백제가 지금의 팔공산에서 고려 왕건의 군대를 크게 패배시켰던 사적을 압축적으로 비유한 것이다. 상대의 능력을 왜소화하고 자신의 무력

을 과시하고자 하는 의도가 들어 있음은 물론이다.

(3)은 <토로질비(兔擄迭憊)>, <방휼상지(蚌鷸相持)>의 고사를 매개로 삼아 격문이나 진배없는 이 편지의 결론을 맺고 있다. 그러나 앞에서 기세등등하던 문세는 약화되어 있다. 후백제 스스로도 사냥개나 도요새의 동물적 이미지로 맞물려 들어가고 있기 때문이다. 물론 토끼나 씹조개와 맞상대가 되는 형국이니 제삼자에게 어부지리를 안겨주는 어리석음을 범하지 말라는 권유의 의도가 들어가 있기는 하지만, 그 권유는 자신에게도 해당되므로 강압적인 태도를 어느 정도 약화시키는 자가당착을 무릅써야만 했다.

이에 대해 고려 태조의 답서를 대필했다고 추정되는 최언위의 글에서는 다음과 같은 비유적 표현을 구사했다.

(1) 족하(足下: 甄萱)가 애초 적을 가벼이 여겨 곧장 내달린 것은 마치 버마재비가 수레를 막는 셈이요, 끝내 어려움을 알고 용감히 물러감은 마치 모기가 산을 진 꼴이었소.
(2) 맹약의 다짐이 미처 끝나기도 전에 흉악한 위세를 다시 떨치며 벌이나 전갈과 같은 독으로 백성들을 침해하고 이리나 범과 같은 광포함으로 도성 부근까지 쳐들어가 금성(金城)을 압박하고 왕실을 놀라게 할 줄 어찌 알았으리오?
(3) 장이(張耳)처럼 저수(泜水)의 군영에서 온갖 원한을 풀어주고, 한왕(漢王)같이 오강(烏江) 기슭에서 단 한 번 승리할 결심을 반드시 기약할 것이다.

(1)은 <당랑거철(螳螂拒轍)>, <문자부산(蚊子負山)>의 쉬운 고사를 매개로 후백제의 무모함을 조롱했다. (2)는 '봉채지독(蜂蠆之毒)', '낭호지광(狼虎之狂)'이라는 흔한 비유를 동원하면서 후백제의 유린을 성토했다. 그리고 이어지는 글에서 존주의리(尊周義理)를 내세운 제환공이나 진문공과 전한과 후한을 찬탈한 왕망과 동탁 등을 비유적으로 대비하면서 고려와 후백제의 차이를 부각시켰다. 따라서 후백제의 흉악함은 하(夏)·은(殷)의 폭군이었던 걸주(桀紂)보다 더하고, 그 잔인함은 어미 새를 잡아먹는다는 경효

(獍梟)보다 심하다고 야유했다. (3)은 다시 왕건 자신의 결심을 두 가지 역사적 사례에 빗대어 표현했다. 장이(張耳)는 진섭(陳涉)이 진(秦) 제국에 반기를 들었던 시절 진여(陳餘)와 문경지교(刎頸之交)를 약속했던 장본인이다. 장이와 진여는 조왕(趙王)을 섬기다 틈이 벌어졌다. 장이는 한왕(漢王)에게 귀의하여 한신(韓信)과 함께 조나라를 공격하고 진여를 저수(泜水)에서 죽였다. 또한 한고조 유방은 초왕 항우에게 계속 패하다가 마지막으로 오강(烏江)에서 결승하여 천하를 얻었다. 이러한 사적에 비추어 볼 때 장이는 견훤의 권역에서 고려로 귀순한 호족들을 비유한 것이며, 한왕은 고려가 견훤과의 싸움에서 끝내 승자가 될 것이라는 다짐을 비유한 셈이다. 최언위의 문장은 최승우의 글에 비해 역사적 대비가 많고 말하는 취지가 분명하다. 최승우는 화려한 글을 구사하고 고사성어에 기대어 다양한 비유체계를 구성했지만 우의의 강도를 일관되게 유지하지는 못했다.

최치원의 시는 『계원필경집』과 『고운집』에도 실려 있으나 『동문선』의 것을 위주로 했다. 다만 번역과 주석은 이상현 옮김, 『고운집』(한국고전번역원, 2009), 『계원필경집』(한국고전번역원, 2009~2010); 우언시에 관해서는 윤종배, 「한국한시에 나타난 우언시의 전개양상」(단국대 석사논문, 1998); 안병렬, 「우언시의 특징과 전개 양상」, 『동방한문학』 42.(동방한문학회, 2010) 참조. 최치원을 포함한 빈공제자의 작품에 대해서는 이혜순, 「신라말 빈공제자의 시에 관하여」, 『한국한문학연구』 7(한국한문학회, 1984); 『고려전기 한문학사』(이화여대출판부, 2004) 45~63, 109~112면 참조. 정홍교, 『조선문학사 1』(평양: 사회과학출판사, 1991) 251~258면에서는 최치원의 우언 시작품들을 사회비판시의 관점에서 다루었다.

3.3.3. 남북국 시대 발해국의 상황

발해(渤海, 698~926)는 신라 효소왕 8년에서 경순왕 1년까지 통일신라 북쪽에 229년 존속했다. 발해는 고구려의 유민들이 상층부를 형성하여 세운 중세국가로서 신라와 더불어 당제국에 대하여 남북국으로서 교류했던 나라이다. 어느 정도의 우언문학적 성취를 이룩했는지 남은 자료를 가지고는 고찰하기가 곤란하지만 몇몇 편린을 살필 수 있다.

제3대 문왕의 둘째 딸 정혜공주(貞惠公主)와 넷째 딸 정효공주(貞孝公主)의 무덤이 발견되어 묘지명과 딸린 서문의 내용을 확인할 수 있다. 무덤의 주인공들은 각각 서기 777년(문왕41, 신라혜공왕13)과 서기 792년(문왕56, 신라원성왕8)에 사망했는데 일부 내용을 제외하고는 묘지명의 문구가 거의 대동소이하다. 매우 세련되고 격조가 높은 사륙변려문을 구사했지만, 의례적인 문장이 격식화의 과정에 들어섰다 할 수 있다. 이러한 사정으로 인해 마멸된 부분이 많은 정혜공주의 묘지석은 정효공주의 것을 통해 대부분 재구할 수 있다. 이 가운데 시집가는 신부의 모습을 적은 데서 다음과 같이 묘사한 부분이 주목된다.

　　☒☒好述, 嫁于君子.
　　　그 아가씨 좋은 짝, 군자에게 시집가누나.
　　摽同車之密義, 叶家人之永貞.
　　　꽃다운 나이에 함께 수레 타고가 집안 화합시키리.
　　柔恭且都, 履愼謙謙.
　　　부드럽고도 세련되며, 신중하면서도 겸손하도다.
　　簫樓之上, 韻調雙鳳之聲.
　　　피리 부는 누각에는 봉황 짝이 곡조 맞춰 소리하고
　　鏡臺之中, 舞狀兩鸞之影.
　　　거울 속에는 난새 둘이 춤추는 모습 비추이는도다.

신부로서의 덕목을 찬양하는 표현에서는 『시경』의 문자를 적절히 조합했다 하겠지만, 부부로서의 애정을 나타내는 데서는 풍류를 앞세우면서 적절한 고사를 활용하고 완벽한 대구를 구사했다. 그러나 남편과 딸이 먼저 죽었기 때문에 그 사실을 다음과 같이 묘사했다.

誰謂夫壻先化, 無終助政之謨.
　부마 먼저 가실 줄 뉘 알았으리? 나라의 계책 끝까지 하지 못했네.
稚女又夭, 未逢弄瓦之日.
　어린 딸 또 요절했으니 기왓장 놀이도 보지 못하셨네.

위와 같은 병서의 내용을 묘지명에서는 다음과 같이 명료하게 표현했다.

嬪于君子, 柔順顯名.　군자의 아내 되어 유순함으로 이름났고,
鴛鴦成對, 鳳凰和鳴.　원앙새처럼 짝을 이루고 봉황새처럼 화합터니,
所天早化, 幽明殊道.　하늘 같은 남편 일찍 죽어 유명의 길을 달리해서
雙鸞忽背, 兩劒永孤.　쌍 난새 홀연 등지고 두 명검 영영 외톨이 되었네.

앞 두 짝에서는 원앙과 봉황이 암수 짝을 잘 이룬다는 시상으로 부부의 금슬을 표현했고, 뒤 두 짝에서는 난새와 명검이 짝을 찾거나 맞추기가 여간 어렵지 않다는 시상으로 남편의 죽음을 표현했다. 그런데 그에 해당되는 병서에서는 전국시대 진목공(秦穆公)의 공주와 부마였던 농옥(弄玉)과 소사(簫史)의 고사를 동원해서 봉황의 어울림을 묘사했고, 계빈왕(罽賓王)의 고사를 동원해서 난새가 거울 속의 자기 그림자를 통해 잠시나마 자기 짝을 찾았었음을 묘사했다. 이러한 고사의 이면에는 농옥과 소사가 끝내 부왕의 곁을 떠나 함께 신선세계로 승천해 올라가고, 계빈왕이 난새를 위해 거울을 비쳐주었지만 난새가 거울 속의 새 그림자가 자기의 진짜 짝이 아님을 알고 죽어버렸다는 비극성을 간직하고 있다. 그러한 암시가 묘지명에서는 두 마리 난새가 갑작스레 등지게 되고 두 개의 명검이 영원히 짝을 잃었다는 표현으로 이어받게 되는 것이다. 이러한 고사는 우언적 소재로 활용될

소지가 많은 것인데 여기서는 하나의 비극적 결말을 암시하는 표현으로 동원됐다.

이러한 공주의 형상은 발해 사람들이 살던 곳에서 지금까지 전해지고 있는 구비전설 <홍라녀>(紅羅女)에서도 그 흔적을 발견할 수 있다. 이 전설이 전해 내려온 지역은 광범위하여 지금의 흑룡강성 경박호 일대, 영안과 의란 일대, 길림성 연변 조선족 자치주 일대에 전승되어 오고 있는데, 작품에서 홍라녀의 거처는 경박호를 배경으로 하고 있다. 또 홍라녀는 왕이 연모한 민간 여성이거나 발해 군왕의 공주로 설정되어 있다. 어떤 유형에서는 미녀를 가려내는 거울 속 홍라녀의 그림자를 보고 발해 군왕이 청혼했으나 홍라녀가 거절하고 경박호 폭포 뒤로 사라져서 군왕이 폭포 앞에서 기다리다 늙어 죽었다고 했다. 또 다른 유형에서는 발해 군왕의 딸이거나 동생으로서 귀족의 자제를 마다하고 어부와 결혼하려다가 부왕의 반대로 병사하고, 또 귀족들과 사통하다가 귀족부인에게 독살을 당했다고 했다. 그래서 결국 경박호 폭포에 안장되는 비극적 최후를 맞이한다.

또 다른 유형에서는 홍라녀가 잃어버린 공주이거나 하늘에서 내려온 천녀로서 군왕과 나라의 위기를 구원하는 영웅적 행위를 한다. 그 가운데 거란과 발해의 적대적인 관계가 언급되기도 하고, 당나라와의 교섭이 언급되기도 한다. 홍라공주가 왕으로 추대되기도 하지만, 태자빈으로 맞아들여진 이후에 적군의 화살에 맞아 전사하여 경박호에 안장되기도 한다. 아름다운 여인의 이야기가 군왕이나 공주를 비롯한 발해 최고위층과 관련하여 다소 비극적인 이미지를 지닌 채 민간에서 오랫동안 전승되어 왔음을 알 수 있다. 평균 연령이 높지 않았던 시절에 공주의 죽음은 다소 비극적인 고사와 함께 묘지명의 대상이 되기도 하고, 안타까운 죽음의 대명사로서 민간전승에까지 영향을 미쳤다고 볼 수 있다.

발해는 926년 요(遼)나라에게 멸망하여 유민들이 그에 편입됐다. 요나라는 당나라 말기로부터 오대(五代)의 혼란기에 거란 부족을 통일하고 후당(後唐)의 반역자 석경당(石敬瑭)을 도와 후진(後晉)을 건국하게 한 대가로 지금의 북경, 천진을 포함하는 하북성 일대의 연운(燕雲) 16주를 할양받아 위세를 떨쳤다. 한족들의 군사방어선이 되는 만리장성 안쪽에 중요 거점을 차지함으로써 중국 최초의 정복 국가를 건설해 나갔다. 이후 4백년간 중원 왕조는 연운 십육주의 수복을 꿈꾸었지만 모두 실패했다. 신생국 송나라는 그 꿈을 이루기는커녕 오히려 군사적 압박을 당하여 형제국으로서 교역하는 조약을 맺었다. 요나라는 중원민족과 유목민족의 법제를 이원화하는 체제를 성립시키고 농업과 유목 경제를 조화시켜 강력한 북방제국을 건설해 나갔다. 그러나 왕조 마지막의 천조제(天祚帝)는 서북방에서 흥기한 여진(女眞)의 침입이 임박했음에도 불구하고 국정을 돌보지 않으며 충신들을 배척했다. 이때 문비(文妃)에 책봉됐던 대슬슬(大瑟瑟)은 발해의 왕족이었는데 다음과 같은 노래를 지어 풍간했다.

莫嗟塞上暗紅塵,	국경에 전란 먼지 자욱함을 한탄치 말지어다.
莫傷多難畏女眞.	변란 잦아지니 여진족 두려움에 속썩이지 말지어다.
不如塞卻姦邪路,	차라리 간신의 길목을 막아버리고,
選取好人.	좋은 사람을 뽑아 쓰는 것이 나을지니.
直是臥薪而嘗膽	바야흐로 군주가 와신상담하면서
激壯士之捐身.	장사들이 나라에 몸을 던짐을 격려한다면,
便可以朝淸漠北,	아침에 북쪽 사막을 쓸어버리고
夕枕燕雲.	저녁에 연운에서 베개를 높이 베리라.

한시로서의 형식은 겨우 운을 맞추었을 뿐이니 구어에 기반한 노래를 한역했을 가능성이 높다. 동북아 일대를 장악했던 거란족 요제국에 복속되었던 숙여진(熟女眞)에 비해서 북만주 일대에 거주하며 전통 생활 방식을 유지했던 생여진(生女眞)이 1115년 금(金)나라를 건국하며 요를 압박했던 시기를 배경으로 하고 있다. 이러한 상황에서 문비는 남편인 천조제 야율연희(耶律延禧)에게 현실을 직시하고 특단의 조치를 취하기를 주문했다. 여기서 언급한 '연운' 16주는 요제국이 중원왕조의 강력한 적수로서 성장했던

근거지로서 국력의 상징이 된다. 문비는 나라의 어려움을 해결하는 일에 통치자가 정면으로 맞닥뜨린 다음에라야 그러한 상징을 누릴 수 있다고 설득하고 있는 셈이다. 그러나 1125년 송은 금의 힘을 빌려 숙적이었던 요를 멸망시켰지만, 1127년 금나라에게 쫓겨 화북 지방을 내주고 남송을 재건하여 힘겨운 대금(對金) 전쟁을 이어나가야 했다. 문희 대슬슬은 복잡한 동아시아의 국제 정세의 한복판에서 요나라의 마지막 광경을 강개한 목소리로 풍간하고 있다.

발해 정혜·정효 공주의 묘지문에 대한 연구는 방학봉, 『발해문화연구』(이론과실천, 1991.) 37~57면 참조. <홍라녀> 전승에 대해서는 宋德胤 저, 최태길 역, 「발해의 속담과 전설(渤海的謠諺及傳說)」, 『발해사연구』 제3집(연변대학출판부, 1993) 132~140면 참조. 짝 잃은 난조(鸞鳥) 설화를 최초로 언급한 남조(南朝) 송(宋) 범태(范泰)의 <난조시(鸞鳥詩)> 서(序)는 『태평어람(太平御覽)』 권916에도 인용되어 있다. 후대에는 난경(鸞鏡)으로 여인의 화장대 거울을 지칭했다. 『군음류선(群音類選)』에 수록된 <경조기(京兆記)>에서는 "푸른 난새 어쩐 일로 날아오기 어려울꼬! 나는 경대 앞에서 눈썹 그리기도 게을러지네."[青鸞何事飛難至, 却教我玉鏡臺前懶畫眉.]라고 했다. 난새가 거울 속에서 잃어버린 자기 짝을 찾으며 끝내 죽는다는 고사는 흔히 비련의 애상적 이야기로 활용됐음을 알 수 있다. 이가원, 『조선문학사 상책』, 앞의 책, 171~176면에서는 발해 유민의 문학사로서 요나라의 문비, 왕정균 등의 작품을 다루었다.

4장

중세전기 제2기 우언문학사
- 고려 전기 -

4.1. 고려의 통일을 뒷받침하는 우언적 사유

4.1.1. 후삼국 시대와 통일 정국의 상황

나말 여초의 복잡한 역사 상황 속에서 산출된 도참 설화, 공용문의 비유적 표현 등에는 의외로 우언에 가까운 형식과 표현이 들어 있다. 이들을 통해 복잡한 정국을 우언적 사유로 풀어냄으로써 시대 상황을 선명하게 이해할 수 있다.

"계림은 누런 잎, 곡령은 푸른 솔[鷄林黃葉 鵠嶺靑松]"이라는 짤막한 언설은 동요에서나 불릴 법한 참언(讖言)의 내용이지만 나말여초의 정국을 예언적으로 요약하고 있다. 지리적으로 계림은 신라의 경주를, 곡령은 고려의 개성을 대유(代喩)하고 있기 때문이다.『삼국사기』<최치원전>에서는 고려 태조가 건국하기 직전에 최치원의 글을 찾아보다가 그 같은 글귀를 얻었으며, 최치원의 문인들이 고려초 조정에 들어와 높은 벼슬을 한 사람이 여럿이라 했다. 당시의 지식인들이 기울어가는 신라 조정을 등지고 새로운 희망을 고려에 걸었다는 인심의 추이를 대변하고 있다.

그러나 기존 지식인들이 고려의 건국에 모두 호응했던 것은 물론 아니다.『보한집』과『동국여지승람·경주부』등에는 신라 경순왕이 고려에 귀부할 시기에 그를 따르지 않고 숨어버린 은자들의 소식을 전하고 있다. 고려 성종은 경주로 거둥하여 충효의 귀감으로 그들을 표창했다고 했다. 고려의 통일 정국이 어느 정도 안정기에 들어서자 그 같은 일을 할 수 있었을 것이다. 이때 동경노인(東京老人)이라고 일컬은 어떤 사람이 당시 고려 재상이었던 왕융(王融)에게 새로운 시대의 도래를 인정하면서 찬양시를 바쳤다고 했다.

  黃葉鷄林曾索莫 누런 잎 지던 계림이 예전엔 삭막하더니
  煙花今復上園春 안개꽃 지금에사 상림원 봄날 되살아나네

'계림황엽'이라는 표현이 신라의 쇠망을 상징하는 어구로 전해져 내려와

시어로 활용됐다. 그러나 이제는 고려 왕조가 새봄을 열었기에 신라를 상징하는 '계림'에도 흐드러진 꽃이 다시 피어났다고 시상을 전개한 것이다.

한편 『삼국사기』 「궁예전」에서는 태봉 왕 궁예의 몰락과 시중이었던 왕건의 혁명 과정이 거울의 명문(銘文) 이야기를 중심으로 묘사되어 있다. 미륵불을 자처하며 신통력을 앞세운 궁예의 포악성이 왕비와 신하 그리고 평민에게까지 두루 미쳐 철원 사람들이 그 해악을 이기지 못할 정도가 됐다는 대목에 신비한 거울 이야기가 삽입되어 있다. 당나라에서 건너와 해상무역을 하면서 송도의 호족 세력과 관계하는 왕창근(王昌瑾)이라는 상인이 거사 차림의 백발노인에게 고경(古鏡) 하나를 샀는데, 햇빛이 거울 면에 비추자 다음과 같은 시구가 나타났다는 것이다.

上帝降子於辰馬,	상제께서 아들을 진마(辰馬)에 내려보내니
先操鷄後搏鴨.	먼저 닭을 잡고 나중에 오리를 치리라.
於巳年中二龍見,	뱀해에 두 용이 나타나리니
一則藏身靑木中,	하나는 푸른 나무 가운데 몸을 숨기고
一則顯形黑金東.	또 하나는 검은 쇠 동쪽에 모양을 드러내리라.

운(韻)도 제대로 갖추지 못한 산문에 가까운 운문이다. 또 '진마', '닭', '오리', '뱀해', '푸른 나무', '검은 쇠' 등의 어휘는 정보를 어느 정도 차단하면서도 현세의 시공간을 암시하기 위한 비유로 동원됐다. 이를 어떻게 해석하느냐에 따라 미래를 예언하는 도참시의 핵심이 드러난다. 마치 거울 명문이 감추어져 있다가 햇빛을 받으면서 비밀을 드러내는 과정과 같다. 비교적 분명한 것은 닭은 신라의 계림을, 오리는 삼한의 북쪽 변방인 압록을, 푸른 나무는 송악군을, 검은 쇠는 철원을 환유한다는 점이다. 용은 영웅을 상징하는 오래된 비유이다. 결국 두 영웅이 나타나 다투다가 그 가운데 하나가 신라와 고구려의 영토를 차지한다는 우의를 지닌다.

또한 묵은 거울을 전해 주었다는 노인의 자취도 예사롭지 않다. 그의 자취를 수소문해 보니 철원 지방 발삽사(勃颯寺)의 치성광여래(熾盛光如來) 앞에 세워진 진성(鎭星/塡星)의 소상(塑像)과 유사했다고 했다. 그 별자리 신의 모습이 찻잔과 거울을 좌우 양손에 들고 있었다는 것이다. 이러한 사실은 선후가 뒤바뀐 연출이었다고 추정된다. 원래 그 소상은 치성광여래를 옹위하는 도상(圖像)에 근거하여 왕건 세력을 지지하는 발삽사에 먼저 조성됐을 것으로 보인다. 그런 다음에 그 형상을 본뜬 이인이 철원의 저잣거리에 나타났을 것이다. 한국불교의 독특한 칠성각 신앙의 근거가 된 치성광여래와 그 호위 신중(神衆)인 성요신(星曜神)들이 송악 중심의 해상 세력을 구축했던 왕건 일족에 의해 중국으로부터 새로운 신앙 대상으로 수용됐던 것으로 추정된다. 특히 진성은 토성신(土星神)으로 오행과 사방의 중심으로서 제왕의 탄생을 인도하며 거울도 또한 고대로부터 제왕의 권위를 상징해 왔다.

그러나 이 모든 의미가 수색을 명령한 궁예에게는 철저히 은폐됐던 데 비해서 혁명을 꺼렸던 왕건에게는 오히려 중대한 결단을 하게 만든 계기가 됐다. 따라서 거울 삽화는 궁예에게 풀리지 않는 수수께끼로서 패망을 안겨 준 도참이었다면, 왕건에게는 삼한 재통일의 결정적 기회를 잡게 만든 묵시적 우의로 작용했다.

고려의 삼한 재통일과 관련되는 우언 담론은 이곳에서 간략하게 고찰했지만 문학, 역사, 종교 및 고미술을 망라해서 좀더 광범위한 고찰이 필요하다. 궁예와 왕건의 정권 교체를 암유하는 고경(古鏡) 삽화는 『고려사』「태조세가」에 조금 더 자세하게 묘사되어 있으나 핵심적 일화는 대동소이하다. 다만 거울에 새겨져 있다는 명문이 『삼국사기』에는 본문에서 인용한 네 구절의 잡시 형태이지만, 『고려사』에는 147자의 기문으로 확대된 형태를 취하고 있다. 도참시의 성격이나 부인 유씨의 혁명 권유 등의 묘사는 『삼국사기』가 원형에 가깝고, 이인의 정체가 철원의 발삽사(勃颯寺) 치성광여래상의 전구(前驅)로 있는 토성신상(土星神像)과 비슷했다는 언급은 『고려사』의 정보가 상세하고 정확하

다. 이 삽화의 치성광여래 신앙과 관련해서는 정진희,「나말여초 치성광여래 신앙과 도상의 전래 -≪고려사≫를 중심으로」,『한국고대사탐구』20(한국고대사탐구학회, 2015) 185~213면 참조. 다만 『고려사』에서 거사가 왼손에 들고 있었다는 '三隻梡'을 '세 개의 도마'라고 해석한 북한번역본은 재고를 요한다. 이는 찻종지 혹은 찻잔을 뜻하는 『삼국사기』의 '瓷(sic磁)椀'의 변형이거나 착오로 판단된다.

4.1.2. 태조의 <훈요십조>에 나타난 정치적 우의

태조 왕건은 <훈요십조(訓要十條)>를 고려의 역대 조정과 후손들에게 남겨놓았다. 이것은 그들에게 어기기 어려운 유훈이자 규범으로 작용했을 것이다. 동아시아의 역사관은 기본적으로 과거라는 거울을 통해 현실의 행동 강령을 찾는 '감계(鑑戒)'라는 우언적 사유를 지니고 있다. 하지만 태조의 이 열 가지 부탁은 고려 왕조의 각 시기 정치적 국면에 비추어 추상적일 수밖에 없으며, 현실에 적용시키기 위해서는 적절한 의미를 도출하는 해독의 과정을 필요로 했다. 특히 10조의 항목 가운데 풍수지리설과 관련된 부분은 우언적 의미 전환이 필수적이다. 해당 문면을 살피면서 우의의 도출 과정을 가상해 보기로 한다.

<훈요> 제2조는 다음과 같다.

"모든 사원은 다 도선(道詵)이 산수(山水)의 순역(順逆)을 골라 만들어 연 것이다. 도선이 말하기를, '내가 지정한 곳 외에 함부로 더 창건하면 지덕(地德)을 상하게 하여 왕조의 운수가 길지 못할 것이다'라고 했다. 후세의 국왕·공후·후비·조신들이 저마다 원당(願堂)이라 부르며 창건한다면 크게 걱정거리가 될 것이다. 신라말에 절을 다투어 짓더니 지덕(地德)이 쇠하여 망하기에 이르렀다. 경계하지 않겠는가."

도선의 풍수지리설은 결국 인간의 모든 거처가 산수에 적응하며 살아야 한다는 '순역(順逆)'의 개념을 핵심으로 한다고 전제했다. 불교 사원은 특별히 산수 경관이 수려하고 길지에 해당하는 곳에 세우므로 함부로 늘어나서는 안 된다고 했다. 지나친 불교 흥성의 말폐가 오히려 경제적 피폐를 초래하여 신라가 패망했던 역사적 사례를 거울로 삼아 산수 자연을 배경으로 하는 사찰 건립에 제한을 둠으로써 국가의 망조를 미연에 방지하자는 우의를 도출할 수 있다.

<훈요> 제5조는 다음과 같다.

> "나는 삼한(三韓) 산천의 신령한 도움에 힘입어 대업을 성취하였다. 서경(西京)은 수덕(水德)이 순조로워 우리나라 지맥의 근본이 되며 대업을 만대에 전할 땅이다. 그러므로 마땅히 사중월(四仲月)에는 행차하여 백 일 넘게 머물러 안녕을 이룩하라."

서경의 평양 땅은 산수가 겹쳐지는 곳에 위치하여 물이 풍부하면서도 산에 자주 가로막혀 완만하게 흘러 대동강을 이루고 바다로 빠져나간다. 이는 개경에서 여러 계곡물이 중앙 한가운데로 모여 임진강으로 급하게 흘러 빠지는 것과는 대조적이다. 서경은 지리적으로 한 나라의 도읍지를 이룰 만한 요건을 잘 갖춘 곳이다. 그러므로 2, 5, 8, 11월에 임금이 행차하여 모두 100일 이상 머무르며 혜택을 베풀면서, 한편으로는 복종과 진압의 의미를 보이라고 당부한 것이다. 이는 서경을 북쪽의 거점으로 삼고 국방의 요충지로 활용하라는 취지를 풍수지리와 의례를 통해 에둘러 표현한 것이다. 이에 근거한 국왕 거둥은 태조 이후로 의종(毅宗) 때까지 지속됐지만 묘청의 반란과 같은 변고가 고려사에서 네 번이나 있었다. "삼한 지맥의 근본이며 만대에 대업을 전할 땅"이라고 완곡하게 말했지만, 고려 중앙정권에 맞설 만한 능력을 갖춘 곳이라는 점을 암시했다.

<훈요> 제8조는 조금 복잡하고 더 구체적이어서 고려 왕조를 지난 이후의 시대까지 두고두고 문제가 됐다. 그 내용은 다음과 같다.

> "차령 이남과 공주강 밖은 산의 모양과 땅의 형세가 모두 배역(背逆)으로

달리니 인심도 또한 그러하다. 저 아래 고을 사람이 조정에 참여하여 왕후(王侯) 국척(國戚)과 혼인하여 국정을 잡게 되면, 국가를 혼란케 하거나 통합에 대한 원한을 품고 난을 일으킨다. 또 일찍이 관청의 노비, 나루와 마역 등의 잡역에 소속됐던 무리가 권세에 붙어 면제를 받거나, 왕후의 궁원(宮院)에 붙어 말을 간교하게 하여 권세를 농락하고 정사를 어지럽혀 재앙을 일으키는 자가 반드시 있다. 비록 양민(良民)이라 할지라도 벼슬자리에 두어 공무를 보게 하지 말아야 한다."

지리적으로 금강(錦江)이 호남의 덕유산에서 나와 거꾸로 흘러 공주 북쪽을 휘감고 나아가는 자연 현상을 문제 삼은 것이다. 그런데 이를 풍수지리설의 관점에서 '배역(背逆)'의 형상으로 읽고 후백제의 세력과 그 후손들을 정권에서 제외시키라는 정치적 우의를 담아냈다. 이에 대해 훗날 이익(李瀷)은 『성호사설』에서 한양 도읍의 더없이 훌륭한 풍수지리를 설명하면서 대비적으로 언급하기도 했다. 그는 금강이 덕유산에서 발원하여 역수로 공주 북쪽을 둘러 나오고, 계룡산도 덕유산의 일맥으로서 임실의 마이산을 거쳐 내룡(來龍)이 머리를 돌려 조산(祖山)을 바라보는 형국이라서 한자로 '公'자의 모양을 이루고 있으니, 이 때문에 풍수지리가들은 금강을 '반궁수(反弓水)'로 일컫는다고 했다. 말하자면 금강이 흘러나가는 궤적이 마치 화살 시위를 당겨놓은 활의 모양이고 화살의 방향은 송도나 한양을 겨누고 있다는 풍수지리적 우의가 발생한다고 설명한 것이다.

그러나 반궁수가 하필 반역과 연결된다는 것은 견강부회의 논리이며 반궁수의 형상이 유독 금강에만 해당되는 것도 아니다. 이는 후백제 세력을 견제하고 정치적 우의를 생산해 내기 위한 담론일 뿐이다. 여기에는 후삼국 정국을 통일한 고려라는 국가 권력이 전제되어 있으며, 그 국가의 정통성을 유지하기 위한 지배 이데올로기가 작동하고 있는 것이다. 다만 태조 왕건의 최후 적대세력을 견제하기 위해서 직설적으로 배제를 명하기보다는 '에둘러 말하기'의 우언적 담론을 풍수지리의 텍스트를 통해 구성했다는 점이 특이하다. 이는 권력의 주체가 바뀌면 얼마든지 또 다른 우의를 담아내는 우언적 텍스트를 생산해 낼 수도 있다. 예를 들면 조선 시대의 한양천도 도참설이 그것이다. 이렇게 본다면 풍수지리설에 의한 '신도설(新都說)'은 언제나 우언적 담론이 되며, 이는 후대의 『정감록』이 시대의 변혁을 담고 있는 우언 텍스트가 되는 이유를 잘 설명해 준다.

마지막 제10조에서는 다음과 같이 말하여 결론을 제시했다.

"국가를 지닌 자는 근심이 없는 때에 경계하고 널리 경사(經史)를 보아 옛일을 거울삼아 오늘을 경계하여야 한다. 주공(周公)같은 큰 성인도 <무일(無逸)> 한 편을 성왕(成王)에게 바쳐 경계하였으니 마땅히 이것을 그림으로 붙여 놓고 들어오고 나갈 때에 보고 살펴라."

앞에서 말했던 태조의 유훈이 후대 왕들에게는 하나의 보감(寶鑑) 혹은 감계(鑑誡)로 받아들여지기를 마지막 부탁으로 말했다. 아홉 가지의 유훈마다 매번 '마음속에 간직하라'[中心藏之]고 반복하여 말한 이유를 총괄했다고 할 수 있다. 옛일은 오늘 일의 거울이어서 마음에 담아 두고 본과 보기의 관계를 읽어내기를 당부한 것이다. 그러나 그것을 어떻게 구체화할 것인가는 해석자의 몫이며, 이로부터 얼마든지 다양하게 변형된 정치적 우의가 생성될 수 있다. 애초 정치적 이유로 우언담론을 만들어냈지만, 그것을 현실에 맞게 풀어내는 행위가 또한 정치적 행위일 터이다.

못자리와 관련된 음택(陰宅)의 풍수지리는 가상의 우언 담론이라면, 도읍의 입지와 개인의 거주지 등에 관계되는 양택(陽宅)의 풍수지리는 체험을 추상화하는 우언 담론이라고 할 수 있다. 풍수지리를 우언의 원리와 기능으로 이해하는 연구 시각이 필요하지만 본격적인 논의가 이루어지지 않았다. <훈요십조>의 풍수지리적 우의에 대해서는 박승규 외 3인, 『인문지리학의 시선(개정2판)』(사회평론, 2012)의 5장을 참조할 수 있다.

4.2. 고려의 정치적 안정과 개혁을 위한 우언

4.2.1. 정치적 우언 시문의 창작과 소통

최승로(崔承老, 927~989)는 경순왕이 고려 태조에게 투항할 때 신라 6두품 출신인 아버지 은함(殷含)과 함께 고려 왕조에 들어가 벼슬아치가 됐다. 그는 총명하여 태조의 총애를 받았으며 광종 때에는 당나라 유학생이 아니면서도 당대 제일의 지식인 계열에 속했다. 성종 때에는 28조의 시무책(時務策)을 올리면서 고려 초기 선왕들의 치적을 평가하고 유교적 통치 방법을 주장했다. 반면에 그는 사람들을 대신하여 멀리 계신 임에게 부친다는 뜻의 <대인기원(代人寄遠)>이라는 시를 지었는데, 새로운 시대의 염원을 짐짓 여성의 목소리에 가탁하여 나타냈다. 일찍부터 여성 화자의 목소리를 빌리는 대인작(代人作)이 시작됐으니, 특정한 사람을 대신해 작품을 지은 것이 아니라 부부의 이별이라는 일반적 상황을 소재로 삼은 것이다. 남편을 전쟁터로 떠나보낸 여인네의 원망을 나타내는 <정부원(征婦怨)> 계통의 악부시는 오랜 내력을 지니고 있지만, 시인은 당대 고려의 여인을 대신해서 남자들이 무엇을 해야 하는지를 말했다.

一別征車隔歲來,	싸우러 가는 수레를 한 번 이별하자 한 해를 훌쩍 넘겼네요.
幾勞登覩倚樓臺.	몇 번쯤이나 애써 누대에 올라 바라다보았을까요?
雖然有此相思苦,	그렇지만 비록 이처럼 그리움에 괴롭다 한들,
不願無功便早廻.	공 없이 빨리 돌아오심은 바라지 않아요!

짤막한 7언 절구로 개인적 정서를 넘어선 공적 성취에 대한 희망을 앞세웠다. 기구·승구에서는 여성적 정서에 충실하다가 전구·결구에서 진취적 정서로 전환했다. 시인은 여성의 목소리를 통하여 남성적 당위를 촉구함으로써 시대가 요청하는 변혁을 암시했다 할 수 있다.

또 성종 시절 청하후(淸河侯)에 봉해졌던 최승로의 다음 시는 당시 농촌 현실과 정치 상황을 풍자적으로 그리고 있다. 홍만종의 『소화시평』에서 그의 작품으로 비평하고 있다.

> 有田誰布穀,   누구에게 밭이 있다고 뻐꾸기는 뻐꾹뻐꾹
>   '곡식 뿌려라' 하는 걸까?
> 無酒可提壺.   술도 없는데 제호새는 직꾹직꾹 '술병 들어라' 하는 것일까?
> 山鳥何心緖,   산새들은 무슨 심사 지녀서
> 逢春謾自呼.   봄을 맞으면 제멋대로 지저귀는가?

흔히 새 이름은 그 울음소리를 따서 붙여지곤 한다. 두견새와 혼동되기도 하는 뻐꾸기는 봄철에 '뻐꾹뻐꾹' 운다. 한자로 취음하면 '포곡포곡(布穀布穀)'처럼도 들린다. 봄철에 그런 소리로 울어대니 파종 농사를 재촉하는 듯도 하다. '후루룩비쭉'새는 일반적으로 직박구리라는 이름으로 불리지만 떼로 몰려다니며 시끄럽게 울어대는 울음소리가 그렇게 들린다고 보았다. 이가환의 『물보(物譜)』에서는 제호로(提壺蘆)라는 표제어에서 '후루룩피둑'새라고 적어놓았다. 한자 이름 포곡(布穀: bùgǔ)과 제호(提壺: tíhú)도 중국어 발음으로 새 이름을 취음한 것이다. 우리나라에서는 음독과 훈독을 섞어서 '직죽(稷粥)'이라고도 하고 '호로록(葫蘆綠)'이라고 취음하기도 한다. 그런데 기·승구에서는 한자의 음과 뜻을 통해 이중으로 읽게 만들면서 현실과 어긋나는 상황을 불만스레 표현했다. 밭이 있어도 사람이 없어 곡식을 뿌릴 수 없고, 술이 없는데 술병은 들어서 무엇하겠는가? 전·결구에서는 짐짓 산새들의 쓸데없는 울음소리를 나무랐다. 그러나 성종 초년에 올린 최승로의 시무책을 참고한다면, 새들을 탓하게 만든 현실 상황은 매우 실제적 근거를 지니고 있다. 그는 광종의 노비안검(奴婢按檢) 시행을 비판하면서 "이전 일을 거울로 삼아 천인이 귀인을 능멸하게 만들지 말고, 노비와 주인의 분수에서 중도를 잡아 처리하라"고 건의했다. 농토가 있어도 그를 경작할 인력이 부족하고, 곡식이 없어 술을 빚어 들녘에 내갈 수 없는 상황

이 펼쳐졌다고 할 수 있다.

『고려사』에는 고려의 중흥 군주 현종(顯宗)과 그의 부친이자 훗날 안종(安宗)으로 추존된 왕욱(王郁)의 시작품이 실려 있다. 왕욱은 경종의 미망인이었던 황보씨와 사통하여 오늘날 사천으로 유배를 갔고, 황보씨는 그가 귀양 가는 날에 아기를 낳고 죽었다. 성종은 왕욱에게 초조한 마음을 가지지 말라고 당부했고, 사생아 같은 어린 현종을 궁중에서 기르다가 사천의 부친에게 보내주었다. 왕욱은 사천에서 생을 마치면서 아들에게 그 고을의 귀룡동(歸龍洞)에 시신을 엎어서 묻어달라고 부탁했다. 술사의 풍수지리설을 믿고 어린 아들이 끝내 왕이 되리라고 기대한 것이다. 그 후 현종은 개경으로 돌아와 복잡한 왕위 계승의 각축전에 휘말려 삼각산 진관사에서 중노릇을 하며 여러 차례 생명을 위협받는 위기에 놓였다. 그에 앞서 왕욱은 귀양살이하는 자신의 신세를 7언 율시로 읊어서 임무를 마치고 돌아가는 왕의 시종에게 주었다.

與君同日出皇畿,	그대와 같은 날 서울을 떠나 왔건만
君已先歸我未歸.	그대는 먼저 돌아가고 나는 못 가는구려
旅檻自嗟猿似鎖,	함거에서 사슬에 묶인 잔나비 같이 한탄하고
離亭還羨馬如飛.	이정에서 나는 말처럼 돌아가는 그대 부러워하네
帝城春色魂交夢,	황성의 봄빛 꿈속에서 내 혼이 섞이고
海國風光淚滿衣.	바다 풍광에 눈물이 옷에 가득하네
聖主一言應不改,	임금님 하신 말씀 바꾸시진 않으리니
可能終使老漁磯.	끝내 낚시터에서 늙게 하여 주실꺼나

성종은 숙부뻘이 되는 왕욱이 대의를 범한 죄가 있다 하여 유배를 보냈지만 최대한 예우를 했다. 따라서 왕욱은 성종의 당부를 기억하고 목숨만은 보전할 수 있으리라는 점을 위안거리로 삼았다. 그러나 자신의 신세를 돌아보고 느껴지는 비관적 정서를 감출 수는 없었다. 이에 비해 어린 현종은 삼각산 진관사에 숨어 사는 위험천만한 상황 속에서도 자신의 미래를 낙관하

면서 <시냇물>[溪水]와 <새끼 뱀>[小蛇]라는 시를 통해서 결기를 보였다.

  一條流出白雲峯, 한 가닥 물줄기 백운대에서 나와
  萬里蒼溟去路通. 만 리 길 먼바다 가는 길 뚫려 있네.
  莫道潺湲巖下在, 바위 아래 샘물이라 말하지 말라
  不多時日到龍宮. 머지않아 용궁에 다다르리라

  小小蛇兒遶藥欄, 약밭에 또아리 튼 자그마한 뱀새끼
  滿身紅錦自班斕. 온몸에 붉은 비단 저절로 아롱지네.
  莫言長在花林下, 늘상 꽃밭 속에 있다고 말하지 말라
  一旦成龍也不難. 하루아침에 용이 되기도 어렵지 않으리라.

 어린아이의 눈으로 자연 소재를 취하여 무심하게 내뱉은 듯한 시상이지만 부친 왕욱과는 사뭇 다른 엉뚱한 배포를 보여주고 있다. 삼각산 백운대 밑을 흐르는 한 줄기 물줄기에서 용궁을 생각하고, 약포에서 노니는 새끼뱀으로부터 용의 자질을 상상했다. 두 작품 모두 '용'으로 귀결되며, 이는 부친이 사후에 묻힌 귀룡동과도 연결된다.

 또 어린 현종은 어느 날 닭 우는 소리와 다듬이 소리가 들려오는 꿈을 꾸고 술사에게 해몽을 부탁했더니 우리말로 풀어주었다고 했다. 닭울음은 고귀위(高貴位)요, 다듬이 소리는 어근당(御近當)이니 꿈꾼 이가 즉위할 징조라는 것이었다. '꼬끼오' 소리에서 가장 높은 지위를, '어기당' 소리에서 임금 모실 행차가 가까이 이르렀음을 유추해 낸 셈이다. 최승로가 새소리를 취음하여 농촌의 피폐를 읊었다면, 현종의 꿈은 우리말 의성어에 한문의 뜻을 중첩시켜 즉위의 조짐을 말했다. 이 일화는 계속 전승되어 이성계의 즉위를 예언했다는 석왕사(釋王寺)의 창건 연기설화에서 재활용된다. 이 모두가 혁명적 상황에서 왕위에 오른 인물들의 정통성을 합리화하기 위해 훗날에 꾸며진 설화라고 하더라도, 통상적인 소재나 어휘로부터 의도한 의미를 엉뚱하게 이끌어내는 과정이 일종의 우언적 사유를 드러내고 있어서 주목된다. 이상에서 언급한 대인작(代人作), 금언시(禽言詩), 영물시(詠物詩), 풍수지리, 몽조와 해몽 등이 에둘러 말하기의 공통 자질을 지니고 있다.

최승로의 <대인기원(代人寄遠)>의 제목을 신호열 역, 『국역 동문선』 제19권(한국고전번역원, 1968)에서는 "여자가 먼 곳의 임에게 부치는 것처럼 꾸미다"라고 풀었다. 여기서 '대인(代人)'은 특정인의 대작이라는 뜻은 별로 없다. 임의의 보통사람들을 가상하여 놓고 그들을 대신하여 정부사(征婦詞)를 짓는다는 뜻이다. 최승로의 두 시에 대한 유형적 특징은 이혜순, 『고려 전기 한문학사』 132~138면 참조.

4.2.2. 응제시와 상화시(賞花詩)의 우의

고려 광종·성종 연간에 최승로는 응제시(應製詩)를 통하여 은근한 감계(鑑戒)의 정신을 나타냈다. 응제시는 임금이 시제(詩題)를 내고 문신(文臣)들이 그에 화답하는 형태를 띤다. 임금과 신하가 동일한 시공간에서 하나의 시 제목이나 시운(詩韻)을 매개로 정서를 공유하면서 정치적 의견을 교환했다. 그것은 문치주의를 표방했던 동아시아 중세국가에서 관례화됐던 고도의 통치 행위였다. 최승로는 궁궐 동쪽 못가에 새로 올라온 어린 대나무를 두고서 <동지신죽(東池新竹)>을 지었다. 임금을 찬양하는 순수 서정시처럼 보이지만 그렇지 않다. 이른바 '미의(微意)'를 담아 정치적 건의를 은근히 제시하고 있어 주목해서 보아야 한다. 최승로가 궁궐에서 지은 작품집 『금중잡저시고(禁中雜著詩藁)』에 실려 있는 것인데 『보한집』에 전하는 4수 가운데 하나이다.

　　錦籜初開粉節明,　알록달록 대껍질 처음 터지니 분칠한 마디 분명코야
　　低臨輦路綠陰成.　거둥 길에 나지막이 엎드려 녹음을 이뤄놓았네
　　宸遊何必將天樂,　임금님 행차라도 어찌 반드시 궁중악을 잡히리오

自有金風撼玉聲.　　서늘한 바람 절로 불어 구슬 소리 흔들어대는 것을

시절은 죽순이 터져 나오는 5월 전후일 것이다. 광종이 연을 타고 어디론가 거둥을 했던 모양이다. 그 당시 시중(侍中)이었던 작가는 당연직으로 수행했을 터이다. 그 행차 가운데 대나무 숲이 죽순을 터뜨리며 생기를 뿜어내고 서서히 더워지는 시기에 맞추어 녹음을 드리웠다. 그때 서늘한 바람이 한 줄기 불어오니 구슬 소리처럼 고요하게 느껴진다. 그에 비하면 야단스러운 임금 행차의 대취타(大吹打)가 무색해진다. 시에는 밝혀서 표현하지 않았지만 임금의 행차를 맞이하느라 관리와 백성이 크게 동원되고 힘겨웠음은 하나의 관례처럼 반복되었을 것이다. 시인은 대나무 숲처럼 조용하게 임금을 칭송하는 것이 더 아름다운 일이라는 점을 은근히 임금에게 알린 셈이다.

12세기 예종과 의종은 빈번하게 문신들과 함께 시를 짓는 잔치를 열어서 '글을 좋아하는 군주', 즉 호문지주(好文之主)로서 이름이 났다. 문신들은 그 같은 일을 찬양하고 무신란 이후까지 재현되기 어려운 아름다운 전설로 회상되곤 했다.

그 가운데 예종과 처사 곽여(郭璵)가 주고받았다는 <하처난망주(何處難忘酒)>는 단순한 군신관계 이상의 창화시로 회자됐다. 『파한집』이 전하는 바에 따르면 곽여는 예종의 동궁 시절 수행 관료였다. 그는 임금이 마련해 준 개성 동쪽 산봉우리에 동산재(東山齋)라는 별장을 지어서 거처했다. 어느 날 예종은 짐짓 종실 사람이라고 자처하고 불쑥 동산재를 찾았으나 곽여가 성안으로 출타 중이었다. 서운하고 안타까운 마음을 백거이(白居易)의 <하처난망주>시를 본떠서 어제어필(御製御筆)의 제벽시(題壁詩)를 지어놓고 돌아왔다는 것이다. 곽여는 돌아와서 시를 보고는 예종이 다녀갔음을 직감하고 그에 화운하여 응제시를 지었다.

왕은 진경을 찾아가 진인을 못 만난 광경을 묘사하면서 "이러한 때 한잔 술이 없으면, 무엇으로 번뇌를 씻을꼬"라고 했다. 이에 곽여는 임금 행차가

헛걸음한 광경을 그리면서 "이러한 때 한잔 술이 없으면 촌심(寸心)을 어찌 위로할까"라고 응수했다. 결국 "술 생각 잊기 어려운 곳 그 어딘가"라는 시제를 내걸고 자기 나름대로 술 생각이 간절한 여러 상황을 가상해 보았다. 양쪽에서 나름대로 자유롭게 시상을 전개하면서 군신창화의 풍조를 한껏 고상하게 끌어올렸다 할 수 있다. 중국에서는 백거이 이후로 왕안석의 작품도 유명해졌으며, 동국에서는 이들의 창화시가 선편을 잡은 셈이고 조선시대 시인들에게도 꽤나 인기 있는 차운시가 됐다. 대개 이들 시편은 작가 자신의 쓸쓸한 처지를 해학적으로 가탁하기 일쑤였지만, 예종과 곽여의 창화는 오히려 우아한 귀족문화의 미의식을 한껏 뽐내었다.

한편 꽃 감상은 흔히 임금과 문신들이 벌이는 잔치의 내용이 되고 또 시제로도 반영됐다. 영물시의 하나이기는 하지만 꽃을 감상하는 시작품, 즉 상화시(賞花詩)는 응제시의 중요한 유형이 됐다. 『파한집』에는 열 차례 과거 끝에 급제한 황보탁(皇甫倬)이 상림원에서 작약꽃을 구경하고 지은 의종의 시편에 <작약 응제시>를 지어 출세했다는 사연을 다음의 시와 함께 실어놓았다.

誰道花無主,	꽃에는 주인이 없다 뉘 말했던고
龍顔日賜親.	용안이 매일 가까이 두고 계시거늘.
也應迎早夏,	계절은 초여름에 접어들고 있어도
獨自殿餘春.	저 홀로 남은 봄 끝자락에 머물러 있네.
午睡風吹覺,	바람이 건듯 불어 한낮 졸음 깨어나고
晨粧雨洗新.	빗님 내려 씻기우니 새벽 단장 새롭고야.
宮娥莫相妬,	궁녀들이여 이 꽃을 투기하진 말지어다
雖似竟非眞.	비슷할지언정 진짜 어여쁜 건 아닐지니!

꽃은 흔히 여인에 비의된다. 그리고 다시 여인은 임금에 대한 신하의 처지를 은유하기 일쑤이다. "꽃은 주인이 없다"는 말은 꽃의 무상함을 지적하는 듯하지만, 주인이었던 사람이 꽃을 사랑하는 것도 한때에 불과하다는 인

간의 유한성을 나타내는 말이기도 하다. 최치원은 일찍이 중국 강남에서 고금 인물의 덧없음을 애상적으로 노래하면서 "옥수(玉樹)에 서리 치고 꽃에는 주인이 없지만, 금릉(金陵) 땅에 따뜻한 바람 부니 풀들이 절로 봄이라"고 읊은 적이 있다. <옥수후정화(玉樹後庭花)>를 지었던 진(陳) 후주(後主)는 남조의 마지막 군주가 되어 그가 사랑하던 꽃도 주인을 잃었지만 그 터전은 그대로 남아 새로운 봄바람에 꽃들은 다시 피었다는 말이다. 인생은 무상하지만 자연의 법칙은 반복을 거듭하며 항상성을 보여준다.

꽃과 주인이 인연을 맺는 것은 모두 한창일 때만 가능하다. 꽃이 시들거나 주인이 쇠락하면 다른 꽃을 찾거나 주인이 바뀌게 마련이다. 의종이 기꺼워하고 있는 상림원의 작약은 늦봄의 끝자락에서 세월의 흐름을 붙잡고 있기라도 하듯 주인의 사랑을 듬뿍 받고 있다. 낮잠에서 막 깨어난 듯, 비에 씻긴 듯 작약의 자태가 아름답기만 하다. 그러나 임금이 설마 어여쁜 궁인보다 이 꽃을 더 사랑한다고는 할 수 없으니 공연한 시새움을 하지 말라고 마지막 연에서 넌지시 말했다. 이 뜻은 다른 무엇보다도 어진 신하가 임금의 눈길을 끌어야 마땅함을 말하기 위함일 터이다. 그러한 당위가 인정되기만 한다면 임금이 꽃에 눈길을 준다고 해서 궁인이 투기할 일도, 궁인이 고임을 받는다고 해서 신하가 시기할 일은 아니라고 에둘러 말한 셈이다.

한편 정항(鄭沆)의 <서상화(瑞祥花)>는 『동문선』에 실려 전하는데 꽃을 맞바로 현인에 대비시켰다.

新祥喜見滿枝春,　서향나무 봄 가지에 꽃 가득하여 보기 기껍더니
果向今朝得好賓.　과연이네 오늘 아침 좋은 손님 만났구려.
花瑞一家賢瑞國,　꽃은 한 집안 상서요 어진 이는 나라의 상서라
誰收花愛揚移人.　누구라 꽃 사랑을 거두어 몽땅 사람에게 옮기려나

서상화(瑞祥花)는 서향화(瑞香花)를 지칭하는 듯하며 봄에 피는 꽃의 향기가 천 리를 간다고 해서 속명으로 천리향이라고도 한다. 아마도 상서롭다

는 뜻을 인위적으로 중첩시켜 꽃의 향기가 집안의 경사를 멀리서 불러오는 의미를 부여했던 듯하다. 그런데 상서로움이라는 것이 개인에게는 귀한 손님을 만나 깊은 사귐을 나누는 것이겠지만, 나라에는 어진 신하가 있어 나라의 살림살이가 나아져 이웃 나라보다 나아지는 것이리라. 결국 꽃의 상서를 사랑할 일이 아니라 사람의 상서를 문제삼아야 한다는 뜻이다.

―――――

최승로의 <동지신죽(東池新竹)>에 대해서『청구풍아』에서는 "대풍류 음악을 대신할 만하니 풍자하는 뜻이 있다";『소화시평』에서는 "음악을 풍자하며 경계하는 뜻이 있다"라고 했다. "꽃은 주인이 없다"고 읊은 최치원의 시는 <등윤주자화사상방(登潤州慈和寺上房)>, "登臨暫隔路岐塵, 吟想興亡恨益新. 畫角聲中朝暮浪, 靑山影裏古今人. 霜摧玉樹花無主, 風暖金陵草自春. 賴有謝家餘境在, 長敎詩客爽精神"에서의 경련(頸聯)이다. 서거정은『동인시화』에서 이 시가 장안의 지가를 올렸다고 했고, 홍만종은『소화시평』에서 작가의 감개에 미상불 탄복했다고 평가했다. 응제시와 상화시에 대해서는 이혜순,『고려 전기 한문학사』334~342면 참조.

4.2.3. 유학적 문신관료의 정치윤리와 자부심

예종조의 지제고(知制誥)가 되어 임금의 글을 책임지고 지었던 최약(崔瀹)은 군신창화를 유독 즐기는 임금의 행위를 비평하는 상서를 올렸다. 그는 임금을 직접 비판하기보다는 시인(詩人) 혹은 사신(詞臣)이 경박하고 이치에 어둡다는 점을 문제 삼았다. 그 대신에 제왕은 날마다 '유아(儒雅)'와 더불어 경사(經史)를 토론하고 정치적 문제를 따지는 데 겨를이 없어야 한다고 권면했다. 그러나 그가 시 짓는 데 자신이 없어 창화하기를 즐기지 않고 그런 말을 한 것이라고 비난하는 사람도 있었다. '유아'는 결국 최약 자신을 가리키는 것이 되어버렸다. 임금의 노여움으로 인해 오늘날 춘천 고을 원으로 좌천되어 갈 때 최약은 길에 오르면서 누군가의 증별시(贈別詩)에

다음과 같이 화답했다. 필요할 때는 뼈 있는 창화시를 지어서 창작력을 과시했다.

  吾家世受聖朝恩, 우리 집안 대대로 성스런 조정의 은혜 받았으니
  欲繼忠淸不墮門. 충성과 청백 계승하여 가문을 타락시키지 않고저
  但把螢輝增聖日, 다만 반딧불로 거룩한 햇빛을 더하고자 했지만
  敢將蠡測議詞源. 감히 표주박만 한 식견으로 시의 근원 떠벌리리오
  自慙風月無功業, 음풍농월에는 이룬 게 없어 마냥 부끄러우나
  回望雲霄已夢魂. 돌아서 구름하늘 바라보니 상기 꿈속인양 아득하구나
  駭汗未收還感淚, 식은땀 채 들이지 못하고 다시 느꺼운 눈물이라
  謫來猶得駕朱幡. 좌천되어 가는 몸이 외려 고을원 행차라니

이 같은 시 내용은 다음과 같은 사실을 웅변하고 있다. 첫째, 자신이 남과 창화를 못하는 것이 아니라 즐기지 않는다는 점, 둘째, 시인들은 좀 더 풍부한 식견을 지녀야 한다는 점, 셋째, 가문에 대한 자부심과 임금에 대한 충성심을 지키는 문인관료의 존재가 국가에 반드시 필요하다는 점 등을 역설했나. 동아시아 중세 귀족의 성격을 두고 풍월(風月)과 유아(儒雅)의 미의식이나 사신(詞臣)과 유신(儒臣)의 역할이 충돌하는 상황에서 지방관으로 좌천되는 신세를 스스로 은혜로 여기면서 자기 이념을 내세웠다 할 수 있다.

최유청(崔惟淸)은 남도유수(南都留守)로 부임할 때 서울에 두고 가는 두 아들에게 다음과 같은 <훈자시(訓子詩)>를 주어 당부했다.

  家傳淸白無餘物, 집안에는 '청백'이 전해질 뿐 다른 물건은 없다
  只有經書萬卷存. 단지 경서 만여 권이 남아 있을 뿐이다
  恣汝分將勸讀閱, 너희들 마음대로 나누어 두루 읽도록 하여라
  立身行道使君尊. 입신하여선 도를 행하여 임금을 높이도록 하여라

담담하여 달리 말하는 뜻은 별로 없어 보인다. 그런데 집안에 있는 물건이란 오직 '청백리'의 정신뿐이고 다른 물건은 없다고 했다. 오직 경서가

만여 권 적지 않게 있으니 마음껏 읽으라고 했다. 그리고 그 덕택에 입신한 다면 오직 경서의 도리를 실행에 옮겨 임금을 높이도록 하라고 주문했다. 이렇게 확실하게 이념을 정했으니 말이 단순하고 이치가 분명하다. 개인의 영달이나 물질의 풍요로움 같은 것이 끼어들 틈이 없어 보인다. 그래도 노파심이 생겼는지 작가 스스로 주석을 남겼다.

> 임금이 존귀하면 나라가 다스려지고, 나라가 다스려지면 집안이 편안하고, 집안이 편안하면 내 몸이 편안하고, 내 몸이 편안하면 나머지를 구할 게 없다.

선공후사(先公後私)의 방식으로 임금과 국가와 가문과 개인이 일체가 될 수 있다는 의식, 그것은 중세 귀족의 정신이자 자부심이었다. 오직 개인은 가문의 일원으로서 그러한 체제에 부응하기 위해 문화적 교양을 갖추기만 하면 되는 것이다. 두 아들은 과연 유아(儒雅)로서 재상의 지위에 올랐다. 이들에게 있어 가문을 지키는 핵심 능력은 결국 유학에 기초한 학문과 문장력이며 그로부터 우러나오는 인문적 교양인 셈이다. '유아'는 그러한 문인관료이자 그들이 구사하는 문학의 미의식을 두루 지칭하는 개념이다.

김부식(金富軾)은 예종이 이자겸의 집권과 문벌귀족을 누르고 왕권을 강화하고자 신진세력을 양성하는 과정에서 세력 획득의 기회를 얻고 부상했다. 그는 중년에 문장가의 길을 버리고 공자의 유풍을 배우겠다고 하면서 공자를 봉황새에 비유하는 <중니봉부(仲尼鳳賦)>를 지었다. 봉황은 우족(羽族)의 왕인데 주(周)나라의 70제후들이 솔개와 부엉이처럼 그를 비웃었고, 궐리(闕里)의 3천 제자들은 참새들처럼 그를 따랐다고 했다. 자신도 보잘것없지만 "봉황에 붙어서" "백세의 스승"인 공자를 따르겠다는 결심을 가탁했다. 이면적으로는 고려 상황에서 공자를 선양함에 대해 은근한 자부심을 드러낸 것이다. 사마천의 <백이열전>에서는 백이숙제가 공자를 만나 이름이 더 드러나고, 안연의 독실한 학문도 천리마 같은 공자의 꼬리에 붙어서 유명해졌다고 했다. 이 작품은 13세기 고려 문신사회에서 진행됐던 경학과 사장의 분리 풍조 속에서 작가가 어느 하나만을 선택하기 어려운 고민을 여실히 반영했다고 할 수 있다.

그럼에도 불구하고 김부식은 정치가로서 탁월한 감각과 경륜을 지녔다. 그는 비록 인종조에서 은퇴 후 여러 문신을 지휘하며 『삼국사기』를 편찬했지만, 개경파 귀족으로서 인종의 다양한 정치적 고려에 반대하며 서경파 귀족들을 물리치고 정권을 잡았다. '벙어리 닭'을 소재로 삼은 <아계부(啞鷄賦)>는 신하의 역할을 풍유적으로 서술했다. 이 작품은 일상에서 겪은 일을 시간순으로 기술하여 계기적 구성과 일인칭 서술자 관점을 취하고 있다. 부(賦)의 형식을 지키면서도 서사 수법을 차용해서 우언적 글쓰기를 구사한 것이다. 그러면서 후반부에서는 다음과 같이 읊었다.

呼童子而令起,	동자를 불러일으켜서
乃問雞之死生.	닭이 죽었냐고 물었다
旣不羞於俎豆,	제사상에 올리지도 않다가
恐見害於貍猩.	혹시 살쾡이에게 해코지를 당했을까
何低頭而瞑目,	어째서 머리 박고 눈 감고
竟緘口而無聲.	입 다문 채 소리를 못하누
國風思其君子,	『시경』 <풍우>장에선 임 만나 기뻐하며
嘆風雨而不已.	비바람에 닭 홰치는 소리 탄식해 마지않더니
今可鳴而反嘿,	지금 울 만한 너는 되려 침묵하니
豈不違其天理.	타고난 이치를 어김이 아니더냐
與夫狗知盜而不吠,	저 개가 도둑을 알고도 짖지 않고
猫見鼠而不追.	고양이 쥐를 보고도 추격하지 않음과
校不才之一揆,	견주어도 무능하기란 매한가지라
雖屠之而亦宜.	비록 잡아먹어도 마땅한 일이나
惟聖人之敎誡,	성인이 가르치신 계율을 따라
以不殺而爲仁.	살생하지 않으므로 어질다 할 것이라
倘有心而知感,	만약 네 양심이 있어 느꺼울 줄 안다면
可悔過而自新.	잘못을 뉘우치고 스스로 일신할지어다

닭이 새벽을 알리지 못하는 상황에 대해서 처음에는 걱정이 앞섰다. 닭을 잡아 제수로 쓴 적은 없으니 밤새 변을 당했나 걱정도 했다. 종놈에게 죽었는지 살았는지 살피라 했더니, 닭은 둥지에 머리 처박고 멀쩡하게 있었다. 『시경』의「정풍(鄭風)」에는 음분시(淫奔詩)가 많다. 그리던 임을 만나 밤을 지새우고 비바람 몰아치는 얄궂은 날씨에도 닭이 홰치는 소리가 들려오니 안타깝기 그지없다고 했다. 어떤 닭은 공연히 정인들의 잠자리 시간을 재촉하고, 어떤 닭은 불면증에 시달리는 문인에게 새벽도 알리지 못함을 대비한 것이다. 개나 고양이 같은 가축들이 소임을 감당치 못한다면 무능한 것이고, 그것은 곧 제 타고난 천리를 어김이라고 나무랐다. 그렇다면 잡아라도 먹는 것이 마땅한 일이다. 그러나 가축과 주인의 관계는 신하와 임금의 관계에 유비되어 있다. 주인이 어짊을 베풀 때 개과천선해서 제구실을 해야 한다고 촉구했다. 닭의 울음소리는 어둠을 몰아내고 새벽을 알린다는 상징성을 지니고 있다. 구체적으로는 임금의 미몽을 일깨우는 관간 혹은 대신의 구실을 우의한다. 더 나아가 작가 자신의 역할을 되돌아보는 반성의 우의를 지니고 있을 수도 있다.

김부식은 남송(南宋)에 사신으로 가서 지금의 항주 서호(西湖)를 두고 <송명주호심사(宋明州湖心寺)>라는 시를 지은 적이 있다. 그는 산천과 누관이 어울려서 자아내는 절경을 찬탄하면서도 마지막 연(聯)에서는 다음과 같이 읊어서 정치와 문학의 관계를 되새겼다.

想與衆心同所樂,　뭇 사람 더불어 즐거움 함께 누릴 양이면
騷人誰諷大王風.　어떠한 시인이 '대왕 바람'을 풍유할꺼나

김부식은 인종 5년(1127) 송나라가 금(金)에게 쫓겨 남경으로 천도를 하고 국가적 위기에 처한 상황을 목도하고 큰 충격을 받았다. 그는 북방 진출을 꿈꾸며 금나라 정벌까지 주장했던 서경파에 맞서며 남송과도 일정한 외교적 거리를 두었다. 이 작품에서는 군주의 '여민동락(與民同樂)'을 강조하

면서 남송 문물의 화려함을 풍자의 시각으로 바라보았다. 그리고 초나라 송옥(宋玉)의 <풍부(風賦)>에서 비유한 대왕풍(大王風)과 서인풍(庶人風)을 매개로 삼아 우의를 제시했다. 송옥은 높은 궁궐에 사는 임금의 바람을 숫파람[雄風]으로, 낮은 데 모여 곤궁하게 사는 백성들의 바람을 암파람[雌風]에 비유했다. 말하자면 낮으로 산꼭대기에서 골짜기로 부는 바람이 시원해야 데워진 지상의 바람이 밤으로는 넉넉하게 산꼭대기를 향해 부는 법이다. 묏바람과 골바람의 상호 작용을 초왕(楚王)의 <양대몽(陽臺夢)> 고사에서는 운우지락(雲雨之樂)으로 신비화했지만, 대왕의 즐거움이 서민에게 은택이 될 때만이 서민들 또한 그 즐거움을 함께 기뻐하는 것이라는 점을 지적했다. 시인이라면 마땅히 그러한 관계를 풍유해야 할 의무를 지녔다고 작가는 꼬집은 것이다.

인종 후반기에 문학 활동을 했던 임종비(林宗庇)는 <송풍정의 누운 소나무>[松風亭偃松]에서 한 그루의 고목 소나무를 통해 재야지식인의 절개를 빗대었다.

松偃老幽谷,	소나무 깊은 계곡에 늙어 구부러져
風傳萬壑悲.	바람에 온 골짜기 슬픔을 실어 전하네
乾坤自得疾,	천지간에 절로 병이 들었어도
霜雪不渝姿.	눈서리가 그 자태 바꾸지 못했네
未遂大夫願,	진시황 소나무처럼 대부에 봉해지는 소원 이루지 못했지만
寧求匠石知.	어찌 뛰어난 목수에게 알아주기를 구하리오
軒然眞傲世,	장부답게 참으로 세상에 초연하니
獨與白雲期.	홀로 흰 구름과 만날 뿐이로다

시인은 시선을 천지와 자연으로 돌렸다. 세월에 따라 어쩔 수 없이 늙고 구부러진 소나무 한 그루를 발견했다. 눈서리를 몇 해나 맞았을까? 그럼에도 그 자태는 변하지 않았다. 병이 들었을망정 깊은 계곡의 만고풍상을 증언하듯 그 자리를 지키고 있다. 그렇다고 인간 세상을 잊은 것은 아니다.

임금의 안위를 걱정하고 나라의 위험을 막고자 했다. 다만 작은 공업을 이루기 위해 목수의 눈길을 끌고자 하지 않았을 뿐이다. 일찍이 설총의 <꽃왕 우언>에서 보여주었던 남성 위주의 야인 이미지를 이어받았다고 평가할 수 있다.

이러한 시상은 정습명의 <석죽화(石竹花)>으로 이어져 좀 더 정교하게 다듬어졌다.

世愛牧丹紅,　　세상은 온통 붉은 모란만 사랑하여
栽培滿院中.　　뜨락에 하나 가득 재배하여 기른다지요.
誰知荒草野,　　어느 님 알리요 거친 들녘에도
亦有好花叢.　　이렇게 좋은 꽃떨기 있는 줄을!
色透村塘月,　　웅덩이에 달 뜨자 고운 빛 스며들고
香傳隴樹風.　　밭두렁 나무에 바람 이니 꽃내음 풍기네
地偏公子少,　　궁벽한 땅이라 귀공자들 적은 덕에
嬌態屬田翁.　　아리따운 그 모습 농사꾼 차지라네.

'모란'은 당나라 때 유행하여 신라로 전해져 설총의 <꽃왕 우언>에서도 배경이 됐던 귀족 취향의 꽃이다. 일부러 향원(香園)에서 재배하는 임금 같은 화려한 기상의 그런 꽃이다. 그에 비해 우리나라에서 '패랭이꽃'이라 부르는 석죽화는 돌 틈 사이에 화살이라도 박힌 것처럼 시골 촌구석에서 아무렇게 피어난다. 말하자면 아무라도 보아주기를 기다리는 들녘의 꽃이다. 그러나 시인은 달 뜬 밤 웅덩이에서, 바람 부는 밭두렁에서 패랭이꽃의 진가를 발견한다. 귀공자들의 완상 거리가 될 기회조차 얻지 못하는 것은 이 꽃의 불행이라기보다 그들의 불행임을 깨닫는다. 꽃은 여인이고, 신하를 빗댄 것이라고 한다면 이러한 불행은 누구의 불행인가? 예종은 그러한 시심을 알아차렸는지 이 시를 전해 듣고 정습명을 옥당(玉堂)의 문신으로 발탁했다고 『파한집』은 증언하고 있다.

의종은 신하들과의 창화에 골몰하는 데 그치지 않고 문학을 정치에 활용하고자 했다. 왕은 전국 각지에 관리를 파견하여 객관에 지어진 시작품을 수집하게 했다. 이른바 '풍요(風謠)'와 '민물(民物)'이 어떠한가를 살피기 위함이었다. 말하자면 민요를 통해 백성들의 여론과 풍속을 감찰하려는 의도였다. 실제로 관료들은 좋은 작품을 추려서 시선집을 제작하고 임금에게 보고했다고 했는데 『파한집』에는 아래의 두 수를 실어놓았다.

終日曝背耕,	종일 등짝에 햇볕 쬐며 논밭 갈아도
而無一斗粟.	한 말의 좁쌀도 얻지 못하네
換使坐廟堂,	자리 바뀌어 묘당에 앉아 있다면
食穀至萬斛.	만 섬 곡식을 먹을 수 있으리라

割民媚上成風久,	백성 갉아 위를 고이는 풍속 오래되니
擧國滔滔盡詭隨.	온 나라가 무턱대고 따라감을 걷잡을 수 없네
厚祿高官雖可戀,	많은 녹봉 높은 벼슬이 아무리 그리운들
靑天白日固難欺.	청천 하늘 밝은 해를 속이기는 어려워라
齊王疾病如能瘳,	제나라 왕처럼 질병이 나으실 수만 있다면
(委)摯亨醢豈敢辭,	군주께 바친 이 몸 죽은들 사양할까
寄語友朋莫相笑,	벗들에게 말하노니 나를 비웃지 말라
正而不足是男兒.	비뚤어 넉넉하느니 올곧아서 부족한 게 곧 남아인 것을

첫 수는 단순하지만 뼈아픈 풍자이다. 땅을 일구는 자는 정작 먹을 게 태부족이지만 조정에 앉아 있는 관리들은 수십만 배로 먹을 게 넘쳐난다고 했다. 백성의 목소리를 가감 없이 뱉어냈다. 부러움을 넘어선 짙은 신세 한탄과 관리들에 대한 질시가 배어 있다.

그에 비해 둘째 수는 조금 복잡한 속내를 지니고 있다. 겉으로는 신하가 임금에게 신하의 도리를 다해야 한다는 설교조의 작품인 듯 보인다. 작가도 조정에서 상서(尙書)를 지내다가 변방의 군사 책임자를 세 차례나 맡았던 김신윤(金莘尹)이다. 그러나 작품을 자세히 살피면 모든 즐거움과 이익을 백성과 함께해야 한다는 여민동락(與民同樂)을 주제로 삼고 있다. '제나라 왕'이라 함은 바로 『맹자』의 첫 장의 주인공인 전국시대 양혜왕(梁惠王)이다. 그는 음악 즐기기, 즉 '낙악(樂樂)'을 주제로 삼아 맹자와 정치적 도리에 대해 대화를 나누었다. 그렇다면 시 내용은 백성과 즐거움을 나눌 수만 있다면, 임금에게 헌신을 맹세했던 신하들도 목숨을 아까워하지 않고 임금의 즐거움과 임금의 건강을 진심으로 찬양한다는 말이다. 조정의 고관이었다가 이제 변방으로 쫓겨난 시인의 신세야 백성 수탈과 윗사람 비위에 골몰하는 무리들에게는 비웃음거리이겠지만, 그야말로 '여민락'의 경지에 보탬이 될 수만 있다면 그것이 대장부로서 떳떳한 길임을 천명한 것이다. 첫 수와는 다르게 양심적 문신관료가 풍자와 성찰을 보여주었다.

그러나 의종은 이 두 수의 시를 받아보고는 한동안 말을 잇지 못했다고 한다. 그러한 광경을 본 신하들 또한 어쩔 줄 몰라 했다고 한다. 나라의 문제가 백성이 고통에 빠지고 충성된 신하가 내쳐지는 현상에 있음이 분명하게 드러났지만, 군신 간에 그 해결책을 마련할 방안이 마땅치 않았던 것이다. 어쩌면 해결의 의지가 애초부터 부족했고 그렇게 어정쩡하게 대처하는 사이에 고려 전기의 문벌 귀족사회는 급격히 저물어갔다.

최유청과 최약의 기사는 최자의 『보한집』 상권에 실려 있다. 최유청의 선조는 고려 태조를 도운 공신이며, 그의 부친 예숙공(譽肅公) 최석(崔奭)은 장원급제하여 평장사에 이르렀다. 그 두 아들은 장남이 정안공(靖安公) 최당(崔讜)이고, 차남이 문의공(文懿公) 최선(崔詵)이다. 창원최씨(昌原崔氏)가 문벌귀족이 된 비결을 <훈자시>를 통해 기술해 놓았다. <중니봉부>와 <아계부>에 대해서는 한채명, 「김부식 시세계 연구」(영남대 석사, 2015), 8~14면; <석죽화>의 의미에 대해서는 윤주필, 『틈새의 미학』(집문당, 2003) 123~129면 참조. 김신윤(金莘尹)의 7언율시에서 경련(頸聯) 제2구 첫 글자는 『파한집』 판본에 탈락되어 있으나 문맥에 비추어 '(委)摯'로 보충해 넣었다. 이는 군주에게 폐백을 바치며 신하가 되어 헌신하겠다고 맹세하는 행위를 가리킨다. "正而不足"은 청빈한 선비의 대명사인 춘추시대 금루선생(黔婁先生) 고사에서 취한 것이다.

4.3. 『삼국사기』의 역사 글쓰기와 『수이전』의 문학 글쓰기

4.3.1. 『삼국사기』의 역사관과 사론의 우의

　김부식의 『삼국사기』는 삼국과 통일신라 시대의 역사 사실을 기전체(紀傳體)라고 하는 정사(正史)의 형식으로 집필한 책이다. 기전체는 동아시아의 중세 역사기술에 있어 표준적 기술방식이었다. 그러나 고려초에 이른바 '구삼국사' 저작이 있었으므로 김부식은 새삼스레 비판적 저술행위를 한 셈이다. 그러한 저술 의도는 저자가 인종에게 올린 <진삼국사표(進三國史表)>에 잘 나타나 있다.

> 　더구나 신라, 고구려, 백제가 터를 열고 솥발처럼 맞서며 예의로써 중국과 교통하였습니다. 그러므로 범엽(范曄)의 『한서』와 송기(宋祁)의 『당서』에는 모두 열전이 있지만, 안은 자세하고 밖은 소략하여 갖추어 싣지를 못했습니다. 또 그 고기(古記)는 글이 거칠고 졸렬하며, 사적이 빠지고 없어졌습니다. 이런 까닭에 임금의 선악, 신하의 충사, 나라의 안위, 인민의 치란에 관한 것을 다 드러내어 권계(勸戒)를 드리울 수 없었습니다.

　이러한 발언은 『삼국사기』가 근거로 삼았던 기본 정보가 어디에 있는지를 집약해 놓은 것이다. 우선 삼국의 기록이 중국 사서의 열전에 남아 있다고 했다. 그런데 하필이면 두 역사서를 지목한 데는 이유가 있다. 범엽과 송기의 저작은 구체적으로 『후한서』와 『신당서』이며 여기에 「동이열전(東夷列傳)」이 실려 있다. 후한서 이전에 사마천의 『사기』나 반고의 『한서』에는 「조선열전」이 있을 뿐이며, 『후한서』에서 비로소 부여, 읍루, 고구려, 옥저, 예, 삼한 등의 동국 고대국가들을 기록에 남기기 시작했다. 또 『신당서』의 「동이열전」에는 정확히 고구려, 백제, 신라의 삼국을 기록하고 있지만, 이것은 『구당서』의 체재를 이어받은 것이다. 그런데도 특별히 『신당서』를 거론한 것은 그것이 동아시아의 중세적 보편주의에 입각한 역사 기술을 강화시키고자 했기 때문이다. 『신당서』의 편찬 태도는 김부식이 이어지는 다음 단락에서 '고기'를 비판했던 기준이 됐다. 『신당서』를 1060년에 편찬하고 『삼국사기』를 1145년(인종 23)에 완성했으니 85년 만에 모범적 사례를 찾아서 자국 역사에 적용시킨 셈이다.

'고기'는 당시까지 전해져 온 동국 자체의 역사서들을 총칭하는 일반명사이지만, 문맥적으로는 고려초에 산출된 소위 『구삼국사』를 주대상으로 삼은 것이다. 김부식의 관점으로 그것들은 세 가지 측면에서 결함을 지니고 있다. 첫째, "글이 거칠고 졸렬하다.", 즉 문자무졸(文字蕪拙)이다. 둘째, "사적이 빠지고 없어졌다.", 즉 사적궐망(事迹闕亡)이다. 셋째, 그 때문에 사적에 대한 여러 종류의 윤리적 가치판단을 "다 드러내서 권계를 후대에 내려줄 상황이 되지 못한다."고 했다. 이 때문에 삼국사를 다시 편찬하겠다는 것이다.

첫째는 고문의 문장을 구사하는 것으로 대안을 삼았다. 둘째는 사료의 보완을 대안으로 삼되 역사의 이면을 드러낼 수 있는 것은 다양하게 취했다. 우화, 비유담, 교훈담, 시문, 설화 등이 역사적 기술 사이에 삽입될 수 있었던 이유이다. 셋째는 고문 구사와 사료 선택의 다양성 및 사평의 강화를 통해 역사적 의미를 도출하는 것으로 대안을 삼았다. 이것은 사평도 사평이려니와 문장과 사료 자체에서 미언대의(微言大義)를 드러내는 집필 원칙을 강화했다. 『구당서』에 대한 『신당서』의 비판의식과 대안이 『구삼국사』와 『삼국사기』의 관계에 충실하게 반영됐다.

『삼국사기』는 「본기」와 「열전」 기사 아래에 사론을 전개하고 있다. 그 가운데 해당 사건에 대해 교훈적 의미를 비평하는 것들이 적지 않다. 그러한 사론은 중세적 관점의 역사 보편성을 사적의 예를 통해 도출하고자 하는 의도를 지니고 있다. 몇 가지 예를 들어보기로 한다.

고구려 초기의 「유리왕 본기」와 「대무신왕 본기」에서는 해명태자와 호동왕자의 비극적 사건을 기록하고 있다. 무용을 과시하던 해명은 이웃 나라에서 강궁을 보내준 것을 꺾어버렸다. 이 때문에 유리왕의 노여움을 사고 결국 자살에 이르렀다. 이에 대해 사신은 다음과 같이 논평했다.

    효자가 부모를 모실 때는 문왕(文王)이 세자였을 때처럼 좌우를 떠나지 않고 효도를 해야 한다. 해명은 다른 도읍에 있으면서 무예와 용맹함을 좋아하는 것으로 소문이 났으니 그 득죄함이 당연하다. 또 전(傳)에 들으니, "자식을 사랑함에는 의로운 방법으로 가르치고 사(邪)에 들지 말게 해야 한다" 하였다. 지금 유리왕은 애초 자식을 가르쳐 이끄는 일이 없다가 악하게 되자 심히 미워하여 죽이고 말았다. "아비는 아비답지 못하고 자식은 자식답지 못하였다"고 할 수 있다.

인용한 '전(傳)'의 내용은 『좌전』 은공(隱公) 3년 기사에서, 위장공(衛莊公)이 서출 주우(州吁)를 총애하여 군병을 좋아하는 것을 금하지 않는 데 대한 간언의 말이다. 주우는 장공 사후에 반란을 일으켰다가 처형됐다. 그렇다면 이 사론은 부왕과 아들 사이에 초점을 맞추어 해명태자와 주우의 무인적 기질을 동일시한 셈이다. 그러나 해명의 무력 과시는 외교 관계 속에서 이웃 나라의 염탐을 저지하려는 뜻이 있었고, 주우의 경우는 폐인(嬖人)의 아들로서 불리한 지위를 역진시키려는 욕망을 담고 있었다. 또힌 죽음에 이르는 과정에도 큰 차이가 있다. 무엇보다 해명은 부왕의 명령에 따라 죽음을 받아들이면서 다소 참혹하지만 스스로 고대 영웅의 최후를 비장하게 연출했다. 중세적 윤리를 받아들이기 어려운 고대의 잔재를 버리지 못했다 할 수 있다.

한편 대무신왕의 원비(元妃)에게 참소를 당해서 부왕의 의심을 받자 칼에 엎드려 죽었던 호동왕자의 죽음 기사 뒤에는 아래의 사평을 붙였다.

    지금 왕이 참언을 믿어 죄 없는 사랑하는 아들을 죽이니 그 불인함은 족히 말할 것도 못 되지만, 호동도 아주 죄가 없다고 할 수 없다. 어째서인가? 아들이 아비에게 꾸지람을 들을 때는 마땅히 순(舜)임금이 그 아비 고수(瞽叟)를 대했던 것과 같이, 작은 매는 맞고 큰 매에는 달아나서 부친을 불의에 빠뜨리지 않도록 해야 할 것이다. 호동은 이렇게 할 줄을 몰랐으며 그 죽음도 마땅한 자리가 아니었다. 잣달은 착실함에 집착하여 큰 의리에 어두웠다고 할 만하다. 그것은 공자(公子) 신생(申生)과 닮은꼴이다.

순임금은 유가에서 대효(大孝)로 일컬어지는 효자의 대명사이다. 그는 자신을 여러 차례 죽이려 했던 아비와 떨어져 살지 않았다는 점에서 사론에서 언급한 효도를 극적으로 실천한 인물이다. 다만 부모를 도울 때는 언제나 옆에 있어도, 죽이려 할 때는 피해서 부모를 죄에 빠지지 않게 했다는 것이다. 그러나 춘추시대 진헌공(晉獻公)의 태자 신생(申生)은 여희(驪姬)의 참소로 인해 부왕의 의심을 받고 자살하고 말았다. 호동왕자의 고전적 선례라 할 수 있다. 이를 사론에서는 '닮은꼴'[矕]로 보았던 것이다.

이러한 사론들은 전형적인 유가의 중세윤리적 논평이라 할 수 있다. 중국 고전의 유사한 사례를 통해 역사적 교훈을 얻고자 한 의도가 있었겠지만, 기존 자료를 유가적 전범에 맞추어 하나의 사례로 다루고 있다. 주인공들의 핵심적 사건과 행위 유형을 보건대 유리왕과 대무신왕은 부친으로서, 해명과 호동은 아들로서 유가적으로 평가될 주인공들은 애초 아니었다. 그렇다고 주몽과 같이 온전한 신화적 세계의 인물도 되지 못했다. 그 틈새에서 역사가는 유학적 도덕주의에 근거한 우의를 찾아내지만, 실제 사건은 고대의 자국 중심주의에서 중세의 보편주의로 나아가는 이행기적 현상을 광범위하게 나타냈다고 볼 수 있다.

충효는 유교의 기본 윤리이지만 특히 '충'은 정치 윤리로서의 확장성을 가졌다는 점에서 사론의 주제로 토의하기에 아주 적당하다. 일례로 백제의 개로왕(蓋鹵王), 일명 근개루왕(近蓋婁王)은 <도미열전>에서 관탈민녀형(官奪民女型) 설화의 방탕한 가해자이고, 본기에서는 고구려 첩자 도림(道琳)과 더불어 바둑 두기를 탐하고 사치하게 재정을 탕진하다가 고구려로 투항한 옛 백제의 장수 걸루(桀婁) 등의 습격을 받고 피살됐다. 무능하기 짝이 없는 임금임에도 불구하고 그가 죽음에 이른 사건에 대해서는 춘추시대 초나라 사적을 들어서 다음과 같이 군신 간의 윤리를 세밀하게 따져나갔다.

우선 『좌전』 정공 4년조의 사례 하나를 들었다. 초평왕(楚平王)의 아들 소왕(昭王)이 이웃 나라와의 전쟁에서 패하여, 평왕이 죽였던 신하의 아들들이 다스리는 운땅으로 망명했다. 운 땅을 다스리던 아들 형제 사이에 의견이 엇갈렸다. 이 기회에 초평왕의 아들인 임금에게 복수를 꾀할 것인가 말 것인가에 대해 격론이 벌어졌다. 아우가 "이 임금의 아버지가 내 아버지를 죽였으므로 내가 그 아들을 죽이는 것이 옳지 않겠는가!"라고 주장했다. 형은 "임금이 신하를 처벌하는 것을 누가 감히 원수로 삼으리요. 임금의 명령은 하늘이니 만일 천명에 죽었다면 누구를 원수 삼겠는가?"라고 답했다. 이 사례를 다시 전범으로 삼아서 개로왕을 시해한 걸루의 행위에 대해 본격적인 사론을 펴나갔다.

> 걸루 등은 죄가 나라에 용납되지 못할 것이라 스스로 생각하고 적병을 이끌어 임금을 결박하여 죽였으니 너무도 의롭지 못하다. 말한다: "그렇다면 오자서(伍子胥)가 영(郢) 땅에 들어가서 초 임금의 시체에 채찍질한 것은 어째서인가?" 말한다: "양웅(楊雄)의 『법언(法言)』에 이를 비평하여 '덕스럽지 못하다'고 했다. 소위 덕(德)이란 것은 인(仁)과 의(義)일 뿐이니, 오자서의 사나움은 운공(鄖公)의 어짊만 못한 것이다. 이로써 논할진대 걸루 등의 의롭지 못함은 분명하다."

임금에게 받은 원한을 개인적으로 복수하는 것이 옳지 못함을 언급하고 있다. 그런데 철저하게 중국 고전에 의거해 논거를 구하면서 선례 사이의 모순점까지 조정해 나가는 방식을 택했다. 개로왕과 같은 다소 부정적 군주에게도 신하의 처지에서는 인의를 행하면서 충성을 저버려서는 안 된다는 점을 역설한 셈이다.

여기서 사론의 근거가 흔히 중국 고전에서 구해진다는 점을 주목할 필요가 있다. 한문화권이라는 중세 문명의 동질성에 기대어 역사의 보편성을 추구하고자 했다. 그뿐만 아니라 역사의 수많은 사례를 보기로 삼아 그 전범을 찾아내고자 하는 '본보기'의 글쓰기가 성행하는 데 있어서『삼국사기』의 사론은 선구적 구실을 했다. 국사(國史) 찬술의 기회는 누구에게나 주어지는 것은 아니지만, 과거시험, 문신들의 월과(月課), 문사들의 의작(擬作) 등에서 특정 역사 사실에 대한 의미를 도출하는 글쓰기 방식이 유행할 수밖에 없었다. 역사 상황에 대한 가상적 비평 행위는 우언적 글쓰기로 변형되기 일쑤였다.

『삼국사기』의 자료 선택과 역사 저술적 성격에 대한 연구는 정구복,『한국 중세사학사 연구 1』(집문당, 1999)와 황형주,「삼국사기·열전 찬술과정의 연구」(성균관대 박사, 2001) 참조.『삼국사기』의 문학사적 지위와 다른 나라 및 문명사적 비교는 조동일,『한국문학과 세계문학』(지식산업사, 1991) 231~244면;『문명권의 동질성과 이질성』(지식산업사, 1999) 195~324면;『한국문학통사 1』(지식산업사, 2005 4판) 372~379면 참조. 또 동아시아 중세전기의 역사서술에 대한 총괄적 평가 및 보편주의와 민족주의 관계는 조동일,『세계문학사의 전개』(지식산업사, 2002) 185~188면을 참고할 수 있다.

4.3.2.『삼국사기』열전의 삽입 우언

흔히 한국 우언문학사의 서막을 열었다고 평가되는 <귀토지설(龜兎之說)>과 <화왕계(花王戒)>가『삼국사기』열전에 거두어졌다는 점은 여러 가지로 의미심장하다. 애초의 구비우언이 문자로 정착될 기회를 얻었다는 것 이외에도 위 두 작품은「김유신전」이나「설총전」이라는 개인의 열전(列傳) 속에 삽입된 이야기로서 기능하고 있기 때문이다. 서사 주인공의 경험적 서사 안에다 한 편의 가공적 이야기를 꾸며놓은 결합 방식은 일대기 서사의 층위를 다면화하는 데 큰 효과가 있다. 의인화된 가상적 주인공들의 우언 서사는 열전이 추구하는 역사 서사와 중첩되면서 어떻게 의미의 복합화가 이루어지는지 따져보아야 한다.

<귀토지설>은 선덕여왕 11년(A.D. 642) 김춘추의 무사 귀환과 관련된 우언이다. 따라서 선덕여왕이 백제와 고구려의 틈바구니에서 열세를 면치 못했던 상황과 김춘추의 외교적 노력과 김유신의 군사적 기여에 대한 전후 맥락은 본기와 열전에서 다르지 않다. 그런데 본디 불경에서 유래한 우정과 배신의 우화를 삼국의 외교전이라는 국제상황을 배경으로 하는 비유담으로 전환시켜 「김유신 열전」의 삽입 우언으로 활용했기 때문에 별도의 우의가 발생했다. 『삼국사기』 「김유신 열전」에서 편찬자는 김춘추가 고구려 탈출에 성공한 이후 대목에서 자료에 관한 주석을 부기했다. 「본기」에 기록된 것과 동일한 사건이지만 『구삼국사』에서부터 서로 다른 전승을 지니고 있어서 두 자료를 그대로 놓아둔다고 했다. 삼국의 쟁패 속에서 모든 역량을 동원해 싸우다가 목숨을 잃을 처지에서 의외로 허무맹랑한 이야기가 해결의 결정적 실마리를 제공한 것에 대한 해명이면서도, 철저히 역사 자료에 근거해서 열전을 쓰고 있다는 집필 원칙을 밝힌 것이다.

　「김유신전」은 『삼국사기』 열전에서 총10권 가운데 최초 3권에 이를 정도로 압도적 비중을 차지한다. 그럼에도 불구하고 편찬자는 본 열전에 대해 다음과 같이 밝히고 있다.

> 김유신의 현손인 신라의 집사랑(執事郎) 김장청(金長淸)이 『행록』 10권을 지어 세상에 유통시켰다. '뒤섞어 부풀린 말'[釀辭]이 꽤 많아서 잘라내 탈락시키고 기록할 만한 것을 취하여 전을 지었다.

　삼국에서 군사적으로 가장 열세에 놓였던 신라가 삼한통일의 주역이 되는 데 있어 김유신의 역할은 절대적이었다. 그는 신라의 왕족도 아니었지만 삼국과 통일신라 시대에 가장 주목받은 남성이었다. 여기서 "부풀린 말을 걸러낸다"고 한 것은 이미 <진삼국사기표>에서 김부식이 표방한 편찬 원칙을 재차 확인한 것에 불과하다. 특히 『삼국사기』의 선례로서 중요한 근거가 됐던 『신당서』의 「열전」에서는 "양사(釀辭)를 잘라내 탈락시킨다[刪

落]"라는 동일한 표현을 누차 사용하고 있었다. 여기서 '양사'라는 표현은 이것저것 버무리고 뒤섞어 누룩으로 술을 빚어내듯 부풀려진 자료 내지 그러한 표현을 뜻한다.

그런데도 <귀토지설>이 「김유신 열전」에 거두어져 살아남은 것은 무슨 까닭일까? '김춘추 구출 작전'에 김유신이 남쪽 국경선에서 결사대를 조직하여 고구려를 치겠다고 한 양동작전이 주요했다는 점을 강조하자면 굳이 『삼국사기』의 편찬 원칙에 저촉되는 혐의를 무릅쓰면서까지 우화를 동원할 필요성은 없을 것이다. 「본기」와 동일한 맥락에서 김유신에게 초점을 맞추어 전후 사정을 자세히 서술하면 충분할 것이다. 그러나 민담적 성격을 지니고 있는 우화가 우언으로 변형되어 소통하는 장면은 그 우언의 생성 배경이 되는 정치적 맥락이 개입되기 때문이다. <귀토지설>은 단지 김춘추의 상황만을 대변하는 것이 아니라 당대의 삼국 정세와 역사적 인물들이 복잡하게 얽힌 상황을 요약적이면서도 가상적으로 보여주고 있어 매우 생산적이다. 따라서 상징적인 설화를 섞어 넣어 부풀린 것과 다르다. 삶의 보편적 의미를 넘어선 역사 사실을 입체적으로 조명하게 하는 특수한 우의를 발생시키고 있는 것이다.

그에 비해 <화왕계>가 실려 있는 「설총전」은 독립된 열전도 아니다. 그것이 실린 「열전 제6편」은 강수, 최치원, 설총 등을 대상으로 한 문원전(文苑傳) 성격의 집전(集傳) 형태를 띠고 있다. 그런데 다른 문장가의 열전 서술과는 다르게 「설총전」에서 <화왕계> 작품은 분량면에서나 의미 측면에서 절대적 비중을 차지하고 있다. 편찬자는 최승우, 최언위, 김대문의 경우에는 몇 줄의 사적을 써놓는 데 그치고 그들의 작품은 제목만 열거했다. 또 박인범과 왕거인 등의 경우에는 전하는 작품이 있어도 사적이 없어 입전(立傳)하지 못한다고 했다. 그렇다면 <화왕계>가 「설총전」의 거의 대부분을 차지할 만큼 이례적으로 전문을 수록한 이유는 무엇일까? 물론 <화왕계>는 당나라 한유(韓愈)가 붓을 의인화하여 가전(假傳) 형식을 창시했던 <모영전(毛穎傳)>보다도 1세기가량 앞선 선구적 작품이기는 하지만, 그것은 문학적 의의이며 열전을 편찬하는 역사적 관점으로 볼 때는 역시 예외적이라 할 수 있다.

「문원전」 성격의 제6 열전에서 핵심적 인물로 다루었던 강수, 최치원, 설총의 성격은 비교적 선명한 대비점을 지니고 있다. 이들은 중세 정치 질서 속에서 새롭게 등장한 유학자 혹은 문장가의 몇 가지 전형을 대표하고 있다. 강수는 당나라와의 외교문서를 작성하는 데 크게 공헌했다. 그러나 통일 정국에서 보자면 강수의 시대는 이미 지나가고 있었다. 신문왕 시대에는 그가 죽자 아내가 식량이 부족하여 귀향해야만 했던 상황이 벌어졌다. 반면 최치원은 신라 말 해외유학파로서 당나라에서 문명을 떨치고 신라의 명예와 자부심을 높였지만 정작 돌아와서는 현실 정치에서 크게 쓰이지 못했다. 옛 체제의 굳어진 신분질서 속에서 왕위쟁탈전에 여념이 없는 국내 정세에서 지식인의 역할은 제한적이었다. 그의 제자들은 신왕조 고려에서 일정한 구실을 할 수 있었지만 정작 그 자신은 후삼국의 혼돈 속에서 은둔을 택하여 전설 속의 주인공이 되는 데 그쳤다.

이에 비해 설총은 신문왕이 맞이한 본격적인 통일정국에서 하나의 돌파구를 세시했다. 신문왕 대의 여러 어려움에 대해서는 「본기」에 상세히 기록되어 있지만 그러한 난관을 타개한 사건과 방법에 대해서는 「설총전」이 오히려 요긴하다. 특히 <화왕계>가 신문왕 앞에서 구술되고 문장으로 남게 된 전후 사정, 그리고 그 결과 등은 신문왕 정국과 설총의 정치적 지위를 이해하는 데 핵심적 구실을 한다. 신문왕 2년(AD 682) 5월에 왕은 궁궐을 떠나 별도의 공간에서 설총을 독대하며 정국을 타개할 지혜를 구했다. 『삼국유사』 「만파식적」조에 의하면 신문왕은 같은 달에 선왕인 문무왕의 자취가 짙게 서려 있는 감은사와 이견대 쪽으로 행차하고 있었다. <만파식적>은 신문왕이 추구했던 통일정국의 화합과 안정을 상징하는 신화였다면, <화왕계>는 그 현실적 방책을 가상적으로 그려낸 우언이었던 셈이다. 후대에 이익(李瀷)은 『해동악부』에서 설총이 만파식적의 보물 피리를 울려서 통일정국의 온갖 파도를 잠재운 인물이라고 극찬했다.

설총은 자신과 같은 국내의 유학적 지식인을 백두옹(白頭翁), 즉 자생식물 할미십갑이에 비유하면서 중용할 것을 건의했다. 그 결과 설총은 '높은 직급'에 발탁됐다고 「설총전」은 기술하고 있다. 「문무왕본기」를 대조해 보면, 왕은 설총을 만난 다음 달, 즉 682년 6월에 신라 최초의 국학(國學)을 세우고 책임자 1인을 두었다. 비록 높은 직급이라고 했지만, 사실상 설총의 최후 품계는 6두품 신분의 상한선인 나마(奈麻)를 넘어섰던 것은 아니다. 다만 임금의 글을 책임지고 짓는 한림(翰林)의 직책을 맡고, 국학에서는 구결(口訣)을 만들어 한문 경전을 훈도하는 유학교육자의 길을 걸었던 것으로 추정된다. 설총은 문장과 학문의 담당자로서 발탁되고 그러한 직임은 자손들에게까지 세습됐던 것으로 보인다. 그러한 특혜는 통일 정국을 획기적으로 안정시키려는 신문왕의 정책노선에 의한 것이지만, 설총이 수행했던 역할이 중세적 문치주의에 의거해 높이 평가된 것은 훨씬 이후의 일이다. 조선 후기에 이종휘(李種徽)는 『동사열전(東史列傳)』에서 설총이 중국 유학의 중흥조인 한유(韓愈)가 태어나기도 전에 자득으로 학문을 하여 '동방유자'의 시초가 됐다고 평가했다. 그러한 점에서는 최치원이 처음에 문장가로 이름을 떨치다가 나중에 시인의 길을 걸었던 궤적과 좋은 대조를 이룬다. 고려 현종조에서 최치원을 문창후(文昌侯)에, 설총을 홍유후(弘儒侯)에 추증한 것은 그들의 특성과 역사적 기여를 적절하게 반영한 것이다. 이러한 시호 추존의 사실은 『삼국사기』의 해당 열전에서 빠짐없이 기록해 두고 있다.

『삼국사기』의 「열전 제5편」은 입전 인물이 다양하지만 대체로 재상, 명신, 충신, 장군 등을 대상으로 하고 있는 충신열사전의 집전 성격을 띤다. 따라서 극적인 사건을 지니고 있는 열전이 다수 포함되고 있다. 그 가운데 <김후직전>과 <녹진전>에는 임금이나 재상에게 충간하는 말이 독립된 글이라고 봐도 무방할 정도로 가다듬어져 있어서 주목된다. 이것은 마치 <화왕계>의 경우처럼 구두로 건의한 말이라고는 하지만 열전에 수록된 것은 이미 글로 전환된 형태의 것으로 추정된다. 또한 편찬자가 열전의 문맥에 맞게 삽입하는 과정에서 어느 정도의 윤색을 가한 것일 수 있다.

<김후직전(金后稷傳)>은 짤막한 주인공의 신원 기술을 제외하면 김후직의 간언으로부터 시작된다. 그는 병부령(兵部令)으로 전임되자 진평왕에게 잦은 수렵을 자제하라는 취지로 임금의 도리를 역설했다. 그는 『노자』와 『고문상서』를 인용해서 사냥이 사람의 마음을 미치게 하고, 군주가 여색이나 사냥 어느 하나에라도 빠지게 되면 나라가 망한다는 점을 강조했다. 원래 『노자』 제12장의 일명 「검욕(儉欲)」장의 취지는 보이는 것에 휘둘리지 말고 근본을 든든히 해야 한다는 것이다. 또 『서경』의 「오자지가(五子之歌)」는 하는 일 없이 임금의 자리나 지켜서 백성을 분열시키지 말고 대우(大禹)의 교훈을 받들어 나라의 경제를 부유하게 하자는 취지이다. 구두로 그러한 내용을 전달하기는 쉽지 않았을 것이다. 반면에 조선 초기 『동문선』에는 김후직의 <상진평왕서(上眞平王書)>라는 이름으로 고스란히 수록되어 있다. 오늘날 '화왕계'로 통칭하는 <풍왕서(諷王書)> 바로 앞에 위치한다. 조선의 편찬자들은 이들을 모두 「주의(奏議)」편에 속하는 관각문(館閣文)으로 이해하여 원작품에서 분리하여 독립시킨 것이다.

김후직의 간언은 설총의 경우와는 다르게 임금에게 수용되지 않았다. <김후직전>의 일대기는 그다음부터 본격적인 서사기 전개된다고 할 수 있다. 충간에 대한 아무런 답변도 듣지 못한 채 주인공이 죽으면서 대왕의 사냥 다니는 길목에 자신의 뼈를 묻어달라고 아들들에게 유언을 남겼다. 훗날 왕이 출행할 때면 중도에서 "가지 말라"라는 소리가 멀리서 들리는 듯했다. 자초지종을 알게 된 왕은 죽어서까지 자신과 나라를 걱정해 준 김후직의 충성에 감동해서 죽을 때까지 사냥을 하지 않았다는 것이다. 그의 간언이 죽음을 초월한 충성심이라는 문맥이 더해지면서 절실한 교훈으로 작용한 셈이다.

진평왕의 실제 행적과 역사적 위치를 감안한다면 이러한 일화는 액면 그대로 믿기 어렵다. 그는 고구려·백제와의 전투를 격화시키면서 김춘추의 부친인 용춘(春春), 김유신의 부친 서현(舒玄)과 김유신 등을 발탁하여 작전을 수행하게 했다. 또 『삼국유사』에 의하면 그는 황음하다고 재위 4년 만에 폐위된 진지왕이 죽어서 낳았다는 비형랑(鼻荊郎)을 거두어 중책을 맡겼다. 진평왕의 소생인 선덕·진덕여왕 재위 시절에는 김춘추와 김유신은 신라 삼한통일 사업의 심간(心肝)과 같은 존재로 부각됐다. 삼국 간의 전쟁이 빈번한 상황에서 수렵은 단순한 취미 이상의 군사 훈련이자 작전이다.

그럼에도 불구하고 <김후직전>의 간언 삽화와 묘소 충간의 성취 서사는 충신의 전형이라는 측면에서 별도의 의미를 지닌다. 조선 후기에 윤기(尹愭)는 <영동사(詠東史)>에서 김후직의 사적을 소재로 삼아 읊었는데, '시간(尸諫)'이라는 고전적 사례에 빗대어 '묘간(墓諫)'이라고 칭송했다. '시간'은 『한시외전(韓詩外傳)』 권7에 근거를 두고 있으며 죽어서 시신이 되어 간언한다는 뜻이다. 위(衛)나라 대부 사어(史魚)는 죽을 때 유언하기를, 살아생전에 현명한 거백옥(蘧伯玉)을 등용시키지 못하고 불초한 미자하(彌子瑕)를 물러나게 하지 못하였으니 집안에서 초상을 치르지 말고 문밖에 가매장 하여 치상하라고 했다. 위후가 조문을 와서 그 연고를 묻고는 거백옥을 등용하고 미자하를 물리쳤다. 죽음의 극단성을 통해 충간을 끝내 성취시킨다는 서사 구조는 <김후직전>과 동일하다.

한편 「열전 제5」편에 수록된 <녹진전(祿眞傳)>은 별다른 정치적 일화가 없는 신라 제41대 헌덕왕 시기를 배경으로 하고 있다. 『삼국유사』에서조차 해당되는 기이한 전승기사를 찾을 수 없다. 동왕 14년(AD 819) 주인공 녹진이 병가 중이던 상대등 김충공(金忠恭)의 병을 고쳐주었다는 이야기이다. 녹진은 신라 귀족회의의 의장직에 오른 상대등의 병이 일종의 정신적 질환임을 간파했다. 상대등이 수행하려는 직임은 마치 대목수와 같아서 재목을 재질에 따라 적재적소에 가려 써야 하는데, 특정인을 위해 관리를 뽑고 애증에 따라 직책을 높이거나 낮추기 때문에 국사가 혼탁해지고, 그 일을 하는 사람도 수고만 더하여 병든 것이라고 비판했다. 나랏일의 경영과 큰 집의 건축을 유비 관계로 놓고 대목수와 재목을 비유로 활용하여 용인술에 대해 의견을 피력했다. 세부 표현에서는 저울대와 먹줄을 쥐고 있는 목수의 형상을 통해서 백관을 취사선택하는 상대등의 역할을 설득시켰다. 이는 유종원(柳宗元)의 <재인전(梓人傳)>에서 재상의 도리를 도목수의 역할에 가탁하여 우의적으로 기술했던 발상을 연상시키기도 한다. 『동문선』에서는 위 내용을 발췌하여 녹진이 쓴 편지글 <상각간김충공서(上角干金忠恭書)>로 독립시켰다.

그러나 녹진의 충고는 행정 실무자가 최고위 정책 입안자에게 건의하는 우언에 가깝다. 정치의 득실은 공정한 인사에 달려 있다는 평범한 진리를 주장한 듯하지만, 이는 비판을 통해 나라의 병폐를 구한 사례가 되어서 <녹진전>의 핵심 삽화로 기술됐다. 반면에 이어지는 서사는 그 우의의 효과가 꽤나 큰 정치적 효과를 거두었음을 말하고 있다. 상대등은 그의 말이 나라 의사의 처방과 비교가 안 될 정도로 훌륭한 '약석지언(藥石之言)'이라고 인정하고 자초지종을 왕에게 들려주었다. 헌덕왕은 직언(直言)하는 신하가 생겼다며 칭찬하고, 저군(儲君) 김수종(金秀宗)에게 들려주라고 명했다. 이에 수종은 "임금이 밝으면 신하가 곧다"고 하며 국가의 아름다운 일이라고 평했다. 우의의 전달 과정이 다소 복잡하고 파급효과가 광범위하다.

사실 헌덕왕을 전후한 정치적 상황은 매우 혼란스럽고 복잡했다. 36대 혜공왕 이래로 왕위 계승은 불안한 상태에 있었으며, 그 자신 또한 애장왕을 시해하고 왕위에 올랐다. 「본기」와 대조해 보면 <녹진전>의 배경이 되는 동왕 9년에서 14년에 이르기까지 고위직을 차지하고 있었던 왕의 측근과 진골 귀족들의 관직 이동이 심상치 않다. 왕의 아우인 김충공(金忠恭)은 시중이었다가 물러나고, 동왕 14년부터 흥덕왕 10년까지 상대등을 지냈다. 왕의 동모제(同母弟)인 김수종(金秀宗)은 상대등이었다가 14년 정월에 부군(副君)이 되어 월지궁(月池宮)에 들어가 살았다. 그런데 동년 3월에 시중을 역임하다가 웅천주(熊川州) 도독으로 나갔던 김헌창(金憲昌)이 앞서서 아비 주원(周元)이 왕위에 오르지 못한 것을 빌미로 삼아 장안(長安)이라는 나라를 일으키고 신라 전역을 내란 상태에 빠뜨렸다. 반란이 진압된 후 충공의 딸은 태자비에 간택됐다. 이후 수종은 차기 흥덕왕에 재위했다.

이러한 역사적 사실을 참고로 한다면 <녹진전>의 이면이 궁금해진다. 녹진의 신원 기술로 보건대 그의 가계는 육두품의 한미한 집안으로 추정된다. 녹진의 성명이나 자는 자세치 않다. 아버지의 품계는 제7품에 그쳤고, 자신도 제6품 아찬(阿湌)에 머물렀다. 여러 차례 내외 관직을 역임하다가 헌덕왕 10년에 집사시랑이 됐다고 했다. 이 관직은 행정 주무부처인 집사부(執事部)의 차관이며, 제11품 나마(奈麻)에서 제6품 아찬(阿湌)까지의 품계에서 맡았다. 상대등 김충공을 처음 만난 것은 이 시절 직후였을 것이다. 열전에서 말한 바, 상대등에 오른 충공을 녹진이 찾아간 것은 옛 상관의 병문안이었던 셈이다. 그런데 녹진의 비판을 충공이 받아들이고 그 자초지종을 헌덕왕과 김수종에게 전달할 때 그들이 보인 반응은 유별나다. 특히 왕에게 아들이 없어 김수종으로 부군(副君)이라는 특수한 지위에 오르게 했다는 사실, 내란 진압 후에 태자비로 삼았던 충공의 딸이 흥덕왕 김수종의 비가 아니라는 사실 사이에는 일정한 관련성이 있다. 태자와 부군 혹은 저군은 왕위 계승의 유력한 후보자이기는 하지만, 별도의 인물을 지칭하는 것이며 태자는 왕위 경쟁에서 탈락했던 것으로 보인다. 상대등에 먼저 올랐던 김수종이 태자를 제치고 유례가 없는 부군이라는 별도의 지위에 옮겨가고, 시중 직임을 오랫동안 맡았던 김충공이 상대등의 직임을 대신 맡았을 때 녹진이 그 복잡한 속셈을 알아차리고 충공을 찾아갔던 것이라 할 수 있다. 녹진의 충고가 충공의 수용에서 헌덕왕과 김수종의 추인으로까지 확산된 것은 왕위 계승과 고위직 임명에 대한 타협이라 할 수 있다. 또 아찬이었던 녹진은 논공행상에 의해 1등급 승진시켜 주었지만 사양하고 받지 않았다고 했지만, 이 또한 골품제의 제한에 걸린 결과로 여겨진다. 『삼국사기』 「직관지」에 의하면 제5위는 대아찬(大阿湌)이라 하는데, 여기서부터 제1위 이벌찬(伊伐湌)까지는 오직 진골만이 받을 수 있고 다른 신분은 안 된다고 못박혀 있다. 녹진의 비판은 인재를 적절하게 활용해야 한다는 취지를 역설한 듯하지만 그 자신조차 그 말의 적용 대상이 되지 못했다. 그보다는 흥덕왕으로 즉위한 김수종과 그다음 기회를 엿보았던 김충공의 지위를 합리화시켜 주는 데 더 큰 뜻이 있다.

<귀토지설>과 <화왕계>의 삽입 우언적 성격과 후대 자료와의 차별성에 대해서는 윤주필, 「우언과 정치 – 정치담론으로서의 한국 우언문학」, 『고소설연구』 29, 8~12면; 「<귀토지설>과 <화왕계>의 대비적 고찰」, 『고소설연구』 30, 94~96; 102~107면에서 자세히 다루었다. 헌덕왕과 훗날 흥덕왕이 되는 김수종의 관계와 정치적 상황은 김병곤, 「신라 헌덕왕대의 부군(副君) 수종(秀宗)의 정체성과 태자(太子)」, 『동국사학』 55(동국역사문화연구소, 2013) 183~222면 참조.

4.3.3. 『수이전』과 『삼국사기』의 거리

고려 초기에는 이른바 『구삼국사(舊三國史)』와 함께 『수이전(殊異傳)』이 있어 역사와 문학의 거리가 그리 멀지 않았다. 그것은 어찌 보면 자연스러운 현상이었다. 설화는 애초 역사를 구성하는 중요한 요소였다. 그러나 『삼국사기』가 찬술되면서 역사와 이야기 문학은 본격적으로 차별화되기 시작했다. 물론 『삼국사기』에서 문학적 요소가 완전히 배제됐던 것은 아니다. 역사는 시간의 의미화 작업이라고 할 때 서사와 우언이라는 문학의 영역이 개입할 수밖에 없다. 이처럼 역사와 문학의 거리는 시대에 따라 가깝기도 하고 멀기도 했다. 본 항에서는 고려 전기까지 전해졌다가 후대 여러 저술에 흩어져 들어갔던 『수이전』을 중심으로 역사와 문학의 거리를 측정해 보기로 한다. 아울러 현존하는 작품을 통해 이른 시기 한문서사의 우의를 살피고자 한다.

『수이전』은 고려 전기에 정착된 한문 서사 모음집이다. 그것은 오늘날 온전하게 전하지 않고 후대의 여러 책 속에 단편적으로 전해져서 '달아나 버린 글'이라는 뜻의 이른바 '수이전 일문(逸文)'으로 존재한다. 더구나 『수이전』은 일시에 편찬되어 만들어진 서적이 아니라 최치원, 박인량, 김척명 등의 손을 거치면서 내용이 가감되기도 하고 문장이 윤색되기도 했다. 그러한 기본 성격을 지닌 데다가, 후대 편찬서에 인용되면서는 편찬 취지에 맞게 대폭 축약되거나 개정되기도 했다. 그럼에도 불구하고 수이전 일문의 핵심은 그것의 독특한 서사적 성격에 있다. 각각의 작품들은 대개 공통적으로 산 사람에게 죽은 사람 혹은 기이한 존재들이 관계를 맺어 그들의 현실적 문제를 해결한다는 서사 구조를 지니고 있다.

『수이전』은 『삼국사기』의 편찬자가 의식하고 있는 역사 글쓰기와는 대척적 위치에 있었다는 점도 중요하다. 특히 중국 역사가들은 『수서(隋書)』와 『구당서(舊唐書)』의 「경적지(經籍志)」에서 지괴(志怪) 작품집들을 사부(史部) 잡전류(雜傳類)로 분류했다. 그에 비해서 『신당서』「예문지(藝文志)」에서는 그들을 자부(子部) 소설가류(小說家類)로 포함시켰다. 이러한 『신당서』의 인식 변화는 정사(正史)와 보사(補史)라는 역사 글쓰기와 구별되는 별도의 한문 서사를 인정했다는 좋은 증거이다. 따라서 『수이전』은 고려 전기의 『구삼국사』와 고려 후기의 『해동고승전』, 『삼국유사』 등에서 보충적 자료로 활용됐지만 『삼국사기』에서는 원칙적으로 배제됐다. 김부식의 관점에서는 역사적 인물이 기이한 존재들과 초자연적이고 비합리적인 사건에 연루된다는 이야기 방식을 용인하기 어려웠을 것이다.

한편 최치원에 의해 중국으로부터 전래된 전기(傳奇) 양식은 고려에 들어와 크게 유행했던 것으로 추측된다. 그것은 『수이전』의 편찬 저술에 지괴(志怪)와 전기(傳奇) 양식이 뒤섞이는 계기를 마련해 주었을 것이다. 『삼국사기』에서는 그러한 편찬 태도가 비판되어 대부분 걸러냈다고는 하지만, 나라의 흥망과 관련된 신이한 조짐, 왕의 즉위와 내력, 수수께끼 지혜담 등은 「본기」에 수용하고 비범한 개인사는 「열전」에서 필요에 따라 취사선택했다. 예컨대 조선조에서 서거정 등이 편찬한 『삼국사절요』에 의하면 탈해의 도래 신화와 선덕여왕의 모란 지혜담은 『수이전』의 것인데 『삼국사기』의 해당 「본기」에서 참조하여 기록했다.

『삼국사기』는 삼국의 불교에 대해 기본적인 사실만을 기록하는 데 그쳐서 매우 제한적인 편찬 태도를 지녔다. 이 시대 최고의 고승이라 할 의상과 원효에 대하여 <문무왕본기>와 <설총전>에서 단편적으로 언급했을 정도이다. 의상이 왕명에 따라 부석사를 창건한 사실, 원효가 설총의 부친이라는 사실 등을 말했을 뿐이다. 그러나 예외적으로 신라 불교의 전래와 승인 과정은 <법흥왕본기>에서 김대문(金大問)의 『계림잡전(鷄林雜傳)』의 자료를 활용하면서 비교적 상세히 다루었다. 다만 신라 대나마(大奈麻) 김용행(金用行)이 지었다는 <아도화상비>와는 다르다고 하고 내용은 소개하지 않았다. 김용행의 자료는 뒷날 『삼국유사』에서 '아도가 신라 불교의 기초를 놓았다'는 뜻의 <아도기라(阿道基羅)> 대목에서 인용한 이른바 '아도본비(阿道本碑)'와 같은 것이다. 이에 비해 박인량의 『수이전』 내용을 가져왔다는 『해동고승전』의 아도 이야기는 그 두 자료와 많은 차이점이 있어 『수이전』의 성격을 가늠하는 데 좋은 사례가 된다. 그 줄거리를 요약하면 다음과 같다.

> 고구려 여인 고도녕이 중국 위나라에서 온 사신 굴마와 사통하고 사생아를 낳았다. 아들이 다섯 살이 되자 남다른 데가 있었다. 어미가 "아비 없는 자식이니 중이 되는 게 제일 낫다"고 하니 스님은 그 말에 따라 당일로 머리를 깎았다. 중국에 들어가 아비를 만나보고 불교 공부를 한 다음 19세에 귀국했다. 어미가 신라로 가라고 말하면서 3천 개월이 넘은 뒤에 불교가 신라에서 크게 일어날 것을 예언했다. 아도가 신라 미추왕의 공주가 앓던 병을 고쳐 주었다. 왕이 사례하는 뜻으로 전겁(前劫) 시대의 일곱 절터 가운데 두 군데에 조촐한 절을 열어 주었다. 미추왕이 죽자 다음 왕이 불교를 공경하지 않아 애초 숨어들었던 곳으로 돌아와 무덤을 만들고 그 안에 들어가 죽었다. 이 때문에 불교가 신라에서 유행하지 않다가 200여 년 뒤에 원종(原宗: 법흥왕의 본명)이 과연 불교를 일으켜 고도녕의 말처럼 되었다.

아도는 사생아여서 살아갈 방책의 하나로 승려가 됐다고 했다. 그 덕분에 아비를 찾고 중국 불교를 제대로 접했다. 삶의 개척이 비범한 재주를 펼칠 계기를 마련해 주었다. 고구려에 귀국해서는 얻은 능력을 발휘할 여건이 되지 않자 신라로 건너갔다. 아들은 몇백 년 뒤를 내다보는 어머니의 신이

한 예지력을 믿었다. 그에 따라 신라의 불교 전교에 필요한 발판이 마련되고 예언이 실현됐다. 이야기 내용은 그 모두가 고도녕이라는 여인의 뛰어난 판단력과 미래를 예견하는 능력 때문에 이루어졌다고 말한다. 살아갈 길이 막막한 하층민 모자가 동아시아를 누비고 이백 년의 세월을 뛰어넘는 역사 이면의 주인공으로 우뚝 섰다. 따라서 『삼국사기』는 법흥왕의 불교 공인이라는 역사적 사실의 조짐을, 『삼국유사』는 신라 불교의 기반에 초점을 맞춰 기술했다면, 『수이전』은 위대한 시작의 의외성과 창발성이 소외된 개인의 일생에서 발현됐음을 서사화했다. 이는 아도를 찬양하자는 <아도본비>와는 창작 의도가 전혀 달라서 개인 서사의 진실성을 드러내고자 한 것이다. 여기에는 역사의 이면을 들춰내려는 전기(傳奇) 서사의 우의(寓意)가 깃들어 있다.

또 원광(圓光)의 이야기도 살펴볼 필요가 있다. 이 자료는 '고본(古本) 『수이전』'에 수록되어 있다고 하니 이른바 『신라수이전』을 가리킨다. 『삼국유사』에서 당나라 『속고승전』과 함께 대비 자료로 인용했다. 『삼국사기』에서는 원광이 남조 진(陳)의 불법을 구했다는 <진평왕 본기>의 기사, 화랑에게 세속오계를 가르쳤다는 <귀산 열전>의 기사에서 짤막하게 등장할 뿐이다. 이에 비해 고승전의 내용은 원광을 본격적으로 다룬 자료여서 몇 가지 영험담을 삽화로 동원했다. 요컨대 유·불도에 통달한 것으로 삼한에서 이름이 났지만 중국 강남으로 건너가서야 비로소 불교에 심취하고 그 진수를 터득했으며, 진(陳)과 수(隋)의 큰 강사로 활약하다가 신라로 귀국하여 진평왕의 통치를 도왔다고 했다.

반면에 『수이전』에서는 원광이 성취한 학문적, 종교적 능력의 비밀을 드러내는 데 초점을 맞추고 신이한 이야기를 서술했다. 원광은 애초 신라에서 승려가 되어 불법을 익히고 있었다. 나이 서른이 되도록 서라벌에서 동떨어진 삼기산에서 수도를 했지만 중국 유학의 꿈은 이룰 수 없었다. 그때 삼천 년이나 살아온 여우신이 그곳에 옮겨온 주술승을 압살하고, 원광에게는 중국 유학을 실행할 방도를 상세히 일러주었다. 여우신 또한 죽음의 두려움에서 벗어날 수 없었기 때문이었다. 원광은 중국 유학에서 불경에 통달하고 유술까지 배웠다. 귀국 후에 원광은 여우신에게 보살계를 주고 윤회의 삶에서 벗어나게 해주겠다고 약속했다. 원광이 여우신에게 본 모습을 보여 달라는 하였더니 큰 팔뚝으로 구름을 뚫고 하늘가를 만질 정도로 거대한 환상을 보여주었다. 그러나 육신을 버리고 산봉우리에서 죽을 때에는 칠흑 같은 검은 색 여우의 모습을 드러내고 헐떡이면서 숨을 거뒀다. 원광은 신라 군신의 스승이 되어 강론하고, 임금을 위해 중국에 청병하는 문서를 짓기도 했다.

불교사의 관점에서 보자면 진평왕 시대에 불교는 토착 신앙을 받아들이면서 위계화를 꾀했고, 신앙 사이에 상호배타적 관계 설정은 금기시했다고 할 수 있다. 이는 진평왕 때 선도산(仙桃山) 성모(聖母)가 불사에 기쁘게 동참했다는 『삼국유사』의 기사와도 상통하는 측면이 있다. 또한 혜심이 편찬한 『선문염송』 고칙(古則) #184에 수록되어 있는 백장선사(百丈禪師)의 <들여우> 일화와 일정한 관련성이 엿보인다. 5백 생(生) 이전에 백장산에서 주지를 하던 수행자가 "인과에 떨어지지 않는다"고 자신하다가 들여우의 몸이 되었는데, 백장회해(百丈懷海)에게 나타나 "인과를 모르지 않는다"는 선문답을 듣고는 깨달아 백장산 뒤에 여우 몸을 남기고 인과의 윤회에서 벗어났는데 백장선사가 그 몸뚱이를 화장해 주었다. 이로부터 깨닫지 못했으면서도 이미 깨달은 것으로 착각하거나 깨달은 양 남을 속이는 것을 '야호선(野狐禪)'이라고 일컫는 선어가 생겨났고 그 배후 이야기는 종종 후대 선사들의 화두가 되곤 했다.

『수이전』에서 다룬 '원광' 이야기의 의미도 간단치 않다. 여우신의 절대적 초능력과 남모를 고민이 원광의 일상적 욕망과 능력에 의해 드러난다. 여우신의 대단한 신술의 모습이 과장되게 여러 곳에서 묘사되고 있다. 급기야 팔뚝으로 하늘을 찌른 곳에 비장산(臂長山)이라는 지명전설을 남겨 놓기까지 했다. 하지만 궁극적인 실체는 죽음을 면할 수 없는 검은 여우에 불과하다. 서사적으로 오히려 보조적 위치에 있는 원광은 주동인물이 짐짓 숨기려 했던 근원적 한계와 그로 인한 갈등을 해결해 준다. 한편 보조인물 원광의 기본 특질은 유·불도의 학문에 통달하며 진평왕의 치세를 도왔다는 데 있다. 불교 유학생의 선구가 됐지만 편협한 불교에 안주하지 않았다. 일상적 인물이 세계의 경이에 압도되지 않고 초능력적 존재의 한계를 극복해 준다는 점에서 전설적 세계관을 넘어서고 있다. 그렇지만 일상적 인물이 주동인물도 아니고 주동인물에 대한 반동인물이 나타난 것도 아니어서 민담의 가치관을 구현하거나 소설에 접근했다고는 할 수 없다. 그것은 고독한 개인의 시각을 통해 이면의 역사와 세계의 진실을 들춰내려는 전기(傳奇)의 특징이다. 또한 진실은 초월적 세계에 있는 것이 아니라 현실 속에 감추어져 있을 뿐이어서 그것을 드러내는 과정이 필요하다는 주제의식을 음미할 필요가 있다. 이러한 측면은 서사문학사에서 '지괴'를 비판적으로 수용한 '전기'의 우언적 성격이라고 할 수 있다.

한편 『수이전』에는 역사적 위인들과 얽힌 이야기가 또 하나의 서사 유형을 이룬다. 약소국 신라를 이끌며 삼한통일의 염원을 수립했던 선덕여왕을 주인공으로 하는 일화는 당대에 인기가 있었다. 당태종의 모란 전래와 관련된 선덕여왕의 지혜담은 간략하지만, 당나라에서 여자인 자신을 얕보고 시험하려는 '미의(微意)'가 있음을 여왕은 바로 알아챘다고 했다. 이것은 수수께끼 구조를 포함하는 독특한 유형의 이야기이지만, 『삼국사기』에서는 여왕 즉위의 근거 자료로 활용했고 『삼국유사』에서는 세 가지 지혜의 하나로 거론하면서 여왕 통치의 정당성을 합리화했다.

또 역졸 신분의 미천한 사내 지귀(志鬼)가 선덕여왕을 짝사랑하다가 심화가 생겨 영묘사 탑을 태우고 불귀신이 됐다는 이야기는 선덕여왕의 명성을 더 돋보이게 만든다. 『삼국유사』에서는 이승(異僧) 혜공스님의 예지와 신이한 해결 능력을 드러내는 일화로 간단하게 언급했다. 반면에 당대에 이미 수입되어 읽혔던 『대지도론(大智度論)』의 <술파가(述波加)> 설화는 『수이전』 일문보다 훨씬 상세한 서사구조를 갖추고 있고 어느 정도 토착화되기도 했을 것이라 인정되지만 주제의식에서 큰 차이를 보인다. 고기잡이 술파가는 공주 탓에 상사병이 나서 죽을 지경에 이르렀고, 그 어머니는 아들을 살리고자 발 벗고 나서서 공주에게 접근했으며, 공주는 음욕이 있어 술파가를 만나기로 허락했다. 그러나 왕의 시주를 받는 하늘신은 미천한 자가 왕녀를 훼손해서는 안 된다고 여겨 왕녀를 만나는 순간에 술파가를 깜박 잠들게 하고, 술파가는 깨어나서 일이 어긋난 것을 알고 심화가 일어나 스스로를 태우고 죽었다. 불경은 이같이 자못 복잡한 구조의 설화를 통해 여인의 마음이란 귀천을 가리지 않고 욕망을 좇을 뿐이라는 단순한 교훈을 내세웠다. 이에 비해 <지귀> 이야기는 선덕여왕이 지귀의 죽음을 통해 불귀신을 누르는 주사(呪詞)를 만들어 화재 진압의 풍속을 이끌어냈다고 했다. 귀천을 넘어선 사랑을 너그럽게 용인하면서도 통치자로서 할 일을 하는 모습에서 왕의 지혜를 드러냈다고 할 수 있다.

한편 김유신은 통일신라의 주역이자 영웅으로서 선덕여왕 못지않게 설화에서 인기가 많은 남주인공으로 등장한다. 그럼에도 불구하고 『수이전』 일문에 전하고 있는 <죽통미녀(竹筒美女)>와 <노옹화구(老翁化狗)>는 김유신을 경이로운 초월적 세계와 격리되어 있는 평범한 인물로 그리고 있다. 김유신은 대나무통에 미녀를 담아가지고 다니는 이상한 나그네를 알게 되었지만 다만 자는 척하면서 정체를 엿볼 수밖에 없었다. 결국 몇 마디 대화를 나누다가 그들이 홀연히 없어졌다는 결말로 이야기는 종결됐다. 비록 축약된 형태이지만 세계의 경이를 드러내는 전설이어서 전기(傳奇)로서의 특징은 찾기 어렵다. 오히려 <노옹화구>에서는 범, 닭, 매로 변하는 노인과 자리를 함께하면서 김유신은 "변신술은 예전만 합니까?"라고 안부를 묻는다. 노인의 신통력을 익히 알고 있을 만큼 김유신도 그 세계에 정통하다는 느낌을 준다. 그렇지만 노인은 마지막에 집안의 개로 변해서 나가버렸다고 하고 이야기가 종결됐다. 뭔가 알 수 없는 일이 일어나고 있다는 기이함을 말하는 데 그쳤다.

선덕여왕과 김유신의 이야기에 비해 <보개(寶蓋)>와 <최항(崔伉)>의 이야기는 『수이전』의 또 다른 유형을 보여준다. 이들 작품은 이른바 고려 시대의 '수이전체'의 지형을 짐작하게 한다. 보개는 경주 지역에 사는 여자인데 바다 건너 장사를 떠난 아들 장춘이 돌아오지 않자 관음상에 빌어서 아들을 만나게 됐다. 관음상을 모신 곳이 민장사(敏藏寺)이고, 그때가 신라 경덕왕 4년(745)에 해당되지만 반드시 그곳 그때이어야만 하는 것은 아니다. 어미와 아들의 이름이 전하지만 무명인에 가까운 백성일 따름이다. 아들이 중국 강남에 표류하여 노비 신세로 전락했음을 짧게 묘사했지만 불교 신상의 영험함을 드러내는 데 주제의식이 있을 뿐이다.『삼국유사』에서는 절의 탑상(塔像)에 대한 관심으로 수용했고, 고려 말기 편찬된『법화영험전』에서는 경덕왕의 희사와 보개 모자의 금자연화경(金字蓮花經) 조성의 사적 등을 보충했다. 서사적으로는『수이전』일문과 대동소이한 내용이다.

<최항>은 애정 문제로 인해 죽었다 살아난 남주인공 최항의 이야기이다. 그의 자가 석남(石南)인데, 머리에 석남나무 꽃을 꽂았다는 뜻의 <수삽석남(首挿石枏)>이라는 제목으로도 전한다. 신라 때 사람 최항이 애첩을 두었는데 부모가 금하여 몇 달간 만나지 못하다가 갑자기 죽었다. 장례를 치르기 전날 밤 첩의 집에 나타나 머리에 꽂은 석남꽃 가지를 나누어 주며 부모가 같이 사는 것을 허락했다고 말하고 함께 집으로 돌아갔다. 항은 담장을 뛰어넘어 들어가고 첩은 날이 밝도록 담 밖에서 기다렸다. 첩이 집안사람들의 눈에 띄어 자초지종을 말하니 믿지 못했다. 관을 열어보고 석남꽃을 나누어 꽂은 것을 보고서야 항이 죽은 채로 첩을 데려온 것을 알았다. 항이 다시 살아나 첩과 30년간 해로하고 생을 마쳤다. 최항이 첩에게 쏟은 사랑, 생사를 매개한 석남꽃, 해로한 얘기 등을 자세히 기술하면 얼마간 김시습의 소설 <이생규장전>에 근접할 만한 소재이다. 그러나 '신라', '최항'이라는 표지 이외에는 아무런 역사적 배경이 없으며, 최항의 절실한 욕망이 초자연적 신이함과 연결되어 있을 뿐이라는 점에서 민담에 가까운 전기(傳奇) 서사가 됐다.

또 <호원(虎願)>은 일반 백성에 가까운 김현이 이류인 호랑이 처녀와 애정을 나눈 이야기여서 좋은 비교가 된다. 이 작품은『삼국유사』「감통(感

通)」편에 <김현감호(金現感虎)>라는 제목으로도 수록되어 있다. 『삼국유사』 수록본은 김현이 말년에 지었다는 전(傳)을 참고로 하면서 종교적 해석까지 곁들여 많은 분량이 윤색된 것으로 여겨진다. 그렇다면 『수이전』에 축약되지도 않고 윤색되지도 않은 상태로 수록되었을 원래 작품은 <호원>에 더 가까울 것이다. 신라 원성왕 때 사람 김현은 밤늦도록 탑돌이를 하다가 따라 돌던 호녀와 눈이 맞아 애정을 나누었다. 둘 다 치성을 드리기 위해 탑돌이를 한 것이겠지만 이후 서사의 주동인물은 호녀이며, 김현이 호녀를 만나게 된 동기는 분명치 않다. 그들의 만남은 우연에 가깝고 김현은 호녀의 거룩한 뜻에 부응하는 보조적 인물에 불과하다. 김현은 그 덕택으로 입신양명하는 복을 얻었지만, 호녀는 의롭게 죽음으로써 살생의 인과를 벗어나고자 하는 절실함을 지니고 있다. 종교적으로는 호녀를 통한 김현의 감응과 발복이 의미가 있지만 서사적으로는 김현의 내면적 변화가 두드러지게 표현되지 않는다. 김현이 호원사(虎願寺)를 세우고 그 사연이 퍼져 논호림(論虎林)이라는 숲이 조성됐다는 주변적 증거가 전설처럼 제시됐다. <호원>은 있음직한 현실적 갈등이 오히려 약화된 채 일상적 인물의 신이한 체험을 위주로 한다는 점에서 지괴(志怪)의 속성을 지닌 한문 서사라 할 수 있다. 그에 비하면 <김현감호> 조에 대비 자료로 제시된 『태평광기』의 <신도징(申屠澄)>은 남주인공과 호녀가 만나고 헤어지는 현실적 동기를 비교적 분명하게 묘사하고 서사적으로 남녀 애정에 집중하고 있어서 오히려 전기(傳奇)에 더 가깝다.

이에 비해 <최치원>은 역사적 정보를 지니고 있는 유명인과 이계에 머무는 중음신(中陰神)의 애정을 다루었다는 점에서 <최항>이나 <호원>과 좋은 대조를 이룬다. 또 <최치원>은 선녀의 화답시를 담은 붉은 주머니라는 뜻의 축약본 <선녀홍대(仙女紅袋)>로도 전하여 두 이본의 출입 관계가 고려 전기에 편찬된 『수이전』을 가늠하는 기준전을 제공한다. <선녀홍대>가 <최치원>과 공유하는 서사구조는 [만남] - [시 교환과 교유] - [이별]이다. 중간중간 생략된 부분도 있지만 그 생략은 유독 최치원의 시에 집중되어 있다. 만남 이전의 최치원의 상황도 극히 소략하다. <최치원>에 부연되어 있는 만남 이전과 이별 이후의 역사적 표지, 두 여인을 희롱하는 듯한 최치원의 반응, 이별 이후의 일상성 회복 등은 전체 서사의 맥락에서 다소 어긋나거나 보조적이다. 더구나 이별 이후 신라로 귀국한 최치원의 사적은 『삼국사기』의 <최치원전>을 활용했을 가능성이 짙다. 조선 초기『태평통재』에 수록된 <최치원>은 그 분량으로 보아도『수이전』그 자체보다는 증보된 것이라는 점이 인정된다.

그렇다면 두 이본에서 일치하는 서사구조는 『수이전』한문서사의 특징을 증언하는 셈이다. 공통된 최치원 이야기에서 주동인물은 어디까지나 원혼의 상태에 머물고 있는 두 여인이다. 그들은 소금과 차를 파는 상인에게 마음에도 없이 시집을 가야 하는 처지를 거부하고 요절했다. 그러한 원망을 해소하는데 수재(秀才) 신분의 최치원은 더없이 적합한 대상이다. 그에 비해 최치원이 두 여인을 만나는 계기는 단순한 우연이며, 신이한 세계를 체험하지만 스스로 세계관적 변화를 꾀하지는 못하고 호기심을 느끼는 데 그쳤다. <최항>에서처럼 남녀가 비슷한 열망을 품지도 못하고 <호원>의 김현처럼 최치원의 현실이 바뀌지도 않았다. 따라서 이별 이후에 두 원혼이 현실에서 사라져버리는 것은 서사적으로 온당한 종결이며『수이전』일문에서 흔히 보이는 방식이다. 다만 유명인의 시각을 통해 개인사의 이면을 드러냈다는 점에서『수이전』이 지향하는 문제의식을 표현하고 있다. 시재(詩才)를 지닌 두 여인이 중국 강남의 세력가인 상인들을 거부했다는 것은 염상(鹽商) 출신이었던 황소(黃巢)의 난에 격문을 지어서 유명해진 최치원의 자화상이기도 하다. 당나라 지식인들은 벼슬길을 찾기 위해 전기 모음집 온권(溫卷)이라는 것을 권력자들에게 지어 바치곤 했다. 이 같은 유행에 따라 최치원도 스스로 전기 작품 <최치원>의 핵심 서사를 지은 것이라면, 선녀로 미화시킨 중음신의 두 여인과 시편들을 통해서 지식인의 불우한 처지를 우의했다고 추측할 수 있다.

오늘날 전해지는『수이전』은 그야말로 부스러기로 남아있다고 해도 과언이 아니지만 설화와 소설의 중간 과정에서 다양한 한문서사 유형을 포함하고 있어 소중하다. 그것은 중국 한문학에서 유래한 지괴(志怪)와 전기(傳奇)뿐만 아니라 불교 영험서사와 토착화된 기이담까지 다양하다. 적어도 '수이전 문체'라고 한다면 단순히 오늘날 전해진 수이전 일문에 국한되지 않으며 그에 상응하는 고려 전기의 작품들도 함께 살펴야 마땅하다.

예를 들면 『삼국사기』의 <온달전>은 설화적 내용을 역사적 인물과 연결시키면서 정제된 고문(古文)으로 가다듬은 한문 서사의 명편으로 손꼽힌다. 뛰어난 전기(傳奇) 유형이라고 평가해도 손색이 없다. 이 작품은 불우한 처지의 사람을 좀 더 우월한 누군가가 알아주어 성취를 이루게 한다는 지인담(知人譚)의 서사구조를 지니고 있다. 부왕은 공주의 속을 알아보지 못했던 반면에 공주는 바보 온달을 알아보았다. 그 상반된 관계 때문에 공주는 부왕을 떠나서 자신의 지감(知鑑)을 증명해 보였다. '알아줌'의 행위는 말을 사들이는 행위에서 우의적으로 표현되기도 한다. 혀에 가시가 박혀 있는 상태의 국마(國馬)는 비록 비루먹었지만 그 능력을 알아보는 사람을 만나면 장차 국가 대사에 쓰이는 명마로 변신한다. 온달은 그러한 명마의 주인이니 같은 운명을 지니고 있다. 공주를 만나 명장이 되어 나라를 위해 싸우다 죽었다. 또 온달의 운구가 움직이지 않을 때 공주의 손길을 맞이한 다음에야 비로소 영결할 수 있었다. 이 같은 결말은 알아줌의 세속적 성취가 비밀스러운 애정의 영역까지 연결되어 있음을 강조한다. 동아시아의 인간 윤리에서 '알아줌'은 흔히 남자들끼리의 지극한 관계로 인식되어 왔다. 신라 화랑의 기원도 사람됨을 알아보기 위한 방법에서 나왔다. 『태평광기』에는 「지인(知人)」 항목을 따로 설정하여 54명의 이야기를 수록했다. <온달전>은 남자들의 전유물인 것처럼 되어있는 지인담의 통념을 뒤집어서 남녀 사이의 알아줌이 성취와 애정의 서사로 전개됨을 보여준 이른 사례로서 소중하다.

또한 『삼국사절요』에 삽입된 <백운과 제후> 이야기는 진흥왕이 포상한 일의 내용을 적은 것이다. 남녀의 혼사 장애와 그를 도와준 협객의 이야기는 전기(傳奇)의 색채를 짙게 지니고 있다. 남자 주인공 백운(白雲)과 여성 주인공 제후(際厚)가 한마을에 동시에 태어나서 결혼을 약속했다는 것은 그 자체로 흔하지 않은 일이다. 더구나 백운이 국선이 된 후 눈이 멀어 제후의 부모가 다른 혼처를 구했다. 제후가 지혜를 발휘해서 백운과 도망하다가 산적들에게 납치를 당했다. 백운의 낭도인 김천(金闡)이 용력이 있어 자객을 뒤쫓아가 죽이고 제후를 백운에게 돌아가게 해주었다. 이러한 내용은 심각한 갈등을 전제로 한 서사 전개이다. 『수이전』 일문에서는 잘 보이지 않는 구조이다. 수이전의 서사 주체들은 대개 신이한 세계의 결핍을 관찰하고 그 해소를 위한 보조적 원조자에 그칠 경우가 많다. 기껏해야 <수삽석남>에서 남녀가 함께 동일한 열망을 지녔지만 그들의 혼사장애는 중음신 상태의 남자 주인공이 지닌 기이한 능력에 의해 해소된다. 그에 비해 이 작품은 국선(國仙)과 화랑도(花郞徒)의 충성과 의리를 표창한다는 정치적 의미를 지닌 것이지만, 주인공들은 무명인에 가까우며 일반 백성으로 바꾸어도 서사 전개에는 아무런 지장이 없다. 김천의 행위는 당나라 전기 작품 <무쌍전(無雙傳)>에서 해결자로 등장하는 고압아(古押衙)와 유사한 측면이 있지만, 여성 주인공 제후는 혼사장애에 대한 해결 의지와 지혜가 한결 돋보인다. 이 같은 서사적 특징은 『삼국사기』 <설씨녀>와 <도미처> 열전에도 잘 나타나 있다. 일반 백성들의 고난과 문제를 해결하는 여성의 지혜가 고려 전기 한문서사의 중요한 주제의식이었음을 알 수 있다.

전기(傳奇)라는 기록 서사물을 알레고리 혹은 우언의 관점에서 다룬 연구로는 루샤오펑 저, 조미원·박계화·손수영 역, 『역사에서 허구로 - 중국의 서사학』(도서출판 길, 2001) 154~204면; 김지선, 「현대 학습자의 고전 독서를 위한 비(比) 읽기 교육 연구 -수이전 일문 <최치원>을 중심으로」, 『한국언어문화』 60(한국언어문화학회(구 한양어문학회), 2016), 279~301면 참조. 또 『수이전』의 기본자료로는 최남선 편, 『증보 삼국유사-附索引及古文獻十三種-』(서문문화사, 1996.영인)이 여전히 유효하다. 또 김현양 외 3인,

『역주 수이전일문』(박이정, 1996); 이대형 편역, 『수이전』(소명출판, 2013); 장휘옥, 『해동고승전 - 현대적 풀이와 주석-』(민족사, 1991)을 참고했다. 논문으로는 일제 강점기 때 今西龍, 「新羅殊異傳及其逸文」, 『新羅史研究』(경성: 근택서점, 1933); 이인영, 「太平通載殘卷小考」, 『진단학보』 12(진단학회, 1940) 등이 선편을 잡았다. 또 북한의 사회과학원문학연구소, 『조선문학사(고대중세편)』(평양: 과학백과사전출판사, 1977) 89~97면; 정홍교, 『조선문학사 2』(평양: 과학백과사전종합출판사, 1994) 285~290면에서는 '수이전체' 혹은 '수이전체 산문'이라는 용어를 쓰면서 창작 문학으로서 특징을 설명했다. 『수이전』 일문의 양식적 성격을 논한 것으로는 이대형, 「수이전 일문의 갈래적 성격 고찰 - 최치원류를 중심으로」, 『열상고전연구』 10(열상고전연구회, 1997); 유정일, 「수이전 일문의 분류와 장르적 성격 - 지괴서사 전통의 맥락을 중심으로」, 『어문학』 85(한국어문학회, 2004)을, 『태평통재』 소재 <최치원>에 대한 문헌비평과 작가론적 고찰은 김건곤, 「신라수이전의 작자와 저작배경」, 『정신문화연구』 34(한국정신문화연구원, 1988); 소인호, 「수이전의 저자와 문헌 성격에 관한 반성적 고찰」, 『고소설연구』 3(한국고소설학회, 1997) 참고. 한편 권문해(權文海)의 『대동운부군옥』에서 <심화요탑(心火繞塔)>으로 표제어로 삼은 것은 오자가 섞인 오류로 판단된다. 문맥으로 보거나 『삼국사기』와 『태평통재』와 그 아들 권별(權鼈)의 『해동잡록』 등을 참고로 할 때 <심화소탑(心火燒塔)>으로 바로잡는 것이 옳을 것이다. <심화소탑>과 술파가 설화와의 비교는 황패강, 「지귀설화 소고」, 『신라 불교설화 연구』(일지사, 1975) 346~363면; <온달전>의 지인담 구조에 대한 논의는 강영순, 『알아줌, 그 성취와 애정의 서사』(보고사, 2013) 257~258면; <백운과 제후>를 전기(傳奇) 유형의 한문소설로 본 것은 박희병, 『한국한문소설 교합구해』(소명출판, 2005) 49~51면 참조.

5장

중세후기 제1기 우언문학사

― 고려 후기 ―

5.1. 무신집권기의 우언문학

5.1.1. 무신집권기와 문인층의 전반적 상황

고려 의종은 글을 좋아하는 군주로 알려졌으며 전국의 민요를 널리 모아 정치에 활용하려고 한 사적도 특이하다. 그러나 이면적으로는 궁중의 사치와 향락을 누리면서 관료사회 내부의 차별 구조를 묵인하였다. 문학은 문신귀족 문화의 치장을 위해 동원되기 일쑤였으며 문학의 반성적 기능은 제대로 작동되지 않았다. 궁궐 밖 출입과 문신들을 대동하는 시회가 빈번했으며 호위를 담당하는 무신들은 천역의 담당자 같은 처지로 내몰렸다. 급기야 1170년(의종 24)에 무신란이 일어났던 것은 하나의 촉발제에 불과했다. 이상과 현실의 대립을 숭고미로 해결하고자 하는 중세전기의 문화적 지향을 문신귀족이 독점하다시피 하면서 갈등의 해결 능력을 잃고 말았던 병폐가 곪아터졌다고 할 수 있다. 그에 대한 반동으로 왕권을 상징적으로만 인정하는 무신집권기가 시작되었고, 그것은 거의 1세기 가깝게 무신 집정자들에 의해 다소 복잡하게 계승되어 갔다. 한국사에서 유래를 찾기 어려운 이원집정세가 실험됐던 상황에서 문인들은 고려 전기 문신귀족의 체질을 바꾸지 않으면 안 되었다. 다행히 죽음을 모면했다 하더라도 문신들의 대안은 제한적일 밖에 없었다. 그들은 정치적으로 능문능리(能文能吏)라는 새로운 역할을 부여받거나 사적 영역에서 '문학의 반성적 기능을 모색해 나가야만 했다.

그렇다고 무신집권기에서 문학이 위축되거나 문신들의 진출이 줄어든 것은 결코 아니다. 문인들이 한갓되이 시절 좋았던 과거를 추억하고 현실에서 도망쳐서 은거의 심사를 읊었던 것만도 아니다. 무신정권이 안정되면서 고위 관직을 점유하는 문반의 비율은 실제로 점점 높아져서 통치시스템이 원활하게 작동하는 데 큰 구실을 했다. 또 그들이 무신 집정자에 호응하고 직업 관료의 역할을 담당했다고 해서 무신집권을 정당화하는 아유(阿諛)의 문학을 일삼았다고는 평가할 수 없다. 그들은 신라말 육두품들이 자신들의 처지를 두고 고민에 빠졌던 것 이상으로 문학을 통한 시대 적응의 방법을 찾아 나갔다. 그러한 현실 대응의 노력이 다양한 문학 양식의 개척으로 연결되어서 고려 문학사가 돌연히 활기를 띠었다.

무신집권기의 문인들은 전 시대에 대한 회고와 반성, 당대 사회에 대한 비판과 대안, 자신들의 진출에 대한 마땅한 명분과 역할을 표현하는 데 있어서 문학의 기능을 적극적으로 활용했다. 따라서 형식주의 문학에 안주하지 않고 기존 문체를 변형시키거나 새로운 양식을 개척하는 데도 열의를 가졌던 것이 고려 전기와는 다른 문학사조를 형성했다. 특별히 문학의 반성적, 비판적, 자기표현의 기능 등을 강화시키기 위해서 의도적인 우언 글쓰기를 시도했던 것이 이 시대의 중요한 특징이다.

또한 무신집권기의 후반부인 최씨 정권에서는 30년 가까운 몽고의 침략이 지속되었다. 새로운 체질의 문신 계층은 최씨 정권의 무력 항쟁과 외교적 협상의 이중적 전략을 지지하고 온 백성의 힘을 결집시키기 위하여 문학적 역량을 총동원했다. 비록 전쟁의 결과는 원제국의 간섭기로 이어졌지만 문인층의 투쟁적 자세는 세계사적 전환 속에서 민족문학사의 단계를 결정적으로 변화시켜 나갔다. 중세의 가치관을 실행하는 데 있어 민족적 상황을 우선적으로 고려함으로써 현실주의적 요소가 강화된 중세 후기의 문학사가 새로운 문인 집단에 의해 시작됐다. 무신 집권과 몽고군의 대전란은 앞선 시대에 대한 단절의 계기가 됐으며, 그에 적응하고 대안을 찾고자 했던 문학 담당층을 길러내는 역설적 현상이 일어났다.

중세 전기 문벌귀족의 몰락과 중세 후기 새로운 문학 담당층의 등장은 전환기 시대에 흔히 나타나는 구시대의 잔영과 새 시대의 여명을 복잡하게 반영했다. 이러한 현상은 유가 계열의 문신들과 불교의 선종 승려들의 달라진 문학적 특성에서도 나타났다. 무신집권기에 활동했던 신진사류와 선승들이 이른바 가전(假傳) 형식을 비롯한 다양한 우언 글쓰기를 시도했던 것은 문학사의 새로운 단계를 알리는 중요한 징표이다. 의인화 수법에 의거하여 자신의 처지와 주장을 에둘러 표현하는 방식은 설총의 <꽃왕 우언>에서 사용됐고 가전이라는 형식은 당나라 때 전범이 마련됐지만, 그들은 두 선례를 합쳐서 인공적 우언 양식을 창출해 냈다. 그것은 역사와 문학의 글쓰기 사이에 은근한 뜻을 끼워 넣는 고려 전기의 수법과 질적인 차이를 보여주었다. 가전은 '전기우언(傳記寓言)'이라 부를 만한 실험적 양식으로 새롭게 고안해 낸 것이다. 오랜 내력을 지닌 전(傳)의 형식을 가장하면서 이면의 진실성을 드러내려는 전기(傳奇)의 정신을 우언의 담론 방식으로 결합한 것이라고 할 수 있다. 그러한 우언 글쓰기는 시대를 비판하고 새로운 시대정신을 모색하려는 의도를 철저히 개인적 문학의 차원에서 드러내고 있다.

물론 이 시대의 우언문학사적 변화는 비단 가전에서만 이루어졌던 것은 아니다. 중국의 전범적 사례를 반의모방한 한시 본연의 영역, 특정한 문체에 국한되지 않는 교술산문, 향가나 민간 가요의 형식을 활용한 한문가요 등이 다양하게 시도됐다. 또 이 시대에 유독 성행했던 영물시(詠物詩)와 문학비평, 그다음 세기 출현한 사대부 계층의 소악부와 패설류도 함께 고려해야 할 사항이다. 이러한 문학사적 변화에서 이규보, 최자, 이제현, 민사평, 이곡, 이색, 정도전 등이 그 중심에 서 있다. 그들의 새로운 세계관과 기존 문체의 다양한 실험은 오히려 우언 글쓰기의 토대라고 보는 것이 마땅하다. 당나라 한유와 유종원, 송나라의 소식 등이 이룩한 중세 전기 문학의 전범을 고려의 당대적 상황에 맞게 재창출하는 데에는 우언 글쓰기의 전략이 무엇보다 요긴했을 것이라 여겨진다. 이와 같은 전후의 관련 문학현상을 연결해야 우언의 문학사적 맥락을 논의할 수 있을 터이다.

그뿐만 아니라 유가와 불가 지식인들은 한시와 선시와 같은 한문학 갈래와, 경기체가와 가사와 같은 국문 교술시 및 가전과 몽유기에서 선의의 경쟁을 폈다. 이러한 작품군을 통해 고려 후기의 우언 작품을 전반적으로 살피는 작업이 필요하다. 또한 민간과 궁중과 지식층이 개입한 고려의 속악가사와 소악부에도 놀이와 노래와 한시로 변용되는 과정에서 우언적 의도가 개입했음을 발견할 수 있다. 또한 역사와 문학이 만나는 지점에서 작가들의 우언적 사유가 개입되는 현상은 고려 전기에 이어 계속되면서도 개인적 차원의 작업이 더 두드러진다는 공통점과 차이점이 드러난다.

무신집권기 문인들의 동향에 대해서는 이동환, 「고려 죽림고회 연구 – 전기적 고찰을 중심으로」(고려대 석사, 1968); 강동엽, 「무신집권기의 문학적 전환」, 『한국문학연구입문』(지식산업사, 1982); 김남규, 「무신정권」, 『한국사연구입문』(지식산업사, 1987. 제2판); 김건곤, 『고려시대의 문인과 승려』(파미르, 2007); 에드워드 슐츠 지음·김범 옮김, 『무신과 문신 : 한국 중세의 무신 정권』(글항아리, 2014) 참조.

5.1.2. 이인로와 임춘의 우언적 성취와 한계

이인로(李仁老, 1152~1220)의 시는 문집이 전하지 않아 전모를 알 수 없지만 『파한집(破閑集)』에 자작시를 많이 실어놓았다. 그 가운데 스스로 목격한 일화를 소재로 삼아 자신의 처지와 심회를 가탁하는 시도 적지 않다. 한번은 남쪽에서 헌상한 귤나무가 궁궐 화원에서 잘 자라서 열매를 많이 맺은 것을 보고, 신하를 기르는 도리와 남귤(南橘)의 배양 방법을 유비적으로 논하면서 12운(韻)의 배율시(排律詩)를 읊었다. 그 뒷부분에서는 다음과 같이 이식된 귤을 예찬하면서 시인의 속마음을 곁들였다.

   縱經淮水遠, 회수를 아주 멀리 건너왔지만
   不減洞庭香. 동정호 귤 향기에 못지않구료
   氣味含仙界, 신선세계 기미를 머금었으니
   音塵隔故鄕. 고향 소식은 아득히 멀어졌겠지
   雖云非土性, 이 땅에 맞는 성질이 아니라고들 하지만
   只爲被恩光. 오직 은혜로운 볕을 쬐어 잘 자랐기 때문이라
   恥與千奴並, 감귤 천 그루 남겨 자손들 호의호식함 부끄러워서
   唯容四皓藏. 다만 임금의 우익이 될 상산사호 숨겨놓았지
   君看圯上老, 그대 한번 보시게나 이교(圯橋)에서 황석공(黃石公)은
   去楚佐高皇. 장량에게 초나라 버리고 한고조를 돕게 했던 것을

"회수(淮水)를 건넜다"라고 운운한 것은 중국 강남에서는 귤이 되어도 북쪽으로 건너오면 탱자가 된다는 말을 시어로 꾸몄다. 이를 한문 성어로 '남귤북지(南橘北枳)'라고 하니 '남귤'이라는 어휘는 귤의 통칭이다. 또 귤은 동정호 부근에서 나는 '동정귤(洞庭橘)'을 최상품으로 친다. 따라서 '동정향'은 다시 남귤의 향기를 다르게 지칭한 것이다. 그렇게 지역적 제한성을 지닌 귀한 과일나무가 고려 개경의 어화원(御花園)에까지 건너왔다. 소금물을 주면서 재배를 하니 동정귤 못지않은 열매가 달렸다. 그렇게 되기까지의 정성을 '은혜로운 볕'[恩光]으로 표현했다. 그러나 정원사의 노고보다는 임금의 관심과 배양 의지를 앞세웠다. '천 그루', '상산사호' 등은 감귤과 관련된 고사를 활용한 시어들이다. 요컨대 귤나무 재배가 후손에게 물려줄 큰 재산이라기보다는 나라에 보탬이 되면 좋겠다는 말이다. 만약 귤나무처럼 재사를 길러낸다면 출신 성분은 그리 중요한 게 아니다. 장량(張良)은 지금의 강소성 하비현(下邳縣)의 진흙다리에서 노인 황석공(黃石公)을 자신을 한껏 낮추면서 희귀한 병서를 얻고 한고조를 도와 천하를 통일했다. 그는 제 힘을 믿는 항우를 버리고 용인술에 뛰어난 한고조를 택했다. 사람을 알아주고 기울 줄 아는 자민이 영용을 얻고 스스로 영용이 되는 것이다.

이인로는 그럼에도 불구하고 현실에서 이상을 실현시킬 수 있다고 보지 않았다. 문학에서 변하지 않는 가치를 찾고자 하는 이유가 거기에 있다. 또 실제로는 지리산 청학동을 찾아 나서기도 했다. 그곳은 도잠(陶潛)이 묘사했던 이상향의 도화원(桃花源)과 다르지 않다고 여겼다.

또 이인로는 현실과 이상의 간격을 좁혀보고자 하는 생각을 우리문학사 최초의 화도사(和陶辭)인 <화귀거래사(和歸去來辭)>에서 다음과 같이 발전시켰다. 앞부분의 첫 단락을 가져와 본다.

歸去來兮,	돌아갈지어다!
陶潛昔歸吾亦歸.	도연명도 예전 돌아갔으니 나 또한 돌아가리라
得隍鹿而何喜	잡았던 사슴 해자에 감춰뒀다 꿈을 꾼들 무엇이 기쁘며

失塞馬而奚悲.	변방에서 말을 잃어도 전쟁에 나가지 않으면 무엇을 슬퍼하리
蛾赴燭而不悟,	나방이 촛불에 달려들면서도 깨닫지 못하고
駒過隙而莫追.	수레가 문틈을 달음질치듯 좇을 수 없으리
纔握手而相誓,	이제 막 손잡고 맹세하였는데
未轉頭而皆非.	머리 돌려 헤어지기도 전에 모두가 틀어지누나
摘殘菊以爲飡,	져가는 국화잎 따서 밥을 짓고
緝破荷而爲衣.	찢어진 연꽃 모아 옷을 만들자
旣得反於何有,	무하유향에 돌아왔으니
誰復動於玄微.	뉘 다시 현미함을 움직일소냐

도잠의 <귀거래사>에 나타난 귀향 의식을 전범으로 삼아 시인은 돌아가야 할 이유와 지향점을 나타냈다. 우선 인간사가 일방적으로 규정될 수 없는 것임을 고사를 들어 말했다. 인생에 꿈과 현실, 불운과 행운이 연속되고 겹쳐 있음을 강조했다. 그런데도 사람들은 불나방처럼 제 목숨을 내놓으려는 듯이 목적을 향해 줄달음치지만, 눈 깜작할 사이에 지나가는 세월을 잡을 수 없다. 그래서 사람의 사귐도 조석지변으로 손바닥 뒤집듯 변절하기 일쑤이다. 이러한 이유 때문에 시인은 굴원의 <이소>처럼 은자의 차림새를 하여 본다. 그러나 시적 자아는 정신적 방랑을 하고 있는 것처럼 느껴진다. 무하유지향(無何有之鄕)으로 돌아갔다고 했으니 그곳이 지향점이겠으나, 현실적으로 어떤 일도 할 수 없는 혹은 하지 않아도 되는 상상의 공간을 꿈꾸었다.

이어지는 단락에서도 『장자』, 『노자』 등의 도가 경전의 어귀와 사상을 대거 동원하면서 무기력함을 은자의 풍모인 양 수식했다. 그러면서도 공명을 성취함은 운명에 달린 것이니 늙어서는 돌아가 쉬어야 한다고 했다. 마지막에서는 '식은 재에 오줌 누기', '태운 곡식 씨 뿌리기' 등의 절묘한 표현을 구사하면서 현실에 대한 깊은 절망감을 나타내고, 술과 시로써 위안을 삼는다고 했다. 시인이 네 벗들에게 준다는 뜻의 <증사우(贈四友)>에서 밝힌 것처럼 시, 산수, 술, 불교의 벗들이 모두 타계하고 없는 상황에서 벼슬살이까지 단념케 하는 가망 없는 세상을 풍유하고 있는 것이다. 작가가 문학의 가치를 절대시하면서 『파한집』 저술과 같은 사적 문학 세계에 공을 들였던 정신적 상황을 잘 드러내고 있다.

임춘(林椿, 1150~1202 추정)은 이인로가 자신의 시우(詩友)라고 일컬었던 인물이다. 벼슬살이에 나가려고 노력했지만 뜻대로 되지 않았다. 이인로가 인정한 재야 문인이라고 할 수 있지만, 그는 현실에 적응하지 못하는 자기 상황을 솔직하고도 절실하게 표현해서 나름의 개성적 문학 세계를 구축했다. 게다가 필요에 따라서는 우언 글쓰기를 통한 자기 표출을 절묘하게 구사해서 중세후기 우언문학사의 선구적 역할을 감당했다. 그의 <국순전>과 <공방전>은 문학적 개성을 드러내면서 한국 우언문학사의 새 국면을 열기에 충분했다.

한번은 누군가 붓과 먹을 선물한 것에 감사한다는 뜻으로 <사인이필묵견해(謝人以筆墨見惠)>을 지어 답례했다. 한유(韓愈)의 <모영전(毛穎傳)>, 양웅(揚雄)의 <장양부(長楊賦)> 등을 전거로 삼아 의인화의 수법으로 문방사우를 묘사했다. 중서군(中書君), 사귀(四貴), 한림(翰林), 자묵(子墨), 진현(陳玄) 등은 모두 그에 해당되는 시어들이다. 또 <반이소(反離騷)>를 통해 굴원의 죽음을 비판했던 양웅(揚雄)과 자신을 동일시하면서 문인에게 시운이 따라야 한다는 점을 암시했다. '현후(賢侯)'라고 칭송한 어떤 고위 관리에게 붓과 먹을 선물 받은 것을 기뻐하며 문인으로서 인정받은 데 대해서 크게 고무되었음을 표현했다.

또 <어부(漁父)>에서는 스스로를 어부도(漁夫圖) 그림 속의 주인공으로 자처했다. 이를 통해 시인의 처지가 공자의 가르침이나 굴원의 비판 등과 다르다는 점을 가탁했다. 꿈속의 일을 적었다는 <기몽(記夢)>에서는 월궁에 도착하여 항아(姮娥)에게서 자기 정체성을 탐문한 사연을 읊었다. 천상의 문창성(文昌星)이 적강하여 속세의 시인이 되어서 30년간 이름을 날렸다고 했다. 또 당시 송나라 사람을 관리로 임용한 사건을 두고 유자나무[橙]를 비유로 삼았다. 임용된 사람을 축하하기보다는 인재가 능력을 발현할 수 있게끔 선발한 임용자의 안목을 칭송했다. 재상 유광식(柳光植)의 집에서 유자나무가 탐스럽게 자라고 있는 것을 묘사하면서 비유의 소재로 활용했다. 이인로의 <어화원 귤나무>와 유사한 시상을 엿볼 수 있다.

한편 편지글에서도 우언을 삽화로 활용하면서 작가의 의도를 강화시켰다. 임춘은 관리를 뽑는 이부(吏部)의 실무 책임자 이순우(李純祐)에게 사람을 추천하는 편지를 썼는데, 첫 대목부터 상인의 물건 파는 방식을 거론했다. 부자 상인은 진귀한 물건을 쟁여 놓고 사러 오는 사람을 기다린다. 그러면 그 값을 대강 5만 냥으로 올려도 반드시 팔 수 있다. 반면에 상인이 그 진귀한 물건을 가지고 집집마다 다니면서 팔겠다고 크게 소리치면 흥정이 빈번하지만 결국은 값이 자꾸 내려가 팔지 못하게 된다는 것이다. 선비의 처세도 그러하므로 5만 냥의 값어치를 가진 사람을 자신이 대신 추천한다고 했다.

또 한림학사였던 이지명(李知命)에게 자신을 칼에 비유해 자천하는 편지를 쓴 적도 있다. 이 글은 비록 편지라는 실용문이지만 최소한의 투식을 제외하면 일종의 '명검설(名劍說)'이다. 먼저 막야(鏌鎁)와 간장(干將)이라는 천하의 명검이 땅에 묻혀 있다가 뇌환(雷煥)이라는 사람에 의해 발굴된 경유를 서론 격으로 끄집어냈다. 자신도 가난하게 골짜기에 파묻혀 산 지가 오래되어 원통한 기운이 솟아올라 하늘에 이르렀지만 세상에 뇌환 같은 사람이 알아주지 않아 애석하다고 했다. 이어서 "감히 맹랑하고 허튼 말[孟浪謬悠之言]을 꾸며서 구구하게 늘어놓겠다"고 하고, 다음과 같이 본론을 시작했다.

나는 일찍이 조물주의 화로와 뭉치 사이에서 정밀하고 강렬한 기운을 갖가지로 단련 받았다. 음양으로 자질을 삼고 오행으로 몸체를 이루며 이십팔 수 별자리를 흉금에 벌려놓았다. 그런 다음에 영기를 품부 받고 태어나 '이로운 물건'[利器]의 으뜸으로 드러났다. 도덕으로 칼자루를, 인의로 칼끝을, 지혜와 용기로 칼날을 삼았다. …… 그리고 명분과 절개로 숫돌 삼아 갈고,

학문으로 담금질하고 연마하였으니, 위로는 뜬구름을 헤치고 아래로는 지축을 끊을 만하고 내지르면 앞이 없고 휘두르면 옆이 없다. 천지 안에서 지휘하여 막힐 것이 없도다.

그런데도 비상한 물건[器]을 지닌 자는 반드시 비상한 사람을 기다려 비상한 공을 세운다. 그러므로 티끌 먼지가 빛을 덮고 썩은 흙이 문양을 갉아 먹는다. 청사뱀의 허물이 벗겨지듯 얼룩지고 이가 빠져서 헌쇠와 한통속이 된 지 오래됐다. 다만 뛰어난 기운과 괴상한 빛이 초목과 진흙 속에서 밝게 드러나 숨길 수 없어서 귀신이 울고 우레가 치고 별자리가 움직이게끔 했다.

이 글의 처음은 서간 문체로 시작됐지만 인용한 대목부터는 칼이 화자가 되어 말하는 독백체의 우언이다. 앞서서 '맹랑하고 허튼 말'이라고 전제한 것은 결국『장자』식의 우언을 작가 스스로 만들어보겠다고 밝힌 것에 불과하다. 명검은 천하의 날카로운 물건이자 이로운 물건이다. 그것을 '이기(利器)'라고 표현했다. 그것은 짐승이나 잡자는 필부의 칼이 아니다. 그 효용성은 천자를 끼고 제후를 호령하여 간웅을 제거하고 천하를 맑게 하는 데 있다. 지식인이 통치자를 제대로 보좌함으로써 명검과 같은 구실을 할 수 있음을 명검의 목소리를 통해 설득하고 있는 것이다. '이기(利器)'는 누구를 만나느냐에 따라 쓰임이 무한정에 가까운 공공재이며 통치의 수단이자 왕권 그 자체를 상징하기도 한다. 구성과 표현 및 주제에 있어서 상당 부분『장자』의「설검(說劍)」편을 반의모방하고 있다.

이인로의 <어화원(御花園) 귤나무>시는『동문선』권11「오언배율」조에 곽예(郭預)의 <영귤수(詠橘樹)>로 수록되어 있다. 그러나 그 창작 배경이 되는 시화는『파한집』에만 실려 있고, 그러한 증언으로 보건대 이인로의 작품으로 판단된다. <화귀거래사(和歸去來辭)>에 대한 논의는 남윤수,『한국의 화도사 연구』(역락, 2004) 59~73면 참조. 임춘이 이지명에게 쓴 편지에 대한 분석은 윤주필,「<공방전>과 <청강사자현부전>의 우언적 독해」,『고전문학연구』50(한국고전문학회, 2016) 247~249면 참조.

5.1.3. 우언 글쓰기의 거장 이규보

　이규보(李奎報, 1168~1241)의 시문은 개성적이면서도 풍부하다. 문학적 소재와 고전의 활용이 매우 폭넓고 다양하지만 거의 하나같이 자기 성찰로 귀결되곤 한다. 풍유적 색채와 교훈적 의미를 도출하는 과정도 기발하다. 그 과정에서 문답, 견문, 잠명, 비평의 형식을 즐겨 사용한다. 그럴 때 사용하는 한문학의 시문체는 고정되어 있지 않다. 필요한 대로 활용하고 고전적 선행 작품을 주제에 맞게 변용한다. 이러한 이규보의 작가적 특징은 단적으로 '우언적 글쓰기'에서 찾을 수 있다.

　우선 한시에서는 탈속적인 분위기에서 가상적 시공간을 가탁하기도 하고, 일상의 발견이나 어떤 깨달음을 읊을 때 가상적 존재를 내세우기 일쑤이다. 또한 동식물을 내세우거나 심지어는 스스로 문답시를 주고받으면서 시의를 점진적으로 전개시킨다. 선담(禪談)을 좋아하는 급제 동기인 윤의(尹儀)와 차운시를 주고받으면서, "한가로이 『남화경』의 「우언」편만 잡고 있네"라고 고백하고, 노자가 관윤(關尹)에게 오천언(五千言)을 남겼던 것처럼 자기 동기들도 그런 만남이 될 수 있다고 했다. 도가적 운치를 추구하면서 우언 글쓰기에 관심을 기울였음을 알 수 있다.

　반면에 꿈에서 신선이 되어 노닐며 지었다는 <몽유선작(夢遊仙作)>에서는 세속에서 재상이라도 신선의 세계에서는 근엄할 이유가 없어 세상 사람이 뭐라 하든 상관없다고 했다. 이어서 <꿈을 깨고 남을 대신하여 스스로 화답시를 짓는다>고 하고는 신선의 일이 비밀스러우니 누설하지 말라고 하면서 속인들에게 얘기하면 오히려 가벼운 사람이 된다고 했다. 또 <백낙천의 시에 화답한 후 혼자 술을 마시며 장난삼아 짓는다>고 한 시에서는 은퇴한 늙은이가 혼자 마시고 혼자 읊조릴 수밖에 없는 것 같지만, 술 만든 두강(杜康)과 술잔을 채우면서 백거이와 화운하면 시벗과 술친구가 동시에 생긴다고 눙쳤다.

　또 <이불 속에서 웃다>, 즉 <금중소(衾中笑)>라는 시에서는 밤중에 이불 속에서 슬며시 웃음이 나오는 인간사 다섯 가지를 읊었다. 글재주 없는 자가 귀인 앞에서는 날렵한 체 글을 쓴다. 탐욕한 관리가 남들은 다 알고 있는데도 물처럼 맑다고 말하기 좋아한다. 잘나지도 못한 여자가 남들이 곱다고 말해주면 정말 고운 체 교태를 짓는다. 자신의 세상살이가 요행으로 산 것인데 스스로 원만하여 이 지위에 올랐다고 한다. 승려들이 미인을 만나 마음이 끌려도 못 본 체 무심하다고 말한다. 자신의 행태까지 포함하여 그런 것들은 박장대소보다도 더 우스운 은근함이 있다고 너스레를 떨었다. 이와 비슷하게 색(色), 시(詩), 주(酒)의 성벽(性癖)을 되돌아보면서 지은 <삼마시(三魔詩)>에서는 몸을 그르치고, 내장에 독이 되고, 감정이 지나치게 되는 마(魔)의 속성을 말했다. 나이가 들어 색욕은 물리쳐도 시주는 버리지 못했다면서 자신을 성찰하는 계기로 삼았다.

한편 타자를 통해 자기 근황을 나타내거나 빗대는 시작품도 적지 않다. <노기(老妓)>와 <노장(老將)>은 '자황(自況)'이라고 해서 작가 스스로의 상황을 비유하는 의도로 시를 지었다. 앞 시에서는 열다섯 아리땁던 시절을 알아볼 사람이 없지만 가무의 솜씨는 예전과 같아서 그 재기가 안타깝다고 했다. 뒷 시에시는 동북면에서 씨움터를 누볐던 몸이지만 예전만 못한 것이 많다고 하면서도, 국가에 보답하려는 장한 마음은 꿈에서도 화살촉을 울리며 오랑캐 왕을 명중시킨다고 했다. 나이와 관계없이 예술적 재기와 사회적 성취에 대한 시인 자신의 능력과 욕망을 기생과 장수에 빗댔다.

또 물고기 생태에 가탁한 <노니는 물고기>, 즉 <유어(游魚)>에서는 시인이 몸담고 있는 사회를 비유적으로 읊었다.

圉圉紅鱗沒復浮,	어리둥절 붉은 물고기 물에 잠겼다 다시 떠오르는데
人言得意好優遊.	사람들은 저놈이 득의양양 제 마음껏 노닌다고 말하네
細思片隙無閑暇,	가만히 생각하면 저놈 잠깐이라도 한가할 겨를 없다오
漁父方歸鷺更謀.	어부 막 돌아가자 해오라기 다시 노리고 있는 데야

7언절구의 짧은 시이지만 시상이 예사롭지 않다. 사람들은 물고기의 유영을 보고는 득의한 모습으로 착각하기 일쑤이다. 물고기가 방금 물속으로 가라앉았다가 다시 떠오른 것은 정신없이 피신했던 생존의 몸짓이었다. 어리둥절한 게 오히려 당연하다. 관찰자로 나선 시인이 전후 사정을 살펴보니 물고기야말로 잠시도 우아하게 유영할 수가 없다. 애초 어부가 나타나니 물속으로 도망을 갔다가 어부가 돌아가니 다시 위로 떠오른 것일 뿐이며, 해오라기가 다시금 노리고 있으니 한가할 틈이 없다. 여우를 피하자 범을 만난 격이다. 여기서 물고기의 오르내림은 세상살이의 부침을 연상시킨다. 눈앞의 적도 있지만 그 뒤에는 그놈의 헛발질을 기다리고 있는 더 무서운 적이 도사리고 있다. 지배층의 이중 수탈이나 문신들의 이중적 고난을 우의로 삼았다.

이규보는 영물시(詠物詩)를 읊으면서도 인간에 대한 우의를 내장시켜 놓기를 즐겼다. 예컨대 쥐, 고양이, 개, 이, 개미 등은 비유 소재로 동원하기에 적합하다. <쥐의 광란>, 즉 <서광(鼠狂)>은 고양이의 무능함과 쥐의 방자함을 대비하여 읊었는데, 뒷부분을 다음과 같이 마감했다.

猫在汝敢爾,	고양이가 있는데도 너희들 감히 이런 것은
實自猫才緩.	실로 고양이 솜씨가 느리기 때문이라
猫職雖不供,	고양이야 제 맡은 일을 못했다손 치더라도
汝罪亦盈貫.	너희들 죄야 차고도 넘치는도다
猫可鞭而逐,	고양이는 회초리로 쫓아내면 되지만
汝難擒以絆.	너희들 잡아서 묶어두기 어렵구나
鼠乎鼠乎若不悛,	쥐야 쥐야 만약 뉘우치지 않는다면
更索猛猫懲爾慢.	사나운 고양이 물색해 너희 버릇없음을 징치하겠다

5언과 7언을 뒤섞어 짓는 장단구(長短句)의 형식을 취해서 자유분방하게 시상을 전개시키면서 쥐가 방자하게 행동하는 분위기를 연상시켰다. 그런데 쥐의 광란은 고양이의 재주가 별 볼 일 없기 때문이라는 데서 사고의

전환이 일어난다. 쥐의 방자함이 극도에 이르고 고양이가 무능하다면 어떻게 해야 하는가? 날렵한 고양이를 찾아내어 쥐를 잡으면 될 것이다. 그러나 시인은 그 이전에 쥐에게 개전(改悛)의 정을 보이기를 촉구했다. 여기서 쥐는 그냥 쥐가 아님을 짐작하게 한다.

<쥐를 놓아줬다>라는 뜻의 <방서(放鼠)>에서는 쥐에 대해서 더 관대하다. 사람은 하늘이 낸 물건을 훔치고 쥐는 사람이 훔친 것을 훔친다고 전제하면서, 다 같이 먹기 위해 하는 일이니 쥐만 나무랄 수 없다고 했다. 애초 고양이를 기른 것도 쥐를 모조리 잡아죽이기 위해서가 아니라 쥐가 고양이를 무서워해 숨어 다니며 제 분수를 지키기 바란 것이라고 했다. 쥐가 꼬일 수밖에 없는 상황과 그를 제어하는 장치가 필요하다는 점을 지적했지만, 이면적으로는 권한과 견제가 긴장 관계를 유지할 때 정치가 정상적으로 작동한다는 것을 깨우친다.

이어지는 시 <개를 타이르다>라는 뜻의 <유견(諭犬)>은 소재를 바꾸어 관료사회의 마땅한 분수를 따졌다.

我家雖素貧,	우리집이 평소 가난은 해도
食祿許多斛.	나라 녹을 먹어 많은 곡식 있으니
恐爾舐穢物,	네가 똥이라도 핥을까봐
亦許日飡穀.	난 날마다 밥알을 먹였노라
胡奈不知足,	그런데 어쩌자고 만족할 줄 모르고
盜我所藏肉.	내 갈무리한 육고기를 훔쳤는고
戀主雖可尊,	주인 그리워하는 정 높이 살 만하지만
巧偸良不淑.	교묘한 도둑질은 정말로 나쁘다
我有手中杖,	내 수중에 지팡이 있으니
鞭之足令服.	매질하여 징역시킬 만하다만
守門任莫重,	집 지키는 임무 막중하기에
未忍加慘酷.	차마 참혹한 벌은 못 주노라

개가 주인을 그리워한다는 것은 신하와 임금의 관계를 비유하는 연주지사(戀主之詞)의 표현이다. 그 같은 해묵은 은유를 매개로 주인집은 나라에, 개는 관료에 대입시켜 볼 수 있다. 그렇다면 시적 화자는 임금의 시각을 지니고 있는 셈이다. 임금은 관료를 봉록을 통해 먹이고 관료는 임금에게 충성을 맹세한다. 그러한 기본적 관계에도 불구하고 관료는 부패할 수 있다. 봉록 이외의 재물을 탐하는 것은 분수에 맞지 않는 짓이다. 시적 화자는 그것을 도둑질이라고 말하고 매질과 징역의 대상이 되기에 충분하다고 흥분하지만, 한편으로 유예적 사항을 잊지 않았다. 개가 집의 문을 지키듯이 관료는 맡은 직무가 막중하다고 사명감을 일깨운다. 임금이 관료를 키우는 것은 다만 충성 때문만이 아니라 그러한 기능이 있기 때문이다. 관료의 분수는 어떤 한계를 넘지 않는 데에만 있는 것이 아니라 정작 그 같은 임무 완수에 있음을 일깨운다.

이규보는 만년에 백거이(白居易)의 시를 애호했다. 백거이의 작품에 화운시를 남긴 것이 여러 편인데 문답시가 특히 주목된다. <심신문답(心身問答)>은 마음과 몸이 각각 주체가 되어 주고받는 대화를 통해 죽음 이후의 지속성을 문제 삼았다. <화보주인(花報主人)>은 꽃이 주인의 즐겁지 않음을 위로하는 데 대해서 주인이 은퇴 이후의 쓸쓸함을 해학적으로 토로하고 있다. 또 샘이 말라 술을 빚을 수 없다가 샘물이 다시 터져 나옴을 기뻐했다는 일상사를 소재로 삼아 <주인문천(主人問泉)>과 <천답주인(泉答主人)>의 문답시를 연속으로 썼다. 이와 비슷한 형식으로 바람 넣은 공을 소재로 삼아 <우연히 바람 공을 보고는 뜻을 붙인다>는 뜻의 <우견기구인우의(偶見氣毬因寓意)>와 <바람 공이 답하다>, 즉 <기구답(氣毬答)>을 다음과 같이 읊었다.

   氣滿成毬體, 바람이 가득해 공 모양을 이룰 때는
   因人一蹴沖. 사람에 한 번 걷어차여 의기충천 높이 오르더니
   氣收人亦散, 바람 빠지자 사람들 역시 흩어져 버리고

縮作一囊空.	찌그러져 빈 주머니 되었구려

造物亦蹴汝,	조물주도 너를 걷어차서는
飛到九天涯.	하늘 끝까지 날려 보냈지만
如今蹴已罷,	이제는 차이는 일도 이미 끝이 났으니
氣縮是其時.	바람 찌부라진 바로 그때로구나

작가는 "사는 게 지겨워 이런 말을 했다"라고 작품의 창작동기인 양 시 제목에 주석을 붙였다. 작가는 축국(蹴鞠) 경기를 관람하고 나서 '공'[毬]의 관점에서 이 시를 썼던 것 같다. 축구공을 자신의 일생에 빗대어 한창때의 성취와 은퇴 이후의 적막함을 대조하여 절묘하게 비유 체계를 만들었다. 패기와 능력이 있을 때는 누군가에 의해 걷어차이는 것이 오히려 자신을 드러낼 기회가 됐지만, 경기가 끝난 뒤에는 사람들이 거들떠보지도 않으니 차이고 말고 할 것도 없다. 인생이란 별 게 아니고 기운이 모이고 흩어짐에 불과하다는 우의를 붙였다.

이규보는 산문시 성격을 지닌 부(賦) 작품에서 우언적 글쓰기를 더 본격적으로 구사했다. 두려움에 관하여 문답하는 <외부(畏賦)>라는 삭품에서는 독관처사(獨觀處士)와 충묵선생(沖默先生)이라는 가상적 인물을 내세워 복잡한 논변을 전개했다. 독관처사는 제 주변을 꼼꼼히 관찰하며 모든 존재와 상황을 걱정하고 두려워하는 기우(杞憂)의 화신이다. 그는 임금이라도 하늘을 두려워하고, 위계질서를 다지느라 두려워하고, 위계의 차이가 분란을 일으켜 비방과 중상이 난무할까 두려워한다고 본다. 따라서 처사는 '두려움의 길'에서 벗어나 홀로 거처하고 싶어 한다. 이에 비해 충묵선생은 하늘, 제왕, 자객, 호랑이도 두렵지 않다고 말하여 문답이 길어졌다. 처사가 그것들 하나하나가 얼마나 두려운 존재인지 설명하지만, 선생은 일일이 그에 대해 반박한다. 자객 부분만 인용해 본다.

처사는 이르기를,

"옛적 역사(力士) 맹분(孟賁)과 하육(夏育) 같은 무리, 노하여 이리처럼 째려볼 터. 입가에 피를 묻히고 고함을 지르면 바람이 몰아치고 구름이 휘날리겠지. 백주대낮에 사람을 찔러 죽이면 저잣거리에 피가 낭자해. 남은 위엄 다 풀리지 않아 날뛰면서 행패를 부릴 수도 있지. 부릅뜬 눈은 찢어질 듯 별처럼 반짝이고 머리터럭은 곤추서서 가시처럼 뻣뻣하다네. 발로 호랑이 짓밟고 가죽을 벗기며 손으로 곰을 잡아다가 넓적다리를 찢어내지. 항장(項莊)의 칼춤도 하찮게 여기고 인상여(藺相如)가 기둥을 흘겨보는 것도 가소롭게 여길 정도야. 이는 자객의 강포함이니 그대는 이런 것도 두렵지 않은가?"

하니, 선생은 이르기를,

"얼굴에 침을 뱉으면 마르기를 기다리고, 가랑이 사이로 나가라면 수그리고 기어나가지. 마음을 비우고 한 세상 지낼 터. 내가 저를 거스르지 않으면 저들이 뭐 때문에 성을 내리오. 이도 두려울 게 없다오!"

하였다.

처사는 급기야 충묵선생에게 당신이 두려워하는 게 무엇인가 물었다. 이에 선생은 자신의 입을 두려워한다고 답했다. 공자가 주(周)나라를 관광할 때 후직(后稷) 사당 앞에 서있는 금동상이 입 세 군데를 꿰매었고, 등짝에 "옛날에 말을 삼간 사람이다"라는 명문이 씌어있다는 『공자가어』의 고사, "군자는 말을 경솔히 말지어다. 저 담벼락에도 귀가 있느니"라는 『시경·소아』의 시구를 인용하기도 했다. 한마디의 말과 한순간의 침묵이 명예와 수치의 원인이 되므로 입만 삼가면 한 세상을 살아가는 데 무슨 어려움이 있겠느냐고 반문했다. 거기에 비해서 처사는 겉으로는 두렵다고 말하면서도 말주변을 자랑하고 세상을 비평하니, 실은 두려움도 없고 화를 스스로 불러들이므로 가소롭다고 했다. 충격적인 결론을 통해 처사의 깨달음을 촉구했다.

또 슬픈 광경을 꿈꾸었다는 <몽비부(夢悲賦)>는 이 세상에서 남부러울 것 없는 귀공자의 몽유 세계를 비참하게 그려서 부귀와 빈천이 언제든지 뒤바뀔 수 있음을 강조했다. 또 매미를 놓아주고 지었다는 <방선부(放禪

賦)>에서는 주인과 손님, 거미와 매미를 등장시켜 문답을 이어갔다. 욕심 없이 지내다 거미줄에 걸린 매미의 횡액은 제 욕심으로 분주히 다니던 다른 곤충들의 경우와 다르다면서 주인이 살려주었다. 주인이 매미에게 부탁하기를, 깊은 숲을 찾아가서 아름답고 깨끗한 그늘을 가려 살고 자주 옮겨 다니지 말라고 했다. 앞의 작품은 몽유기 우언, 뒤의 작품은 의론체 우언의 양식을 활용하면서 교훈적 의미를 깃들였다. 전자는 무신집권기 문신관료의 지위는 꿈과 생시가 뒤바뀌듯이 일시적임을 일깨운다. 후자는 벼슬살이처럼 욕망이 충돌하는 장소를 되도록 멀리하며 살아야 한다는 작가 스스로의 다짐을 우의로 삼았다.

한편 이규보는 산문의 영역에서도 운어(韻語)를 구사하면서 우언 글쓰기를 시도한 예가 많다. 그것들은 문집에서 잡저(雜著)라는 모호한 영역에 소속시켰지만 문체는 실로 다양하다. 갈래론적으로 보자면 교술이라는 큰 갈래에 속하면서 우언 양식을 취하고 또한 여러 전통적 문체를 활용했다.

송(頌)에서는 진강후(晉康侯) 최충헌의 별장에 희종(熙宗)이 거둥함을 칭송하기 위해 교방가요를 지어 올린 <치어(致語)>가 주목된다. 이 작품은 첫 수에서 하백풍이(河伯風夷)가 청강사자(淸江使者)를 보내고, 둘째 수에서 낙수신인(洛水神人)이 용마(龍馬)를 보내어 임금과 집정자였던 두 사람의 천수무강(天壽無疆)을 비는 내용으로 되어 있다. 하도낙서(河圖洛書)의 신화를 반의모방하여 이원적 통치체제의 왕(王)과 후(侯)에게 편지글과 가요를 바치면서 마치 신비한 도상과 문자인 것처럼 가장하면서 우언으로 꾸몄다.

특히 이 작품은 작가가 희종3년(1207) 40세의 늦은 나이에 직한림원(直翰林院)이라는 말단 문한직에 임명되어 45세까지 머물렀던 시기의 창작된 것으로서 작가의 <청강사자현부전>의 창작과 밀접한 관련성을 지니고 있다. 이때의 작품들은 작가의 처세관을 집약적으로 드러내고 있어 작가론적으로도 중요하다. <지지헌기(止止軒記)>도 이 시기에 지은 것인데 세속에 어울려 살면서도 영달을 추구하지는 않겠다는 취지가 잘 드러나 있다. 명(銘) 문체로는 <지지헌명(止止軒銘)>이 그러한 뜻을 요약하고 있다. 동·정(動

靜)의 어느 한쪽에 치우치면 다른 편으로 나갈 빌미가 되므로 동정이 아예 보이지 않아야 '그칠 데 그친 것'이라 할 수 있다고 했다.

잠(箴)에서는 허리와 이를 잠언의 비유 소재로 삼은 <요잠(腰箴)>과 <슬잠(蝨箴)>을 통해 풍자적 우언을 구사했다. 전자에서는 허리의 처세술을 읊었다. 꼿꼿하면 남의 노여움을 사고, 굽히면 욕됨을 멀리할 수 있다고 엉뚱한 소리를 하면서 사람의 화와 복이 '너', 즉 허리의 굴신(屈伸)에 달렸다고 너스레를 떨었다. 후자에서는 이[蝨]의 간악하면서도 영리한 계책을 묘사했다. 사람 눈에 띄지 않고 손이 닿지 않는 곳에 숨어서는 사람을 물어대면서 제 딴에는 자득의 꾀로 여긴다. 그러나 사람은 견디다 못해 그대로 두지 않는다. 이를 잡기 위해 각가지 방법을 동원하는 광경을 이어서 묘사했다. 마지막 결구에서는 이에게 "네 죽음을 재촉하지 말라"고 부탁조로 말한다. 이 작품들은 4언 시경체의 간결한 운문을 구사하면서, 잠언의 형식을 통해 일상사의 진리를 간결한 형태로 드러냄으로써 선명한 우의를 형성하고 있다.

또 이규보는 특정한 문체에 매이지 않고 최소한의 운어(韻語)를 유지하면서 우언 글쓰기를 시도했다. 소재로는 개, 쥐와 같은 동물로부터 집요한 문학행위, 매사에 심드렁함, 괴상한 행동, 여색, 토령신, 점쟁이까지 다양하게 취했다. 반어와 풍자를 통해 작가 주변의 일상사를 깨달음의 계기로 삼고자 하는 창작 의도를 잘 살렸다는 의의를 지닌다.

<얼룩개에게 명하는 글>, 즉 <명반오문(命斑獒文)>은 주인이 화자로 나서서 자기 개에게 임무를 부여하는 내용이지만 반어적 우의를 구사했다. 주인은 진귀한 모양의 얼룩개를 칭찬하면서 절대 짖거나 물지 말아야 할 대상과 반드시 그래야 할 대상을 구분하여 주었다. 전자는 잘 차리고 방문하는 고관의 행렬, 왕명을 전하는 내시, 예물 들고 찾아오는 제자, 토론하러 몰려드는 서생 등이다. 이를 통해 그들에게 바라는 바를 넌지시 드러냈다. 후자는 도둑, 중상배, 박수와 무당, 귀신과 도깨비 등이다. 모두 물질적으로나 정신적으로 남의 빈틈을 노리고 음험하고 간사한 행위를 하는 무리로 묘사했다. 말하자면 주인이 미워하는 부류의 행동 유형을 암시했다. 주인은

무신집권기에 성장한 문인관료층이지만 내면적으로 정명광대한 정신적 가치를 추구한다는 점을 에둘러 말했다.

<쥐를 저주하는 글>, 즉 <주서문(呪鼠文)>은 장단구로 지었던 <쥐의 광란>을 좀 더 자유로운 운문으로 풀어서 쓴 듯하다. 집안 식구들이 부모를 어른으로 섬기고 각자 맡은 일을 하며 가축들도 또한 제 임무에 충실하다고 전제했다. 그러면서 쥐는 어디서 온 놈이기에 집안에 살면서 주인집에 해악을 끼치는가 반문했다. 쥐의 각가지 말썽은 도둑보다 더 고약하여 광란의 모습으로 묘사했다. 그 대안으로 고양이를 떠올렸지만 차마 그러지를 못하니 험악한 결과에 이르기 전에 죄인처럼 급하게 떠나라고 종용했다. 쥐 또한 어쩔 수 없는 생명 공동체의 일원이라는 유연한 자세를 취하면서도 틈새를 노리는 간사함은 징치하지 않을 수 없다는 단호함을 엿보였다. 통치체제에 기생하는 탐관오리를 암시했다고 할 수 있다.

'시마를 몰아내는 글'이라는 뜻의 <구시마문(驅詩魔文)>은 이규보의 대표적인 우언 작품이다. 한유(韓愈)의 <송궁문(送窮文)>을 본떴음을 작가 스스로 밝히고 있지만 반의모방의 묘미를 잘 살려서 모범적 사례를 남겼다. 한유는 액막이 민속을 소재로 삼고 한(漢) 양웅(揚雄)의 <축빈부(逐貧賦)>를 모방하여 동아시아 지식인의 고궁론(固窮論)을 역설적으로 표현했다. '고궁론'은 사(士)라는 지식인 계층은 본디부터 궁할 수밖에 없다는 처세관을 담고 있는데 『논어』에서부터 연원한 사상이다. 한유는 그 같은 해묵은 주제를 우언 글쓰기에 담아 한문학권의 전범적 작품을 만들어냈다고 평가된다. 그에 비해 이규보는 문학을 그만둘 수 없는 깊은 고민을 토로하고 그 기능을 다각도로 탐색하면서 문학의 문제에 집중했다. 또한 운어를 적절히 구사하면서 시인의 상황을 다섯 가지로 전형화시키되, 그것들을 시마(詩魔)의 죄상으로 묘사하여 반어의 미감을 한껏 끌어올렸다.

그 죄상은 (1) 각박할 정도로 똑똑함, (2) 조화와 거룩함을 염탐함, (3) 천태만상을 망라해 읊조림, (4) 인간만사에 대해 집요하게 비평함, (5) 근심을 초래하고 화평을 방해함 등으로 요약된다. 여기서 마지막 죄상은 특별히 장황하게 부연했다. 한문문명권의 대표적 시인과 자신의 상황을 거론하면서 "시가 시인을 궁하게 만든다"는 시참론(詩讖論)을 증거했다. 이러한 힐난에 대해 시마는 억울하다는 듯이 반박했다. 시마는 주인이 태어날 때 하느님이 보내서 따라다니게 했던 그런 존재이다. 어려서부터 장성한 이후까지 늘 함께했고, 주인의 명성을 드날리게 해준 것도 자신이라는 것이다. 다만 주색(酒色)과 어울려 성벽을 이루어 뒤섞인 혐의는 있지만 엄연히 별도의 일이므로 자신의 공로를 인정해야 한다고 주장했다.

결국 주인은 그를 수긍하고 다시 맞아들였음은 물론이고 이러한 설정은 <송궁문>과 대동소이하다. 이 작품은 이규보의 <삼마시(三魔詩)> 가운데 '시마' 부분을 긍정적으로 확대 부연한 셈이다. 시인의 자부심을 역설적으로 드러내고 시인의 사명을 새삼 성찰하는 계기로 삼았다. 이 작품 이후로 한국 우언문학사에서 <송궁문>의 반의모방적 작품들은 작가들의 실존적 문제를 우의적으로 점검하는 전통을 이룰 만큼 다양한 후속작이 산출됐다.

또 게으름을 풍자한다는 뜻을 가진 <용풍(慵諷)>도 후대에 많은 영향을 끼친 작품이다. 이 작품의 핵심어라 할 '용(慵)'은 단순히 게으름을 의미하는 '나태(懶怠)'가 아니다. 익숙해진 일에 권태감을 느껴 의욕이 나지 않고 시들해진 심리 상태이다. 통념상 마땅히 해야 할 일을 시큰둥해 하거나 귀찮게 여기는 태도를 '게으를 용(慵)'자로 개념화했다. 그것은 무기력증에 빠진 일종의 병이며 게으름은 그로부터 야기되는 여러 증상 가운데 하나일 뿐이다. 작품에서도 그 같은 여러 증세를 '용병(慵病)'이라고 명사화하거나, 혹은 '병용(病慵)'이라고 무기력증에 걸린 상황을 설명하고 있다.

<용풍>은 거사와 손님의 문답 및 서술자의 객관적 진술로 구성되어 있다. 거사는 스스로 자신에게 무기력증이 있다는 것을 의식하고 있다. 거사는 세상사 모든 일과 심지어 신변사까지도 시큰둥해졌다. 그에 대해서 처음에는 게으른 듯이 이야기하다가 점점 촉급하게 말을 하면서 11종의 증세를 열거하기에 이른다. 그러면서 손님에게 병을 고칠 방도를 물었다. 서술자는 거사의 형상을 기형적일 만큼 과장하고, 거사는 자신의 병에 대해 적극적으

로 토로하는 모순을 스스로 드러낸다. 손님은 답할 말이 없어 일단 물러나 왔다. 손님은 매사 심드렁한 거사의 병을 고칠 방도를 찾느라 열흘을 보낸 후 아첨에 가까운 말로 만나기를 청한 끝에 거사를 볼 수 있었다. 손님은 좋은 술과 미녀를 미끼로 거사를 자신의 집으로 초청하니 이번에는 거사의 태도가 허둥댈 만큼 적극적으로 바뀌었다. 그러자 이번에는 손님이 시큰둥해졌다. 손님은 거사가 자기 청을 들어주었으니 말을 바꿀 수는 없겠지만 심드렁병이 자기에게 옮아 온 것 같다고 너스레를 떨었다. 거사가 술과 여자를 미화시켜 합리화하지만 그것은 "본성을 찍어내는 도끼"이고 "창자를 썩게 만드는 약"이라고 비판했다. 거사는 인간의 기호와 욕망이 이처럼 빨리 사람을 바꾸게 한다는 것을 깨닫고, 이 마음을 옮겨 '인의(仁義)의 집'으로 들어가고 시큰둥한 버릇을 없애 힘써 일을 하겠다고 다짐했다.

이 작품은 자기 성찰이라는 측면에서 작가가 평소 문제 삼아왔던 세 가지 장애 가운데 술과 여자를 경계한 것이다. 다만 시마(詩魔)는 소재로 삼지 않으면서 자유로운 산문시의 운율을 통해 의론을 절묘하게 폈다. 또 구조적으로 거사와 손님이 서술자의 묘사와 함께 공방의 논리를 펴나가면서 우의를 심화시켰다. 따라서 작품은 기시의 신변잡기적 상황을 반영하는 데 그치지는 않으며, 오히려 타자의 역할을 담당한 손님의 태도가 서술자와 더불어 비판자의 구실을 하고 있다. 거사와 손님은 모두 작가의 분신이면서 자기 성찰의 가상적 주체로 동원됐다고 본다면 폭넓은 풍자성을 읽을 수 있다.

무신집권기에서 지식인들이 새로운 전망을 찾지 못하고 과거의 회상에 매여 있을 때 할 수 있는 일이란 회피와 은둔의 분위기에 사로잡혀 퇴행적 문학에 빠지거나 기욕에 휘둘리는 것뿐이다. 삼마(三魔)는 그러한 상징물이며 매사에 심드렁하다는 것은 그로부터 생겨나는 심리 상태이다. 젊은 시절 작가 자신을 포함하여 비상한 시대를 살았던 문인관료층의 집단 병리현상이었다고 말할 수 있다. 이규보는 일민(逸民) 7인이 전통을 이어받은 죽림고회(竹林高會)와 친밀하게 교유했지만, 그 결원이 생겨 입회를 권유 받았을 때는 거절했는데 그 과정을 <칠인설(七人說)>이라는 작품에 반영했다.

'마(魔)'는 일상의 특정한 기호와 욕망이 습관화된 것이다. 그런데 마치 본디 타고난 것처럼 굳어져서 성벽(性癖)이 되어버려 주인의 자유로운 사유와 행위를 방해한다. 그것은 마치 숙주와 기생물의 관계처럼 유착되어 곧잘 의인화의 대상이 된다. 이규보는 시 창작 행위까지 포함하여 자신의 일상이 되어버린 그 같은 현상들을 문학으로 풀어내려고 노력했다. 그에게 '시마(詩魔)'로 의인화된 문학행위가 이래저래 중요한 이유이다.

작가가 미쳤다고 하는 사회적 평판을 변명한 <광변(狂辨)>에서는 '미쳤다'는 의미를 새삼스럽게 따졌다. 진짜 미친 사람들은 예전에 정상이었다가 벼슬자리에 나아가기만 하면 아무런 원칙 없이 행동하고 마침내 고삐를 놓치고 궤도를 벗어나 전복하는 데 이르러서야 그친다는 것이다. 이는 겉으로는 멀쩡해도 속으로는 미친 것이어서 겉으로 미친 것처럼 보이는 자기와는 다르다고 했다.

<여색을 깨우침>, 즉 <색유(色喩)>는 자연과 인간에 여러 종류의 색(色)이 있지만 여색(女色)에는 미혹함이 있다고 전제하고, 그것의 위해와 상처가 악독하여 배척할 수밖에 없음을 주장했다. 작가는 추녀의 얼굴을 수천 개 주물로 만들어 요염한 여자들을 땜질하고, 음탕한 여자의 눈알을 파내어 정직한 눈동자로 바꾸고, 철석간장을 만들어 바람난 남자들의 뱃속에 넣어 주고 싶다고 했다. 그러면 유혹 자체가 없어질 것이라고 너스레를 떨었다.

땅의 신령에게 묻는다는 <토령문(土靈問)>은 초사(楚辭)의 하나인 <천문(天問)>의 전통과 당(唐) 유우석(劉禹錫)의 <문대균부(問大鈞賦)>의 발상을 활용했다. 화자는 산천·구릉·천변·습지 등의 다섯 종류의 땅 신령에게 의문을 제기한다. 훌륭한 사람이나 나쁜 사람이나 똑같이 땅에 묻도록 허락하니 이해할 수 없다고 했다. 이에 만물이 땅으로 돌아오는 것은 자연의 이치이지만 사람의 경우만은 다르다고 했다. 훌륭한 사람은 몸만 땅에 묻힐 뿐 정백(精魄)은 하늘로 돌아가거나 인간 세상에 다시 태어나는 데 비해서 나쁜 사람의 정과 백은 꼭꼭 가두어놓는다고 했다. 인간사의 불공평이 해소되지 않고 정의가 실현되기 어려운 현실을 풍자하면서 그 보상심리를

반어적으로 표현했다.

이상한 관상쟁이를 상대한 내용을 쓴 <이상자대(異相者對)>는 겉으로 보이는 사람의 상을 거꾸로 말하는 이상한 관상쟁이와 문답을 나눈 내용을 적은 것이다. 사람들은 그 관상쟁이를 엉터리 사기꾼이라고 하지만 화자는 그가 실로 기특한 관상쟁이라고 평가한다. 그는 사람의 이면과 미래의 상을 보기 때문이다. 잘못된 관행에 매여서 상식과 옛것을 따르기만 하고 변통할 줄 모르는 세태를 꼬집으면서도 관상쟁이의 엉뚱한 언설을 통해 역설적 미학을 드러내고자 했다.

「잡저」 이외에도 「문답」은 우언 글쓰기에서 애용되는 형식이다. 이것은 특정한 문체에서 제공되기도 하고, <송궁문>과 같은 고전작품을 전거로 삼아 모방되기도 했다. 그 가운데 앞에서 잡저의 하나로 살폈던, <천문>에서 연원한 작품군을 다시 고찰할 필요가 있다. 초사(楚辭)의 주요한 작품인 <천문(天問)>은 오직 4언 위주의 의문문으로만 구성되어 있지만, 신화, 형이상학, 역사, 민속 등의 근원적 문제를 다양하고도 방대하게 담고 있다. 더구나 유종원의 <천대>와 유우석의 <문대균부>가 반의모방 수법으로 근원적 의문에 대한 답변을 시도함으로써 후대에 많은 모방작을 탄생시켰다. 이규보는 <토령문> 이외에도 아래의 두 작품에서 문답을 통해 지식인으로서의 문제의식을 따져나갔다.

돌의 물음에 답한다는 뜻의 <답석문(答石問)>은 덩그러니 커다란 돌이 서술자인 '나'에게 지조 없음을 질책하는 말에서부터 시작한다. 만물 가운데 가장 신령한 존재로 태어난 사람으로서 사물에 유혹되고 다른 이의 평판에 흔들리는 것이 너보다 더한 자가 없다고 돌이 시비를 걸었다. 이에 '나'는 웃으면서 돌의 말을 반박했다. 돌이야말로 굳어진 존재이면서도 상황에 따라 여러 용도로 바뀌지만, 자신은 상황에 따라 움직여도 '빈 배'처럼 대상에 얽매이지 않는다고 했다. 서술자는 무정물처럼 굳어진 모습으로 살아갈 수 없는 지식인들이 세상에서 어떻게 처세해야 하는지를 에둘러 말한 셈이다.

'조물주에게 묻는다'는 뜻의 <문조물(問造物)>은 그러한 문제의식을 더욱 발전시킨 문제작이다. 제목 아래 붙인 부제에 의하면 작가는 파리·모기의 부류가 짜증이 나서 이런 발제를 했다고 했지만 심각한 문제의식을 늦추기 위한 글쓰기 전략으로 여겨진다. 창작동기로 보자면 일상에서 늘 겪게 마련인 자질구레한 일 때문에 이런 거창한 제목을 붙였다는 것이 의아스럽다. 실제 <잠자리에 들어 파리를 미워함 두 수>, <또 병중에 파리를 미워함>, <이 잠언> 등에서는 성가시다 못해 미물을 죽이고 싶어하는 심정과 함께 해충을 번식시키는 하늘에 대한 원망을 가감 없이 드러내기도 했다.

그에 비해 <문조물>에서는 "큰 놈으로 곰·범·늑대·승냥이 같은 것, 작은 놈으로 모기·등에·벼룩·이 같은 것들은 사람에게 해로움이 아주 심하다."라고 했다. 문제는 조물주가 이로운 것들을 내어서 사람의 살길을 마련해 주면서도, 왜 이 같은 해로운 것들을 많이 만들어냈느냐에 있다. 이에 대한 나와 조물의 문답은 자못 진지하면서도 때로 비약적이다.

조물은 우선 모든 존재가 자연에서 나는 것이어서 하늘도 조물도 알지 못한다고 했다. 그러니 이로움과 해로움도 존재의 관계에서 두 가지 대립되는 자연의 속성일 뿐이다. 화합과 대결이라고 바꾸어 생각해도 좋다. 오직 '도' 있는 사람만이 그것들을 차별하지 않고 나를 비우고 상대하므로 대상물도 그 사람을 해치지 않는다. 조물은 그러한 총체적 원리를 '도(道)'라고 부르면서 그 특성을 '허(虛)'라고 요약했다.

그렇다면 그렇게 답하는 조물은 누구이며 도를 체득한 자는 또 어떠한 존재인가? 이것이 후반부 문답의 주제이다. 1인칭 화자인 '나'는 도교에서 말하는 창세공간의 문맥에서 '조물'의 정체를 물었다. 그리고 인간 존재인 '나'는 그 창세공간에 참여할 수 있는지 물었다. 조물은 인간이 그곳에 도달할 수 있다고 하면서도 조물의 역할은 부정한다. 그러면서 무위의 공간인 천(天)과 유위의 공간인 삼청(三淸)을 거론했다. 그러한 용어는 도교적으로 보자면 제 몸을 찢어 우주의 시원을 만든 반고(盤古)와, 그 우주를 끊임없이 재생시키는 원시천존(元始天尊)의 신격이 깃든 공간이라 할 수 있는데,

조물은 스스로 자기 존재를 부정하는 모순을 드러냈다.

여기에는 이규보 철학의 기본 성향이 투영됐다고 여겨진다. 이치와 기운의 관계로 사물과 인성을 설명하는 성리학이 중국에서 수입되기도 전에 이규보는 중세후기의 사상적 전환에 필요한 기본 사유를 마련했다고 할 수 있다. 그러기 위해서 초월적 주체가 개입되지 않은 자연론적 관계를 우언 담론으로 창작했다. 그것은 하나의 기운이 스스로 변화하여 음양을 낳고, 음양이 만물로 분화되어 나가면서 화합과 대결의 관계성을 구축해 나간다는 기일원론(氣一元論)의 사유를 닮았다.

설(說)은 일상의 체험을 이야기하고 그로부터 교훈적 의미를 찾아내는 문체이다. 이규보 이전까지는 한국문학사에서 이 문체를 진지하게 실험했던 작가는 거의 없었다. 그는 가공적일 듯한 엉뚱한 상황을 제시하여 독자의 통념을 혼란스럽게 만들고 그 의미를 생각하게 만드는 특이한 글쓰기 전략을 구사했다. 사전 지식이 별로 필요 없는 일상사를 이야기하는 듯하지만 조금은 별난 일이어서 독자로서 다시 생각해봐야 할 논리가 단순치 않다.

'이와 개의 이야기'라는 뜻의 <슬견설(蝨犬說)>은 <문조물>의 사유를 비근한 일에 두엉해서 의미를 따진 작품이니 우선적으로 살펴볼 필요가 있다. 어떤 손님이 나에게 개 잡는 목격담을 말했다. 아울러 그 비참한 광경에 대한 감상과 개·돼지고기를 다시는 먹지 않겠다는 결심도 곁들였다. 나는 그것에 맞장구를 쳐서 이 잡는 목격담을 말했다. 아울러 손님처럼 감상과 결심을 곁들였다. 손님이 무안해서 미물과 큰 동물의 차이를 들어 나의 대응이 자기를 놀리는 것이라 항의했다. 이에 나는 모든 혈기(血氣) 지닌 존재들이 삶을 탐하고 죽음을 싫어하는 마음이 같다고 해명했다. 그러면서 '열 손가락 깨물어 안 아픈 손가락 없다'는 식의 비유를 들었다. 또 이 비유 관계를 다음과 같이 확장해 나갔다. 몸에 붙어있는 지체들은 모두 혈육(血肉)을 지녀서 아픔을 공유하듯이, 각기 기운과 숨을 부여받은 생명들이 누구는 죽음을 좋아하고 누구는 싫어할 수 있겠느냐고 반문했다. 달팽이 뿔을 쇠뿔에 견주고, 메추라기와 붕새를 한가지로 여길 줄 알아야 도(道)를 함께 논하겠다는 말로 결론을 삼았다. 인식적 측면에서는 장횡거(張橫渠, 1020~1077)의 <서명(西銘)>의 핵심 사상인 '민오동포(民吾同胞), 물오여야(物吾與也)'의 논리와 유사하다. 그것을 『장자·제물론』의 어투에 얹어서 박애주의 사상의 우의를 펴나갔다 할 수 있다. 따라서 '도'는 모든 존재 사이의 보편적 관계성에 불과하며 <문조물>에서 이미 언급했던 도와 다르지 않다.

거울을 소재로 한 <경설(鏡說)>은 더욱 다양한 우의가 도출되게끔 열린 구조를 지니고 있다. 거울을 둘러싸고 삼인칭 주인공 거사와 손님이 의견을 주고받는데 거사가 엉뚱한 논리를 펴서 손님의 말문을 막는 것으로 끝이 났다. 손님처럼 할 말을 잃으면 이 작품은 엉뚱하기만 하고 때론 싱겁기까지 하다. 그러한 미완의 결말이 독자의 적극적 개입을 유도하고 있다.

작품을 살펴보면 손님도 상식적인 나름의 논리를 지니고 있었다. 청동거울은 정기적으로 갈고 닦아야 제구실을 하므로 군자의 수양을 상징한다. 그런데 거사는 알고 보니 일부러 거울을 방치하여 검푸른 녹이 개먹게 만들고 거기다 자신을 비추고 있었다. 거사는 거울의 통념적 상징을 거부하고 거울의 반사 기능 자체를 문제 삼았다. 모든 사물이 왜곡되는 세상에서 무엇을 온전하게 반영할 수 있는가? 여기서 거울은 자기 수양의 성찰적 기능에 국한되지 않고 표현과 평가라는 비평적 기능을 다양하게 상징하게 된다. 그로부터 거울을 대하는 여러 인물 유형이 그들의 대화 속에서 언급된다. 첫째는 고운 사람이다. 그는 매일 아침 거울을 들여다보며 얼굴을 매만진다. 거울의 가장 일반적인 기능을 사용한다. 둘째는 군자이다. 그는 얼굴 비추는 것보다 거울 닦는 일을 게을리하지 않는다. 손님 같은 부류의 사람이다. 거울은 수양의 상징이다. 셋째는 추한 사람이다. 거울을 들여다보다가 화를 내고 부숴버리기까지 한다. 거울은 비평의 상징이다. 넷째는 때를 기다리는 사람이다. 거울이 지니는 기능을 유보한 채 곱고 추한 것을 실상대로 비출 수 있는 날을 기다린다. 거사 같은 사람이다. 거울은 시대를 표현하는 상징성을 지닌다.

거사에게 거울은 문학행위의 상징이다. 현재 거사는 세상에서 제대로 쓰이지 못했거나 스스로 쓰임을 거부한 사람이다. 그럼에도 불구하고 아침저녁으로 녹슨 거울을 들여다보면서 몸치장을 게을리하지 않는 것은 세상의 쓰임에 아랑곳하지 않고 문학적 표현을 매만지는 것과 같다. 그러나 여기서 한 발자국 더 나갈 수 있다. 거울은 거사의 소유물이지만 거사만 비추는 데 그치지 않고 남도 비춘다. 또한 거울은 대상을 있는 그대로 비추기도 하지만, 왜곡하거나 비추지 못할 수도 있다. 손님은 거울의 첫째, 둘째 기능을 말했다면, 거사는 셋째, 넷째 기능을 언급했다. 그렇다면 손님이 믿는 문학론은 사실에 입각한 문학, 더 나아가 감춰져 있는 사실을 풍자하고 평가하는 문학적 기능을 주장하는 데까지 확장될 수 있다. 그에 비해 거사의 문학론은 돌려 말하는 문학, 사실의 이면을 재조립하기 위한 가상과 우의의 문학을 암시하고 있다. 작가 이규보가 문학행위에 어느 한쪽을 고집했다고 보기는 어렵지만, 적어도 그러한 대립적 문학관을 문제적으로 접근할 수 있는 우언 글쓰기를 개척하고자 했다는 점은 분명하다.

이규보의 우언시는 안병렬, 「우언시의 특성과 선개 양상」, 『동방한문학』 42(동방한문학회, 2010) 20~21면 참조. 이규보 문학의 형식과 수사적 특질은 권두환, 「이규보의 문장」, 『이규보 연구』(새문사, 1986); 송준호, 「이규보의 문장과 수사적 특질」, 같은 책 참조. <용풍(慵諷)>은 정홍교, 『조선문학사 2.』 283~284면에서 <게으름병을 조롱한다>라는 제목으로 풀면서 풍자적 면모를 자세히 언급했다. <축시마문>, <문조물>, <슬견설>, <경설>의 해석은 윤주필 주편, 『한국 우언산문 선집 1.』(박이정, 2008) 69~96면; 이[蝨]와 개[犬]의 비유소(比喩素) 문제는 윤주필, 「한국 우언산문에 나타난 자연물 모방의 경향과 특징」, 『한국고전연구』 18(한국고전연구학회, 2008) 15~26면 참조.

5.1.4. 무신집권기 문신들의 다양한 우언 글쓰기

고영중(高瑩中, 1133~1208)은 신종(神宗) 3년(1200)에 예빈경(禮賓卿)으로서 국자감에서 베푸는 과거시험의 시관이 되어 진화(陳澕), 노원규(盧元規) 등 100여 명을 선발했다. 이규보는 신종1년(1198) 중서성(中書省)의 정4품관 관리들에게 <정내성제랑(呈內省諸郎)>을 지어 바치며 고영중에 대한 찬양시를 포함시킨 적도 있다. 그는 관직에서 은퇴한 후에 최당(崔讜)이 이끌었던 해동기로회(海東耆老會)의 일원으로 이름을 떨쳤다. 이인로는 <쌍명재시집서(雙明齋詩集序)>에서 자신이 그 모임의 말석에 참여하여 영예로웠다고 증언했다. 고영중은 무신집권기 신진관료를 이끌고 지식인의 사적 모임을 결성함으로써 중망을 얻었던 인물이다. 작품으로는 '나라는 지극히 공변된 그릇'이라는 뜻의 <국자지공지기(國者至公之器)>라는 5언 배율시가 유명하다. 의종 18년(1164) 문과급제 때 제출했던 것인데『동문선』에 수록되어 오늘날까지 전한다.

國者之爲器,	나라라는 것이 큰 그릇이 되는 것은
由來號至公.	지극히 공정하기 때문이라네
大含群俗類,	크기는 모든 생령들을 담고 있지만
用係一人躬.	쓰임은 한 사람에게 달려 있다네
皥皥民居內,	평화스럽게 백성들 그 안에 살고
平平道在中.	평평하게 도가 그 안에 있나니
持盈曾有戒,	물 가득 찬 그릇 잡은 듯하라는 계명
傳世永無窮.	영원무궁토록 세상에 전해오네
只貴陶鈞妙,	질그릇 물레질의 묘한 이치가 귀할 뿐
寧云鑄冶功.	어찌 주물하는 대장장이의 공력을 말하랴
一傾難復正,	한번 기울어지면 다시 바로잡기 어려우니
願上愼初終.	원컨대 상께서 처음과 끝을 삼가옵소서

천하, 국가, 제왕의 지위 등은 흔히 '대기(大器)'에 비유한다. 한(漢) 유향

(劉向)의 『설원(說苑)』 「지공(至公)」 편에서는 군주가 천하를 공기(公器)로 보는 대표적 사례로서 요(堯)임금이 신하 순(舜)에게 나라를 넘겨준 것을 언급했다. 이러한 전고에 기대어 고영중은 나라를 '지극히 공정한 그릇'이라는 개념으로 비유하면서 시상을 전개시켜 나갔다. 모든 생령을 담는 그릇이면서도 어느 한 편으로 기울어지면 물이 엎어지는 것처럼 되돌리기 어렵다는 비유를 구사했다. 나라가 임금의 사유물은 아니지만 통치자의 구실이 매우 중요하다는 점도 강조했다. 야장질하는 것처럼 우악스럽게 할 것이 아니라 물레에서 질그릇을 빚듯이 미묘하게 다루어야 할 대상임을 말했다. 그런 점에서는 무력보다는 문치주의를 앞세웠다 할 수 있다.

진화(陳澕, 1180경~1230년대 추정)는 무릉도원을 노래한 <도원가(桃源歌)>에서 무신란 이후의 농촌상을 다음과 같이 그렸다. 우선 앞부분은 진시황이 동해의 삼신산에 남녀 어린이 수천 명을 보냈다는 고사를 활용하고 도화원의 정경을 그렸다. 고려가 신선의 땅임을 상징하기 위한 도입부라 할 수 있다. 그다음부터는 전고에 근거한 묘사로부터 고려 현실로 전환하는 시상을 다음과 같이 전개시켰다.

漁人一見卽回棹,	어부가 한 번 보고 곧 노를 되돌리니
煙波萬古空蒼然.	안개 물결에 만고의 자취 아득해지네
君不見江南村,	그대는 보지 못했나 저 강남 마을은
竹作戶花作藩.	대나무로 지게문하고 꽃으로 울타리 삼았네
淸流涓涓寒月漫,	맑은 시내 졸졸 흘러 시린 달이 잠기우고
碧樹寂寂幽禽喧.	푸른 나무 고요한 곳에 깃든 새 울어대네
所恨居民産業日零落,	한스럽기는 백성 살림 날로 줄어드는데
縣吏索米將敲門.	고을의 구실아치 세미 걷으러 문을 두드리네
但無外事來相逼,	오로지 밖에서 찾아와 핍박하는 일만 없다면
山村處處皆桃源.	산마을 곳곳 모두가 무릉도원이리라
此詩有味君莫棄,	이 시에 뜻이 있으면 그대 버리지 말고
寫入郡譜傳兒孫.	고을 문서에 적어 두었다가 자손에게 전하소

어부가 복사꽃 흘러내리는 시내를 거슬러 동천을 발견하고 들어갔다는 도화원(桃花源)은 그 어부가 되돌아오면서 다시는 찾을 수 없는 전설이 되어버렸다. 이인로는 청학동을 찾아가 도화원이 실제로는 피난처의 하나임을 확인한 바 있다. 그 같은 이상향은 그림으로나 전해질 뿐이다. 그러나 현실에서 고려 땅의 강남촌은 그 자체로 도화원이 될 만하다. 다만 고을에서 세미를 독촉하는 일만 없다면 그럴 수 있다는 안타까움을 나타냈다. 굳이 외부의 간섭을 받지 않고 저대로 살 수 있는 곳이면 어떤 산마을도 무릉도원이라고 시인은 생각하고 있다. 행정체계가 잘못되면 백성에게 도움이 되기는커녕 자연스러운 삶을 해치기만 한다는 점을 통치자는 기억해야 한다. 무릉도원이 따로 있는 것이 아니라 관리들을 피해서 살 수 있는 곳이 바로 그곳이라는 뼈아픈 충고를 하고 있다.

김인경(金仁鏡, ?~1235)은 고종조에서 문무를 겸하고 행정에도 뛰어나 다재다능한 것으로 인정을 받았다. 강화 천도 이후에는 개성을 지키는 병마사(兵馬使)가 되고 중서성의 평장사에 이르렀다. 특히 시어가 맑고 참신하며 당시 유행하던 시부(詩賦)를 잘 지어 <한림별곡>에서 '양경시부(良鏡詩賦)'라고 일컬어졌을 정도이다. 그의 초명이 '양경'이어서 그렇게 칭송했다. 그는 '돌이란 굳건함을 빼앗을 수 없는 존재'라는 뜻으로 오언배율 <석불가탈견(石不可奪堅)>에서 다음과 같이 읊었다.

二儀初判後,	음양이 처음 갈라진 뒤에
物種萬紛然.	천지 물건 만 가지로 분분히 나뉘는데
有石中含質,	돌이 생겨나 속에 질박함을 머금었으니
無人外奪堅.	밖에서 그 굳건함을 빼앗을 사람이 없네
勢堪從擊破,	힘으로 때려 부술 수는 있어도
性莫失生全.	본성은 타고난 대로 잃지 않는다네
素受形資地,	애초 받은 모양은 땅에서 만들어졌지만
難移守自天.	변하기 어려운 절개는 하늘에서 받았네
鐵慙融作器,	쇠는 녹여져 그릇이 되니 부끄럽고

銅恥鑄成錢,	구리는 틀에 부어져 돈을 만드니 창피하네
比若賢良士,	비유하자면 현량한 선비와 같은지라
操心固莫遷.	마음을 잡으면 진실로 누구도 못 옮기리

　유학은 문인관료의 모집단 사(士)의 학문이다. 그들은 학문과 윤리를 일치시키며 지향 가치의 절대적 순종을 강조한다. 그러한 열정이 이념으로 승화되어 위기 속에서도 가치관을 바꾸지 않는 처세 담론이 원시유학에서부터 발전했다. 공자는 백이·숙제의 예를 들면서 "자신들의 뜻을 굽히지 않았고 자신들의 몸을 욕보이지 않았다"고 했다. 또 공자는 한 개인의 결단을 중시하면서 "삼군에서 장수는 빼앗을 수 있지만 필부에게서 뜻을 빼앗을 수 없다"고 했다. 맹자는 대장부(大丈夫)의 기준을 언급하며 "(그를) 부귀도 흐트러뜨릴 수 없고, 빈천도 변하게 할 수 없으며, 위압과 무력도 굴복시킬 수 없다"고 했다. 그만큼 한 사람의 유가적 지향을 집단의 힘보다 더 큰 가치를 지닌 것으로 인식했다고 할 수 있다.

　고려 무신집권기에서 문인관료는 왕과 무신집정자의 이원적 권력체계로 인하여 유가적 이념을 온전하게 실천하기는 어려웠을 것이다. 그러나 원리적 측면에서 자기 계층의 정체성을 바로잡는 작업이 필요했으리라 여겨진다. 그것이 문장에 능하고 행정실무에 능한 '능문능리(能文能吏)'의 기능적 관료를 넘어서서 어떠한 가치를 추구하는 것인지 말할 필요가 있었을 것이다. 여기서 김인경은 "돌을 깨뜨릴 수는 있어도 굳음을 빼앗을 수는 없으며, 단사는 갈아낼 수는 있어도 붉은색을 빼앗을 수는 없다"라는 『여씨춘추(呂氏春秋)』의 전고를 활용해서 문인관료의 기본속성을 그려냈다. 어떠한 상황에서도 인륜의 본바탕을 잃지 않는 유학적 지식인을 돌의 굳건함에 비유했던 것이다. 무신집권기의 신진사류에게 이러한 비유적 표현이 필요했던 것은 그만큼 정체성 확인이 절실했다는 반증이다. 이러한 문학적 탐색은 14세기 고려말 사대부 계층의 성리학 수입과 권문세족에 맞선 이념적 투쟁으로 계승됐다고 할 수 있다.

최자(崔滋, 1288~1260)는 고려 전기 명문가였던 해주최씨(海州崔氏)의 일원이며 문헌공 최충(崔沖)의 6대손이다. 이규보의 인정을 받아 문한(文翰)을 담당할 후계자로 추천됐다. 『보한집』에서는 곳곳에서 무신집권기의 문인들의 동향에 대해 큰 관심을 기울였고, 문신들의 역할에 대해서도 큰 자부심을 가졌다. 그는 4대째 내려오던 최씨정권이 무너질 때 수상을 역임하며 국가적 난국을 타개하기 위해 노력했다. '남쪽 뚝방의 버드나무'를 읊은 화운시 <남제류최교감운(南堤柳崔校勘韻)>라는 작품에서는 나무의 역할에 대해 다음과 같이 비유적으로 읊었다.

南堤一株柳,	남쪽 뚝방에 한 그루 버드나무
濯濯秀風標.	빼어난 그 풍치가 훤칠하도다
毒虺藏空腹,	살무사가 텅 빈 뱃속에 또아리를 틀고
嬌鶯弄細腰.	꾀꼬리는 가는 허리에서 아양을 떠네
歲寒無勁節,	추위 속 겨울에는 굳센 절개도 없이
春暖有長條.	따스한 봄날에 긴 가지 늘어뜨리네
但問材何用,	한갓 묻노니 그 재목 어디에 쓸까
休論百尺喬.	백척 교목일랑 말하지 말지어다

봄철이 되면 버드나무가 한껏 생명력을 뽐낸다. 물가 뚝방에서 그 가지를 늘어뜨린 모습은 사람들의 시선을 끌 만하다. 꾀꼬리도 유혹할 만하다. 그러나 그 속은 텅 비어 독사에게 내주고 그 성질은 겨울을 이겨내는 굳센 결기도 없다. 오직 스스로의 화려함에 도취되어 있다. 훤칠한 풍채가 오히려 안타깝다. 마지막 연에서 시인은 한탄조로 한 마디 내뱉는다. 백척 교목은 버드나무와는 애초 인연이 없는 것인가? 여기서 버드나무는 단순한 버드나무가 아님은 물론이다. 봄철 한때를 자랑하지만 재질이 연하여 버들고리나 세공재에 사용될 뿐이다. 어찌 보면 그 같은 버드나무의 운명은 무신집권기의 이원적 집정체제에 기생하는 문인관료의 아픈 자화상일 수도 있다. 그에 비해 사시사철 묵묵히 제 자리를 지키는 굳센 교목은 나라를 떠받

칠 동량의 재질을 가진 나무이다. 무신집권 시대에 그런 재목을 어디서 구할 것인가? 문인관료층에서 교목 같은 큰 신하를 구해야 하지 않을까 하는 마음이 시인의 궁극적 우의였을 터이다.

최자는 고려가 몽고군에 맞서기 위해 강화도로 천도했을 때 <삼도부(三都賦)>를 지었다. 무신집권기 문신관료의 속성에서 벗어나기 어려운 상황임에도 불구하고 그는 절체절명의 국가적 위기 속에서 우언 글쓰기를 통해 그 원인과 해법을 모색하고자 했다. 전체적 내용은 서도변생(西都辨生), 북경담수(北京談叟), 정의대부(正議大夫)라는 가상적 인물을 통해 평양과 송도와 강화도의 내력과 장점을 상호 논변하는 것이다. 그것은 다음과 같은 단락 구성을 통해 전개되어 있다. 내용 분량이 상당하지만 우언문학사에서 획기적인 의의가 있으므로 적어도 단락을 따라가면서 그 의미를 고찰할 필요가 있다.

①	
西都辨生與北京談叟	서도에서 말 잘하는 청년과 북경에서 이야기꾼 노인이
來遊江都	강도에 놀러 와서는
遇一正議大夫	옳게 의론하는 한 대부를 만났겠다
大夫曰	대부가 이르기를
蒙聞二國之名	제가 두 나라의 이름은 들었지만
未覩其制	그 제도를 직접 보지 못했더니
幸今邂逅二客	다행히 지금 두 손님을 해후하니
請攄懷舊之情	청컨대 옛것을 그리워하는 정을 생각하시어
弘我以兩京	두 서울을 나에게 알려주시오

우선 첫 번째 단락은 말 꽤나 하는 인물로 '변생'과 '담수'가 강화도로 놀러와 점잖은 인물 '대부'와 만난다는 가공적 설정을 했다. 대부가 먼저 두 사람의 출신지인 서도와 북도를 '나라'라고 지칭하면서, 옛 고구려와 강화 천도 이전의 고려를 상징하게 했다. 그것은 고구려와 당대까지의 고려

역사를 반성하자는 우의를 포함하고 있다.

②(1-1)
辨生曰唯唯　　　변생이 이르되 그리하오리다
西都之創先也　　서도를 처음 만들 때에
帝號東明　　　　동명이란 임금께서
降自九玄　　　　아득한 하늘로부터 내려오사
乃眷下土　　　　하토를 권념하사
此維宅焉　　　　여기에 자리하셨네
……

②(1-2)
大夫曰　　　　　대부가 이르되
神怪茫誕　　　　신괴하고 망연 허탄하니
何以誇爲　　　　어찌하여 자랑을 할꼬

②(2-1)
生曰　　　　　　변생이 이르되
壯麗之觀　　　　장려한 경관으로는
則有龍堰闕九梯宮　용언궐과 구제궁이 있지요
……

②(2-2)
大夫曰　　　　　대부가 이르되
奇觀絶景　　　　기이한 경관과 절묘한 경치는
喪人心目　　　　사람의 맘과 눈을 호리는 것

②(3-1)
生曰　　　　　　변생이 이르기를
水而漁則長網一擧　물에서 긴 그물 한번 들면
奇獲多矣　　　　별별 고기들이 많이도 잡히지요
……

(중간 원문탈락. ②(3-2)도 탈락.)

두 번째 단락에서는 변론 잘하는 변생이 평양의 몇 가지 특징을 말하고, 대부가 그에 대해 일일이 비판했다. 그 하나는 고구려 건국주 동명성왕(東明聖王)에 대해 언급했다. 이는 동명왕을 주몽과 동일시하고 또다시 해모수 신화와 연결시키는 내용이다. 이에 대해 정의대부는 신화의 황탄함이 자랑거리가 될 수 없음을 지적했다. 유가적 합리성에 근거하여 비판했다. 또 변생이 평양의 건축과 경물에 대해 자랑하자 대부는 완물상지(玩物喪志)의 뜻으로 비판했다. 이에 변생은 세 번째로 평양의 물산을 들어 자랑했다. 이에 대해서도 대부는 비판했던 것으로 추측되는데 원문이 현재 일실되어 있다. 이후로 변생이 다른 어떤 것을 더 말했는지는 알 수 없으나 다음 단락에서 담수의 언급을 참고한다면 그럴 가능성도 충분하다.

③(1-1)
作千載若符	천년 뒤에 일어나도 신표가 맞는 듯했네
先有崔孤雲者嘗曰	앞서 최고운이라 사람은 일찍이 말하기를
聖人之氣	성인의 기운이
醞釀山陽	산 남쪽에 자라나니
鵠嶺松靑	곡령에는 솔나무 푸르고
鷄林葉黃	계림에는 나뭇잎 누렇도다
紫雲未起	제왕의 구름 일어나기 전에
預識興亡	흥망을 예언하는 도참이었네
鐵原寶鏡	철원의 보배 거울도
墮自上蒼	하늘에서 떨어져서
先雞後鴨	계림이 먼저 압록이 나중
斯言孔彰	이 말이 너무도 분명했지
及乎統合三土	삼한땅 통합할 때에
卜開明堂	명당터를 점쳐 여셨네

……

③(1-2)
大夫曰	대부가 이르기를

祖聖龍興	태조가 거룩하사 임금으로 일어나심은
應天順人	천명에 순응하고 인심을 따른 것이지
非以地理圖讖之荒唐	황당한 풍수지리와 도참 때문이 아니로다

③(2-1)

叟曰	담수가 이르기를
中原大寧	중원(충주)땅과 대녕(해주)땅
鐵焉是産	철이 이곳에서 산출되니
鑌鉛鑒鐥	빈철, 납, 강철
錏鑢鍒鋅	부드러운 쇠붙이들
惟山之髓	산의 골수인지라
匪石之鑽	돌을 뚫지 않아도
勵掘根株	나무뿌리 찍고 가지를 자르듯
浩無畔岸	무진장으로 맞은편이 안 보이네
……	
雞林永嘉	계림(경주)·영가(안동)엔
桑柘莫莫	뽕나무가 우거졌네
春而浴蠶	봄날 누에 칠 제
一戶萬箔	집마다 만 개 누에발이라
……	

③(2-2)

大夫曰	대부 이르기를
尺璧非寶	한 자짜리 벽옥도 보물이 아니라 하거늘
矧伊金帛	하물며 이러한 쇠붙이와 비단감이랴

③(3-1)

叟曰	담수가 이르되
詞人墨客	이 나라의 시인 묵객들
比肩林林	어깨를 나란히 그 얼마인가
……	
武夫猛士	이 나라의 무부와 맹사들
則衣短後纓縵胡	뒷자락 짧은 옷에 만호 갓끈 잡아매고

佩蛇劒握龍刀	사악함 물리치는 칼 차고 보검을 쥐었네
……	
杖手一弄	막대기 손에서 한번 놀려
飛毬百繞	공을 쳐서 날리면 수백 번을 도네
是所謂國之寶歟	이것이 이른바 나라의 보배 아닌가

③(3-2)

大夫曰非也	대부가 이르기를 아니로다
彫蟲亂力	아로새기는 글솜씨와 어지롭게 힘쓰는 일
君子不取	군자가 취하지 않은 법
況弄毬之巧	더구나 격구하며 노는 재주쯤이야

③(4-1)

叟曰	담수가 이르되
設官分職	관직을 베풀어 임무를 맡기니
內千外萬	내직이 천이요 외직이 만 개라
激濁揚淸	탁하면 쳐내고 맑으면 들어올려
擧無懟溷	인재등용에 원망과 혼란이 없네
……	
急徵征稅	급히 세금 거두러 나가서
若督戶斂	집집하다 추렴하듯 독촉하네
漕轉陸輸	조운선으로 육로로 옮겨오니
火疾電閃	불길처럼 빠르고 번개처럼 순식간이라
用儲峙乎國廩	이처럼 나라 창고에 쟁겨 쌓으면
則其勤公利國之功	공무 부지런하고 나라 이롭게 하는 공로
言所不盡	말로 다할 수 없으리라

③(4-2)

大夫曰	대부가 이르되
詐淸苛慘民之蠹	거짓 청렴에 혹독한 정치는 백성을 좀먹는 일
爲害也甚	해로움이 너무도 심하도다

③(5-1)

叟曰	담수가 이르되

公卿列第	공경들의 즐비한 저택
聯亘十里	십 리에 뻗쳐있고
豐樓傑閣	풍요롭고 엄청난 누각들은
鳳舞螭起	봉황이 춤추고 교룡이 나는 듯
……	
衣輕服緻	가볍고도 촘촘한 옷가지들
爭相耀侈	빛나고 사치로움 서로 다투니
雖雍洛靡麗之盛	비록 낙양성 극성한 화려함도
莫我敢齒	우리에게는 견주지 못하리라

③(5-2)

| 大夫曰噫 | 대부 이르기를 아아 |
| 舊都之流離盖以此 | 우리 옛 서울의 몰락이 아마도 이 때문이리라 |

　세 번째 단락은 늙은 이야기꾼 담수가 개경의 특징을 다음의 다섯 가지로 나누어 과시를 하고 있고, 이에 대해 대부가 일일이 비판하고 있다. (1) 개경이 풍수지리와 도참설에 의해 건국됐음을 말했지만, 고려 태조는 천명과 인심에 의해 왕에 올랐다고 반박했다. 고려의 중세적 건국신화를 철저히 부정하고 유가적 통치 근거를 강조한 셈이다. (2) 철과 비단의 산지를 들어 고려 산물의 풍부함을 말했지만, 진정한 나라의 보물은 따로 있다고 했다. 여기서 '철'의 주요산지로 거론한 중원(中原), 즉 오늘날 충주 지방은 고종 18년(1231) 몽고의 제1차 침략 때 대몽항쟁의 중요 거점이었다. 고종 40년(1253) 몽고의 5차 침략을 물리쳤던 이곳은 국원경(國原京)으로 승격되기도 했다. 특히 담수는 그러한 산물지를 확보한 것을 두고 '하늘이 준 창고'[天府]로 비유했지만, 대부는 그를 부정하면서 촌음을 아끼는 것이 진정한 보물이라는 암시를 했다. (3) 문인과 무인들이 풍성하여 나라의 보배가 된다는 언급에 대해서는 수식하는 글솜씨와 혼란을 부추기는 무력을 부정했다. 특히 무신들이 격구놀이는 하찮은 재주에 불과하다고 비판했다. 무신집정의 문객으로 전락한 문신의 무자각성과 전란의 위기 속에서도 제구실을

하지 못하는 무신의 무능을 풍자하는 뜻이 들어있다. (4) 내외 관직이 번성하고 선발이 공정하며 치리가 엄격함을 과시하는 데 대하여 거짓된 청렴이며 참혹한 행정이라 심하게 비판했다. 관리들의 능력이라고 담수가 묘사한 내용은 결국 나라의 창고나 채우자는 수작이며 그것으로 공로를 삼는 작태임을 드러내는 반어이다. 그같이 헛된 과시와 자랑에 대해 대부는 '백성 좀 먹는 것'이라는 표현을 쓰면서 혹평했다. (5) 가옥과 복식 풍속의 화려함에 대해서는 개성을 버리고 강화로 들어온 것이 그 때문이라고 한탄했다. 결국 담수는 이야기꾼의 장점보다는 과거의 영화에 매달리는 구세대의 퇴영적 모습을 상징하고 있는 셈이다.

4

於是西北二客	이에 서쪽과 북쪽의 두 손님은
奮髥作色	수염을 떨치면서 얼굴을 붉혔네
且怒且悶曰	노하기도 하고 부끄럽기도 해서 이르기를
走等終日言	저희들이 종일토록 말을 해도
而大夫皆折之	대부께서 모두 꺾어버리시니
願聞江都之說	강도의 이야기를 듣고자 하나이다

　세 번째 단락까지 변생과 담수의 언설이 대부에 의해 낱낱이 부정되자 다음 단락부터는 담론의 주도권이 대부에게 넘어갔다. 거의 다 대부의 장광설로 채워져 있다.

5 (1-1)

大夫曰	대부가 말하되
二客豈亦曾聞江都之事乎	두 분이 강도 사정 들어본 적이 있으리
略擧一緖	그 실마리를 대강 들어
揚搉而議	길고 짧은 것을 대보리라
夫東海之大	저 커다란 동쪽 바다는

凡九江八河	무릇 여덟아홉의 강하를
吞若一芥	겨자씨 하나처럼 삼키듯 하고
蕩雲沃日	파도로 구름 일으키고 해를 적시네
洶湧澎湃	물결이 일렁이고 부딪히는데
中有花山	그 가운데 화산이 있네
梟鴈不能盡飛	기러기도 끝까지 날 수 없고
犲虎不能窺闖	승냥이 범도 엿보아 들어설 수가 없네
一夫呵噤(sic禁)	한 사내가 꾸짖고 막아내면
萬家高枕	모든 집안이 편안히 잠을 자네
是金湯萬世帝王之都也	이것이 금성탕지 만세제왕의 도읍일세
⑤(1-2)	
二客曰	두 손이 말하되
固國不以山河	나라 굳셈이 산하로써 되지 않으니
在德不在險	덕에 있음이요 험함에 있지 않도다
⑤(2-1)	
大夫曰	대부가 말하되
城市卽浦	성시가 곧 포구요
門外維舟	문밖이 바로 배라
……	
菽粟陳陳而相腐	온갖 곡식이 묵어서 썩을 지경
孰與大漢之富饒	부요했던 한나라와 견준들 어떠한고
⑤(2-2)	
二客曰	두 손님이 말하되
至富非蓄積	지극한 부요는 축적에 있지 않으니
宜鑑鉅橋	주(紂)임금 창고였던 거교를 거울삼으리라
⑤(3-1)	
大夫曰	대부 이르기를
佛法流於海東尙矣	불법이 해동에 유행한 지 오래지만
至於今日尤爲信篤	오늘날에 이르러 더욱 독신하게 됐네

……	
念佛唱神之音激切	염불하며 신 부르는 노랫소리 높아서
而山岳盡動	산악이 모두 흔들리고
燃頭燒指之煙紛布	머리칼 태우고 손가락 살라 향 연기 퍼지니
而日月無光	해와 달이 빛을 잃는다
精勤苦倒如此其極	정성과 고행이 이처럼 지극하니
報應攝護必不可量	보응과 가호 이루 헤아리기 어려우리
⑤(3-2)	
二客曰	두 손님이 이르기를
古今奉浮圖莫若梁	고금에 부처를 받든 것이 양나라가 으뜸이거늘
何促危亡	어찌하여 위태로이 망하기를 재촉할까

　다섯 번째 단락의 담론 주도자는 단연코 정의대부이다. 그의 이름은 '올바른 의론을 제시하는 문신관료'를 유형화한 인물임을 알 수 있게 한다. 그는 강화 도읍에 대해 세 가지로 말하고 두 손님은 반론을 제기했다. (1) 강화도가 중국 대륙에서 동쪽 바다에 위치한 섬이어서 천연의 요새가 된다는 점을 강조했다. 두 객은 유가의 안보 논리인 치자의 덕이 중요하므로 험지가 유리하다는 점에 동의하지 않았다. (2) 수로의 유용함과 물산의 풍부함을 말했다. 심지어는 그 부요함이 한나라 문·경제(文景帝) 치세에 못지않다는 식으로 과시했다. 이에 대해 두 손님은 주무왕(周武王)이 주(紂) 은왕의 창고 거교(鉅橋)를 백성에게 모조리 흩어버렸던 역사적 사실을 귀감으로 삼으라고 주문했다. (3) 강화 천도 이후에 불교가 크게 성행했음을 말했다. 선·교종의 각종 사찰과 암자, 불경 판각과 필사, 그에 종사하는 인물과 풍속 등이 과연 야단스럽다고 할 정도로 크게 부흥했음을 핍진하게 묘사했다. 이에 대해 두 손님은 양나라의 예를 들면서 불교의 성행이 나라의 위기를 구하지 못함을 지적했다. 정의대부의 주장이 일방적으로 수용될 수도 없으며, 강화 천도가 무조건적으로 정당화되지도 않음을 우의로 나타냈다.

⑥(1-1)
大夫曰　　　　　　　대부 이르기를
方今主上　　　　　　바야흐로 지금 주상께서는
躬儉而厚下　　　　　몸소 검약하시고 아랫사람에게 후히 하시죠
⑥(1-2)
二客卽愕然失容　　　두 손님이 화들짝 놀란 표정으로
避席而跪曰　　　　　자리에서 비켜나와 무릎을 꿇고 이르기를
大夫毋多言　　　　　대부는 많은 말을 하지 마소
只此一言　　　　　　단지 이 한 마디면
足以知大平極理之美　태평의 지극한 도리가 아름다움을 알 만하오
凡政理淸平皆由儉始　무릇 정치의 청렴 공평함은 다 검약에서 시작되나니
儉則習俗歸厚　　　　검약하면 습속이 후하게 귀결되지요
胡皇天不佑　　　　　어찌 하늘께서 돕지 않으며
胡基祚不長久哉　　　어찌 나라 운세가 장구하지 않으리
向者走等啁嘍(口卉口卉)　아까 저희들이 지껄여댄 것은
祗自彰國累耳　　　　다만 나라에 누만 끼쳤을 뿐이외다

　여섯 번째 단락은 이제까지의 논란 방식에서 반전을 꾀했다. 대부가 현재 임금의 통치 태도를 언급하자 두 손님은 곧바로 그에 동의했다. 그 임금은 재위 기간 내내 몽골의 침입을 받으면서도 최씨정권의 영향력 아래에서 실권을 가지지 못했던 고종을 가리킨다. 이들 가상 인물들이 보여준 거의 무조건적인 수긍과 모처럼의 합의는 왕정 복귀에 대한 문신관료의 염원을 나타낼 뿐이지 실제 상황은 아니다. 다만 국가의 위기를 극복하는 방법으로 통치자의 검약과 공평을 내세운 것은 유가적 정치윤리의 확인일 것이다.

⑦
大夫曰　　　　대부가 이르되
二子聽之　　　두 분은 들으시오
吾以古爲的　　나는 옛날로 기준을 삼으리니
……

以小事大	작은 나라로 큰 나라 섬겨
于時保之	이로써 천명을 보존하는 것이네
物不疵癘	만물이 재해 없고
元元皞皞	백성들이 태평했네
歎之不足	감탄을 하다가 부족하여
申其義而作歌曰	그 뜻을 펼쳐 노래로 부르리
……	
西柳兮以淫而顚覆	서도 유경(柳京)은 지나쳐서 나라 엎어졌고
北松兮由侈以流移	북도 송경(松京)은 사치해서 백성 흩어졌네
煌煌江都	아아 빛나는 강도는
惟德之基	오로지 덕을 터전으로 삼고
順天事大	천명 좇아 큰 나라 섬기니
風俗淳熙	풍속이 순박하다네
於萬斯年	어즈버 만년토록
安不忘危	평안 속에서 위태로움 잊지 않을진저

일곱 번째 단락은 대부의 일방적인 의론과 찬시로 끝을 맺었다. 작품의 결구에 해당된다. 중국 왕조의 역사를 귀감으로 삼겠다는 것은 새삼스러울 게 없다 하겠지만, 이소사대(以小事大)라는 중세 문명권의 국제관계를 나라 보존의 원리로 인정하는 발언은 화전(和戰) 양면책을 구사했던 당시 대몽항쟁의 이면을 드러내고 있다. 따라서 강도 천도는 항전의 의지를 보여주는 강공책이기도 하지만 한편으로는 외교적 협상을 위한 지렛대 역할을 할 수도 있는 것이다. 대부가 지속적으로 유가적 정치윤리를 내세우며 천명의 순종과 덕치를 강조하고 있는 것도 그와 무관하지 않다.

<삼도부>가 창작된 시기는 대체로 몽고의 4차 침략 이후와 5차 침략 이전의 소강상태 시기, 즉 고종 38~39년경(1252~1253)으로 추정된다. 변생과 담수, 그리고 대부는 서로 다른 주장을 하고 있는 듯이 보이지만 고려 역사의 장구함과 고려 문물의 번성함을 역설하는 대변자이다. 그들은 치열하게 의론을 주고받은 듯하지만 결국에는 대부의 마지막 당부에 모두 동의하는

것으로 끝을 맺었다. 최자는 몽고의 제5차 침공이 대대적으로 일어난 이후 고종 46년(1259)에는 평장사로서 임금에게 개경 환도를 청했다. 강도가 땅은 넓고 사람은 적어 굳게 지키기 어렵다는 이유였다. 그는 왕정복고와 함께 적극적 대몽 화의론자로 변신하면서 <삼도부>에서 폈던 강도 예찬의 견해를 바꾸게 됐던 것이다. 그러나 그것은 변절이라고 하기 어렵다. <삼도부> 자체에서도 사대적 외교관계를 인정하면서 유가적 국제질서와 정치윤리를 실현하고자 했기 때문이다. 따라서 강도 천도는 일시적인 유동적 견해에 불과했음을 알 수 있다.

최자(崔滋)의 <남제류(南堤柳)>시와 실용적 현실관은 김승룡, 『고려 후기 한문학과 지식인』(커뮤니케이션북스, 2013) 537~543면; <삼도부>의 분석은 박성규, 「최자의 삼도부에 대하여」, 『한국한문학연구』 12(한국한문학회, 1988) 185~201면; 창작시기는 윤용혁, 「고려 대몽항쟁기의 불교의례」, 『역사교육논집』 13·14(역사교육학회, 1999) 442~443면 참조. 충주의 대몽항쟁과 철산지 관련 사항은 윤용혁, 「몽고의 침략에 대한 고려 지방민의 항전 – 1254년 진주(진천)민과 충주 다인철소민의 경우-」, 『국사관논총』 24(국사편찬위원회, 1991) 166~172면; 최자의 대몽화의론과 관련해서는 강재광, 「최의 정권의 대몽화의론 수용과 최씨정권의 붕괴」, 『한국중세사연구』 28(한국중세사학회, 2010) 548~550면 참조.

5.2. 우언의 양식화

5.2.1. 전기우언(傳記寓言) 양식의 발생과 추이

<귀토지설>과 <화왕계>는 흔히 한국 우언문학사의 시작점으로 이해되어 왔다. 그러나 그것들의 문학사적 지위는 구비우언과 문자우언이 교체하던 시기의 산물로 보아야 마땅하다. 그 시원은 원칙적으로 신화적 세계관이 균열되던 고대 말기와 중세 이행기의 우언문학까지 더 거슬러 올라가야 하고, 본격적인 문자문학으로서의 창작우언은 시대를 훨씬 내려와야 한다. 바로 13세기에 이르러 무신집권기에 산출된 '가전' 작품군은 본격적인 창작우언의 시대를 열었다.

흔히 가전(假傳)이라 함은 사물을 의인화하여 사람인 양 꾸미고 전(傳)의 형식을 빌려서 그 내력을 묘사하는 '가짜 전기' 혹은 '가상 전기'를 가리킨다. 의인화된 주인공은 작가가 일상생활이나 독서를 통해서 흔하게 접하는 사물들이다. 그것들은 중세후기의 신진 사류나 사대부 및 선승들이 우언적 글쓰기를 통해 대상물의 속성을 새롭게 인식함과 동시에 인간적 의미를 곁들이는 이중적 구조로 이루어져 있다. 그같이 인공적으로 만들어낸 가짜 전기의 수법은 『삼국사기』의 정치적 맥락 속에 끼어든 우언보다 독립적인 데다가 한층 정교하다는 점에서 창작우언의 수준을 향상시켰다. 사물의 일대기를 꾸며내고 지식인의 일생을 덧씌워 작가의 세계관과 삶의 의미를 가탁했다. 따라서 가전(假傳)은 고정된 형식을 지니지 않고 대부분 탁전(托傳)이나 자전(自傳)의 성격을 공유하기 일쑤이다. 심지어는 몽유기(夢遊記)의 형식을 겸하기도 한다. 이러한 형식적 변화를 '가전체(假傳體)'라는 어휘로 포괄하려는 것은 임시방편에 불과하다. 전기(傳記) 형식에 가탁하여 사물 인식과 교훈적 의미를 중첩시키는 수법은 결국 우언 글쓰기에 해당된다. 이 시기에 이르러 그러한 작품이 속출한 것은 '전기우언(傳記寓言) 양식'이 성립되어 갔던 과정으로 이해할 수 있다.

전기우언의 주인공은 사물의 자연적 속성보다도 한문고전에 근거한 인문학적 지식으로 가공화된 존재이며 특정한 역사적 배경과 성격을 지니게 끔 허구화되어 있다. 대체로 한대로부터 위진남북조의 귀족사회를 배경으로 삼지만, 아득한 태곳적부터의 신화를 끌어오고 춘추시대를 배경으로 하는 경우도 적지 않다. 전기우언에서 의인화의 과정은 중층적이며 그 자체로 이중 독해의 대상이 된다. 또 최종적으로 의인 주인공의 일생을 허구화한 서사와 그에 대한 평가나 교훈은 긴밀히 연결되어 있다.

한편 고려시대의 전기우언은 임춘과 이규보의 초기 작품을 거치면서 대체적으로 형식적 관습을 형성해 나가면서도 작가 스스로 새로운 형식을 모색했다. 사물을 의인화한 전기우언으로는 혜심, 식영암, 이곡, 이첨 등의 작품으로 이어져 갔지만 그들 또한 여러 가지 점에서 자유로운 실험을 하고 있었다. 이 가운데 혜심과 식영암은 기존의 가전(假傳) 형식을 수용하면서도 불교 선종(禪宗)의 열전이라 할 『전등록(傳燈錄)』유형을 대폭 가미하면서 불교식의 전기우언을 만들었다. 그들은 특정한 시대를 배경으로 하지 않고 선종의 역사와 작가 주변의 상황을 연결시켰다. 그러면서도 말하고자 하는 의미를 차단시켜 독자 스스로 의미를 찾아가도록 하는 선종의 우언적 사유방식을 가미했다. 또한 이곡과 이첨은 고려말의 사대부로서 유가의 전기우언 양식을 계승하면서도 새롭게 등장한 역사담당층으로서의 관심사를 나타냈다. 이와 같은 변화는 모두 전기우언이라는 양식사에서 일어났던 초기의 실험적 양상이라고 평가할 만하다.

전기우언은 기존의 '전'이라는 경험적 서사 형식을 차용해서 교술적 서사 혹은 서사적 교술로 전환시킨 양식이다. 실제로 가짜 전기는 작가 자신의 신변을 가탁하는 우언의 속성을 지니고 있다. 따라서 작가론적으로 중요한 점은 의인화된 사물의 속성이 아니라 그 같은 가탁적 의미이다. 물론 자전(自傳)의 전형적 작품인 이규보의 <백운거사전>, 최해의 <예산은자전> 등은 사물을 의인화하는 데 동원되는 복잡한 용사를 피하는 대신에 도가풍의 글쓰기를 견지하면서, 의도적인 정보 차단과 의미 소통이라는 이중적 글쓰기를 통해 우의를 더 깊게 음미하도록 유도했다. 표면적으로는 작가의 분신이 주인공의 기이함을 묘사하면서 독자에게 충격을 주고, 이면적으로는 그러한 행색의 숨은 뜻을 이해할 수 있게끔 우언 구조를 만들었다.

'전기우언'은 전기(傳記)와 우언(寓言)의 단순 결합은 아니다. 이는 경험적 서사의 일종인 전기를 우언적 수법으로 변형시켜 허구적 서사로 탈바꿈시킨 양식이다. 따라서 전(傳)이라는 특정 형식의 차용을 기준으로 하여 가전, 자전, 탁전이라는 하위 양식을 구분할 수도 있겠으나 작품의 실상은 기(記), 록(錄), 지(誌) 등의 기사체 형식을 필요한 대로 빌려다 쓰면서 몽유기(夢遊記), 취향기(醉鄉記) 등을 포함하는 양식 범주를 성립시켰다. 심지어는 임금의 역사인 본기(本紀), 나라의 역사 기술방식인 편년체(編年體), 사론적 평가를 강조한 강목체(綱目體) 등을 차용해서 가상국가의 전기우언 양식을 창출하기도 했다. 그동안 학계에서는 이 같은 다양한 양식사의 변천을 '가전체' 혹은 '가전체 소설'이라는 용어로 두리뭉실하게 포괄해 왔으나 무리가 있다. 실제로 고려 후기의 전기우언 작품들에서 이미 가전, 자탁전, 몽유기 등의 속성이 교차하고 있기 때문이다. 안병설, 『중국우언전기연구』(국민대출판부, 1988);「우언전기의 형식과 제재」, 『중국학논총』 4 (국민대, 1988)에서는 중국의 예를 통해 '우언전기'라는 개념과 실제 작품을 광범위하게 분석했다. 우언 글쓰기의 여러 양식 가운데 하나라는 점에서 '우언전기'보다는 '전기우언'이라는 용어가 더 타당하다고 판단하고 이처럼 가다듬는다. '전기우언'은 사람의 일생을 기록하는 전(傳)과 사건의 시종을 기록하는 기(記)의 전통적 문체 형식을 차용하여 의인화한 사물의 새로운 인식과 그를 통한 인간적 교훈을 중첩시킨 우언적 양식이라 정의할 수 있다.

5.2.2. 임춘과 이규보의 선례

임춘과 이규보는 무신집권기라는 어려운 시대를 살아가면서 자신들이 속한 문인 계층의 처세를 가전의 주제로 삼았다. 임춘의 <국순전(麴醇傳)>과 <공방전(孔方傳)>은 가문이 훌륭하고 재능이 뛰어난 인물이 정치 현실에서 득세하지만 종국에는 어떻게 타락하고 실패하는지를 보여주고 있다.

반면 이규보의 <국선생전(麴先生傳)>은 한미한 출신의 지식인이 불리한 처지를 극복하면서 정치 생애를 어떻게 성공적으로 이끌어 가는지를 보여주었다. 반면 그의 <청강사자현부전(淸江使者玄夫傳)>은 신령한 존재의 후손인 지식인이 풍파 많은 벼슬길에서 자기 정체성을 유지하는 방식을 암시하고 있다. 이처럼 작가와 작품에 따라 주제상의 세부적 편차가 없지 않지만 이들은 중세지식인의 삶의 방식인 문인관료의 처세를 문제 삼고 있다는 공통점을 지니고 있다.

<국순전>과 <국선생전>은 한국 우언문학사에서 중요한 지위를 차지하고 있다. 비슷한 시기에 창작된 선구적 작품인 데다가 소재가 일치하고 주제가 달라 좋은 대비가 된다. 그간에 이 두 작품을 비교하는 논의가 많았던 것은 결코 우연한 일이 아니다. <국순전>은 중세 전기의 귀족문화가 왜곡되거나 단절되는 무신집권기의 상황을 풍유했다. <국선생전>은 작가 자신의 생애를 빗대는 자탁전의 성격을 띠면서 중세 후기의 지식인상을 피력했다. <국선생전>은 <국순전>을 의도적으로 모방하면서도 주제를 달리하는 수법을 구사하여 우언 글쓰기의 중요한 특징을 가미시켰다. <국선생전>은 이규보가 정계에서 은퇴한 70세 이후의 말년인 1237~1241년 사이의 작품으로 추정된다.

두 작품은 사물의 속성과 역사 전고를 결합시켜 반어적 골계를 조성하면서도 한편으로는 허구적 서사를 통해 인간사에 빗대는 환유적 수사법을 구사했다. <국순전>은 중국 서진(西晉) 시대의 인물 왕연(王衍)을 모형으로 삼아 귀족사회의 비참한 추락을 그려냈다. 더없이 '잘난 아이'로 태어나서 모든 사람의 중망을 한몸에 받으며 청담(淸淡)의 일생을 보냈지만 국가의 위기를 구하지 못하고 비참한 죽음을 맞이했던 왕연은 국순의 모습에 그대로 투영되어 있다. 반면에 <국선생전>은 후한(後漢) 말기 황헌(黃憲)을 모형으로 삼아 국성(麴聖)의 모습을 그렸다. 황헌은 한미한 집안에서 태어난 수의사 출신의 인물이었지만 후한말 귀족사회에서 청량제 같은 순수한 존재로 이름을 날렸다. "넘실대는 망경창파와 같아서" "걸러도 더 맑지 않고

휘저어도 더 흐려지지 않는다"는 표현은 애초 황헌의 인격을 묘사한 전고 이지만, <국순전>과 <국선생전>에서는 서로 다른 방향에서 활용했다. <국순전>에서는 이를 통해 주인공 국순의 최초 자질이 뛰어났다는 것을 묘사하다가 이후로는 그 뛰어남이 변질되면 얼마나 심각하게 타락되는지를 절실하게 나타냈다. 반면에 <국선생전>에서는 황헌과 같은 인격이 국성의 기본 자질이면서 일생에 걸쳐 지속성을 가지고 좀 더 성숙한 경지로 진화되어 갔다. 이와 같은 '술'의 의미 상징은 표면적으로 술이라는 사물의 속성을 지시하면서 일시적인 정보 지연이 이루어진다. 그러나 술이 산패하거나 익어간다는 변화의 두 측면은 인간의 성장과 성숙에 관련된 흥미로운 상징성을 가지면서 새로운 단계의 의미 추구를 가능하게 만든다.

따라서 두 작품의 반어적 골계는 '딴말하기'를, 환유의 수사법은 '돌려말하기'를 지향하여 언어의 분열 현상을 초래하는 듯하지만, 그를 통해 보편적 주제의 우의를 독자가 발견할 여지를 만들어 놓았다. <국순전>은 고려 귀족사회의 한계와 위험성을, <국선생전>은 지식인의 노력과 사회적 혼란의 해결 가능성을 암시한 셈이다. 두 작품에서 보여준 전기우언의 수준은 <귀토지설>이나 <화왕계>같은 단형 우언이 차원을 넘어선 독자적 양식의 전형성을 마련했다. 두 작품은 한국 우언문학사의 새로운 지평을 열었다고 평가할 수 있다.

임춘의 <공방전>과 이규보의 <청강사자현부전>도 좋은 대조를 이루는 작품이다. 이 두 작품은 가전(假傳) 형식의 투식성에 매이지 않았고 전고를 여러 가지 방식으로 변형시켜 그 활용의 범위를 확장시켰다. 또 전기우언이라고 부를 만한 양식으로서 허구적 구성과 서사적 연계성을 대폭 높였다. 더구나 '동전'과 '거북점'이라는 특이한 소재로부터 중세 통치체제와 관련되는 이기(利器)와 신성(神聖)이라는 상징성을 추출하고, 궁극적으로 지식인의 유용성과 지식의 예지를 비유적으로 문제 삼았다.

<공방전>은 주로 중국의 경제 관련 역사기술인 역대의 「화식지(貨殖志)」에 전거를 두고 있다. 『사기(史記)』「평준서(平準書)」는 「화식지」의 원형으

로서 공방의 시대적 배경인 전한(前漢) 시대의 경제정책과 관련 인물의 사적을 담고 있다. 또 공방의 사후담을 길게 늘여 그의 문도와 추종자로 허구화한 역사적 인물을 거론하면서 작가 당대의 송나라까지 중국 경제사를 문제 삼았다. 또 실제 지명을 변형시켜 탄로보(炭爐步)와 약야계(若冶溪)라는 허구적 강남 지역을 공방의 세거지로 설정했다. 상홍양(桑弘羊)의 관료상과 소망지(蘇望之)의 대안 세력, 왕안석(王安石)과 소식(蘇軾)의 대립적 관계 등을 통해서 문인관료의 유용성을 따졌다. <공방전>은 최종적으로 통치자에 영합하는 국가주의의 재리지신(財利之臣)을 비판하고, 백성을 위해 이익을 일으키고 해악을 제거하는 정책을 주장했다.

　<청강사자현부전>은 『장자·외물』편과 한유(韓愈)의 작품을 활용해서 제목을 붙이고, 내용적으로는 『사기열전』의 하나인 「귀책전(龜策傳)」에서 송원왕(宋元王) 고사를 주요 전거로 삼았다. 신성한 거북을 조상으로 내세우면서 신화적 분위기를 그려내고, 아비 중광(重光)과 그 아들 현부(玄夫)의 대비적 탄생담과 현부의 무인적 기질을 통해 새로운 시대의 인재상을 암시했다. 그러나 최종적으로는 현부의 은거와 후손의 고난을 통해 벼슬살이의 어려움을 인정하면서도, 비록 말단 관리에 숨는다는 '이은(吏隱)'의 처세관을 지닐망정 문신관료로서의 정체성과 예지의 신성함을 간직해야 한다는 자부심을 나타냈다.

　<공방전>은 임춘의 말년인 1184~1196년 즈음에 지은 것으로 추측되며 고려 명종조의 무신집권의 모순과 문신관료의 효용성을 비판하는 당대적 우의를 지녔다. 또 <청강사자현부전>은 1207~1212년 이규보가 한림원의 말단 관리로 진출했을 때 지은 것으로 무신집권기 문인관료의 한계와 가능성을 가탁하고 있다고 판단된다. 이 두 작품은 작가 자신의 상황을 암시하면서 자기모방적 서사를 실험하여 전기우언 양식의 새로운 방향을 제시했다고 평가할 수 있다.

　이규보는 <백운거사어록>이라는 작품에서 자신의 은거 욕구를 피력했다. 작가는 세상에서 이름을 숨기고 대신에 '백운거사'라고 자호를 지은 과

정과 취지를 문답식으로 적었다. 또 그는 이를 바탕으로 <백운거사전>을 지어 스스로 세상에 처신하는 태도와 모습을 그려냈다. 작가 나이 25세의 작품이다. 이규보는 몇 차례 예부(禮部) 진사시(進士試)에 낙방했다가 23세에 낮은 등수로 뽑혔고, 다음 해 부친상을 당해 천마산(天摩山)에 우거하면서 백운거사로 자칭했다고 한다. 젊은 시절에 과거에 합격할 만한 문장을 연습하지 않고 현실과 일정한 거리를 두고자 했다고 한다. <백운거사전>의 묘사는 마치 도잠(陶潛)의 <오류선생전(五柳先生傳)>에 견주는 태도를 보였지만, 애초 <어록>에서는 '백운'의 의미를 진출하는 군자와 고상한 선비의 형상을 모두 포괄했다. 그럼에도 불구하고 <전>의 자찬(自讚)에서는 "우주 밖에 뜻을 두고 있어 하늘과 땅에도 가둘 수 없고 장차 기모(氣母)와 더불어 무하유(無何有)에 노닐겠다!"라고 했다. 자아를 한껏 해체하여 '기운의 어머니'에 접촉하면서 마치 태초의 이상적 시공간으로 돌아가고자 하는 듯한 방관자의 태도를 보였다.

그는 40세에 한림원 말단 관리가 되어 중세 문인의 길을 시작할 때까지도 '백운거사'를 자호로 삼았던 듯하다. 그러나 40세 이후로는 처세관에 일정한 변화가 감지되며, 이 시기에 지은 <지지헌기(止止軒記)>에서는 벼슬살이에도 급급하지 않고 물러나서도 구차히 숨지 않는다는 취지를 문답식 서술을 통해 밝혔다. 어디 한곳에 머무르지 않는 것이 진정한 '머무름'이라고 하면서 '흰 구름'의 움직임과 머묾, '거사'의 활동 공간을 묘사했다. "그칠 데에 그친다"는 『주역』의 개념 등을 통해 무신집권기 문인관료가 상황에 맞게 진출과 은둔을 반복해야 한다는 생각을 드러낸 셈이다. <국선생전>과 <청강사자현부전>이 자기 체험을 돌려서 지식인의 부침을 허구적으로 우의화한 것이라면, 이러한 자전(自傳)적 기술은 좀 더 직접적으로 작가의 관점과 신변 상황을 드러낸 것이라 할 수 있다.

<국순전>과 <국선생전>의 대비적 고찰은 김현룡, 「<국순전>과 <국선생전> 연구」, 『국어국문학』 65·66합집(국어국문학회, 1974)에서부터 이강옥, 「<국순전>과 <국선생전>의 서술방식과 세계관」, 『고소설연구논총』(다곡 이수봉선생 회갑기념 논총 간행위원회, 1988), 윤주필, 「<국순전>, <국선생전>의 우언적 독해 - 가전의 새로운 이해를 위하여」, 『한국한문학연구』 47집(한국한문학회, 2011)에서 거듭 논의됐다. 한편 <공방전>과 <청강사자현부전>의 대비적 고찰은 윤주필, 「<공방전>과 <청강사자현부전>의 우언적 독해」, 『고전문학연구』 50(한국고전문학회, 2016)에서 시도했고, <백운거사전>과 <지지헌기> 등을 전기우언의 관점에서 연결시켜 논한 것은 여기서 처음 시도한다.

5.2.3. 무의자 혜심과 식영암 연감의 개척

임춘과 이규보에 의해 개척된 가전(假傳) 형식은 무신집권기의 불교 혁신운동이었던 선종(禪宗)의 승려 작가들에 의해 또다시 파격적 실험의 대상이 됐다. 지방 독서인 출신으로서 유가적 수양을 온축시켰던 일군의 지식인이 선종 승려가 되면서 사상계를 주도하는 현상이 생겨났는데 불가 전기우언 양식이 개척된 것은 그러한 배경과 밀접한 관련성이 있다. 지눌의 뒤를 이은 수선사(修禪寺) 제2조 혜심이 그 앞장에 서서 유가의 전기우언과는 크게 다른 작품을 창작했다.

혜심(慧諶, 1178~1234)은 말년에 두 개의 가전 작품 <죽존자전>과 <빙도자전>을 지었다. 창작 시기는 전자의 경우 작가가 『선문염송(禪門拈頌)』 30권의 편찬을 완성하고 난 이후 고려 고종 16년(1229), 작가 51세 때이고, 후자는 그 비슷한 시기에 지었던 것으로 추정된다. 이때는 적어도 임춘의 <국순전>, <공방전>과 이규보의 <청강사자현부전>을 보았을 만한 시기이며, 역으로 이규보는 자신의 <국선생전>을 임춘의 <국순전>과 혜심의 두 작품을 참고하여 지었던 것으로 여겨진다. 이처럼 새로운 전기우언 양식은 무신집권기라는 격변의 시대에 등장한 유·불 지식인의 상호 영향하에서 개척되어 갔다.

　<죽존자전(竹尊者傳)>과 <빙도자전(氷道者傳)>은 여러모로 대비적 성격을 띠고 있다. 대나무와 얼음을 소재로 한 것은 사물을 의인화하는 가전의 기본 특성이라고 하겠지만, 그 소재와 관련된 전고는 대부분 선종의 역사에서 가져와 활용했다. 또 그 의인화된 주인공을 '존자'와 '도자'로 부른 것에 깊은 우의가 숨어 있어 가탁의 대상을 달리하고 있다. 존자는 불교사의 큰 전기를 마련했던 성자(聖者)에 대한 존칭이다. 여기서는 특히 독자적 선풍을 드날리며 하나의 종파를 열었던 인물을 뜻하고 있다. 도자는 어떤 선문에 들어가 깨우침을 구하는 수행자를 가리킨다. 여러 조사(祖師)들의 문하를 드나들며 참구하는 행자승이지만 깨우친 이후에는 의발을 전수받아 또 다른 선풍을 드날릴 만한 인물을 뜻하고 있다. 수준을 달리하는 선종 승려들의 일생을 가탁하면서 대나무와 어름과 관련된 선불교 계통의 전고와 체험을 활용하여 작가적 우의를 담고자 했다.

　<죽존자전>은 남종선의 창시자 육조 혜능(慧能)을 모델로 삼으면서 그로부터 시작된 남종선이 계승되어 갔던 기연을 서술했다. 특히 혜능을 가탁한 작품의 주인공 죽존자는 장사경잠(長沙景岑)의 조상이라고 하면서 유독 그의 사상을 강조했다. 장사경잠은 남종선의 거장이었던 마조(馬祖)의 법손이자 남전(南泉)의 법사이며 조주(趙州)와는 동문의 관계에 있다. 그는 당나라 시절 중국 장사에서 대중 교화에 힘을 썼던 조사로서 '백척간두수진보(百尺竿頭須進步)'라는 유명한 선어를 남기고, 스승이 죽어서 동쪽집 나귀가 되고 서쪽집 말이 되었을 것이라 말한 적도 있다. 이러한 발언은 선가의 5종 가운데 조동종(曹洞宗)의 이류중행(異類中行) 사상을 나타낸 것들이다. 또 그가 활동하던 시기에 장사에는 석상산(石霜山) 숭승사(崇勝寺)라는 절이 있었는데, 그곳 대나무 숲에 유독 우뚝 솟아있는 대나무 한 그루를 '죽존자'라 불렀다는 전설도 작품의 배경이 되고 있다. 죽존자는 송나라 시절까지 유불 지식인들이 문학적 소재로 삼을 만큼 잘 알려져 있던 것이었다.

　한편 숭승사에는 석두(石頭) 계열의 경저(慶諸) 선사가 20년간 주석하면

서 선풍을 날렸다. <빙도자전>은 형식적 측면에서는 <죽존자전>과 대동소이하지만 석상경저(石霜慶諸)의 행적과 선어가 중요한 전거로 활용되고 있다. 석상은 석두의 제자 약산(藥山)의 법손이면서도 마조의 제자 남전(南泉)의 '이류중행' 사상을 자기 제자 구봉도건(九峯道虔)에게 전하고, 그 자신은 이류중행의 모습을 물소의 형상인 피모대각(被毛戴角)으로 구체화했다. 이처럼 <죽존자전>과 <빙도자전>은 중요한 전거가 겹치면서도 다른 식으로 전개됐다. 전자는 사자전승에 초점이 놓여 있고 후자는 자기서사적 묘사가 두드러진다. <죽존자전>은 육조혜능으로 시작된 남종선의 동국 전승이 작가의 스승인 목우자(牧牛子) 지눌(知訥)에 의해 다시 되살아나게 되는 것을, <빙도자전>은 지눌의 의발을 이어받고 최씨 정권에게 전폭적인 지원을 받으면서도 은거 수행하면서 선종의 다양한 성향을 균형 있게 흡수하려 했던 혜심 자신의 정신적 지향을 우의한 것이라 여겨진다. 혜심은 무신집정자 최우(崔瑀)가 예를 다하여 개경으로 불러도 조계산 수선사를 상주처로 삼고 끝내 나가지 않으면서 한국 선불교의 이론적 기초를 다지는 작업을 여러모로 펼쳤다.

후대에 식영암(息影庵)이라는 필명으로 더 많이 알려진 연감(淵鑑, 1280?~1360?)은 충숙왕 연간에 활동했던 선종 승려이다. 1324~1328년 시기에 창작했던 그의 작품들이 『동문선』에 실려 있고, 이제현, 민사평, 이암 등의 당대 사대부 지식인과 교유했던 자료들도 남아 있어 구체적 연구가 가능하다. 지금은 전하지 않지만 『식영암집』이라는 문집까지 남겼으니 그는 14세기의 꽤 유명했던 시승이었던 셈이다. 그가 지은 <정시자전(丁侍子傳)>은 혜심의 전기우언을 이으면서 무신집권기가 끝나고 개경으로 환도했을 시절의 선불교와 작가적 상황을 반영하고 있다. 혜심은 대나무와 얼음의 상징성을 의인화한 데 비해서 연감은 대선사들이 늘 몸에 지니는 주장자(拄杖子)를 의인화하여 주인공으로 삼았다. 또 선승 작가가 생활상에서 쉽사리 접할 사물을 소재로 삼되 혜심의 경우처럼 고결한 의미를 지닌 존자나 수행자보다는 그들을 모시는 시자의 의미를 우의로 삼은 것이다. 그리고 혜심 작품의 경우 '무의자(無衣子)'라는 필명으로, 연감의 경우 '식영암'으로 서술자를 내세우고 허구적 서사 방식과 교술적 주제를 결합시킴으로써 자기서사적 요소를 강화시키는 효과를 거두었다.

<정시자전>은 입전 대상에 대한 객관적 진술보다는 서술자 식영암의 관찰과 체험을 전면에 내세웠다. 입동일 새벽에 '식영암'이 암자에서 졸고 있는데 뜰밖에 '정시자'가 제자의 예를 차리고 찾아왔다는 것으로 작품이 시작된다. 혜심의 작품에서도 주인공에 대한 인정기술이나 후일담 혹은 사평을 생략하거나 변형시켜서 유가식 가전의 형식을 크게 변형시켰다. 그에 비해 이 작품은 아예 몽유기에 가까운 설정을 하는 큰 파격을 시도한 것이다. 정시자의 여러 모습은 식영암의 관찰에 의한 것이며 정시자의 진술도 또한 식영암과의 문답을 통해서 이루어진다. 이러한 방식은 선가에서 스승과 제자의 법거래 혹은 대기문답(對機問答)의 장면을 연상시킨다. 대화 속에서 진술된 정시자의 내력은 부분적으로 가전 형식의 선계부에 해당되지만, 정시자가 아득한 옛날부터 여러 지역을 방랑하면서 불가와 유가의 문화를 두루 접촉했다는 점을 강조하고 있다.

주장자는 조사급의 신사들이 몸에 지니는 생활도구의 하나이다. 따라서 선가에는 주장자와 관련된 중요한 화두와 선어들이 자연스레 생겨났다. 특히 신라 출신의 선승이자 석상경저의 제자였던 파초혜청(芭蕉慧淸)의 「주장자여탈(拄杖子與奪)」 화두는 <정시자전>의 의미를 파악하는 데 긴요하다. 혜청은 제자들이 주장자를 가지고 있다면 오히려 자기 주장자를 줄 터이고, 없다면 오히려 빼앗을 것이라고 했다. 깨달았다는 표지는 더 이상 진보할 데가 없다는 자만일 터이고, 못 깨달았다는 표지는 원래부터 없는 것에 대한 집착일 뿐이기 때문이다.

<정시자전>에서는 암주(庵主)인 식영암과 내방자인 정시자의 정서적 거리기 급속히 가까워지면서 대등하게 만난다는 점이 강조되고 있다. 식영암이 칭송한 정시자의 열 가지 덕목이 불교보다는 유교적이라는 점에서 보편성을 띠고, 그들의 만남도 결국에는 지우(知遇)의 문제로 귀결된다. 여기서

'시자'의 의미가 좀 더 중요해진다. 스승과 제자는 근기(根機)로써 만나고 종유하며 진리를 통해 사귀는 관계이다. 조사들이 주장자를 쥐고 있는 것은 하나의 기호적 의미일 뿐이다. 식영암은 주장자를 소유할 할 만한 지위에 있는 대선사에게 정시자를 보내는 것으로 작품을 끝맺었다. 결국 작가 연감은 당시 분열되어 있던 구산선문(九山禪門)의 선맥보다는, 보편적 가치를 공유할 수행자들의 자유롭고도 대등한 만남을 '정시자'에 가탁했다고 여겨진다. 연감은 그 만남의 범위를 선종 내부에 그치지 않고 고려말 사대부들로까지 넓혀서 방외의 벗들을 사귀었다. 그의 우언 작품 <검설(劍說)>에서는 유불도 삼교(三敎) 공통의 기본적 자질을 문제 삼는 우의를 표현하기도 했다.

　혜심과 연감에 의해 창작된 전기우언은 임춘과 이규보의 작품과 공통되면서도 다른 특징을 지니고 있다. 일상이나 고전에서 흔하게 접하는 사물에 관심을 기울이고 새로운 의미를 부여하는 것은 유가와 불가 지식인들이 중세후기적 세계관을 반영하고 있다는 점에서 공통된다. 반면에 불교 전기우언은 선종의 상징적인 사물을 의인화하여 당대 종교계의 문제의식을 가탁했다는 점이 돋보인다. 또 입전 대상의 기본 정보와 가계 및 후손 등은 소홀하게 다루고, 출가한 이후의 활동에 집중하는 점이 유가의 가전 형식을 크게 바꾸어 놓는 계기가 됐다. 더구나 작가가 작품 속에 필명을 통해 서술자로서 개입하고 작가 당대의 국내 상황을 전거로 활용함으로써 전기우언의 자기서사적 특성을 강화시킨 점이 큰 성과라 할 수 있다.

　김현룡, 「가전체소설의 두 유형」, 『고소설 연구논총』(이수봉선생 회갑기념 간행위원회, 1988) 235면에서는 가전체를 '우의적 계열'과 '정령적 계열'로 나누고 <정시자전>을 한국문학사에서 후자의 선례로 거론했다. 최경환, 「가전의 서술원리와 서술양식」, 『한국문학형태론』(일조각, 1993) 163~181면에서는 가전을 역사지향과 모방지향으로 나누고, 그것들은 다시 연대기적 서술과 상황제시적 서술 양식과 관련된다고 보았다. 고려 불가

계 가전은 이 두 경향을 혼용했다고 파악했다. 반면에 이채연, 「불가계 고려가전 연구 -<빙도자전>, <죽존자전>, <정사자전>을 중심으로-」, 『국어국문학지』 22(부산: 문창어문학회, 1984); 정규훈, 「고려 불교 가전고 – 혜심의 가전을 중심으로-」, 『어문학』(한국어문학회, 1986); 윤주필, 「무의자 혜심의 <죽존자전>과 <빙도자전> 꼼꼼히 읽기」, 『국문학논집』 23(단국대 국문과, 2017); 「고려 후기 불교 우언과 전기우언」, 『고전문학연구』 52(한국고전문학회, 2017) 등에서 고려의 불교 가전을 거듭 연구했다. 또 식영암의 작가론과 작품론은 김현룡, 「석식영암의 정체와 그의 문학 – 식영암은 덕흥군 혜이다」, 『국어국문학』 89(국어국문학회, 1983) 83~105면에서 이루어졌으나, 덕흥군설은 이종문, 「'식영암=덕흥군'설에 대한 재검토」, 『한문교육연구』 19(한문교육학회, 2002)에서 부정되었고, 김건곤, 「석 식영암의 정체에 대한 재론」, 『대동한문학』 25(대동한문학회, 2006)에서 불가 가문인 남원 양씨에 출가한 연감(淵鑑) 선사로 밝혀졌다. 식영암 연감의 불교 내 인맥에 대한 정보는 황인규, 『고려 후기 조선초 불교사 연구』(혜안, 2003) 211~223면 참조.

5.2.4. 최해, 이곡, 이첨의 변화 모색

최해(崔瀣, 1287~1340)는 고려의 문과 출신으로서 문한직을 두루 지냈다. 중년에는 원나라 과거시험에 장원과 차석으로 합격하여 요양(遼陽) 판관 벼슬을 하고 5개월 만에 병을 핑계 삼아 귀국해서는 성균관 대사성까지 역임했다. 말년에는 개경의 성남으로 은거하여 졸옹(拙翁)이라 자호하고 고려 문학의 정리 편찬에 전념했다. 그러나 경제적으로 매우 궁핍하여 사자산(獅子山) 갑사(岬寺)의 밭을 빌려 농사를 지으며 자기 뜻을 펴나갔다. 그의 <예산은자전(猊山隱者傳)>은 바로 그 시절의 생활상과 처세 방식을 나타낸 작품이어서 주목된다. 이규보의 <백운거사전>을 계승하면서도 자탁전(自托傳)의 형식을 선명하게 부각시킴으로써 전기우언의 영역을 확대시켰다. 최해의 일생을 이해하는 데 있어 이곡이 지은 <최군묘지명(崔君墓誌銘)>과 표리 관계에 있는 문학작품이다.

<예산은자전>에서 작가는 철저히 은폐되어 있다. 전(傳)의 주인공 이름

은 처음에 수수께끼처럼 제시된 이후에 시종 '은자'로 일컬을 뿐이다. 기본 정보라 할 '최해'라는 작가의 성명은 반절(反切)로 나타내어 네 음절이 되게 하고, 우리 음이 중국에 비해 느려서 그렇게 했다고 너스레를 떨었다. 그것은 작가가 편찬했던 <동인지문(東人之文) 서문>에서 밝힌 것처럼, 우리나라 사람들은 언어에 있어 중국과 화이(華夷)의 구별이 있어서 어려움을 겪지만 문학의 본질에 있어서는 조금도 양보할 수 없음을 강조했던 인식을 해학적으로 표현한 셈이다. 은자의 일생은 다음과 같이 요약했다. 어려서부터 하늘의 이치를 이해하는 듯해서 학문을 할 때에도 어느 한 방면에 매달리기보다는 취지를 터득하면 그만이었다. 한때 공명에 뜻을 두었지만 세상에서 인정해주지 않아 기회를 엿보지 않고 자기 생각대로 처신하여 사람들의 시기와 미움을 자초했다. 중년에 후회도 했지만 얽매일 사람이 못 된다는 평판이 나서 크게 쓰이지 못했다. 은자도 이후로는 세상에 대해 포기하는 마음을 가졌다. 말년에는 갑사(岬寺) 스님에게 땅을 빌려 농사를 지으며 취족원(取足園)이라는 농장을 열고 예산농은(猊山農隱)이라 자호했다. 여기서 '취족(取足)'은 농사지어 근근이 먹고살면 충분하다는 선언이고, '예산(猊山)'은 사자산(獅子山)을 2음절 어휘로 변형시킨 것이다.

이같이 자신의 일생을 가탁한 전기우언은 어린 시절의 학습과 성장기의 출세 심리를 제3자의 눈으로 지적해냄으로써 은자의 기본 성향을 가감 없이 드러냈다. 또 중년에 원나라 과거에 우수한 성적으로 합격하고 벼슬살이까지 했지만, 그러한 일은 보상심리로 자기 능력을 시험해 보기 위한 것에 불과했으므로 작품에서 전혀 언급하지 않았다. 그 대신에 은자가 자기 성향을 반성했음에도 불구하고 세상에서 크게 쓰이지 못한 저간의 사정을 요약해 말했다. 더구나 유가적 지식인으로서 말년에는 사찰의 소작농이 되어 젊은 시절의 뜻과 어그러진 것을 비판하면서 스스로를 희롱했다. 은자는 말년에 다음과 같은 좌우명을 지었다고 하면서 작품을 마무리했다.

爾田爾園,　　너의 밭 너의 농원

三寶重恩.	삼보의 무거운 은혜
取足奚自,	충분히 먹고삶은 어디에서 왔노
愼勿可諼.	절대로 잊지 말지어다

작가는 고려말 신흥사대부로서 포부와 자부심도 컸지만 현실 정치에서 깊은 좌절을 맛보았다. 이제 말년이 되어 최소한의 물질적, 정신적 만족을 사찰에 의지해서 실현시킬 수 있었다. 그것은 부정할 수 없는 현실이었고 모순이었다. 그러나 작가는 정치적으로 그 모순을 해결하기에는 역부족이 었음을 인정해야만 했다. 그 대신에 고려의 시문학을 정리하여 「오칠(五七)」근체시, 「사육(四六)」 변려문, 「천백(千百)」 산문의 3부작으로 나누고 『동인지문』을 편찬했다. 그것은 조선 성종조에서 서거정 등이 간행한 『동문선』의 기초가 되는 미래적 가치를 지닌 업적이었다.

이곡(李穀, 1298~1351)의 <죽부인전>은 임춘과 이규보의 정통 가전을 다시 이으면서 고려말 새롭게 진출한 사대부의 정신세계를 나타내고자 했다. 소재로는 대나무를 택하면서도 특이하게 여성으로 의인화하여 혜심의 <죽존자전>과 차별화를 꾀하였다. 성씨를 죽(竹)으로, 이름을 빙(憑)이라 칭한 것은 주인공이 의존적 존재임을 상징화했다고 할 수 있다. 또한 대나무가 역사 속에서 활용된 내력을 조상들로 허구화하고 그 계열을 문(文)과 무(武)로 나누었다. 먼 조상은 예악과 죽간 등을 통해 활동하다가 저생(楮生)으로 의인화한 종이에게 직임을 빼앗겼고, 직계 조상은 주(周)나라 건국 재상이었던 태공망이 위수(渭水) 가에서 함께 했던 낚싯대의 의인화한 인물 간(竿)이라 했다.

<죽부인전>은 분량상 선계부가 상대적으로 많고 본전부가 적은 작품이다. 선계부는 다양한 대나무 종류와 관련 전고가 많이 인용된 데 비해서, 본전부는 죽부인이 소나무를 상징하는 송대부에게 시집가서 혼자가 된 사연을 중심으로 기술하고 있어 허구적 서사를 위주로 하고 있다. 송대부는 18세 연상인데 신선이 되어 황석공(黃石公)처럼 돌로 변해 떠나갔다고 했

다. 죽부인은 독거하며 쓸쓸하게 지내면서 술을 즐기다가 죽취일(竹醉日)에 청분산(靑盆山)으로 이사한 탓에 소갈병이 들어 고치지 못했다고 했다.

이와 같은 묘사는 다분히 작가의 신변사와 관련된 비유로 해석된다. 죽부인은 뭇 사나이들의 청혼을 물리치고 송대부를 택해 혼인을 해서 가정일을 돌보면서, 매화나무나 오얏나무와 어울리지 않았으니 감귤나무나 살구나무 등은 거들떠보지도 않았다고 묘사했다. 대나무는 오직 소나무하고만 어울린다는 작가의 심미안과 취미가 깊이 개입했다 할 수 있다. 죽부인이 그리움을 이기지 못해 술을 즐기고 병이 들어 결국 회생하지 못했던 것을 '만절(晩節)'로 표현한 것은 작가가 소나무를 죽이고 함께 키우던 대나무를 대나무 이식의 최적기라는 죽취일에 분재로 옮겼다가 또다시 실패를 맛보았던 생활상의 단면을 그처럼 나타냈다고 여겨진다.

<죽부인전>은 대나무의 곧음을 사대부의 이념적 상징으로 삼으면서도, 실제 생활에서 소나무와 함께 키우고자 했던 취미를 반영하고 있다. 그 때문에 가전 형식의 선계부와 본전부가 불균형을 이루며 후계부도 생략됐다. 더구나 평결부에서는 이렇다 할 구체적 우의가 드러나지 않는 결과에 이르렀다. 그것은 전기우언에 내재하는 가전의 형식성과 작가의 일상을 드러내고자 하는 자전적 경향의 충돌이 빚어낸 부조화라고 평가할 수 있다.

이첨(李詹, 1345~1405)의 <저생전(楮生傳)>은 이곡의 <죽부인전>에서 보인 실험적 한계를 가전의 형식성에 충실함으로써 극복하고자 했다. 또한 소재적으로도 대나무 죽간을 뜻하는 죽씨(竹氏)와 사이가 틀어졌던 저생(楮生)의 <죽부인전>의 일화를 수용하면서도 의미를 전환시켜 반의모방의 묘를 살렸다. <죽부인전>에서는 죽간이 죽부인의 선계 가운데 하나이고 저생이 종이를 만들었던 채륜(蔡倫)의 문객이라 했는데, <저생전>에서는 아예 저생을 채륜의 후손으로 설정하고 작품을 시작했다.

<저생전>은 복잡한 선계부는 생략하고 저생의 출생담에서부터 역대의 활약상을 기술했다. 저생의 아우가 19명인데 서로 친목하여 차서를 잃지 않았다고 하여서 한 묶음에 스무 장이 되는 종이를 사람의 가족 관계처럼

의인화했다. 또 무인을 싫어하고 문사들과 노닐면서 모학사(毛學士)와 벗이 되어 얼굴을 더럽히는 놀이를 했다는 데서는 장원급제한 사람의 얼굴에 붓으로 먹칠을 하며 노는 '유희(儒戱)'라는 풍속을 반영했다. 이후로 전한, 후한, 진나라, 수·당, 송·원까지의 전고를 활용하여 저생의 사적을 허구화했다. 그처럼 저생이 오래도록 생존해 있었다는 무리한 설정이지만, 문명의 역사를 그처럼 허구화했다고 할 수 있다. 다만 명나라에 들어와서 자손들이 많아져서 높고 낮은 직무의 일을 맡았다고 했다. 따라서 <저생전>에는 별도의 후계부가 생략됐다.

평결부는 주(周)나라 이후 채국(蔡國)의 내력을 길게 서술하고 그것이 한나라에서 채씨 가문이 되었음을 설명했다. 애초 저생이 채씨의 후손이라 전제했기 때문이다. 이렇게 나라가 변하여 가문이 되고, 가문이 커져서 그 자손이 천하에 가득한 예는 드물다고 칭송했다. 이는 가문의 중요성과 함께 명 제국을 중심으로 하는 조선의 문명성을 암시한 것이다.

작가 이첨은 이색의 문인으로서 여말선초를 살았던 문신이다. 고려말에는 집권자 이인임을 탄핵하다가 10년간 귀양살이를 하고 이후에도 옥사에 연루되어 유배형을 당했다. 조선이 건국한 이후에는 사신으로 명나라에 두 차례 다녀오고 대제학을 역임했다. 편년체로 『삼국사략』을 찬수하여 『삼국사기』의 사료적 한계를 보충하면서도 삼국의 사건을 동일한 시간축으로 대비시켰다. <저생전>은 비록 조선조에 들어와서 지은 작품으로 판단되지만, 고려 후기의 우언전기 전통을 비판적으로 계승하면서 문명사적 관점을 적용하여 새로운 시대에 대한 기대감을 곁들였다는 점에서 함께 살필 만하다.

최해의 자의식과 정체성에 대해서는 김종진, 「최해의 현실인식과 삶의 자세」, 『한문교육연구』 19(한국한문교육학회, 2002) 309~331면; 문철영, 「이규보의 교유관계망을 통해 본 북송 신유학 수용 양상」, 『역사와 담론』 69(호서사학회, 2014) 27~31면 참조. 서거정이 주강(晝講)에서 최해의 <동인지문>을 언급한 기사는 『성종실록』 6년 을미(1457) 5월 7일(을묘) 기사에 있다.

5.3. 역사문학의 우의

5.3.1. 이규보의 역사 재인식과 역사문학

고려 전기에는 『수이전』과 『삼국사기』가 개인사와 국가사를 다루는 문학서와 역사서를 대표했다. 그것은 소재적으로 많은 부분에서 겹칠 수도 있는 자료를 서로 다른 관점에서 다루면서 문학과 역사의 고유한 관심사를 나타냈다. 그러나 고려 후기에는 그러한 전문적 저술 대신에 문학과 역사의 거리를 현격히 줄이면서 공통의 관심사를 찾는 작업이 계속 이어졌다. 무신 집권과 원의 지배라는 민족사의 역경을 맞이하여 유가적 합리주의에 매몰되지 않고 신이한 세계의 의미를 역사의 범주 속에서 재고찰하려는 경향이 이 시대의 중요한 특징을 이루었다.

이규보는 이치를 따지는 글로 여러 가지 <논(論)> 작품을 지었다. 이를 통해 한문고전과 작가, 역사서의 편찬, 시대 풍속, 시작법 등을 다양하게 비평했다. 이 글들에는 합리적 사유에 기반한 비판의식이 잘 드러나 있지만, 사실의 단순한 확인을 넘어서는 평가와 진실 추구의 태도가 엿보인다. 그는 관직의 한계를 벗어나는 추상적 도리, 종교의 미신적 요소, 통념에 의해 조성된 문학적 명성 등을 배격했지만, 지진과 같은 재앙의 계시성, 타고난 본성과 기운 등을 인정했다.

이러한 사유 방식은 민족문화에 대한 재인식으로 발전해 나갔다. 그는 최치원의 저서가 『당서(唐書)』 「예문지(藝文志)」에는 기록되어 있으면서도 「문예열전」에는 입전되지 못한 것이 정당하지 못하다고 평가하면서 중국인의 시기심이 작용한 것으로 의심했다. 또 <역대가(歷代歌)>의 저자인 오세문(吳世文)의 삼백운(三百韻) 거작에 차운하고 상대방의 가계를 칭송하면서도 다양한 사료를 통해 신라와 고려의 역사를 읊었다. 신라는 발해와 일본이 주변을 둘러싸서 천년의 왕업을 열고 성왕들이 태평성대를 누렸다고 했다. 그 가운데 최치원의 사적을 두고 다음과 같이 읊어 칭송했다.

孤雲金馬客,	고운 같은 한림학사는
東海玉林枝.	동해의 옥림 가지였네
射策鳴中國,	과거시험으로 중국을 울려
馳聲震四陲.	명성이 사해를 진동시켰네
高芬繁肹蠁,	높은 향내 자욱하게 피어나고
遺韻遠委蛇.	끼친 여운 아득히 멀리 퍼졌네

300운의 작품 분량이라면 연대기적 소재를 택하는 것이 수월한 방법이겠지만, 사적을 평가하는 방식과 안목이 작품의 수준을 결정지었다. 이 작품에서는 개인의 명성을 가문의 역사와 영광스러운 민족사의 맥락 가운데에서 살피려 하는 의식을 나타냈다.

또 이규보는 민속을 무조건적으로 배척하지 않고 창작의 중요한 자료로 삼았다. 또 실재하는 제도로서 제사가 거행될 때에는 희생을 잡아서 그 피를 가지고 신내림을 청하는 혈사(血祀)의 규칙이 지켜져야 함을 역설하기도 했다. 다만 치유의 기적을 앞세우며 발생하는 불교의 타락이나, 요행수로 명성을 얻으며 음란궤휼을 자행하는 무속은 타파해야 한다고 주장했다. <논일엄사(論日嚴師)>에서는 명종조에 큰 인기를 끌던 승려 일엄(日嚴)이 개경에서 추방됐던 자초지종을 밝히면서 그 타락상을 비평했다. 장편 고시 <노무편(老巫篇)>에서는 이웃의 늙은 무당이 조정의 추방령에 따라 쫓겨난 것을 축하하면서도 그것은 자초한 일이라는 점을 강조했다. 무당들이 상고시대와 같이 순진하고 질박했다면 그런 일이 없었을 것이라 했다. 황제(黃帝) 때의 나랏무당이었던 무함(巫咸)은 신령스럽고도 기이해서 굴원(屈原)의 <이소(離騷)>에서 그랬던 것처럼 사람들이 다투어 그에게 제수를 바치며 의문을 풀었다고 했다. 그 이후로는 그 같은 신성한 전통이 계승되지 않아 괴기스럽기만 하고 신령함은 사라졌다고 비판했다. 이러한 비판은 은연중에 집정자의 지위에 오른 신하를 빗내었다. 신하는 오직 충성으로 임금을 섬길 일이지 요괴함으로 민중을 감동시키려고 하면 곧 패망에 이른다고 경고했다.

문제는 고대의 신화적 사유를 어떻게 중세의 예악 관념 안에 재배치할 것인가에 있다. 이규보의 <동명왕편(東明王篇)>은 고려 전기 역사서에서 배제됐던 신화적 세계관을 비판적으로 계승할 방안을 장편 고시의 형식으로 제시하고 있다. 이는 압도적인 중국 문명의 수준이 우리 역사 속에서도 독자적으로 구현됨을 증명함으로써 중세 보편주의의 개성화 작업을 시도했다고 평가할 수 있다. 또한 당시 국내 상황은 무신정권의 출현으로 고려 전기의 정치적 주도권을 행사하던 신라 세력의 몰락을 가져왔고, 신라 계승의 역사인식에 대신하여 고려가 고구려의 계승자라는 일원적 역사인식 체계로 전환하고 있었다. <동명왕편>은 김부식의 『삼국사기』로 집약되고 있는 중세 보편주의와 유교적 합리주의 사관에 대한 비판적 경향을 선도했다.

작가는 서문에서 두 가지 기준을 가지고 고구려 건국신화인 "동명왕의 신이한 이야기"를 문제 삼았다. 하나는 공자가 인정하지 않았다는 '괴력난신(怪力亂神)'에 비추어 볼 때 그것은 "황당기궤(荒唐奇詭)한 이야기"라는 관점이다. 둘째는 고려초의 『구삼국사』와 고려 전기 김부식의 『삼국사기』에서 보이는 편찬태도의 차이를 고찰하는 관점이다. 작가는 전자를 사료 중심의 '직필(直筆)'의 태도, 후자를 세상을 바로잡자는 '교세(矯世)'의 태도로 이해했다. 그러면서도 작가는 전자의 「동명왕본기」를 재삼 음미해 보니, 그것은 환귀(幻鬼)가 아니고 신성(神聖)한 국가 창업의 사적이라고 결론을 내렸다. 그러므로 그 내용을 기록하여 보존할 의무감을 느끼면서 시 창작을 통해서 "우리나라가 본디 성인의 도읍임을 알리고자 한다"고 했다.

<동명왕편>의 본론인 시 부분은 (가) 중국의 창세신화를 언급하는 데에서 시작하여, (나) 「해모수와 하백 - 주몽 - 유리왕」의 삼대기를 거쳐서 (다) 작가의 비평으로 구성되어 있다. 첫 부분은 중국고전의 권위를 빌려 영험서사의 정당성을 역설했다. 둘째 부분은 서사시 고유의 숭고미를 고시 형식으로 표현하면서도, 『구삼국사』「동명왕본기」의 해당 내용을 협주로 제시하여 역사 기록의 효용성을 함께 드러냈다. 본시 전체가 1400여 자인데 비해서 2200여 자의 사료 주석이 이 부분에 집중되어 있다. 셋째 부분은

작가의 주제의식을 드러내고 있다. 본 작품이 기본적으로 한문으로 제작된 중세 서사시이지만, 고대 신화의 내용을 중세후기의 역사문학으로 정착시키려는 창작 의도를 나타낸 부분이어서 중요하다.

이 가운데 첫째와 셋째 부분에서는 신성한 역사가 어떻게 단절됐는지를 언급함으로써 교훈적 우의를 드러내 보였다. (가)의 말미에서는 다음과 같이 읊었다.

太古淳朴時,	태곳적 백성이 순박할 때는
靈聖難備記.	영험과 신성을 이루 다 기록키 어려웠지만
後世漸澆漓,	후세에 인정이 점점 경박해져서
風俗例汰侈.	풍속은 으레껏 거만해지고
聖人間或生,	성인이 간혹 태어난다고 해도
神迹少所示.	신령한 자취를 드러내 보인 적이 드물었다.

여기서 '성인'은 종교적 위인보다도 새로운 시대를 여는 제왕을 지칭하는 것이다. 따라서 그들은 나름의 신성성을 지니게 마련이지만, 백성과 풍속이 그것을 받아들이지 못해 신령한 자취가 드러나지 않는다고 보았다. 그 단적인 예가 바로 고구려의 '동명왕'이다. 이에 비해 고려는 통일신라를 계승하면서도 후삼국의 분열을 재통일하면서 평양을 국토 지맥의 근본으로 삼았다. 이는 고려 태조의 <훈요십조>에서 우리나라 동방이 당나라 풍속과 제도를 따라왔지만 구태여 똑같이 할 필요는 없다고 하고, 고구려의 옛도읍인 서경에는 임금이 3개월마다 순행하여 안녕을 도모하라고 특별히 명시한 바 있다. 그런데도 이와 같은 이중적 역사계승 의식은 김부식의 『삼국사기』에서 급격히 신라 중심으로 편향되어 나타났다. 신이한 사적을 영험과 신성으로 수용하지 못하는 각박한 세태는 다름 아닌 무신집권 이전의 고려 상황을 비판한 것이라 할 수 있나.

(다)의 마무리에서는 다음과 같이 읊었다.

自古帝王興,	자고로 제왕이 일어날 때는
徵瑞紛蔚蔚.	징조와 상서가 무성하지만
末嗣多怠荒,	끝의 자손은 거칠고 게으른 일 많아
共絶先王祀.	모두가 선왕의 제사 끊어뜨렸네
乃知守成君,	이에 알겠노니 수성하는 임금은
集蓼戒小愆.	쓰디쓴 고난에서 작은 일을 경계할지라
守位以寬仁,	너그럽고 인자함으로 보위를 지키고
化民由禮義.	예와 의로써 백성을 교화하여
永永傳子孫,	길이길이 자손에게 전하면
御國多年紀.	오래도록 나라를 통치하리라

먼저 실제의 모든 나라가 처음과 끝이 어떻게 엇갈려 흥망의 역사를 만들어내는지 요약해서 말했다. 그러나 "선왕의 제사가 끊어졌다"는 표현은 고구려의 멸망만을 의미하기보다는 11세기초 현종조에서 시작된 동명왕에 대한 치제(致祭)가 김부식이 득세했던 인종조 이후로 중단된 현상을 암시한다. 마지막 부분에서는 역사에서 무엇을 배워야 하는가를 말했다. '집료(集蓼)'는 여뀌 잡풀이 나는 습지를 떠돌아다녔던 고난의 체험을 뜻한다. 주(周)나라 건국초 성왕(成王)의 사적을 배경으로 했다는 「주송(周頌)」 <소비(小毖)>편 구절이다. 작은 일에서도 후환을 경계하는 '징비(懲毖)'의 마음이 절실하다는 시상을 『시경』에서 빌려왔다. 이후의 표현은 유가적 통치윤리를 내세워서 강조점이 모호한 듯하지만, 동명왕에 대한 고려 통치자들의 인식 태도를 염두에 둔 것으로 해석해야 한다. 고려초 태조와 현종 등에서 연원이 마련된 고구려 계승의식이 우여곡절을 겪으며 침체되어 있다가 부흥의 계기를 맞이한 시대 상황 속에서 반성의 마음을 지녀야 한다는 권계를 담고 있다. 문학적으로는 서사와 교술의 미의식을 절충하면서 절묘하게 우의를 곁들였다고 할 수 있다.

김상현, 「고려 후기의 역사인식」, 『한국사학사의 연구』(을유문화사, 1986) 88~91면; 조동일, 『한국문학통사 2』 86~87면에서 역사의 문학화 혹은 새로운 형태의 역사문학이 고려 후기에 시작됐다고 했다. <동명왕편>에 나타난 역사의식과 창작동기는 박창희, 「이규보의 <동명왕편>시」, 『역사교육』 11·12합집, 189~200면; 탁봉심, 「<동명왕편>에 나타난 이규보의 역사의식」, 『한국사연구』 44(한국사연구회, 1984) 75~106면; 김승룡, 「<동명왕편>의 서사시적 특질과 창작의식」, 『어문논집』 32(민족어문학회, 1993) 40~42면; 박명호, 「이규보 <동명왕편>의 창작동기」, 『사총』 52(고려대 역사연구소, 2000) 39~57면 참조.

5.3.2. 일연의 감통 의식과 이류중행(異類中行) 사상

일연(一然, 1206~1289)의 『삼국유사』는 고려 전기의 『삼국사기』와 대비되는 고려 후기의 대표적 역사서이다. 그것은 이규보에 의해 촉발된 '역사문학'이라는 범주를 포괄하면서 종교문학의 영역까지 포괄하고 있다. 『수이전』, 『삼국사기』, 『해동고승전』 등에서 각각 설화, 역사, 종교의 어느 한 방면의 자료와 글쓰기에 중점을 두던 관례를 깨뜨리면서 다시 그것들을 종합했다고 할 수 있다. 기술 대상으로 보자면 제왕, 불보살, 고승대덕의 뛰어난 존재로부터 일반 백성과 짐승을 포함한 중생까지 다루었다. 사건으로 보자면 국가의 내력으로부터 민초들의 삶의 현장, 기적과 같이 드러난 큰일과 숨어 있는 이면적 사연 등을 다루었다. 다루는 범위가 지나치게 넓고 정연함이 모자란 미완성의 작품이라고 할 수밖에 없을 듯하지만, 정통과 파격의 글쓰기를 모두 혁신하면서 새로운 작업을 시도했다고 평가된다.

일연의 사상은 그의 저술 『중편조동오위(重編曹洞五位)』에 어느 정도 직접적으로 전해진다. 그것은 근래 일본 소장의 목판본이 발견되어 실체를 확인할 수 있다. 이는 사상 혁신에 더하여 글쓰기 혁신의 근거를 제시하고 있다. 사실의 역사를 다루는 정격 글쓰기, 깨달음의 세계와 직접적으로 연관되는 체험 중시의 파격 글쓰기에 더해서 그 둘을 넘어서면서도 아우르는 격외의 글쓰기가 『삼국유사』를 통해 실현됐다고 할 수 있다.

사실은 엄격하게 다루어야 하지만 그 자체로 진실을 드러내지는 않는다. 사실에 깨달음이 연결되어야 진실이 드러난다. 그러나 깨달음은 생각을 나타내는 말에 얽매일 수 있다. 역으로 깨달음에는 생각이 말이 되고, 말이 행위가 되는 측면도 있음을 아울러 고려해야 한다. 깨달음은 그것들을 관통하는 신이한 현상이며 어떤 주체로 하여금 진리의 본체와 작용이 연결되는 것을 느끼고 실천하게 만든다. 그것은 역사서이자 종교 잡록집이라 할 수 있는 『삼국유사』에서 서사문학이 위주가 되는 이유이다. 그러므로 그 서사의 핵심 내용은 신이와 감통일 수밖에 없다.

『삼국유사』의 <왕력(王曆)>편과 <기이(紀異)>편은 『삼국사기』의 반의 모방이라 할 수 있다. 역사적 시간성의 기준을 세우고 사실의 엄격성을 추구하되, 이규보가 <동명왕편>에서 제시했던 신성성을 드러내는 제왕의 역사를 기술했다. <기이>편이라 함은 '신이함을 기록한 본기(本紀)'를 뜻하며, 『삼국사기』의 <본기>와 차별화된다. 그 취지가 <기이>편의 서문에 잘 드러나 있다. 첫머리에 이 편을 싣고 또 고조선 건국신화의 삼대기로 시작하는 데는 특별한 편찬 의도가 있어 보인다. 적어도 『삼국사기』에서 '세상을 바로잡겠다'는 교세(矯世) 의식과는 다르다.

단군신화 삼대기의 주역은 환웅(桓雄)이다. 그는 '제석(帝釋)'이라 설명했던 환인(桓因)의 여러 아들 가운데 한 명이지만 인간 세상에 뜻을 두고 홍익인간을 꿈꾸었다. 그래서 지상에서 신시(神市)를 이루고 환웅천왕이 되어 인간을 다스렸다. 그리고 곰처녀와 혼인하여 단군왕검을 낳았다. 이 같은 신이한 일은 『조동오위』에서 말하는 이류중행(異類中行) 사상의 상징적 일화라 할 수 있다. 그것은 불보살이 중생계에 현현하는 방식과 크게 다르지 않다. 더구나 이류중행의 적극적 태도로서 선지식이 피모대각(被毛戴角)의 짐승 가운데로 들어가는 모습을 연상시킨다. 단군왕검은 신화적으로 천신족과 지신족의 결합이라 할 수 있을지라도, 일연의 사상에서 그는 진리의 본체라 할 제석의 천상계를 마다한 환웅의 욕망 행위를 통해 중생으로의 감통으로 실현되어 나타난 상징적 존재이다. 그로부터 삼국의 건국주와 통치자들은 신이함을 구현하는 서사 주인공으로 묘사될 수 있다.

<기이>편에서 시기적으로 가장 큰 비중을 차지하고 있는 것은 신라의 삼국통일 전후이다. 많은 기사들이 이 시기에 몰려있다시피 하다. 삼국에서 가장 약체인 신라가 통일의 주역이 된 근거, 고구려와 백제가 패망에 이른 사연이 이야기를 통해 수수께끼처럼 기술되어 있다. 통일 과정의 이면에는 삼국의 인물이 신이하게 뒤섞이면서 선덕여왕의 예지, 김유신의 위엄, 태종 춘추공의 헌신이 있음을 드러냈다. 따라서 모든 통치자들이 위대했다는 것을 말하고 있는 것은 아니다. 그들은 한편으로 숭고하면서 또 한편으로 비속함을 밝혔다. 심지어 진지대왕의 이야기는 제목을 <도화녀 비형랑>이라고 하면서 그가 왕위를 잃은 사연을 말했다. 그러나 도화녀와 사후 결합하여 비형랑을 낳고, 그로 인하여 신라왕실에서 재기하는 이면을 이야기했다. 그 사연 가운데에는 비형랑이 어쩌면 김춘추의 부친인 용춘의 모습으로 점쳐질 만한 비밀스러움이 있다.

『삼국유사』에는 나말여초에 산출됐으리라 추정되는 한문서사의 전기(傳奇) 작품이 적극적으로 수용되어 있다. 그것은 『삼국유사』의 일정한 편찬 원리에 입각해서 약간의 고증과 윤문을 거쳐 자료로 편입됐다. 『삼국유사』의 모든 기술은 주제별로 분류된 9개의 편목에 소속되어 있는데, 각 편목 아래에 기사 제목과 함께 대개는 주자료와 보조자료의 대비 및 고증, 의론과 찬시의 추가 순으로 구성되어 있다. 예를 들면 「탑상」은 불교 유적과 관련된 신이한 이야기를 다루는 편목인데, 그 가운데 노힐부득과 달달박박의 <성도기(成道記)>와 낙산사 관음보살과 관련된 <조신전(調信傳)>이 인용되어 있다. 『수이전』과 같이 전기 서사를 모아놓은 데 그치지 않고 모종의 작가적 의도와 주제의식 아래 제시된 것이기 때문에 기사 자료와 함께 전체 서술 구성을 살펴야 종합적 이해가 가능하다.

노힐부득과 달달박박은 순우리말 이름이라고 했다. 그들이 지닌 수행자로서의 성격과 태도를 반영한 이름으로 추측되는데, 사건 속에서 노힐부득은 느릿하지만 여유가 있고 달달박박은 고행을 마다하지 않지만 각박한 느낌을 준다. 그들은 백월산(白月山)의 두 암자에서 수도하다가 끝내는 출산을 앞둔 여인네로 현신한 관음보살의 도움으로 각각 미륵불과 아미타불이 되었다. 이러한 핵심 서사의 앞에는 백월산의 유래담이, 그 뒤에는 백월산에 미륵전과 무량수전이 조성된 내력이 각각 기술되어 있다. 이어서 의론을 통해 부녀의 몸으로 나타났던 관음보살의 '미의(微意)'를 따졌다. 편자 일연은 낭자의 교화를 최상승 경지의 마야부인이 부처를 낳아 해탈의 문을 열어 보였던 것에 비유했다. 특히 멸시하며 그를 내쫓았던 달달박박에게나, 그에게 연민의 정을 보였던 노힐부득에게나 모두 상대의 근기에 맞게 청했던 것을 주목했다. 마지막으로는 그 세 명에 대한 찬시 3수를 각각 다음과 같이 붙였다.

   滴翠嵓前剝啄聲, 이끼 낀 바위 앞에 딸각딸각 소리 나니
   何人日暮扣雲扃. 어쩐 사람이 날 저물어 산속 문을 두드리나
   南庵且近宜尋去, 남쪽 암자 예서 가까우니 찾아갈 일이지
   莫踏蒼苔汚我庭. 이끼 밟아 내 뜰을 더럽히지 말아주소

   谷暗何歸已暝煙, 어스름 내 끼고 산골 저문데 어디로 가시려나
   南窓有簟且流連. 남창에 대자리 있으니 잠시 머물렀다 가오
   夜闌百八深深轉, 밤새도록 백팔염주 부지런히 돌리면서
   只恐成喧惱客眠. 소리 내어 길손의 잠 방해할까 그게 걱정이라오

   十里松陰一徑迷, 십 리 솔 그늘에 오솔길을 헤매다가
   訪僧來試夜招提. 스님네 시험코자 야밤 선방에 들르셨네
   三槽浴罷天將曉, 세 차례 목욕하니 날이 밝으려는데
   生下雙兒擲向西. 두 아들 낳아놓고 서쪽으로 날아가시네

첫째 수와 둘째 수는 각각 달달박박과 노힐부득의 목소리로 여인이 어떤 대접을 받았는지 읊었다. 박박 스님은 자기 수행에 골몰하며 바른 위치를 지키는 데 조급하고 단호했다. 부득 스님은 새로운 상황에 이끌리어 자기 한켠을 덜어내면서 자기 수행과 남의 사정을 동시에 고려하느라 애를 썼다. 이에 비해 거룩한 여인 '성낭(聖娘)'은 3인칭 화자의 관찰 대상이 되면서 "두 아들을 낳았다"고 칭송을 받았다. 그것은 의론에서 석가모니의 어머니 마야부인이 최상승의 선지식임에도 불구하고 성인을 낳아서 해탈문을 열었다는 것의 또 다른 표현이다. 이러한 세 경지는 『조동오위』의 개념으로도 설명될 수 있다. 치우친 현상에 대해서 진리의 본체를 지킴으로써 올바른 경지로 나아가려는 정중래(正中來), 진리의 본체에 대해서 치우친 현상을 인정하고자 하는 편중지(偏中至), 치우침과 올바름의 구분을 넘어서 그 모두의 속성을 함께 지니는 겸중도(兼中到)에 해당시킬 만하다. 편자는 백월산에 얽힌 설화가 민간에 유포된 상황이나 미타상 조성의 부족한 점까지 꼼꼼하게 언급하면서도 「탑상」편의 주제는 서사 주인공들의 사연이 지니고 있는 신이성에서 찾고 있다. 그것은 진리의 담지자가 미천한 모습으로 나타니 중생을 깨우쳐 준다는 서사적 우의이며, 『조동오위』와 같은 선가 이론에 의해 뒷받침되고 있다.

또 <조신전>은 낙산과 관련된 네 가지 이야기 끝에 덧붙인 작품이다. 「탑상」편 기사의 제목을 <낙산이대성(洛山二大聖) 관음정취(觀音正聚) 조신(調信)>이라고 명명한대로 (1) 의상의 낙산사 연기담, (2) 원효의 낙산사 참배기, (3) 범일의 정취보살 조성기, (4) 낙산사 종 걸승의 유물 수호기, (5) 영월에서 말사의 마름 구실을 하는 조신 스님의 몽유담을 열거했다. 이렇게 많은 이야기를 이어붙인 것은 다소 임의적인 듯 보이고, 특히 「탑상」 자료로서 긴밀성이 떨어지며 길이가 현저하게 긴 전기 작품을 마지막에 첨부한 것은 이아하게 여겨진다. 그럼에도 불구하고 의론과 찬시에서는 오히려 <조신전>의 내용에 집중했으니 작가의 의도가 궁금하다.

위 다섯 이야기는 '불보살 만나기'라는 공통된 소재를 지니고 있다. 불보살을 만나는 일은 종교적으로는 깨우침의 길이고, 서사적으로는 진리 찾기의 체험이다. 그러나 불보살은 여러 공간에서 여러 모습을 지니고 나타나니 다섯 사람의 만남이 각각 다 다르다. 의상은 관음보살이 보타낙가산에 상주한다는 믿음을 가지고 동해안 낙산에서 그를 실현하고자 노력했다. 그 결과 관음의 모습을 친견했다. 장엄한 신이현상을 체험하고 구슬 두 개를 징표로 얻었으며 낙산사를 창건했다. 원효는 벼 베는 여인과 희롱하고 개짐 빠는 여인을 더럽게 여기다가 관음보살을 만난 줄 뒤늦게 알았다. 뒤미처 낙산사 굴 안에서 관음을 친견하려고 시도했으나 실패했다. 범일조사는 당나라 유학 시절에 동포 승려와 약속한 것을 잊고, 귀국 후 자신이 배워온 선종의 실천에 골몰했다. 꿈에서 계시를 받고 나서야 그 승려의 약속을 지키려고 나섰다가 그가 정취보살의 현신임을 깨달았다. 낙산 위쪽에 불전을 짓고 불상을 모셨다. 그 후 화재로 낙산이 불탔으나 두 보살의 불전은 화를 면했다. 몽고 병란이 일어나 두 보살상과 의상의 두 구슬이 위급하게 되어 절의 주지를 대신해서 걸승(乞升)이라는 종이 목숨을 걸고 두 구슬을 지켜냈다.

여기까지의 서사 내용은 관음보살과 정취보살을 만나는 다양한 모습인데, 두 보살이 연결되는 근거는 『화엄경』의 전고에 두고 있다. 입법계(入法界)의 차례를 상징하는 선재동자(善財童子)의 구법(求法) 설화가 그것이다. 선재동자가 53처의 선지식(善知識)에게 법을 구할 때 27번째와 28번째에서 이 두 보살을 만난다. 관음보살이 보타낙가산에 거주한다는 말도 여기에서 나온다. 정취보살은 관음의 뒤를 이어 동쪽 공중에 나타나 빛을 발하며 보살행에 대해 알려준다. 제보살들은 어느 곳이든 나타나서 지혜의 경계에 아무런 차등이 없음을 증언한다. 그렇다면 의상과 원효, 범일과 걸승 등이 체험한 '불보살 만나기'는 선재동자의 구법 행위에 상응하는 의미를 지닌다.

그러나 그들이 보여준 일련의 만남이 서로 어떻게 같고 다른지는 『화엄경』의 전고로는 설명되지 않는다. 여기서 다시 『조동오위』의 개념을 이야기 내용에 적용시켜야 대비적 관점과 그 의미를 찾을 수 있다. 의상은 불계에 골몰하여 관음보살을 친견했다지만 중생계 어디에나 나타나는 관음의 모습을 알지 못했다. 원효는 중생계에 나타난 관음을 만났지만 정작 관음진신을 알현하지 못했다. 의상과 원효는 본체와 현상 가운데 어느 한편의 관점에서 관음을 만났을 뿐이다. 범일은 신라 굴산산문(崛山山門)의 개조가 되어 선종의 새 바람을 일으켰지만 정취보살의 현신을 뒤늦게 깨닫고 약속을 이행했다. 걸승은 낙산사의 종에 불과하지만 죽을 각오로 빌어 관음의 보물을 지켜냈다. 이들은 불계와 중생계의 어느 한편에 치우쳐 있어도 그 다른 편을 향해서 나가는 실천을 수행했다.

이러한 연결 맥락에서 마지막으로 <조신전>이 위치한다. 조신은 한직으로 밀려나 있는 승려인데 중생의 애욕에 물들어 낙산사 관음보살에게 소원을 빌었다. 중생계의 희로애락을 깊이 맛보고 나서야 관음보살이 들어준 소원이 실은 소원을 들어준 것이 아님을 알았다. 굶어 죽은 큰아들을 묻은 곳에서 돌부처가 나왔다. 꿈과 생시가 같지 않았지만 다른 게 아니었다. 애욕에 물든 중생계는 아무리 생생해도 꿈과 같이 헛되다는 것을 깨달았다. 정취보살의 말마따나 제보살은 중생계 어디에도 나타나 자비로 중생을 구제한다는 것을 체험했다. 그 같은 관음보살의 만남을 통해 진리의 정·편(正·偏)을 아우르는 경지에 도달했다고 평가할 수 있다. 찬시에서 편찬자 일연은 "어찌하면 가을밤 맑은 꿈으로 때때로 눈 감아 청량한 세계에 도달할 것인가"라고 시상을 마감했다.

『삼국유사』에서 「감통」편은 거의 '주자료 - 보조자료 - 의론 - 찬시'의 구성을 보이고, 주체와 객체가 진정한 종교적 소통을 이루거나 혹은 소통의 장애요소를 깨닫는 이야기로 채워져 있다. 그 감통의 체험 주체들은 제왕, 승려, 향가의 국선지도, 하급관리, 여종 등으로 다양하며, 그 체험 매개자는 신모, 부처, 하늘, 음부, 혜성으로부터 마누라, 생선장수, 남루한 비구, 호랑이처녀까지 주인공의 지위가 양극화되어 있다. 그 가운데 <김현감호>는 '호랑이처녀' 이야기와 중국 전기(傳奇) '신도징'을 나란히 제시하여 대비하고, 그 차이점을 의론한 다음에 찬시를 붙였다. 두 자료가 인용된 이유는 감통의 범위가 짐승에까지 넓어진 특이성 때문일 것이다.

남녀의 결연과 이별이라는 서사적 개연성으로 보자면 김현보다는 신도징 이야기가 더 현실적이며 서사적 의미가 깊다. 반면에 김현이 호녀를 만나 결연을 맺은 것은 우연한 일에 가까우며, 헤어져야 하는 이유도 다소 모호하고 작위적이다. 따라서 김현은 감통의 주체이기는 하지만 소극적 주인공이며, 호랑이처녀는 감통의 매개자이지만 적극적 서사 주인공 구실을 하고 있다. 편자는 그러한 측면을 더 강조하여 호녀를 살신성인의 존재로 부각시키고 부처가 여러 방편을 통해 감응한 것으로 설명하고 있다. 이러한 시각은 『조동오위』의 이류중행 사상을 구체화하여 불보살이 피모대각의 축생계로 환생해 들어간다는 주제의식을 반영하고 있다.

윤주필, 「≪삼국유사≫의 체재와 주제」, 『한국학논집』 15(한양대 한국학연구소, 1989) 126~155면 참조. 조동종과 조동오위와 관련된 논의는 한종만, 『한국조동선사』(불교영상, 1998) 116~144면; 신연우, 「조동오위의 시각으로 본 <낙산 이대성관음정취 조신>조의 이해」, 『한국사상과 문화』 18(한국사상문화학회, 2002) 280~297면; 정천구, 「≪중편조동오위≫와 ≪삼국유사≫」, 『한국어문학연구』 45(동악어문학회, 2005) 165~198면; 허원기, 「이류중행의 사상과 서사문학」, 『고전서사문학의 사상과 미학』(경인문화사, 2007) 121~142면 참조. <김현감호>의 전기적 성격과 <신도징>과의 대비는 박일용, 「소설사의 기점과 장르적 성격 논의의 성과와 과제」, 『다시 보는 고소설사』(보고사, 2010) 16~38면 참조.

5.3.3. 이승휴의 『제왕운기』와 영사시

이규보는 <동명왕편>을 지은 이듬해에 당나라 현종의 사적을 중심으로 <개원천보영사시(開元天寶詠史詩)> 43수를 지었다. 무신란 전후의 고려 상황과 비슷하게 전개됐다고 여겨서 당현종의 사례를 소재로 삼았던 것이다. 당현종은 당나라 태평시대를 열었다는 개원(開元) 시기에 이어 천보(天

寶) 연간에는 급격한 쇠락을 겪어야 했다. 이 같은 뚜렷한 전후 시기의 대비를 통해 본받거나 경계할 만한 선악을 추려서 '풍영(諷詠)'의 시편으로 만들자는 의도였다. 그는 개별 작품마다 해당 역사 이야기를 산문으로 제시하고, 7언절구를 이어 붙여 새로운 형태의 영사시(詠史詩)를 실험했다.

이승휴(李承休, 1224~1300)의 <제왕운기(帝王韻紀)>는 이규보의 <동명왕편>과 <영사시>를 동시에 계승했다고 할 수 있다. 고려 후기 새로운 역사관을 문학으로 옮겼다는 측면에서는 전자를, 역대 왕들의 흥망사를 사화 제시와 함께 시로 읊었다는 면에서는 후자에 가깝다. 작가는 서문에서 이규보가 주장한 '풍영'의 영사시 논리를 그대로 가져와서 매 사적에 따라 『춘추(春秋)』처럼 한다고 했다. 춘추필법에 의거해 비평하겠다는 뜻이다. 실제 『제왕운기』는 본문으로 7언고시를 이어가되 중간중간에 주석의 성격으로 역사 사료를 삽입했다. 또한 사신왈(史臣曰)의 논평까지 곁들이면서 원나라에서 관학(官學)으로 정착되어 갔던 성리학의 역사관을 적용시켜 역사글쓰기의 성격을 강화시켰다.

『제왕운기』는 중국과 동국의 역사를 병치시켰다는 데 가장 큰 특징이 있다. 그러한 형식은 현재 이름만 전히는 오세문의 <역대가(歷代歌)>에서 시작됐을 가능성도 없지 않다. 후대의 국문 <역대가> 혹은 <만고가> 등에서는 중국과 동국의 역사를 작가 당대까지 읊은 다음에 작가 자신의 처지를 얹어 표현하기 때문이다. 반면에 『제왕운기』에서는 동국의 역사를 별도로 분리하여 대등한 역사기술을 시도했고, 사료적으로도 당대에 활용할 수 있는 자료를 최대한 참고했다. 국사로 지칭한 『삼국사기』를 기본으로 하되 『구삼국사』의 본기와 『수이전』 및 중국자료를 폭넓게 활용했다.

그러한 시각은 우선 동국의 지리와 개국조 단군에 대한 묘사에서 잘 드러나 있다. 요하(遼河) 동쪽에 '별건곤(別乾坤)'이 있어 중국과 구별되는 독자적 공간임을 장대하게 묘사하면서 사방 천 리의 땅에 '조선(朝鮮)'이라는 나라가 있다고 했다. 또한 예의의 국가이므로 중국인들이 '소중화(小中華)'라 이름 지었다고도 했다. 중국과의 관계에서 독립성과 연관성을 동시에 추구하면서 중세 후기의 가치관을 처음부터 내세웠다고 할 수 있다. 또한 처음에 나라를 열었던 이는 제석(帝釋)의 손자 단군(檀君)이라고 하고, 요임금과 같은 해에 나라를 세워 순임금을 지나 은나라 무정(武丁) 연간에 아사달산(阿斯達山)에 들어가 신이 됐다고 했다. 단군의 치세를 중국의 고대사와 관련지어 설명하면서도, 나라를 향유한 것이 천 년 이상이 되는 이유를 시와 사화(史話)에서 다르게 묘사했다. 영사시에서는 향유가 1028년간이나 되는 조화는 환인(桓因)에게 전해 받은 때문이라고 한 반면에, 사화에서는 조선의 지역에 왕 노릇한 시라(尸羅), 고례(高禮), 남북옥저(南北沃沮), 동북부여(東北扶餘), 예맥(濊貊)이 모두 단군의 치세라 했다. 시에서 신성성을 강조했다면, 사화는 합리성을 가지고 설명한 셈이다. 또 '환인'과 '제석'이라는 어휘는 『구삼국사·본기』와 『삼국유사』 단군조 일연의 주석에서 가져온 것인데, 영사시에서는 그것을 혼용하면서 신성성을 강조했다고 할 수 있다.

물론 『제왕운기』의 창작계기에는 작가 당대의 정치 지형이 밀접하게 관련되어 있다. 이승휴는 고려가 원의 부마국으로 대우를 받으면서 원과 친밀한 사대관계를 맺게 되었을 때 외교활동을 한 유학자이다. 그는 이 작품을 통해서 동국 역사의 정통성과 숭고함을 나타내고, 고려 왕실의 권위가 높여지기를 기대했던 것이다. 그러한 기대감을 작품의 마지막 부분에서 고려조 당대 역사를 의미하는 '금대기(今代紀)'에서 숨김없이 표출했다. 그 배경은 고려 원종의 폐위와 복위 사건이다. 훗날 충렬왕에 오르는 당시 태자가 원나라에서 귀국길에 올랐다가 원의 조정에 의해 벌어진 부왕의 급박한 소식을 듣고 연경으로 복귀하여 외교적으로 원종의 복위를 주선했다. 원종이 복위됐다는 대목에서는 다음과 같이 찬양했다.

勢似再乾坤,　동국 천지 새로워진 형세요
事未論脣齒.　이러저러 따질 일도 아니었네
晉覇在巡遊,　진문공 패업은 20년간 떠돌이 생활에 있고
舜功彰歷試.　순임금 공업은 역산에 밭 갈아 부모봉양에서 빛났더라

尋承鼇降寵,　곧이어 황실의 부마가 되는 총애를 입었으니
盛矣賓王利.　성하도다 제왕을 보좌함이 이롭단 구절이여

　　원종의 복위를 천지의 재조(再造)로 과장되게 표현했다. 애초 폐위 사건은 개경 환도와 친몽정책이 권신 임연(林衍)에 의해 제지됐던 때문이었다. 그런데 원의 도움으로 4개월 만에 원상 복귀됐기에 원나라에서 무엇을 심각하게 따지지 않고 그리 조치했다고 표현했다. 그처럼 자연스레 위기가 해결됐던 것은 충렬왕이 원종의 태자로서 원나라에 입조하여 있었던 덕분이라고 본 것이다. 비록 고국을 떠나 볼모와 같은 신세였지만, 그것을 진문공(晉文公)의 떠돌이 생활과 순(舜)의 지극한 효행에 빗대었다. 복위한 원종은 임연의 아들이자 마지막 무신집정자였던 임유무(林惟茂)를 죽이고 강화에서 개경으로 환도하여 명실상부한 왕정복고를 이루어 나갔다. 이어서 원 황실과의 혼인정책의 결과로 충렬왕이 황실의 부마가 되고 고려는 부마국으로 승격됐다. 폐위 사건의 해결이 무신집권기를 마감하고 왕권을 높이면서 사대적 외교관계를 수립하는 계기가 됐다. "제왕 보좌가 이롭다"는 말은 『주역』 관괘(觀卦)에서 유래한 표현인데, 고려 태자가 원나라 제왕의 도시를 관광(觀光)하여 왕도(王道)를 보좌한 것이 이로운 일이었다는 뜻이다. 결국 이러한 표현들에서 이승휴는 새롭게 시작한 동아시아의 사대 외교와 고려 왕실의 위상 회복을 찬양하고, 그러한 일을 가능케 한 원종과 충렬왕의 치세에 대해 큰 의의를 부여했다.
　　이후 고려말에는 여러 작가들에 의해 영사시가 다양하게 계승됐다. 그 가운데 이제현(李齊賢)의 영사시는 가장 뚜렷한 자취를 남겼다. 우선 작품량에서 54제 58수에 이르며 그것들은 작가의 영사시 논의와 유기적 관련성을 맺고 있어 중요하다. 그는 『역옹패설』 후집에서 "영사시가 쉽게 이해되고 쉽게 염증이 나는 것은 사실을 그대로 기술해서 새로운 의의가 없기 때문이다"라고 했다. 그는 과거시험을 주관할 때 시부(詩賦) 과목을 책문(策問)으로 바꾼 적이 있다. 역사 사건을 현재의 관점에서 재해석하는 작업이

절실하다고 생각했기 때문일 것이다. 역사를 현재를 비춰보는 거울로 생각한다면, 영사시는 역사적 사례로부터 현재의 문제 상황의 본보기를 찾아내는 문학적 작업일 것이다. 범려(范蠡)를 제목으로 삼은 시작품에서는 다음과 같이 읊었다.

> 論功豈啻破强吳, 　공을 논하자면 한갓 오나라 쳐부순 것일 뿐이랴
> 最在扁舟泛五湖. 　조각배 오호에 띄어 떠난 공이 최고이지
> 不解載將西子去, 　미녀 서시를 싣고 떠나지 못했더라면
> 越宮還有一姑蘇. 　월나라 궁전에 또 다른 고소대 생겼을 테지

범려는 영사시에서 자주 인용되는 인물이다. 그는 전국시대 월왕(越王) 구천(句踐)의 재상이 되어 숙적 오나라를 멸망시키고 홀연히 곁을 떠났던 공성불거(功成不居)의 전형적 현자이다. 제1,2구는 그러한 역사적 사실을 서술했다. 다만 월이 오에 대한 치욕을 설복하고 강남의 패권을 차지한 것보다는 공을 이룬 뒤 빈몸으로 떠난 것이 최고의 공이라고 대비한 점이 특이하다. 그런데 오나라 패망의 원인이었던 미녀 서시(西施)를 구천의 곁에 두지 않고 데려간 것이야말로 그 최상의 공로에 핵심적 사항임을 다음 두 구절에서 표현했다. 오나라의 자랑이었던 고소대(姑蘇臺)는 오왕 부차(夫差)가 서시와 함께 향락을 만끽하던 패망의 상징물이다. 서시가 승전국 월나라에 그대로 있다면 장차 고소대 같은 망국의 상징물은 월나라에도 얼마든지 다시 만들어질 수 있다고 작가는 꼬집고 있다.

이제현은 충목왕 즉위 이후에 개혁의 주역으로 등장했다. 이때의 상황은 황음무도했던 이전 충혜왕의 파행적 정치운영을 극복해야만 했다. 군주가 여색에 빠져 국가패망에 이르는 길을 차단하는 것이야말로 신하된 자의 마지막 최대 공로라는 표현에서 역사해석의 신의(新意)가 돋보인다. 이제현은 <범려오호(范蠡五湖)>라는 서정시 작품에서도 범려의 사적을 다루었지만 전혀 다른 시상을 표현하고 있다. 이 시에서는 범려가 오나라 궁궐에서 봄

기운을 거두어간 탓에 오나라 패망이 더 쓸쓸해졌음을 표현했다. 여색의 위험성을 경계하기보다는 역사의 변화와 무상함이 강조된 셈이다. 역사적 전고를 활용했어도 현재의 문제를 떠올릴 만한 우의가 존재해야 영사시로서 성립됨을 알 수 있다.

이곡(李穀)의 <영사(詠史)> 27수는 후한말에서 삼국시대까지 인물 사적을 시제로 취했다. 군주의 측근 정치 비판, 민생의 안정을 강조했다. 예컨대 후한말 영제(靈帝) 때 환관정치가 자행되면서 환관의 우두머리인 장양(張讓)은 열후에 봉해질 정도로 권세를 쥐고 있었다. 이곡은 그와 관련하여 <맹타(孟他)>라는 사람을 제목으로 삼아 다음과 같이 풍자했다.

  監奴一拜衆賓驚 상머슴이 절을 하자 뭇 빈객들 놀랠밖에
  明日梁州刺史行 다음날엔 량주 자사가 되어 행차하시네
  此計來從媚於竈 차라리 조왕신에게 잘보이자는 수작이었겠지
  伯郎眞箇小人情 맹타 이 사람이야말로 진정 소인배 마음이었네

맹타는 장양의 집안일을 도맡아 보는 마름과 친분을 쌓느라 재산을 모두 날렸다. 장양의 종들이 미안해서 그의 소원을 들어주기로 했다. 장양을 만나기 위해 언제나 문객들로 북적이던 행렬 속에 맹타가 나타나니 마름이 나서서 절을 하며 주인에게 곧바로 안내했다. 문객들은 맹타가 특별한 사람이라고 착각하고 그에게 진기한 물건을 보냈다. 맹타는 그것을 얻어서 모두 장양에게 뇌물로 바쳤다. 그리고 결정적으로 포도주 한 말을 뇌물로 주어 서쪽 변방 오늘날 감숙성의 서량자사(西凉刺史) 벼슬을 따냈다. 고사성어 '일곡량주(一斛梁州)'라는 말이 생겨났다. 뇌물로 벼슬길을 청탁한다는 뜻이다.

이 같은 상황은 한 조직사회에서 다반사로 일어난다. 집안의 마름은 주인은 아니다. 머슴들의 관리자일 뿐이니 어찌 보면 상머슴이다. 그러나 외부 사람이 주인과 통하고 싶으면 마름을 제쳐 놓고는 안 된다. 주인을 만나

인정이라도 쓰고 싶은 문객들에게는 마름의 권세가 더 피부에 와 닿는다. 맹타는 그 점을 간파하고 마름과 종들에게 전 재산을 걸었다. 그 결과 경쟁자들을 제치고 주인과 통할 수 있었다. 작가는 그 점을 『논어』의 한 구절을 가져와 풍자했다. 맹타는 "안방 구들을 섬기느니 부뚜막 조왕신을 섬겨야 한다"는 인생철학을 가졌던 셈이다. 공자는 그런 속담을 되뇌는 실권자에게 단호하게 선언한 바 있다. "하늘에 죄를 지으면 기도할 곳이 없어진다." 한 국가의 경영이 권력의 문고리를 쥐고 있는 비선 실세들에 의해 농락당하는 상황이 공자 시대로부터 삼국시대는 물론이고 고려말 당대에도 여전히 목격되고 있는 실정이었다. 공적인 체계를 무력화시키는 출세주의자들을 작가는 '소인(小人)'으로 규정지었다. 작가는 동아시아 사대부 계층의 신유학적 이념을 믿으며 고려에서 어렵게 제 위치를 정초해 나갔던 신진사류의 일원이었다.

후한말의 혼란 속에서도 백성들의 고난을 보듬으며 공동체의 삶을 추슬러나가는 위정자들이 없지 않았다. 이곡은 <가표(賈彪)>를 시제로 삼아 다음과 같이 읊었다.

世亂民窮事可哀	세상 난리에 백성들 곤궁은 슬픈 일이러니
荒村處處見遺孩	황폐한 마을 곳곳에 버려진 아이들을 보시고는
數年養得千餘子	여러 해 동안 천여 명 아들을 길러내시니
造物應慚賈父才	조물주도 가씨 아버지의 재주에 부끄러울 터

난리통에 가장 큰 피해는 아이들에게 돌아간다. 그들을 돌보는 사람이 없으니 그렇겠지만 인심이 각박해져서 가난한 마을에는 내다 버리는 아이가 늘어간다. 후한말 환제(桓帝) 때 가표는 신식(新息)의 고을원을 지내면서 자식을 유기하거나 죽이는 백성들을 엄히 다스려 자식을 기르게 만들었다. 이렇게 길러진 사람들이 천 명에 이르러 가표를 '가씨 아버지'[賈父]로 여기고 가씨 이름을 지었다고 한다. 작가는 이러한 자식 양육의 정사가 조

물주의 생산의 공보다 크다고 칭송한 것이다. 훗날 정약용은 『목민심서』 「애민(愛民)」 항목에서 다루기를, 자식을 낳아도 거두지 못하는 상황에서 보육정책을 시행했던 여러 사례를 두루 언급하면서 가표의 경우도 상세히 언급했다. 이곡의 영사시는 신흥사대부 계층의 민본주의 사상을 표현한 셈이다.

이첨(李詹)의 <독사감우(讀史感遇)> 46수는 춘추시대부터 위진 시대까지 중국 인물의 사적에 대해 작가의 소감을 읊었다. 원래 감우시(感遇詩)는 초당(初唐) 시인 진자앙(陳子昻)이 한시의 전통에서 비흥기탁(比興寄託)을 되살려 지은 38수의 작품이다. 진자앙은 이 시편들에서 일상에서 조우한 사물을 통해 인생의 의미와 시대적 사명을 탐색하고, 비유를 통해 이치를 담아내고자 했다. 그에 비해 이첨은 일상적 사물 대신에 역사적 인물 소재를 통해 비흥기탁의 수법을 구사했다.

영사시에 대한 개관과 개념은 최두식, 『한국영사문학 연구』(태학사, 1987); 김영숙, 「영사시의 개념과 작품의 실상」, 『동빙헌문학』 37(동방헌문학회, 2008) 11~54면 참조. 개별 작품론은 손정인, 「개원천보영사시 연구」, 『영남어문학』 11(영남어문학, 1984) 119~135면; 손정인, 「이제현의 영사시론과 영사시」, 『대동한문학』 16(대동한문학회, 2002) 195~234면; 곽진, 「여말 영사시에 나타난 역사인식의 특징 – 익제 이제현의 경우」, 『한문학보』 2(우리한문학회, 2000) 52~64면; 김종진, 「이곡의 영사시 연구」, 『한문교육연구』 12(1998) 225~248면, 송윤준, 『진자앙시선』(지만지, 2010) 참조. ≪제왕운기≫의 사학사적 검토는 김남일, 「이승휴의 역사관과 역사서술」, 『한국사학사학보』 11(한국사학사학회, 2005) 5~51면 참조.

5.4. 문학론에서의 우언적 사유

5.4.1. 이인로의 『파한집』과 탁물우의(托物寓意)

이인로는 『파한집』을 통해 문학 행위 자체를 문제삼는 저술 작업을 했다. 통일신라 시대로부터 고려 당대까지의 한시와 관련 시화를 위주로 하면서 문물의 내력과 문인들의 골계담도 곁들였다. 전체적으로는 한시문학사와 문화비평서라 할 만하지만, 문학에서 무엇이 중요한지를 필요한 대로 언급해서 한국문학사의 비평 영역을 본격적으로 열었다. 그런데 문학에서 작가와 표현 대상 및 그 방법이 어떻게 연관되는지를 언급한 대목은 이인로의 문학론이 잘 드러나 있어서 우언적 관점에서도 새삼 살펴볼 필요가 있다.

『파한집』에는 가문에 얽힌 시화가 많다. 편자 자신도 고려 전기의 귀족문화를 이끌었던 경원이씨(慶源李氏)의 가문이며 대단한 조상을 두고 있다. 『파한집』의 첫 기사는 편자의 재당숙이자 인종 때 재상을 지냈던 이지저(李之氐)의 일화인데 자기 참모에게 제화시(題畫詩)를 짓게 했다는 내용이다. 그 참모는 무명에 가까운 인물이어서 재치 있는 작품을 지은 것이 특이한 사실로서 진술됐다. 의외의 사건이 기존의 위계질서를 뚫고 나오는 일이 문학에서는 가능하다는 시각을 보여주는 일화이다.

두 번째 기사는 송나라 혜홍(惠洪)의 『냉재야화(冷齋夜話)』를 언급하여 『파한집』의 편찬 의도와 방식을 암시했다. 혜홍은 법명이 덕홍(德洪), 자가 각범(覺範)인 선승으로서 『임간록(林間錄)』, 『선림승보전(禪林僧寶傳)』의 저자이기도 하다. 임제종(臨濟宗) 황룡파(黃龍派)에 속하며 선종에 한시의 영역을 끌어들인 시승으로서 『냉재야화』에서 기술한 「환골탈태법(換骨奪胎法)」은 유명하다. 그런데 이인로는 『냉재야화』에 편자의 자작시가 많음을 밝히면서 자신의 작업에 정당성을 부여했다. 즉 임대림(林大臨)의 미완성 시구 '만성풍우근중양(滿城風雨近重陽)'을 가져다가 나머지 세 구절을 보태어 이인로 자신의 <중양절(重陽節)>시를 만들어 『파한집』에 실었다. 임대림의 이 구절은 흔히 후대 시인들의 습작을 위한 시금석처럼 활용되기 일쑤였다. 이처럼 『파한집』에는 이인로의 관련 작품이 많이 실려 있으며, 본디 저술의 목적이 창작의 현장에 접근하여 시문학의 유래를 이해해 보자는 데 있다. 본디 '환골탈태'법도 무한한 시의(詩意)와 유한한 재능이 불균형을 이루는 데 대한 보완책으로 제시됐던 것처럼 이인로의 용사론(用事論)도 시 창작법으로서 유용성을 강조했다. 이인로는 심각하게 지은 작품이 가볍게 지은 작품보다 못한 경우가 많다는 뜻에서 '와주(瓦注)'라는 표현을 썼다. 이는 내기를 할 때 금품 대신에 기왓장을 경품으로 내걸면 승부에 집착하지 않아 결과가 오히려 좋다는 뜻이다.

세 번째 기사는 문방사우가 유자(儒者)의 필수품이라는 것을 언급했다. 특히 먹은 만드는 과정이 어려워 아끼지 않을 수 없다고 하면서 자기 체험을 적었다. 그러면서 애민시로 유명한 당나라 이신(李紳)의 <민농(憫農)>시를 언급하며, 사람마다 제 처지에서 절실한 게 있듯이 붓글씨에 필요한 먹 제작에 자신이 집착했던 점을 한시로 표현하여 적었다. 문필생활이 자신들의 문인계층에게는 농부의 곡식과 같이 생필품이나 마찬가지라는 점을 비유적으로 강조했다.

또 이인로는 『파한집』에서 시작품의 생성원리에 관한 자기 의견을 예를 들어 설명했다. 심각한 주제를 비근한 사례를 통해 에둘러 말한 셈이다. 우선 무신란을 피해 백운자(白雲子)라는 시승으로 변신하여 명산을 유람하던 신준(神駿)과 과시에 낙방하여 강남을 떠돌던 임춘(林椿)이 지은 동일한 제목의 <꾀꼬리>시를 비교했다.

自矜絳觜黃衣麗,　빨간 부리와 노오란 옷 곱다고 자랑하려면
宜向紅墻綠樹鳴.　붉은 담장 푸른 나무에서 울 법도 하건만
何事荒村寥落地,　어인 일로 촌마을 쓸쓸한 구석에서
隔林時送兩三聲.　수풀 너머로 두세 마디 울음 가끔씩 보내는고

田家椹熟麥將稠,　농가에 오디 익고 보리밭 빽빽해질 즈음
綠樹初聞黃栗留.　푸른 나무에 노란 꾀꼬리 소리 처음 들리니

似識洛陽花下客,　꽃 아래 놀던 서울 나그네 알기라도 하는 듯
慇懃百囀未曾休.　은근하게 무수히 지저귀며 쉬지를 않는구나

　첫 번째 작품의 시적자아는 꾀꼬리의 화려한 모습을 부담스러워 하고 있다. 따라서 자신이 떠돌고 있는 촌구석의 풍경에서는 그 울음소리가 섞이지 못한다고 느끼고 있다. 짐짓 꾀꼬리에게 의아스럽다는 듯이 자신에게 울음소리를 보내주는 이유를 묻는다. 그에 비해 둘째 작품의 시적자아는 어느 농촌마을에서 보릿고개를 넘던 어느 날 꾀꼬리가 자기를 반가워라도 하는 듯이 지저귀는 소리를 듣고 그를 기꺼워한다. 다만 의외의 장소에서 우연히 만난, 수다스럽고 화려한 꾀꼬리를 통해 시적자아의 신세 또한 어색한 처지임을 드러냈다. 이 시를 인용한 이인로는 이 두 시에 대해 다음과 같이 의견을 제시한다.

> 고금의 시인들이 물(物)에 의탁해서 뜻[意]을 깃들이는 것이 대부분 이와 비슷하다. 두 분의 작품은 애초 서로 기약하지도 않았는데 말을 처량히 내뱉은 것이 마치 한 사람의 입에서 나온 듯하다. 그들이 재주가 있으면서 쓰이지 못해 하늘 끝에 떨어져 나그네로 돌아다니는 모습이 몇 글자 사이에 또렷하게 모두 보이니 이른바 시는 마음에 근원한다는 말을 믿을 만하다.

　작품과 대상물과 시인의 관계를 요약적으로 설명했다. 원문으로 말하자면 '탁물우의(托物寓意)'이다. 시인은 외적 대상물에 시인의 뜻을 덧입혀 자기 마음을 나타낸다는 말이다. 그렇다면 그 대상물은 시인의 마음에 따라 특성이 바뀌어 나타나며, 시인들의 처지가 비슷하면 대상물의 특성이 비슷하게 표현된다고 설명한 것이다. 세계를 자아화한다는 서정시의 기본 특질을 잘 설명했지만, 주관적 이상주의에 가깝다 할 수 있다. 실제 임춘의 꾀꼬리는 그렇게까지 시인의 감정이입에 전적으로 물들어 있지는 않다. 오디와 보리가 익어가는 시절에 낯선 나그네를 반기는 듯한 꾀꼬리의 모습은 그대로 시절에 걸맞은 농촌마을의 객관적 상황을 대변하고 있다고도 여겨진다.

이인로의 우의론은 아직까지 시인과 대상물의 상호 교감을 지향하는 물아일체의 사대부 시학과는 거리가 있으며, 중세전기 귀족문학의 특징을 지녔다 할 수 있다.

이인로는 지리산 청학동을 찾아 나서면서 도연명의 <도화원기> 같은 데 관심을 기울였다. 그 일화의 자초지종이 『파한집』에 비교적 상세히 기록되어 있다. 후세에서 야단스레 도화원(桃花源)을 그림으로 그리고 노래로 읊으면서 선계라고 묘사하지만, 그러한 현상은 그 글을 잘못 읽었기 때문이라고 보았다. 도화원은 실제로 청학동과 다를 게 없으며 피란처에 불과하다는 의견을 제시했다. 이인로는 그러한 생각을 <화귀거래사>에서 구체화시킨 바 있지만, 여기서도 문학을 하나의 정신적 가탁물로 여기는 것은 동일하다. 그는 자신의 이상을 실현할 만한 실제 공간을 얻기는 어려웠으므로 은둔지를 찾고 문학에 절대적 가치를 부여했던 것이다.

조동일, 『한국의 문학사와 철학사』(지식산업사, 1996) 99~126면에서는 이인로의 '탁물우의(托物寓意)'와 이규보의 '우흥촉물(寓興觸物)'을 대비적으로 설명하면서 둘 사이에 중세 전후기를 가르는 '물'에 대한 인식의 차이가 있다고 보았다.

5.4.2. 이규보의 우언적 문학론

이규보는 무신집권기의 불리한 여건을 딛고 문인관료로서 최고위직에까지 이르렀다. 그는 문인관료의 위험성과 가능성, 신산했던 자기 일생 등을 전기우언 작품으로 나타냈다. 그것은 자전적 고백인 동시에 새로운 양식을 개척하는 실험적 창작 행위였다. 그는 한문고전을 비판적으로 수용하면서 왕성한 비평 활동을 벌이고, 문학에 대한 인식을 정리하기 위해 우언 글쓰기 방식을 가능한 대로 활용했다. 따라서 그는 이인로와 같은 전문적 시화집을 저술하지는 않았지만 유격전을 벌이듯이 작품 여기저기에서 혁신적인 문학론을 담기 일쑤였다. 예를 들면 앞 장에서 이규보의 우언 글쓰기 작품으로 설명했던 거울 이야기 <경설(鏡說)>은 궁극적으로 문학의 종류와 여러 기능을 거울에 빗대어 암시한 것으로 해석할 수 있다.

마찬가지로 시마를 몰아내려 했다는 글 <구시마문(驅詩魔文)>은 한유의 우언 작품 <송궁문>을 반의모방한 글이라고 하지만 문학론의 관점에서 재론할 만하다. 그것은 궁극적으로 '시인론'이기 때문이다. 작품에서는 마치 시마가 시인에게 달라붙어 여러 어려운 상황을 일으키는 듯이 말하고 있다. 그러나 시마의 다섯 가지 죄상이 알고 보면 작가가 새로운 시문학을 개척한 데 따른 고난과 자부심을 반어와 역설로 표현한 데 불과하다. 기존의 귀족문화에서 추구하던 서정시에 만족하지 않고 사물의 비밀을 캐고, 시적 소재를 주변의 일상과 사물로 개방하며, 문학을 통해 새로운 인식을 추구하면서 비판과 고난을 마다하지 않는 시인상을 제시했다. 이규보는 문학을 통해 학문을 하고, 학문에서 얻은 인식을 시로 표현하고자 했기 때문에 중세후기의 사상과 문학을 선도할 수 있었다.

그는 또 한유(韓愈)의 <잡설(雜說)>에서 용과 구름의 관계를 말한 데 대해서 독특하게 풀이했다. 한유는 "구름이 용을 따른다"[雲從龍]는 『주역』의 어구를 가져와 밝은 임금과 어진 재상의 조우를 암시하고자 했다면 이규보는 이를 우언적 구조로 이해하고자 했다.

> 용렬한 사람은 문장의 글 기운을 뱉어낼 수 없다. 오직 기이한 사람이라야 뱉어낸다. 그렇다면 문장이 사람을 영험하게 할 수 없음이 또한 분명한 노릇이다. 그러나 사람이 문장에 기대지 않으면 또한 그 영험함을 신령스럽게 할 길이 없다. 그렇다면 신령한 용과 시인의 변화는 한가지인 것이다. 청컨대 이것으로 한유의 은미한 뜻을 누설시키고자 한다.

말하자면 용과 구름을 시인과 문학의 관계로 이해한 것이다. 위대한 시인이 위대한 작품을 만들지만, 역으로 시인이 시가 아니면 자기를 표현할 길이 없다는 점을 역설한 것이다. 이인로의 문학 절대주의를 표방한 것 같지만 그렇지 않다. 문학이 작가의 실천적 행위로서 사회적 가치를 지닐 때 비로소 작가의 기이한 인식이 소통되고 문학도 또한 제구실을 수행하게 된다는 의미이다. 작가와 작품의 상호의존성과 함께 일상과 사물에 대한 개방성이 함께 주장될 때 이규보의 문학관이 온전하게 드러난다.

그런데 이규보는 당나라 우언문학의 대가인 유종원(柳宗元)에 대해서 작품성과 작가의 사상을 구별하여 논평하는 태도를 취했다. 특히 <유자후의 문과 질에 대한 평>, 즉 <유자후문질평(柳子厚文質評)>에서는 유종원의 우언 작품 <참곡궤문(斬曲几文)>과 <걸교문(乞巧文)>을 거론하면서 자기 자신을 되돌아보지 못했다고 비판했다. 앞의 작품은 뒤틀려버린 안석(案席) 궤(几)를 칼로 잘라버렸다는 내용이며, 후자는 칠석날 부녀자들이 바느질 솜씨를 거미에게 비는 풍속에 빗대어 자신의 처세술과 글이 졸렬함을 한탄하면서 공교하게 되기를 비는 내용이다. 후자에서 작가의 그러한 소원은 한유의 <송궁문>과 같이 반어적이며 한층 과장되게 표현되어 있다. 종국에는 사신의 졸렬함이 하늘이 명한 자신의 운명이며 공교함은 결코 추구할 수 없는 세속의 가치임을 인식하게 된다.

그러나 이규보는 유종원의 문장이 평소 온축하지 못한 것들을 한갓 글에다 가탁하여 늘어놓았을 뿐이라고 깎아내렸다. 유종원이 유우석과 함께 왕숙문(王叔文)과 왕질(王侄)의 정치세력에 가담하여 개혁운동을 펼치다 당(唐) 순종(順宗)의 양위로 실세하여 귀양 갔던 사건을 언급하면서 행실이 올바르지 못했음을 지적했다. 전자의 작품에 대해서는 유종원이 "굽은 궤를 벤다"는 말로 우의(寓意)하여 세상을 기롱하고자 했지만, 결국은 자기 도끼를 가지고 제 몸을 베는 것과 같아서 굽은 궤는 벨 수 없는 처지였다고 비꼬았다. 후자에 대해서는 유종원이 이미 공교한 처세술과 문장력을 지니고 있으면서도 말을 꾸며 하늘을 속이고 공교로움을 빌었으니 하늘을 끝내 속일 수는 없는 것이라고 비난했다. 이규보는 문·질(文質)이라는 유가의 오래된 규범적 문학론을 기준으로 삼으면서, 그것에 어긋나는 경우는 작가의 사회의식과 작품의 관계를 한갓 가탁과 우의에 불과한 것으로 폄하했다. 결국 가탁과 우의가 작가론적으로 절실한 체험과 연결될 때에만 의미가 있는 것으로 이해했다 할 수 있다.

이규보는 사물과 부딪혀 일어나는 작가의 감흥과 체험을 중시했다. 사물 그 자체와 별로 상관없이 작가의 감정이나 이념을 덧씌우는 문학에 반대했다. 그러한 문학사상은 사물을 대하는 태도에서 여실히 드러난다. 유종원의 <수관불여수도론(守官不如守道論)>에 대한 반박은 보통 사람 누구나 관직의 임무를 통해 자기 이상을 실현하는 것이지 이상을 앞세워 관직의 구체성을 훼손시켜서는 안 된다는 점을 역설한 것이다. 또 <국선생전>이나 <청강사자현부전>의 우언 작품을 창작할 때도 술과 거북점의 구실을 긍정적으로 수용하면서도 작가 스스로의 상황을 빗대는 상호 교감적 태도를 취해서 전기우언의 자전적 경향을 선도했다.

또 이규보는 친구 이윤보(李允甫)의 저술 50여 편을 보고 발문을 쓰면서 평가하기를 다음과 같이 말했다.

> 빛나는도다! 글의 무늬와 채색을 갖추고 있구나! 시(詩)는 『시경』의 체격을 지니고 있고, 부(賦)는 『초사』의 정서를 머금었다. <무장공자전(無腸公子傳)> 등과 같이 조롱하고 놀리는 작품은 한퇴지(韓退之)가 지은 <모영전(毛穎傳)>과 <하비후혁화전(下邳侯革華傳)>과 비교한다면, 나는 어느 것이 앞서고 어느 것이 뒤처질지 모르겠다.

이규보는 이윤보의 작품을 세 가지 유형으로 나누어 평가했다. 시와 부는 한문학의 양대 연원이니 그의 운문 작품이 정통적인 수련을 거쳤음을 인정한 것이다. 이러한 사정은 이규보가 이윤보에게 보낸 편지글에도 잘 남아 있다. 다만 그의 시부 작품은 "풍자하고 흥기시키는 것이 시속을 격동시켜 올바른 데로 돌아가게 할 만하다"고 평가했다. 그런데 <무장공자전>은 작품 이름을 직접 거론하면서, '조롱하고 놀리는' 부류의 작품이라 하고 한유(韓愈)의 전범적 성취에 비교해도 선후를 다툴 만한 경지라고 칭송했다. 여기서 <하비후혁화전>은 한유의 문집에는 이름만 전해질 뿐이며 오직 『사문유취』에 실려 있어서 과연 한유가 지은 것인지 의문시되며, 한유의 <모영전>을 모방한 위작일 가능성이 있는 작품으로 알려져 있다. 그럼에도 불구하고 함께 거론한 것은 이 작품들이 '가전' 형식을 창안했다는 위상 때문일 것이다. 이윤보의 산문 작품은 현재 전해지는 것이 한 편도 없지만, 그 작품 세계를 대표하는 유형으로 풍자적 전기우언을 거론한 것은 이규보가 그만큼 이 양식을 새롭고도 의미 있는 것으로 인식했기 때문이다.

이규보는 문인관료 고위직에서 은퇴할 즈음에 백거이(白居易)의 말년 시를 탐닉하면서 많은 화운시를 남겼다. <백낙천의 병중(病中) 15수에 차운하여 화답하다>라는 작품도 그 가운데 하나이다. 그는 서문에서 자신이 본래 시를 좋아하는 버릇이 있었지만 병중에는 평소보다 배나 더하여 접촉하는 사물에 흥을 곁들여 시를 읊지 않는 날이 없다고 했다. 말하자면 '우흥촉물(寓興觸物)'이 왕성한 시 창작의 원동력인 셈이다. 정확히 말하자면 우흥(寓興)과 촉물(觸物)의 선후관계는 분명치 않다. 시창작의 최초 순간인 시의(詩意)가 사물의 체험과 시인의 감흥이 상호 순간적으로 작용하면서 형성된다고 본 듯하다. 그는 왕안석과 구양수의 국화시 논쟁에 대해 논평하기를, "시란 본 바를 흥(興)하는 것이다"라고 짤막하게 정의하고 시에서는 보편적 현상을 읊기보다는 자기 체험을 감흥으로 삼아 시상을 일으킨다고 보았다.

이규보는 백거이의 병중시 15수를 따라가며 제목 그대로 화운하기도 하고, 자기 상황에 맞게 변형시키기도 하면서 와병 중에 있는 자신의 상황을 세밀하게 묘사해 나갔다. 은퇴를 결심하던 시절에 병가를 얻었는데 오히려 감흥이 더욱 무성해지고, 주변의 사물이 더욱 활발하게 부딪혀 옴을 느꼈다. 발병의 조짐으로부터 침상에서의 회한, 문병객 맞이와 전송, 병의 증세와 치료 포기, 여읜 말과 추억속의 기생들, 취흥과 회상 등등의 것들이 체험과 감흥의 관련 속에서 자연스럽게 표현됐다. 이는 이인로가 말했던 탁물우의(托物寓意)에서 시인의 의도가 사물의 존재를 압도하여 작용하는 것과는 크게 다른 시 창작의 태도이다.

이규보의 문학사상에 대해서는 조동일, 『한국문학사상사 시론』(지식산업사, 1979) 67~88면에서 중세 후기의 시대적 전환을 선도한 것으로 서술했고, 김성룡, 『한국문학사상사』(이회, 2004) 346~375면에서 권간(權奸) 시대에 문인국가의 이념을 세운 것으로 설명했다. 그러나 그가 이인로 등의 시화집 저술과는 다르게 우언 글쓰기를 통해 문학론을 전개한 의미에 대해서는 본격적인 논의가 이루어지지 않았다. 이규보가 강조한 '체험하는 시'의 특징은 최경환, 「이규보의 시정신과 시세계의 몇 국면」, 『이규보연구』(새문사, 1986) Ⅱ-91~106면 참고.

5.4.3. 최자의 『보한집』과 비흥풍유(比興諷諭)

최자(崔滋)는 이인로의 『파한집』을 보완한다면서 『보한집(補閑集)』을 지었지만 단순히 보완에 그치지 않았다. 그는 이인로의 선구적 저술에서 주장하는 문학론을 비판적으로 계승하면서 이규보의 문학적 인식과 작품 성과를 적극적으로 받아들였다. 최자는 <보한집서>에서 다음과 같이 문학 일반론을 폈다.

(가) 글이란 도리를 밟게 하는 문(門)이므로 정상적이지 않은 말을 지나지 않는다.
(나) 그러나 기운을 돋구고 말을 멋대로 하여 당시 사람을 놀래서 움직이게 하려면 혹 험괴한 말에 이르기도 한다.
(다) 더구나 시를 짓는 것은 비흥풍유(比興諷諭)에 근본을 두는 것이다.
(라) 그러므로 기이하고 이상함에 깃들어 의탁한 뒤에야 그 기운이 씩씩하고 그 뜻이 깊고 그 말이 또렷해서, 사람의 마음을 느껴 깨우치고 미묘한 본지를 발양시켜 끝내 바른 데로 귀결시킬 만하다.

(가)는 원칙론이다. 문장은 도(道)를 실천하는 도구라는 유가적 문학론의 표현이다. '정상적이지 않은 말'이라는 뜻의 불경지어(不經之語)라 함은 표준으로 삼을 만한 경전적 어구에서 벗어난 어휘나 표현을 가리킨다. (나)는 실제론이다. 문장은 도를 표현하기 위한 매체라고 하더라도 그 표현의 효용성을 위해서 때로 예외적인 전술을 구사하기도 한다는 뜻이다. (다)는 문장에서 시문학으로 갈래를 옮겨서 다시 원칙론을 제시했다. 시의 특징은 부(賦)와 같은 직접적 정서 토로보다는 비·흥(比·興)과 같은 에둘러 말하기, 엉뚱하게 말하기 방식에 있고 더 나아가 풍자적 비유를 표현하는 데 있다고 본 듯하다. 『보한집』은 기본적으로 시화집이므로 (가)보다는 (다)의 원칙론이 더 요긴하다. (라)는 비흥과 풍유의 관계를 다시 보충하는 말로 여겨진다. 비·흥은 대상물과 시적 정서의 관련성에 초점을 맞춘 것이라면, 풍유는 시적 정서와 주제 의식의 관련성이 위주인 것이다. 따라서 여기서는 에둘러 말하는 시적 정서의 수사적 방식, 창작과정, 효과 등을 설명했지만 결국은 풍유의 방식과 효과를 염두에 두었다. "기궤(奇詭)함에 깃들고 의탁한" 시작품은 씩씩한 기운과 깊은 시의와 또렷한 어휘를 지닌다고 했다. 그 설과 독사에게 그 같은 과정을 느끼게 해서 마음을 움직인다. 풍유의 시 작품은 미지(微旨), 즉 미묘한 주제를 드러내서 작가가 생각하는 올바른 가치를 공감하게 만든다고 본 것이다.

실제 작품 비평에서 최자는 백성들의 고된 상황을 다룬 시를 주목했다. 진사(進士)에 머물렀던 최유(崔裕)의 <도원역(桃源驛)>시를 다음과 같이 소개했다.

避秦三四家,	진나라 학정을 피한 서너 집이
仍作桃源驛.	그냥저냥 도원역을 만들었다네
自言迎送勞,	스스로 말하기를 나리님 접대하는 수고로움
却勝長城役.	만리장성 부역보다 더 고되다 하네

최자는 이에 대해 다음과 같이 비평을 가했다.

> 풍·소(風騷)의 풍유(諷諭)하는 뜻이 있다. 최유는 열 차례나 과거시험에 급제하지 못하고 포의(布衣)로 세상을 마쳤다. 옛사람들은 글을 보고 사람의 행동거지를 안다고 하지만, 반드시 믿을 것은 아닌 듯하다. 그렇지만 최유의 시를 보면 말과 뜻이 스스로 고단하여서 장차 크게 될 부드럽고 온화한 기운이 없다.

최유의 작품은 일단 시경이나 초사의 뜻이 있음을 인정했다. 이러한 작품을 지었다면 그가 과시에 열 번씩이나 낙방했다는 것은 이상한 일이다. 문인관료의 인격을 글로 판단했던 중세 숭문주의의 맹점이 있다고 할 수 있다. 그러나 최자는 최종적으로 최유의 작품에 결함이 있다고 보았다. 문제는 작품에서 느껴지는 기운에 있다고 본 것이다. 작품의 기상은 시인의 장래까지도 좌우할 만큼 근원적이어서 설사 풍유의 작품이라도 각박함과 조화로움은 그 깊이를 다르게 만든다는 논조이다. 풍유의 주제의식도 비흥의 완곡한 수사법을 거쳐야 한다고 본 듯하다.

또 가을 국화의 소재 작품들을 가지고 김부식, 이인로, 김극기, 이규보의 시 창작 경향을 비교하기도 했다. 김부식은 미녀를 꽃에 비유하는 관례에 따라 백낙천과 소동파의 애첩이 떠나고 남았던 사적을 용사하여 가을꽃을 묘사했다. 이에 대해 편자는 "뜻이 비록 정밀하고 타당하다고 하나 지푸라기 제웅과 같이 일회용이다"라고 지적했다. 이인로는 전국시대 위(魏)의 총신이었던 용양(龍陽)의 사적을 활용했다. 용양은 남색으로 위후에게 총애를 받았지만 더 아름다운 자가 나타나면 버려질까 봐 슬퍼했다는 고사를 가지고 국화가 가을 한 계절을 버티는 모습을 묘사했다. 의외의 비유여서 기발하다고 평가했다. 이에 비해 아래의 김극기와 이규보의 시에 대해서는 다음과 같이 평가했다.

芬敷恨不及春風,　봄바람도 없는데 국화향 퍼지니 안타까워
露冷霜悽慘玉容.　무서리 내리면 옥 같은 얼굴은 참혹해지겠지
歲晚芳心誰獨識,　한 해도 저무는데 꽃다운 마음 뉘 홀로 알아줄까
殘叢尙有愛花蜂.　남은 떨기에 꽃 사랑하는 벌님이 아직 계시네

靑帝司花翦刻多,　봄신이 꽃을 맡아 깎고 새겨서 빚어놓더니
何如白帝又司花.　가을신 다시 꽃을 맡아 어찌 하시러뇨
金風日日吟蕭瑟,　소슬바람 날마다 으슬으슬 소리하는데
把底陽和放艶葩.　가라앉은 봄기운 잡아 고운 꽃떨기 피워내셨네

김한림(金翰林)의 시는 풍인(風人)이 자신을 곁들이는 뜻이 있어서 읽어 보면 처연한 느낌이 있다. 문순공(文順公)은 고사를 사용하지도 않고 비유를 취하지도 않았지만 곧바로 하늘의 마음을 꿰뚫었을 뿐이다.

여기서 '풍인'은 『시경』의 시인들을 가리킨다. '자신을 곁들이는 뜻', 즉 자우지의(自寓之意)라 함은 작가 스스로를 가탁의 대상으로 삼는 시상을 말한다. 최자는 시인이 자신의 처지를 에둘러 읊은 『시경』의 <백주(柏舟)> <간혜(簡兮)> 등과 같은 풍유 수법이 이 작품에 있다고 본 것이다. 따라서 구체적으로 언급하지는 않았지만, '꽃을 사랑하는 벌님'은 충신연주지사(忠臣戀主之辭)의 고독감을 반영한 핵심적 시어라 할 수 있다. 이에 비해 이규보의 시는 김부식이나 이인로처럼 용사나 비유법을 구사하지 않았지만, 가을하늘에 국화꽃을 피워내는 자연의 이치를 그대로 표현해 냈다고 했다. 김극기는 스스로를 빗댄 뜻이 있고, 이규보는 기상이 뛰어나서 공감을 표시하고 칭송했다.

최자는 문학의 효용성으로서 풍교(風敎)를 중시했다. <보한집서>에서는 문학론을 전개하면서 좀 더 치밀하게 풍유(諷諭)의 중요성을 부각한 바 있다. 그에 비해 『보한집』 하권 뒷부분에서는 승려, 기생, 이계 존재의 일화가 중심이 되면서 일종의 골계, 우언, 전기의 성격을 띤 이야기가 배치되어 있

다. 심지어 <묵행자전(默行子傳)>, <승자림치우담(僧子林癡愚譚)>, <이인보감여귀(李仁甫感女鬼)>, <호승(虎僧)>이라고 부를 만한 설화 작품이 편찬자의 필치로 다듬어져 제시되어 있다. 시문 중심으로 서술되던 앞서의 분위기가 완전히 서사 중심으로 전환됐다.

이러한 경향에 대해 하권의 마지막 항목에서는 편찬자의 견해를 다음과 같이 적어놓고 있다.

> 당나라 이조(李肇)의 『국사보(國史補)』 서문에서는 "귀신을 서술하거나 규방에 접근하는 내용은 모두 제거했다"라고 했는데, 구양수(歐陽脩) 공께서 『귀전록(歸田錄)』을 지으면서 이조의 말을 원칙으로 삼았다. 이는 고금의 유자(儒者)들이 찬술하는 상례가 된 것이다. 지금 나의 저술은 감히 문장으로 나라의 빛남을 보탠다거나, 번성한 조정의 전해지는 이야기를 편찬 기록하려는 것이 아니다. 그냥 시를 아로새기고 남은 것을 모아서 우스개 말에 보탬이나 되자고 한 것이다. 그러므로 끝 편에 몇 항목 음괴(淫怪)한 이야기를 기록하였다. 배움에 지친 신진학자가 이에 노닐고 쉬어서 긴장을 풀어놓기를 바란 것이요, 한편으로는 여러 문자 가운데 감계(鑑戒)가 들어 있으니 보는 자들이 자세히 알아야 할 것이다.

이러한 언급은 『파한집』 전체에 대한 발문(跋文)이자 앞서의 몇몇 서사 작품에 대한 변론이라 할 수 있다. 우선 구양수의 『귀전록』을 편찬의 기준으로 삼았다고 했다. 이조의 『국사보』는 구양수가 인용한 말이다. 이는 『보한집』 이후로 사대부들의 잡기패설류 편찬에 있어 기준이 됐다. 특히 역사서의 포폄의식과는 다르게 고인의 악행은 거론하지 않고 다만 해학과 풍자의 수준에서 문인관료 사회의 일화를 기술하고자 했다.

『보한집』에 마지막 부분에 실린 이야기들은 그러한 원칙에 다소 위배되는 것은 사실이다. 모두 당대 민간에서 취재한 내용이며, 이인로가 『파한집』에서 신라나 고려초의 역사 문물에서 이야기 자료를 가져온 것과는 좋은 대조를 이룬다. <이인보> 이야기는 인귀교환(人鬼交驩) 설화이니 『수이전』 유형의 전기(傳奇)에 해당되며, <호승> 이야기는 『삼국유사』에 실린 <김현감호>의 이본이라 할 수 있다. 그럼에도 불구하고 최자는 여기에서 해학의 문예미를 찾고, 또 한편으로 감계(鑑戒)의 풍자 의식을 전하고자 하는 데서 명분을 삼았다.

특히 최충헌 집권 초기 사천감(司天監)을 지냈던 이인보(李仁甫)라는 무명의 관리가 경주 지방으로 출장을 나갔다가 여귀와 사랑을 나누었다는 이야기는 관인사회의 이념적 해이를 상징한다고 하겠지만, 편자는 귀신의 원리를 따진 한유(韓愈)의 <원귀(原鬼)>를 근거로 삼아 나름의 논평을 전개했다. 형체와 소리가 없는 것이 본래 귀신의 모습이지만 어떤 사람에게 여러 결함이 있으면 감응하여 귀신이 나타난다고 보았다. 요컨대 귀신은 형체에 의탁하고 소리에 기대어 응한 것이니 모두 사람의 일이라는 것이다. 그러므로 이인보처럼 귀신에 유혹된 자는 '자기(自欺)', 즉 은밀한 자신의 욕망을 삼가 다스리지 못해서 스스로를 속이는 현상이라고 비평했다. 종합적으로 최자는 신유학적 윤리의식에 입각한 문학적 효용론을 '풍유'적 서정시와 '감계'적 전기서사로 나누어 전개했다 할 수 있다.

최자의 문학론은 신의(新意)와 용사(用事)의 관련성 속에서 논한 연구가 대부분이다. 그가 시경과 초사를 시학의 근본으로 삼으면서 비흥풍유(比興諷諭)를 강조하고 언어의 조탁보다도 기(氣)와 의(意)를 중시한 것에 주목할 필요가 있다. 최자의 풍교론은 전형대, 「보한집의 비평문학적 특성」, 『진단학보』 65(진단학회, 1988) 160~163면 참조. 구양수의 『귀전론』 수용에 대해서는 강민경 역주, 『귀전록』(학고방, 2008) 1~51면; 이강옥, 「귀전록의 수용과 조선 일화의 형성」, 『일화의 형성 원리와 서술 미학』(보고사, 2014) 53~59면 참조.

5.4.4. 고려말 신흥사대부의 우언적 문학론

이제현은 『역옹패설(櫟翁稗說)』 전집과 후집을 지으면서 각각 서문을 지었다. 전집 서문에서는 저자가 할 일 없는 사람이라는 뜻에서 '역옹'이라 자호하고, 잡문 쓰기를 좋아하여 돌피 같은 이야기를 기술했다는 뜻에서 '패설'이라 칭했다고 했다. 후집 서문에서는 어떤 사람과의 문답을 꾸며서, 경사(經史)에 대한 저술 내용이야 좋지만 골계의 말을 섞고 더구나 시구절 다듬는 일을 위주로 한 점을 변론했다. 요컨대 답답한 마음을 몰아낼 생각으로 쓴 '희론(戲論)'에 불과하며, 마음 쓰는 데가 없거나 바둑장기로 소일하는 것보다는 낫기 때문에 그 일을 했다고 해명했다.

실제로 『역옹패설』은 전집에서 국가사, 경대부의 언행덕목을 위주로 기술했다. 다만 후반부에 골계담을 덧붙이고 있는데, 그 중간에 '주먹재상' 두경승(杜景升)의 일화를 끼워 넣었다. 무신란이 발발한 이후로 재상 가운데 무인이 많았음을 전제하고, 이의민과 두경승이 함께 중서성에 앉아서 자신들의 무용담을 과시하며 정변 상황을 재연했다고 묘사했다. 이의민은 주먹으로 기둥을 치니 서까래가 흔들렸고 두경승은 주먹으로 벽을 치니 주먹이 벽을 뚫고 나갔다고 했다. 그래서 당시 사람들이 다음과 같은 시를 지었다는 것이다.

吾畏李與杜,   나는 이씨 두씨가 두려우니
屹然眞宰輔.   우뚝하신 참 재상일세
黃閣三四年,   정승의 지위는 삼사 년이지만
拳風一萬古.   주먹바람은 만고에 떨치리

비록 짧은 내용이지만 1170년 정중부의 쿠데타와 1173년 김보당의 역쿠데타 실패에 의해 무신집권이 고착화되기 시작했던 시대의 정치상을 풍자하고 있다. 비록 재상이라고는 하지만 무인의 치졸한 무용담 대결이어서 실소를 자아내게 한다. 이 일화 이전에는 편자가 생각했던 이상적인 경대부의 본보기를 부각시켜서 크게 대비되고 있다. 역사의 기억을 통해 모범적 사례와 함께 어처구니없는 사례를 함께 보여주고 있는 셈이다. 그들이 무력을 떨치며 두려운 존재로 군림했지만 그 위세는 한때에 불과했다. 오히려 '주먹바람'의 풍문은 천년만년 간다고 했으니 주먹으로 재상 반열에 올랐다는 추문이 사람들의 입에 오르내려 영원히 전해진다는 뜻이다. 사람들이 당시에는 두려워하는 척하지만 구비춘추(口碑春秋)의 엄중함을 나타내 보였다 할 수 있다.

이는 선대의 악행을 수록하지 않는다는 『역옹패설』의 편집방침에 비추어 볼 때 예외적 항목이다. '주먹재상' 이후에 실린 전집의 골계담은 풍자의 강도가 대체적으로 낮다. 비록 인간의 약점을 들추어낸 것이라고 하더라도 관료집단의 해학성이 두드러진다. 일탈의 모습을 보여주면서도 사대부의 가치관으로 얼마든지 포용될 수 있는 수준이므로 부드러운 웃음을 자아내게 만든다.

『역옹패설』 후집은 시문에 대한 비평을 위주로 기술했다. 그 가운데 후집1은 중국, 후집2는 고려 시작품을 집중적으로 언급하고 있다. 최자의 『보한집』과 대비해 보면 비흥(比興), 풍유(諷諭), 가탁(假托) 등의 문학론적 논의보다는 시 작품 자체를 비평하면서 중국 시와의 대비가 두드러진다. 예컨대 장일(張鎰), 곽예(郭預), 이승휴(李承休), 정윤의(鄭允宜)의 시를 제시하고 다음과 같이 짤막하게 비평했다.

> 이상의 시는 사람들이 즐겨 애송하게 한다. 그러나 장일의 시는 감분(感奮)하여 지은 시일 뿐이라 딴 뜻이 없으나 나머지 3편은 모두 풍유(諷諭)가 함축되어 있는데, 특히 정(鄭)·곽(郭)의 시는 미묘하고도 완곡하다.

장일의 작품은 젊은 날의 풍류가 모두에게 추억이 됐다는 점에 깊이 감동해서 지었지만, 개인적 회상 차원에 머물렀다는 평가이다. 그에 비해 나머지 작품들은 '풍유'의 수준을 갖추었음을 인정했다. 특히 수강궁에서 키우던 매가 달아난 것을 소재로 삼은 곽예의 <요일(鷂逸)>시는 눈길을 끈다. 시인은 임금이 계절마다 정성을 다해 보살폈던 새매가 어째서 날아가 버렸느냐고 원망하면서, 낱알 하나 주지 않던 제비가 해마다 주인집 대들보로 찾아드는 현상과 극명하게 대비했다. 나라에서 키운 인재들이 국가에 보답하지 않고 일탈의 길로 나서는 것에 대한 은근한 풍자라 하겠다. 비록 그 일탈의 구체성은 생략되어 있지만 원나라 지배를 받고 있던 고려의 현실에서 문인관료의 바람직한 구실과 그에 역행하는 파행의 모습은 어느 정도 짐작이 가는 바 있다. 원나라의 일본 침공에 동원된 참상을 노래한 현실고발시 <감도해(感渡海)>, 임금의 사냥놀이를 풍간(諷諫)한 <수강궁관렵(壽康宮觀獵)> 등을 곽예가 지었던 사실을 참고한다면 새매의 풍유는 미묘하고 완곡하다 할 수 있다.

또 『역옹패설』 후집2에는 임춘(林椿)이 꾀꼬리 울음을 듣고 지었다는 시와 최자(崔滋)가 궁궐에서 숙직하다 학울음 소리를 듣고 지었다는 시를 소개하고 대비했다. 임춘의 시는 『파한집』에서 백운자 신준의 꾀꼬리 시와 대비하기도 한 <모춘문앵(暮春聞鶯)>시이다. 최자의 작품은 다음과 같다.

> 雲掃長空月正明,　높은 하늘에 구름도 개어 달이 마냥 밝으니
> 松巢宿鶴不勝淸.　솔 둥지 자는 학은 맑은 정에 겨워하네
> 滿山猿鳥知音少,　온 산 뭇 짐승들에게는 지음도 적으니
> 獨刷疏翎半夜鳴.　홀로 성긴 깃털 털면서 한밤중에 울어대네

위 두 시를 소개한 편자는 우선 두 작품이 모두 불우(不遇)를 슬퍼하여 지은 것이라는 공통점을 지적했다. 그러나 최자의 작품은 기절(氣節)이 강개하여 임춘에게 견줄 바가 아니라고 평했다. 말하자면 이인로의 견해와 마찬가지로 이러한 종류의 작품은 '탁물우의'의 성격을 지녔지만, 임춘은 오직 낙척한 개인적 처지를 빗댔을 뿐이고 최자는 우국애민의 사대부적 정취와 기상이 담겨 있다고 본 것이다. 우의론을 구체적으로 밝히지 않았지만

기(氣)와 의(意)를 중시한다는 점에서 이제현은 이규보와 최자의 시론을 계승했다고 할 수 있다.

이색(李穡)은 문장과 도덕의 관계에 관심을 기울이며 '도문상수(道文相須)', '문장출어도덕(文章出於道德)' 등의 개념을 주장하여 사대부 문학에서 문이재도론(文以載道論)의 시원을 마련했다. 그러나 고려말 공민왕의 치세에서 시대의 기울어가는 운세를 개인이 바꾸어놓을 수는 없다는 점을 고민하면서 회의적인 시운론(時運論)을 전개할 수밖에 없었다. 윤택(尹澤) 문집의 서문에서는 시대와 문학의 관련성을 다음과 같이 논의했다.

> 문장은 겉이지만 마음에 뿌리박고 있다. 마음의 발현은 때에 관련된다. 이러므로 시를 읊는 자는 그것에서 풍아(風雅)의 정격과 변격을 느끼지 않으면 안 된다. 말세의 장구들은 날마다 아래를 향해 가니 바른 소리가 다시 일어나지 않은 것이 이상할 게 없다. 요행히 외로운 봉황새가 새무리 가운데에서 울어댄다 해도 다시 그 소리가 바람을 따라 사라진다. 사라져 간 것이 멀어질수록 남은 소리를 다시는 접할 수 없다. 아아, 슬프도다.

『시경』에도 변격이 있어 달라진 시대의 정서를 반영한다고 전제했다. 더구나 고려말은 정격의 문학은 더 이상 기대할 수 없다고 했다. 다만 예외적인 작가들이 시대와는 다른 정격의 문학을 보여줬다는 것을 봉황새에 비유했다. 그러나 그것도 시대의 조류를 뛰어넘을 수는 없다고 보았다. 서문의 대상이 되는 작가를 봉황새에 빗대어 칭송했지만, 한 개인이 시대를 바꿀 수는 없다고 보았으므로 슬프다고 탄식했다.

이색은 누군지 모를 사람과의 대화에 가탁하여 문학론을 전개시키기도 했다.

> 글 짓는 것을 물었다. 선생이 말했다: "꼭 말할 것을 꼭 말하고, 꼭 쓸 용례를 꼭 쓰면 된다." 그다음을 물었다. 선생이 말했다: "말이 고원(高遠)하면 더러 비근(卑近)한 것으로 보충하고, 용례가 우원(迂遠)하면 더러 모범

적 것에 비슷하게 하라." 또 그다음을 물었다. 선생이 말했다: "꼭 말할 필요가 없는데 말하거나 꼭 쓸 용례가 아닌데 쓴다면 전도된 것이 아닌가?" 또 어떤 스승이 마땅하냐고 물었다. 선생이 말했다: "스승은 사람에 있지 않고 서책에 있지 않다. 자득할 뿐이다. 자득한다는 것이야말로 요순(堯舜) 이래로 바뀐 적이 없다."

그로부터 10여 년이 지났다. 묻던 사람이 사례하며 말했다: "선생의 앞서 말씀이 옳습니다. 이제 죽을 때까지 이를 행할까 합니다." 동자가 곁에서 그 연유를 묻기에 기록하여 '답문(答問)'이라 한다.

'꼭 말할 것'의 결정은 주제 선정에 관한 일이다. '꼭 쓸 용례'의 결정은 소재 선정에 관한 일이다. 주제가 너무 추상적이거나 이상적이면 더러 비근한 주제를 들어서 보충할 수 있다. 용례가 현실과 동떨어졌으면 더러 규범적 용례를 기준으로 삼아야 한다. 주제와 소재에 관해 이러한 규칙 이외에는 더 말할 게 없다는 식으로 한 대목을 덧보탰다. 그리고 자득을 강조했다. 물었던 사람도 10년 뒤에 자득한 바가 있어 선생의 말에 뒤늦게 동의했다. 일체의 군더더기는 생략한 채 간략하게 문장론에 관한 대화를 적었다. 우언으로 꾸민 일상 속의 문학론이라 할 수 있다.

또 이색은 <기사(紀事)> 5수에서 시인의 자화상을 그려냈다. 제3수, 5수에서는 다음과 같이 구체적인 문학관을 나타냈다.

遇興吟詩筆自隨,	마침 흥이 나서 시를 읊조리니 붓이 저절로 따라가네
聲音格律兩委蛇.	성음이나 격률이랑 모두가 저절로 맞아진다
一星雅俗高低處,	우아와 비속을 한 눈금 높일까 낮출까 하는 곳에서
稱物持平果是誰.	사물에 딱 맞게 공평함을 유지할 사람 누구일까

清苦浮華是兩家,	청고함과 부화함은 시인의 두 집안이니
風花氷檗似恒沙.	바람과 꽃이냐 얼음과 황매냐 모래알처럼 많은 사물
欲趣平淡成枯槁,	나는야 평담함 좇아 고고함을 이루고저
坐到晨鍾又暮鴉.	새벽종과 저녁 까마귀 소리 들으며 앉아있노라

앞의 문학론이 문장에 관한 것이라면 이것은 시론이다. '흥'을 시에서 가장 우선하는 창작동기로 보았다. 성음이나 격률과 같은 언어적 조탁은 부차적이다. 다만 그 흥은 사물과 대칭되어야 한다. 우아냐 비속이냐 저울질할 때에도 한 눈금을 옮기는 데 신중을 기해야 하지만 그 기준도 오직 사물에 맞닥뜨리는 시인과의 공평한 관계에 있어야 함을 역설했다. 그렇지만 시인의 경향은 크게 청고와 부화의 미의식으로 나뉜다. 바람과 꽃은 흔히 부화한 시에서 동원된다. 얼음이니 황매니 하는 것들은 청고한 시에 흔히 등장한다. 이러한 소재는 강가의 모래알처럼 널려있다. 이색은 제3의 길을 가고자 원했다. 평담과 고고의 영역이다. 담담한 소재와 표현을 통해 고고의 주제와 미의식을 구현하고자 온종일 시 창작에 몰두한다.

『역옹패설』에 대한 갈래적 성격과 구성 분석은 심호택, 「≪역옹패설≫의 패설적 성격과 구조」, 『한문교육연구』15(한국한문교육학회, 2000) 236~252면 참조. 정홍교, 『조선문학사 2.』 280~283면에서는 『역옹패설』의 풍자산문의 사례로서 두경승의 무용담 일화를 <주먹바람 처녀마녀>으로, 홍수의 내기바둑 일화를 <귀신병에 걸린 어리석은 관료>로 명명하고 큰 의미를 부여했다. 곽예의 작품 경향에 대해서는 김승룡, 『고려 후기 한문학과 지식인』(2013) 575~595면 참조. 이색에 관한 논의는 유광진, 「이색의 문학관」, 『한문고전연구』(한국한문고전학회, 1993) 17~20면; 김성룡, 『한국문학사상사 1』(2004) 517~520면; 임정기·이상현, 『국역 목은집』(고전번역원, 2000) 참고.

5.5. 선종의 파격적 사유와 우언 글쓰기

5.5.1. 지눌과 혜심의 세대

지눌(知訥, 1158~1210)은 불교계의 분열을 선종의 관점에서 통합하고자 했다. 그는 선종과 교종의 수행방법을 아우르며 일상생활에서 직접 노동을 감당하는 정혜결사(定慧結社) 운동을 벌였다. 그는 『권수정혜결사문(勸修定慧結社文)』이라는 장편의 취지문 첫머리에서 다음과 같이 말했다.

> 삼가 들으니 땅으로 인해 엎어진 자는 땅을 인해 일어나는 것이니 땅을 떠나 일어나기를 구하는 것은 있을 수 없다.

이는 지눌 자신의 말은 아니다. 북송 시절에 편찬된 『종경록(宗鏡錄)』에도 비슷한 말이 실려 있다. 여기에 빗대어 모든 중생은 제 마음의 본지(本智)에서 넘어지고 또한 그로 인해 일어난다고 했다. 또 "땅으로 인한다"다는 뜻의 '인지(因地)'는 부처의 지위를 과지(果地) 혹은 과상(果上)이라 하는 데 대해서 성불하려고 수행하는 중생의 지위를 가리킨다. 비방이 생겨서 넘어지든 믿음이 있어 일어나든 보통사람의 기본 마음으로부터 모든 것이 시작됨을 강조했다.

지눌은 선시(禪詩)나 선어(禪語)를 남기지 않았다. 그는 불교계의 고질적 분위기를 바꾸는 데 있어 사회활동의 실천과 그에 걸맞은 정격의 저술에 전념했다. 저술의 내용이 비록 선종의 것이라도 그 내용을 알리고 주장하는 방식은 유가적이었다. 간화선(看話禪)을 주창했어도 그에 관한 글은 <간화결의론(看話決疑論)> 같은 유가식 글쓰기를 활용했다. 선가의 수행과 글쓰기를 본격적으로 일치시켜 나갔던 것은 오히려 혜심(慧諶)이다. 그는 사대부 급제자 출신으로서 지눌의 의발을 이어받아 조계종 제2세가 되었지만, 문학에 있어서는 유가 글쓰기로부터 선가의 기발한 사유와 글쓰기 방식을 지향해 나갔다.

혜심이 남긴 시문집 『무의자시집(無衣子詩集)』에는 우언의 영역에서 살필 만한 작품이 여럿 보인다. <고분가(孤憤歌)>는 청렴강직한 사람이 세력 있고 부패한 자들에게 용납되지 못하는 사태를 답답한 마음으로 읊었다. 문집의 주석에 의하자면 이 작품은 어린 시절 출가하기 이전에 지었던 것이다. 천지간 사람의 생김새는 모두가 같은데, "누구는 빈천하고 누구는 부귀하며, 누군 곱고 누군 추함이 어인 일이냐?"고 반문했다. 그 같은 불공평한 사례는 너무도 많이 널려 있다. 조물주가 사심 없단 말도 다 헛말인 줄을 이제 알겠다고까지 했다. "천지는 묵묵부답, 누구와 이 이치를 논할 것인가?"라고 한탄했다. 이에 대해 천지를 대신해 답한다는 취지로 <대천지답(代天地答)>에서 다음과 같이 읊었다.

萬別千差事,　만 가지 구별 천 가지 차이
皆從妄想生.　모두가 망상 중에 생겨나네
若離此分別,　이러한 분별에서 벗어나면
何物不齊平.　어느 것인들 평등하지 않으리

그는 사대부로 진출하는 과정에서 어느 정도 성과를 얻었지만 이 같은 근원적 문제를 해결하는 길이 더욱 소중하다고 판단했던 듯하다. 작품이 유치한 것 같지만 이 작품의 형식은 나름의 연원을 지니고 있다. 중국 초나라 굴원이 짓고 당나라 유종원 등이 전통을 이어받은 <천문(天問)> <천대(天對)>에서 자연 현상, 이치의 불가해함 등을 문제 삼고 해명하려 했던 유래가 있다. 다만 그 대답에 있어서 모든 차별상이 대상에 기인하는 것이 아니라 자신의 인식으로부터 생겨나는 것이라고 해서 불교적 사유를 해결책으로 삼았다. 사회적 불평등을 문제 삼기보다는 그로부터 야기되는 심리적 답답함을 주제로 삼았다 할 수 있다. 원래 '고분(孤憤)'은 『한비자』「고분」편에서 세력이 큰 신하가 사적 이익을 좇는 간사한 신하와 결탁하여 임금을 소외시키는 현상을 막아야 한다는 주제였는데 그것과도 동떨어져 있다. 사대부로서의 진출과 출세간의 길에서 어느 하나를 선택하기 이전의 습작이라 할 수 있다.

한편 혜심은 <기사뇌가(碁詞腦歌)>라는 시가 형식을 활용하여 지식인의 처세를 문제삼았다. 작품 말미에서는 내용상의 제목을 <우희조가(憂喜鳥歌)>라고 했다.

君看憂喜鳥,	그대는 근심과 기쁨의 새를 보았는가
高在碧山嶠.	고상하게 푸른 산 높은 봉우리에 있을 적엔
聞世可笑事,	세상의 가소로운 이야기 들으면
放聲時一笑.	터져나오듯 웃음소리 크게 내더니만
偶隨貪肉鴟,	우연히 고기살점 탐하는 솔개를 따라서
聚落遠遊嬉.	사람 사는 마을에 멀리 놀러 나갔다네
忽爾入羅網,	급작스레 새그물에 걸려들어서
出身無可期.	몸을 빼낼 방법이 전혀 없었다네
心生須托境,	마음이란 대상에 기대어 생기나니
窮谷宜棲遲.	궁한 골짜기 그런대로 살아갈 만한 것을

혜심은 신라 원성왕의 <신공사뇌가(身空詞腦歌)>의 전례를 좇아서 '궁달(窮達)'에 대한 깨우침을 읊고자 했던 것 같다. 세상에서의 성공 여부에 대해 '근심하고 기뻐하는 것'은 흔히 있는 일이며 중생의 마음이다. 그러한 마음을 새에 빗대어 우언시로 꾸미면서 산속에 있을 때와 사람들이 모여 사는 마을에 있을 때를 대비했다. 친구인 새매를 따라 세속에 내려갔다가 덜컥 그물에 걸려서 빠져나올 방도가 없다고 했다. 그제서야 "마음은 본래 형체가 없는데 경계에 기대면 생겨난다.[心本无形 托境方生]"는 법문이 떠오른다. '희우조' 새는 비로소 깨닫는다. 산속에 궁하게 지낼 때 아무런 마음이 없던 시절이 그런대로 살기 좋았던 것을. 혜심의 이 작품에서 새가 그물에 걸린다는 설정은 중세 지식인의 진출과 관련하여 겪게 되는 유혹과 위험을 비유한 우언시의 이른 사례로서 의의가 있다. 이제현의 소악부 <장

암곡(長巖曲)>, 강희맹과 이승소의 <문부산(蚊負山)>과 <선탈망(蟬脫網)> 등이 이 같은 우언적 비유 소재를 계승했다.

또 혜심은 <어부사(漁父詞)> 4수를 지어 사대부 문학에서 크게 발달했던 강호시가의 선편을 잡았다. 이 작품은 형식적으로는 북송에서 유행했던 사(詞)의 평측에 맞춘 한문가요이다. 내용적으로는 당(唐) 장지화(張志和)와 선승 선자화상(船子和尙)의 선례를 활용했다. 그러나 광의의 한국 고시가로서 취급할 만한 여지가 많으며 한국의 후대 <어부사> 유형에 큰 영향을 끼쳤다.

1

一葉片舟一竿竹,	조각배 하나 대낚 하나
一蓑一笛外無畜,	도롱이와 피리 그밖엔 가진 게 없오
直下垂綸鉤不曲.	곧게 내린 낚싯줄에 바늘도 곧으니
何撈攊,	뭘 건져 올리겠나
但看負命魚相觸.	목숨 걸고 낚시 건드리는 물고기 바라볼 뿐.

2

海上煙岑翠簇簇	바다 위 내 낀 멧부리들 짙푸르게 쭉쭉
洲邊霜橘香馥馥	모래톱 서리 맞은 귤나무 향기 펄펄
醉月酣雲飽心腹.	달에 취하고 구름에 거나하니 뱃속이 든든하오
知自足,	자족함을 알거니
何曾夢見閑榮辱.	어찌 꿈속인들 하찮은 영욕에 뜻을 두리오

3

脫略塵緣與繩墨,	세속 인연과 예법 벗어던지고
騰騰兀兀度朝夕,	우두커니 아침저녁 살아간다오
獨是一身無四壁.	홀로 한 몸뚱이 가둬둘 집도 없이
隨所適,	자적함을 좇으리라
自西自東自南北.	서녘에서 동녘으로 또 남녘 북녘으로

4

落落晴天蕩空寂,　　드높이 개인 하늘 텅 비어 적막하고
茫茫煙水漾虛碧,　　자욱이 안개 낀 물 넘실넘실 짙푸르네
天水混然成一色.　　하늘과 물이 뒤섞여 한 가지 빛일세
望何極,　　　　　　바라봐도 끝 간 데 있으리?
更兼秋月蘆花白.　　게다가 가을 달에 부서지는 하얀 갈대꽃이라니

각구 압운을 측성(仄聲)으로 놓는 송나라 사(詞) 형식 <어가오(漁家傲)>의 규칙에서 진일보하여 한국어 발음의 막히는 받침소리를 반복하고 있다. 특히 결구 직전에 3음절 단락이 네 수에서 반복되어 거의 감탄사 수준의 거센 음상징이 되고 후렴구에 상응하는 구실을 한다. 그것은 한시와는 다른 가요 수준의 규칙성을 더해 준다. 조선조에 유행했던 <어부가>에 삽입되던 '의미 조흥구(助興句)'에 상응한다.

내용적으로 보자. (1)은 강태공 고사와 선자화상의 <발도가(撥棹歌)> 구절을 변용했다. 아무 가진 것도 없는 처지에 곧은 낚시를 물에 던진다. 그 순간 "하로록(何撈攊)!" 무엇을 건져 올리는 듯한 소리가 물에서 들려온다. 시적 자아는 "뭘 잡어?"하면서도 이 최초의 움직임에 극도로 긴장한다. 웬 물고기가 뜻밖에 곧은 낚시를 건드린 모양이다. 그러나 실제 물고기를 건져 올리려는 의도도 가지지 않은 채 시적 자아는 물고기의 반응을 바라만 볼 뿐이다.

(2)의 시적 자아는 앞 수의 마지막 광경을 모두 잊은 것인 양 강남 풍경의 산수 감상에 골몰하는 듯하다. 물의 고장 강남의 어느 곳에나 있을 법한 멧부리, 모래톱, 귤나무, 구름과 달을 바라다본다. 그 자체로 자족하여 세상 영욕쯤이야 꿈에서조차 쓸데없는 일임을 확신한다. 곧은 낚시를 건드리던 물고기는 저만치 달아나 버렸을까? 아니면 건져 올렸을까? 아니면 그것에 관심을 두는 것 자체가 망념일까? 인위적으로 조장(助長)하는 일체의 움직임이 보이지 않는다.

(3)은 강호인의 내면이다. 바다 생활이 때로 고달파도 풍파 그 자체에 몸

을 맡긴다. 장지화의 <어가자(漁家子)>에서 "사풍세우불수귀(斜風細雨不須歸)" "취숙어주불각한(醉宿漁舟不覺寒)" 등으로 읊었던, 즉 "비바람 빗겨친들 돌아갈 게 무어람", "고깃배에서 취하여 잠들면 추위도 모를래라" 등의 시상이 변주되고 있다. 또한 잠삼(岑參)의 <어부(漁夫)>시에서 읊었던바 "차옹취적비취어(此翁取適非取魚)", 즉 "이 늙은이 자적함을 취함이지 물고기 잡으려 함이 아니라"에서처럼 이 작품에서도 '자적'을 작품 주제로 내세웠다.

(4)는 무한정의 공간적 확장을 보여준다. 하늘과 물이 맞닿은 아스라한 수평선까지 눈길이 간다. 그 중간에 달빛과 갈대꽃이 어우러져 흰 물결처럼 보이는 지점이 있다. 그곳은 필경 바다가 아닌 뭍이다. 선자화상 <발도가> 결구에서 "빈 배 가득 달빛 싣고 돌아온다"고 했다. 비었지만 비지 않은 것이다. 애초 천 길 곧은 낚시로 건져 올리려 한 것이나, 수평선에서 시선을 거두어 달빛에 부서지는 흰 갈대꽃을 새삼스레 발견한 것이나 애초 없던 것을 있다고 한 것은 아니다. 그것은 허깨비처럼 버티고 있는 오온(五蘊)의 깊은 바다에서 있는 듯 없는 듯 불성(佛性)을 낚아올린다는 선어(禪語)에 다름 아니다. 또한 금린(金鱗)으로 우의된 불성이 인간 세속의 무명 속 깊은 곳에 혼재해 있기에 천길 낚싯줄을 드리우지 않으면 안 됐던 것이다.

혜심의 <어부사>를 포함하여 고려조 <어부> 계열 한시 및 한시가요는 여말선초의 <악장어부사>를 거쳐 조선조 사대부의 <어부사>로 이어졌다. 여기서 어부를 자처한 사대부들의 삶의 공간은 흔히 '강호'로 일반화되기도 하고, '소상팔경'으로 대유되기도 하며, 작가 주변의 실경을 경관화하기도 하고, 혹은 승려의 경우에는 선가의 깨달음을 다시금 우의하기도 한다. 혜심은 『선문염송』에서 선자화상의 시구에 대한 여러 가지 해석을 집성하고, 오도성불 이후의 본처(本處)에서 보는 입장과 득도 이전의 구도정진(求道精進)의 입장에서 보는 견해를 구분해 놓았다. 요약하자면 인간의 마음에서 건져 올릴 것이 있는지 없는지, 있다면 무엇이고 없다면 왜 없는가의 문제이지만, 문인 어부사의 관점으로 보자면 유가 지식인이 강호에서 무엇을 구하고 또 무엇을 누릴 것인가의 주제의식이다.

한편 『무의자시집』에는 <출산상찬(出山相讚)>이라는 시가 실려 있다. 석가모니가 깨우친 후에 중생을 제도하기 위해서 설산을 나오는 모습에 대한 찬양시이다.

眼皮蓋盡三千界,　눈꺼풀은 삼천세계를 모조리 덮고
鼻孔盛藏百億身.　콧구멍은 백억의 몸을 갈무리하네
箇箇丈夫誰受屈,　사람 사람이 대장부이거늘 누구에게 굽히랴
靑天白日莫謾人.　청천백일하에 사람들 속이지 말지어다

중생을 제도한다는 것이 사람 속이는 짓이라는 타박으로 말을 맺었다. 앞의 시구들은 그렇게 심하게 말하는 이유이다. 사람 사람마다 눈 속에 삼천세계를 담고 코 안에 백억의 사람들을 가두어둘 수 있다. 인간의 감각이란 그런 것이다. 그런 위대한 능력을 가졌다는 점은 부처나 중생이나 마찬가지이다. 석가모니가 중생을 제도하려는 내용도 알고 보면 바로 그러한 인간의 본래성에 대한 역설일 것이다. 그러나 중생이 그것을 알고 있든 모르고 있든 본래성에는 변함이 없다. 마치 어룡(魚龍)이 물속에 있는 줄 인식하지 못해도 물결과 파도를 따라 자유롭게 노니는 것과 같다.

사실 이 시는 혜심의 창작시가 아니다. 그것은 송나라 선종의 거장 대혜종고(大慧宗杲)의 편지글 모임인 『서장(書狀)』 가운데 인용되어 있는 작자미상의 시이다. 이 책은 그의 스승인 지눌도 중요시했으며 간화선의 지침서 구실을 했고, 현재 국보로 지정된 고려판본이 전해지고 있다. 그런데 혜심의 문집에 이 시가 실려 있다는 사실은 그도 또한 이 작품을 늘 가까이 두고 애송했다는 방증이다. 석가모니의 교화를 찬송한다는 시가 오히려 교화 행위를 비하하는 듯한 내용으로 마무리를 지은 반어는 불교의 핵심이 바로 인간 본래의 위대성과 평등성에 있기 때문일 것이다.

그러나 혜심은 <대인명>(大人銘)이라는 글에서 부처의 마음을 다음과 같이 새기고자 했다.

菩薩所養, 如拭塵巾.	보살의 수양은 걸레와 같은 것
攬咎在我, 推淨與人.	닦은 허물 제게 있고 깨끗함 남에게 밀어주네
我雖不肖, 以是自珍.	내 비록 못났으나 이를 내 보배로 삼나니
不知我者, 視我如塵.	나 모르는 자 나를 티끌처럼 보리라
含垢忍恥, 內不失眞.	티끌 물고 부끄럼 견뎌 안으로 참됨 잃지 않으리
願言同學, 聞者書紳.	원컨대 귀 있는 동학들 마음에 새길지어다

대승불교에서는 보살의 수양 단계를 흔히 오인(五忍)으로 일컫는다. 복인(伏忍), 신인(信忍), 순인(順忍), 무생인(無生忍), 적멸인(寂滅忍)의 다섯 단계로 나누는데, 여기서 인(忍)은 참고 견디는 인내에 그치지 않고 궁극의 청정무위한 경지에 평안히 머무는 안인(安忍)의 경지까지를 두루 포함한다. 곧 10신(信), 10주(住), 10행(行), 10회향(廻向), 10지(地), 등각(等覺), 묘각(妙覺)까지 52위의 보살이 존재하지만, 혜심은 '걸레'의 비유를 활용하여 단번에 그 경지를 되새기고자 했다. '청정무위 담연적정'의 궁극적 과(果)에 안주하는 것이 아니라 인간의 내면 수양과 사회 정의가 엇나가지 않고 하나로 합치되는 길을 택했다. 그것은 마치 그의 <죽존자전>에서 암시했던 선어 "백척간두진일보"의 의미이다. 그것은 단순히 수양의 차원이 아니라 이미 종교의 차원이다. 일연, 설잠 김시습, 만해 한용운 등과 같은 우리나라 선사(禪師)들이 중요한 정신적 자양분으로 삼았던 조동선(曹洞禪)의 '이류중행(異類中行)' 사상을 그같이 에둘러 말했다. 청렴한 사나이가 '털 달리고 뿔 난 소'가 되어 축생과 다름없는 탐욕스런 세계로 들어가 부대끼는 것이 부처의 뜻이라 생각했다. 중생의 삶이 없고서는 부처의 깨달음도 없음을 깊이 명심하기를 수선사의 동학들에게 권면했음을 짐작할 수 있다.

이규보는 혜심보다 10년 연상이지만 10년 가까이 더 살았다. 그는 혜심의 비명(碑銘)에서 "유(儒)에서 석(釋)으로 갔으므로 모든 내외 경서를 통달했다"고 하고, "서울 땅을 밟지 않고도 앉아서 온 나라의 숭앙을 누렸다"고 했다. 다만 거북이, 두꺼비, 까마귀, 황소가 계를 받고 법을 들으며 산가지를 머금고 길에 꿇어앉는 등의 신이한 일이 문인들의 기록에 남아 있지만 유자(儒者)로서 말할 바가 아니므로 자세히 기록하지 않는다고 했다. 이규보는 불교계에서 혜심의 역사적 위치를 누구보다도 잘 알았던 것으로 추측된다. 혜심, 천인, 천책, 충지 등의 수선사 역대 주법자들이 지방의 향리층이나 독서층 출신으로서 과거급제자들이 많고, 문인관료들과의 교유도 빈번했기 때문이다.

이규보는 거사불교(居士佛敎)의 작가로서 적지 않은 불교시를 지어 유불교섭을 선도했다. 예컨대 중국의 대표적인 거사(居士) 작가였던 백거이(白居易)의 시작품을 만년에 즐겨 차운했는데 문답시가 특히 주목된다. <심신문답(心身問答)>에서는 마음은 젊은 시절 그대로인데 몸만 늙어가서 끝내 몸과 마음이 헤어질 즈음에 어떠한 상황이 벌어질 것인가에 대해서 작가의 생각을 우의화했다. 마지막 제3수에서는 다음과 같이 마음이 몸에게 답해 주었다.

> 人行底處不爲家, 사람 가다보면 어딘들 집이 아니리요
> 所宅殘頹棄者多. 늘 살던 곳도 무너지면 버리는 자 많다오
> 兜率天中吾若去, 도솔천으로 내 만약 떠나버리면
> 古宮雖在奈如何. 옛 궁궐 있다 한들 어찌하겠소

'집'의 이미지를 여러 어휘로 변용했지만, 결국 '몸'을 비유하고 있다. 이 점에서는 성리학의 신명사(神明舍)의 개념과 유사한 점이 있다. 그러나 마음이 몸을 어떻게 제어하느냐의 수양 문제보다는 몸의 영광과 욕망을 넘어서는 영원의 지향을 보여주고 있다. 생전 공로를 찬양받아 능연각(凌煙閣)에라도 자기 초상을 남기고 싶어함은 스러짐을 두려워하는 몸의 욕망 때문이다. 마음에게 그것은 '옛집'에 대한 집착일 뿐이다.

또 이규보는 저녁 산사에서 우물 속 달을 읊는다는 제목의 <산석영정중월(山夕詠井中月)> 2수에서 불교적 심상을 교묘하게 반의모방하여 수준 높은 서정시를 남겼다.

漣漪碧井碧嵒隈,	푸른 암벽 모퉁이에 잔잔한 푸른 우물
新月娟娟正印來.	방금 뜬 어여쁜 달 똑바로 비쳐오네
汲去瓶中猶半影,	길어 담은 물단지 속에 반쪽 달이 반짝이니
恐將金鏡半分廻.	거울 같은 둥근 달 반쪽만 가져올까 저어하네

山僧貪月色,	산 절의 중이 달빛을 탐하여서
幷汲一瓶中.	그도 함께 물단지에 가득 길어 올리네
到寺方應覺,	절에 가면 의당 깨닫게 되리라
瓶傾月亦空.	물단지 기울이면 달 또한 비게 되리

산승(山僧)이 샘물을 길어오는 광경이 하나의 풍경화처럼 그려졌다. 그러나 '달빛 길어 올리기'라는 소재가 두 수에 관통하고 있어 언외의 뜻이 예사롭지 않다. 이 소재는 율장(律藏)인 『마하승기율(摩訶僧祇律)』에 실려 있는 5백 마리 원숭이들의 이야기에서 끌어왔다. 원숭이 무리가 허상에 불과한 우물속의 달을 끌어내 줄어든 달빛을 보충하려고 우물 속으로 들어갔다가 떼죽음을 당했다. 첫 수 7언절구에서 말한 '반쪽 달'은 은연중 원숭이들이 근심한 '줄어든 달빛'을 가리킨다. 그러나 우물 속의 비친 '반쪽 달'은 그나마도 그림자이다. 인간의 이지러진 지혜, 즉 탐욕으로 물들어 본래성을 상실한 무명(無明)을 상징한다. 물론 불교에서 달은 부처의 본래성을 상징하고 그것이 여러 강물에 비치는 것을 부처의 화신이 시방세계를 교화하는 모습으로 이해하기도 한다. 그럼에도 불구하고 모든 대상물에 항상성이 없다는 공(空)의 논리에서 보면 달그림자에 집착함은 본래성에 멀어진 미혹이다. 우물 속 달그림자를 온전히 건져 올릴 방법은 없다. 그것이 아무리 매혹적이라도 두고 볼 수밖에 없다. 첫 수에서 보인 시적자아의 갈등이다. 둘째 수 오언절구는 더 압축적으로 시상을 전개했다. 산승은 드디어 우물 속 달을 길어 올렸다 그러나 시적자아가 분열하여 그러한 행위의 결과를 예상한다. 길어 올린 물항아리가 비워지면 달빛 또한 공(空)하게 됨을 깨닫게 될 것이라 했다. 달빛은 없는 것도 아니고 있는 것도 아닌, 경계에 의탁

하여 생멸하는 존재임을 말했다. 혜심이 <어부사>에서 "무엇을 건져 올려?"라고 한 영탄이 터져 나오는 듯한 결구이다.

『보한집』하권에는 <무장공자전>의 작가 이윤보(李允甫)의 동생이었던 승통(僧統) 시의(時義)의 우언시 전문이 소개되어 있다. 아무개 태수가 질그릇 공장을 두고 있는 사찰 장원에 술동이를 구하자 시의가 지었다고 한다. 최자는 그의 작품이 산나물 냄새가 나는 답답한 승가의 품격과는 전혀 다르다고 평가했다.

之二物身是瓦,	저 두 물건이 질그릇 몸이 되었으니
父於土母於火.	진흙을 아비로 불을 어미로 삼았네
生與麴生善,	태어나선 누룩 국생과 사이가 좋았고
器使無不可.	각종 그릇으로 부려 써도 안 될 게 없네
堅貞不似鴟夷滑,	굳고 바른 모습은 술푸대처럼 약삭빠르지 않아
飽則坐飢則臥.	배부르다 주저앉고 배 주리다 눕지 않는다네
空洞嶓腹容聖賢,	텅 빈 허연 뱃속에는 맑든 탁하든 모든 술을 담으니
平生可與陶瀉宜.	평생토록 함께 성정을 도야하기 딱 좋으리
當錦筵奉豪士,	화려한 잔치에선 호걸 선비 모시리니
何抵死隨我.	무엇 하자 죽도록 나를 따르리요
山僧一瓢計已足,	산승의 계책으론 표주박 하나면 족하나니
用無處何汝借.	쓰일 데 없으니 어찌 너를 빌리오
況今酒禁日來急,	게다가 지금 금주일이 바싹 다가오니
無物充汝餓.	네 주린 배를 채울 물건이 없도다
設茶湯欲供汝兮,	차음료를 베풀어 네게 주려 하지만
怨汝未貫喉吻不得過.	네 익숙지 않아 목구멍 넘기지 못함을 원망하리
汝於天地間有口腹耳,	너는 천지간에 오직 입과 배만 가지고 있어
珍重乎不我捨.	진중한 모습으로 나를 버리지 않았네
似聞戎城太守來,	융성태수께서 온다는 말 들은 듯하니
萬戶流涎飮新化.	모든 집안이 침 흘리며 새로운 교화 마실 터
果酌芳恩慰民渴,	과연 꽃다운 은혜 잔질하여 백성의 목마름 위로하리

公餘樂賓傾玉䑲.	공께서 손님치레하는 여가에 옥술잔 기우리시리니
噫汝幸生天下無事時,	아 너는 천하에 일 없는 때에 태어났으니
往與賢太守,	어진 태수에게 가서는
飮無何醉太平樂長暇.	무하지향에서 마시고 태평주에 취해서
	긴 여가 즐기시게

태수에게 보내주는 질그릇 술동이를 의인화하여 해학적인 뜻을 이어나 갔다. 한시의 형식도 4언, 5언, 7언, 9언을 뒤섞으며 측성 과(果), 마(馬) 등의 운자를 통용해 썼다. 매우 자유로운 고시 형태를 구사했다 할 수 있다. 내용적으로는 가죽 푸대가 술이 찬 정도에 따라 제멋대로 변형되는 것과는 다르게 술동이가 꿋꿋하고 변함없는 모양을 갖춘 것을 찬양했다. 그리고 가운데가 불룩하여 무엇을 담아도 상관없는 공간을 넉넉하게 지닌 것을 커다란 능력이라고 칭찬했다. 그러나 자신은 술을 장만해 둘 필요가 없어서 태수에게 보낸다고 했다. 끝부분에서는 태수의 통치가 관내의 모든 백성의 어려움을 위로할 수 있기를 축원했다. 불교 교종에서 최고위 승직에 있는 작가였지만 스스로는 절제의 미덕을 보이고 세속의 관리에게는 통치의 덕을 드러내도록 권면하는 여유를 보였다.

13세기 신앙결사의 기본 성격에 대해서는 채상식,『고려 후기 불교사 연구』(일조각, 1991) 11~99면 참조. 혜심의 <기사뇌가>, <어부사> 및 선시의 성격은 박재금,「무의자 혜심의 시 연구」(이화여대 박사, 1998) 44~50면; 성호경,「사뇌가의 성격과 그 변천에 대한 시론」,『시학과언어학』10(시학과언어학회, 2005) 10~27면; 윤주필,「한국 고시가의 강남문학지리학」,『열상고전연구』41(열상고전연구회, 2014) 468~474면;「고려 후기 불교 우언과 전기우언」,『고전문학연구』52, 71~74면 참조. 이규보 불교시에 대한 논의는 강석근,「한국 불교우어문학의 범주와 탐색」,『우언의 인문학적 위상과 현대적 활용』(박이정, 2006) 183~186면; 강석근,『이규보의 불교시』(이회문화사, 2002) 68~86면; 주호찬,『이규보의 불교인식과 시』, 보고사, 2006, 259~260면 참조.

5.5.2. 충지와 보우와 혜근의 한문가요

충지(冲止, 1226~1293)는 고려가 원나라 지배하에 들어가던 시절에 조계산 수선사의 제6세를 역임했던 선승이다. 그는 <동정송(東征頌)> 같은 작품에서 원 황제의 일본 정벌을 찬미하면서 친원적 의식을 선명하게 나타냈다. 그는 여러 시에서 원제국을 천자국으로 인정하고 고려와의 관계를 부자 사이로 인정하는 의식을 드러냈다. 그러나 한편으로는 원정으로 인한 백성들의 참상을 그리면서 심한 고뇌를 토로하는 상반된 시적 경향을 보였다. 충렬왕 9년(1283)에 지은 <민농(憫農)>이란 시의 마지막 부분에서 다음과 같이 읊었다.

嗟予亦何者,	아아 나는 또 무엇 하는 놈인가
有淚空連洏.	부질없는 눈물만 주루룩 흘러내리네
哀哉東土民,	슬프다 우리 땅 백성들은
上天能不悲.	하늘마저 슬퍼해 주시지 않으실까
安得長風來,	어찌하면 긴 바람 불어와서
吹我泣血詞.	내 피 맺힌 노래를 불어가려나
一吹到天上,	한번 불어 하늘 위로 올라가
披向白玉墀.	백옥경 섬뜰에 펼쳐 보여서
詞中所未盡,	노래 가운데 다 못한 말을
盡使上帝知.	상제께 모조리 아시게 할꺼나

백성의 고통을 아무리 시에다 옮겨본들 무력감만 생긴다. 인용한 시 앞 구절까지의 내용이 바로 그러한 부질없는 노래 가사이다. 어찌 해 볼 도리가 없다고 느끼면서 시인은 선가 승려에게 별로 어울리지 않는 노래를 계속했다. 비록 부질없는 노래의 연장이지만 하늘에 호소하는 길을 찾았다. '피맺힌 노래'의 핵심적 내용이야 백성의 참상을 하소연하는 것이지만, 피눈물을 짜내어 노래를 만드는 가엾은 시인의 모습은 하늘 상제의 마음을 움직여 볼 수 있지 않을까 하는 상상을 보탠 것이다. 인간의 고난을 선승이

나 시인이 구제할 길은 없지만 '읍혈사(泣血詞)'라는 강력한 상징성을 확장시켜 언외의 뜻을 덧붙였다.

한편 충지는 일상사를 소재로 삼아 붓 가는 대로 시를 만들기도 했다. 봄꽃이 잠시동안 폈다가 지는 것이 애석해서 <석화음(惜花吟)>을 짓기도 하고, 『진서(晉書)』에서 <곽문전(郭文傳)>을 읽고 자신의 일생을 되돌아보기도 했다. 장원급제를 했던 문인관료 출신답게 교학(敎學)에 밝았으며 교선일치를 지향하면서 유·선(儒禪) 조화의 경향을 지녔다. 그는 선(禪) 수행자들과의 문답을 다음과 같이 적어 보이기도 했다. 앞의 것은 "선객들에게 물은 것을 우연히 썼다"는 <우서문제선자(偶書問諸禪者)>이고, 뒤의 것은 "어떤 선자가 답했다"는 <유일선자답운(有一禪者答云)>이다.

朝來共喫粥,　　아침이면 죽을 함께 먹고
粥了洗鉢盂.　　죽 마치면 바루를 씻나니
且問諸禪客,　　어디 물어보세 선객들이여
還曾會也無.　　무슨 깨달음이 있었는지

寅漿飫一杓,　　새벽 미음 한 국자에 넉넉하고
午飯飽一盂.　　점심 공양 한 바루에 배부르네
渴來茶三椀,　　목마르면 차 세 잔이라
不管會有無.　　깨달음 있는지 없는지 상관치 않네

지극히 평범하고도 간단하다. 먹고 마시고 그릇을 씻는 일상사일 뿐이다. 그에 비하면 무엇을 깨달았는지 여부를 묻고 답하는 것도 중요한 일이 아니다. '평상심시도(平常心是道)'의 모습을 그렸다.

충지는 고원한 선시보다는 우리말 속담을 비유로 삼아 말 노래에 가까운 교화시를 짓기도 했다. <비단가(臂短歌)>라는 고시가 그러한 좋은 예이다. <팔 짧은 자를 위한 노래> 정도로 번역할 수 있다.

世人之臂長復長,	세상 사람 팔은 길고 또 길어
東推西推無歇辰.	동녘으로 뻗고 서로도 뻗어 쉴 날이 없는데
山僧之臂短復短,	산승의 팔은 짧고도 짧아
平生不解推向人.	평생토록 남에게 뻗을 줄을 모른다네
大凡世上臂短者,	대개 세상에 팔 짧은 자들이란
人皆白首長如新.	사람됨이 모두 늙도록 늘상 서먹서먹하다네
而況今昨始相識,	더구나 어제오늘 알게 된 사이이거늘
肯顧林下窮且貧.	산속 궁하고 가난한 사람 돌보려 하겠는가
我臂旣短未推人,	내 팔이 짧아 남에게 뻗어본 적이 없으니
人臂推我誠無因.	남의 팔도 나에게 뻗어올 리 정말로 없네
嗚呼!	아아!
安得	어찌하면
吾臂化爲千尺與萬尺,	내 팔 천 길 만길 변하여서
坐使四海之內皆吾親.	세상 모든 사람 앉아서 내 친족으로 만들꼬

시인은 세속 사람들과 승려 집단을 대비했다. '팔이 짧다'는 것은 팔이 안으로 오그라든 병증이다. 또 '단비(短臂)하다'는 말은 재주가 없다는 말이다. 팔뚝은 능력의 상징이다. 세상 사람들은 다 팔을 내밀어 서로들 돕고 사는데, 산속에 사는 선승들은 어울려 살 줄을 모른다. 남이 궁하고 가난할 때 팔을 뻗어 도와준 일이 없으니 자신이 어려울 때는 누가 손 내밀어 도와줄 리가 있겠는가 반문했다. 마지막에는 천수관음보살(千手觀音菩薩)과 같은 상상을 했다. 그러나 그것은 내가 남의 손을 잡아줄 때 남도 내 손을 잡아주는 이치를 벗어나지 않는다. 내가 먼저 손을 내밀 자세로 살아간다면 사해의 모든 사람을 구원하는 관음보살이 될 수도 있겠다고 너스레를 떨었다. 너무도 자명한 세상 사는 도리를 쉬운 어구로 풀어나갔다. 한시 형태를 취하기는 했지만 아주 느슨한 고시 형식을 활용하여 대강의 시상을 나타냈을 뿐이다. 고사는 거의 없고 어려운 한자도 되도록 피했다. 입으로 노래하는 가사말이 있고 기억을 위해서 엉성하게 한시로 적어놓았기에 '팔 짧은

노래'라고 제목을 붙였을 수도 있다.

고려말 삼사(三師)의 하나였던 보우(普愚, 1301~1382)는 당시 불교의 폐단을 다음과 같이 지적했다.

> 지금 9산의 선객들은 각기 그 문중을 등에 업고서는 '저들은 못하고 내가 낫다'라고 하며 싸움을 아주 심하게 한다. 근자에는 도의 문파를 덧보태어 창과 방패를 쥐고 울타리를 만든다. 이렇기 때문에 화기를 해치고 정도를 망가뜨린다.

사람들은 싸움을 하면서 '모순(矛盾)'적 상황을 스스로 만들어 나간다. 여기에서 누가 더 낫고 낫지 못하고를 따지는 것은 부질없는 일이다. 선문구산(禪門九山)의 전통은 세월이 갈수록 역기능이 더 강해졌다. 방패와 창을 거머쥐고 상대의 약점만을 노리는 상황에서는 누구도 그 울타리를 뛰쳐나오지 못한다. 그 자체가 현실에서 벌어지고 있는 전형적인 우언적 상황이다. 그는 선(禪)의 본고장인 중국 강남으로 떠나는 향(珦) 선인(禪人)에게 다음과 같이 전별시를 주며 당부한다.

海東千古月,	해동에는 천고의 달이요
江南萬里天.	강남은 만 리 떨어진 하늘이라
淸光無彼此,	맑은 빛에는 너와 나가 없으니
莫認諸方禪.	서로 다른 선으로 알지 말지어다

해동과 강남에 선종이 번성하고 있다. 그러나 달로 상징되는 진여(眞如)의 세계는 동서고금에 다를 게 없다. 만리 떨어진 곳이나 천고 앞서의 세상이나 마찬가지이다. 그것이 맑은 빛으로 드러난다. 각 지역마다 선문과 가풍을 달리하는 현시대의 불교가 존재하지만 그것들을 낱낱이 다르게 인식할 필요는 없다는 것이다.

보우는 구산선문의 통합과 백장(百丈)의 청규(淸規)를 통한 불교 쇄신을 통해 선종을 쇄신하는데 일정한 성과를 거두었으나 신돈의 집권기(1365~ 1371)부터는 한계에 부딪혔다. 파격의 선시가 더욱 절실해진 시기가 왔다. 그것은 그를 지지했던 공민왕의 개혁정치가 미완의 것으로 끝나버린 것과 밀접한 관련이 있다. 보우는 <석가출산상(釋家出山相)>에서 다음과 같이 외쳤다.

人言是釋迦,	사람들은 석가님이구만 한다
又道悉達陀.	또 싯탈타 태자님이구나 말한다
莫莫莫休說夢,	그만 그만 그만 꿈 얘기일랑 하지 말라
渠非眼中花.	저 자는 눈 속의 아지랑이 아니냐
巍巍落落兮赤洒洒,	아스라이 드높도다 천둥벌거숭이라 시원하고
密密恢恢兮淨裸裸.	빽빽하고도 넉넉하도다 청정하기 있는 그대로이다
春風爛熳水悠悠,	봄바람 따스히 불고 물 유유히 흐르니
獨步乾坤誰伴我.	천지간에 홀로 발걸음 뗄 때 누가 내 동무였나
若也山中逢子期,	만약에 그 산중에 종자기라도 만났다면
豈將黃葉下山下,	어찌 사탕발림 나뭇잎 쥐고 산 아래 내려갔으리
咄.	쯧쯧

혜심의 시집에도 수록될 정도로 잘 알려져 있던 대혜종고 『서장(書狀)』의 <출산상찬>에 비해서 파탈의 미학을 한층 더 과감하게 드러내 보였다. 여기에는 창작의 동기가 되는 어떤 회화 예술 작품이 있었던 것으로 여겨진다. 조선 전기 성현(成俔)의 『용재총화』에 의하면 공민왕이 그림을 그려서 당시까지 흥덕사(興德寺)에 있었다는 <석가출산상(釋迦出山像)>을 참고로 삼을 만하다. 현재 전해지는 공민왕의 솜씨로 보건대 싯탈타 석가모니의 모습은 감탄할 만큼 세밀한 묘사가 이루어졌으리라 짐작된다. 그러나 그것은 눈병이 나서 어른거리는 헛된 영상에 불과하다고 시인은 질타한다. <출산상찬>에서 언급했던 것처럼 진짜 같은 핍진성은 "사람들을 속이는" 짓일 뿐이다.

그러나 후반부에서는 깨우쳤을 당시 부처의 모습을 찬양했다. 석가의 깨달음이 지니고 있는 본래성은 시공간적으로 천지와 고금을 꿰뚫는 것이다. 아스라이 높으면서도 있는 그대로이고, 빽빽하면서도 넉넉하여 모든 존재를 포괄한다. 탄생할 때 '천상천하유아독존(天上天下唯我獨尊)'이라고 외치며 천지를 홀로 걷는 경지이다. 다만 그 뜻을 알아볼 사람이 당시에 있었다면 사탕발림으로 중생을 계도한다고 산 아래로 내려갔겠느냐고 어깃장을 놓는다. '누런 나뭇잎'은 소꿉장난할 때 황금이라 주고받는 유희의 소도구일 뿐이다. 이런 소리를 하는 시인 자신도 '딱하다'고 마지막 혀를 찬다. 현재 공민왕의 그림은 기록으로만 남아있지만, 보우의 이 선시 뒷부분은 17세기 이래로 조계종에서 영산재(靈山齋)를 지낼 때 괘불(掛佛)을 야외에 걸어놓는 절차에서 <출산게(出山偈)>라는 이름으로 불리고 있다. 보우의 일갈이 후대에는 종교적 의례의 하나로 흡수되어 굳어진 것이다.

혜근(惠勤, 1320~1376)은 보우의 불교개혁이 곤경에 빠졌을 때 공민왕의 타개책으로 시행됐던 승과시험 공부선(功夫選)을 주관했다. 또 그는 불교의 핵심에 대해서 보우 못지않게 여러 노래를 지었다. 그 가운데 '나옹삼가(懶翁三歌)'라 불렸던 선종의 장편 한문가요 3종이 특히 주목된다. <완주가(翫珠歌)>는 불성(佛性)을 마니 보배구슬에 비유해서 노래했다. <백납가(百衲歌)>는 세속에 초연하면서도 당당하게 살아가는 승려의 모습을 누더기로 덧댄 납의(衲衣)에 기대어 노래했다. <고루가(枯髏歌)>는 인간이 마땅히 추구해야할 종교적 수행의 당위성을 인간의 덧없는 육체를 빌미삼아 노래했다. 각 노래마다 6,7,7,7언(言)으로 분절되는 한시를 연속시키면서 주제를 변주해 나가는 방식을 취했다. 당송(唐宋) 선사들의 선시와 돈황 불교강창에 선례가 있지만, 동국의 불교 한문가요로서 거작을 실험했다고 할 수 있다. <완주가>의 제1,2수이다.

   這靈珠, 極玲瓏. 이 신령한 구슬 극히 영롱코야
   體徧河沙內外空 본체 강모래만큼 두루 비쳐도 안팎이 텅 비었네
   人人俗裏堂堂有 사람마다 제 가죽 속에 당당히 지니고 있어

弄去弄來弄莫窮.	굴려가고 굴려와도 희롱하기 끝이 없네
或摩尼,.或靈珠.	혹은 마니 혹은 영주
名相雖多體不殊.	이름과 모양 각가지여도 본체는 다름없어
刹刹塵塵明了了,	티끌띠끌마다 불국토라 그 밝음 또렷쿠나
還如朗月滿江秋.	마치 맑은 달 온 강에 두루 비칠 때와 같네

사람 속에 들어있는 본래성을 보석에 비유했다. 그 구슬 보석은 사람의 형상 속에 누구나 지니고 있다. 생을 시작해서 마칠 때까지 끝없이 그 보석을 희롱한다. 교조인 석가모니의 깨달음을 인간의 보편성으로 환원했다. 지눌의 『진심직설』에서는 "미혹 중에도 진심이 있다"고 하면서 마니구슬이 오색영롱해서 방향에 따라 달리 보이는데 어리석은 자들은 구슬에 실제로 다섯 색깔이 있다고 여긴다고 했다. 그처럼 깨달음의 청정한 성품도 각자의 처지에 따라 마음과 몸에 작용하여 나타난다고 했다. 혜근은 거기서 더 나아가 찰찰진진한 수많은 하찮은 존재 속에도 그 본체는 다름이 없다고 했다. 비유하자면 맑은 달이 모든 강에 비추이되 본체는 한결같다.

<백납가>의 제8,9수이다.

不求利, 不求名.	이익도 명예도 구하지 않아
百衲懷空豈有情	누더기 납의에 공을 품으니 무슨 인정 두랴
一鉢生涯隨處足.	바루 하나의 생애이니 가는 곳마다 만족하네
只將一味過殘生,	단지 이 한결같은 재미로 남은 생애 보내리라
生涯足, 更何求.	생애가 만족하니 무얼 더 구해
可笑癡人分外求.	바보들은 분수 밖의 것 구하니 가소롭도다
不會福從前世作,	복이란 전생에서 지은 대로 나옴을 알지 못해
怨天怨地妄區區.	제멋대로 구구하게 하늘과 땅을 원망하네

선승이 궁극적으로 어떠한 태도를 지니며 살아야 할지를 말했다. 빈천한 속에서 만족함을 배우는 일생, 그 한결같은 맛으로 살아가리라 했다. 그를

모른다면 바보이고 자기가 지은 인과를 모르는 처사라 했다. 승려가 깨달음을 위해 수행하는 것 이외에 다른 것을 기대하는 것은 어리석은 일이라는 것을 말했다.

<고루가>의 제11,12수이다.

這枯髏, 忽悟來.	이 마른 해골 갑자기 깨우치면
廣劫無明當下灰.	광겁의 무명도 당장에 잿가루 되리
從此恒沙諸佛祖,	이로부터 수많은 부처님들
百千三昧也不猜.	더없는 삼매 지경이라도 부럽지 않으리
也不猜, 有何過.	부럽지 않은데 무슨 허물
思量疑議便爲過.	생각하고 따지는 게 되려 허물일세
若能運用似盤珠,	쟁반에 구슬 굴리듯 운용할 수 있다면
劫石徒爲彈指過.	영겁의 돌도 손가락 튀길 사이에 지나가리

'마른 해골'은 비루한 심신을 상징한다. 승려이든 신도이든 사람으로 태어나 수행하지 않으면 그러한 몰골에 불과하다. 그러나 그 어디에나 존재하는 진진찰찰(塵塵刹刹)의 시공산적 본래성을 깨닫는다면 딩딩한 대기대용(大機大用)의 삶을 운용할 수 있다. 무한하고도 거대한 시공간에도 주눅들지 않는 주인공이 되는 것이다. 부처와 중생이 하나가 되는 길을 제시하고자 했다.

최귀묵, 「충지 시에 나타난 민족의식에 대한 비교문학적 연구」(서울대 석사, 1994) 25~50면; 충지 · 이상현, 『(국역) 원감국사집』(동국대출판부, 2010) 210~211면; 전재강, 「선인과 관인에게 준 태고보우 선시의 성격」, 『한국시가문화연구』 37(한국시가문화학회, 2016) 230· 235면; 항인규, 『고려 후기 조선초 불교사 연구』 369~375면; 조동일, 『한국문학통사 2』 195~198면; 이종군, 「나옹화상의 삼가 연구」(부산대 박사, 1996) 1~117면 참조.

5.5.3. 식영암 연감의 우언 실험

　식영암(息影庵) 연감(淵鑑, 1280?~1360?)은 충숙왕 연간에 왕성하게 활동했으며 1324~1328년 사이의 작품들이 현재『동문선』에서 확인된다. 1360년 전후까지 이제현과 동년배로서, 이암과 민사평보다는 연장자로서 망년우를 맺을 정도로 문학적 활동을 활발하게 벌였던 시승이다. 강화도 선원사의 장로로 있을 때에는 고려말 3대선사의 한 명인 혜근(惠勤)에게『능가경(楞伽經)』을 전수했다. 그는 충지나 혜근의 한문가요와는 다르게 한문학 정통의 문체들을 구사하며 우언 글쓰기를 실험했다. 그의 문집『식영암집』은 조선 초기는 물론이고 17세기 김휴(金烋)의『해동문헌총록』에까지 전해졌던 것으로 추측되며, 유가와 불가 문인의 소통에 좋은 선례로 남겨져 있었다. 그의 <정시자전>은 국문학 연구자들에게 많은 관심을 받았지만, 그에 상응할 만한 우언적 작품들을 더 있어 함께 고찰할 필요가 있다.
　우선 <월등사죽루죽기(月燈寺竹樓竹記)>는 소재와 표현에 있어 혜심의 <죽존자전>과 관련성이 깊다. 대나무에 대하여 그 맛, 목재, 운치, 지조 등을 각각 거론하는 사람들에 비해서 '식영암'이라는 화자는 대나무를 애호하는 근거를 6종의 불교적 의미에서 찾았다. 이는 <죽존자전>에서 죽존자의 덕을 10종으로 요약해서 제시했던 것을 의론의 형태로 변형시켜 나름대로 해석한 것이다. 예컨대 <죽존자전>에서 "나자마자 오똑하며, 늙을수록 단단하다"라고 한 것을 식영암은 "이 대나무가 나자마자 오똑한 것을 보면 문득 선각의 조짐이 있음을 알 수 있으며, 이 대나무가 늙을수록 더욱 단단해지는 것을 보면 나중에 수행하는 힘이 점차 늘어가는 것을 볼 수 있다"고 했다. 선종의 돈오(頓悟)와 점수(漸修)를 대나무 죽순과 대나무 성장에 빗대어 묘사했다.
　또 <독암선옹모과목장설(禿庵禪翁木苽木杖說)>은 '독암'이라는 노선사(老禪師)의 모과나무 지팡이에 대해 논설을 폈다. 연감 자신의 <정시자전>과 관련성이 깊으며 나무 지팡이를 만드는 과정과 형상을 자세히 기술했다.

여기서 말하는 지팡이는 고승들의 주장자(拄杖子)이며 대존숙(大尊宿)이라야 사용할 수 있다고 하면서 독암선사는 충분히 그럴 만한 자격이 있다고 칭송했다. 반면에 자신은 이 지팡이가 제 짝을 찾은 것만도 못하다고 한탄했다. 마지막 탄식은 <정시자전>에서 지팡이 시자를 의인화하여 전송하면서 지우(知遇)를 만나지 못한 자신의 신세를 독백했던 상황과 동일하다. 연감에게 『능엄경』의 요체를 전수받았다는 혼수(混脩) 선사는 혜근의 금란가사, 상아불자, 주장자를 신물로 받았다고 한다. 식영암 연감은 그에 비해 고려말 선맥의 사자전승(師資傳承)에서 일정한 정도 빗겨나 있는 처지였다고 할 수 있다.

한편 <검설(劍說)>은 『장자』의 「설검(說劍)」편을 반의모방하여 여래선(如來禪)과 조사선(祖師禪)에 관한 선종의 논쟁을 우언으로 꾸민 작품이어서 더욱 주목된다. 「설검」편은 일찍이 임춘이 구직 서간에서 '이기(利器)'를 인재에 비유하면서 전거로 삼았던 작품이다. 이러한 비유 개념은 다시 <공방전>에서 활용되어, 동전이 고도의 '정련' 과정을 거쳐 '이기'로 태어났다고 하고 당대의 문인관료상을 빗대었다. 이에 비해 식영암 연감의 작품은 노가 세열의 전고를 빈의모방하여 선종의 종교적 문제로 전환시켰다.

<검설>의 내용은 도자(道者)와 유사(儒士)가 검의 종류와 경지에 대해 토론하는 여러 단락으로 구성되어 있다. '도자'는 불가의 수행자이며 중구선생(中丘先生)이라는 가공적 인물에게 칼을 전해 받는다. '유사'는 이름이 장주(莊周)이며 『장자·설검』에 등장하는 그 장주이다. 조문왕(趙文王)에게 천자검, 제후검, 서인검을 말하고 자신의 검이 천하무적임을 인정받았다고 했다. 이러한 설정은 「설검」편의 내용을 그대로 활용한 것이지만 장주를 유가 지식인으로 바꾸었다. 칼의 종류로서 천자, 제후, 서인을 말하고 있기 때문이다. 이에 비해 도자는 여래검, 보살검, 조사검, 도자검을 말했다. 그 가운데 조사검의 위력에 대해서는 "이 검을 한번 쓰면 여래가 한눈을 팔고 보살이 자취를 감추어 온누리에 똑바로 서서 당할 자가 없다"고 했.

마지막으로 도자검에 대해서 특별히 강조해서 말했다. 그것은 선비가 말

한 서인검과 다르지 않아 보이지만, 짐승이나 잡는 그런 말단의 칼과는 달리 근본 중의 근본이라고 주장했다. 그것은 때와 사람에 맞게 크기와 강약을 달리하기 때문이라고 설명했다. 여래, 보살, 조사뿐만 아니라 천자와 제후로부터 서인에 이르기까지 사용하는 칼이 모두 도자검이라 했다. '도'를 지닌 사람이 한번 사용하면 천하 사람의 생사와 관련되는 일을 할 수 있다고 호언했다. 그리고 도자가 칼을 한번 휘두르자 선비가 놀라 달아났는데, 좇아가 보니 훨훨 나는 호랑나비였다고 결말을 지었다.

<검설>은 한문학의 정통적인 '설' 형식을 크게 변형시켰다. 우언 글쓰기의 가상적 설정을 하고 있고 <정시자전>과 같은 몽유기 구성도 적극적으로 활용했다. 내용적으로 보자면, 도자는 불가의 수행자이면서 유가에도 정통한 도학자이다. 또 중구선생은 유가와 불가의 주장을 아우르는 중립적 입장에 놓인 가공적 인물이다. 그에 비해 선비는 오직 유학의 세속적 논리에 갇혀 있는 인물 유형이다. 이 같은 설정과 내용을 통해 작가는 고려말에 대두되고 있던 구산선문의 통합과 선교(禪敎) 일치의 운동에서 수행자의 기본 지위를 중요시하고, 또 한편으로는 사대부의 신유학 사상과 더불어 보완관계를 모색하고자 했음을 짐작할 수 있다.

식영암 연감의 우언에 대해서는 <정시자전>을 제외하면 선행 연구가 거의 없다. 그의 문집 『식영암집』이 전하지 않아 『동문선』 소재의 작품에만 의지해야 하는 상황이지만, 고려 후기 불가 선종의 우언 글쓰기로서 전기우언은 물론이고 여타 우언 작품을 문학사적으로 함께 살펴야 연구 소득이 크다.

5.6. 사대부의 출현과 시대 전환의 우언 글쓰기

5.6.1. 이제현의 세대

이제현(李齊賢, 1287~1367)은 고려 충선왕이 상왕이 되어 원의 수도 연경에 체류할 때 28세의 나이로 왕을 보좌하는 신하로 차출됐다. 이 시기 충선왕의 만권당(萬卷堂)에서 당대 최고의 성리학자들을 만나고 국제적 감각을 익혔다. 그런데 충선왕이 티벳으로 유배를 가는 변고를 당하자, 역관 출신으로서 재상의 반열에 오른 유청신(柳淸臣)과 오잠(吳潛)에게 시를 바치면서 다음과 같이 말문을 열었다.

去年怪事不忍聞	작년에 괴상한 일 차마 들을 수 없으니
稷蜂肆毒蠅止樊	사직단 벌이 독기를 부리고 쇠파리가 울타리에 앉은 격이네
一封譴勅下天門	꾸짖는 칙서 한 장이 중국 궁궐에서 내려오자
白日洶洶雲雷屯	대낮의 해 깜깜해지고 우레와 번개도 번쩍였네
三韓主父皇外孫	삼한의 상왕은 황제의 외손인데
一去萬里投西蕃	한 번 떠나 만리길 서쪽 변방을 향하셨네

'작년의 괴상한 일'이라 함은 1320년(충숙왕 7년) 12월 충선왕이 원나라의 연경에서 티벳으로까지 유배되는 사건을 말한다. 그 해에 이제현은 충선왕이 환란의 낌새를 느끼고 황제에게 강향사(降香使)를 자청하여 강남(江南)으로 내려가는 길을 호종했었다. 그의 나이 33세의 일이다. 이 시기에 백안독고사(伯顏禿古思=바옌툭스)는 임씨(任氏) 성을 가진 고려 천민출신으로서 원나라 인종의 환관이 되어 권신들과 결탁하고 막후권력의 실력자가 되어 있었다. 새 황제 영종이 즉위하여 자신의 지위가 불안해지자 충선왕을 무고하여 마침내 티벳 유배형을 획책했던 것이다.

'사직단의 벌'이란 사달을 일으킨 임백안(任伯顏)을 가리킨다. 중세국가의 성소인 사직단에 벌집이 생겨나서 제거할 수도 없는 것 같은 상황을 만들어 놓고 독기를 마음껏 부린다는 우의가 있다. 소탕해야 마땅한 간신이 권력구조에 기생하여 지위를 보존하면서 사악한 짓을 한다는 상징이다. 흔히 사직터에 숨은 쥐와 성곽에 굴을 파고 사는 여우를 합하여 사서성호(社鼠城狐)라고 하는 오랜 비유의 변형이다. 또 '울타리에 앉은 쇠파리'는『시경』의 <청승(靑蠅)>편에서 유래한 표현이지만, 고려가 원제국의 부마국으로서 '동쪽 울타리'의 큰 역할을 하고 있는데 더러운 쉬파리가 앵앵거리며 국격을 더럽히고 있다는 비유이다. 그런데 정작 유청신과 오잠은 몇 해 뒤에 심양왕(瀋陽王) 왕고(王暠)의 당파가 되어 고려에 행성(行省)을 설치하고 원나라의 직속령으로 삼을 것을 청했다. 그들은 이제현의 반대 상소와 원 승상 배주(拜住)의 구원으로 뜻을 이루지 못하고 결국 배신자의 전형이 되어 버렸다.

  이제현은 원의 간섭을 현실로 인정하면서도 고려의 정체성과 고려 왕의 권위를 지키기 위해 사대부 체질의 관료로서 부단히 노력했다. 그러나 충선왕을 위한 중국 여행의 체험과 원나라 학자들과의 교유를 통해 꾸준히 문인의 장점을 살려나갔다. 당나라 이상은(李商隱)의 <봉(蜂)>시에 화운한 작품에서는 다음과 같이 읊었다.

多生鼻觀得圓通,	코끝의 느낌 많이 생겨 두루 통하니
徧界香緣欲細窮.	온누리 향내 인연 모조리 찾으려 하네
韓壽墻邊歌暖日,	낭군 한수의 담장에서 향수 주며 노래하고
文君壚畔醉薰風.	탁문군의 목로주점에서는 훈풍에 취했다더니
有時結伴依高樹,	때로는 떼 지어 큰 나무에 앉았다가
何處尋巢度遠空.	어느 곳 집을 찾아 먼 하늘로 날아가나
課蜜若非王事急,	꿀 받아 진상하는 나랏일만 아니라면
只消恒舞百花中.	오롯이 뭇 꽃 속에 춤만 추고 있으련만

  벌과 꽃의 관계는 흔히 남녀의 사랑을 비유한다. 이 시에서는 벌이 향기를 무한정 탐닉하는 데 초점을 맞추었다. 한수(韓壽)와 가충(賈充)의 딸 사

이를 연결해 준 향수, 탁문군(卓文君)과 사마상여(司馬相如)의 애정 도피행각에서 생활고를 해결해 준 목로주점 등은 그러한 여정의 일부분을 연상시키는 데 불과하다. 벌은 끊임없이 향기를 찾아가는 긴 여행을 즐거워한다. 다만 그 자유로움을 유보하는 것은 여왕벌을 위해 꿀을 모으는 일 때문이다. 여기서 시인의 처지가 반영되어 있다. 국가사를 위해 원제국과 고려의 어느 곳이든 분주하게 왕래했던 작가는 여행을 오히려 기꺼워했다. 식견이 늘어나고 창작 욕구는 끊어지지 않았다. 향기 때문인지 벌을 따기 위해서인지 어느 것이 먼저랄 것도 없이 벌의 여정에는 문인관료의 두 모습이 가탁되어 있다.

이제현은 충선왕을 호종하여 중국 강남에 갔을 때 왕의 배려로 항주 출신의 원나라 화가에게 자신의 초상화를 그려 받았다. 그로부터 30여 년 후 이제현이 다시 원나라에 건너갔을 때 우연히 그 영정을 다시 접하게 되어서는 그 감회를 시로 읊었다. 이것은 대한민국 국보로 지정되어 현재까지 전해지고 있는데 문집에 전하는 <익재진자찬(益齋眞自讚)>과 유사한 내용이다. 이 자찬시에는 자기의 모습을 타자화하면서 자기 일생과 의미를 다음과 같이 읊았다.

獨學而陋, 聞道宜晚.	독학하여 고루하니 도 듦음 더딜 밖에
不幸由己, 何不自反.	자기에게 비롯된 불행을 어찌 되돌아보지 않으리
何德于民, 四爲國相.	백성에게 무슨 덕 끼쳐 네 차례 재상이 됐나
幸而致之, 祇速衆謗.	요행으로 이르른 것 못 비방을 불렀을 뿐
不揚之貌, 又何寫爲.	못생긴 모습을 또 어쩌자고 그려낼꼬
告爾後嗣, 一覿三思.	네 후손들에게 한번 볼 적마다 세 번 생각하라고
誠其不幸, 早夜以勉.	불행커든 경계하여 밤낮으로 애를 쓰고
毋苟其幸, 庶幾知免.	요행을 굳이 누리지 말아야 과오를 면할 것이리라

주인공의 일생을 불행과 요행으로 나누어 설명했다. 독학과 고루함, 더딘 깨달음은 불행이다. 그러한 불행은 반성하지 않을 수 없다고 했다. 네 차례

의 나라 재상이 될 만큼 백성에게 끼친 덕이 없으니 그것은 요행이다. 그래서 무수한 비방을 입었으니 당연한 귀결로 여겼다. 거기다 못난 용모여서 초상화의 주인공이 될 만하지도 못하다. 다만 주인공의 후손들에게 '일일삼성(一日三省)'의 자료로 제공한다고 했다. 불행에도 낙담하지 말고 요행에도 안일하지 말아야만 이 초상화의 주인공처럼 되지 않는다고 우스개처럼 말했다. 초상화의 주인공인 작가 자신을 짐짓 객관화하면서 후손에게 처세의 도덕적 원리를 우의로 제시했다.

이제현은 향가의 전통이 끊어지고 한시와 민족어 노래가 공존하는 고려 후기 문학사에서 그 둘을 절충하기 위해 소악부(小樂府) 형식을 실험했다. 제6,9곡은 <처용> <정과정곡>의 시상을 한시로 옮겨 향가의 전통을 비판적으로 계승한 것이다. 제8곡은 <서경별곡>과 <정석가>에서 공통으로 사용된 핵심 시어를 추려서 충군연주(忠君戀主)의 노래를 연상시키게끔 선명한 대비구조를 만들었다. 구슬이 떨어져 깨진 상황을 임과의 '이별(離別)'로 유비시키고, 구슬끈과 화자의 '단심(丹心)'을 다시 대비시킴으로써 변함없는 애정과 충성을 동시에 부각시켰다. 이 외에도 지금 전하지 않고 있는 민족어시의 존재를 알려주는 작품도 여럿 있다. 그 가운데에서 민간의 신랄한 풍유의식이나 참신한 비유감각을 보여주는 작품이 있어 우언의 관점에서 살필 수 있다.

<소악부> 제1곡은 참새가 그물에 걸린 것을 조롱하는 내용이다.『고려사 악지』「속악」편에 <장암(長巖)>이라는 제목하에 이 노래에 얽힌 배경설화를 밝히고 있어 노래의 속뜻을 짐작하게 한다. 후대에 흔히 <장암곡>이라고 부르는 내용이다.

拘拘有雀爾奚爲,	팔짝팔짝 참새야 너는 뭐 하느뇨
觸着網羅黃口兒.	그물에 걸린 젖비린내 새끼로다
眼孔元來在何許,	눈구멍은 본디 어디쯤 있었던고
可憐觸網雀兒癡.	가련쿠나 그물 걸린 참새새끼 어리석구나

배경설화에 의하면 평장사까지 지낸 두영철(杜英哲)이라는 관료가 장암에 유배된 적이 있어서 이 노래가 생겨났다고 한다. 두영철은 그곳 노인과 친하게 지내다 유배가 풀려 조정으로 소환됐다. 노인은 전송하며 구차한 출세를 경계했다. 훗날 다시 좌천되어 가던 길에 이곳에 들려 노인이 그를 놀리며 이 노래를 불렀다. 참새가 멀리 날아오르지 못하고 파득거리며 천방지축 다니다가 그물에 걸린 모습을 고관대작의 출세와 몰락에 빗댄 것이 충격적이다.

제4곡은 곡식 열매를 해치는 참새떼를 원망하는 내용이다. 「속악」편의 <사리화(沙里花)>에 해당된다.

    黃雀何方來去飛,   노란 참새 어디서 날아왔니
    一年農事不曾知.   일 년 지은 이 농사 아랑곳도 않더니만
    鰥翁獨自耕芸了,   늙은 홀아비 혼자 갈고 김매었더니
    耗盡田中禾黍爲.   온 밭곡식 몽땅 먹어야만 하느냐

여기서는 참새를 농부의 수탈꾼으로 빗대었다. 농사를 지을 때는 조금도 관심이 없다가 늙은 홀아비가 애써 농사를 마쳐서 열매가 맺을 때면 다 털어간다고 했다. 참새가 그렇게까지 할 리도 없고 극성을 부린다면 쫓아낼 방도를 세우면 되겠지만, 토호와 권세가들의 욕심은 어쩔 수 없음을 무언중 암시했다. 「속악」편의 설명과 같이 참새의 극성에다가 강탈의 모습을 더 보태야만 노래의 속뜻이 밝혀진다.

제7곡은 모친의 장수를 비는 노래이다. 「속악」편의 <오관곡(五冠山)>에 해당된다.

    木頭雕作小唐雞,   나무를 깎아서 조그마한 당닭을 만들어
    筋子拈來壁上抴.   젓가락으로 집어서 벽 위 횃대에 놓았더니
    此鳥膠膠報時節,   이 새가 꼬꼬댁하고 때를 알린다면
    慈顔始似日平西.   어머님 모습 비로소 해처럼 뉘엿뉘엿 넘어가시리

나무로 만든 조각품 닭이 새벽을 깨운다는 시상은 이루어질 수 없는 일을 가정한 것에 불과하다. 핵심 시어가 나무닭이므로 이 노래를 후대에는 '목계가(木鷄歌)'로 호칭하기도 한다. 극단적 역설을 통해 어머님의 늙어감을 부정하는 데 속뜻이 있다. <정석가>에서 임과 헤어질 수 없음을 역설적 시상으로 표현한 것과 유사하다. 이러한 시상은 한대(漢代) 악부시 <상야(上邪)>에서부터 나타났는데, 고려사「속악」편에서는 오관산(五冠山)에 사는 관리 문충(文忠)이 노래를 짓고 이제현이 한시로 만들었다고 했다.『신증동국여지승람』에 의하면 오관산은 경기 장단부(長湍府) 서쪽에 있는데 이 사적을 기록해 놓았다. 또『태종실록』의 2년 6월 5일 기사에 의하면 1품 이하 대부(大夫)와 사(士)의 공사연향(公私宴享) 음악과 서인(庶人)이 부모형제에게 연향할 때 <오관산>을 노래했다고 한다. 역설적 발상의 효도 주제가 조선조의 강상윤리에 잘 맞았기에 전승력을 지녔다.

이제현은 자신의 작품을 적극적으로 주변 문인에게 알려서 민족적 시가 운동에 동참하도록 촉구했다. 그 영향력은 커서 민사평, 권근 등의 후속작이 이루어졌고, 후대에는 기속악부의 전범으로 활용됐다.

민사평(閔思平, 1295~1359)은 이제현의 <소악부> 작품에 호응하기 위해 고심했던 것으로 보인다. 신흥사대부 지식인들이 민요를 그렇게 많이 알고 있지는 않았던 듯하다. 그럼에도 불구하고 문인관료 주변의 이야기를 배경으로 삼아서 6편의 민요시 원천의 소악부 작품을 지었다. 제5곡은 물들인 실보다 흰 실이 시적화자 자신에게는 맞는다는 내용이다.『고려사』「속악」편의 <안동자청(安東紫靑)>에 해당된다.

紅絲綠線與靑絲	홍실 녹실 그리고 청실
安用諸般雜色爲	갖가지 잡색 실을 어디다 쓸까
我欲染時隨意染	내가 물들이고 싶을 때 마음대로 물들이니까
素絲於我最相宜	내게는 하얀 실이 가장 좋아요

전통시대에서 실[絲]은 여성들의 전유물이다. 여인네들은 실을 가지고 옷감과 옷가지를 지었다. 그러한 친근한 물건을 비유체로 삼아 여성의 도리와 신세를 에둘러 말한 듯하다. 「속악」편의 배경설명에 의하면 한 여성이 남성에게 흰 실과 같이 순수한 자신을 택할 것인지 말 것인지를 결정하라고 촉구하는 작품이라 했다. 그런데 여성이 그렇게까지 조급하게 구는 이유로서, 여자란 일단 물이 든 실과 같은 처지가 되면 사람들에게 천시 받기 때문이라는 것이다. 조금 억지스러운 설명인 듯하지만, 조선시대에 편찬된 『고려사』와 민사평이 고려말에 번역한 작품 사이에 미묘한 변화가 생긴 것으로 추측된다. 작품 자체로 보자면, 숫처녀의 처지에서 숫총각을 마음껏 고를 수 있는 자유를 여성의 권리로 내세웠다 할 수 있다. 그러한 권리 주장이 총각에게 청혼을 촉구하는 압력일 수도 있고, 자기 정절을 강조한 것일 수도 있다. 전자는 민간의 여성주의적 관점이라면, 후자는 지배층의 남성주의적 관점이라 할 수 있다. 이 노래가 어떠한 상황에서 불리고 듣느냐에 따라 우의의 형성에도 큰 차이가 생겨났다.

민사평의 <소악부> 제6곡은 나비와 꽃과 거미를 비유로 삼아 남녀의 정한을 노래했다.

> 再三珍重請蜘蛛,   재삼 진중하게 거미님께 청하노니
> 須越前街結網圍.   앞길에 먼저 가서 거미줄을 둘러쳐 주오
> 得意背飛花上蝶,   꽃 위의 나비가 의기양양 배신하고 날아가거든
> 願令粘住省愆違.   딱 붙여놓아 제 잘못을 뉘우치게 하소서

꽃과 나비는 남녀 관계의 해묵은 비유이다. 꽃은 남녀 관계에서 여성의 수동적인 처지를, 나비는 남성의 능동성을 반영한다. 그런데 나비와 거미를 다시 연결시켜 비유를 확장시켰다. 거미는 나비의 포식자이다. 나비의 능동성이 거미 앞에서는 무력하다. 수동적이기만 한 꽃이 자신을 배신하고 떠난 나비의 징치를 거미에게 간절히 청원해서 여성의 원망을 강렬하게 그려냈

다. 『고려사』 「속악」편의 <월정화(月精花)>에서는 고려 전기 진주에 파견된 지방관이 기생 월정화에게 매혹되어 화가 난 본부인이 죽었기에, 읍인들이 부인을 추모하고 미혹된 남편을 풍자했다고 했다. 조선시대까지 전해진 노랫말이 실제 어떠했는지는 알 수 없지만, 민사평의 작품에는 그 같은 풍유(諷諭)의 시상은 정확하게 포착되지는 않는다. 다만 비유체계를 통해 여성의 앙칼진 복수심을 해학적으로 드러내는 데 성공했다고 할 수 있다.

최해(崔瀣, 1287~1340)는 이제현과 동갑이고 민사평보다는 8년 연상이다. 그런데 이제현이 민사평에게 일차로 <소악부> 9수를 보내고, 제주도의 풍속을 반영한 <소악부> 2수를 재차 보내자 민사평은 그에 화답하는 시편을 보냈다. 그 가운데 최해를 위해 지은 <유선가(儒仙歌)>가 포함되어 있다. 최해가 이제현의 동갑이자 동향인 데다가 그의 영향력이 이제현과는 대비되는 지점에서 매우 컸기 때문이다. 작품에서 그는 평생토록 만권 서책이 뱃속에서 버티고 있는 데다 주성(酒聖)이고 시광(詩狂)이라 정의했다. 이어서 원나라 과거급제자이며 중국에서 충선왕 보좌 신료에 들어간 경력이 있었지만, <예산은자전>에서 밝힌 것처럼 농은(農隱)에 뜻을 두었던 방외인 취향의 지식인이었음을 노래했다. 이러한 최해의 모습을 민사평은 '유선(儒仙)'으로 개념화한 것이다. 이에 대해 이제현은 <후유선가(後儒仙歌)>을 지어 민사평의 의도에 화답했다. 우선 최해는 최치원(崔致遠)의 후손으로 시적 자질을 타고났고, 동방삭(東方朔)과 같은 해학과 합관요(蓋寬饒) 같은 광기가 있다고 정의했다. 끝부분에서는 엄청난 문학적 재능을 지닌 채 홀연히 상제 곁으로 떠남을 아쉬워하면서 아직도 조정 일에 골몰하고 있는 자신의 처지를 대비시켰다.

최해는 자신의 능력에 비해 순탄하지 못한 관직 생활을 보냈다. 그는 관직에서 해임된 뒤에 시 두 편을 지었다. 그 가운데 오언절구 <기유삼월치관후작(己酉三月褫官後作)>에서 자신 심경을 짤막하게 에둘러 나타냈다.

塞翁雖失馬,   변방의 늙은이 비록 말을 잃었다지만

莊叟詎知魚.　　장주 늙은이 무슨 물고기의 즐거움 알리오
倚伏人如問,　　화복이 어디에 달렸는지 묻거들랑
當須質子虛.　　마땅히 자허에게나 물어봐야지

　기구와 승구는 상식적인 고사를 활용하면서 말을 다하지 않았다. '새옹지마(塞翁之馬)'의 늙은이는 비록 말을 잃었지만 그 때문에 종군하는 화를 면했다. 장자(莊子)는 논리와 화술의 달인인 친구 혜시(惠施)와 대화하면서 물고기의 즐거움을 아는 듯이 말을 했지만, 물고기 세계에 어떤 고락이 숨어있는지 알지 못한다. 그렇다면 행복이니 불행이니 하는 것들은 어디에 있는가? 요컨대 인간의 화복이 동전의 양면처럼 상호 작용하는 것이니 그에 대해 의문을 가지는 것 자체가 부질없는 일임을 나타냈다. 충선왕 1년(1309) 작가 나이 23세 때 장사감무(長沙監務)로 폄직됐을 때 지은 것이다. 홍만종의 『소화시평』에서는 역대 풍유시를 언급하는 첫 대목에서 <체직후(遞職後)>라는 제목으로 수록하면서 이 작품이 "득실을 걱정하는 무리들을 깨우친다"라고 평가했다.

　이달충(李達衷, 1309~1384)은 이제현의 당질(堂姪)이며, 이제현 주도하에 고려의 국사 편찬을 진행시켰던 신진 사대부의 일원이다. 그는 신돈이 득세하던 시절에 신돈이 주색을 일삼는다고 진언하여 파면될 만큼 강직한 문인관료였다. 그는 <신돈(辛旽) 2수>에서 다음과 같이 강력한 우의를 피력했다. 우선 첫 7언율시에서는 천지가 만물을 낳는 것을 누가 간섭할 수는 없지만 너무도 괴이한 일이 벌어졌음을 언급했다. 용이 일개 물고기가 되고, 거꾸로 쥐가 범이 되는 것은 차마 말할 수 없는 일이라 하면서 공민왕이 무력해지고 신돈이 국정을 장악하는 권신이 됐음을 비유했다. 그리고 늙은 나무가 바람에 쓰러졌다고 하면서 고려의 국운이 다했음을 암시했고, 나무에 매달렸던 덩굴들이 의탁할 곳을 잃었다고 하면서 신료들의 처세가 막연함을 한탄했다. 이어서 두 번째 작품에서는 다음과 같이 신돈 자체를 늙은 여우에 빗대어 악행을 풍자했다.

騁怪馳妖老野狐,	요괴한 짓 멋대로 부리는 늙은 여우야
那知有手競張弧.	손 달린 자 앞다투어 활시위를 메기는 줄 아느냐
威能假虎熊羆懾,	여우가 범의 위세를 빌리니 곰들이 벌벌 떨고
媚惑爲男婦女趨.	여우가 남자로 변하여 호리니 부녀자들 몰려가네
黃狗蒼鷹眞所忌,	누렁이와 보라매를 정말로 꺼린다더니
烏鷄白馬是何辜.	오골계와 백마는 이 무슨 죄가 있더냐
嘗聞汝死必邱首,	너는 죽어 옛 언덕에 머리를 둔다 들었으니
已見城東官道隅.	성 동쪽 큰 길가에서 하마 네 머리 보겠도다

괴상하고 요사한 짓거리를 자행하다가 모든 사람의 타도 대상이 된 늙은 여우를 처음부터 제시했다. 호가호위(狐假虎威)라는 비유적 개념을 통해서 쥐가 범이 됐다는 앞 시의 시상을 계승하고, 그 권세에 두려워하는 동물로 곰의 무리를 언급했다. 거기다 여우가 남자로 변신하여 부녀자들을 후린다고 했다. 이어서 권세를 빌리는 여우는 제 본색이 탄로 날까 개와 매를 두려워한다고 했다. 또 여자를 밝히는 호색한이어서 보양제로 오골계와 백마 고기를 즐겼으니 그런 동물들은 무슨 죄로 희생물이 되어야 하느냐고 반문했다. 마지막으로는 여우의 수구초심(首丘初心) 고사를 변형하여 그가 뭇사람들에게 밟히는 대상이 되리라 예언했다. 기시형(棄市刑)에 처하여 목이 효시(梟示)되는 비참한 최후를 맞이할 수밖에 없음을 조롱하듯이 읊조렸다. 당시부터 늙은 여우의 환생으로 지탄 받았던 신돈을 여러 동물의 형상과 결합하여 우의적으로 묘사했다. 그러나 정작 권위를 빼앗긴 '호랑이'에 대한 형상은 암시하는 데 그쳤다.

또 <초부(礎賦)>는 주춧돌과 기둥이 '공로 다툼'을 하는데 장인의 대명사인 장석(匠石)이 판결을 내려주었다는 구성을 취했다. 의인화된 사물들의 기이한 다툼을 가상적으로 꾸민 쟁변 우언의 선례를 보여주었다는 점에서 의의가 크다. 이는 당나라 돈황문학의 <다주론(茶酒論)>과 <연자부(燕子賦)>의 한국적 수용이라고도 할 수 있다. 내용적으로는 집을 짓는 데 있어 주춧돌과 기둥의 위치를 비유로 삼아 지체의 차이가 분명한 것처럼 나타냈다. 그러나 주춧돌은 겸손하게 천년의 궁궐을 버티는 데 비해서 기둥은 대들보를 들고 있기는 하지만 높은 자리에서 위태로워 오히려 주춧돌을 의탁해야 한다고 했다. 결국 왕실과 제왕이 도움을 받을 궁극적 존재는 반석과 같은 주춧돌임을 천명했다. 권문세족이나 신돈과 같은 권간의 존재보다 신흥사대부가 중요한 역사적 사명을 띠고 있음을 우의로 삼았다.

또 그림자에게 주었다는 가상적 설정의 <증영(贈影)>에서는 시적자아와 그림자의 대화를 시로 표현했다. 나는 그림자를 미워한다. 나는 그림자와 헤어지기 위해 애를 쓴다. 사람들의 충고를 듣기도 한다.『장자』식으로 그늘에 들어가 식영(息影)을 말하지만, 그늘 또한 어떤 물건의 그림자이다. 그래서 내가 없고 물건도 없으면 그림자도 없을 것인가 생각해 본다. 답답해서 그림자에게 소리를 지르다 마침내 깨우침이 온다. 나와 그림자는 모든 것이 똑같은 듯하지만, 나는 말이 많고 그림자는 그것만은 따라 하지 않아 말이 없다는 점이 결정적으로 다르다. 그림자가 나를 본받은 것이 아니라 내가 그림자를 스승으로 삼아야 한다.

<애오잠(愛惡箴)>에서는 유비자(有非子)와 무시옹(無是翁)이라는 가공 인물을 내세워 사림 평가에 대해 문답했다. '유비자'는 시비 기리를 묻는 사람이고, '무시옹'은 시비에 치우지지 않고 공정하게 답하는 사람이다. 내용적으로 '인(人)'은 '오(吾)'와 대립되는 대명사이면서 '사람답다', '사람답게 여기다'라는 서술어로 활용해서 교묘하게 우언을 꾸며나갔다. 내가 아닌 남이 나를 사람으로 여기느냐 아니냐를 무조건 좋아하거나 미워하지 않고, 남이 과연 사람다우냐 아니냐를 살피고서 기뻐하거나 두려워해야 한다고 했다. 결국 인인(仁人)이라야만 남을 사랑할 수도 미워할 수도 있다는 『논어』 구절을 인용하고, 호오(好惡)가 분분할 때는 자기 자신에게 돌이켜 따질 수밖에 없다고 했다.

이외에도 이달충은 우언적 색채를 띤 작품을 여러 편 남겨서 우언 작가로서의 면모를 드러냈다. <차익재운(次益齋韻)> 3수, <낙오당감흥(樂吾堂感興)> 8수, <취가(醉歌)> 등도 우언적 사유를 잘 보여주고 있는 작품들이

다. 그가 남긴 작품 수를 감안해 볼 때 우언은 그에게 중요한 사유 방식이자 글쓰기 전략이었음을 알 수 있다. 그는 고려말 공민왕 치세에서 활동했던 문인관료로서 혼란한 시대에 비판적으로 살아가고자 했기 때문에 현실적으로 고난을 자주 겪었다. 이제현에게서 그러한 문인관료의 전형을 찾을 수 있었듯이, 그 또한 문한(文翰) 가문의 출신으로서 오직 글쓰기 능력과 사대부적 복무의식에 의지하여 시대를 헤쳐 나갔다. 그에게 우언은 매우 유용한 담론 방식이었다.

이제현이 화운시를 지은 이상은의 <봉(蜂)>시는 국보로 지정된 안평대군의 <소원화개첩(小苑花開帖)>의 바로 그 7언율시이다. 이제현의 <소악부> 번역 방식은 김혜은,「고려사 악지 속악조에 실린 노랫말 기사 방식 고찰」,『한국시가문화연구』32(한국시가문화학회, 2013) 39~41면 참고. '쟁변 우언' 유형에 대해서는 조선 전기의 6.6.2.항에서 종합적으로 다룬다. 이달충에 대해서는 안세현,「≪제정집(霽亭集)≫ 해제 – 고려말 문인 지식인의 고민을 담아낸 문집-」,『국역 제정집』(한국고전번역원, 2013) 참조.

5.6.2. 이곡과 이색의 우언 개척

이곡(李穀, 1298~1351)과 이색(李穡, 1328~1396) 부자는 지방 중소지주 출신의 문인관료로서 고려말 신흥사대부의 중심적 위치에 있었다. 이제현의 학통을 이어받으며 문학적으로는 신유학적 문학론을 전개하기 시작했다. 이제현이 문학에서 수식에 힘쓰기보다는 유교에 입각한 도덕적 수양을 강조했다면, 이색은 문학이 시대의 기운을 어떻게 대변할 것이냐에 대한 문제의식을 지녔다. 그의 문하에서 조선의 개국과 관련된 전환기의 논리를 제시하며 문학을 통해 시대적 사명을 표현하고자 했던 지식인들이 다수 배출됐던 것은 우연이 아니다.

이곡은 <연아(演雅)>라는 작품에서 나라 형편을 다음과 같이 노래했다.

'연아체(演雅體)'는 자전(字典)이면서 박물학의 고전인 『이아(爾雅)』를 부연한다는 의미로서 구절마다 동물을 한 가지씩 넣어서 짓는 것을 규칙으로 삼는 잡체시(雜體詩) 형식이다.

螗欲捕蟬寧顧後,	범아재비 매미 잡을 욕심에 제 노리는 까치를 돌아볼까
鷹如逐雀要當前.	새매가 참새를 몰아칠 때라면 과감히 전진하겠지만
一聲獅子百獸廢,	사자의 한번 울음소리에 뭇 짐승들 놀래 자빠지리니
社鼠城狐尤可憐.	사직단 쥐 떼와 도성의 여우굴은 더욱 가련하리라

동물들의 세계를 통해 인간 세상을 풍자했음을 알 수 있다. 첫 구절은 자기 욕망에 사로잡혀 자신의 위기도 모른 채 제 먹을 것에만 골몰하는 인간의 어리석은 모습을 빗댔다. 『장자』의 「산목(山木)」편의 비유를 활용했다. 그러나 둘째 구절은 정의에 입각하여 징치할 때는 과감해야 함을 매사냥에 빗댔다. 『좌씨전』 문공(文公) 18년 기사의 비유를 활용했다. 셋째, 넷째 구절은 사자후(獅子吼)에 빗대어서 사회의 암적 존재들이 크게 징치될 날을 고대했다. '사서성호(社鼠城狐)'라는 해묵은 비유를 통해 중세 왕조국가의 병폐를 상징적으로 드러냈다. 그러나 사자의 주체성이 막연하고 쥐와 여우가 구체적으로 누구를 암시하는지는 분명치 않아 연아체가 지니는 유희적 성격의 한계를 드러냈다. 이달충의 <신돈> 2수와 비교해 보면 풍유의 강도가 크게 떨어진다.

또 이곡은 성균관 사예(司藝)를 지내던 동료 김대경(金臺卿)에게 부치는 시에서 다음과 같이 처세에 관한 충고를 했다.

身爲藏珠剖,	보석구슬 감추려고 몸을 깨기도 하고
妻因徙室忘.	이사한다고 아내 놓고 오는 건망증도 있다지만
處心如淡泊,	마음가짐을 담박하게 한다면야
遇事豈蒼黃.	무슨 일을 만난들 허둥대겠는가

첫 구는 서역(西域)의 상인들이 보석을 얻으면 배를 째고서 몸 안에 감추기까지 한다는 것을 말했다. 『자치통감』 당태종 정관 원년조에 출처가 있다. 둘째 구는 건망증 심한 사람이 이사하면서 처를 잊었다고 하자 공자가 그보다 더 심한 사람은 제 몸도 잊어버린다고 대답했다는 고사를 활용했다. 『공자가어』와 『논형』 등에 출처를 두고 있다. 걸주(桀紂) 같은 임금은 천하를 가지고도 아첨하는 신하만을 가까이해서 끝내 제 몸도 간수하지 못하고, 아첨하던 신하는 사지가 잘리는 참형을 당했다고 했다. 이 같은 일은 모두 욕심에 가려 제 분수를 지키지 못하는 데서 비롯됐으므로 마음을 항상 담박하게 먹어야 어처구니없는 결과에 이르지 않는다고 결론을 내렸다. 홍만종의 『소화시평』에서는 역대 풍유시를 다루면서 이 작품을 소개하고, 인간의 물욕이 속마음에서부터 가려짐을 비유했다고 했다.

이에 비해 의심을 푼다는 뜻의 <석의(釋疑)>는 작가 주변에서 들은 일화를 소개하면서 그것의 일반적 의미를 찾고자 했다. 작품은 전부 네 부분으로 구성되어 있다. (가) 먼저 근거 없는 '의심'을 주제로 삼으면서 그것의 자연스러운 해결 방법을 언급하겠다고 서론을 폈다. (나) 어떤 본처와 남편과 여종의 삼각관계에서 벌어진 오해와 해결의 이야기를 소개하여 흥미를 자아냈다. 유모로서 젖을 먹이던 여종이 얼마 뒤 임신을 하는 사건이 발생했다. 본처가 겁박하며 추궁하자 여종이 겁을 먹고 주인 남자를 지목했다. 주인 남자가 연경에서 돌아와서 그 말을 듣고는 태연자약하게 변명하지 않았다. (다) 작가가 그 사건의 의미를 풀이했다. 주인 남자의 태연자약한 태도를 전한(前漢) 사람 직불의(直不疑)와 후한(後漢) 사람 제오륜(第五倫)의 사례를 논거로 들어서 설명했다. 또 여종의 거짓 해명에 대해서는 소진(蘇秦)의 일화를 들어 충성스럽지 못함을 논했다. (라) 주인 남자는 양파(陽坡) 홍언박(洪彦博)인데 작가가 연경(燕京)에 함께 거주하면서 이야기를 들었다. 소진의 말을 인용해 남의 부하들이 경계로 삼도록 한다.

이를 통해 보건대 (다)의 풀이 과정이 조금 장황하지만 견문이나 체험에서 일반적 의미를 도출하는 <설(說)> 형식과 유사한 측면이 있다. 또 (나)와 같이 중세 귀족 가문에서 일어날 만한 일화를 흥미롭게 거론한 점에서는 패설 내지 골계록의 성격과도 유사하다. 그러나 작가인 이곡의 처지를 고려한다면 심심파적으로 이 같은 글을 지었던 것은 아닌 듯하다. (라)에는 바로 그 창작동기를 짐작하게 하는 단서가 들어 있다. 당시 작가는 홍언박과 함께 원나라 수도에 거처하고 있었다. 그는 고려에서 지공거가 되어 급제자를 선발했는데 헌부의 탄핵을 받고는 충목왕 3년(1347)에 원나라로 갔다. 따라서 장자(長者)로서 내면의 덕과 여유, 주변의 신임을 얻는 수양 방법, 하인의 도리 등을 핵심적 주제로 삼아서 고려말 사대부의 처세를 문제 삼았다고 보면 일반적 우의가 도출된다. 반면에 자신이 받은 의심을 해소하려는 절실한 창작동기를 지녔다고 보면 특정한 우의가 전달된다. 그것은 소진의 일화를 통해 조정의 신하가 억울한 일이 있어도 오직 임금을 위해 헌신할 뿐이지 다른 사람에게 화를 전가해서는 안 된다는 뜻을 담고 있다. 소진은 무고를 당하자 어떤 충직한 첩이 간부를 둔 본처와 주인 남편 사이에서 지혜롭게 처신하여 가정을 지켰다는 일화를 이야기하여 벼슬을 회복했다.

또 돌에 대한 물음이라는 뜻을 지닌 <석문(石問)>은 초사(楚辭)의 <천문(天問)>을 반의모방하면서 이규보의 <답석문(答石問)>을 확대시킨 작품이다. 다양한 전고를 모으면서 돌의 의미를 여러 측면에서 고찰하고자 한 점에서는 학문적 의욕이 드러나 있지만, 우언적 특성도 놓치지 않고 있어서 문학적 실험의 의도를 느끼게 한다. (가) 작품은 '객'과 '나'의 문답을 구성의 근간으로 삼았다. 객과 더불어 '돌'을 소재로 끌어오는 도입부를 두었다. (나) 내가 돌의 생성 내력, 공로, 미덕 등을 말했다. 불교 전기우언의 수법을 연상시킨다. (다) 객이 돌에 관한 26운(韻)의 공덕송(功德頌)을 지었다. 불교 전기우언의 찬시를 연상시킨다. (라) 내가 객의 송을 살펴보고 '격물치지'의 이치가 어디에나 있음을 알았다. 이 가운데 (다)의 일부를 인용해 보자.

甯戚之歌, 載言厥志.
영척의 노래는 자기 뜻을 말했고

南山之詩, 式著其美.
　　남산의 시에서는 아름다움을 드러내었네
金慚從革, 玉愧貿市.
　　쇠는 불에 따라 뒤바뀌니 야릇하고 옥은 사고파 부끄럽네
魋槨不成, 堯階見棄.
　　환퇴(桓魋) 석곽(石槨)은 이뤄지지 않았고 요 임금 흙계단에는 돌이 버림받았도다
惟此神物, 用隨時異.
　　생각하면 신묘한 이 물건도 때에 따라 쓰임 다르구나
抛之頑璞, 琢則寶器.
　　버려두면 쑥돌이지만 쪼아내면 보배로운 그릇이로다
宋人深藏, 楚王晚剖.
　　송인은 깊숙이 감추고 초왕은 뒤늦게야 쪼개 보았네
今礎廟堂, 昔關王府.
　　지금은 묘당의 주춧돌이요 예전엔 왕부의 도량형이었지

　전고가 적지 않게 사용됐지만 모두 돌에 관한 것이다. 춘추시대 영척(甯戚)이 제환공에게 발탁된 것은 남산의 빛나는 돌로 시흥을 일으켜 성군의 출현을 고대했기 때문으로 보았다. 또 『시경』의 <남산>편에서도 남산의 우뚝한 모습을 첩첩이 쌓인 돌들로 묘사했다. 여기에는 돌이 산의 위용을 드러내게 만든다는 의미가 들어 있다. 그 상징성은 상황에 맞게 변하는 금·옥의 경제적 가치보다도 더 중요한 기능이라고 본 것이다. 따라서 돌은 공자 시절의 환퇴처럼 돌관을 만들어 사치를 부리기 위한 것도 아니요, 요임금의 소박한 정치에서는 아예 동원되지도 않았다. 다만 시운이 따르면 '보기(寶器)'가 될 가능성이 있는 존재이다. 보배로운 그릇이라 함은 통치행위를 상징한다. 그 상징성을 모르면 쑥돌과 보물 돌을 구분하지 못한다. 송인(宋人)은 연석(燕石)을 보물로 알고 꼭꼭 싸서 숨겨 놓았던 바보이다. 초왕(楚王)은 화씨벽(和氏璧)의 원석을 알아보지 못해 그것을 가져온 변화(卞和)의 발을 두 번이나 잘랐던 임금이다. 돌은 이제 조정의 주춧돌이 되어야

하고, 도량형과 같은 기준점을 제공해야 한다. 작가는 주변 사물에 대한 관심과 지식을 문학 형식으로 수렴하면서 인문학적 의의를 동시에 발견하고자 했다. (라)에서 작가의 목소리로 언급했듯이 '격물치지'의 신유학적 사유를 잘 드러내고 있다.

말을 빌린 이야기인 <차마설(借馬說)>은 작가의 체험을 진술하면서 정치적 우의를 도출해낸 작품이다. 화자는 집이 가난하여 간혹 말을 빌려 탔다. 그런데 빌린 말의 건강 상태와 능력에 따라 말 타는 마음가짐이 전혀 딴판임을 깨우쳤다. 그러면서 사람의 소유라는 게 빌리지 않은 것이 없다는 일반론으로 나아갔다. 임금의 지위와 재력, 신하의 세력, 심지어 부자·부부의 관계, 주종 관계 등에서도 빌린 것들이 참으로 깊고도 많다. 그럼에도 불구하고 사람들이 끝내 제 소유라 여기고 미혹되어, 얼마 안 있어 돌려줘야 하는 것을 살피지 못한다. 작가는 신흥사대부로서의 자기 검열과 정치적 윤리 의식을 비근한 경험에 비추어 우회적으로 도출해냄으로써 오히려 설득력을 높였다.

이색은 평생에 걸쳐 영물시를 꾸준히 창작하여 이규보의 성과를 적극적으로 계승했다. 소재적으로 비, 눈, 구름 등의 자연 현상과 국화와 매화 등의 식물이 반수 이상을 차지하지만, 동물과 인공물의 종류와 비중도 상당하다. 별도로 충어금수(蟲魚禽獸)의 이름을 각 구절마다 포함시키는 <연아체> 작품이 8수에 이른다.

이색은 사물 관찰에 대해 깊은 생각을 했다. 그는 <척확(尺蠖)>, 즉 <자벌레>라는 시를 짓게 된 창작동기를 다음과 같이 제목에서 상세히 드러냈다.

> 내가 하루는 공자의 "예(藝)에서 노닐다"라는 교훈이 생각나서 그동안 사물 관찰이 너무 천박했음을 자책했다. 대개는 완물상지(玩物喪志)를 두려워해서 이런 결과에 이르렀던 것이다. 무릇 존재가 있으면 법칙이 있다. 어느 하나의 존재인들 내 성(性) 안에 작용하지 않는 것이 있겠는가? 작은 존재로는 자벌레보다 더한 것이 없을 것이다. 그러므로 단가를 지어서 스스로를 경계하는 것이다.

공자의 발언은 일상적 교양이라 할 육예(六藝)를 다른 추상적 윤리 덕목에 이어서 강조한 내용이다. 도(道)니 덕(德)이니 인(仁)이니 하는 것들도 결국은 현실의 행위 속에서 실천될 수 있을 것이기 때문이다. 그렇게 하기 위해서는 '관물(觀物)'의 태도가 필수적인데 그동안 그 점이 부족했음을 이색은 반성한 것이다. 또 그는 그 '관물'이 제대로 이루어지지 않은 이유를 여타 존재물과의 접촉 자체를 꺼리는 태도에서 비롯됐다고 원인 분석까지 했다. 그 같은 근본적 반성이 이루어지게 된 원동력은 물(物)과 아(我)의 관계를 상호 객관적으로 이해하려는 세계 이해의 변화에 있다. 그러면서도 내 안에 갖추어져 있는 성정(性情)의 법칙과 물(物)의 법칙이 동심원적으로 호응한다는 성리학적 믿음을 받아들여서 인간의 윤리적 의의를 구현하고자 했다. 하필 '자벌레'라는 미물을 선택하여 자신의 경계로 삼겠다고 한 것도 바로 그러한 물아의 관계 설정에 기초하고 있기 때문이다. 그것은 영물시를 통해 인간 행위의 지침을 도출하는 우언적 사유가 가능한 근거이기도 하다. 이어서 시 본문에서는 다음과 같이 읊었다.

尺蠖汝何屈,	자벌레 너는 왜 구부리느뇨
屈甚折汝骨.	심하게 구부리면 네 뼈가 부러지리라
尺蠖汝何伸,	자벌레 너는 왜 길게 펴느뇨
伸甚辱汝身.	심하게 펴면 네 몸이 욕되리라
乍伸又乍屈,	하지만 금세 폈다가 또 금세 구부리기를
一生無所拂.	한평생 조금도 마다함이 없구나
所以古之學,	이런 까닭에 옛사람의 학문은
敎人先格物.	물리 연구부터 먼저 가르쳤는데
奈之何今人,	어찌하여 지금 세상 사람들은
一向趨要津.	한결같이 지름길을 좇는다 하는고
講學貴不息,	학문 강습은 쉬지 않는 게 귀하거니와
施功尤有則.	공력을 쓰는 데 더욱 법칙이 있다오
況當列簪紳,	더구나 조정의 관료가 되어서

自用人必嗔.	제 맘대로 하면 남이 반드시 성을 내리라
因之得明德,	이로 인해서 밝은 덕을 터득한다면
上帝臨赫赫.	상제께서 혁혁히 굽어 임하실 것이라
周旋無貳心,	나라일 처리하며 굽힌다 편다 하는 마음 두지 않으면
不用賦尺蠖.	이런 자벌레 시를 지을 필요도 없으리라

처음 두 운(韻)은 인간의 주관으로 자벌레를 본 것이다. 저렇게 구부렸다가는 골절이 될 터이고 저렇게 폈다가는 남의 표적이 될 터이다. 그러나 자벌레를 더 들여다보면 굴신을 평생토록 해도 아무런 문제가 없다는 격물치지의 순간을 맛보게 된다. 학문에는 핵심적 인식이 있고, 공력을 얻게 하는 수련과 실천 과정이 있다. 예컨대 자벌레를 통해 얻은 깨달음을 문신관료의 정치 행위에 적용시킬 수도 있다. 득의와 좌절에 너무 흔들리지 않고, 신념 구현과 협치를 균형감 있게 추진해 나간다면 인간으로서 자벌레의 굴신을 배웠다고 할 수 있다. 그때에는 굳이 <자벌레>라는 영물시를 쓸 필요조차 없을 것이라고 해서 격물의 공력이 온전하게 발휘되기를 희망했다.

그러나 현실 정치에서 그러한 효과가 만족할 만큼 보장되기는 실제 어려운 일이다. 이색은 29세 나이에 원나라에서 귀국하고 관제 개혁이 있자 이부시랑과 한림직학사에 중용됐다. 그 시절 지은 작품에 '조롱을 해명하는 노래'라는 의미의 악부시 <해조음(解嘲吟)>이 있다.

見獐負網有古語,	노루 보고 그물 진다는 속담도 있거니와
我自脫頤奚問他.	내가 웃다 빠진 턱을 어찌 남에게 물으랴
膽大於身吐群策,	담이 몸보다 커서 뭇 계책을 뱉어냈더니
偶爾屢中應被訶.	우연히 늘 적중하여 응당 헐뜯음 당해왔네
人情紛紛信難整,	사람들 맘이란 분분하여 가지런하기 정말 어려우나
天命赫赫終無頗.	천명은 혁혁하여 끝내 치우침이 없다네
奏罷選目當高歌.	선목을 아뢰었으니 소리 높여 노래하리라

공민왕 5년(1356) 기철(奇轍)의 반란을 평정하고 이색은 이부시랑(吏部侍郎)에 제수되어 개혁에 앞장섰다. 이부는 문관들의 고과와 배치를 전담하는 관청으로서 차석 관장이 됐으니 비방의 대상이 될 수밖에 없는 자리이다. 작가는 그것을 해명하기 위해 단가를 지었다고 제목에서 설명했다. 첫 두 구에서는 속담조로 어쩔 수 없는 상황임을 말했다. "노루 보고 그물 짊어진다"는 표현은 일을 당하고서야 허둥대며 준비함을 비유하는 속담으로서 오늘날까지도 전해지고 있다. 일이 그만큼 급박했음을 변명 삼아 말한 것이다. "웃다가 빠진 턱을 뉘에게 물으랴"는 표현은 자신이 자진해서 나선 측면도 있다는 말이다. 급박하기도 했지만 해야 할 일이기에 했다는 자기 고백을 에둘러 표현했다. 그렇다면 이 수련(首聯)은 "목마른 놈이 샘 판다" "꿩 잡는 게 매다"라는 좀 더 적극적인 처세관을 암유하고 있다. 노루가 나타났다면 체신머리를 잃더라도 급히 채비를 해야 하고, 그로부터 생겨나는 우세스러운 상황은 스스로 감당해야 한다는 뜻이 된다. 이어지는 구절에서 담이 몸에 비해 커서 겁 없이 자기 생각을 말했으니 응당 비방이 따랐다는 표현도 자기가 겪는 처신의 문제점을 해학적으로 녹이고 있다. "담이 몸보다 크다"는 것은 시쳇말로 "간이 배 밖에 나왔다"는 표현과 다르지 않다. 그러나 마지막 대목에서는 공정성과 정당성을 내세우며 인사 개혁의 구체적 명단을 소신껏 작성해 올렸음을 거리낌 없이 피력했다. 우회적 표현과 해학적 미의식으로 포장하기는 했지만 좀 더 적극적 해명으로 마감을 한 셈이다. '인정'에 대해서 '천명'을 내세워 공감의 정서를 유도하고 설득의 효과를 높였다.

이곡의 <연아(演雅)>시는 정홍교, 『조선문학사 2』 199면에서 중요하게 다루었다. 원문의 '師子'는 '獅子'로 교감한다. 이곡의 <석의>는 유이경, 「이곡의 설 작품 연구 - 설 장르 성격 규명을 위한 예비적 고찰」(이화여대 석사, 2003) 117~120면; 이색의 시에 대해서는 어강석, 『목은 이색 문학 연구』(성남: 한국학대학원 박사, 2004) 82~93면; 김재욱, 「목은 이색의 영물시 연구」(고려대 박사, 2009) 21~74면 참조.

5.6.3. 고려말 신흥사대부의 전환기적 모색과 우언적 주제

이숭인(李崇仁, 1347~1392)은 고려말 명문세족의 출신이지만 신흥사대부들과 호흡을 함께 하며 성리학을 깊이 연구했다. 그는 문학을 통해 자화상을 그리듯 자신을 반성하면서도 고려말 지식인의 동향을 비교적 상세하게 파악하고자 했다. 개혁적인 공민왕이 시해된 이후에 이인임(李仁任), 경복흥(慶復興) 등의 친원파가 득세한 우왕의 재위 기간에 그는 원나라 사신의 영접을 불가하다고 간언하는 사대부들의 노선을 지지하여 지금의 성주(星州)로 유배됐다. 이때 지었던 <애추석사(哀秋夕辭)>는 상상의 공간을 설정하면서 자신의 억울한 사정과 각오에 찬 신념을 토로해서 주목된다. 전체적으로는 초사의 <이소(離騷)>를 반의모방하면서도 세부적 설정에서는 정교한 장치들을 동원했다. 우선 도입부에서는 풋잠이 들어 혼이 위로 올라가는 몽유 과정을 그렸다. 옥황의 거처에 도달해서는 지상의 조정과는 다르게 영접을 받는 분위기를 묘사해서 풍자의 뜻을 나타냈다. 이어서 '나'의 성장 과정, 공자의 가르침을 받든 자취, 조정에서의 행동과 참소 등을 토로했다. 결국 옥황에게 사연을 진술하여 나의 육침(陸沈), 즉 세속적 고난을 건져달라고 하소연했다. 이에 대해 옥황의 대답과 나의 결심을 다음과 같이 이어나갔다.

皇愍余之深衷兮,	옥황상제 나의 충정 민망히 여기신다
徠爾聽我辭.	이리 와서 그대는 내 말을 들어보라
所貴學之道兮,	학문의 길 소중하게 여기는 것은
能變通而推移.	변통하고 추이할 수 있기 때문이라
日中則昃兮,	해가 중천에 이르면 서산에 기울고
月盈而虧.	달도 차면 이지러지게 마련이니
天道亦不可久常兮,	천도도 항상 그대로 있을 수 없는데
在人事其何疑.	인사야 더 의심할 것이 뭐가 있으랴
世旣惡夫方兮,	세상이 기왕에 모난 것 미워하는 바에는

爾何惜乎爲圓.	그대 둥글게 되는 것을 어찌 애석해하랴
世旣尙夫白兮,	세상이 이미 저 하얀 것 숭상하는 터에
爾胡獨守此玄.	그대는 어쩌자고 홀로 이 검은 것 지키려는고
我哀爾之遭罹兮,	나는 그대의 재난을 슬퍼하지만
亦惟爾之故也.	역시나 그대의 탓도 생각하노라
欲去危以就安兮,	위험을 떠나 걱정 없는 데로 나아가려면
盍反爾之道也.	그대의 길을 되돌아보는 게 어떠한가
余默退而靜思兮,	내가 말없이 물러 나와 조용히 생각건대
皇恩之罔極也.	옥황의 은혜가 망극하긴 해도
竊不敢改余之初服兮,	내 애초 모습 감히 고칠 수는 없고
固長終乎窮阨.	차라리 궁액 속에서 한평생 마치리라 다짐했네
前余生之千古兮,	나보다 먼저 이렇게 살다 간 천고의 인물들이여
其在後者無窮.	내 뒤로 끝없이 이렇게 살아갈 인물들이여
矢余志之不回兮,	맹세코 나의 이 뜻 변하지 않으리니
仰前脩而飭躬.	앞선 어진 이를 앙모하며 내 몸을 닦으리라
世貿貿莫余知兮,	세상이 무지해서 나 알아주는 이 없으니
庶憑辭以自通.	이 노래 의지하여 내 답답함 풀어볼꺼나

옥황상제의 위로는 '나'를 전폭적으로 지지해 주는 것은 아니다. 상황에 맞게 변통할 줄 아는 지혜를 요구했고, 대립에 대한 타협을 고려하라는 충고이다. 그것은 어찌 보면 현실에서 집권자 측에서 작가에게 요구하는 처세술의 우회적 표현일지도 모른다. 그러나 '나'는 둥근 것과 네모난 것의 모순, 희고 검은 색깔의 상반됨을 솔직하게 인정하고 <이소>의 화자가 지향했던 길을 선택했다. "초복(初服)을 고치지 않겠다"거나 "전수(前脩)를 앙모하겠다"는 표현은 작가가 벼슬길에 나서기 이전의 가치관과 신념을 저버릴 수 없다는 결심을 상징한다. 그럼에도 불구하고 이숭인이 전투적으로 친원 집권파들에 맞설 수 있었던 것은 아니었다. 그는 스스로를 꾸짖는다는 뜻으로 <자송(自訟)>이라는 시를 지었다. 관대한 처분을 받고 고향으로 은거한 사정을 말하면서 은사의 노래인 <자지곡(紫芝曲)>의 성격으로 <자송

편(自訟篇)>을 노래한다고 했다.

이숭인은 명나라와 고려의 관계가 험악해진 상황에서 외교상의 난맥들을 풀기 위해 외교문서의 작성을 도맡다시피 했다. 정몽주는 주로 사신의 임무를 맡고 이숭인은 표문을 작성하여 명나라를 설득함으로써 두 나라 사이에 존재했던 심각한 알력을 원만하게 해결했다. 창왕(昌王) 재위 시기에 40대였던 그는 이인임의 인척이라는 이유로 유배되었고, 이성계 중심의 급진 개혁파 인사들과의 대결 국면에서 정치적 격랑에 휩쓸려 생을 마감했다.

이숭인은 여말 지식인들의 인격과 풍모, 그리고 동향을 소개하는 데도 열성을 보였다. 정몽주의 노랫소리, 김구용의 글씨, 정도전의 박식한 이야기, 염정수의 훤칠한 외모 등을 칭찬했다. 그에 비해 자신의 모습을 두고서는 "생김새가 유순해서 부인네 영락없고 글귀나 아로새기고 있으니 아이들의 유치한 공부"라고 했다. 지암(止菴)이라는 시골 승려가 그려준 초상화에 <찬(讚)>을 그처럼 지었다. 여기서도 정몽주, 박의중, 설장수, 하륜, 권근, 정도전 등과 자신을 비교하면서 한껏 자신을 겸손하게 평했다. 그러나 조정과 귀양살이에서 보람과 고난을 담담하게 겪어내며 스스로 수양하는 모습은 그런대로 '심군(心君)'을 속이지 않는 경지라고 자부했다. 성리학에서 강조하는 무자기(毋自欺)의 개념을 의인화하여 신유학에 대한 절실한 실천 의지를 담았다.

또 정총(鄭摠)의 서재에 기문을 써준 <복재기(復齋記)>에서는 주역의 복괘(復卦)를 천지의 복(復), 성인의 복(復), 뭇 사람의 복(復)으로 나누어 천도(天道)를 설명하면서도 인심(人心)에 더욱 치중해서 다루고 있다. 작가는 사람의 기품이 잡박하고 또 물욕에 가리어 제 마음을 잃어버리고도 알지 못하지만, 본연의 선(善)은 그대로 간직되어 있음을 믿었다. 이는 천지에 양(陽)이 다 없어진 적이 없이 반드시 회복되는 이치와 같다고 본 것이다. 따라서 『주역』의 복괘(䷗)에 대한 설명에서도 여섯 효사(爻辭)가 인심의 회복과 관련된 여러 상황을 일일이 언급했다고 이해했다. 예컨대 멀리 가지 않고 되돌아오는 불원복(不遠復), 군자를 가까이하여 아름답게 되돌리는 휴복(休復), 끝없이 시행착오를 하며 되돌아오는 빈복(頻復), 소인들이 모든 것을 그르치는 환경 속에서 외롭게 바른길로 가는 독복(獨復), 되돌아오기 위해 돈독하게 노력하는 돈복(敦復), 헤매기만 할 뿐 개과천선하지 못하는 미복(迷復) 등은 모두 인간의 서로 단계와 상황을 반영한 것이라고 보았다. 요컨대 인간의 마음을 자연의 이기론(理氣論)에 대비시켜 이해하되, 더욱 촘촘하게 실천적 의미를 부여하려는 관점을 잘 보여주고 있다.

원천석(元天錫, 1330~1395 이후)은 이숭인과 정도전 등과 함께 진사시에 합격했다. 그는 유학자를 자처하면서도 불교를 자신의 종교로 받아들였다. 진사 명의를 획득한 이후에 벼슬길에 진출하지 않고 고향인 원주에 은둔했다. 사대부의 일원이었지만 어려운 시대에 지방 지식인으로 살아가면서 제3의 길을 모색하고자 했다. 그는 온건 개혁파나 강경 개혁파 어느 쪽에도 가담하지 않고 자신의 삶과 목격한 일을 시로 기록하는 데 몰두했다. 그의 시집 『운곡행록(耘谷行錄)』은 개인사에 대한 진솔한 묘사이자 역사적 증언이어서 남다른 의미가 있다.

그는 아내를 잃고 21년간 홀아비로 지내면서 자녀를 혼자 키워 모두 시집 장가를 보냈다. 키우는 과정이나 성취를 끝내고 나서 염려를 내려놓은 감정을 담담하게 시로 읊조리기도 했다. 간간이 들려오는 조정 소식에 통분과 함께 천운의 순환을 느끼며 임하(林下)에서 침묵할 수밖에 없음을 토로하기도 했다. 그러나 세상을 항상 부정적으로 보지는 않았다. 조그만 서재를 마련하고는 그에 대해 다음과 같이 시를 짓기도 했다. 다음은 그 서문이며 제3수를 함께 살펴본다.

> 지난번 고깔바위[弁巖] 남쪽 봉우리 밑에 새로 초가 한 칸을 세우니 지형이 험하고 외진 데다가 집 구조마저 정교하지 못했다. 또 향배와 오고 가는게 다 마땅치 않아 크게 누추하고 옹졸했다. 그 주인의 행실은 도와 어긋나고 뜻 세움이 세상과 어긋나는 데다가 일처리가 오활하고 행동거지가 쌀쌀맞으니 누추 옹졸함이 집에 비해 더했다. 그 집과 주인이 누추 옹졸함에서

합치되니 이를 '누졸재(陋拙齋)'라고 이름 붙였다. 인하여 장구 6수를 지어 스스로 읊는다.

喜我恒居有道邦,	도가 있는 나라에 내 항상 살았으니 기쁘도다
老將身計寄明窓.	늙막에 신상의 계획을 밝은 창에 붙이노라
放懷日日開書帙,	맺힌 속 풀어놓고 날마다 책권을 들추거나
排悶時時對酒缸.	번민을 떨치느라 때때로 술동이를 마주하리
臥看洞雲生片片,	누어 살피니 골짜기 구름이 조각조각 피어나고
坐聞山鳥語雙雙.	앉아서 들으니 산새 두런두런 얘기하는구나
世情塵事都忘了,	세상사 티끌 사연 모두 다 잊고나니
惟有詩魔尙未降.	애오라지 시도깨비 하마 항복하지 않는구나

시 제목인지 서문인지 모호하게 기술했다. 그의 시집은 작가 스스로 편찬한 원고를 바탕으로 후대에 간행됐으며 일명 '운곡시사(耘谷詩史)'라 일컬어진다. 창작 시기순으로 자신의 생애를 기록해 나갔다 할 수 있는데 이 시 또한 자신을 '주인'으로 객관화하면서 마치 한편의 자전(自傳)을 기술하듯 시인의 정신적 지향점을 보여주었다. 인용하지 않은 다른 시에서는 동국의 나라를 찬양했다. 비록 은둔의 삶을 택했지만 고려 신흥사대부의 자부심이 묻어나온다. 책과 술이 허락되고, 구름과 산새를 살필 수 있으니 더 바랄 게 없이 평안하다. 세상의 일은 분수 밖의 일이다. 오직 시 쓰는 일을 조금 더 휘어잡기 원할 뿐이다.

이러한 자화상과 같은 원천석의 시는 그의 시집에서 쉽게 발견된다. <운로음(耘老吟)>이라는 시에서는 스스로를 '김매는 늙은이'라 자처하면서 6언 절구의 잡체시 10수를 지었다. 운로의 평생, 노후경, 친형 사별, 금년 농사, 살림살이, 소활함, 가난함 등을 차례대로 말하고, 마지막 수에서는 관성(管城)과 더불어 미친 듯이 흥을 돋운다고 했다. 이에 관성은 주인을 두고 생기는 것도 없이 시만 짓는다고 비웃었다. 시로 쓴 자전(自傳)이라고 할 수 있다.

원천석은 도통사(都統使) 최영(崔瑩)이 처형되고 또 우왕, 창왕이 폐위되어 고려 마지막 왕 공양왕이 즉위한 이후에 원주 치악산에 더 깊이 들어가 살았다. 조선이 건국되던 1392년 동지가 지난 어느 겨울날로 추정되는 시기에 그는 네 수의 절구시를 지었다. 상황 설명으로 이루어진 시 제목이 다음과 같아서 자못 의미심장하다.

> 문을 닫아걸고 옛일을 뒤적이다가 옛 물건에 깃들어서 속마음을 일으킨다. 이는 때를 만나지 못한 자들이 하는 짓이다. 인하여 고기(古器)를 서술하여 네 절구를 지어서 탄식을 붙인다.

원천석은 스스로를 시대와 불화한 사람으로 규정했다. 옛 사적이나 뒤적일 수밖에 없는 처지가 그러하다. 눈에 띄는 것들은 모두 시절이 지난 옛 물건들이다. 그러나 그것을 통해서 회포를 드러낸다. 원문의 한문구로 말하자면 '우물흥회(寓物興懷)'이다. 그 옛 물건들은 시인의 마음을 대변한다. 우물(寓物)이 곧 우흥(寓興)이다. 이 가운데 <고경(古鏡)>은 안주인을 잃어서 버려진 청동거울을 묘사했다. 바탕은 변함없으니 개먹은 청녹을 닦아내면 다시 쓸 수 있지만 닦아낼 그 한 사람이 없음을 한탄했다. 또 <고검(古劍)>에서는 천하를 안정시킨 한고조의 삼척검을 말하면서 오래도록 사용하지 못해 칼집 가운데에서 용울음을 원망스럽게 울고 있다고 했다. 시대의 안정을 희망하는 깊은 탄식을 가탁했다. 또 <고금(古琴)>에서는 지음이 사라져 줄이 끊어진 채 허당에 처박혀 있음을 슬퍼했다. 뜻을 함께할 동지가 없음을 안타까워한 셈이다. 마지막 <고정(古鼎)>에서는 삼대 이래로 성왕(聖王)에게 전해져 내려온 천하의 명기이니만큼 명나라 태조에게 돌아감이 마땅한 듯 읊었다. 명나라가 천명을 받아 천자국의 지위를 회복하고 동아시아를 다시금 안정된 중세 문명권으로 이끌어 주기를 희망했다.

정도전(鄭道傳, 1342~1398)은 고려의 급진적 개혁을 주장하는 선명한 노선을 견지했기 때문에 많은 정치적 고난을 감내해야 했다. 그런 가운데 문학을 통해 자기 노선을 반성하고 분투의 의욕을 다잡는 작업을 반복했다. 그러한 자기서사적 특성은 그의 우언 글쓰기에서 자주 발견된다. 그는 공민왕의 토목공사를 풍자하기 위해서 가상적 역사기행을 꾸며서 <원유가(遠遊歌)>를 지었다. <원유>는 굴원이 지은 초사(楚辭) 작품의 하나여서 반의모방의 대상이 됐다. 우선 화자는 술자리에 모여든 빈객들에게 춤을 추며 <원유>를 노래하겠다고 제안하고, 그 원유는 구주(九州), 즉 중국 구석구석을 노니는 것이라 전제했다. 그러나 그것은 화자 당대의 중국이 아니라 요순(堯舜)과 하은(夏殷) 이래의 역사적 공간일 뿐이다. 역사기행을 위한 도입부라 할 수 있다. 이어서 본격적으로 다음과 같이 우의를 드러냈다.

登車復行邁,	수레에 올라 또다시 길을 떠나
翩翩逝宗周.	나는 듯이 주 나라로 머리 돌린다
峨峨靈臺高,	천추에 우뚝하다 높은 저 영대
靄靄祥雲浮.	뭉게뭉게 오색구름 중천에 떴네
鳳凰鳴高岡,	봉황새는 높은 언덕에서 울고
關雎在河洲.	관저새는 물가 모래톱에 있네
綿綿千載後,	면면히 이어진 천 년 뒤에도
綽有無疆休.	그지없는 아름다움 지녔어라
繼世何莫述,	어찌타 뒷임금 잇는 자 없어서
王風日以渝.	왕도의 정치 날로 변질됐던고
祖龍呀其口,	악독한 시황제가 용의 입 벌리어
一擧呑諸侯.	한꺼번에 여섯 나라 제후들을 꿀떡 삼켰네
阿房與天齊,	아방궁은 하늘과 가지런하여
兀盡蜀山頭.	촉산 꼭대기를 내리눌렀네
禍在魚狐間,	어호의 사이에서 화가 일어나서
一朝輸項劉.	하루아침에 항우·유방에게 바치었다오
孰非出民力,	누군들 백성의 힘을 내는 게 아니겠냐만
得失如薰蕕.	잘되고 잘못된 건 향초와 악초같이 판이하구나
徘徊感今昔,	이제 와 옛날이 느꺼워 배회하다가

日晏旋我輈.	날이 늦으니 내 수레 끌채를 되돌렸다오
滿堂賓未散,	만당한 손님네 상기도 아니 흩어져
擧酒相獻酬.	술잔 들어 서로 주거니 받거니
高歌未終曲,	목청 돋운 노랫가락 그치기 전에
雙涕爲君流.	두 가닥 눈물이 임 탓에 흘러내리네

 역사기행의 핵심은 주 문왕의 영대(靈臺)와 진시황의 아방궁(阿房宮)이다. 성군이든 폭군이든 토목공사는 백성들의 힘을 빌려 일으키고 완성한다. 다만 성군을 위해 짓는 건물은 칭송의 대상이 되는 데 비해 폭군의 궁궐은 원망을 모으고 그로 인해 나라가 망한다. 이 같은 시공간의 비약은 사실 오늘 여기의 상황을 돌려서 말하기 위함이다. 유체이탈처럼 몸은 두고 정신이 연회장을 빠져나갔다 왔지만 달라진 것은 없다. 그러니 임금을 위해 말할 사람은 자신밖에 없음이 분명해졌다. 눈물을 흘리며 노래를 지어 부른 이유가 거기에 있다.

 역사 사실을 겹쳐서 보면 시인의 눈물이 지닌 의미를 좀 더 분명하게 확인할 수 있다. 공민왕 14년(1365)에 노국공주가 죽자 왕은 이듬해 고려 태조가 세운 왕륜사에 공주의 영전(影殿)을 지을 것을 명했다. 완공한 지 2년 만에 영전이 좁다는 이유로 마암(馬巖)으로 옮겨서 다시 짓게 하여 완공을 보았으나 3층의 대들보가 무너져 큰 인사사고가 발생했다. 그런데도 다시금 왕륜사 옛터에 영전을 중수하고 인희전(仁熙殿)이라 불렀다. 영전의 용마루를 금은 수백 냥으로 치장하여 사치를 한껏 부렸다. 이곳에서 각종 연회 또한 무수히 벌였다. 그러고 보면 이 시에서 설정하고 있는 만당의 빈객과 술잔치는 바로 그 영전의 수많은 모임의 하나이다. 만약에 화자의 <원유가>가 그곳에서 불렸다면 분위기를 망치는 엉뚱한 소리였을 것이다. 결국 임금의 실정을 드러내고 꼬집는 우언시이기 때문이다.

 이숭인과 정도전은 비록 출신 가문에서 현격한 차이가 있었지만, 외교노선이나 개혁의 방향, 성리학과 문학에 있어서는 의기투합하는 좋은 벗이 되었다. 특히 이색의 문하에서 그 둘은 돋보이는 존재여서 후대 시화들에서 자주 거론됐다. 더구나 여말선초의 격동기를 거치면서 그들의 운명이 극명하게 엇갈리면서 이야깃거리를 산출해 냈다고 할 수 있다. 진시황 말기에 왕으로 자립했던 전횡(田橫)의 자살을 조문하여 따라 죽었다는 오백 열사의 사적을 두고 <오호도(嗚呼島)>시를 지었던 일화가 좋은 실례가 된다. 우선 이숭인은 <오호도, 일명 반양산(半洋山)이라 한다>라는 제목하에 다음과 같이 읊었다. 중간 핵심 부분에서는 전횡의 문객들에 빙의하여 시적화자는 다음과 같이 읊조렸다.

客雖聞之爭奈何,	문객들은 자살 소식을 듣고 어찌할지 몰라
飛鳥依依無處托.	나는 새처럼 뿔뿔이 흩어져 의탁할 곳을 잃었네
寧從地下共追隨,	차라리 땅속으로 따라 들어가 그분을 좇으리라
軀命如絲安足惜.	실낱같은 이 목숨 아낄 것이 뭐 있으리
同將一刎寄孤嶼,	모두 함께 목을 찔러 외로운 섬에 몸을 묻으니
山哀浦思日色薄.	산도 포구도 슬피 울고 햇빛도 어두워졌네
嗚呼千秋與萬古,	아아 천추 그리고 만고의 세월 속에서
此心菀結誰能識.	엉겨 있는 답답한 마음을 누가 알아줄까

전횡은 제나라 왕으로 자립했지만 유방이 항우를 물리치고 천하를 통일하자 그에 불복하고 문객 5백 명과 함께 이 섬으로 들어갔다. 그런데 한 고조가 회유책으로 부르니 낙양으로 가는 길목에서 목을 찔러 자살했다. 이런 소식을 접했을 때 문객들의 선택지는 별로 많지 않았을 것이다. 인용한 첫구 이후의 내용은 그 문객들의 심리 변화 과정과 최후 결단에 대한 묘사이다. 시적자아가 그들의 심리를 여실히 내면화하고 있다. 시인은 그들의 의리정신을 알아줄 이로서 자신을 동일시하고 있는 셈이다. 그는 마지막 구절에서는 "고금의 수많은 경박아들이 아침엔 동포였다가 저녁엔 원수가 된다"고 꼬집었다.

정도전은 <오호도, 전횡을 조문하다>라는 제목으로 5언율시를 지었다.

이숭인이 7언고시로 만장의 기염을 토했던 것에 비하면 정교하게 속뜻을 보인 셈이다.

   曉日出海赤, 새벽 해 붉게 바다에서 솟아
   直照孤島中. 외로운 섬을 곧장 비치네
   夫子一片心, 우리 님 한 조각 붉은 마음은
   正與此日同. 정히 이 해와 같아라
   相去曠千載, 몇천 년이나 서로 떨어졌지만
   嗚呼感予衷. 아아 나의 충정을 감동시키네
   毛髮竪如竹, 머리칼이 대나무처럼 치솟아
   凜凜吹英風. 늠름히 영웅의 기운 불어오네

오호도를 소재로 했지만 5백 의사보다는 전횡을 위로하는 데 초점이 맞춰져 있다. 전횡은 한 고조가 천하를 통일하기 이전에 제나라 왕이었다. 천자가 된 유방도 한때는 변방의 한중왕(韓中王)에 불과했다. 전횡이 오호도로 들어간 것도, 나중에 자살을 선택했던 것도 모두 이같은 상황에 기인한다. 남의 수하로 들어가기를 죽기보다 꺼렸던 영웅의 마음을 정도전은 공감했다. 관련 시화들에 의하면 이색은 두 제자의 시를 품평하면서 이숭인의 작품을 극찬했다. 이에 대해 정도전은 불평한 마음을 간직하다가 권력을 장악한 이후에 이숭인의 장살(杖殺)을 교사했다고 한다. 시 창작의 능력을 시기하여 필화사건이 발생한 셈이지만 시 내용에는 그 이상의 의미를 상징화하고 있다. 여말선초의 시대를 어떻게 진단하고 어떠한 신념으로 살아갈 것인지의 삶의 태도를 흥미로운 일화를 통해 포괄적으로 드러내고 있다.

이숭인에 대해서는 유호진,「≪도은집≫ 해제」,『국역 도은집』(고전번역원, 2008) 참조. 원천석의 시는 이진영 역,『운곡 원천석 시사』(원주원씨보소, 1984) 참조. 최두식,「고려말의 영사시」,『석당논총』14(동아대 석당학술원, 1988) 62~67면에서는 정도전의

<원유가>를 영사시의 특수한 형태로 보았다. <오호도>시 등의 비교는 김성룡,『여말선초의 문학사상』(한길사, 1995) 327~366면; 강석중,「여말선초 대명외교에서의 사행시에 대하여」,『한국한시연구』22(한국한시학회, 2014) 7~15면 참조. 이 시기 전횡(田橫) 오호도(嗚呼島)를 소재로 시작품을 지은 작가는 정몽주, 권근 등이 더 있으며, 이숭인과 정도전의 <오호도>에 관련된 일화는『동인시화』,『제호시화』,『소화시평』등에서 다루었다.

6장

중세후기 제2기 우언문학사
- 조선 전기 -

6.1. 조선초 전환기 사대부 지식인의 우언 글쓰기

6.1.1. 사대부 문학의 전반적 상황과 우언 글쓰기의 양상

고려말에서 조선이 건국되기까지 사대부 계층은 권문세족에 맞서서 힘겹게 정치 세력을 구축해 나갔지만 이미 오래된 나라에서 보이는 중세적 한계를 두고 노선의 차이점을 보였다. 그 가운데 정도전과 같이 신유학의 이념을 철저하게 실현하고자 했던 개혁파의 경우에는 자신의 고민을 나타내고 새로운 방법을 모색하는 데 우언 글쓰기를 요긴하게 활용했다. 또한 조선왕조가 건국되고 안정기에 접어들면서는 개혁의 기상보다는 수성의 필요성 때문에 교육적 관점에서 우언적 사유와 표현이 유용했다.

반면에 원천석과 같이 새로운 왕조의 명분을 인정하지 않고 현실의 추이를 관망하면서 백성들에 대한 일상적 삶을 중시했던 경우에는 오히려 자신이 목격한 사실을 중시하면서 현실주의적 경향을 나타냈다. 그러나 김시습은 신왕조가 안정기에 들어간 이후 정변에 의해 왕권이 바뀌는 상황을 맞닥뜨렸기 때문에 현실과 이념 사이에서 갈등하고, 오히려 자기 정체성을 깊이 고민하면서 새로운 문학 사조를 창출해냈다. 문학이 자기 표현적 기능과 함께 현실주의적 경향을 동시에 반영하는 데 있어 우언 글쓰기는 다시금 소중해졌다. 이전과는 다른 새로운 단계의 서사, 즉 '신화(新話)'라는 소설적 창작은 서사적 충동과 우언적 충동이 동시에 작용한 결과물이었다.

한편 김재는 고려말의 혼란기에서 현실 참여를 포기하고 고향으로 돌아가 은둔했다. 그러면서 글이라고는 별로 남긴 것이 없는데도 조선왕조에서 신유학의 윤리적 명분을 다시 강조하기 시작하면서 충절의 상징이 되었다. 그의 처세관을 나타내는 작품 <산가서(山家序)>에서는 문말에 주객 문답의 장치를 두어 속마음을 나타냈다. 자신은 은둔을 즐기는 것이 아니라 벼슬을 할 때는 백성을 걱정하고 물러나서는 임금을 걱정한다는 명분을 내세우면서 낙천지명(樂天知命)이 소중함을 나타냈다. 그러나 정작 벼슬에서 물러나 지었다는 <후산가서(後山家序)>에서는 자신의 출신과 처지를 말하면서 은거하지 않을 수 없는 사정을 쏟아내듯 토로하고 있어 에둘러 말하는 여유와 전략이 사라졌다. 사림파의 선조로 할 그는 정작 정계 진출과 고향 회귀의 처세 명분을 충분하게 모색하지 못했다. 그에 비해서 김종직이나 남효온의 경우는 세조가 왕권을 차지하는 비상한 시대를 맞으면서도 진출을 꾀했던 상황에서 자신들의 합당한 명분을 찾고 현실에 대응하기 위한 논리를 표현하기 위해 우언 글쓰기를 요긴하게 활용했다. 또 이황이나 조식 등의 성리학자도 자신들의 철학적 저술 이외에 실천적 논리를 모색하기 위해서라도 우언적 사유와 표현을 중요한 방법론으로 삼았다. 이는 모두 정도전보다는 권근의 선례를 잇는 것이었다.

이처럼 조선 전기는 고려말 신흥사대부의 진출에서 시작되어 조선초의 전환기를 거치면서 우언 글쓰기가 다양해지고 작가도 많아졌다. 또 전환기의 논리를 넘어서자 사대부 문학담당층의 정치적 입장이 확고해지고 노선 분화까지 이루어지면서 우언 글쓰기의 현실적 효용성이 커졌다. 게다가 조선 전기의 문학사를 사대부들이 주도하면서 새로운 문학 양식을 개척하는 가운데 우언 글쓰기가 개입하거나 우언 자체의 독자적인 새로운 양식이 실험됐다. 또 우언의 형식을 빌려 논설을 쓰거나 우언을 잡록류에 끼워 넣기도 했다. 더 나아가 『훈자오설』, 『부휴자담론』처럼 교훈적 목적으로 전문적 우언 모음집을 편찬하거나 창작해내기도 했다. 관각문인의 폭넓은 문화 향유와 사림파의 쓰라린 정치적 체험에서 기인한 성과였다.

조선 전기는 다양한 문학 유파가 생겨나면서 서로 영향을 주고받았다. 조선의 문치주의를 뒷받침했던 관각(館閣)의 관료들은 조선이라는 나라를 설계하거나 치세를 장식하는 공식적 영역의 문학을 주도하고, 사적 영역에서 사상가나 문인으로서 주목할 만한 성취를 이룩했다. 정도전은 고려말에서 조선초에 새로운 국가의 이념을 고민하면서 우언 글쓰기를 중요한 담론 방식으로 활용했다. 또 권근, 강희맹, 성현 등은 설(說)의 의론적 구성에다 우언 글쓰기를 적용시켜서 양식적 실험을 주도했다. 또 중국과의 외교관계를 중시하면서 역학서를 편찬할 때 이왕이면 교훈적이면서도 재미있는 내용을 선택하여 우언 작품이 중요하게 활용됐다.

사림파는 15세기 집권 세력이었던 관각 문인들에 맞서서 철저한 성리학적 세계관을 앞세우며 새롭게 등장한 정치 세력이므로 자신들의 진로를 모색하는 가운데 우언을 주요한 글쓰기 전략으로 삼았다. 김종직의 <조의제문(弔義帝文)>이 사화의 빌미가 됐던 데에서 짐작할 수 있듯이 아득한 시절의 중국 고사를 언급한 글이 당대의 민감한 정치 사안을 에둘러 말하는 우언적 글쓰기로 해석되기에 충분했다. 더구나 그의 제자인 남효온은 사림파의 정계 진출에 대한 명분과 실리 사이에서 고민하며 적지 않은 우언 작품을 남겼다. 특히 <수향기>와 같은 작품은 전기우언 양식의 수준을 진일보시키면서 몽유록의 창출을 자극했다. 또 <육신전>은 집권 세력이 쓴 역사와 다른 관점에서 이면의 역사를 기록한 것인데 훗날 <원생몽유록>의 기초 자료로 활용됐다. 또 김종직과 김일손의 다음 세대에 최충성, 성운, 임훈, 조식, 기대승 등은 비록 처사형 학자이지만 문장과 학문 능력을 수련하는 과정이나 자신들의 사상을 우의적으로 표현한 작품을 창작해서 사림파 문인의 관심사를 주제로 삼았다. 또 신광한, 김정국, 기준, 최연 등은 기묘사림으로서 정계의 파란을 겪으면서 우언 작품을 지었고, 황준량, 고응척, 홍성민 등은 목민관이나 관료로서의 체험을 우언으로 창작해서 주목된다.

또한 사림파는 국문시가 양식인 가사를 자신들의 출처관이나 자연관을 담아 조선 전기의 가장 중요한 역사적 갈래의 하나로 발전시키는 데 크게 기여했다. 정계에 나가고 고향으로 물러가는 출처(出處)의 방식과 양상은 사대부들 가운데 특히 사림파의 처세관을 여실히 반영한다. 정계 진출에 따른 성공과 시련을 겪는 과정에서 자신들의 처지와 이념을 우의적 수법으로 은유화하는 노래 갈래로서 가사 양식은 매우 효과적이었다. 기행가사와 유배 가사에서 적절한 여러 예를 발견할 수 있다.

또. 조선 전기 소설의 발생과 관련하여 우언 글쓰기는 중요한 구실을 했다. 다양한 서사적 전통 속에서 우언적 유형은 이야기의 이면에 별도의 의미를 중첩시키는 특징을 지닌다. 이러한 방법을 통해 환상적 이야기를 다루는 전기(傳奇) 중심의 기존 서사문학을 획기적으로 변화시킬 수 있었다. 이러한 작업에 앞장선 이들은 대개 방외인 유파에 속하는 작가들이다. 그들은 정통적 글쓰기를 혁파하면서 전쟁, 정변, 철학적 논제, 역사관 등의 심각한 주제의식을 기이한 이야기와 우언의 허구성을 통해 다루었다. 반대로 16세기부터 성리학적 수양론을 의인화하여 소설처럼 꾸민 심성 전기우언이 창작되기 시작했던 것은 15세기 경향의 반동으로서 함께 주목해야 마땅하다. 이 모두 문·사·철의 공유영역이며 한국 우언의 인문학적 배경으로서 특기할 만하다.

한편 연희 갈래는 관각문인들의 저술이나 증언을 통해 조선 전기의 상황을 어느 정도 재구해 볼 수 있다. 그러나 사림파나 방외인 문인들은 연희 자료를 시작품의 제재로 삼으면서 자신들만의 미학을 가탁했다. <꼭두각시놀음>에 대한 관극시가 대표적이다. 연극적 상황은 현실에서 떨어져서 현실을 오히려 더 잘 관찰할 수 있다는 역설을 가능하게 만들었다.

조선초 전환기와 조선 전기의 우언문학사에 대한 전반적 고찰은 이 책에서 처음 시도한다. 조선 전기 문학유파에 대해서는 조동일, 『한국문학통사 2』(지식산업사, 2005 4판) 357~449면을 참고하되, 그와 관련된 우언 작가와 작품은 다음에 장절을 독립시켜서 기술하기로 한다.

6.1.2. 정도전과 권근의 세대

정도전(鄭道傳, 1342~1398)은 고려말 공민왕 때 출사하여 우왕 연간에 권신 이인임(李仁任)에 맞서다가 유배와 유랑생활을 했다. 1375년(우왕1) 나이 34세에 원 나라 사신의 영접을 반대하다가 지금의 나주(羅州) 지역인 회진(會津)으로 귀양을 갔다. 동일한 사건으로 인하여 이숭인은 <애추석사(哀秋夕辭)>를 창작했는데, 정도전은 「금남잡제(錦南雜題)」라는 작품집을 만들고 그 가운데 여러 편의 우언을 수록해 놓았다. 두 사람 모두 자신의 정치적 고초를 우언 글쓰기의 주요 동기로 삼은 셈이다.

  정도전은 우선 답답한 심정을 해소하자는 취지에서 <심문(心問)>과 <천답(天答)>을 지었다. 이는 불우한 처지에 놓인 문인들이 초사(楚辭)에 연원한 천문천답(天問天答)을 반의모방해 왔던 동아시아 한문학의 오랜 전통을 이었다. 작가는 이 작품에서 사회적 불평등의 현상과 해결 방안을 자못 심각한 어조로 그려냈다. 혜심의 <고분가(孤憤歌)>에서 시작하여 이규보의 <문조물(問造物)>에서 기발한 착상을 드러냈던 전통이 그에 이르러 본격적인 사회적 의제를 다루는 우언 형식으로 변모했다.

  우선 <심문>에서는 마음을 의인화하여 옥황상제에게 조회하는 상황을 가상하고, 몸과 마음의 여러 작용을 하나의 왕국에서 일어나는 싸움으로 비유했다. 핵심 부분에서 다음과 같이 마음이 아뢰었다.

    志吾之帥, 氣吾徒卒.
      뜻은 나의 장수요 기운은 나의 졸개어늘
    皆不堅守, 棄臣從敵.
      제 임무 굳게 지키잖고 신 버려 적군 좇나이다
    以臣之微, 孤立單薄.
      미약한 신은 외롭고 허약하옵니다
    誠敬爲甲冑, 義勇爲矛戟.
      정성 공경이 갑옷 투구요 의리 용기가 창칼입니다
    奉辭執言, 且戰且服.
      전령 받들고 말씀 고집하여 싸우면서 복종시킵니다
    順我者善, 背我者惡.
      나를 순종하는 자 선하고 나를 등지는 자 악합니다
    賢智者從, 愚不肖逆.
      어질고 슬기로운 자 따르고 어리석고 못생긴 자 거스립니다
    因敗成功, 幾失後獲.
      실패로 인하여 성공하고 거의 잃은 뒤 얻게 됩니다

'나'는 마음이다. 인간 행위에 있어 마음의 역할이 지대함을 자신의 목소리로 진술하고 있다. 마음이 마음의 여러 부분적 요소들을 운용하는 행위가 하나의 전쟁과 같이 치열함을 보여주고 있다. 실패와 성공, 위기와 극복이 상호 짝이 되어 호응할 만큼 역동적이다. 여기서 '마음'이라는 화자는 모든 지체들이 그의 명령을 따른다는 이른바 '백체종령(百體從令)'의 천군(天君)과 같이 의인화된 존재이다. 이 점에서는 후대의 심성 우언소설의 수법을 미리 선보인 셈이다. 그런데 그 같은 신념에 찬 행위의 결과가 일마다 뒤죽박죽되는 응보의 불확실성에 문제가 있음을 '나'는 다음 대목에서 하소연하고 있다. 세상 사람들은 '나'를 탓하면서 명령을 듣지 않고 적을 따라나선다고 했다. 그래서 옥황상제의 해명을 요구하고 나선 것이다.

이어지는 작품은 <하늘의 대답>으로 꾸며져 있다. 여기서 '나'와 '너'의 주체는 상제와 마음으로 바뀌었다. 상제가 마음에게 말했다: 내가 명하면 너는 듣지만 너는 만물 중에 가장 신령하고, 삼재의 하나로 나와 나란히 서 있다. 풍우한서(風雨寒暑)가 자신의 기운이고 일월(日月)이 자기의 눈이지만, 사람의 마음에 허물이 있으면 그것들이 어그러지고 가려져 먹히어 자신을 병들게 만든다고 전제했다. 그리고 결론 삼아 다음과 같이 선언했다.

> 한편 나 같은 거룩함은 만물을 덮어줄 수는 있어도 실어줄 수는 없고, 낳아줄 수는 있어도 이루어줄 수는 없노라. 추위와 더위, 재앙과 상서야 오히려 인정에 감응하려니와 내 저들에게 어쩌겠느뇨? 네가 그 올바름을 지켜서 내가 안정되도록 기다릴지언저!

상제는 천인감응설(天人感應說)과 같은 논리를 펴서 인간의 주체적 실천 행위를 강조했다. 하늘이 명령하는 것은 원론적인 데 비해서 인간이 자연 질서에 미치는 영향은 구체적이고 실제적이다. 복선화음(福善禍淫)의 응보를 상제가 주관하는 듯하지만 결국은 인간의 행위가 자연의 운행이 정상적으로 작동되도록 관여한다. 따라서 인간은 화복의 불확실성이나 불공정성을 시비하기보다는 올바른 신념을 지켜서 절대자의 지위를 회복시켜야 한다고 주장했다. 결국 옥황상제의 입을 통해서 인간의 주체적 행위가 천지의 이치를 올바르게 유지시키는 기본 인자임을 천명했다.

또 정도전은 도깨비들에게 사과한다는 특이한 내용의 <사이매문(謝魑魅文)>을 지었다. 그러나 이는 형식적으로 한유(韓愈)의 <송궁문(送窮文)>을 반의모방한 것이며 이규보의 <구시마문(驅詩魔文)>을 이은 골계적인 우언 작품이다. '정선생(鄭先生)'은 귀양지인 회진의 음습하고 황량한 환경을 괴로워한다. 피곤에 지쳐 잠이 든 듯 마는 듯 몽롱한 상태가 되면 온갖 도깨비들이 야유를 하며 앞에서 얼쩡거린다. 쫓아내면 물러났다가 졸면 다시 나타나 앞서 하던 짓을 반복한다. 그래서 선생과 도깨비가 말을 섞기 시작한다. 정선생의 유배당한 내력과 현재의 고초가 여지없이 폭로되고 도깨비가 벗이 되어 놀아주는 것이 오히려 고마운 일이라는 점이 판명된다. 선생은 급기야 부끄러워하며 도깨비의 후의에 감사하고 사과하는 노래를 부른다. 시대와 어긋나 세상을 버렸으니 더 이상 구할 게 없음을 고백하고, 초야에서 그들과 넉넉하게 살겠다는 결심을 밝혔다. 이를 통해 작가는 자기 신변 상황과 심경의 변화를 에둘러 말했다.

또 이 시기에 유사한 주제를 불특정 인물에 빗대서 다룬 작품도 견주어 살필 필요가 있다. 어떤 농사꾼의 힐난에 대답하는 내용의 <답전부(答田夫)>, 어떤 야인과 자기 종놈의 대화를 듣고 적은 <금남야인(錦南野人)>이 좋은 예이다. 늙은 농부는 답답한 마음을 풀려고 들판으로 나선 '나'를 불러 힐난조로 물음을 이어갔다. 그것은 '나'의 정체를 탐색하는 내용이다. 과연 나는 어떠한 종류의 조정 관리였던가? 신하의 종류가 다각도로 제시되는 가운데 '나'는 몇 가지 금기를 한꺼번에 범하고도 요행으로 목숨을 보존한 그런 유형의 사람이었다. 옛사람으로 말하자면 가의(賈誼), 굴원(屈原), 한유(韓愈), 관용방(關龍逢)처럼 큰소리를 치고, 곧은 말과 예스러운 것을 좋아하고, 윗사람을 거스르는 조정 관리였던 것이다.

또 금남(錦南)은 나주 회진의 옛 지명이다. 지금도 나주시에 금남동이 남아 있다. 야인(野人)이라 함은 문명의 세례를 받지 못한 그곳 사람을 가리킨다. 그런데 담은선생(談隱先生)이 유자(儒者)라며 갑자기 출현하니, 야인은 그가 과연 무슨 일을 하는 사람인가 선생의 종자에게 물었다. 종자는 한껏 거창하게 유자의 학문 세계를 묘사했다. 그러나 야인은 과장되었다며 마을 노인들의 평판을 전했다. 실상이 없으면서 이름만 있어 귀신이 미워하고, 실상이 있더라도 스스로 밖에 드러내는 것은 사람들의 노여움을 산다는 것이다. 귀양살이를 하는 작가가 여러 가지 가상적 수법을 통해 자기 처지에 관한 이야기를 꾸며내면서 스스로를 성찰하려는 의도를 엿볼 수 있다. 야인과 종자의 대화 뒤에 숨어 있는 '담은(談隱)'이라는 인물은 고난을 통해 얻은 인식을 이야기로 만드는 일 이외에는 달리 할 일이 없는 작가의 처지를 상징했다고 볼 수 있다.

반면에 집안의 어려움을 토로한 <가난(家難)>은 실제 유배지에서 고향에 있는 아내와 주고받은 편지를 바탕으로 쓴 글이다. 그럼에도 불구하고 가족과 친구의 차이점, 아내와 신하의 같은 점을 날카롭게 지적하면서 자신의 고초를 견뎌낼 명분을 찾고 있는 수법은 말 밖의 의미와 미감을 느끼게 한다. 아내는 남편이 귀양 가고 가문이 망가져서 세상의 조롱거리가 됐다고 탓했다. 나는 형세로 맺은 관계와 은혜로 맺은 관계를 설명하면서 아내의 책망은 사랑으로부터 나온 것임을 밝히고, 자신이 임금에게 하는 일도 마찬가지이니 결과를 따질 일이 아니라고 했다. 아내의 처지와 자신의 처지가 같아서 각자의 직분을 행할 뿐이라는 절묘한 변명이다. 나주 유배기에 지었던 이러한 여러 작품은 작가 스스로의 처지에 대한 성찰을 에둘러 말하고 있다는 공통점을 지니고 있다.

반면에 <심기리편(心氣理篇)>은 정도전의 대표적인 철학 저술이지만, 우언 글쓰기를 시도했다는 측면에서 다시 검토할 필요가 있다. 철학적 개념과 논리를 가다듬기보다는 유불도 삼교의 핵심어를 내세워 상호 비교하는 수법을 택했다. 이 글은 마음이 기운을 비난한다는 <심난기(心難氣)>, 기운이 마음을 비난한다는 <기난심(氣難心)>, 이치가 마음과 기운을 타이른다는

<이유심기(理諭心氣)>의 3편으로 이루어져 있다. 여기서 '마음', '기운', '이치'는 원래 추상적 개념어지만 의인화된 주체가 되어 상호 비난하고 또 그 논쟁을 해결한다고 했다. 제목에서부터 사람인 양 심각한 논란(論難)을 벌이고 있음을 짐작할 수 있다. 그러나 이러한 형식은 도잠(陶潛)이 지은 오언고시 <형영신(形影神)> 3수를 반의모방한 것이다. 실제 내용도 몸, 그림자, 정신이 각자 스스로를 '나'로, 상대를 '너' 혹은 '그대들'이라고 호칭하면서 음주(飮酒), 선행(善行), 운화(運化)를 생사 문제의 비결로 내세웠다. 일종의 삶의 태도에 관한 해학적 우언시이다.

이에 비해 정도전의 작품은 마음과 기운이 서로 한 차례 공방을 나눈 뒤에 마지막에는 이치가 '나'로 나서서 마음을 보존하고 기운을 기를 수 있는 것은 자신뿐이라고 했다. 여말선초 신진사대부 사회에 제기됐던 유·불·도 삼교 논쟁의 심각한 주제를 4언 고시의 형태로 풀어나가면서 작가의 주장을 에둘러 말한 셈이다. 그는 이 작품에서 마음을 중시하는 불교보다는 기운을 중시하는 도교가 실제적임을 인정하고, 다시 궁극적으로 그 둘을 포괄하는 성리학을 옹호하는 결론에 도달했다. 이를 통해서 불교를 간접적으로 비판하고 존재론과 당위론을 힘께 설명할 수 있는 성리학의 우위를 설득했다.

정도전의 과거급제 동기생이었던 원천석(元天錫)은 남송(南宋) 시대 여여거사(如如居士) 안병(顔丙)의 <삼교일리론(三敎一理論)>에 공감하면서 '성(性)'이라고 하는 기본 개념을 근거로 불교와 유교, 도교가 본질적으로 같은 지향점을 지닌다는 주장을 폈다. 삼교의 성인들은 근본에 대한 공통점을 기반으로 하여 각자의 문호(門戶)를 열었던 것에 불과한데, 그 문에 모인 후세의 문도들이 자기는 옳고 남은 그르다고 서로 욕하면서 삼교에서 말하는 '성'이 제 마음에 환하게 갖추어져 있음은 모른다고 했다. 이는 나귀를 타고 다른 사람이 나귀 탄 것을 비웃는 격이라고 안타까워했다.

안병(顔丙)은 간화선(看話禪)의 주창자 대혜종고(大慧宗杲)의 법손으로 삼교에 대한 다양한 글을 쓰면서 일치 이론을 전개했다. 그는 삼교라는 이름조차도 임시로 세운 것이며 사람마다 실천 단계에서는 혼연하여 하나라고 하면서 그 실천 의지가 다양한 계층에까지 확산되기를 희망했다. 원천석은 문도들이 방편에 불과한 성인들의 문호에 기대어 상호 비방을 하니 "시비를 걸고 다투는 꼴이란 개구리들 울음소리처럼 어지럽다"고 비판했다. 한편으로 원천석은 안회를 흠모하는 시를 많이 지어서 성인의 내면화 과정과 신유학의 실천성을 강조했다. 그는 정도전의 <심기리편>과는 다르게 성리학이 도교와 불교의 사상적 토양 위에서 전개된 것이라는 점을 중시했다고 할 수 있다.

한편 하륜(河崙, 1347~1416)은 어떤 승려의 금강산 여행에 써준 <송풍악승서(送楓岳僧序)>에서 자못 심각한 어조로 물었다. 작가는 풍악산을 불교식 이름인 '금강산'으로 부르는 까닭에 대해 시비를 걸면서 다음과 같이 불교에 대한 자기 견해를 폈다.

> 이외에도 과거와 미래의 천당·지옥의 설은 아주 자세히 갖추어 놓으면서 현재에 대한 설은 모두 소략하다. 어째서 사람들이 모르는 것은 상세히 말하고, 모두 아는 것은 설명이 미치지 못하는가? 아마도 '가상의 언어', 즉 가사(假辭)를 설정하여 사람들이 두렵고 사모할 바를 알고 선을 지향하는 마음을 늘상 가지도록 하려는 것일 터이다. 그렇다면 풍악산이 금강산으로 일컬어지는 것은 가상 가운데에서도 가상일 뿐이다. 지금 고승께서 가시려는 것은 저 풍악의 빼어남을 사랑함 때문인가, 저 금강의 '가상의 말', 즉 가설(假說)을 사모함 때문인가?

금강산이라는 지명의 유래가 대장경에 근거하고 있기는 하지만, 불교의 교리 자체가 하나의 가상 언어에 기반한 것이라는 논리를 펴면서 실존적 의미가 부족하다고 비판한 셈이다. 매우 이성적이고 논리적으로 주장을 편 것처럼 보인다. 그러나 '가설'의 논리는 단순히 '가짜'만을 포함하고 있는 것은 아니다. 현실에서 자신들이 믿는 당위가 무너지고 실현이 지연될 때 '진짜'의 자리는 흔들리고 모호해진다. 실존적 의미는 그 진짜와 가짜 사이에 있다. 적어도 진짜를 말하기 위해 가짜가 하나의 비교 근거로서 가상적 효용성을 지닌다. 훗날 소설의 효용성을 발견한 김시습의 경우에는 삼교의 언어 전략을 절충하여 새로운 문학 갈래를 개척하는 데 성공했다. 비슷한 시기에서도 작가의 처지와 시대 상황에 대한 인식에 따라 삼교의 사유 구조와 언어 방식은 큰 격차를 가지고 수용됐음을 알 수 있다.

권근(權近, 1352~1409)은 여러모로 정도전과 대조를 이루는 관료형 지식인이었다. 그는 앞에서 살폈던 정도전의 여러 글에 비평 작업과 주해 작업을 했다. 이는 정도전의 초간본 문집에서부터 수록되어 전해진다. 이들이 10년 차이의 선후배 관계이기 때문만은 아니고 학문하는 태도나 글쓰기 방식에서 서로 크게 다르면서도 보완적 관계에 있었기 때문이다. 정도전이 새로운 시대를 준비하고 설계하는 창업의 철학자이자 정치가였다면, 권근은 시대를 안정시키고 정당화하는 수성의 문인관료이자 교육자였다.

권근은 손님과 뱃늙은이의 대화를 적은 <주옹설(舟翁說)>에서 위태롭게 사는 것이 오히려 균형을 잡고 평온을 지킬 수 있는 비결이라고 말했다. 인간 세상과 인심을 거대한 물결과 바람에 빗대면서 세상 사람이 뱃사람보다 편한 것을 믿다가 끝내는 더 큰 환란에 빠진다는 역설을 제시했다. 뱃사공으로 늙은 은자형 인물의 입을 통해 손님의 의문을 깨우쳤다.

또 작가는 삽·칼·낫을 항상 휴대하고 다니는 고향의 은군자에게 <삼우설(三友說)>을 지어주었다. 여기서 작가는 곡식과 화초를 기르는 일과 마음 다스리는 공부를 유비 관계로 설정하면서, 어느 쪽이나 그 일을 같이할 벗이 필요하다는 논리를 폈다. 벗이 한갓 근심을 덜고 즐거움을 추구하기 위한 존재가 아니라 자신의 지키는 바를 굳건히 하는 데 도움을 주어야 결실을 맺을 수 있다고 강조했다. 작가 스스로도 유익한 벗의 힘을 빌려 마음밭의 가시덤불을 다스리기를 바랐다.

권근은 고려말 창왕 시절 이숭인의 탄핵을 옹호하다가 황해도 우봉(牛峯)으로 유배를 갔다. 마을 농부와의 대화를 적은 <전부언(田夫唱)>은 이숭인의 능력과 공로를 내세우면서 자신의 행위가 정당함을 피력한 글이다. 정도전의 <답전부>, <금남야인>과 유사한 창작동기를 지닌 잡설 형식의 작품이지만, 권근은 자기서사의 반어적 수법보다는 자신의 주장을 펴는 데 주력했다. 시골 농사꾼이 정도전에게는 자기 성찰의 계기를 부여하는 인물이었다면, 권근의 경우는 자기 처지에 공감하며 위로해 주는 가상적 존재이다.

권근은 우봉에 유배된 이후 여러 곳으로 옮겨다니며 한 해 넘게 귀양살이를 하다가 1390년 마지막 유배지였던 익산에서 『입학도설(入學圖說)』을 저술했다. 이 저서는 『오경천견록(五經淺見錄)』 등과 같은 여러 중요한 학문 저술의 시발점이 됐다. 실제 『오경천견록』의 핵심적 내용이 여기에 도설로 정리되어 있는 것으로 보아서 그는 『입학도설』에서 기본적인 인식을 체계화했음을 짐작할 수 있다. 그는 첫머리에 <천인심성합일(天人心性合一)>과 <천인심성분석(天人心性分析)>의 도설(圖說)을 통해 책 전체의 내용을 압축적으로 제시했다. <태극도설>의 5단계 그림을 하나의 종합도와 부분 세부도로 나누면서 상세한 설명을 할 수 있게끔 고안했다. 더구나 성리학의 이기론과 성정론을 결합시키면서 누구나 알기 쉽게 이해할 수 있도록 양면 작전을 폈다.

첫 번째로 제시한 <천인심성합일도>는 우언의 가상적 원리를 잘 활용한 도상(圖像)으로서 특히 주목된다. 전체적으로 상단부에 머리, 중간에 몸통, 하단부에 지체를 상징하는 인체 형상을 배치했다. 또 그 세 부분은 하늘의 성명(誠命), 마음의 성정(性情)과 의기(意氣), 선악 실천의 성(誠)·경(敬)·욕(欲)의 권역으로 구성되어 있다.

이 가운데 사람의 머리에 해당되는 상부의 세부 내용은 태극, 음양, 오행 등으로 분화되는 과정과 그러한 이치의 근원이 사람의 본성으로 곧바로 연결된다는 점을 표현하고 있다. 이는 저자가 도설(圖說)에서 밝힌 바와 같이 주돈이(周敦頤)의 <태극도설(太極圖說)>을 수용한 것이지만 무극(無極)의 존재를 따로 설정하지 않고 천명의 주체인 태극(太極)만을 표시했다. 그리고 <태극도설>의 마지막 단계인 만물화생(萬物化生)도 따로 설정하지 않고 하단의 성인, 중인, 금수와 함께 표시했다. 이를 통해 '천인합일'의 양상을

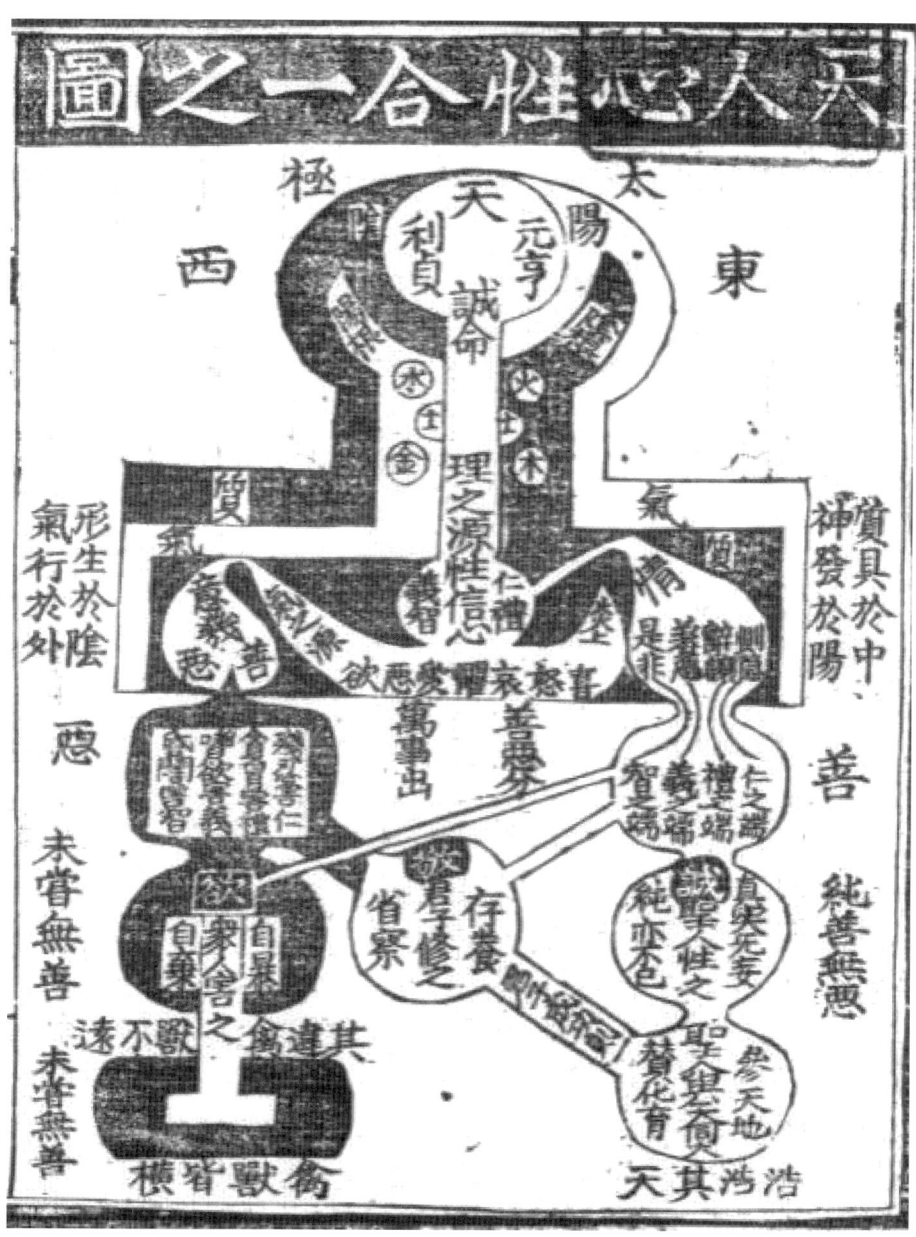

[그림 3] 권근의 <천인심성합일도>

표현하면서 모든 존재가 이(理)의 근원을 공유한다는 형이상학을 나타냈다.

또 중심부에서는 마음 '心' 글자의 도상을 활용하여 네 획에 심성의 다양한 양상을 배치시켰다. 주돈이의 도설에는 없는 부분인데 주희(朱熹)의 성정론을 근거로 절묘하게 도상화시켰다. 정중앙의 가운데 획은 오상(五常)의 '성'이, 그다음 오른쪽 끝 획은 사단(四端)의 '정'이, 왼쪽의 첫 획은 선악 기미의 '의'가, 두 번째 획은 정중앙의 획을 밑으로 감싸며 칠정의 '기'가 배속되어 있다. 여기서 특이한 점은 의(意)의 기미를 선·악으로 놓고 사단을 정(情)에 배속시키면서 선악이 나뉘고 만사가 생겨나는 시초라고 표시함으로써 하단부 도상과의 연결성을 강화시켰다는 사실이다.

또 하단부는 인간의 팔다리로 실천하고 수양하는 모습을 도상화해서 자못 복잡한 양상을 띤다. 저자는 인간의 심성이 어떠한 경우에도 선·악의 어느 한쪽으로 고정될 수 없다고 보고 있다. 선이든 악이든 그것은 의지의 문제이므로 자포자기로 가느냐, 존양성찰로 가느냐에 따라 얼마든지 윤리의 경지가 바뀔 수 있게끔 선택의 갈림길을 복잡하게 그려놓았다. 또 자포자기란 보통 수준의 사람, 즉 중인(衆人)이 짐승의 지경으로 굴러떨어지는 상태이고, 존양성찰이란 '군자(君子)'가 수양해 나가는 과정으로 도해하고 있다. 더 나아가 성인은 사단(四端), 즉 인의예지의 단서를 통해 성화(性化)한 존재여서 하늘의 성(誠)과 같은 존재이지만, 군자가 수양에 성공하면 그 경지로 전진하게 되어 있다. 이같이 사람의 등급을 구분하면서도 상호 연결시켜 놓음으로써 교육적 실천론을 열어놓았다. 이는 성리학적 수양론을 도상화한 후대 학자들의 <천명도(天命圖)>에 시발점이 됐다.

원천석의 유·불 일치 사상과 주자학 수용에 대해서는 조명제, 「원천석의 불교 인식 – 주자학의 수용과 관련하여」, 이인재 엮음, 『지방지식인 원천석의 삶과 생각』(혜안, 2007) 721~745면; 원천석의 <삼교일리>와 하륜의 불교 비판에 대해서는 박해당, 「원천석의 불교관」, 『태동고전연구』 34(한림대 태동고전연구소, 2015) 129~156면 참조. 정도

전과 권근의 철학 글쓰기를 우언과 도상이라는 비유 체계를 통해 고찰한 것은 윤주필, 「우언과 성리학 – 조선 전기 철학담론으로서의 우언문학사」, 『퇴계학논집』 7(영남퇴계학연구원, 2010) 131~140면 참조. 권근의 <천인심성합일지도>와 관련해서는 허광호, 「주돈이와 권근의 천인합일사상 비교 – 태극도설과 입학도설을 중심으로」, 『동양고전연구』 66(동양고전학회, 2017) 251~273면 참조.

6.1.3. 길재에서 유방선까지

길재(吉再, 1353~1419)는 조선조 사림파의 정신적 지주로 숭앙되었다. 그는 고려말에 성균관에서 잠시 벼슬살이를 하다가 고려의 멸망을 미리 알고 은거했다고 하는데, 그 사적이 마치 강물 한가운데에서 우뚝 솟아 도도한 탁류를 버텨내는 '중류지주(中流砥柱)'에 비유되곤 했다. 이 같은 비유적 상징은 길재의 무덤 옆에 세워진 지주비(砥柱碑)로 실물화되고, 유성룡(柳成龍)은 그 비석 뒷면에 그 유래와 의의에 대해 상세히 기술했다. 길재는 정몽주의 제자였지만 김종직의 부친인 김숙자의 스승이었다는 점이 그의 위상을 결정짓는 데 더 중요하게 작용했을 법하다. 따라서 실제로 그가 어떤 고민을 어떻게 표현하며 여말선초라는 격동기를 살았는지 들여다보아야 한다.

길재는 많은 작품을 남기지 않았지만 <산가서(山家序)>와 <후산가서(後山家書)>는 그의 처세관을 살피기에 아주 적절하다. 우선 <산가서>는 산속에서 사는 사람의 뜻이 어디에 있는지 한참을 설명하다가 마지막에 주객 문답을 통해 결론을 맺고 있어 주목된다. 저자는 이 글을 출사하기 전 나이 30여 세에 지었다고 한다. 아직 정치 경험이 없었지만 사대부 지식인의 삶의 방식이 기본적으로 학문을 익혀 세상에서 뜻을 펴는 것이라는 점을 인정했다. 그러니 시대가 맞지 않을 때는 처사적 삶을 살아갔던 사례가 많고 자신도 그러한 삶을 영위하고 있다고 했다. 다만 은자의 즐거움과 어떻게 다른지에 대해서 문답을 덧붙였다. 조정에 있을 때면 백성을 걱정하고 강호에 머무를 때면 임금을 걱정하면서도 타고남을 즐기고 운명을 안다고 했다. '우군우민(憂君憂民)'으로 요약되는 그의 처세관은 왕의 권력과 백성의 노동력 사이에서 사회적 역할을 찾으려는 양심적 중세 지식인의 모습을 반영했다 할 수 있다.

이에 비해서 <후산가서>는 전편에 비해서 스스로 즐기는 여유가 크게 줄어들었다. 주객문답과 같은 우의적 장치도 사라졌다. 작가가 품었던 이상이 현실에서 여지없이 깨어지면서 택할 수밖에 없었던 은거를 정당화하는 데 주안점이 놓여있다. 천지를 오르내리고 일세를 소요하면서 당시대의 책망을 받지 않고 성명(性命)의 올바름을 영원히 보존하겠다고 했다. 여기서 '성명'이라 함은 사람 개개인에게 주어진 본디부터의 성품이다. 그것은 순선(純善)하여 당대의 책무보다 더 근원적이며 정당한 것이라는 성리학적 인식이 개입하고 있다. 처세관의 근거를 좀 더 철학적인 개념을 통해 밝히면서 에둘러 말하는 문학적 장치는 제거됐다.

반면에 길재의 문집에 실린 그의 <행장(行狀)> 창화시(唱和詩)에는 길재가 꿈에서 깨어난 뒤에 완성시켰다는 시가 다음과 같이 실려 있다.

    (夢中唱)　　　　　古今僚友身新變,
      (꿈속에서 매기다)　　옛날이나 지금이나 동료는 변하는 법
    (夢中和)　　　　　天地江山是古人.
      (꿈속에서 화답하다)　천지와 강산이 바로 옛 친구로세
    (覺而成聯)　　　　太極眞君應許我, 仁心不老自靑春.
      (깨어나 짝을 이루다)　태극 속 진정한 임금 나를 인정할 터
                   어진 마음 늙지 않으니 절로 청춘일세

꿈속에서 어떤 승려가 던진 한 구절은 세상이 바뀌었으니 출사하라는 시속의 권유를 대변한다. 이에 대하여 시인은 천지강산을 오랜 벗으로 삼겠다고 화답했다. 은거의 뜻을 밝힌 것이다. 깨어나서 지었다는 나머지 한 연(聯)은 은거의 근거를 밝힌 것이다. 태극진군(太極眞君)이라 하여 태극 속

의 원리를 '진정한 임금'이라 의인화하고, 인심(仁心) 즉 '어진 마음'만이 영원하다고 했다. 현실에서는 섬길 임금을 찾지 못하고 대신에 성리학에 의지하려는 신념을 그같이 표현했다.

권우(權遇, 1363~1419)는 권근의 동생이자 <작성도(作聖圖)>를 제작했던 권채(權採)의 아버지이다. 고려말에 과거 급제하여 20대에 관직에 나아갔으나 30대 이후로는 새 왕조의 관리로 변신했다. 7언고시 <고풍(古風)>에서는 굴원(屈原)의 생사가 임금과 세상에 도움이 되지 못했다고 한탄하면서 때를 기다려야 마땅했다고 비판했다. 이어서 자신의 처지에 빗대어 세상 운수가 태평 시대로 돌아올 것을 희망했다. 또 작가는 임금의 공문서나 중국과의 외교문서를 많이 지었다. 표전문(表箋文)은 그 같은 공적 목적으로 짓는 대표적인 문체인데 그는 여러 의작(擬作)을 지어 문집에도 실리고 『동문선』에도 올라 있다. 한유(韓愈)가 부처의 진신사리를 받아들이지 말 것을 청한 글을 본떠 <의당한유청물납불골표(擬唐韓愈請勿納佛骨表)>, 남송의 악비(岳飛)가 북쪽으로 금(金)을 정벌하자고 청한 글을 본뜬 <의송악비청북벌표(擬宋岳飛請北伐表)> 등이 대표적이다. 불교와 유교의 대립, 이민족과 중국인의 충돌을 다루면서도 여말선초의 사상계와 외교 상황에 대한 인식을 에둘러 드러냈다.

신개(申槩, 1374~1446)는 조선초에 문과 급제하여 출사하였으니 온전히 조선에서 벼슬살이를 시작한 인물이다. 그는 태조에서 세종에 이르는 조선초기 조정에서 내외 관직을 두루 거치면서 간쟁(諫諍)의 풍모를 지닌 신하로 일컬어졌다. 전형적인 관료 출신이어서 문학작품은 얼마 남아 있지 않지만, <육송정기(六松亭記)>와 <양졸당기(養拙堂記)>는 문예적 성취를 거둔 것이어서 주목된다. 전자는 일화를, 후자는 의론을 활용하면서 골계적 우언 글쓰기를 시도하여 독특한 개성을 드러냈다. 두 작품 모두 문집과 『동문선』에 수록되어 있다.

<육송정기>는 1427(세종9)년 작가 54세에 병조참판으로 재임하다가 황해도 강음현(江陰縣)으로 유배 갔던 시절에 지었다. 심한 가뭄과 삼복더위

로 귀양가는 길의 고생스러움을 말하고 현에 도착한 이후로 민가에 기거하면서 열흘을 앓은 사연을 묘사했다. 이후 어느 양갓집에 피접하였는데, 그 주인이 20년 전에 정자를 지으려다 실패하고 여섯 그루 소나무만을 심어놓은 곳이 있다며 기문을 부탁했다. 농사꾼에게 의탁하여 살아온 소나무들이 오랜 세월 기다리다가 글 하는 사군자(士君子)를 어렵게 만났으니 정자를 만들 수 있다고 본 것이다. 작가는 귀양 온 처지이고 문장도 능하지 못하다고 사양했다. 이에 대해 주인은 성취보다 올곧음 여부가 군자의 조건임을 말하고, 문장에 있어서도 도리(桃李)의 화려함이 아니라 송백(松柏)의 지조를 나타내기를 바란다고 했다. 여기까지는 기문의 창작동기를 설명하는 도입부이다.

저자는 그 말에 고무되어 주인과 대화를 나누면서 여섯 그루 소나무의 의미에 대해서 의론에 돌입했다. 『주역』에서 노음(老陰)의 숫자인 육(六)의 중층적 우의를 우선적으로 도출하고, 을 『주역』의 사괘(師卦, ䷆)의 의미로 설명했다. 육송정이 위치한 산의 형세로서 수십 명이 앉을 만한 누대의 입지 조건, 커다란 일산처럼 키 큰 소나무 하나를 다섯 그루 소나무가 빙둘러서서 옹위하며 그늘을 드리우는 형상 등이 삼군을 거느리는 대장군의 모습이라고 했다. 그러나 이러한 의미 도출의 핵심은 결국 주변의 다섯 소나무가 우뚝한 한 소나무를 대하고 있는 태도에서 찾았다. 그 개념은 정(貞)으로 귀결되며 저자가 유배된 원인도 정고(貞固)하지 못함에 있다고 자책했다. 마지막에는 주인이 작가를 육송정 가운데는 앉히고 주인과 네 명의 농사꾼 벗이 뼹 둘러앉아 여섯 순배의 술잔을 돌리며 군자의 사귐을 나누었다고 했다. 이는 고위 문신관료 출신의 유배객과 양가의 후예인 시골 농민이 만나서 친교를 나눌 수 있음을 칭송하는 데 그치지 않는다. 임금과 신하, 관료와 백성 사이에서 위계질서가 존중되면서도 화합이 이루어질 때, 마치 여섯 소나무들이 최상의 그늘을 드리워 자연스레 정자를 이루는 것처럼 태평성대를 누릴 수 있다는 의미를 암유하는 것으로 이해된다.

<양졸당기>는 더욱 문제작이다. 전체적으로 '졸렬함'을 몰아내려고 하다

가 결국 처음처럼 그대로 두었다는 설정을 보아서는 <송궁문(送窮文)>의 반의모방 계열의 작품이라 할 수 있다. 그러나 작품에서 서술자가 여러 층위로 배치되어 있어 교묘한 우언 글쓰기를 시도하고 있다. '노자(老子)'라고 지칭한 늙은이는 창작 시기가 작가 말년임을 암시하면서 3인칭 주인공처럼 등장했다. 그는 궁벽진 곳에 '양졸당(養拙堂)'을 지었다고 했다. '졸렬함'을 너무 오래도록 '키운다'고 하여 세상 사람들의 시선이 곱지 않다고 말하면서 '여(余)', 즉 내가 서술자로 다시 나섰다. 나는 졸렬함을 떠나보내려 했더니 졸렬함이 성난 기색을 지으며 떠나려 하지 않았다고 했다. 여기까지는 졸렬함이 마(魔)가 되어 주인공으로 나서는 서론 부분이다.

나는 문득 깨달아서 졸렬함이 그동안 나에게 끼친 유익함을 생각하고 되새겼다. 나는 졸렬함을 상대하여 '너'로 부르며 대화하기도 하고 혼자 헤아리기도 했다. 내가 명리를 추구하거나 속임수를 부리거나 의리를 저버리려는 일이 있으면 졸렬함이 여러 방법으로 저지시켰다. 그 덕분에 나는 높은 벼슬을 하고 오래 살게 됐다. 여기까지 작품의 본론에 해당된다.

이에 깊이 자책하고 서둘러 사과하며 졸렬함을 그대로 머무르게 했다. 또 신명에게 고하기를, 내 생애뿐만 아니라 자자손손 양졸당을 전하여 내 말을 따르도록 당부하겠다고 했다. 이어서 졸렬함을 '선생'이라 호칭하면서 '노자'의 뜻과 합치된다고 하고 영원히 모시고 노닐겠다는 결심을 밝혔다. 이 작품은 건축물을 대상으로 한 기문(記文)이지만 주변 공간이나 경관에 대한 묘사를 생략하였으니 변격 기문이라 할 수 있다. 그 대신에 '졸렬함'을 의인화하여 노경에 접어든 작가의 가치관을 가탁하고 자기서사의 우언 글쓰기를 시도했다는 점에서 탁월한 성과를 보여주었다.

유방선(柳方善, 1388~1443)은 권근과 변계량의 제자로 태종조에서 사마시에 합격해 태학에 입학했다. 그러던 중 집안의 정치적 사건에 휘말려 무려 19년 동안이나 유배생활을 했다. 이후 벼슬살이의 기회가 와도 모두 사양하고 문하에서 권람, 한명회, 강효문, 서거정 등 다음 세대의 인재를 길러냈다. 그는 불우함을 극복하며 자기 당대의 운수에 연연하지 않겠다는 마음에서 '태재(泰齋)'라고 자호했다. 그는 <태재골계록(泰齋滑稽錄)>에서 자신의 호에 담긴 뜻을 어떤 사람과의 대화를 통하여 드러냈다. 그는 자신을 위로한다고 와서는 의문을 제기했다. 죄인이라는 곤궁한 처지에서 어떻게 '태(泰)'자로 호를 짓느냐고 반문했다. 이에 대해 작가는 남쪽으로 귀양가던 처음부터 형벌과 생사를 두려워하지 않고 태연했으며 음주와 풍월로 즐거움을 누렸다고 답했다. 더구나 고난이 극에 달하면 이치상 태평의 시기로 회복하는 법이니 '태'자로 자호하여 훗날을 기대하는 것이라고 너스레를 떨었다. 위로하러 온 자가 받아온 술을 주거니 받거니 하면서, 문왕과 공자의 사례를 들어 세상에 타협하지 않고 태연한 이치를 가슴에 두겠다고 선언했다.

유방선의 이 작품은 일종의 자호설(自號說)이라 할 수 있다. 그런데 작가의 삶 전체를 억눌렀던 현실적 고난과 극복 정신을 하나의 골계담처럼 가볍게 다루기 위해 우언의 필치를 가미했다. 이 작품은 그의 문집 마지막에 수록되어 있으며 유배지 영천(永川)에서 수학했던 제자들의 발문이 붙어있다. 그만큼 그의 생애를 잘 대변하고 있는 작품이라 할 수 있다.

반면에 유방선의 <서파삼우설(西坡三友說)>은 그가 유배지 영천에서 도의지교(道義之交)로 맺은 친구 이안뉴(李安杻)에게 써준 호설(號說)이다. 이안뉴는 태종조에서 10년간 대간과 정랑 벼슬을 하면서 조정의 핵심 관료로 활약하다가 임금의 잘못을 간쟁한 일로 인하여 서파리(西坡里)에 은거한 인물이다. 작가는 이안뉴가 늘 소지하고 다니는 부싯돌, 뿔술잔, 쇠칼을 한갓 음식과 풍류를 돕는 물건으로 한정시키지 않고, 자신과 세상을 다스리는 익우(益友)의 의미로 확장시켰다. 작가의 스승인 권근의 <삼우설>과 유사한 발상과 수법이 들어 있다. 의외의 물건들을 대상으로 추상적 의미를 부여하면서 기발한 의의를 찾아내는 논리 전환과 표현 방식이 돋보인다.

길재의 작품은 송정현, 「굴원의 <어부사>와 야은의 <산가서>에 대한 비교연구」, 『국어교육』 44·45(한국국어교육연구회, 1983); 신개의 <육송정기>와 <양졸당기>는 윤채근, 「조선 전기 누정기의 사적 개관과 16세기의 변모 양상」, 『어문논집』 35(고려대 국어국문학회, 1996) 523~524면; 윤재환, 「인재 신개의 기문을 통해 본 의식세계와 그 문학적 형상화」, 『동양학』 47(단국대 동양학연구원, 2010) 33~36면 참조. 권근의 <삼우설>과 유방선의 <서파삼우설>의 유사성은 여기서 처음 다룬다. 이 시기 작가의 유비적 사유와 우언 글쓰기가 보여주는 경향을 이해하는 데 도움이 된다는 측면에서 좀 더 확대해서 고찰할 필요가 있다.

6.2. 관인 문학의 우언 - 경륜의 철학과 정치생활의 교훈

6.2.1. 서거정과 강희맹의 세대

서거정(徐居正, 1420~1488)은 세종에서 성종 때까지 조선의 문치주의를 확립시키는 데 결정적 역할을 했다. 23년간 양관(兩館) 대제학을 겸직하고, 23차에 걸쳐 과거시험을 관장했으며, 『동문선』 등을 비롯한 15세기 중요한 관찬 사업의 책임자를 맡았다. 또 개인적 저술로는 『필원잡기』 『동인시화』 『태평한화골계전』 등을 남겨서 잡록류 저술의 범위와 기준을 제시했다. 그는 개인적 문학 창작 영역인 한시문에서도 조선초 관인문학의 전형을 보여준 문인이다. 특히 산문에서 성리학적 규범에 구애되지 않고 서사와 의론을 적절히 배합하여 문예적 균형감을 잘 살렸다고 평가된다.

서거정이 우언 작품을 많이 지었다고는 할 수 없지만 몇몇 작품이 주목된다. <오원자부(烏圓子賦)>는 기르던 고양이의 행동을 잘 관찰하여 인간 유형에 빗대었다. 앞부분에서는 작품 창작의 동기를 부(賦) 형식에 맞추어 충실하게 묘사했다. 서술자로는 자신의 호를 반영한 사가자(四佳子)를 내세웠다. 그가 심화병이 나서 벽에 기대어 졸고 있는데 고양이가 병아리를 몰래 잡아먹는 낌새가 느껴졌다. 화가 나서 작대기로 고양이를 때려죽일 심사였는데 의외의 광경이 벌어졌다. 고양이가 이미 쥐를 도살해 놓고 제 잠자리에 가 있는 것이었다. 사가자는 아찔한 순간이었음을 토로하며 쥐의 간사함과 자신의 섣부른 판단에 대해 후회했다. 쥐를 잡는 고양이의 공로로 말하자면 충분한 보상을 할 수 없을 지경인데 의심하여 억울한 죽음을 만들 뻔했다고 잘못을 인정했다. 병아리에게만 인자하고 심지어 쥐를 위해 원수를 대신 갚는 일은 올바른 도리가 될 수 없다는 결론에 이르렀다. 작가는 고양이와 병아리, 고양이와 쥐의 관계를 조선초 정국 구도를 암유하기 위한 장치로 설정했던 것 같다. 고양이는 나라에 공로가 있는 훈구대신을, 병아리는 백성을, 쥐는 탐관오리나 모리배를 비의할 여지가 많다. 임금은 의심할 대상은 의심하지 않고 의심하지 않아도 좋을 대상은 의심한다는 우의가 숨어 있을 수 있다.

서거정은 이조판서 성염조(成念祖)가 정원에 조성한 가공의 산을 구경하고 <석가산기(石假山記)>를 썼다. 그는 사람이 머무는 공간의 '장소성'을 부각시키며 처지가 다르면 즐기는 것도 다르다고 전제했다. 기문(記文)은 기본적으로 장소에 대한 기록이지만, 관련되는 인물이 있어서 공간적 묘사와 함께 일화와 의론을 곁들여 문예적 성취를 이룩해 낸다. 이 글에서도 육경(六卿) 벼슬에 오른 주인의 별취미가 호사가의 일이 아님을 옹호하는 논리를 개발하기 위해 즐거움과 천성의 관계를 따졌다. 또 취미와 즐거움에는 외면적 형색과 내면적 성정의 구분이 있다고 논리를 세분화하면서, 산과 물의 어질고 슬기로운 자질과 사물의 체용을 함께 닦는 것이라 칭송했다. 김수온(金守溫) 또한 성염조의 인공 산에 대해서 <석가산기>라는 기문을 지었다. 비록 후반부가 결락되어 전하지 않지만 진가(眞假)와 명실(名實)의 철학적 주제를 논리적으로 해명해 가면서도 주인의 세 아들 성임, 성간, 성현의 학문과 도덕이 성취되기를 기원했다. 이는 마치 소순(蘇洵)이 자신의 삼부자를 <목가산기(木假山記)>에 가탁했던 수법을 전례로 삼아 활용한 것이다.

강희맹(姜希孟, 1424~1483)은 세종이 이모부이니 왕실의 중요한 인척이었지만 장원급제를 통해 벼슬살이에 진출했다. 그는 귀족이기보다 관인으로서 자기 정체성을 지니기 위해 노력했고 자기 아들에게도 그러한 자세를 요구한 것으로 유명하다. 그의 <훈자오설(訓子五說)>은 그러한 정신의 표현이었다. 그는 고답적인 관인문학을 거부하고 농사, 화훼 등의 경험을 살려 민요와 하층민의 설화를 작품에 담으면서 독특한 문학적 개성을 이룩해 나갔다.

또 강희맹은 화초재배에 조예가 있어 그에 대한 전문서『양화소록(養花小錄)』을 편찬하면서 서문에서 천지의 화생(化生)과 성인의 양육(養育)이 만나야만 만물이 살아난다고 전제했다. 그러나 큰 덕을 갖춘 선비라도 때를 만나지 못하면 작은 일을 통해 큰일을 시험본다고 했다. 화초를 기르는 일에 천지의 생육에 동참하는 양육의 우의를 부여하여 그 의의를 도출해내는 것이다. 한번은 이석형(李石亨)에게 파초 뿌리를 분양하면서 52운(韻)의 거작 <양초부(養蕉賦)>를 지어 주었다. 작가는 서문에서 모든 동식물이 배양이 없으면 본성도 잃고 살아남을 수 없다고 하고, 사람의 마음도 천성을 보전하기 위하여 그러한 배양이 필요하다고 의의를 부여했다. 본 작품인 부(賦)에서도 마지막에 사람을 키운다는 우의로서 '존양성찰(存養省察)'과 '물조장(勿助長)'을 강조했다. 그에게 있어 동식물의 양육과 인간의 수양은 모두 성인의 사업에 속하는 동일 범주이며, 군자가 목표로 삼는 마음공부에 좋은 비유가 됐던 것이다.

한편 그는 진관사(津寬寺)의 승려 일암(一菴)과 방외우를 맺으며 여행을 함께 떠나기도 하고 글을 주고받기도 했다. 작가는 대나무와 소나무의 두 물건에 가탁하여 깨닫기 어려운 불교의 원리를 일암에게 시로 지어주었다. <일십체(一十體)>라는 작품이 그것이다. 여기서 '일십체'란 잡체시의 형식이라기보다는 일암선사를 위해 불교의 원리를 나름대로 요약한 시 제목으로 여겨진다. 서문에서 밝힌 바와 같이 작가는 천태종의 일심삼관(一心三觀)에 대해서 상(相)을 떠나 성(性)이 있을 수 없고 일심(一心) 가운데 십법계(十法界)의 일체가 들어있다고 보았다.

실제 시 작품으로는 불교의 서방정토에서 난다는 신비한 왕대나무에 대해 찬양한 <운당게(篔簹偈)>, 유가에서 세한(歲寒)의 벗으로 소나무를 칭송한 <송대부시(宋大夫詩)>를 다음과 같이 차례로 읊었다.

   愛竹鎭靑靑, 대나무 그 짙푸름을 사랑하노니
   殺靑性不存. 푸름을 없애면 그 본성도 있지 않으리
   假相見眞性, 모양을 빌려 참 본성 보는 것이니
   方號爲此君. 그제서야 '이 사람'이라 부르게 되리
   此君具性相, '이 사람' 본성과 모양을 모두 갖추었으니
   誰能辨眞假. 무엇이 진짜고 가짜임을 가리겠는가
   色空空卽色, 색이 공이고 공이 바로 색이리니
   所以談般若. 그래서 반야를 말하게 되리

우선 왕대나무에서 시인은 불교의 상(相)과 성(性) 개념을 가탁하여 읊었다. 흔히 대나무를 '이 사람', 즉 차군(此君)으로 부르게 된 왕휘지(王徽之)의 고사가 있지만, 여기서도 대나무를 사람처럼 대하면서 그 형상을 사랑하고, 그로부터 본성을 함께 느끼며 나눌 수 있다는 뜻에서 인용했다. 사물을 사람에 비의하는 의인화(擬人化)의 참뜻이 단순한 수사기법에 그치지 않고 사물을 상대하는 주체의 태도로 인하여 인간의 가치를 우의(寓意)하고 공감하는 데 있다고 본 것이다. 따라서 가상(假相)과 진성(眞性)이 따로 있는 게 아니며 모든 존재가 서로 사귀면서 참 실제에 이른다고 설파했다. 천태종의 『중관론(中觀論)』에서 가(假), 진(眞), 중(中)의 삼관(三觀)이 일심(一心)에서 하나가 된다는 원리는 다시 화엄종의 『반야심경(般若心經)』의 색(色)과 공(空)의 관계에 그대로 적용된다는 인식을 마지막에 보여주었다.

松松蒼翠蒙茸,	솔솔 소나무 짙푸름이 복슬복슬
架斷壑秀孤峯.	깎아지른 벼랑 걸터앉고 아스라한 봉우리에 빼어나네
大火流天,	불덩이가 녹아내리는 듯한 날에도
積雪凝冬.	눈 쌓여 얼어붙은 겨울에도
蔽日陰長滿,	해 가린 그늘이 늘 충만하고
留春色正濃.	봄기운 남겨 낯빛 정히 농염하네
愛伴湘竹之操,	소상반죽 그 지조를 벗으로 삼기 사랑하니
羞作園花之容.	화원의 꽃 모양을 짓기는 부끄러우리
流肪入地終成貝,	기름이 땅에 들어가면 호박 보석이 되고
直幹凌霄老作龍.	가지를 펴 하늘에 올라서면 용이 되리라
夢協丁固公相之兆,	정고(丁固)가 재상 된다는 꿈을 맞추었지만
官辱嬴秦大夫之封.	진시황에게 대부로 봉해져 욕되게 출세했네
深根借乾坤栽培之力,	깊은 뿌리는 천지가 길러내는 힘을 빌리고
勁節超造化肅殺之蹤.	굳센 마디는 조화옹의 엄숙한 살기를 뛰어넘네
可謂君子人歟君子人耳,	군자라 할 만한 사람일까 군자 같은 사람일 따름이로다
是以夫子稱後凋之松也.	이 때문에 부자도 시들지 않는 소나무라고 칭찬하셨지

소나무의 경우에는 사철 푸르름을 잃지 않는 모습을 강조했다. 그러면서 소나무가 대나무와 벗이 될 만하다고 하여 유·불(儒佛) 지식인의 사귐을 우의했다. 또한 호박 보석이나 용트림 같은 소나무의 변신, 출세의 몽조와 송대부의 봉작 같은 사적을 전거로 삼아 변화자재한 가상(假相)으로 묘사했다. 그럼에도 불구하고 소나무의 근본정신은 뿌리 깊은 힘과 변치 않는 절개에 있음을 말하고, 소나무를 재능과 절조를 겸비한 군자로 대하고 있다. 앞에 한시를 인용한 것에서 보듯이, 잡체시의 글자 수를 의도적으로 조절하여, 마치 소나무의 무성한 솔잎과 뿌리로부터 뻗어 올라가는 몸체를 연상하게끔 꾸며서 시각적 효과까지 자아냈다.

또 강희맹은 동식물과 관련한 체험을 기술하면서 그것의 교훈적 의미를 찾아내는 글을 창작하기도 했다. <훈자오설>에서 뱀이나 꿩 이야기를 다룬 것 이외에도 별도의 작품으로 <기조설(忌蚤說)>과 <승목설(升木說)>에서 벼룩과 나무와 관련된 일화를 활용했다. 작가는 '설(說)'이라는 전통적 문체를 우언 글쓰기의 양식으로 전환시키는 데 적극적이었다. <훈자오설>은 아들에 대한 훈계가 목적이므로 작가의 목소리를 노출시켰지만, 후자는 개별 작품이므로 모두 무위자(無爲子)라는 필명을 제3의 서술자처럼 내세워 견문의 교훈적 의미를 객관화했다.

<기조설>은 무위자의 체험을 우선 서술했다. 그는 젊어서는 벼룩을 꺼리지 않아 벼룩에 물리는 사람을 비웃었는데 어느 날 자신도 벼룩 때문에 큰 고초를 겪었다. 그제서야 벼룩의 해악이 천하에 고약한 것임을 깨우쳤다. 사람에 달라붙어 있어서 어찌 달리 구제할 방법이 없기 때문이다. 이로부터 그 체험을 성찰하기 시작했다. 젊어서는 깊은 잠을 자느라 기운이 전일하고 뜻이 나뉘지 않았지만 지금에는 그렇지 못했다. 무위자는 여기서 다시 더 깊은 성찰을 시도했다. 사람에게 붙어서 사람을 해치는 것이 다만 벼룩뿐만이 아니라는 데 생각이 미친 것이다. 특히 남녀의 가정생활, 음식의 맛, 부귀와 공명 등이 모두 양생의 도리와 관계가 있다. 자신의 지킴이 전일하면 사물이 나의 부림을 받고 그렇지 못하면 사물이 나를 부려서 모든 해로움

이 생겨난다고 했다. 마지막으로 『노자(老子)』의 <득일(得一)> <함덕(含德)> 장(章)의 구절을 가져와 격언으로 삼고, 전일함을 통해 사물의 해악을 제어할 덕을 함양할 수 있다는 결론에 이르렀다.

<승목설>은 우선 동자 갑(甲)과 을(乙)이라는 기호화한 주인공을 내세우고 그들의 체험을 기술했다. 을은 몸이 날래서 나무 높은 데까지 올라 많은 땔나무를 구하고, 갑은 나약한 성격이라 묵은 풀나무나 주워서 밥이나 지을 정도였다. 을이 갑에게 기술을 자랑했지만 갑은 빨리 성취하는 것이 좋은 것은 아니라고 듣지 않았다. 그러던 어느 날 을이 나무에서 떨어져 크게 다쳤다. 을의 아버지가 병구완을 하여 겨우 살아나자 갑을 찾아가 지난날 했던 말의 진의를 물었다. 갑이 소득과 위험의 관계를 말하면서 오래 지속할 수 있는 계책이 어디에 있는지 답했다. 늙은이들이 하던 이야기를 무위자가 글로 써서 젊은 자제들을 경계시킨다고 했다.

강희맹은 벼슬에서 물러나 관악산 서쪽 과천 지역에 은거하여 농촌생활을 즐기며 소탈하게 살았다. 그때의 체험을 『금양잡록(衿陽雜錄)』에 남겼는데 농요를 한시로 번역하기도 하고 농민들과의 대화를 기록하기도 하였으며, 곡식의 종류와 농사법과 바람 등에 내해서도 분식했다. 그 가운데 <농자대(農者對)>는 무위자가 마을 농사꾼과 대화를 하며 벼슬살이와 농사를 대비시켰다. 농사꾼은 농사나 벼슬이나 세 등급이 있지만, 게으른 자는 제 스스로 빈천(貧賤)에 빠져서 어디에도 속하지 못한다고 했다. 날씨와 노력을 임금의 배려와 신하의 충심에 대비시키며 세 단계의 결과를 말한 것이지만, 항상 최상의 결과를 기대할 수는 없음을 암시했다. 그러나 제 할 일을 알지 못하고 나태한 경우에는 농사에 실패하여 가난해지거나 벼슬하지 못해 천해지는 결과에 이른다고 경고했다. 벼슬을 그만두고 농사나 짓겠다는 무위자의 말에 그렇게 대응한 것이다. 무위자는 멋쩍어서 이제까지 배웠던 일에 종사하여 사업을 미쳐야겠디고 다짐했다.

김수온(金守溫, 1409~1481)은 세종 때 이름난 고승 신미(信眉)의 동생으로 그 자신 또한 불교적 사유와 표현을 즐겨 활용했다. 꿈에서 아뢴 글이라는 의미의 <고몽문(告夢文)>에서는 몽유기의 선례를 보여주었다. 형식적으로는 정체불명의 잡저로 분류될 수밖에 없지만 이미 이규보 이래로 개척되어 왔던 우언 양식의 산문으로 꾸며 냈다. 특히 식영암 연감의 <정시자전>에서 선례가 마련됐던 몽유기 성격의 우언전기 양식에다가 일화적 성격을 대폭 강화시켜 우언 글쓰기의 실험성을 높였다.

  작가는 1452년(문종2)에서 1456년(세조2)의 격변기에 영천군수를 지낸 적이 있다. 정변이 발생했던 시기에 태백산 자락에서 한가함을 추구할 수 있었던 고을 수령이 어떤 선정을 펼쳤는지 에둘러 말했다. 서술자로는 '태백거사'를 내세워 3인칭의 전지적 시점으로 기술했다. 그는 세속에다 자취를 가탁했지만 정신은 세상 밖에서 노닌다고 전제했다. 또 유자의 옷을 입고 있어도 불교로서 도리를 삼고 있으며, 술을 마셔도 탐닉하는 것을 두려워하고 고기를 먹어도 살벌함은 미워하는 성격이라고 했다. 그러한 주인공이 어느 날 저녁에 풋잠이 들어 물고기의 하소연을 들었는데, 깨어나 보니 은구어(銀口魚) 떼가 무리지어 유영하는 것을 확인했다는 것이다. 마무리에서는 『장자』의 <호량지락(濠梁之樂)> 우언을 끌어들여 장자(莊子)와 혜자(惠子)의 문답을 연상시키면서 물고기의 하소연까지 들어주는 통치자의 인자한 모습을 암시했다.

  이에 비해 은구어는 스스로 '신(臣)'이라 칭하고 거사를 '태수(太守)'로 존칭하면서 맑은 물을 따라 어디든 찾아가는 자신들의 생활 환경을 먼저 거론했다. 자신들은 낙동강의 상주, 남도의 고성, 양양의 사천, 그리고 관할 지역 북쪽의 순흥, 풍기 등에서 산다고 했다. 그런데 이웃 고을 순흥부(順興府)에서 모진 정사가 자행됐다고 고발하는 내용은 문제적이다. 그곳은 큰 고을로서 소문으로는 어진 태수가 계신다면서도 자기들 어린놈들이 놀러나 갔다가 몰살을 당해 하류를 막을 정도여서 머리칼이 거꾸로 솟았다고 했다. 거기다 또다시 뒷일을 꾸미고 있으니 자기 족속들은 씨도 남지 않을 것이라 폭로했다. 이러한 표현은 아무래도 세조 즉위 후에 순흥에 위리안치됐던 금성대군(錦城大君)이 2년 후 순흥부사 이보흠(李甫欽) 등과 함께 기획했던 단종복위 모의 사건과 관련이 있을 것이다. 모의가 발각된 후 피바람이 불면서 순흥고을 전체가 혁파됐던 사적 등을 암유하는 것으로 이해된다. 작가는 예민한 현실 문제를 우언 양식에 담아서 집권에 성공한 세조조의 편에 서서 지방관의 덕목을 에둘러 말한 듯하다.

서거정에 비해서 강희맹은 우언적 사유를 적극적으로 전개하면서 문학과 예술 및 생활을 연결시키는 우언 작가로서 주목된다. 관인문학의 선도자로서뿐만 아니라 그의 예술관과 글쓰기 전략을 연결시켜 상세히 고찰할 필요가 있다. 강희맹의 문학론은 안장리, 「강희맹 문학 연구」(한중연 한국학대학원 석사, 1987) 46~60면 참조. 김수온의 우언은 윤주필, 「우언의 전통과 조선 전기 몽유기」, 『민족문화』 16(한국고전번역원, 1993) 54~56면 참조.

6.2.2. 성간과 성현 형제의 성취

성간(成侃, 1427~1456)은 젊은 날에 급제하고 집현전 박사로 문명을 떨쳤으나 병약하여 요절했다. 그는 와병의 체험과 사색을 반영하여 우언 작품을 남겼다. <병중잡설(病中雜說)>은 '의(醫)'의 참뜻이 무엇인지를 대화 상대자를 불특정하게 전제하는 혹문(或問)의 토의 구조를 통해 따졌다. 의원 또는 의료행위가 지니는 상징성을 풀어나가면서 우의를 도출하되, 의료행위란 결국 상황에 맞게끔 살피고 징험하고 배우고 사려하는 행위로 보았다. 그 적의성(適宜性)이 생명이라고 본 것이다. 그것은 비단 의원의 일뿐만 아니라 천하의 다스림이나 사물의 관계에서도 마찬가지라고 의미를 확장했다. 그래서 군자는 동류의 사람들을 찾아내어 정치를 해나가는 것이라고 결론을 내렸다. 또 제후(齊侯)와 편작(扁鵲)의 일화를 들어서 예방의학의 중요성을 강조하고 이를 군자의 도리로 확장시켰다. 위험을 미연에 방지하는 일이야말로 대중지정(大中至正)의 도리라고 했다.

또 성간의 <용부전(慵夫傳)>은 사대부 규범의 단순한 일탈이 아니라 병적인 권태와 고독을 표출하고 있어 예사롭지 않다. 그것은 그의 신체적 조건과 무관하지 않다. 그러나 '게으름'이라는 주제는 동생인 성현에 의해 또다시 변주된다. 성간의 작품은 양식사적으로도 특이하므로 전기우언의 변모를 종합적으로 기술하는 자리에서 좀 더 자세히 살피기로 한다.

성현(成俔, 1439~1504)은 자신의 가문과 형들에 대한 자부심이 대단했다. 그는 중형 성간이 미처 다 펼치지 못한 문학적 실험을 충분히 계승하고 보완했다. <조용(嘲慵)>은 이규보의 <용풍(慵諷)>과 성간의 <용부전(慵夫傳)>을 계승하면서도 한유의 <송궁문>을 반의모방하고 나름의 방식으로 '게으름'의 주제를 풀어나갔다. 여기서 '용(慵)'은 단순한 나태(懶怠)는 아니다. 세상사에 대한 소극적 태도를 포괄하면서 세속적 가치에 대한 거부와 저항으로까지 확장될 여지를 지니고 있다. 이규보와 성간은 이러한 태도를 '거사'와 '용부'라는 인물을 통해 인격화하고, 그 반대 입장의 인물로 객(客)과 근수자(勤須者)를 내세웠다. 이에 비해 성현은 작가의 분신으로 '성자(成子)', 즉 성선생을 등장시켰다. 그는 꿈나라를 이웃 삼아 비몽사몽 여행을 하다가 어떤 답답증을 느껴서 무당을 불러왔다고 했다. 무당은 그 정체불명의 증세가 귀신의 소행이라고 판단하고 푸닥거리를 벌였다. 굿판 공수에서는 귓것의 해코지 상황이 장황하게 열거됐다. 그 가운데 성선생은 벼슬살이와 경제생활에 대해 다음과 같이 털어놓는다.

我觀宦道,	내가 벼슬길을 살펴보면
奔走恐後.	모두들 행여 뒤질세라 분주히 다니지
伺候高門,	고관댁 엿보며 기다리다가
竟得膴仕.	마침내 후한 벼슬자리 꿰어차누나
我不如彼,	나는야 저들만 못하나니
有足莫前.	발이 있어도 전혀 앞서지 못하네
苦縶微官,	괴로이 미관말직에 묶여서
三歲不遷.	삼 년 동안 승진도 못했네

我觀世人,	내가 세상 사람들을 살펴보면
日探財賄.	날마다 재물이든 뇌물이든 찾아나서네
爭毫競錐,	터럭만한 이끗과 송곳 같은 땅떼기라도 다투어서
欲遺後裔.	후손들에게 물려주려 애를 쓴다네
我不如彼,	나는야 저들만 못하나니
袖手莫爭.	손 놓고 전혀 다투질 못하지
苦厭繁華,	번거롭고 화려함이 진저리나서
簞瓢樂生.	도시락 밥 표주박 물로 내 삶을 즐긴다네

이처럼 성선생의 입을 통해 나오는 무당의 공수는 예사롭지 않다. 그것은 결코 단순한 게으름은 아니다. 이어지는 대목에서 성선생은 게을러서 나무도 심지 않고, 낚시질도 하지 않고, 바둑도 두지 않고, 지붕도 잇지 않고, 솥발이 부러져도 수리하지 않고, 옷이 해져도 꿰매지 않고, 종들이 죄를 지어도 문책하지 않고, 다른 사람이 나무라도 분발하지 않는다. 이쯤 되면 이것은 성선생의 생활철학이자 나름의 처세관이다. 은근히 이규보의 <구시마문>에서 성토하던 시도깨비의 죄상과 어슷비슷하다. 세상살이라고는 서투른 시인의 이런저런 모습이기도 하다. 성선생은 이 모든 허물이 귓것의 짓거리라고 단정하고, 귓것에게 자기를 떠나 너의 낙토로 가라고 명했다.

이에 대해 귓것은 반론을 제기했다. 그는 온갖 반어적 가치를 들먹이는 가운데 다음과 같이 성선생의 상황을 묘사했다.

世人逐勢,	세상 사람 세력을 좇아 다니느라
毀譽紛紜.	칭찬과 헐뜯음이 분분하다만
今子退處,	지금 그대는 물러나 앉아
窅爾無聞.	고요히 들리는 말이 없네
世人役物,	세상 사람 외물에 부림을 당하면서
利欲喧豗.	잇끝과 욕심으로 으르렁거리지만
今子無虞,	지금 그대는 아무런 근심 없이
善養靈臺.	영검한 누대 자기 마음을 잘 돌보는도다

| 子於身心 | 그대여 몸과 마음에 있어 |
| 何凶何吉 | 무엇이 흉하고 무엇이 길하겠소 |

성선생은 『노자』의 '곡신불사(谷神不死)'까지 들먹이는 귓것에 아무 대꾸도 못하고 자기 잘못을 뉘우쳤다. 귓것은 당장의 부귀영달에 연연하지 말고 영원성을 지향하는 삶을 추구하라고 주문한 셈이다. 결국 함께 생활하기를 청하니 게으름은 성선생을 떠나지 않았다.

이 작품은 1466년(세조12) 성현의 나이 28세에 지었다. 작가가 문과 급제하여 관각(館閣)의 말단에 재직한 지 3,4년이 되던 시기이다. 하지만 그는 이 해에 이미 발영시(拔英試)에 선발되어 문신으로서 두각을 나타냈고, 이 작품을 짓고 곧이어 임금의 명령문을 짓는 예문관의 봉교(奉敎)로 승진했다. 비록 품계는 정7품이지만 조선시대 팔학사(八學士)의 하나로 일컬어졌던 직책이다. 이후로 그는 관각문인의 핵심적 인물로 승승장구했고 중국 사행에 여러 차례 참여했다. 성종조에서는 대사간, 대사성, 대사헌, 동지중추부사, 예조판서를 역임했다. 연산조에서는 공조판서 겸 양관 대제학으로서 문풍을 관장했다. 작가의 생애는 젊은 시절 지었던 <조용>의 성선생과는 상당한 거리감이 있어 보인다. 그러나 『연산군일기』에 기록된 졸기(卒記)에 의하면, 그는 치산을 일삼지 않고 오직 서적을 즐기며 문장을 건실하고 노숙하게 지었다고 칭찬한 반면에 관리의 재능이 없고 사리에 허술하여 어디서나 큰 공적이 없었다고 평가했다. 성현은 용재(慵齋)라는 자호를 만년까지 유지했고, 사대부 사회의 처세를 '게으름'에 가탁했다. 그것은 현실적 생활능력과는 거리감이 있는 보편적 가치의 지향이며 사대부 관인문학의 고답적 미학이었다고 할 수 있다.

또 성현은 자신의 부친뿐만 아니라 관각문인들에게 유행했던 석가산 조성의 대열에 동참하고 <석가산부(石假山賦)>라는 작품을 지었다. 서술자로는 대인선생(大人先生)이라는 가공적 인물을 내세워 광대한 우주적 시각을 그려나갔다. 그러면서도 석가산이라는 인공 정원의 아기자기한 모습을 세밀하게 묘사하여 대비 효과를 자아냈다. 대인선생의 과장된 표현은 후반부에서 인용한바 사마상여 <자허부>에서 전개됐던 자허자(子虛子)와 무시공(亡是公)의 경합을 연상시킨다. 중반 이후에는 손님을 등장시켜 대인선생의 허풍에 대해 시비를 걸었다. 가짜가 진짜를 훼손시키는 '애들 장난' 같은 일을 문제 삼은 것이다. 이에 대해 대인선생은 대소원근(大小遠近)의 상대성을 말하고, 진가(眞假), 공졸(工拙), 궁달(窮達), 득실(得失) 등에 집착하지 않고 방안에서 혼자만의 즐거움을 누리겠다고 선언했다. 이에 손님은 숨을 죽이고 있다가 그 즐거움을 함께하겠다고 다짐했다. 관각문인들의 고상한 취미가 확산되는 양상을 의론체 우언 양식에 담아 묘사하면서 한껏 필력을 자랑했다고 할 수 있다.

그러나 성현은 가상적이거나 반어적 가치에 편향됐던 작가는 결코 아니다. 그는 좀 더 진지한 문학적 편찬과 저술을 지속해 나갔다. 고시 창작집 『풍아록(風雅錄)』119편도 그 가운데 하나이다. 각종 시가 양식을 실험하고 마지막에는 악부잡체(樂府雜體)를 지어서 배치했다. 그 가운데 고악부시 <공무도하(公無渡河)>는 백수광부와 공후를 타는 아내를 설정해 놓고 어려운 시대의 물결을 함께 건너자는 시상을 전개해 나갔다.

長風捲地吹洪濤,	땅을 말아버릴 듯 긴 바람이 큰 파도로 몰아치니
洪濤翻作銀山高.	큰 파도는 뒤집어져 은빛 산같이 높구나
公隨一葉泝萬頃,	그대여 조각배 타고 만경창파 거슬러 오르니
瞬息性命如秋毫.	순식간에 목숨은 가늘어진 터럭 같은 신세로다
飢蛟垂涎作威猛,	주린 이무기 침 흘리며 사납게 으르렁 거리고
短狐含沙工射影.	물여우는 모래를 머금었다 사람의 그림자에 쏘아 댄다네
水途險惡乃如此,	물길이 이 정도로 험악할진댄
妾言雖無可箴警.	제 말씀 아니더라도 경계해야 할 테지요
公今重義輕捨生,	그대는 지금 의를 위해 목숨 쉽게 버리지만
捨生終難保義名.	목숨 비록 버린단들 의로운 이름 얻기가 쉽지 않으리
身名兩全爲上策,	몸과 이름 둘 다 지켜야 상책이리니

莫學飛蠅投熱羹.　　파리가 끓는 국에 몸 던지듯 하지 마오
公無渡河宜少住,　　그대여 건너지 말고 잠깐 기다려요
卬須我友當共渡.　　나는야 내 벗 기다렸다 함께 건너야 한다오

<공무도하가>는 공후인(箜篌引)이라는 곡조로 전하는 고악부의 하나이다. 그런데 이백(李白)이 신악부(新樂府)로 재창작하면서 인생 바다의 어려움을 읊은 우의를 지닌 작품으로 재탄생했다. 여기서도 땅을 말아서 강을 뒤집어 놓은 미친 바람과 큰 파도는 그 같은 험난함을 상징한다. 거기다 이무기와 여우는 자신의 권력욕 때문에 다른 사람을 희생시키거나 중상모략하는 권신이나 간신을 우의한다. 이러한 상황에서 시적 화자는 '그대'에게 세상 풍파에 휘말리지 말고 몸과 이름을 모두 지키기를 부탁하는 것이 후반부의 시상이다. 그러한 어지러운 정국에 희생되는 것은 국그릇 주변을 맴돌다가 뜨거운 국물에 빠지는 날파리와 같은 신세라고 강도 높게 표현했다. 마지막 구절에서는 『시경』에서 유사한 시상을 가져와 최종적인 교훈을 우의로 삼았다. 「패풍(邶風)」<포유고엽(匏有苦葉)>장에서 "뱃사공이 손짓하여 부르지만, 남들 건너도 나는 아니네. 남들 건너도 내 아니함은 내 짝을 기다리기 때문이지"라고 했다. 벼슬살이의 바다를 흔히 환해(宦海)라 부르면서 이 거친 파도를 건너는 방법은 선류상구(善類相求), 즉 정치적 이상을 함께 하는 사대부가 서로를 불러모아 임금과 더불어 착한 정치를 운용하는 데 있다고 믿은 것이다.

한편 성현의 <의동파십론(擬東坡十論)>은 소식(蘇軾)의 <비각시론육수(秘閣試論六首)>를 모의한 작품이다. 이 가운데 <유자가여수성(儒者可與守成)>은 조선초기 유가 지식인의 역할을 따진 논설문이다. 한고조 등극 후에 천자의 통치력을 높이기 위해 합당한 의례를 제정하도록 청했던 숙손통(叔孫通)이 "유자는 함께 진취적인 일을 하기 어렵고 지켜내는 일을 함께하면 된다"는 뜻으로 '유자, 난여진취, 가여수성(儒者難與進取可與守成)'이라고 한 말을 가져왔다. 작가는 한고조와 문제·무제·선제의 치세를 비교하면

서 참된 유자를 등용하는 일의 중요성을 따졌다. 마지막에는 집 짓는 사람의 예를 삽입우언으로 끼워 넣어 역대 조정의 득실을 비유적으로 따졌다. 집을 제대로 짓는 사람은 여러 장인에게 각자가 맡은 일을 책임 지우고 그것을 통솔하지만, 혼자 도맡아 하는 사람은 두서없이 옆 사람의 말을 듣고 머뭇거리며 장인들을 의심하게 되어 집을 완성할 수가 없다고 했다. 여기서 집은 국가를, 장인은 관리를 비의함은 물론인데 크고 작은 역할을 분담해야 한다는 점을 강조했다. 작가는 조선 전기 사대부들이 국가 통치의 여러 기능을 전문적으로 수행하는 집단이 되어야 한다고 본 것이다.

한편 성현은 지방관의 역할을 '목민(牧民)'에다 두기도 했다. 그는 1491년(성종22) 서흥 도호부사(瑞興都護府使)로 부임하는 정희인(鄭希仁)의 전별연에 참여하여 동료 관원의 덕담을 서술하고, 이어서 고을의 크기나 맡은 일의 난이도를 막론하고 진심을 다해 직분에 임할 것을 권유했다. 끝에는 시경체(詩經體) 3장의 <추풍(秋風)>시를 붙여 놓았다. 그 덕담 가운데 하나에서 작가는 다음과 같이 서술했다.

> 군후(君后)에게 백성이 있으나 지점 다 다스리지 못하기 때문에 수령에게 맡기니 수령을 민목(民牧)이라고 합니다. <u>무릇 목(牧)이라는 것은 남의 소와 양을 맡아 기르는 것이니, 반드시 그 물과 풀을 풍성하게 하고 소와 양이 편안하게 잠자고 움직일 수 있도록 하며, 그 질병과 해충을 제거하고 호랑이와 이리 같은 맹수를 내쫓아야 합니다. 그런 뒤에야 소와 양이 자라고 번식하여 목자의 도리가 완성됩니다.</u> 저 사나운 나졸과 교활한 아전은 백성들의 호랑이와 이리이고 가혹한 정사와 급박한 세금 징수는 백성들의 질병과 해충입니다. 호랑이와 이리를 내쫓지 않고 질병과 해충을 제거하지 않으면 소와 양이 편안히 잠자고 움직이지 못하게 되고 물과 풀이 부족하게 될 것입니다. 그러면 절로 죽게 될 터인데 목자를 둔 의의가 어디에 있단 말입니까?

지방관을 목자로 비유했으니 백성은 그들이 양육하는 가축과 같다. 그리고 그 가축을 해치는 맹수와 질병과 주변 환경이 있게 마련이다. 목자는 그런 것을 제거하거나 내쫓아야 한다. 통치자를 백성의 부모로 비유하는 것보다 목민(牧民)의 발상은 훨씬 실감 나는 유비 체계를 구성해준다. 위 인용문의 밑줄 친 부분은 우언집『욱리자(郁離子)』의 저자이기도 한 유기(劉基)의 송서(送序)에서 가져온 글귀이다. 이러한 비유 형식과 주제는 작가의『부휴자담론』우언편(2-20)에서 온전한 우언 글쓰기로 다듬어지기도 했다. 고을 수령에 임명된 두 젊은 선비가 좋은 고을과 나쁜 고을의 평판에 마음이 흔들리는 것을 어떤 노인이 지혜자로서 충고했다. 뒷날 두 수령의 처지가 마을의 평판과는 정반대로 됐다고 했다. 노인의 충고는 이 작품에서 작가가 당부한 덕담과 동일한 우의가 된 셈이다.

<용풍>, <용부전>, <조용>의 비교 연구로는 이래종, 「<용부전>의 신고찰」,『태동고전연구』6(한림대 태동고전연구소, 1990); 정용수, 「게으름뱅이 이야기의 유형과 특징」,『반교어문연구』2(반교어문학회, 1990); 황혜진, 「사대부의 권태, 그 문명비판적 의미 – 이규보의 <용풍>, 성간의 <용부전>, 성현의 <조용>을 대상으로-」,『문학치료연구』24(한국문학치료학회, 2012) 등이 있다. 성현의 문학을 우언 글쓰기의 관점에서 종합적으로 다루는 연구가 더 필요하다.

6.2.3. 채수에서 김안로까지의 우언 글쓰기

채수(蔡壽, 1449~1515)는 성종조에 충청도관찰사가 됐다가 명나라 사신을 다녀온 뒤 성균관 대사성을 역임했다. 연산조에서는 줄곧 외직을 구하여 사화를 피하다가 갑자사화에는 단성으로 귀양을 가기도 했다. 중종 반정에 가담하여 4등공신에 녹훈되었으나 오늘날 상주로 은거했다. 이 시기 반정의 정당성을 인정하지 않는 듯한 우의를 담고 있는 <설공찬전> 저술 파동으로 곤욕을 치르기도 했다. 음악에도 조예가 깊었고 시문이 뛰어나 이름을 얻었으며 성현과 송도, 금강산 등을 유람하며 깊이 교유했다. 그는 당시의 신진사류였던 사림파와는 화합하지 못했다.

채수의 작품에는 가상의 미학을 형상화한 것들이 있어 주목된다. <석가산폭포기(石假山瀑沛記)>에서는 서울 남산 별장에 석가산을 조성한 내력을 기록했다. 작가는 '청허자(淸虛子)'를 서술자로 내세워 우선적으로 등산 체험을 서술했다. '청허자'는 그가 말년에 상주로 은거한 이후 쾌재정(快哉亭)을 세우고 짤막하게 늘그막 심경을 밝힌 기문에도 등장한다. 자연 경관이 맑고 넓어 어디에 걸림이 없는 미감을 반영한 작가의 분신이다. 그는 전국의 명산 꼭대기에 두루 올라 기암괴석과 함께 세속에서 떨어져 나온 느낌을 즐겼고, 만나는 사람들과 산수를 말할 때면 끝없이 얘기를 펼쳤다. 나이가 들면서는 와유(臥遊)의 계책을 세우고 산수화를 모았지만 그림에 핍진함이 부족하여 늘 한탄했다. 이러한 연유로 교묘하게 석가산을 조성했다. 3척 정도 높이의 바위틈에서 내려오는 샘물을 지하에 묻은 대나무 관으로 연결하여 통에 모았다가 갑자기 석가산 위로 용출하게 장치를 마련했다. 그런 장치를 모르는 사람의 눈에는 석가산 위에서 맑은 물이 솟아나와 떨어지며 폭포수를 이루는 것으로 보이니 고금에 유례가 없을 것이라 자부했다. 그뿐만 아니라 작은 것에서 큰 것을 비유하고 손쉬운 장치로 어려운 일을 꾀하니 어느 게 진짜고 어느 게 가짜인가 반문했다. 궁극적으로는 천지와 사람 몸의 원소가 임시로 만나 결합하는 것이니 그 대소와 진가를 따질 필요가 없다고 했다. 다만 자신이 좋아하는 것을 취할 뿐이라 했다.

성현은 이계동(李季仝, 1450~1506), 권건(權健, 1458~1501) 등의 문무관 동료들과 함께 채수의 정자에 꾸며진 석가산을 구경하러 놀러가서 감상시를 남겼다. 하얀 폭포 사이로 은은하게 숨어 있는 절집이 있고, 노새를 탄 사람이 다리를 건너갈 때 삼태기를 멘 아이 종이 뒤를 따르고, 노인 하나는 기슭에 기대어 낚시질을 하고 있다고 묘사했다. 이 모든 정경들은 놀랍게도 실물처럼 꾸며놓은 잡상(雜像)들이어서 주인의 정교한 솜씨와 자연을 깊이 사랑하는 정취에 감탄했다. 만약 폭포수가 떨어질 뿐만이 아니라 그 잡상들이 샘물의 낙차와 물통의 시소(seesaw) 원리에 의해 기계식 괴뢰(傀儡)로 움직이게끔 장치되어 있다면 진짜를 방불케 하는 핍진감은 배가되었을 것이다. 작가는 부친 성염조가 조성했던 석가산을 이미 체험해 본 터이고, 스스로도 만들어 <석가산부>를 야단스럽게 지은 적이 있다. 채수의 석가산에 대해서 좀 더 상세한 세부 묘사를 한 것은 일종의 비교 의식하에 이루어진 찬탄이었을 것으로 추측된다.

채수는 1504년(연산군8) 54세에 오른쪽 어금니가 흔들리고 통증이 와서 이빨을 뽑고 <발치문(拔齒文)>이라는 글을 지었다. 이빨을 '너'라고 의인화하면서 자기가 세 살 때 태어나서 '입의 관문'이 되어준 지 50여 년이 됐다고 말머리를 꺼냈다. 그동안 겪었던 일을 죽 열거하다가 자기가 쇠약해진 이후의 상황을 말했다. 너는 나에게 함부로 굴더니 말을 가로막고 씹는 것을 방해하여 눈에 들어간 못처럼 되어서 빼어내지 않을 수 없다고 했다. 그 다음으로는 인생의 도리에 대한 감상을 적었다. 예전에는 한 몸이었다가 지금에는 다른 물건이 됐으니, 사람의 몸이라는 게 마치 누가 부탁하여 맡긴 것처럼 사대(四大)가 임시로 합해진 것이라 했다. 음양이 교합하여 우연히 이루어진 것이니 풍화(風火)가 헤어지면 홀연히 무형이 된다고 했다. 이빨과 터럭, 가죽과 살이 이러한 '몸뚱이 주머니'를 이룬 것이니, 네가 나를 앞서가면 이어서 갈 자가 누구이겠느냐고 반문했다. 영별하는 마당에 연연해하지 않을 수 없지만, 다행히 죽지 않은 몸뚱이는 지는 해를 한탄하지 않겠다고 했다.

앞의 작품과 함께 살펴보면, 삶에 대한 유미주의적 인식을 내비치고 있음을 알 수 있다. 절대적 가치를 인정하면서도 유한성에 대한 애착을 내보이고 가상의 미학을 옹호했다고 할 수 있다. 이를 통해 관인문학의 고전주의적 경향 못지않게 유미적 측면에서 파탈의 넓이와 진폭을 가늠하게 해준다. 어찌 보면 채수는 조선초기 관인문학의 실질적인 마지막 주자였다고 할 수 있다. 그 이후로는 새롭게 진출했던 사림파에 의해 사대부 문학이 주도되었고, 더 나아가 사림파 내부의 노선 분화를 반영하는 문학 글쓰기가 중요했기 때문이다. 그의 두 사위가 정치적 맞수였던 이자(李耔)와 김안로(金安老)였다는 점은 역설적으로 이러한 시대 변화의 분위기를 상징하고 있다.

심의(沈義, 1474~?)는 중종조의 문인관료 사회에서 어정쩡한 위치에 있었다. 이조 좌랑의 지위까지 발탁되고 사가독서(賜暇讀書)의 특전을 입었으나 성격이 괴팍하여 현달하지 못하고 외직을 전전했다. 그의 형은 사림파로부터 전형적인 '소인'으로 지목됐던 권신 심정(沈貞)이었으나 심의는 입바른 말을 잘하는 성격이어도 형제 우애는 돈독했다. 한편으로 개성에서는 기행을 일삼으면서도 사림의 명망을 받았던 서경덕·성세창 등과 깊이 교유했다. 이 같은 알쏭달쏭한 처세로 인하여 그는 동방삭(東方朔)과 같이 세상을 희롱하거나 스스로를 망가뜨려 세상에 용납되기 어려웠던 골계적 인물로 평가됐다.

그는 많은 사부(辭賦) 작품을 남겼는데 이를 통해 문학적 능력을 과시하면서도 자신의 처세관을 에둘러 말하고자 했다. 우선 <대관부(大觀賦)> <소관부(小觀賦)> <달관부(達觀賦)>는 거시와 미시의 세계 그리고 균형 있는 중용의 관점을 주제로 삼은 연속작이라 할 수 있다. <대관부>에서는 천황씨와 지황씨의 무극옹을 등장시켜 천지인 삼재의 도리를 읊었다. <소관부>에서는 하루살이, 즉 부유(蜉蝣)를 의인화시켜 부유자(浮遊子)를 주인공으로 삼고 술 단지에 생기는 초파리를 의인화한 혜계(醯鷄)들과 뒤섞여 살면서 만족하는 모습을 그렸다. 또 주인공은 모기를 뜻하는 문공(蚊公)을 의인화한 문공(文公)에게 의탁하여 부용의 신세를 면치 못하면서도 삶을 넉넉하게 마칠 것이라 낙관했다. <달관부>에서는 서문까지 마련했다. 작가의 분신인 대관선생(大觀先生)과 그를 힐난하는 손님을 등장시켜 대소의 양분법적 관점을 달관의 관점으로 중화시킬 필요성을 제기했다. 본문에서는 <소관부>에서 언급했던 하루살이의 즐김도 천하지 않고, <대관부>에서 언급한 천지의 노래도 과장되지 않다고 했다. 그 결과 선악과 시비가 소멸되어 요순의 어짊, 걸주의 포학, 주공의 정밀, 노장의 잡학 등이 성립되지 않는다고 노래했다. 그리고 오직 중묘(衆妙)의 황홀함이라는 정체불명의 미감만을 내세웠다. 극도의 허무주의를 내세운 셈이다.

또 <석허중부(石虛中賦)>는 문방사우의 하나인 벼루를 의인화하여 찬양했다. 끝에서는 돌 같은 사귐, 즉 '석교(石交)'가 죽을 때까지 변치 않기를 희망했다. <산목자구부(山木自寇賦)>는 선비와 이인을 등장시켰다. 선비는 문사와 경전을 통해 세상에 진출하려는 의욕에 가득 차 있었다. 꿈속에서 이인을 만나 오래 사는 나무와 명철보신에 대해 가르침을 들었다. 재목감의 나무가 먼저 베어지는 것처럼 인간의 모든 재앙이 출세의 욕망으로부터 온다는 깨우침을 얻었다. 작가는 훈구파이든 사림파이든 정치적 소용돌이에서 희생되지 않을 수 없다는 판단 아래 사대부 사회의 주류에서 벗어나 기인의 삶을 살았던 자기 처세관을 반영하고 있다.

<사미인사(思美人詞)>는 백제 의자왕에게 마지막 충간을 했던 흥수(興首)의 관점에서 임금에게 올리는 초사체 운문이다. 작가는 급박하고도 절실했던 백제의 역사를 읽으며 자신의 처지를 가탁했다고 할 수 있다. 고려말 이숭인의 <애추석사(哀秋夕詞)>를 계승했다고 할 수 있다. 당대 사대부 관인사회의 문맥에서 보자면 소재 선택에서부터 감정이입에 이르기까지 지나친 면이 있지만, 임금 이외에는 달리 소회를 털어놓을 길이 없는 작가의 처지를 짐작하게 한다. 그는 여주 교수직에 있을 때 중종의 구언령(求言令)에 부응하여 <십의잠(十宜箴)>이라는 글을 올려서 큰 칭찬을 받은 적이 있다. 중종은 운문으로 되어 있는 이 상소가 규풍(規諷)이 간절하여 강개하다고 전교하고 좌천되어 갔던 심의를 조정으로 끌어올렸다. 그러나 사림에서는 이를 영화롭게 여기지 않고 비루하다고 비난했다.

김안로(金安老, 1481~1537)는 정승의 신분으로 대제학을 겸하면서 정치와 학문 권력을 모두 장악하고 중종조의 문단을 이끌었다. 그는 당대의 권신이 되어 정치투쟁의 술수에 능란한 인물로 변질했지만, 애초에는 도학과 문장의 병행을 주장하고 성리학의 정착을 위해서도 노력했다. 다만 조광조를 위시한 신진사류들의 강경한 도학 중심주의에 반대하면서 경학에 관련된 것만을 읽는 자들을 '부유(腐儒)', 즉 썩은 선비라고 비판했다. 강경파를

제외하고는 논리적으로 사대부 사회의 대부분 도학과 문장의 병행을 부정하지 않았지만, 강조점의 차이가 결국 정치적 대결의 사상적 근거로 작용했다. 그의 동서였던 이자는 온건한 사림파로서 그러한 대결 양상을 중재하려고 노력했던 인물이다. 김안로는 성종대에서 성리학적 이념에 입각한 정치론을 주창했던 이심원(李深源)의 문하에서 이자와 함께 수학한 이력이 있고, 장인 채수와 동서 이자와 더불어 장원급제자 모임인 용두회(龍頭會)를 만들어 시문을 즐기고 문재를 과시하기도 했다.

<성의관기(誠意關記)>는 이 같은 김안로의 노선을 증거하는 중요한 우언 작품이다. 그는 마음이 사물과 접하는 과정에서 결정적 역할을 하는 것이 '의지'[意]라고 보고, 그것과 관련되는 심리적 기제를 성정론의 관점에서 의인화하고 우언 글쓰기를 시도했다. 이 작품은 기본적으로 '성의관'이라는 가상의 공간에서 일어났던 일을 기록한 기문의 형식을 빌리고 있다. 그러나 그 같은 공간적 배경 아래서 허구적 이야기를 서술하고 있어서 나름의 서사 구성을 취했다. 그것은 크게 두 부분으로 나누어진다.

전반부는 나라의 위기와 극복 과정이다. 태초부터 설치되었던 관문이 천군 즉위 이후에 도적이 일이니 유린되고 의미(意馬)가 횡행했다. 친군(天君)이 지(志)를 장수로 삼고 기(氣)를 병졸로 삼아서 난리를 평정했다. 이에 천군이 조서를 내려 관문을 철저히 방비하도록 하고, 영대(靈臺)와 의달(義闥) 등을 관문의 안팎에 건설하여 방비하는 뜻을 실행에 옮겼다. 후반부는 성의관 중건의 낙성연에 관한 기록이다. '어떤 사람'이 술잔을 들고 건배 제의를 했다. 그리고 성의관이 다시는 허물어지지 않게 하기 위해 고금의 사적을 살피고 마땅히 해야 할 일에 대해 장광설을 펼쳤다. 그 어떤 사람은 작가의 분신이라고도 말할 수 있다. 이에 천군이 좋은 말이라고 동의하고 묵경(墨卿)에게 기록하도록 명했다. 묵경은 증자(曾子), 주자(朱子), 천군(天君)의 공덕을 찬양했다. 천군이 일어나 접하고 그 말을 성의관에 써붙이게 하였다. 묵경이 명을 받드니, 천군 복초(復初) 원년의 일이었다.

이 작품은 우언문학사에서 큰 의의를 지닌다. 우선 작가론적으로는 저자의 정치적 구호였던 도문병행(道文竝行)의 주장을 실천해 보였다. 성리학의 심성론(心性論)을 제재로 삼으면서도 전기우언(傳記寓言)이라는 문학적 양식을 성공적으로 표현해 냈다는 점을 인정할 만하다. 중종조 신진사림들이 애독했던 『대학장구』의 「성의(誠意)」장, 그에 대한 『심경부주(心經附註)』의 해설 등을 전거 소재로 가져와서 허구적 우언 글쓰기로 완성해 냈다. 또 이러한 성과는 조식의 <신명사명(神明舍銘)>과 김우옹의 <천군전(天君傳)>을 선도했다는 점에서 심성 우언의 양식사에 큰 영향을 끼쳤다. 특히 이들의 성과를 종합한 임제의 <수성지(愁城誌)>는 공간적 배치나 연호 사용에 있어 김안로의 실험을 비판적으로 계승했다.

한편 김안로는 소윤(小尹)과 대립하여 문정왕후의 폐위를 도모하다가 1525년(중종20) 남곤·심정·이행 등의 탄핵을 받고 강화도 북쪽 해안에 위치한 풍덕으로 유배되어 갔다. 권력 투쟁의 와중에서 휴지기를 보냈던 저자는 자신의 거처를 인성당(忍性堂)이라 하고 잡록집 『용천담적기』를 짓고 그 시절 시고를 「인성록(忍性錄)」이라 명명했다. 이 가운데 <영사잡언(詠史雜言)> 26수는 역사 일반론에 가깝게 풍자시를 읊었다. 더구나 작가 스스로 주석을 붙여서 창작 의도를 밝히고 있어 우의적으로 읽히게끔 유도했다. 예를 들면, 구름이 무심하다고 하지만 가뭄을 해소할 재능이 있어 오히려 농사꾼의 원망을 받는다고 했다. 또 선비의 독서가 세상을 바꿀 수 있다고 착각하여 도리어 천하의 환란을 일으킨다고 했다. 이처럼 명마, 꿀벌, 거울, 병든 학, 식물과 풍상, 옥, 쥐와 고양이 등을 인간사에 비의하여 교훈적 의미를 도출했다. <작시(作詩)>는 작가의 시 체험을 바탕으로 시 창작의 어려움을 읊은 작품이다. 전쟁이나 등산 등에 비유하는 대목에서 우언적 사유에 의한 문학론을 표현했다. <촌중금영(村中禽詠)>은 16종의 새들에게 부여하는 인간의 시선을 문제 삼았다. 이 이외에도 <약명시(藥名詩)> <이비충(二飛蟲)> <장산가(瘴山歌)> 등의 한시를 우언시의 관점에서 읽을 수 있다.

또 <치전설(治田說)>은 작가의 경험을 내세우면서 벼와 피를 구분하기가 어렵고 어린 종놈을 부리기는 더 어렵다는 점을 기술하고 이를 통해서 정치의 어려움을 비유했다. 작가의 정치적 이력을 참고한다면, 사대부 사회에서 아군과 적군을 구분하고 하수인을 이용해 정치 판도를 조정하고 했던 권신 나름의 고민을 우의적으로 반영했다고 할 수 있다. 그는 1506년(중종 1) 반정 정권의 별시 문과에 장원으로 급제하여 청현직(淸顯職)을 두루 거쳤고 중종의 부마(駙馬)로서 권력을 장악했다가 1537년(중종32) 문정왕후(文定王后)의 폐위를 기도한 죄로 사사됐다. 그는 16세기 문인관료 사회에 혜성과 같이 나타났다 사라진 중종의 사람이었다. 문학과 도학을 겸하는 남다른 능력을 보여주었지만 정치 술수를 통해 사림파를 제거하고 권력 투쟁으로 인해 훈구파를 자중지란으로 이끌었던 부패한 정치가였다.

──────────

　채수, 심의, 박상, 김안로에 대한 문학 연구는 매우 부족하거나 편향되어 있다. 중종조 사장파 작가들에 대한 전면적 고찰과 함께 이 시기 문학사를 사림 내부의 분열과 조정이라는 측면에서 좀 더 균형감 있는 연구가 필요하다. 심의에 대해서는 윤주필, 「우언의 전통과 조선 전기 몽유기」, 앞의 책, 57~59면 참조. 김안로에 대해서는 정용권, 「희락당 김안로의 문장관과 학문 흥기론」, 『대동한문학』 50(대동한문학회, 2017) 53~88; 안세현, 「15~17세기 철학적 사유의 우언」, 『민족문화연구』 51(고려대, 2009) 232~234면 참조.

6.3. 사림파 문학의 우언 - 자기 성찰의 방편과 당파 정치의 파란

6.3.1. 김종직과 그의 제자들

김종직(金宗直, 1431~1492)은 조선 전기 성리학자의 도통을 세우는 데 있어 중추적 역할을 했고 사림파라는 정치 세력의 초석을 마련했던 장본인이다. 또 그는 세조조에서 문과 급제한 이후에 사가독서의 특전을 얻었고 성종조에 『동국여지승람』, 『동문수』, 『청구풍아』와 같은 공사간의 편찬 작업에 공력을 기울일 만큼 문장가로서 탁월한 면모를 지녔다. 그는 도학과 문장의 균형을 유지하면서도 관료로서의 역사적 감각과 경세지향의 태도를 잃지 않고자 했다. 이는 그를 이은 문인들이 도학과 문장의 어느 한쪽을 중시한 것과는 차이가 있다. 어찌 보면 후대의 김안로와는 반대 방향에서 역사의식을 통해 도학과 문장을 아우르고자 한 문인학자의 모범을 보였다.

그에게 있어 <조의제문(弔義帝文)>은 가장 중요한 우언 작품이다. 이는 훗날 무오사화의 단서를 제공해서 크게 유명해졌지만 해석 여하에 따라 폭발성이 강한 정치적 우의를 담은 것이 사실이다. 작품을 전적으로 세조와 노산군의 대결구도를 가탁했다고 해석하는 것은 지나치다고도 볼 수 있다. 초나라 회왕(懷王)의 손자 심(心)이 항우(項羽)에게 살해됐다고 꿈에 나타났다는 서문과, 그를 조문하는 초사체 운문에는 내용상 큰 편차가 있기 때문이다. 작가는 정작 조사(弔辭)에서 그 두 명뿐만 아니라 진시황, 항량, 유방 등의 역사적 인물들을 등장시키고 있는데, 이들을 세조 초년의 상황에 모두 대입시키기에는 무리가 뒤따른다. 그러나 작품에서 밝힌 창작 시기가 1457년(세조 3) 작가 나이 27세라는 점은 후대에 편찬된 그의 문집 연보에서 주장하듯이 연도상의 착오는 아닌 것 같다. 더구나 작품 내용에서 초의제(楚義帝)가 황제의 복장인 12장복이 아닌, 친왕(親王)이나 권지국사(權知國事)의 복장인 '칠장복(七章服)'을 입고 꿈에 나타났다는 것은 우의의 틈새를 마련하기 위한 암시로 여겨진다. 그것만 가지고도 노산군으로 강등된 단종을 초의제에 가탁한 우언이라 해석할 여지가 충분하다.

김종직은 현존 문집으로 보자면 문보다 시가 훨씬 많고 뛰어나다. 문에서는 <육낙설(鸞駱說)> 정도에서 은근한 뜻을 발견할 수 있다. 사신들이나 타는 명마를 집안 형편상 기르기가 어려워 부잣집에 팔아버리고 나서 어떤 존재의 재능 유무가 어떤 결과를 초래하는지 사색했다. 한편 제자 남효온이 보낸 <자만(自挽) 4장>을 받아보고 비평한 <답남추강서(答南秋江書)>는 우언 비평의 측면에서 큰 의미를 지닌다. 그는 제자가 지은 자기 스스로의 만가(挽歌)를 보고서 세상에 대한 미련을 읽어내면서도, 죽음을 예견하는 듯한 표현에 대해서는 걱정을 하고 오히려 제자의 장수를 기원하고 있다. 그러나 정작 남효온은 도교의 논리와 표현까지 거침없이 활용하면서도 유학적 지향을 버리지 않는 우언 작품을 다수 창작했다. 문학적 경향과 사조에서 스승과 제자가 크게 달라졌다.

이목(李穆, 1471~1498)은 김굉필, 정여창 등과 동문수학한 김종직의 제자이다. 1495년(연산군1)에 장원급제하여 관료가 됐고 사가독서의 특전을 입었으나 3년 뒤 무오사화 때 처형되어 짧은 생애를 마감했다. 갑자사화 때 부관참시를 당하는 화를 재차 입었으나 중종반정 직후에 신원됐다. 그가 형상에 나아가며 시었나는 <절명시(絕命詩)>가 후대에 편찬된 문집에 수습되어 있다. 모두 6줄로 각 줄의 전후반을 '혜(兮)'로 연결시켰으며, '반언(反諺)'이라는 부기가 있는 것으로 보아 두 수의 시조를 초사체 한시로 번역했다고 추측된다. 검은 까마귀와 흰 백구를 대비시키며 성난 까마귀가 백구의 흰색을 용납하지 못한다는 표현은 오래된 은유법을 손쉽게 가져왔다. 그러나 종장에서 깨끗이 씻은 몸을 저들끼리 싸우는 피에 물들까 염려된다고 해서 극도의 혐오감을 나타냈다. 또 두 번째 시에서는 이같이 침을 뱉는 듯한 표현 자체를 백구에게 미안하다며 사죄하는 내용을 지니고 있어 자연의 맑음과 인간사의 더러움에 대해 선명하게 대비시켰다.

또 이목은 부(賦) 작품에서 우언 글쓰기를 시도하면서 옛 사적과 현세를 대비했다. <여융부(女戎賦)>는 춘추시대의 강국이었던 진(晉)나라에 대파란을 몰고 온 헌공(獻公)과 여희(驪姬) 고사를 다루면서 비평했다. 변방 민족을 정벌하여 전리품처럼 획득한 미녀가 사실은 적대국의 교묘한 역습을 위한 무기였다는 인식을 내비쳤다. 이 소재는 역사 우언에 자주 동원되어 성현의 『부휴자담론』의 「보언」편에서도 두 차례나 다루어졌다. 여성이 전쟁의 피해자이면서 동시에 전쟁의 중요한 수단으로 동원됐다는 이면적 의미를 지닌다.

<영주사부(永州蛇賦)>는 유종원의 <포사자설(捕蛇者說)>을 반의모방하여 꿈이야기처럼 꾸민 작품이다. 꿈에 당나라 중엽의 뱀이 나타나 '나'에게 하소연했다. 고을에서 범이나 해충처럼 백성들을 착취하는 관리들은 '백리 땅의 뱀'이고, 이리와 쥐처럼 서울에서 잔혹한 기치를 들어 세상 구제할 위인들을 귀양 보내는 고관들은 '조정의 뱀'이라고 전제했다. 자신은 한갓 미물에 불과한데 한 집안이 면세를 받으려고 3대에 걸쳐 죽음을 무릅쓰고 잡으려 한다고 하소연했다. 화자인 '나'는 할 말을 잃고 꿈에서 깨어나 한탄했다. 차라리 뱀 같은 사람을 잡아서 세상을 바로잡는 약으로 삼고, '너'는 오히려 우리 동산으로 부르고 싶다고 했다. 그러나 그럴 수도 없는 현실에서 백성들은 어디로 가겠느냐고 반문했다. 연산군 즉위 이후 훈구 권신들에 의해 정국이 소용돌이치면서 사림파의 희생이 늘어만 갔던 상황을 우의로 삼았다.

이 외에도 <요가연부(姚家鷰賦)>는 5,6년 기탁하던 제비가 어느 가을 남쪽으로 떠났다가 봄날 돌아와 보니 주인집이 바뀌어 먹지를 않고 죽었다는 내용이다. <영주사부>의 뱀 이야기처럼 몽유 우언의 형식에 담았다. 비슷한 이야기가 『삼강행실도』의 <이씨감연(李氏感燕)>에 보인다. 제비가 주인을 바꾸지 않고 절개를 지키며 죽어서 사람들이 제비 무덤을 만들어 주었다고 한다. 또 <삼도부(三都賦)>는 1489년(성종20) 19세 나이로 진사시에 제출하여 합격했던 작품인데 평양과 개성과 한양을 비교했다. 서경담수(西京談叟), 송도변생(松都辯生), 한도주인(漢都主人)을 쟁변의 가상 인물로 등장시켜 나라 경영의 성한 덕을 찬양했다. 최자의 <삼도부>를 본떠서 강화도 대신에 한양으로 대체했다. 젊은 시절에 윤리적 교화와 국가 경영에

대한 기대감을 표출한 실험작들이라 할 수 있다.

한편 최충성(崔忠成, 1458~1491)은 장성의 지방 선비였으나 귀양 왔던 김굉필(金宏弼)에게 수학하면서 『소학』을 실천하는 성리학자로 변모했다. 수기론(修己論)을 중심으로 도학적 정치사상을 표방하였고, 자신에게 닥친 병마와 싸우면서 세밀하게 자신의 생각과 행위를 가다듬었다.

우선 <속진학해(續進學解)>에서는 작가의 학문적 입지점을 가탁했다. 이 작품은 한유(韓愈)의 <진학해(進學解)>를 본떠서 속편을 지었다는 의미이다. 지식인의 자기변호를 위한 가상적 문답의 전통은 동방삭(東方朔)의 <답객난(答客難)>에서 골계적 필치로 시작된 것인데, 한유는 당나라 태학(太學) 관생(館生)들에게 자신이 추구하는 고문과 유학 사상에 대한 신념을 피력하면서 현실적 보상에 연연해하지 말아야 한다는 점을 강조했다. 이에 비해 최충성은 '대인선생'의 가르침을 철저히 따르는 '나'와 어떤 질문자를 설정했을 뿐 논란의 상대자는 설정하지 않았다. 다만 당대의 학문하는 방식을 비판하는 데 집중했다. 예컨대 근본을 힘쓰지 않으면서 말단 기예만 일삼고, 물정을 모르면서 오언시를 먼저 배우고, 대학(大學)의 도리를 듣지 않고 오직 훈고학(訓詁學)을 받아들이고, 성현의 말씀을 사장(詞章)에 활용하면서도 취지는 궁구하지 않고, 경전의 문구를 익히면서도 마음으로는 체득하지 않는 점을 거론했다. 이는 마치 궤를 사서 보석은 돌려주는 꼴이라 꼬집었다. 그러나 한유의 작품과 대비해 볼 때 지식인의 불우함을 변호하려는 의도는 생략되어 있다. '대인선생'은 작가의 스승 김굉필을 암시하지만, 진학해(進學解)의 '해설'이 있을 뿐 추구하는 가치에 대한 '해명'의 성격은 약화됐다. 그 결과 우언적 글쓰기의 반어와 골계미는 대폭 줄어들거나 없어졌다. 이 작품은 그의 <성인백세사론(聖人百世師論)>과 표리 관계에 있으며, 한유의 <사설(師說)>과도 두루 관련된다.

또한 <약계(藥戒)>는 송나라 장뢰(張耒)의 <약계>를 본떠서 병, 약, 신신의 관계를 비유체계로 동원했다. 그러나 병이 깊은 손님이 평소에는 명의를 못 만난 것을 한탄하다가 만나면 질병을 감추고 의원을 꺼린다는 설정으로 주객 문답을 이어갔다. 손님은 독한 약이 두려워 의원을 꺼렸지만, 평소 아프기 때문에 명의를 기다리는 모순된 상황에 있었다. 이에 나는 질병의 고통을 알고도 죽음을 기다리는 것은 어리석으며 약이 독하지 않으면 병을 고칠 수 없다고 주장했다. 이를 통해 백성과 조정 관리와 임금 등을 신체에 빗대어 특히 병을 치료하는 과정에서 임금의 역할을 강조했다. 또 이를 다시 한 개인의 심신에 적용시켜 천군(天君)의 안정과 성경(誠敬)의 약성(藥性)을 비유적으로 설명했다. 독한 약은 몸의 원기를 상하게 한다는 원작품의 주제를 바꾸고, 몸과 마음과 정치에 있어 병을 잘 살펴서 약을 적시에 써야 한다는 적극적인 실천론으로 우의를 삼았다.

작가는 실제 1489년(성종20) 32세의 나이에 중풍이 걸렸다. 사지가 마비되어 바깥출입이 힘들고 한증막 치료를 하다가 병이 덧들었다. 이 시기 불면증에 시달려 근심을 없애는 방편으로 시각을 알려주는 시계를 제작하고 그 과정을 상세하게 <경려분각기(警慮焚刻記)>에 담았다. 탄환 묶은 줄이 타면 끊어져서 알이 그릇에 떨어져 길을 따라 구르다가 마지막에 놋그릇으로 들어가면서 쟁그랑하는 소리가 울려 퍼지게끔 고안했다. 독서하는 서생으로서 우환을 겪기 전에는 이러한 생각을 짜내지도, 그것을 만들지도 못했을 것이라 했다. 병구완에 직접적 도움이 되지는 않더라도 마음을 다스리는 데 효험이 있었음을 세밀하게 묘사했다.

최충성은 <잡설>을 세 편 지었다. 문집에 수록된 순서대로 살펴보면 다음과 같다. 첫 번째 <잡설>은 춘추시대 초나라 사람 변화(卞和)가 두 다리가 잘리면서까지 옥돌을 초왕에게 바쳤다는 이야기를 소재로 삼았다. 이른바 화씨벽(和氏璧)이 보석이 되는 과정을 선비의 가치가 실현되는 방식에 대비시켰다. 선진과 후진의 선비가 서로 의탁해야 도덕과 사업이 빛나고, 재주 있는 자와 지위 높은 자도 서로를 완성시켜주는 존재라고 했다. 사림파 내부의 사승 관계, 사림파와 훈구파의 관계를 두루 빗댔다.

두 번째 <잡설>은 목수의 대명사인 '장석(匠石)'이 재목 구하는 이야기를 우언으로 꾸몄다. 장석이 대들보감을 구하러 돌아다니며 허송세월하는 데 대해 무명의 나무꾼이 충고한다는 설정을 했다. 목수가 나무는 기르지 않고 또 적재적소에 쓰지도 못하면서 나무가 없다고 한탄한다고 꼬집었다. 더 나아가 이러한 상황을 국가와 선비의 관계에 적용시켰다. 궁벽진 시골에서 곤궁한 재액을 만나 미처 재목이 되지 못했지만 송백 같은 지조의 소유자가 없지는 않은데 수많은 장석이 지나쳐 버리고 누구도 재목으로 기르지 않는다고 했다. 유종원의 <재인전(梓人傳)>을 작가 당대에 맞게 재창조했다.

세 번째 <잡설>은 이무기가 용이 되는 이야기를 묘사하고 곁에 있던 유식한 군자(君子)가 설(說)을 지어 의미를 확장시켰다. 조그만 늪지의 한 괴물이 갖은 고초를 겪어도 오직 하늘 용의 비구름에 의해서만 구제될 수 있음을 강조했다. 선비가 큰 도리에 뜻을 두어 추위와 배고픔을 잊고 고질병에도 걸리지만, 그 고초는 같은 뜻을 가진 천룡과 같은 지위에 있는 사람만이 알아보고 구제할 수 있다고 했다. 사림파의 이념적 동질성과 임금의 선비 양육에 대한 기대감 등을 가탁했다. 원래 한유의 <잡설>은 용과 구름을 군신 관계에 빗대어 상호 의존적임을 우의로 삼았다. 또 이규보의 <잡설>은 시인과 문장의 관계에, 성현의 『부휴자담론』 「아언」편에서는 군신의 주종 관계에 대비시켰다.

이 외에도 최충성은 중국의 유명한 역사 인물의 사적에 가탁하여 의제(擬製)로 여러 작품을 지었다. <의송장사인귀강동서(擬送張舍人歸江東序)>는 진(晉) 장한(張翰)이 강동으로 낙향하는 것을 전송하는 서문을 모의했다. 장한은 낙양에서 사인(舍人)으로 벼슬살이를 하다가 가을바람이 불자 강남의 순채국과 농어회가 그리워져 하루아침에 벼슬을 버리고 낙향했다는 『세설신어』의 일화가 유명하다. 그는 적의(適意)를 귀하게 여기는 사람의 대명사인데, 본 작품에서는 지식인의 거취와 처세 문제를 중점적으로 거론했다. 이백(李白)의 <송장사인지강동(送張舍人之江東)>이라는 시를 반의모방했다고 할 수 있다. 또 <초환유자문(招宦遊子文)>은 서술자가 진나라 장한의 관점에서 '환유자'를 고향으로 돌아오라고 부르는 가상적 설정에 의한 우언 글쓰기 작품이다. '환유자'를 2인칭 대명사로 부르며 설득하고 있지만, 그것은 결국 작가 자신의 모습을 우의하고 있다. 벼슬에 나가기 위해 과거시험을 준비하는 수험생에게 과거를 단념하고 강동사인(江東舍人)의 고사처럼 자연에서 유유자적하며 살겠다는 작가의 주제 의식을 에둘러 표현했다.

<의제왕전횡묘지(擬齊王田橫墓誌)>는 5백 열사가 따라 죽었다는 전횡(田橫)의 묘지문을 모의했다. 사론(史論)의 성격을 띤다. <의저수량간립무씨위후소(擬褚遂良諫立武氏爲后疏)>는 훗날 측천무후가 되는 궁인 무씨를 후비로 세우지 말라는 상소문을 모의했다. 저자의 <정명론(正名論)>에 나타난 명분 의식을 실제 역사 사실에 적용시켜 논의하느라 저수량(褚遂良)의 상소문인 것처럼 꾸몄다. <송한시랑적조주서(送韓侍郎謫潮州序)>는 한유의 조주(潮州) 좌천을 전별(餞別)하는 서문을, <제명도선생묘비음(題明道先生墓碑陰)>은 정호(程顥)의 묘비 음기(陰記)를 모의하여 이들이 신유학에 끼친 공로를 표현해 냈다.

이목의 <절명사>는 최영성 역, 『국역 한재집』(문사철, 2012) 319면; 최충성의 <잡설(2)>는 윤승준, 「중국 우언의 수용과 재창조 – 유종원을 중심으로」, 『고전문학연구』 26(한국고전문학회, 2004) 117~121면; <경려분각기(輕慮分刻記)>는 이종묵, 「불면의 밤을 위해 만든 시계」, 『문헌과해석』 통권66(태학사, 2014) 138~147면 참조. 최충성과 기준의 사설(師說)에 관해서는 이우진·이권재, 「조선시대 사림의 스승담론 연구」, 『한국교육사학』 36-1(한국교육사학회, 2014) 35~42면 참조.

6.3.2. 김안국에서 강유선까지의 정치적 소용돌이

김안국(金安國, 1478~1543)은 조광조, 기준 등과 함께 김굉필의 문인이다. 이들은 중종조에 진출했다가 1519년(중종14) 기묘사화에 연루되어 유배되거나 파직되었다. 김안국, 김정국 형제는 후자를 대표하는 사림파이다. 김안국은 1517년(중종12) 경상감사로 나아가 농업과 의학에 관한 여러 언해서를 간행 보급했고, 무엇보다도 지방에서의 향약(鄕約) 교화사업에 열중했었다. 형제와 벗의 윤리를 강조한『이륜행실도』또한 이 시기에 편찬했다. 성리학을 사회 저변으로 확산 보급시키는 데 공을 들였던 것이다. 그는 전라감사 재임 중이었던 기묘년 겨울 사화에 연루되어 삭탈관직되고, 다음해 봄에 곧바로 낙향을 결심했다. 남한강변의 이천과 여주 사이에 줏골(注村=注叱洞, 현 부발읍 죽당1리), 이호촌(梨湖村, 현 금사면 이포리)에서 모두 18년간 체류하면서 실질적인 향촌 교화와 후진 양성에 힘썼다. 그는 여주 퇴거기에 물이끼로 만든 한지, 즉 태지(苔紙)를 만들어 썼고, 재등용된 후 왕에게 진상하여 보급을 권하기도 했다.

1525년(중종20) 봄에는 퇴거 6년 만에 가족들을 거느리고 서울 길에 나섰다가 다시 우거로 되돌아왔다. 이때 잡풀만 무성하다는 뜻의 <초만(草蔓)>이라는 시에서 자신의 지향과 현실적 고난의 엇갈림을 우회적으로 표현했다. 그는 사마시(司馬試) 회시(會試)에 나가는 꿈을 꾸었는데 글제가 이와 같았다고 한다. 꿈속에서 지은 시 일부만 기억이 나서 꿈을 깬 후 완성시켰다고도 했다. '사마시' 운운한 것으로 보아서는 한창 꿈 많았던 젊은 시절을 떠올렸을 법하다.

取彼九畹香,	저 아홉 이랑 향초를 캐다가
種我堂前幽.	내 집 뜰 구석에 심었더니
和風日日吹,	따스한 바람 날마다 불어오고
雨露滋不休.	비 이슬이 쉼 없이 적셔주네
護養豈不勤,	보살핌도 게으르지 않았으니
晨漑夕土抔.	새벽으로 물 주고 저녁에는 북돋웠네
待之欲紉佩,	엮어서 허리춤에 차보려 기다렸으니
此意誠綢繆.	이 뜻은 참으로 간절했었지
孤蘭不自茂,	외로운 난초는 무성치 못하는데
衆草共齊抽.	뭇 잡초는 손 맞잡고 쑥쑥 크누나
草蔓蘭漸悴.	풀들이 뻗어가고 난초 점점 초췌해질 제

日月忽如流,	일월은 홀연히 물 흐르듯 하는구나
嚴霜旣已降,	된서리 내리고 난 뒤로는
美惡腐一秋,	곱고 미운 것들 함께 썩는 한가을에
倚杖對立久,	지팡이 집고 오래도록 그것들 마주하며
我思良悠悠.	내 그리움은 정말로 아득하기만 하구나

잡초들 때문에 난초가 자라지 못하는 안타까운 광경을 묘사했다. 이를 통해 기묘사화로 얼룩져 갔던 중종조의 상황을 빗댄 것이라는 점을 손쉽게 추측할 수 있다. 굳이 "꿈에서 시를 지었다"고 밝혔던 속사정을 이해할 만하다. 애초 중종반정의 명분은 연산조의 폭정에 있었다. 그러나 임금 중종은 반정공신에 둘러싸여 훈구와 사림의 갈등을 조정하는 데 실패했다. 더구나 강경 노선을 견지했던 사림파들은 훈구파들에게 정치적 공격의 빌미를 제공했다. 굴원의 <이소(離騷)>에서 표현했던 것과 같이 '난초'와 '잡초'의 싸움이 벌어졌던 것이다. 군자가 난초를 길러 패물로 차기까지는 세심한 보살핌과 정성을 다해야 한다. 사림파의 정치적 성장에도 그에 비견될 만한 양육의 과정이 필요하다. 정치적 명분으로 살풍경이 벌어지면 옥석이 함께 타버리고 만다. 시인이 지팡이에 기대어 오래도록 생각하며 그리워한 것은 무엇이었을까? 이후의 일이지만 그는 권신 김안로가 제거되면서 1537년(중종) 환갑에 가까운 나이에 재등용됐다. 그런 날이 오기 전에 그는 임금에 대한 기대와 아쉬움 사이에서 사림에게 휘몰아친 광풍을 아파했다.

또 김안국의 <의송한유폄조주서(擬送韓愈貶潮州序)>는 한유(韓愈)의 지방관 좌천을 전송하는 상황을 모의하여 쓴 송서(送序)이다. 한유의 제자였던 이고(李翶)의 명의를 빌려 유학에 끼친 한유의 공적을 평론했다. 한유가 유학의 명맥을 되살린 것은 맹자보다도 크다고 했다. 맹자는 유학이 다 훼손되기 전에 붙잡은 것이고, 한유는 이미 혼란해진 뒤에 구해낸 것이라고 보았다. 그런데 천하의 이목을 일신시키고 직간을 하다가 죄를 얻었으니 자임하던 일을 유배지에서 더욱 힘쓰라고 당부했다. 그러면 훗날 그를 깊이 이해하며 일어날 사람이 있을 것이라 예언했다. 은연중 지금 자신이 그러한 일에 동참하겠다는 다짐을 에둘러 말했다.

김정국(金正國, 1485~1541)은 김안국의 동생이자 김굉필의 문인이다. 기묘사화로 인해 삭탈관직이 되자 고양(高陽)으로 내려가 저술과 후진 양성에 힘썼다. <팔여거사자서(八餘居士自序)>는 이때 지은 것이다. 앞부분에서는 조정에서 물러나게 된 경위를 말했다. 죄에 연루되어 쫓겨난 것이지만 실은 자신이 평소부터 바라던 일이 실현된 것이라 했다. 그리고 한적한 즐거움으로 인하여 '여덟 가지 여유'가 생겼다고 팔여거사라는 자호를 지었다. 후반부에서는 주객(主客) 문답을 설정하여 그 여유가 어떠한 여유인지 말했다. 토란국 보리밥에 배부른 여유, 부들방석 온돌에 눕는 여유, 땅에서 솟는 맑은 샘물 마시는 여유, 시렁에 가득한 책더미 보는 여유, 봄꽃과 가을 달 감상하는 여유, 날짐승 말과 솔 소리 듣는 여유, 눈서리의 매화와 국화 내음 맡는 여유, 이러한 일곱 가지 여유를 취하는 즐거운 여유라고 답했다. 손님이 곰곰 생각하더니 세상에는 이와 반대되는 사람들이 있다면서 '여덟 가지 부족'으로 대꾸했다. 온갖 좋은 것과 화려한 것으로 배부르고, 눕고, 마시고, 보고, 감상하고, 듣고, 냄새 맡아도 부족해 하고, 이러한 일곱 가지 부족함이 있어 근심하느라 부족해 한다고 했다. 주인과 속인의 형상을 만사에 여유 있는 사람의 즐거움과 만사를 부족해 하는 사람의 근심을 대비시켰다. 손님은 주인의 삶의 방식에 동의했다. 작가는 해학적 필치로 자신에게 닥친 환란을 눙치면서 새로운 삶의 미학을 찾았다.

한편 그의 문집에 편집된 「척언(摭言)」편은 『사재척언』으로 분리되어 이 시대의 중요한 잡록집으로 전승됐다. 이 가운데에는 중종 연간의 정치적 소용돌이를 증언하는 내용이 다수 실려 있는데 기묘사화의 시발점과 참혹함을 흥미롭게 묘사하고 있어 주목된다. 김안로가 조광조를 탄핵할 적절한 적임자로 이항(李沆)을 발탁했던 과정을 기술했다. 이항은 앞서 부정축재 사건으로 인해 경상좌도 감사 겸 경주부윤으로 좌천되어 있었다. 그가 갑자기 대사헌으로 발탁되어 중앙 정계로 회귀하게 되자 함양군수 문계창(文繼昌)

은 그의 출세를 '등선'(登仙)에, 사림들을 교활한 토끼에, 그의 능력을 솔개에 비유하면서 "서린 뿌리와 얽힌 마디를 벼린 칼로 끊어내라"고 주문했다. 더구나 『전국책』의 교토삼굴(狡兎三窟) 고사를 활용해 사냥한 뒤라도 '세 구멍에 숨는 교활한 토끼'를 독수리처럼 끝까지 찾아내 발본색원하라는 뜻을 전했다. 이 시가 전파되자 사림들이 크게 두려워했다고 했다. 문계창의 시는 너무도 선명한 투쟁 구도를 비유하고 있기에 여러 야사에서 인용되고 있을 뿐만 아니라 『중종실록』의 문계창 졸기(卒記)에 인용하기까지 했다. 그 당시 문계창은 무재(武才)가 있는 문신이었지만 사림파의 비판을 받아 출셋길이 막혀 있던 인물이었다.

또 「척언」편에 궁궐에 숙직하던 기준(奇遵)의 몽조(夢兆) 사연을 적었다. 꿈에 변방에서 길을 잃었는데 도중에 7언율시를 지었는데, 홀로 떨어져서 퇴로가 차단되고 연락도 두절된 상황을 묘사한 것이었다. 편자는 이를 두고 마치 그의 앞날을 예견하는 광경을 목격한 듯한 시를 지었다고 했다. 실제 기준의 문집에도 시인 스스로 상황 설명과 함께 시작품을 수록해 놓고 있다. 이러한 사연과 시작품은 사림파에게 널리 전해져 슬픔을 자아냈고 여러 패설집에도 수록되어 전승됐다.

박영(朴英, 1471~1540)은 무과급제자로 병조참판에 이르렀던 무신인데 기묘사화 때 김해부사로 좌천됐다가 가혹한 신문으로 다리뼈가 부서져 오히려 죽음을 면했던 이력이 있다. 그는 <구계(口戒)>라는 글에서 입이란 화복의 문이므로 삼가지 않을 수 없다고 했다. 남과 말할 때는 단지 강산명월과 화초를 담는 시문을 말할 뿐이고, 옛 현자들의 사적을 경계하거나 본받을 뿐이라 했다. 나라의 정치나 사람에 대한 칭찬이나 험담은 절대로 입가에 올리지 말아야 한다고 했다.

또 박영의 <공중누각기(空中樓閣記)>는 가상적 기문의 선례가 되는 작품이다. 우선 소옹(邵雍)이 낙양에 살면서 '공중누각'을 창건했다고 했다. 안락선생(安樂先生) 소옹은 무명공(無名公)이라 자호하고 우주의 시작과 더불어 이 누각을 일으켰다고 하면서 신비화했다. 또 이천(伊川) 정이(程

顥)가 소옹을 존경하면서 그렇게 이름 지었음을 암시했다. 작가는 한 세대 후배인 성리학자 정명도(程明道)와 정이천(程伊川) 형제가 소옹을 알현하면서 그의 기상을 평가하여 "마치 공중누각이 사통팔달하는 듯하다"고 묘사했던 일화를 가상적으로 꾸민 것이다. 짤막한 글이지만 세속에서 벗어나서 우뚝한 그 인품에 공감하여 우언적 글쓰기로 표현했을 터이다. 이 작품 이후로 여러 형식의 유사한 작품이 여러 작가에 의해 변주되어 나갔다.

박상(朴祥, 1474~1530)은 중종조에서 반정(反正)의 후유증을 지적하다가 왕에게 노여움을 사고 전관(銓官)인 이조판서에게 밉보여 지방관으로 자주 나갔다. 그러나 청백리로 뽑힐 정도로 모범적 관료였으며 성현, 신광한, 황정욱 등과 함께 서거정 이후의 문장 4대가로 칭송됐다. 김안로나 김종직과는 다르게 사대부 사회가 사장파에서 도학파로 접어드는 과정에서 넓은 범주의 사림파를 선도하고 자신의 문학적 개성을 건실하게 실현해 나갔다. 오늘날의 전남 광주 출신이며 만년에는 옛집으로 귀향해 세상을 마쳤다. 16세기 호남 문단의 중추적 역할을 했다.

박상은 장편 부(賦) 작품을 12편이나 지었다. 그는 <이소(離騷)>를 매일 밤 한 번씩 외우고 잠자리에 든다고 말하기도 하고, 자신을 송옥(宋玉)의 제자라고 표현한 적도 있다. <이소>의 작풍이 없어진 이후로 시인들이 말 꾸미는 일에 골몰했음을 비판하기도 했다. 그는 부 형식을 통해 서정, 서사, 의론을 자유롭게 뒤섞으며 대비적 수법, 가상적 설정 등을 구사하고 웅건(雄健) 침울(沈鬱)하다는 자신의 문학적 특징을 여실히 드러내었다. 부 형식이 지니는 중간 갈래의 속성을 자유롭게 실험하면서 우언 작품을 즐겨 창작했다.

그 가운데 <몽유(夢遊)>는 2659자의 장편 거작으로서 특히 주목할 만하다. 중간에 장대한 몽유 시공간을 설정하면서 작가 스스로 1인칭 시점의 서술자가 되어 작품의 시작과 끝을 주관하는 액자 구성으로 되어 있다. 따라서 1인칭 서술자는 꿈속에서 관찰자이자 참여자이다. 또 꿈밖의 현실은 작가의 처지를 반영하면서 몽중세계와 우의적으로 관련되어 있다. 작가는 기묘사화의 여파로서 정치적 음모로 발생한 1521년(중종16) 신사무옥(辛巳誣獄) 직후에 충주목사로 임명되어 죄망에 걸려들까 봐 노심초사하던 시기였다. 몽중 세계에서는 복희씨로부터 명나라에 이르기까지 흥망성쇠에 영향을 끼쳤던 역사적 인물들을 등장시키면서 평가하고 있다. 한고조의 패권욕을 힐난한다든가, 당태종의 정관지치(貞觀之治)에 대해 그 명성보다 도덕성을 문제삼는 대목 등은 통념과 다른 관찰자의 비평의식을 드러냈다. 반면에 송나라가 예악으로 백성을 교화하고 명태조가 원나라의 야만성을 제거했다고 칭송하여 조선 전기 사림파의 집단적 의식을 투영했다.

반면에 몽유자는 관찰에 그치지 않고 몽중에서 전개되는 역사 상황에 개입해 들어가기도 했다. 예를 들면 후한 광무제의 시종관이 되었다든가 송의 조정에서 간언하는 직책의 습유(拾遺) 벼슬을 지냈다. 그러나 최후에는 강직한 성품 때문에 황제의 비위를 건드려 지방관으로 좌천되어 갔고 글상자에 가득한 상소문을 불태우다 잠에서 깨어났다. 이렇게 깨어나는 계기는 서술자의 꿈밖 현실과 교묘하게 연결된다. 실제로 작가는 이전에 담양부사를 지내던 1515년(중종10)에 순창군수 김정(金淨)과 함께 상소했다가 지금의 나주 지역으로 유배됐던 경험이 있다. 중종의 본처로서 왕후에 봉해졌다가 7일 만에 역적의 자식으로 몰려 폐위됐던 신씨(愼氏)의 복위를 주장했던 것이다. 또 1519년(중종14) 기묘사화 때는 그 부당성을 탄핵하는 상소를 하려다가 모친 상중이라 상소문을 불태워서 결과적으로 사화를 모면한 적이 있다. 그러나 꿈에서 깨어난 몽유자는 몽중사의 의미를 알기 위해 점괘를 치고 여러 초월자를 찾아 나섰다. 끝내 신군(神君)을 찾아가 삶의 올바른 태도를 물었다. 이는 마치 굴원의 초사 작품 <이소>와 <천문>의 설정을 작품 말미에 배치한 듯한 인상을 준다. 신군은 역사를 허깨비 꿈에 불과하고 세상의 평가는 귓가의 모기소리와 같다고 말해준다. 이에 서술자는 깨우친 바가 있어 『장자·소요유』편을 읽으며 역사의 쓰라림을 비웃는다. 결국 '신군'은 작가 자신의 마음을 의인화한 '천군'과 크게 다르지 않다. 동일한 자아라고 하더라도 이미 체험을 겪은 처지에서 이제 막 고난을 겪고 있는 자기 자신에게 조금 더 일반론적인 의미를 제시할 수 있었던 셈이다.

이와 같은 <몽유>의 구성은 우언문학사에서 중요한 의의를 지닌다. 운문과 산문의 중간적 성격을 지닌 부(賦) 형식에 기댔다는 점에서는 우언의 양식화 측면에서 한계점을 드러내지만, 남효온의 <수향기>와 심의의 <몽기>에서 관찰되는 1인칭 서술자의 몽유 양식과 연결된다. 또 내용적으로 꿈속의 허구성과 꿈밖의 현실성이 밀접하게 관련됨으로써 작가적 상황과 비평의식을 반영하는 우의가 비교적 명료하다. 더구나 꿈속의 일이 역사기행의 성격을 띠고 있기 때문에 역사 비평의 우의가 가탁됐다는 점도 특별하다. 작가론적으로는 저자가 사찬『동국사략』의 편찬자로서 관찬서인『동국통감』에 대해서 사림파의 사관을 대변했다는 점도 함께 고려할 필요가 있다. 이 작품은 양식사적으로 삼인칭 서술자의 몽유록 양식을 선도하고, 조선 후기의 국문가사 <만고가(萬古歌)> <역대가(歷代歌)>에 대응하는 한문학적 선례였다고 평가할 수 있다.

<몽유> 이외에도 작가는 여러 부(賦) 작품에서 우언적 글쓰기를 시도했다. <애대조(哀大鳥)>는 사냥꾼에게 걸린 큰 새가 메추라기 같은 신세로 전락했음을 한탄하며 뱁새와 같이 처신할 것을 충고하는 독백체 우언이다. 혜심의 <기사뇌가>, 이제현의 <장암곡> 등의 전통을 이었다고 할 수 있다. <석고(石鼓)>는 중국 전국시대 때 주선왕(周宣王)이 쇠미해진 주나라의 중흥을 기원하며 조성했다는 돌북을 의인화하여 꿈속에서 하소연을 들었다는 몽유 우언이다. 돌북이 오랜 세월 동안에 역사의 증인이었다는 점에 착안하여 역사의 뒤안길을 토로하게 했다. <황종부(黃鍾賦)>는 "황종(黃鐘)은 부쉬버리고 와부(瓦釜) 즉 기왓가마는 우레처럼 울어댄다"는 굴원의 <복거(卜居)>에서 전고를 가져와서 황종을 기묘사림에, 기왓가마를 소인에 빗대었다. '황종'은 음율의 기본음으로 중세 예악정치를 환유하지만, 기와 굽는 가마는 생활 도구로서 불길을 받으면 성히게 일어나니 소인의 세력 확장을 닮은 존재로서 비유했다. <의자도부(擬自悼賦)>는 반첩여(班婕妤)의 <자도부>를 모의하여 지었다. 아내와 자녀를 포함한 가족들이 연달아 죽는 환란

에 대한 비통의 감정을 토로했다. <문두견(聞杜鵑)>은 두견새의 애절한 울음소리를 통해 불운한 현실과 그것을 벗어나고자 하는 의지를 가탁했다. 시인은 두견에게 가시나무 속에서 곤욕을 당하며 끊임없이 원한을 호소하지 말고, 입을 닫고 서둘러 옮겨가라고 권유했다. <애대조>에서 큰 새에게 했던 붕새의 처세 방식을 충고한 셈이다. <위선최락(爲善最樂)>은 선비와 손님의 문답 형식에다 지식인의 즐거움에 관한 주제의식을 담았다.

한편 <산거백절(山居百絶)>은 7언절구 100수로 이루어진 거작이다. 서문에서는 김시습(金時習)의 집구시 <산거백절>과, 그를 비판적으로 수용한 신잠(申潛)의 작품에서 영향을 받았음을 밝히고 있다. 신잠은 신사무옥 때 화를 입고 전라도 장흥에 유배되어 17년간 그곳에서 지냈던 인물인데, 작가가 나주목사로 좌천되었다가 그나마 곧바로 파직되었던 말년에 그와 교유했다. 세조에서 예종에게 왕위가 계승되자 금오산에 정착하여 안정을 되찾았던 김시습과는 다르게 이들은 <산거백절>을 '우언체'로 활용할 만한 창작동기를 지니고 있었던 것이다. 작가 박상은 세속과 강호를 대비시키면서도 현실과 이상의 축을 다시 연결시켜 시적 자아의 이중적 형상을 그려냈다. 예컨대 다음의 경우는 그러한 이중성을 잘 표현해 주고 있다.

雖遁深山晦姓名,　깊은 산에 숨어서 이름을 감췄지만
有時天變亦關情.　때때로 하늘 변고에 마음이 쓰이네
夜來風雨知多少,　밤사이 비바람 얼마나 몰아쳤는지
揮淚佳花落滿庭.　예쁜 꽃들 뜨락 가득해 눈물 뿌리네

천변(天變)은 단순히 날씨만을 의미하지는 않는다. 세상을 등진 처지에 날씨 탓을 하는 것은 아니다. 무고한 선비들이 꽃처럼 혹독한 비바람에 떨어지는 것에 마음이 쓰이지 않을 수 없다. 깊은 산은 오히려 겸선(兼善)을 포기한 부정적 자아를 쓰라린 심정으로 확인하는 곳이 되곤 한다. 독선(獨善)의 이상적 공간인 자연은 현실의 이상과 무관할 수 없다. 천변은 산중 거처에 불어온 쓰라린 비바람이자 조정에 몰아치는 광풍일 수밖에 없다.

신광한(申光漢, 1484~1555)은 가문 배경으로 보아서는 훈구 사장파의 전통위에 있는 인물이다. 그는 대제학을 지냈던 신숙주(申叔舟)의 손자이자 대제학을 이어받은 신용개(申用漑)의 종제였다. 그는 기묘사화 때에는 면직을 모면했지만 신사무옥 때에는 조광조와 가깝게 지냈다는 이유로 삼척부사에 좌천되었다가 파직되었다. 이후 자의반 타의반으로 여흥(驪興) 원형리(元亨里, 현 여주시 점동면 원부리)에 우거를 마련했다. 『명종실록』의 졸기(卒記)에 의하면, 그는 온 집안에 도서를 쌓아놓고 15년간 두문불출하여 시골살이를 잘했다고 칭송을 받았고, 복권된 다음에는 오랫동안 문형(文衡)을 맡아 시론을 만족시켰다고 했다. 그러나 1527년(중종22) 은거한 지 5년쯤 되던 시기에는 이행과 김안로가 보낸 '강(江)'자 운(韻)의 연작시를 받고 화답했다. 김안로와는 젊은 시절 사가독서를 함께 한 인연이 있으니 화운시를 돌려가며 자신의 심회를 표현했던 것이다. 남한강을 사이에 두고 한양과 격리되어 있는 시인의 복잡한 심경을 드러냈다. 기묘사림으로 몰려 은거를 선택해야만 했지만 자신의 현실복귀 욕구를 굳이 감추지 않았다.

또 <쇄선합환과설(瑣仙合歡瓜說)>은 1531년(중종26) 파직되고 10년 되던 해의 작품이다. 작가는 스스로를 야인(野人)이라 칭했다. 텃밭에서 두 개의 꼭지가 합해진 기형 오이가 자라고 있는 것을 발견하고는 상서로운 조짐이라고 여기고 작품을 썼다. 옛날부터 이삭이 합해진 벼, 두 갈래의 보리, 가지가 합해진 나무 등을 상서롭게 여긴 예를 거론했다. 자신은 버림받아 쓰이지 못하는 사람이지만, 어진 이가 출현해서 임금과 백성을 도울 것이라 기대했다. 그러므로 이는 '야인'의 경사이기도 하다라는 논리를 폈다. 그러면서도 공자가 어려운 시절 비천한 일도 마다하지 않았다는 예를 들어서 역발상의 우의를 암시했다. 야인이 곧 현자일 수도 있는 가능성을 열어놓았다.

또 <범사정기(泛槎亭記)>에서는 김안국이 여주 이포에 조성했던 범사정의 "뗏목을 띄운다"는 의미에 대해 의견을 피력했다. 먼저 혹자는 『논어』에서 공자가 "도가 행해지지 않으니 뗏목을 타고 동해 바다로 떠나가겠다"는 한탄이 연상된다고 했다. 현실 상황에 대한 비판의식을 전제한 것이다. 그러나 작가는 이를 부정하고 『장자』의 '산재(散材)'라는 개념을 동원했다. 뗏목을 만드는 나무의 시각에서 보자면 그 나무는 애초 재목감이 아니다. 뗏목의 나무가 배의 임무를 대신하는 것은 아주 드물다. 그렇다면 뗏목이라는 물건은 제 본성을 잃지 않는 길을 찾은 셈이다. 결국 김안국이 세상에 크게 쓰이지 않고도 자신만의 쓰임새를 찾았다는 칭송이자 작가 스스로에게 던지는 위로의 말이었다.

　기준(奇遵, 1492~1521)은 조광조의 문인으로 스승의 노선을 견지하다가 기묘사화로 인해 아산(牙山)으로 귀양을 가고 죄가 가중되어 함경도 최북단의 온성(穩城)으로 이배되었다. 1521년(중종16) 신사무옥 때 유배지에서 교살되었다. 그는 죄인이 되어 옮겨다니는 과정에서 자신의 생각과 느낌을 많은 작품에 담았다. 그의 문집에 전하는 대부분의 작품이 기묘사화 이후에 지어진 유배기 문학이다. 그는 울분을 삭이며 안분과 자족이라는 현실 동화 과정을 거치기보다는 지조를 숭상하고 비애감을 드러내는 데 주저하지 않았다. 비장미를 지닌 유배시와 짝하여 몇몇 산문을 통해서는 잘못된 세상에 대한 불평과 대항 의식을 우언 글쓰기를 통해 내면화했다.

　<축장설(畜獐說)>은 온성에 위리안치되어 극도로 위축되어 있던 시절의 작품이다. <위리기(圍籬記)>에서는 그 비참한 상황을 가감 없이 기술하기도 했다. 그런데 어떤 사람이 작가가 홀로 거처하는 것을 안타까워해서 기르는 노루를 주었다. 단순한 애완용이 아니고 적막한 지경의 벗으로 삼으라는 취지여서 받아들였다. 활기를 잃어가던 노루는 때때로 기르는 개와 장난을 치고 싸움을 해가면서 즐거워했다. 그러던 어느 날 이웃 개를 만나 집개처럼 장난을 쳐보려고 하다가 놀라운 일이 벌어졌다. 이웃집 개는 익숙지 않기 때문에 노루가 들이받는 것을 위험하다고 여겨 물어 죽였던 것이다. 유종원(柳宗元)의 유명한 우언 작품「삼계(三戒)」의 하나인 <임강지미(臨江之麋)>와 유사한 주제를 지니고 있지만, 작가는 이를 통해 사림파의 어리석었던 처신을 떠올렸다. 군자가 함께할 사람을 신중히 가리지 않고 제 속

마음을 모두 보여주다가 온통 함정에 빠졌으니 인간이나 동물이나 지혜가 부족한 수준이 똑같아서 기록한다고 했다. 작가는 절치부심하는 마음을 숨기지 않았다.

<양어설(養魚說)>도 온성에서 지은 작품이다. 호인(胡人)들은 어린 물고기까지 잡아 성 밖에서 판다. 이웃집 아이가 구걸해 와서 그 가운데 대여섯 마리를 선사해 주었다. 죽어가는 놈을 차마 놔둘 수가 없어 항아리에 넣고 물을 가득 부었는데도 움직임이 없이 가라앉기도 하고 뜨기도 했다. 종놈이 죽었다고 여기고 다른 사람에게 주려고 했지만, 계속 관찰하니 살아나서 생기를 되찾았다. 작가는 하늘의 이치와 자신의 행위를 비교하며 생각에 잠긴다. 이런 일은 왜 벌어진 것인가? 내가 마음속으로 측은해 한 것은 목숨이 경각에 달린 물고기에 대한 느낌뿐만이 아니다. 물고기 네 마음이 넓지 못했고 네 힘이 모자란 것이 안타까웠다. 세상은 넓고 무수한 생명들이 있다. 만약 네가 중국 땅에 태어나서 촘촘한 그물을 금하는 정사를 만났다면, 풍상의 땅과 더러운 구덩이에서 숨을 몰아쉬며 오랑캐의 먹이가 되거나 동자에게 곤욕을 치르지는 않았을 것이다. 교룡(蛟龍)이 제 있을 곳을 잃으면 개미 같은 미물도 침범하려고 하는데, 네 실을 믹어 매를 불리고 몸을 살찌우려는 자들은 어떻겠느냐고 했다. 죽고 사는 게 명이지만 자기가 취한 것이니 누구를 탓하겠는가? 사실 죽어가는 물고기를 살려낸 까닭은 작가의 처지와 심경이 투사된 때문이다. 그러면서도 물고기를 나무란 것은 자신의 처신과 운명에 대한 뼈아픈 질책과 감정이입이었을 뿐이다.

한편 기준은 위리안치라는 극한의 상황에서도 주변의 사물을 세심히 관찰하면서 일일이 새롭게 명명하는 두뇌 작업을 벌였다. <명물기(名物記)>, <육십명(六十銘)>, <육십명서(六十銘序)>, <명후(銘後)>가 모두 그러한 작업의 연작물이다. 그는 "이름[名]은 명령[命]이다"라고 정의하면서 이름을 지어 존재의 의의를 부여하고 마음에 기록한다고 했다. 예를 들면 위리안치 구조의 가장 바깥쪽부터 따져서, 가시나무 울타리에 총리(叢籬), 울타리의 뿌리에 입주(立株), 울타리의 사방 출입 구멍에 질욕혈(窒慾穴), 울타리 안

의 집에 광거와(廣居窩), 집안 부뚜막에 천선조(遷善竈), 야밤 휴식처에 암실(暗室), 방구들에 정사돌(靜俟埃), 선반에 유종판(有終板), 흙평상에 낙천당(樂天堂), 계단에 승계(升階), 지개문에 명이호(明夷戶) 등의 이름을 부여하고 그것들에다 교훈 될 일을 마음속에 새겨 적었다. 이 외에도 사용하는 소도구에 일일이 그러한 작업을 하여 총 60개의 <명(銘)>을 지었다. 그러면서도 이러한 작업은 환난 중에서 마음에 갈피를 잡지 못하는 자가 맹세의 말로 하는 것이지 과장된 말로 자신을 속이려는 것이 아니며 죽음이 임박했다고 의지를 손상시킬 수는 없다고 했다. "아침에 도를 듣는다면 저녁에 죽어도 좋다"라는 공자의 말씀으로 인하여 증자(曾子)가 임종하면서 댓자리를 바꾸었고, 한무제 때 승상 황패(黃霸)가 옥에 갇혀서도 하후승(夏侯勝)에게 『상서(尙書)』를 배웠다고 하면서 자신의 작업도 같은 일이라 했다. 그는 이 해 여름에 이 글들을 쓰고 10월에 30세의 나이로 죽음으로 나아갔다. 선조조에 이르러서야 온성의 선비들이 적거지 터에 사당을 세웠다. 그는 학문을 좋아했지만 사람들의 마음을 아프게 했다는 뜻으로 '문민(文愍)'이라는 시호를 받았다.

성운(成運, 1497~1579)은 가형 성우(成遇)가 1545년(명종즉위년) 을사사화에 희생되자 49세의 나이로 보은 속리산 부근 종곡(鍾谷)에 은거했다. 명종과 선조가 여러 벼슬로 불렀으나 모두 사직하고 나아가지 않았다. 그는 '청은(淸隱)'으로 일컬어졌으며 조식과 함께 사림의 존숭을 받았지만 방외인적 성향을 적지 않게 지닌 인물이어서 이황이나 이식 등에게 비판을 받았다. 시문을 많이 남기지 않았지만 잡저에 속한 <허부찬(虛父贊)>과 <취향기(醉鄕記)>는 논란거리를 제공했다. 특히 <허부찬>은 짤막한 글이지만 자기 자신을 듣지도 못하고 인사도 모르는 '허수아비'라고 형용하면서 다음과 같이 찬을 지었다.

   肌以藁筋以索, 짚으로 살을 새끼로 심줄을 삼아
   人其形塊然立, 모습을 사람으로 한 채 우두커니 서서

心則亡虛其腹.	마음은 없고 그 창자를 비웠네
中天地絶聞覩,	천지 가운데에서 보고들음 끊었으니
處無知誰與怒.	무지함에 처하여 누구에게 화를 낼꼬

 더 이상 무슨 말을 붙이기 어렵게 자아를 해체시켜 버렸다. 마음도 비우고 뱃속도 비웠다. 세상을 저버리는 정도가 너무 심하여 유가적 명분을 거슬렀다는 비난을 불러일으켰다. 물론 애초 진사·생원 양시(兩試)에 모두 합격했고 은거한 이후에도 향촌에서 유가 지식인으로 모범적 삶을 살았던 인물이기에 사림파 내부의 이단자로 취급됐던 것이다. 그러한 삶의 계기는 을사사화에서 비롯되었다고 하겠지만, 그러한 삶의 방식을 지속했던 까닭이 문제시된다. 일상적 체험에서 나름의 인생 교훈을 드러내고자 했던 단출한 작품에서 그 이유의 실마리를 찾을 수 있다.
 <사설(蛇說)>은 뱀이 참새 떼에게 접근하여 도망가지 못한 한 마리를 잡아먹는 광경을 목격하고 지은 글이다. 높이 날아 해코지를 멀리 피하는 게 날짐승의 본능인데 뱀의 기운에 쏘여 날갯짓도 못 해보고 물려죽음을 안타까워했다. 그러나 뱀의 본능으로 보자면 겉으로는 외딴곳에 떨어져 있으면서도 속으로는 패려궂은 것이 당연하니 이것은 한갓 조물주의 잘못일 뿐이다. 다만 모든 생물 가운데 사람은 가장 신령스러워 마음에 인자함과 사랑을 지닌 존재인데 간혹 다른 사람에게 재앙을 입히고 스스로 살을 찌우니 괴상할 뿐이라고 했다. 이중적인 인간 본성에 대해 회의감을 솔직히 털어놓았다.
 나식(羅湜, 1498~1546)은 조광조의 문인으로 김안국, 박영, 이항(李恒) 등과 교유했다. 시대가 위험한 것을 알고는 과거시험에 응시하지 않고 몸을 숨겼다는 평가를 받았다. 그의 <한중우음(閑中偶吟)> 7언절구는 그 같은 위기의식을 웅숭깊게 토로하고 있다.

| 日暮蒼江上, | 해 저문 창강 위에 |

天寒水自波,	날은 차고 물결은 절로 이네
孤舟宜早泊,	고단한 배 일찍 매놔야 할 터
風浪夜應多.	풍랑은 으레 밤으로 더해진다네

제목처럼 한가하게 우연히 읊은 것은 결코 아니다. 손 써볼 도리가 없는 지경까지 가지 말고 미리 대비하자는 의미가 절실하다. 몇몇 야사에서는 정희량(鄭希良) 혹은 최수성(崔壽峸) 등이 남긴 작품인 양 증언하고 있지만, 본인 문집과 대다수의 야사 전승에서 나식의 대표작으로 언급되고 있다. 다만 짤막하고 선명한 시구절이 당시 사림파들에게 널리 알려져 굳이 누가 지었는가를 가릴 겨를도 없이 은거의 뜻을 나타내는 방법으로 손쉽게 활용됐을 가능성이 크다. 『연려실기술』의 전언에 의하면, 김식(金湜)이 조광조 일파의 모임에 나타나 술 한 사발을 달라고 해서 들이키고는 부서진 배에 탔다가 빠져 죽을 뻔했다고 말하고 인사도 없이 나가버렸다는 야사가 전해진다. 조광조는 '부서진 배'가 자신들을 가리켜 비유한 것임을 알아차렸다고 한다. 배의 난파라는 이미지를 통해 시대의 급박한 정세를 암시하는 비유체계를 당시 사림파가 공유하고 있었음을 짐작하게 한다. 그럼에도 불구하고 나식은 명종이 즉위한 1545년 을사사화가 발생했을 때 동생 나숙(羅淑)의 역모를 알고도 고변하지 않았다는 죄명으로 유배되고 이배 후 11개월 만에 사사됐다.

나식에게는 우울한 분위기의 제화시(題畫詩)가 여러 편 전해진다. 그 당시 종실 이암(李巖)은 영모(翎毛) 잡화(雜畫)에 뛰어나서 왕실과 사대부 사회에 그의 그림이 유행했다. 수리 그림을 두고 지은 나식의 <제두성공자화조(題杜城公子畫鵰)>에서는 독수리가 토끼를 잔인하게 공격하는 장면, 놀란 토끼가 부질없이 발만 헛디디는 장면 등을 묘사했다. 이미 교활한 토끼를 솔개처럼 일망타진하기를 이항에게 권했던 문계창의 절구시가 사림파 내부에서 유행했던 상황에서 이러한 표현의 이면적 의미는 더 이상 낯설지 않다.

또 허균의 「성수시화」와 「학산초담」의 증언에 의하면, 나식은 신광한, 정사룡 등의 여러 노대가들과 함께 포도나무 그림을 감상하다가 7언절구 <영화원(詠畵猿)>시를 지어 족자에 써넣었다고 한다. "늙은 원숭이 한 마리가 무리를 잃고 지는 해 마른 등걸 위에 앉았다. 오똑하게 앉아 고개조차 까딱하지 않고 온 산봉우리 메아리를 듣고 있나보다." 포도 넝쿨의 풍성함과 대비시키는 기발한 착상으로 외로운 원숭이의 그리움을 형상화했다. 삼당파 시인이었던 이달은 이 작품을 성당(盛唐) 시에 가깝다고 칭송했다고 하지만, 포도가 상징하는 풍요를 외면한 채 수많은 메아리를 찾고 있는 형상은 나식이 겪어왔던 사림파의 모습이었다고 할 수 있다.

그의 <괴뢰부(傀儡賦)>는 더욱 문제작이다. 724자의 긴 작품으로 전체적으로는 사부(辭賦)의 형식을 유지하면서도 장편고시의 분위기를 조성해 나갔다. 처음에는 꼭두각시놀음이 고금의 특이한 예술로서 거짓에 나아가 진실을 상상하고 잔다란 일로 큰일을 깨우친다고 하면서 그 유래를 설명했다. 이어서 실제 공연 장면을 길게 묘사하고, 다시 그것을 인간의 역사와 우주에 빗대었다. 만남과 이별, 웃음과 흐느낌은 반복되는 인간사의 영원한 주제이지만, 이 모두 연극이 끝난 뒤로는 아득한 허공으로 돌아간다. 인간의 역사도 성장과 쇠퇴, 소득과 손실을 반복하며, 우주 또한 정연한 질서와 함께 무질서를 반복한다. 작가는 이러한 상반되는 관점을 통찰하면서 '혼돈'이라는 주제의식을 내세웠다. 이러한 과정을 7언 위주로 묘사한 다음에 종결 단락인 '난왈(亂曰)' 형식을 빌려 4언 위주로 <꼭두각시놀음>의 의의를 요약했다. 도(道)이니 진(眞)이니 하는 절대적 개념을 흩어놓는 파격적인 명제들을 다수 등장시키면서 인생사를 연극에 대비시켰다. 마지막 표현으로 "천하를 돌아보건대 모두가 무대로다"라고 했다. 관극시(觀劇詩)의 관점에서 보자면 작가는 사장파의 고전주의적 조화론에 맞서서 무질서까지도 용인하고, 도학파의 성리학적 윤리론에 비해서 상상력을 한껏 발휘했다고 할 수 있다. 15세기 사장파에서 17세기 도학파로 전이되어 가는 과정에서 16세기 사림파가 얼마나 넓고 다양한 입장을 지니고 있었는지 여실히 보여주고 있다.

송인수(宋麟壽, 1499~1547)는 조광조의 친구 윤탁(尹倬)에게 배우고 김안국에게 의문점을 물어 학문을 바로잡아 나갔다. 기묘사화 이후에도 청현직의 관료로서 사림의 중망을 받고 있었는데, 그 사이 김안로는 권신 이항(李沆)과 정적의 관계로 틀어지면서 송인수를 비롯한 사림파의 환심을 사기 위해 조광조의 복권을 약속했다. 송인수는 김안로의 정치적 술수에 넘어갔다가 사당(邪黨)을 모으고 있음을 깨닫고 그의 재집권을 막기 위해 탄핵했다. 이에 김안로는 송인수를 제주목사로 좌천시키고, 부임을 거부하자 임소 무단이탈죄로 걸어 경남 사천(泗川)에 유배시켰다. 이때의 정치적 사건을 『중종실록』 1534년(중종29)에서는 <묘수좌(猫首座)>, 즉 '고양이 수좌 이야기'로 요약하고 있다. 늙어서 더 이상 쥐를 잡을 수 없는 고양이가 수좌로 변신하여 법회를 열고는 쥐 떼와 함께 법당의 부처상을 맴돌면서 으슥한 곳에서 이르러 눈앞에 있는 맨 마지막 쥐를 한 마리씩 잡아먹었다는 내용이다. 이는 인도의 고대 우언집 『판차탄트라』에서 유래한 우화를 김안로와 송인수의 관계에 빗댄 정치적 담론의 우언으로 변형시킨 것이다. 송인수는 사천 땅에서 4년 귀양살이를 하고 김안로가 1537년(중종32) 정유삼흉(丁酉三凶)으로 지목되어 처형되자 풀려났다. 김안로는 왕위계승 알력에 개입하여 훗날 명종의 모후이자 중종의 제2계비였던 문정왕후를 제거하려다 발각되어 20년의 권력투쟁을 실패로 마감했다. 송인수는 재등용되어 기묘사림의 정책을 다시 살려보려 했지만, 대권이 명종으로 바뀌자 경박한 무리의 우두머리가 됐다는 죄목으로 파직되고 결국 1547년(명종2) 양재역사건에 연루되어 사사됐다.

강유선(康惟善, 1520~1549)은 1537년(중종32) 18세에 사마시에 합격하고 성균관 유생이 되어서 좨주였던 송인수의 아낌을 받았고, 인종이 즉위하자 유생들과 함께 조광조의 복권을 상소하는 글을 주도하여 관찰시켰다. 인종이 죽은 뒤 고향에 은거하였으나 1549년(명종4) 30세 나이에 역모사건에 연루되어 옥사했다. 그는 성리학자로 명망이 있던 이연경(李延慶)의 사위이며 노수신(盧守愼)과 동서지간이었다.

그의 <주봉설(酒蜂說)>은 벌이 술독에 빠져 죽는 현상을 두고 사람이 욕망 때문에 실패하는 일에 빗댔다. 처음에는 떠나지 못했고 중간에는 깨닫지 못했으며 끝내는 빠져 죽었다고 했다. 이는 사람이 욕망을 절제할 수 없으면 본연지성을 잃고 그것에 익숙해져서 끝내는 타고난 마음과 목숨까지도 잃게 된다는 교훈을 도출했다. 밥그릇과 의자 지팡이 등의 생활도구에 이것을 새겨놓아 명(銘)으로 삼겠다고 했다. 술에 빠지거나 욕망에 빠지거나 결국 하나에 '골몰'하면서 상황이 위험해지는 것을 경계했다.

한편 <신루기(蜃樓記)>는 남해의 국왕 광리왕(廣利王)이 자신의 궁궐을 신축하면서 그 자초지종을 기록하게 한 가상적 기문이다. 그런데 허구성을 강화하기 위해서 파정(波定) 원년에 왕의 명령을 수행할 적임자로 『장자』에서 유래한 '신(蜃)'이라는 조개를 내세우고, 몇 차례 고쳐가면서 신기루다운 궁궐을 지었다고 이야기를 꾸몄다. 그리고 세상에 알려질 만한 기문을 짓게 하기 위해 이백(李白)을 초청하지만 그가 산문에 능하지 못하다는 이유로 사양하자 감하후(監河侯) 원룡(元龍)에게 맡겨 기문을 완성했다고 작품을 마무리했다. 이 또한 작품의 명외를 가상적으로 설정하면서 서사적 줄거리에 맡게 허구화한 것이지만, 작가의 자(字) 원숙(元叔)을 적절히 활용한 것으로 여겨진다. 광리왕이 물고기, 게, 교룡, 악어들과 함께 거처하기 힘들다고 하면서, 동서남북 어느 한 곳에 고정되어 있지 않고 존재와 소멸 자체를 뛰어넘는 공간을 찾고 싶어했다고 설정함으로써 작가는 사림파답지 않은 현실 초월의 상상을 마음껏 펼쳐보았다고 할 수 있다.

중종·명종조 사림파의 정치적 입장 및 김안국·김정국 등의 기묘사림에 대해서 이병휴, 『조선 전기 사림파의 현실인식과 대응』(일조각, 1999) 20~42; 247~318면이 기본적 참고가 된다. 기묘사림의 문학 연구는 김대현, 「눌재 박상 문학에 대한 연구 쟁점과 과제」, 『한국언어문학』 44(한국언어문학, 2000); 신태영, 「눌재 박상의 부 연구 -유가적

충의와 장자적 초탈-」,『온지논총』17(온지학회, 2007); 김동하,『눌재 박상의 부 연구」,『한국시가문화연구』26(한국시가문화학회, 2010); 김진경,「눌재 박상 부문학 연구 -주제 형상화 방식을 중심으로-」,『한문고전연구』26(한국한문고전학회, 2013); 김신중,「눌재시 <산거백절>에 투영된 강호의 성격」,『용봉인문논총』23(전남대 인문학연구소, 1994); 윤채근,「기재 신광한 한시 연구」,『어문논집』36(민족어문학회, 1997); 손유경,「16C. 기묘사림의 기몽시 연구」,『한문고전연구』16(한국한문고전학회, 2008);「기재 신광한의 작가의식에 대한 일고찰 – 여흥(驪興) 지역이 가지는 의미를 중심으로」,『한문고전연구』25(2012);「복재 기준의 유배기 작품에 관한 일고찰」,『한문교육연구』34(한국한문교육학회, 2010); 한미연,「장음정 나식의 시세계 연구」,『동방한문학』52(동방한문학회, 2012); 윤주필,「조선 전기 연희시에 나타난 문학사조상의 특징」,『한국의 방외인문학』, 앞의 책, 297~305면 참조. 문계창의 시와 송인수의 <묘수좌>는 윤주필,「우언과 정치 – 정치담론으로서의 한국 우언문학」,『고소설연구』29(한국고소설학회, 2010) 21~27면 참조. 강유선의 작품은 윤승준,「우언의 재미와 교훈」(월인, 2000) 155면; 김영,「한·중 우언의 욕망구현 양상」, 한국우언문학회 편,『동아시아 우언론과 한국의 우언문학』(집문당, 2004) 217~219면; 진민희,「조선조 신루기 작품군 연구」,『민족문학사』64 (민족문학사연구소, 2017) 274~277면 참조.

6.3.3. 성리학과 우언 글쓰기

   조선 전기는 16세기에 접어들면서 사림파가 정치적 희생을 치른 대가로 여러 가지 중요한 성취를 이룩해 냈다. 문학적으로 사장과 도학의 사이에서 다양한 개성을 표현해 냈고, 사회적으로 유교적 윤리를 저변화하는 데 큰 진전을 이뤘으며, 철학적으로 성리학을 이론화하면서 조선 나름의 성정론을 구축해 나갔다. 특히 중앙 정계와 일정한 거리를 유지하거나 혹은 진출 자체를 포기하면서 성리학을 연구하고 실천하는 데 일생을 바친 걸출한 문인학자들이 배출됐다. 이를 통해 조선 전기의 문화적 주도권은 서서히 사림파에게 넘어가게 되었다.
   그러한 경향의 선두에 조식과 이황이 있어 널리 사림의 존중을 받았다.

그에 비해 동시대 임훈(林薰, 1500~1584)은 성경(誠敬)의 수양론을 위주로 하면서 두 사람과 긴밀한 교유관계를 유지했고, 지방관의 체험을 통해 민생의 고초에 깊은 관심을 기울였다. 우선 몇 편 부(賦) 작품을 통해 소박미를 강조하는 신념을 드러냈다. <토계(土階)>에서는 요임금이 제정한 궁실의 규모를 '흙계단 3층'으로 묘사했다. 상고 시대의 무질서와도 다르고 후세의 사치스러움도 아닌 적절한 제도임을 말하면서, 후대의 임금이 이러한 정신을 따르는 광경을 자신이 직접 보기를 희망했다. <와(蝸)>에서는 아무도 거들떠보지 않지만 제 삶의 방식을 온전히 지켜내는 '달팽이'를 통해 어려운 시대에 올바른 처세관을 말하고자 했다. 서술자는 미물을 통해 큰 것을 깨우치고 얕은 말을 통해 깊은 것을 가탁한다고 했다. <앙마(秧馬)>는 모낼 때 타고 다니며 사용하는 '앙마'의 공로를 찬양한 글이다. 이 도구는 '이앙말'(移秧馬)이라 하겠는데 아동용 흔들 목마처럼 생겼던 것으로 추측된다. 작은 배처럼 머리와 꼬리가 들려져 있어 진흙 바닥에 깔게 하고, 등은 엎은 기왓장처럼 되어 있어 사람의 두 넓적다리를 편하게 해준다. 부녀자들도 진흙뻘 논에 빠지지 않고 허리를 구부리는 힘을 도와서 편하게 만들어 주는 도구이다. 서술자는 이 같은 앙마의 외양과 기능을 묘사하고 나서, 일이 끝난 다음에는 보답을 바라지 않고 벽에 하릴없이 걸려있음을 지극한 덕이라고 칭송했다. 화려한 장식을 한 채 번화한 길거리를 달리는 명마가 부럽지 않다고 했다.

<누항기(陋巷記)>는 공자 제자 가운데 언변과 치산에 능했던 자공(子貢)의 입을 빌려 말이 없고 가난했던 안회(顏回)의 진면목을 기술한 우언적 기문이다. 가상적 설정을 통해 안회가 누추한 골목에 거처하면서도 어떻게 스승의 가르침에 귀의했는지를 해명하고자 했다. 우선 서술자 자공은 군자의 즐거움이 뭇 사람과 함께하는 것보다 큰 것이 없다고 했다. 그것은 지식인의 삶이 은둔 그 자체에 목적이 있는 것이 아니라 민생 속으로 파고드는 데 큰 보람이 있다는 전제이다. 자공은 안자의 책임과 권능이 백성을 살리고 유학의 흥망을 결정짓는 데 관계됐으므로 왕을 도울 만한 재주를 지녔다고

최종적으로 평가했다. 따라서 안회가 오래 살았다면 이윤(伊尹)과 부열(傅說) 같은 명재상의 업적을 이루었을 것이라고 상상했다.

이에 비해 <용문기(龍門記)>는 용문 사람 사마천의 천하 여행을 사모한다고 전제하고 자신이 직접 답사한 것처럼 꾸민 가상적 기문이다. 그는 용문의 경관에 대해서는 아랑곳하지 않고 오직 우임금의 치수 사업이 여기에서 시작됐음을 떠올렸다. 우임금이 그 거대한 규모의 자연을 상대로 하여 싸우면서 백성을 구제한 공로가 얼마나 큰 것인지 감동했다.

또 <인정전기(仁政殿記)>는 우리 왕이 새로 궁궐을 짓게 하고 낙성을 할 때 이름을 붙이려고 백관들에게 자문하는 광경을 상상했다. 학사(學士)들이 '인정전'이라는 이름을 건의하여 임금이 수용하고, 작가에게 그 전말을 갖추어 기록하게 했다고 가상했다. 이에 서술자는 기문을 지으면서 자기 생각을 우의로 드러냈다. '인(仁)'이라는 것은 천하의 임금 노릇하는 자의 대본(大本)이므로 이러한 이름을 붙이는 것이 삼한(三韓) 백성들의 큰 복이지만, "성(誠)이 근본이고 정(政)은 말이라"고 했다. 인정(仁政)을 베푼다는 겉모습보다도 임금의 마음가짐을 정성스럽게 가져야 한다는 내면을 강조했다.

<남훈전기(南薰殿記)>는 <인정전기>와 짝을 이루는 연속작이다. 우리 임금이 궁궐을 새로 지었다는 가상적 설정에 연이어 또 다른 예를 들어 우의를 나타냈다고 이해된다. 물론 순임금이 천하가 다스려지자 남훈전에서 <남풍가(南風歌)>를 불렀다는 아득한 옛 사적을 마치 그 당시에 목격한 것처럼 새롭게 가상한 것일 수도 있다. 어느 쪽이든 우언적 글쓰기로 궁궐 낙성의 상황을 가상하면서 우의를 곁들였다. 하늘과 성인의 지위는 표리 관계를 이루어서 바람을 통해 만물을 살리고, 풍속을 통해 백성을 다스린다고 전제했다. '남훈'은 조화로운 바람이고, 그것을 '오현금'에 실어 노래함은 조화로운 소리라 했다. 그러나 천도와 다르게 인정은 변하여서 문제가 된다. 그 조화로운 소리가 때로는 마음의 뜻을 흐트러지게 하고 나라를 잊게끔 한다고 경계했다. 이것이 기문을 지으면서도 한갓 송축하지만 못하고 풍자의 뜻을 덧보태는 이유라고 했다.

임훈의 위 세 작품은 모두 가상적 설정을 통한 우언 글쓰기의 기문이면서 통치자의 마땅한 태도를 우의로 삼았다는 공통점이 있다. 이에 비해 또 다른 가상 기문인 <누항기>는 문인학자의 사회적 책무를 우의로 삼아서 상호 대비되게끔 했다. 소박미를 드러낸 부(賦) 작품이 지방의 문인학자와 일반 백성의 삶에 초점을 맞춘 것이라면, 이들 우언 기문들은 임금과 사림파라는 역사담당층에 대한 발언이었다.

조식(曺植, 1501~1572)은 19세에 기묘사화를 목격하고는 현인의 길이 기구하다는 것을 알았다고 한다. 그는 평생 포의(布衣)로 지내면서도 조정에 대한 비판적 시선을 거두지 않았다. 제3세대 사림파에 속하는 그에게 중종·명종조의 정치적 소용돌이는 처세관을 정립하고 실천하는 데 하나의 거울이자 시금석이었다. 그는 역사적 전범으로 이윤(伊尹)과 안연(顔淵)을 동시에 주목했다. 이윤은 임금을 가리지 않고 출사하여 명재상이 됐던 인물이다. 걸(桀)에게 다섯 번이나 출사했지만, 탕왕(湯王)이 세 번이나 맞이하여 스승으로 삼아서 은나라를 반석 위에 올려놓았다. 반면에 안연은 안빈낙도를 온전히 실현했을 뿐 세상에 대해서는 미완의 성자이다. 조식은 상반된 궤적을 보였던 그들의 내면을 자세히 따져 보고자 했다.

조식은 <엄광론(嚴光論)>에서 그 같은 처세의 양극단을 포함하여 엄광의 사적을 면밀히 따졌다. 잘 알려진 것처럼 '엄광'은 한나라의 중흥주 '광무제'와 절친한 사이였는데도 새로운 왕조를 돕는 일은 불발로 끝났고 평생 은둔자로 지냈다. 조식은 논의에서 임금과 신하의 포부가 맞느냐 여부를 문제 삼았다. 또한 이것은 시대 상황의 문제라고도 했다. 은둔이냐 출사냐의 결과보다 어떠한 이유로 그런 행위를 했느냐를 따진 것이다. 이윤·부열은 임금과 뜻이 맞아 왕도를 실현할 수 있었기에 어떠한 처지에서도 출사했다. 그에 비해 엄광은 왕도(王道)의 포부를 지녔기에 광무제를 누구보다 잘 알고 있는 처지에서 그를 피해 떠났다. 어찌 보면 광무제가 패도(霸道)조차 잘 실현하기 어려운 인물이라고 판단했을 것이다. 그러나 조식은 이 글에서 엄광이 교만하거나 세상을 깔보는 사람은 아니었다는 논지를 폈다.

백성에 대한 마음 씀씀이에 있어서는 이윤 등과 다를 바 없으며 다만 시의 성이 문제가 될 뿐이라고 했다. 이 글은 조식의 이상과 비판정신을 역사적 인물의 평가를 통해 대유(代喩)하고 있는 셈이다.

조식은 몇몇 작품에서 우언 글쓰기의 방식으로 시대를 읽는 자신의 관점과 처세 방법을 표현했다. <행단기(杏壇記)>는 안연(顏淵)을 서술자로 내세워 공자 학파의 강학기를 기술한 것처럼 꾸몄다. '행단'은 공자의 강학터로서 『장자』 「어부」편에서 전고를 가져왔다. '행단'이 원래 노나라 대부 장문중(臧文仲)이 제후들의 회맹(會盟)을 위해 쌓았던 터이기 때문에 공자는 감회에 사로잡혀 옛일을 회고하고, 괄괄한 성격의 제자 자로는 당대를 슬퍼하는 노래를 불렀으며, 이에 대해 안연은 조용히 그 광경을 기록하고 의미를 부여했다는 서사 구조를 취하였다. 안연은 '행단'에서 두 가지 의미를 읽어 냈다. 하나는 제후 회맹의 터요, 또 하나는 강학의 터이다. 그 장소의 주인공이었던 장문중은 춘추시대의 패도조차 이루지 못했고, 공자는 주문왕이 지향했던 왕도를 세상을 알려 천하의 성인이라는 지위를 얻었다. 동일한 장소에서 의리와 이익을 추구하는 차이가 하늘과 땅처럼 나뉜다고 평가하였다. 따라서 선생님이 탄식한 것은 장문중이 세상을 구제할 재주가 없었음을 애도하고, 당신의 도가 당대에 행해지지 않음을 걱정한 것이라고 해석했다.

<누항기(陋巷記)>는 증삼(曾參)을 기록자로 내세워 공자와 증삼 사이의 대화를 허구적으로 기술하고 안회의 정신과 공자의 뜻을 드러내고자 했다. 이 작품은 공자와 안회를 칭송하는 대신에 그들의 불우한 처지를 솔직하게 인정하면서 그들이 후대에 끼친 공적을 어떻게 당대 현실에 내면화할 것인가에 집중하고 있다. 앞의 작품보다 진일보한 생각을 편 것이 놀랍다. 우선 증삼은 선생님의 의기소침한 모습을 세심하게 관찰하는 것으로 설정했다. 선생님은 이제 막 위나라에서 노나라로 돌아왔다. 주유천력의 유세가 실패로 끝났고 나이도 70에 가까웠다. "우리 도가 동쪽으로 갔다"고 한탄하고 무작정 길을 나섰다가 안회가 살던 골목길을 지나게 됐다. 선생님이 수레 끌채를 두들기며 절망스러운 노래를 불렀다. 증삼은 선생님을 위로하며 안

씨의 도리가 태초의 천연 그대로여서 천지일월보다 크고 밝다고 찬양했다. 공자는 오히려 이를 수긍하지 못했다. '누추한 골목'은 그의 영토가 아니며, '팔베개'는 그의 지위가 아니라 했다. 안회는 만고를 땅으로 삼고 도덕을 지위로 삼을 만한데 시대를 못 만났다고 안타까워했다. 공자는 초사풍의 노래를 부르기를, "누항이 아름답지 않으니 수레에서 어찌 내리며, 누항에 사람이 없으니 내 말을 동쪽으로 몰지언저"라고 자신의 은근한 뜻을 드러냈다. 이 마지막 결사(結辭)는 작품의 우의를 집약했다고 할 수 있다. '누항(陋巷)'이니 '곡굉이침지(曲肱而枕之)'니 하는 표현들이 무작정 '안빈낙도(安貧樂道)'로 관념화되는 것을 거부하면서, 안회가 품었던 그 도리를 조선의 사림에서 살려내야만 한다는 실천 인식이 담겨있다. 그러할 때만이 누항은 더 이상 누추한 골목이 되지 않고 군자의 거처로 되살아난다고 본 것이다.

<행단기>와 <누항기>는 공자와 안연이라는 공통 소재를 우언적 기문으로 표현해 냈다. 전자는 안연의 눈으로 공자의 역사적 대업을, 후자는 공자의 관점에서 안연의 진정한 가치를 해명하고 있어 표리관계를 형성하고 있다. 이는 젊은 시절에 조식에게 학문적 깨달음을 가져다주었다는 '이윤의 뜻'과 '안연의 배움'을 환유하고 있다. 현실 정치에서 왕도를 실현하고자 하는 의지와, 물러나서 후대에 실천적 모범 선례를 전하고자 하는 조선 사림파의 내면화 과정을 집약해서 보여주었다.

<민암부(民巖賦)>와 <신명사도명(神明舍圖銘)>은 조식이 견지했던 두 방향의 주제를 우언적 글쓰기에 담아 극단까지 밀고 간 자취이다. 우선 <민암부>에는 여러 비유가 동원되지만 우선적으로 물과 배, 백성과 임금을 유비 관계로 설정한 것이 작품의 근간을 이룬다. 이는 『순자』의 "백성은 물이고 임금은 배이다"라는 명제를 활용했다. 제왕학의 교과서로 불리는 『정관정요』에 의하면 당태종이 훗날 고종이 되는 태자에게 교훈을 주기 위해 이 비유를 말했다. 여기다가 또 다른 비유로 '바위'를 동원했다. 시인은 처음부터 중국 장강(長江)의 상류 구당협(瞿塘峽)에 있는 말 같은 모양의 염예퇴(灩澦堆)를 거론했다. 이곳은 항상 소용돌이가 치는데 장마가 진다면 어떠

할지를 상상했다. 물은 평소에 배를 띄우지만 물이 거세지면 배를 뒤집는다. 백성이 임금을 받들기도 하고 나라를 뒤집기도 하는 것도 그와 같다. 그러나 백성의 마음은 보이지 않는다. 임금은 물이 험한 줄 알아도 백성에 대해서는 알지 못한다. 백성은 드러나지 않는 물속의 바위와 같다.

그렇다면 백성이 험해지는 까닭은 무엇일까? 여기서 또 다른 비유체계가 동원된다. 하늘이 부모가 되어 백성들이 원하는 바를 늘 듣고 있다. 처음에는 한 아낙네의 일념이 하찮아 보여도 끝내 거룩한 상제(上帝)에게 응보의 책임을 지우니, 백성의 험함은 하늘이 내리는 험한 견책으로 인해 비로소 드러난다. 그러나 다시 생각해 보면 백성이 '염예퇴'같은 암초여서 위험한 것이 아니라 하늘의 재앙을 부르는 임금 자신의 불량함이 가장 큰 위험 요소이다. 그것은 하루아침에 생겨나지 않는다. 궁실로 시작해서 궁녀가 계단이 되고, 세금이 쌓여가며 사치가 일어나고, 수탈로 길을 놓아 형벌로 굳혀 간다. 이렇듯 임금이 암초를 나날이 키워서 배를 난파시킨다. 사실 바다같이 큰물도 평소에는 고요하듯이 백성들도 폭군만 아니라면 상제에게는 다 같은 자식일 뿐이다. 동포를 원수로 생각한다면 누가 그렇게 만든 것인가? 바위만 해도 그렇다. 나라가 어지러우면 남산을 험한 산으로 노래하고, 나라가 태평하면 태산을 우러러 칭송한다. 같은 바위이지만 임금으로 말미암아 산이 편안하거나 혹은 위태롭다. 시인은 마지막으로 당부한다. "백성이 바위라고 말하지 말라. 백성은 바위처럼 험하지 않도다!" 백성은 물속 바위처럼 배에게 치명적 존재라는 비유에서 출발했지만 그것을 부정하는 것으로 끝을 맺었다. 백성과 임금은 상제의 한 뱃속 자손이라는 비유를 매개했기 때문이다. 백성이 험한 것은 순전히 임금이 험하기 때문이다. 통치자가 힘의 논리가 아닌 도덕 정치를 펴지 않을 수 없는 이유이다. 왕도(王道)의 길은 평온하고 패도(霸道)의 길은 험난하다는 역설이 성립된다.

반면에 <신명사도명>은 사람 개인에게 마음의 다스림이 얼마나 험난한 일인지를 표현했다. 그것은 마음 수양을 전쟁으로 비유하고 있기 때문이다. 이 작품은 마음을 나라 궁궐의 안팎에 비유하는 도상(圖像)과 그 우의를 기록한 명(銘)의 두 부분으로 이루어져 있다. 이것은 권근의 『입학도설』의 <천인심성합일도설>과 비슷하면서도 다르다. 인체의 도상을 성곽 안팎의 여러 도상으로 확대시키고, 우의에 대한 설명 대신에 금언에 해당되는 4언 시구를 아로새겼다. 세부적으로는 먼저 성곽, 관문, 깃발의 도상이 강렬한 인상을 준다. 또 성곽 안에 둘러싸여 기단 위에 큰 집도 보호해야 할 핵심적 존재라는 인상을 준다. 이처럼 직관적으로 연상되는 상징성은 다시 그것에 적힌 이름 및 명문과 결합하여 실제적 의미로 환유된다. 예를 들면 [그림 4]에서 총사령부 승추(承樞)에 해당시킨 구관(口關) 하단과, 성곽 좌우의 이관(耳關)과 목관(目關)에 세워진 세 개의 깃발에는 '대장기(大壯旗)'라고 쓰여 있다. 그것들은 성곽 외부의 사물(事物), 귓것[鬼], 꿈[夢]의 영역을 향해서 펄럭이고 있다는 동적인 느낌을 자아낸다. 대장(大壯)은 『주역』의 뢰천(雷天) 대장괘(大壯卦, ䷡)에서 가져온 개념인데, 군자의 굳센 기상을 상징한다. 이것은 외부의 각종 자극이 세 관문을 통해 들어올 때 귀길목의 총(聰)과 눈길목의 명(明)뿐만 아니라 무엇보다도 군자의 기상으로 그것들의 기미를 살피고, 내부의 깨어 있는 정신이 밖으로 작용하는 구실을 한다. 따라서 사물이 감각기관으로 들어올 때는 '뢰천 대장'으로 상징되지만, 그 반응이 밖으로 나갈 때는 천뢰(天雷) 무망괘(无妄卦, ䷘)의 상징성을 함께 지니게 된다. 그 결과는 '지선(至善)에 머무름'이며 전쟁 같은 마음 수양에서의 승리이다. 안연이 안빈낙도를 추구했다고 하지만, 작가는 그 또한 외물의 자극과 자기 마음에서 일어나는 미세한 반응을 끊임없이 관찰했다고 본 것이다. 거기에는 역사와 현실에 대한 관찰과 처세 방식의 선택도 포함됨은 물론이다. 조식에게는 성인의 사업과 앎의 일이 서로 다른 길이 아니었다.

이황(李滉, 1501~1570)은 조식과 정신으로 사귀는 사이라고 했지만, 조식이 유가적 실천을 강조한 나머지 이단 사상에 대해 유화적 자세를 취하고 있는 것을 경계했다. 이황의 관점에서 보자면 조식은 인사를 중시하느라 의리에 투철하지 못하다고 비판했다. 사실 <신명사도>의 도상에서 '신명의

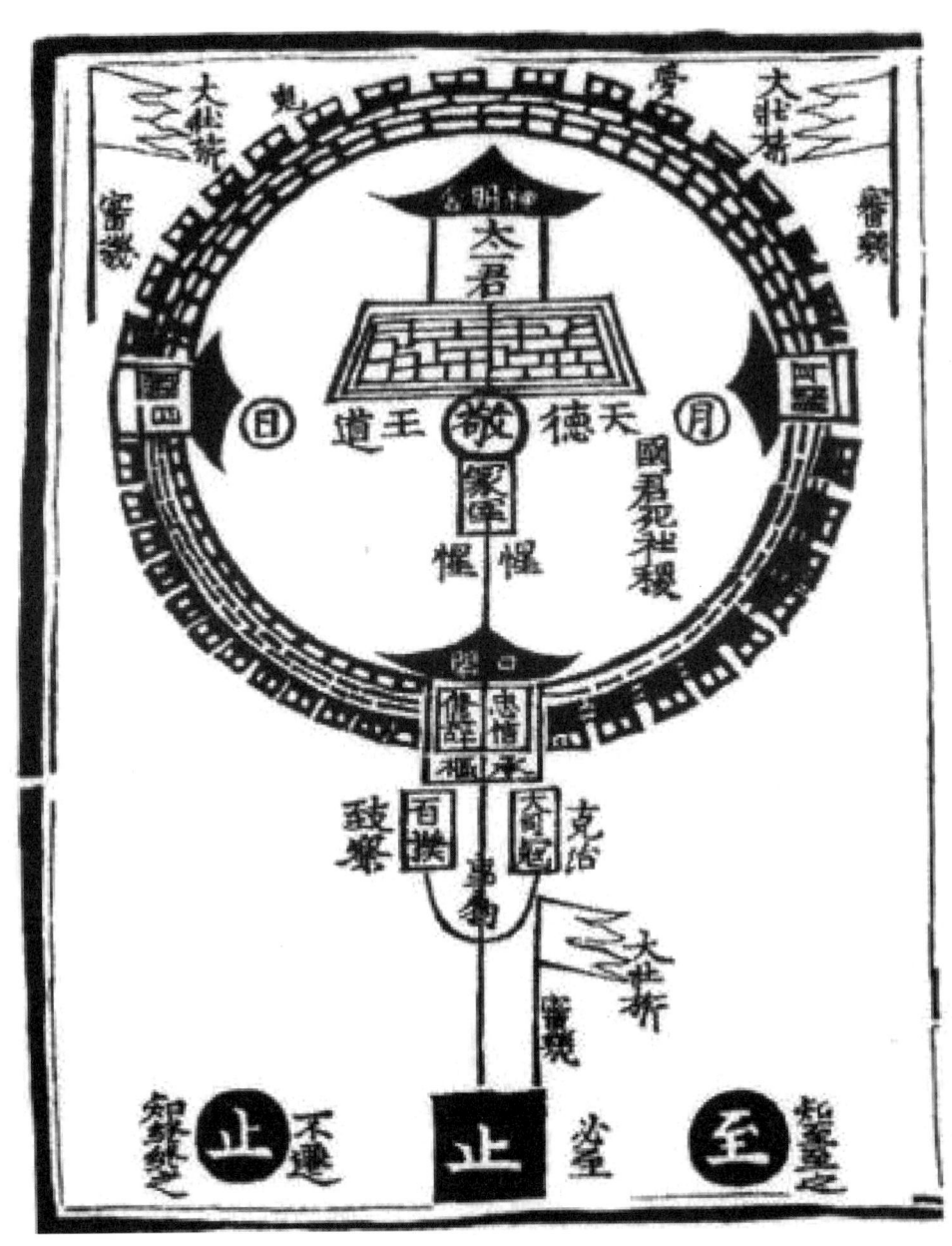

[그림 4] 조식의 신명사도(神明舍圖)

집'이나 그 집의 주인인 '태일(太一) 임금'의 유래를 굳이 따지자면, 그것들은 주로 도교 사상에서 사용되던 개념 용어이다. 또 <신명사명>은 도상에 대한 보조적 의미의 부여라 하겠지만 『장자』 등에서 유래한 표현을 적극적으로 활용했다. 조식의 이 같은 작업은 우언적 글쓰기의 허구성과 골계성으로 인해 성리학의 진지성이 훼손될 수 있기 때문에 비판의 여지를 지닐 수밖에 없다. 그럼에도 불구하고 성리학의 도설(圖說) 전통은 이미 권근에 의해 본격적으로 실험되었고, 이황 당대에도 좀 더 정치한 이론의 구축을 위해 적극적으로 활용되고 있었다. 이황은 재야 학자 정지운(鄭之雲)의 <천명도(天命圖)> 이본을 접하고 자신의 견해를 가다듬었다.

이황의 <천명도설후서(天命圖說後敍)>는 바로 이 성리학적 도상에 관여하게 된 과정을 쓴 글이어서 주목된다. 이 작품은 비록 도상에 대한 발문 형식을 취하고 있지만 접하게 된 경위의 설명, 손님과 문답 11개 부분, 결구로 구성되어 있어 3,322자에 달하는 장편의 복합적 양식이 되어버렸다. 우언이라고는 할 수 없지만 작가의 체험에서 교훈적 의미를 도출하는 전통적 설(說)의 형식이 주요하게 활용됐다. 또 내용적으로 도설학(圖說學)이 조선 성리학의 특징인 심성론을 접화시킨 계기를 해명하고 있다는 점에서도 의의가 있다. 작가의 설명에 의하면 정지운은 자신이 제작한 <천명도>를 스승이었던 김안국 형제와 동학들의 토론을 거쳐 지속적으로 수정해 나가고 있었다. 이황도 우연한 기회에 그러한 과정에 합세하여 정지운과 합작으로 새로운 <천명도>를 만들어냈다. 더구나 <후서> 마지막의 11번째 문답에서는 형이상학적 논의가 아니라 학문하는 태도에 관해서 가상적이면서도 자못 격화된 논란이어서 발문이나 설의 형식에서 이탈했다.

질문의 요지는 정지운과 이황의 작업이 과연 『중용』의 저자인 자사(子思)와 성리학의 집대성자 주자(朱子)에게서 터득한 그 무엇을 반영하고 있느냐는 점이다. 정지운은 가난한 서생이고, 이황은 한양에서 억지로 벼슬살이를 하고 있어서 자신들의 작업에 정당성을 부여할 필요가 있었다. 조식이 비판했던 바와 같이 고담준론만 있지 자기 터득이 없다는 뼈아픈 지적을 가상적으로 제기했다. 이에 대해 작가는 선비가 의리를 논하는 일은 농부나 목수가 자기 일에 최선을 다하는 것과 같다는 비유담을 들어 응수했다. 농부나 목수에게 신농씨(神農氏)와 공수자(公輸子)를 본뜨는 것이 분수에 넘치는 일이라고 나무라는 것은 정당하지 못하다고 했다. 성리학적 도설에 천착하는 데 따른 심리적 부담감을 삽입우언을 통해 해명하고자 했다.

그러나 정작 이황의 새로운 <천명도>(그림 6)는 정지운의 옛 <천명도>(그림 5)와 비교할 때 결정적인 차이가 생겨났다. 정지운은 권근의 <천인심성합일도(天人心性合一圖)>에서 하늘과 사람이 빈틈없이 연결된다는 관점을 수용했다. 하나의 도판 안에 원형의 하늘과 네모진 땅과 사람의 형체를 밖에서 안으로 배치시키고, 사람 몸의 정중앙에는 '사단·칠정'의 내용을 두 개의 위아래 원으로 연결시켰다. 여기에는 금수와 초목까지도 최상위 천명(天命)의 이(理)와 기(氣)를 나누어 사람의 밑으로 연결시켜 놓고 있어 권근의 도상 흔적이 많이 남아 있다. 이에 비해 이황은 원형의 하늘과, 그 안에 내접하는 정사각형의 땅과, 그 안에 크게 들어선 종 모양의 사람을 배치하고 그 안에 사단(四端)과 칠정(七情)의 원천에 대한 개념적 어휘를 빼곡히 배치시켰다. 그 결과 정지운에게까지 유지되던 도상적 성격은 완전히 배제되고 기하학적 도형의 기호적 성격으로 말끔하게 정리되었다. 그뿐만 아니라 사단과 칠정에 대해서도 "사단은 리의 발동" "칠정은 기의 발동"으로 대치시켰다. 이를 통해 '리'가 심성 발동의 근거라는 지위에 머무르지 않고 발동의 주체로 나선다는 저자의 이론을 설명하는 도형이 된 셈이다.

조식의 <신명사도명>은 문인들과 후대 학파에 의해 우언 작품으로 확대 계승되어 나갔다. 이에 비해서 이황의 <천명도>는 당대 성리학자들이 자신들의 이론을 효과적으로 설명하기 위해 더욱 간략화된 형태로 유행했다. 김인후와 기대승의 <천명도>는 거의 천원지방(天圓地方)의 도형 안에 천명과 인성의 관계를 도형화하는 수준에 그쳤다. 심지어 조식은 당시 유행했던 <천명도>의 도상 혹은 도형을 해체하고, 그 대신에 자연의 성·정·심 천도(天道)와 인간의 성·정·심 천명(天命)을 대비하는 도표로 만들었다. 이는

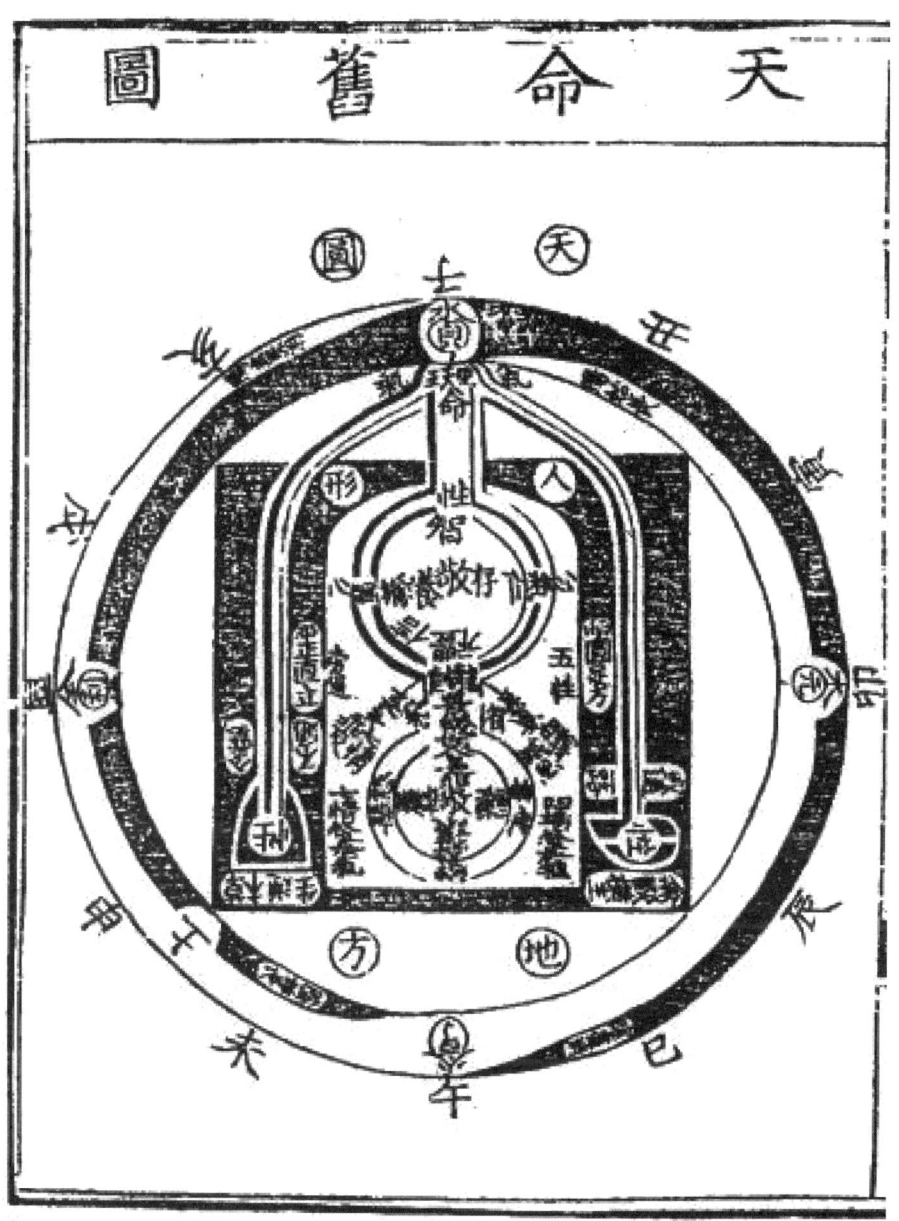

[그림 5] 정지운의 옛 <천명도>

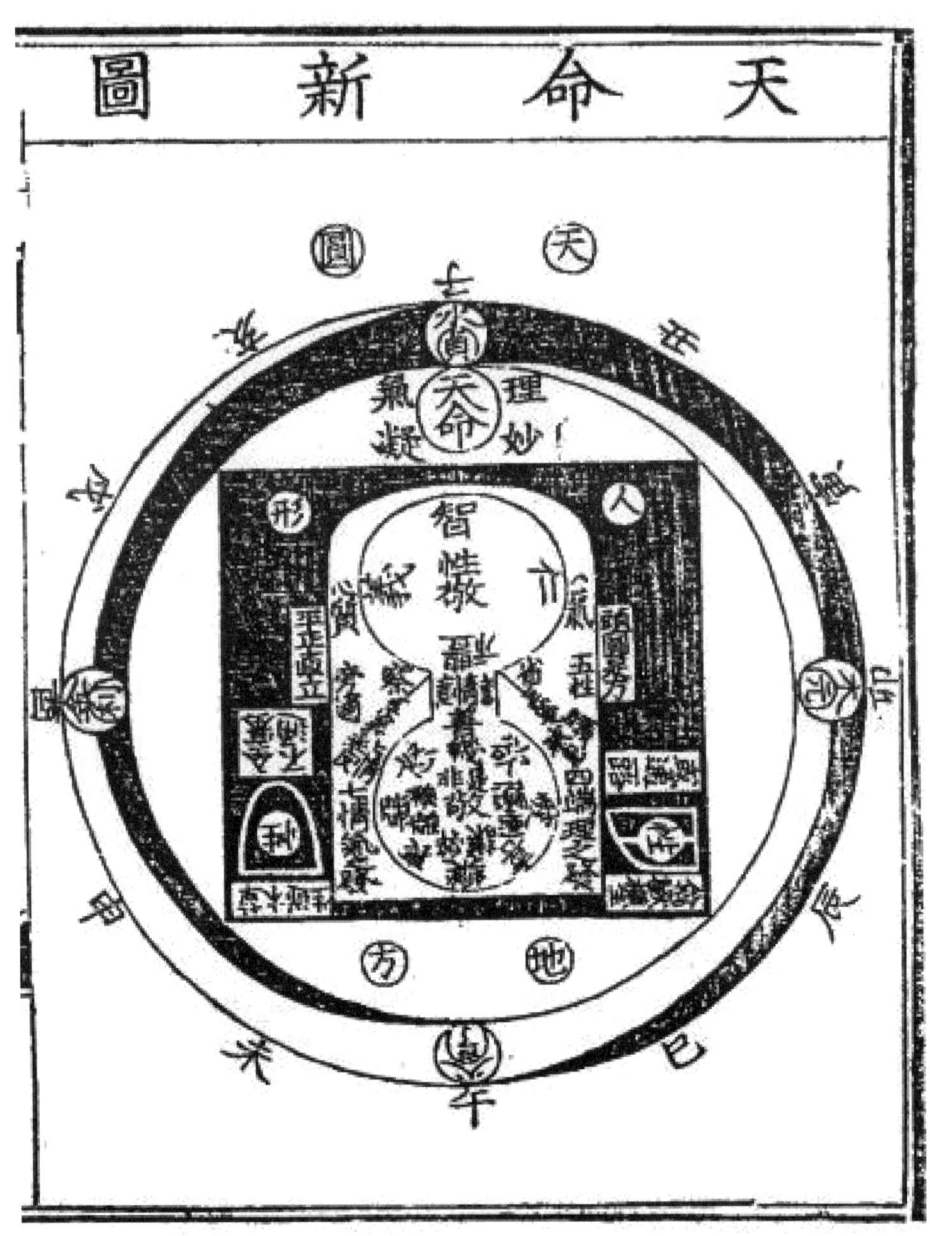

[그림 6] 이황의 새로운 <천명도>

성학(聖學)의 개념과 절차를 정리한 그의 <학기류편(學記類編)>에 소속되어 있으며, 이황의 <성학십도(聖學十圖)>에 해당되는 작업이었다. 이러한 저작들에서는 우언적 글쓰기의 사유와 표현 전략이 개입할 여지가 사라져 버렸다.

기대승(奇大升, 1527~1572)은 이백이 두보에게 보내는 편지를 모의하여 <의이태백여두자미(擬李太白與杜子美)>를 지었다. 신선을 부러워할 필요도 없고 세상을 싫어할 필요도 없다는 말로 결론을 삼았지만 현실에 적극적으로 나서자고 한 것도 아니다. 술이나 마시면서 세상의 모습과 자취를 모두 잊자고 하고 '주선(酒仙) 이백(李白)'의 명의로 가상 편지를 썼다. 이백이나 두보의 시세계에서 중요한 부분을 차지하는 신선과 염세의 주제를 모두 부정하면서도 선뜻 현실에 참여하지는 못하는 반어적 상황을 에둘러 표현했다. 나주 출신의 기묘사림으로서 온성에서 사사된 기준(奇遵)은 그의 숙부였다. 작가는 이황의 주리설에 맞서 주기설을 제창한 학자답게 명종과 선조조에 출사하여 조광조와 기준이 추구했던 경세론(經世論)을 계승했다. 그의 경연(經筵) 강론집인 『논사록(論思錄)』에서는 재물을 다스려 백성을 살리려한다는 취지의 <이재양민론(理財養民論)> 등을 주장하기도 했다. 그럼에도 불구하고 이 가상적 편지에서 이백의 입을 빌려 사마천의 「화식열전」에 드러난 중상주의적 발언을 비판했던 것은 하나의 반어적 우의라고 이해된다. 인종과 명종 시기에 기준과 조광조 및 이언적 등이 추증되면서 정치적 복권이 이루어지는 상황에서는 그러한 반어가 오히려 현실 문제를 타개하기 위한 역설적 우의로도 작용할 수 있다.

한편 <삼해(三解)>에서는 작가가 과거 응시에 나아가지 않은 데 대한 해명을 다각도로 펼쳤다. 그러한 창작동기를 <병서>에 담고, 문답체를 통해 자신의 자취, 의도, 이치의 삼단계로 해명하는 우언 글쓰기를 시도했다. <적해(跡解)>에서는 객과 내가 대립적 관계에서 당대 지식인의 행동과 처세를 주제로 삼았다. 나는 생계를 위해 사마시(司馬試)를 포기했다고 했다. 사마시(司馬試)는 허명만 영화로울 뿐 비용도 적지 않게 들고, 합격한다 하더라도 부친을 한번 기쁘게 하는 데 불과하다. 만약 합격하지 못하면 새로운 걱정거리를 만든다. 객이 남의 이목은 어쩌겠느냐고 반문하자 일의 완급과 정의 친소가 있어 자기 일부터 신경을 쓸 수밖에 없다고 했다. 과거시험의 후유증에 대해 체험을 통한 진솔한 비판을 시도한 셈이다. <의해(意解)>에서는 객이 나의 의도를 물었다. 사람들이 떠들어대는 것은 바로 그 의도에 대한 것이다. 선악을 행하는 것은 나의 노력에 달린 것이지만, 비방과 칭찬은 남에게 달린 일이니 맡겨둘 뿐이다. 이에 객은 나의 의견에 동조하여 "이름은 실질의 손님이고 이익은 손해의 주인이다"라는 명제를 말했다. 칭찬과 비방은 서로 짝이 되어 일어난다는 뜻이다. 객이 나와 친구가 되기로 했다. <이해(理解)>에서는 고봉자(高峯子)의 자문자답으로 마감을 했다. 여기서는 천지, 만물, 백성을 동심원적 구조로 이해했다. 하늘의 성(誠)과 성인의 경(敬)에 힘을 쓰면 그 관계를 심득하고 성인의 일도 배울 수 있다고 했다. 명분과 이익보다 더 중요한 일이 있음을 주장했다.

임훈의 작품은 정우락, 「갈천 임훈의 사물관과 그 의식구조에 관한 연구」, 『동방한문학』 19(동방한문학회, 2000); 강민구, 「갈천 임훈의 문학적 상상력과 제의식의 표출」, 『동방한문학』 22(2002) 참조. 조식과 이황에 대해서는 정우락, 「남명 조식의 사상과 문학 -<엄광론>의 구조를 통해 본 남명의 비판정신」, 『동방한문학』 11(1995), 47~75면; 윤주필, 「우언과 성리학 – 조선 전기 철학담론으로서의 우언문학사」, 『퇴계학논집』 7, 앞의 책, 141~155면; 안세현, 「15~17세기 철학적 사유의 우언」, 『민족문화연구』 51, 앞의 책, 235~237면 참조. <천명도설>에 관해서는 서경요, 「한국 성리학의 도설학적 이해」, 『유교사상연구』 24(한국유교학회, 2005) 195~205면 참조.

6.3.4. 사림파의 약진과 분열

최연(崔演, 1503~1546)은 중종조의 문과급제자로서 사가독서를 거쳐 문한직을 두루 역임했다. 김안로의 복권을 반대하기도 하고 병조좌랑을 지낼 때 탐관으로 탄핵 당하기도 했지만 무난하게 관직 생활을 했다. 중종조에서 예조정랑으로 명나라에 다녀오고 문장이 능하다 하여 원접사 소세양(蘇世讓)의 종사관으로 발탁됐다. 명종 초년에 동지사로 명나라에 다녀오던 도중 평양에서 병사했다. 「서정록(西征錄)」 등을 편찬하여 <관뇌괴무검(觀儡傀舞劍)> 등의 관극시를 남겼다.

그는 「잡저」편에 전형적인 우언 작품을 여럿 남겨서 자신의 문재를 과시했다. <축시마(逐詩魔)>에서는 '시마'를 '너'라고 부르면서 시인에 끼치는 갖가지 해악을 성토했다. 마지막에는 독화살을 쏘아서라도 너를 찾아 죽이겠다고 협박했다. 이규보의 <축시마문>과 같은 전례를 따르면서도 시마의 죄상을 강렬하게 드러내는 데 집중했다. 전체적으로는 4,5,6언의 율문을 구사하다가 끝에서는 초사체의 결구를 제시하여 전별의 형식을 갖추었다.

반면에 <안노설(雁奴說)>과 <묘포서설(猫捕鼠說)>에서는 동물 우언의 제재를 가져와 우언적 설(說) 양식에 담았고, 작품 말미에서는 풍자적 우의를 구체적으로 밝혀서 현실적 의미를 살려내고자 했다. '안노(雁奴)'는 기러기 떼가 이동을 하면서 늘 불침번으로 세우는 몸집 작고 성질 예민한 놈을 일컫는 말이다. '기러기 무리의 종놈'이라는 뜻이다. 그런데 기러기 사냥을 할 때면 사람들은 그를 역이용하여, 몇 차례에 걸쳐 기러기 떼가 경보를 울리는 '안노'의 울음이 헛울음이라고 믿게끔 만든 뒤에 안일해진 기러기 떼를 덮치는 술수를 쓴다. '기러기 종놈'은 <양치기소년>의 주인공과는 정반대의 행위를 했음에도 불구하고 집단 따돌림을 받는 셈이다. 서술자는 사람에게도 이런 경우가 있다고 하면서 간교함에 속아서 충현(忠賢)을 되레 믿지 못하여 나라를 잊거나 집안을 망친다고 비판했다. 그러나 주인이 위험한 줄 알면서도 구하지 않는 자들은 '안노'에게 부끄럽다고 하여 결과와 관계없이 충성을 다하는 존재를 찬양했다.

또 <묘포서설>은 고양이가 쥐를 잡는다는 흔한 소재를 가져왔지만 묘사와 구성에 변화를 주어 풍자적 효과를 높였다. 쥐 떼의 뻔뻔함과 주인의 무력함을 강조했고, 쥐에 대한 태도가 상반되는 두 고양이를 내세웠다. 주인이 실패를 경험한 이후에 새 고양이를 구한다는 이야기를 더 끼워 넣었다. 서술자는 이를 통해 쥐의 피해는 사람 탓이며 사람 하기에 따라 막을 수 있다는 결론을 이끌어냈다. 다만 만물에는 각기 자기 직분이 있으니 쥐보다 더 심하게 구는 사람을 임금이 제거할 방법을 찾아야 한다고 하면서, 강직한 고양이에 해당되는 신하를 찾아야 한다고 암시했다. 김안로와 같은 권간을 물리치기 위해서 조광조와 같은 강직한 사림파를 다시 등용시켜야 한다는 우의를 읽을 수 있지만, 현실은 화해 정국을 구현할 만한 사림파를 요구하는 방향으로 전개됐다.

황준량(黃俊良,1517~1563)은 이황의 문인으로 24세에 문과 급제하였다. 명종조에서 예조, 호조, 병조 좌랑을 역임했고 중종·인종의 실록 편찬에 참여했다. 외직을 자청해서 신녕현감, 단양군수, 성주목사로 재임할 때 목민관으로서 지방민의 경제생활과 교육 진흥에 큰 업적을 쌓았다. 피폐한 단양군민을 구제하기 위해서 10년간 조세와 부역을 면제해달라는 그의 진언책을 명종이 수용하여 곧바로 재가를 했던 사적이 정사의 미담으로 전해졌다.

그는 <봉왕대명(蜂王臺銘)>에서 곤충 왕국을 가상하고 벌왕이 궁궐을 다시 짓는 과정을 묘사했다. 형식적으로는 임금의 조서, 어전회의, 궁궐의 낙성과정, 왕의 거둥, 낙성연과 송축의 기사문을 짜 맞추어 일종의 역사 기술처럼 구성했다. 작품 말미에서는 그러한 사연을 기념하기 위해 명(銘)을 지어서 궁궐의 여러 누대에 새긴 것처럼 꾸몄다. 또 등장인물로는 왕 이외에도 벌, 모기, 전갈들을 의인화하느라 『맹자』에서 언급된 활잡이 방몽(逄蒙)과 윤공지타(尹公之他)의 전고를 활용하여 '봉몽(蜂蒙)'과 '윤공지채(尹公之蠆)'로 변형시켰다. 중요 직임을 맡길 신하를 추천할 때는 과라(蜾蠃), 즉 나나니벌을 교육 책임자로 삼고, 부역의 공평을 위해서 봉씨(蜂氏)에게

꽃 따는 심부름을 시키라고 했다. 교육과 세금은 백성들에게 가장 중요한 영역이라는 인식이 반영되어 있다. 전체적으로 벌집의 소박함에 빗대어 임금의 거처를 묘사했다. 공사 감독관이었던 전갈이 지어 바친 대명(臺銘)에서는 요임금의 토계(土階)나 주나라의 시조가 거처했다는 도혈(陶穴)과 비슷하다고 했다. 1553년(명종8) 경복궁에 대화재가 일어나 이듬해 약 9개월간에 걸쳐 토목 공사를 벌이던 실제 사적이 창작 배경으로 작용했던 것이라 추측된다.

이 외에도 그의 문집 「잡저」편에는 우언적 글쓰기를 시도한 작품이 여럿 있다. 우선 특정한 역사 상황의 주인공을 가탁하여 의제(擬製) 형식의 작품을 여럿 지었다. <우예질궐성송(虞芮質厥成頌)>은 산의생(散宜生)의 명의로 은나라 말기 서백(西伯)이었던 주문왕의 덕을 칭송한 것이다. <누풍년송(屢豊年頌)>은 강태공의 명의로 주나라 무왕의 혁명이 정당했음을 칭송한 것이다. <악의벌제격(樂毅伐齊檄)>은 전국시대를 배경으로 연나라 장수 악의가 제나라를 정벌할 때의 격문을 모의한 것이다. 황제의 명의로 병부시랑 한유(韓愈)가 진주(鎭州)의 난을 평정하도록 파견하는 조서를, 범중엄(范仲淹)의 명의로 구양수(歐陽脩)에게 긴신(諫臣)의 직임에 대해 논하는 편지를 모의하기도 했다. 또 <경명(鏡銘)>에서는 거울의 맑음과 개먹음을 성정론의 마음 수양에 빗댔다. <서명(鋤銘)>에서는 호미의 김매는 작업을 진짜를 어지럽히는 사이비를 제거하는 데 빗댔다. 그러나 <도원변(桃原辨)>과 같은 작품에서는 신선의 존재나 도교적 서사는 '황언우어(荒言寓語)', 즉 황당한 말이며 가탁하는 언어라고 비판했다. 그것은 사람들의 주목을 끌고자 하는 것이어서 가공의 장소와 인물에 불과하다고 했다. 흔히 말하는 무하유지향(無何有之鄕), 오유자(烏有子)라는 용어를 비판하고, 그 대신에 공자의 '자불어(子不語)' 혹은 맹자의 '불여무서(不如無書)'라는 개념을 제시함으로써 정명론의 보수적 문학관을 재확인했다.

구봉령(具鳳齡, 1526~1586)은 이황의 문인으로 명종조에서 35세에 문과 급제 후 홍문관 관리로서 윤원형의 전횡에 대하여 시정의 폐단을 직간했다.

1564년(명종19) 39세에는 정시에서 장원하여 호조 좌랑, 병조좌랑을 역임하며 지방의 재해를 살폈다. 41세에 사가독서의 특전을 누렸고 이조좌랑에 취임했다. 선조조 대사성과 이조참판을 지내면서 동서 붕당이 분열하는 가운데 공정한 인사를 했다고 평가된다. 시문에 뛰어나 기대승에 비견되기도 했다.

그의 <대음희성부(大音希聲賦)>는 어떤 선비와 무극선생(無極先生)이 대음(大音)에 대해 문답한 내용이다. 역대 제왕들이 음악의 제도를 만들어 민속을 바르게 했는데, 정작 천지자연과 인간성정의 '대음'은 들리지 않으면서도 백성을 선하게 만드는 소리라고 했다. 제도와 문물 속에 감춰져 있는 정신이 오히려 큰 음악임을 강조했다. 또 <혼천의기(渾天儀記)>는 송나라 철종 때 사람인 소송(蘇頌)의 명의로 천체 관측의 제도와 기구에 대해 기술한 내용이다. 소송은 수운의상대(水運儀象臺)라는 물시계를 만들고 그 설명서인 『신의상법요(新儀象法要)』를 편찬했던 송대의 과학자이다. 그런데 작품에서는 황제가 천문원(天文院)에 명령하고, 그 책임자인 소송이 보고서를 작성한 것처럼 꾸몄다. 작가는 소송의 입을 빌려, 천문 관측의 궁극적 의의가 하늘에 있거나 기구에 있는 것이 아니라 사람 속에 내재한 하늘, 즉 인간의 '도덕'에 있다고 했다. 그것은 "하늘은 백성들을 통해 보고 듣는다"는 오래된 정치윤리와 다시금 연결된다.

한편 <촉견폐일설(蜀犬吠日說)>은 촉땅의 개들이 늘 흐린 날씨에 익숙하다가 해가 뜨면 짖는다는 옛말을 비유로 삼았다. 이 세상에 개가 보지 못한 것은 거의 무한하니 유독 촉나라 해만 개에게 곤액을 당한 것은 아니라 했다. 기린, 봉황, 지초, 난초뿐만 아니라 크고 장엄한 것으로 천지산천과 신령한 존재들이 개가 짖어대는 곤액을 면할 길이 없다고까지 했다. 개와 해의 관계를 확장시키면서 소인과 군자의 관계에 유비시키기 위한 논리를 그렇게 전개시켰다. 여기서 진일보하여 그러한 관계성이 인간의 역사에서도 차이가 없다고 했다. 주공, 공자, 맹자, 용방, 비간, 양한(兩漢)의 왕장(王章)과 진번(陳蕃), 정이천과 주자가 모두 그 시대의 해가 되었으나 모두 개가 짖는 곤욕을 당했다고 했다. 그러나 서술자는 다시 비유체계의 틈새를 발견하여 논리를 뒤집었다. 소인은 개와 달리 군자를 보고 짖어댈 뿐만 아니라 물어뜯어서 끝내 나라에 화를 미치게 할 만큼 참혹하다는 것이다. 그러므로 군주의 책임이 크고 미물인 개는 벌 줄 필요가 없다고 했다. 환경에 길들여진 개의 특수한 행위를 일반화시키면서 당대에 정치적 파란을 몰고 왔던 사림파 등장의 정당성을 옹호했다. '군자'의 존재가 희귀하여 범상한 견문에 놀랍기는 하지만 해처럼 공명정대한 주장을 제기한다는 점을 강조하고 임금이 그를 보호해야 한다는 우의를 담았다.

홍성민(洪聖民, 1536~1594)은 선조조 문형을 역임했던 문인관료였는데 동서분당이 격화되면서 당쟁의 피해자가 됐다. 1591년(선조24) 56세 때 정철이 세자 책봉을 거론하다가 동인들의 주장에 밀려 강계(江界)로 귀양을 갔다. 이때 그는 정철을 두둔하다가 부령(富寧)의 유배객이 되어 <촉견폐일설(蜀犬吠日說)>을 지었던 것으로 추측된다. 동일한 소재를 가지고 구봉령과는 다른 각도에서 정상과 비정상을 따졌다. 촉땅의 개는 천도의 정상을 비정상으로 보면서 세상 개들과 달라졌다고 했다. 이처럼 사람의 성정은 해처럼 본연의 순선한 것과, 속된 의견에 둘러싸여 습관이 본성처럼 변질된 사악한 것으로 나뉜다고 보았다. 그러나 작가가 성정론을 길게 논하고자 했던 것은 아니다. 마지막 대목에서는 하늘 해를 임금에 빗대는 오래된 비유체계를 동원했다. 촉땅의 천기가 맑아질 때면 개의 습관이 오히려 비를 보고 짖게 되는 것처럼 세상에서도 그럴 수 있다고 보았다. 임금이 결단을 내리면 조정에서 옳은 것을 보고 짖어대는 사람들의 습관을 바꿀 수 있다고 했다.

작가는 이 외에도 부령 유배시절의 고단한 삶을 소재로 삼아 우언적 성향의 작품을 여러 편 창작했다. <매어옹문답서(賣魚翁問答敍)>에서는 물고기를 잡아다 파는 사람과 더불어 먹고사는 방법에 대해 문답한 자초지종을 썼다. 사나이는 배를 타고 나가는 것이 위험하기는 해도 목구멍이 빌미가 되어 어쩔 수 없다고 했다. 그러나 배 타는 위험이 '평지파란(平地波瀾)'에 비하면 반드시 더하다고는 할 수 없다고 꼬집어서 작가는 부끄러워 대답을 못 했다고 했다. 이러한 사연은 <매어옹행(賣魚翁行)>의 악부시로도 표현했다.

또 <마환우설(馬換牛說)>과 <무염판속설(貿鹽販粟說)>은 유배지의 호구지책으로 임대업을 하거나 장사꾼이 될 수밖에 없었던 자신의 체험을 실감 나게 기술했다. 유배지까지 타고 갔던 말을 팔아 소를 사서 세를 놓아먹거나 바닷가에서 소금을 사다가 북관(北關)에서 곡식을 팔아오는 일을 어쩔 수 없이 하면서 처음에는 부끄러워하다가 점점 익숙해져 가는 자아 심리를 세밀하게 관찰하고 솔직하게 묘사했다. 문인관료의 지위에서 북방 유배객의 신세로 전락하여 먹고사는 일이 심각해지자 상인의 일을 긍정하게 되고, 이제는 농업에 종사하여 제사를 받들고 조세를 부담하기를 임금에게 은근히 기대했다. 두 작품 모두 혀를 끌끌 차며 설(說)을 짓는다고 마무리했지만, 자신의 체험과 내면을 철저히 객관화시킴으로써 파격적인 의식 전환을 드러낼 수 있었다.

한편 <황금대기(黃金臺記)>는 작가가 전국시대 연(燕) 소왕(昭王)의 신하를 가상하고 지은 의제(擬製)이다. 연나라가 주변 강대국의 압박으로 인해 위기에 봉착했을 때 임금이 곽외(郭隗)의 진언을 받아들여 황금보다 인재를 더 귀한 보물로 여겼다는 사적을 찬양했다. 황금은 인재를 보물로 여기는 마음을 표시하는 수단이고 인재는 보물 그 자체임을 설파하였다. 이 작품의 창작 시기는 분명치 않지만, 선조조에서 인재 집단이었던 사림파가 지배 세력의 지위를 누리면서도 동서분당을 계기로 정권 장악의 수단으로 전락했다는 인식과 무관하지 않다.

또 <위동평왕책문식부궁(爲東平王責問息夫躬)>은 전한 말기 유세객 식부궁(息夫躬)이 동평왕(東平王) 유운(劉雲)을 고변하여 죽음으로 몰고 간 사건을 문제 삼았다. 황제의 말로 식부궁을 문책하여 사형 처분을 내린다는 가상 조서(詔書)이다. 왕실 종척들에게는 사람들의 의심이 쉽게 생겨나는데 그럴 때마다 죽음으로 몰고 간다면 고조의 후손들이 세상에 남아나지 않을 것이라 했다. 선조조에서 왕실과 인척 관계에 있었던 정철을 구원하기 위해 애썼던 작가의 생애에 비춰볼 때 예사롭지 않은 작품이다. 천군을 가상 주체로 내세워 근심의 성을 격파한다는 내용의 심성 우언 <천군견지수공수성(天君遣志帥攻愁城)>과 함께 실려 있다.

유성룡(柳成龍, 1542~1607)은 이황의 문인으로서 1566년(명종21) 25세에 대과 급제하고 선조조에서 승진을 거듭하여 30년간 입조했다. 1599년(선조27) 58세에 고향인 안동 하회로 돌아온 이후로 관직에 나아가지 않았다. <조명설(釣名說)>은 65세에 지었는데 저자의 아들이 『심경(心經)』을 배우고자 요청하여 이를 기쁘게 생각해서 지었다고 했다. 그는 이 글에서 당대의 학술적 분위기가 변질된 것을 비유적으로 설명했다. 선조가 즉위하면서 유교의 학술을 장려하고 초야의 늙은 선비들을 발탁하자 『심경』과 『근사록』이 세상에 성행했는데, 성리학의 이름으로 조정에 진출했다가 말년에 절개를 그르친 사람들 때문에 이 책들이 '명예를 낚는 미끼'로 오해를 받고 있다고 했다. 이는 드러내놓고 말하지는 않았지만 동인과 서인의 당쟁이 격화되면서 대립 세력을 소인당(小人黨)으로 몰고 갔던 현상을 암시하는 듯하다. 특히 선조조 최대의 정치적 파란을 일으켰던 기축옥사(己丑獄事)와 관련하여 동인이 거의 궤멸된 사건에서 주역 노릇을 한 사람들은 유성룡의 뼈아픈 비유에서 자유롭지 못할 것이다. 이 사건을 계기로 사림파가 동서분당뿐만 아니라 동인이 대응하는 데 있어 강온 방식에 따라 북인과 남인으로 나뉘게 될 정도였다. 그러나 작가는 다시 절묘한 비유를 통해 정주학(程朱學)의 교과서라고 할 이 두 책의 존재 의의를 옹호했다. 사람에게 옷감과 곡식이 쟁탈의 근원이 된다고 해서 베짜기와 농사를 폐지시킬 수 없는 것처럼 사람들이 명예를 낚는 것을 근심하여 이 책들을 없앨 수는 없다고 했다. 비록 교화의 근본은 소학의 실천에 있고 사람다운 사람을 만드는 수단이 책뿐만은 아니지만, 그 근기를 밝히고 주장하는 성리학의 진작을 위해서 이 책을 폐할 수 없다는 논리를 폈다.

또 <견군룡무수설(見群龍无首說)>에서는 『주역』의 "뭇 용이 나타나 머리가 없으면 길하다"라는 구절을 비유적으로 풀이했다. 이 명제는 건괘(乾卦)의 상구효(上九爻)의 효사인데, 건괘의 모든 양효(陽爻)가 변동되어 음효(陰爻)가 되려는 순간을 표상하고 있다. 작가는 우선 이를 용 자체로 설명했다. 용이 머리가 없다면 흉상일 듯한데 길하다고 한 것은 머리가 없는 게 아니라 용의 조화가 머리에 있으므로 기운을 내뿜어 구름이 된다든가 역린이 있어 건드릴 수 없다든가 하여 사람이 뭇 용을 보아도 머리를 보지 못했을 뿐이라고 했다. 또 사람의 일에 적용시킨다면, 이는 군왕이 성인의 덕을 가지고 그 자리에 있으면서도 그런 척하지 않아 천하를 직접 가까이 하는 상이라 했다. 그럴 수 있는 것은 온화하고 겸손한 태도를 지니기 때문이며, 성군의 덕이 모두 이러한 도리라고 했다. 또 보통 사람으로 말하더라도, 총명재변의 사람이 지독한 바보에게도 말을 듣고 남에게 배려하여 자기를 낮추는 것도 동일한 뜻이라 했다. 어느 쪽이든 불길할 수 없다고 했다. 선조, 동인, 서인과 넓은 의미의 사림으로 구성된 당대의 왕조 관료사회에서 유순한 도의 유익함을 에둘러 말했다고 할 수 있다.

또 잡저 <점필재(佔畢齋)>에서는 김종직의 <조의제문>을 <조의제강중문(弔義帝江中文)>이라 명칭하면서 작가의 의도가 무엇인지 모르겠다고 하고, 재앙이 자신으로부터 일어났으니 남을 탓하겠냐고 짤막하게 평했다. 이러한 시각은 자신의 제자인 허균(許筠)의 <김종직론(金宗直論)>에 수용되어 본격적인 인물론으로 발전했다. 세상 사람들이 김종직의 명성과 통념적 평판 때문에 대유(大儒)로 숭상하지만 그는 이끗을 사유화하고 명망을 훔친 사람이라고 신랄하게 비판했다. 유성룡이 간단히 언급한 것을 허균은 형적과 명성을 대비해서 살펴야 한다고 했다. 특히 허균은 <조의제문>에 대해서 자신이 출사한 조정의 '내 임금'을 온 힘을 다해 꾸짖었으니 더욱 가소롭고 그 죄가 더욱 무겁다고 비판했다.

최연의 작품은 윤승준, 『동물 우언의 전통과 우화소설』(월인, 1999) 123~124면; 『한

국 우언의 실상』(월인, 2009) 270~274면; 이채경, 「조선 중기 우언 산문의 양상과 특징 -<유계>, <묘포서설>, <의구전>을 중심으로-」, 『한문학보』 34(우리한문학회, 2016) 12~26면 참조. 황준량의 <봉왕대명>은 윤주필, 『한국 우언산문 선집(1)』(박이정, 2008) 149~155면 참조. 홍성민의 <축견폐일설>은 윤승준, 같은 책, 260~265면 참조.

6.4. 방외인 문학의 우언 - 반발과 모색의 자취

6.4.1. 김시습의 선구적 작업

김시습(金時習, 1435~1493)은 일생의 자취로 보거나 사상과 문학의 궤적으로 보거나 새로운 개념의 방외인이었다. 기존의 '방외인'은 단지 세속을 등진 승려와 도사를 일컫는 말이었지만 김시습에 의해 이전과는 다른 방외인문학의 사조가 본격적으로 형성되어 나갔다. 연원적으로 보자면 고려말 조선초의 왕조교체기에 원천석의 선례가 중요하지만 김시습은 인식 전환에 필요한 작품과 논설 및 갈래 개척에서 우뚝한 업적을 남겨 유불도 사상을 아우르는 방외인 문인의 선구자가 됐다.

김시습의 시에는 자기 반추와 고백적인 작품이 많다. 일반적으로 과도한 자아인식의 표출은 시 창작에 있어 금기로 여겨지지만, 그가 무심한 듯 시로 그린 자화상은 방외인문학의 중요한 전통으로 남았다. 김시습은 <영양축정애이포일(羚羊逐晴崖以曝日)>에서 벼랑을 따라가며 햇볕을 쬐고 있는 영양과 산속에서 사는 자신을 대비하여 다음과 같이 읊었다. 작품 후반부를 발췌한다.

汝亦羊外羊,	너 역시 양 밖의 양이듯이
我亦人外人.	나 또한 사람 밖의 사람이라
同是物外物,	똑같이 사물 밖의 사물이러니
各保身外身.	각자 몸뚱이 밖의 몸뚱이 보존하누나
誰追汝岐路,	산에 갈림길도 많으니 누가 너를 쫓을 것이며
誰訪我灦濱.	아득한 은거처에 누가 나를 찾을 것이냐
汝角掛寒巖,	네 뿔은 차가운 바위에 걸어 놓고
我冠彈松風.	내 갓은 솔바람에 털어낸다네
汝尾掉蒼苔,	네 꼬리 푸른 이끼 속에 흔들어대고
我足漱飛潨.	내 발 폭포수에 씻어낸다네
熙熙同負暄,	기쁘고 정답게 햇볕 등에 쬐면서
共棲靑山峰.	푸른 산봉우리에 함께 살아가누나

산양은 수많은 산속 갈림길에서 사람들을 따돌렸다. 그러나 결정적인 순간은 지상에서 자취를 감추어 버리는 '영양괘각(羚羊掛角)'에 있다. 뿔을 낭떠러지 바위 위에 걸어놓고 잠을 잔다는 영양의 습성은 흔히 사상이나 예술의 득의처, 신묘한 경지 등을 상징한다. 영양 뿔의 대립항인 사람의 갓은 세속에서의 지위를 상징한다. 그런데 '나'는 그것을 솔바람에 털어낸다. 이는 세속의 먼지를 털고 나무에 갓을 벗어 걸어놓음을 뜻하는 괘관(掛冠)의 의미이다. 뿔과 갓의 대비와 마찬가지로 다음 연에서는 꼬리와 발을 대비시켰다. 물론 여기에는 『장자』 「어부」편에서 언급된 <창랑가(滄浪歌)>의 문맥이 묘하게 겹쳐져 있다. 괘관이든 탁족이든 나는 세상의 치란성쇠를 문제 삼을 것이 없는 물외(物外)의 존재이다. 오직 세상에서 쓰임새가 없는 몸 밖의 몸을 보존할 뿐이다. 영양과 방외인은 이러한 반조의 과정을 통해 완벽한 동질감을 느끼는 벗이 된다.

또 김시습은 도잠(陶潛)의 <형영신(形影神)>시에 화운하여 <화정절형영신삼수(和靖節形影神三首)>을 지었다. 몸뚱이와 그림자와 얼이 '나'와 '너' 혹은 '나'와 '그대들'이 되어 사람처럼 대화를 나누면서 자기주장을 내세웠으니 본격적인 우인시라고 할 수 있다. 작가는 도연명의 전례를 활용했지만 이 세 주체를 철저히 자아의 서로 다른 측면으로 그려나갔다. 몸뚱이는 달이나 등불 아래에서 스스로를 '비추는 나'이다. 투사(投射)로서의 예술 행위에서 나와 너 그리고 매개물이 어떻게 얽히는지 따지면서 제 그림자에게 말을 걸었다. 그림자는 '비쳐진 나'이지만 몸에게 다시 말을 걸어 예술 행위의 올바른 자세를 묘사함으로써 자화상을 뒤집어서 예술가의 초상을 제시했다. 몸이 세속적 자아를, 그림자가 도덕적 자아를 표방했다면, 얼은 통합적 주체로서 예술가와 예술 작품 사이에 존재하는 틈새의 괴로움을 풀어주려고 나섰다. 세 수가 <형증영(形贈影)>, <영답형(影答形)>, <신석(神釋)>인데 세 번째 작품의 후반부를 발췌한다.

  修爾遠遊裝, 너희들 멀리 떠날 행장을 챙겨

焚爾折要具.	너희들의 굽신대는 벼슬 옷 태워버려라
括囊遊大方,	입 봉하고 대방세계 노닌다면
爾可無咎譽.	너희들에게 허물이니 명예니 없을 터이니
唾謝夢浮生,	침 뱉어 꿈같은 헛된 세상 하직하고서
飄然拂依去.	표연히 옷 떨치며 떠나간다면
爾安我不疲,	너희들 편안하고 나는 피곤치 않으리니
大耋亦何懼.	나이 많은 늙은이 된들 무엇이 무서우랴
逍遙大塊內,	이 큰 땅덩어리에서 소요하면서
勿復苦我慮.	다시는 내가 근심하도록 괴롭히지 말지어다

앞 시에서 제시된 도덕적 예술 행위는 일단 부정된다. 세상에서 크게 쓰이는 문학도 물론 부정된다. 벼슬살이는 다만 허리를 굽실거리게 만드는 도구일 뿐이다. 멀리 떠나는 행장은 오직 대방 세계를 소요하기 위한 것이다. 입을 아구리 묶어놓은 자루처럼 봉하라고 했다. 그렇게 되면 진출했을 때 걸려드는 허물도, 물러나서 추구하려는 명예도 애초 아무런 상관이 없어진다. 세속의 자아도, 도덕적 자아도 모두 일이 없어지면 대지와 함께 천명을 누리며 살아간다고 했다.

한편 김시습은 <아생(我生)>에서 마치 죽음을 미리 가상하고 자기 일생을 회고하는 듯한 시상을 전개했다. 이른바 <자만시(自挽詩)>의 형식을 실험했다. 시적 화자는 평생 살아왔던 방외인의 길에 후회스러운 눈길을 보내며 자기 무덤에다 '꿈을 꾸다 죽어 간 늙은이', 즉 몽사로(夢死老)라고 적어 달라고 부탁했다. 명도선생(明道先生)으로 불렸던 성리학자 정호(程顥)는 송나라 당대의 재주 있는 지식인들이 '취생몽사(醉生夢死)'하고 있다고 질책한 적이 있다. 이는 그럴듯한 이단의 설에 빠져들고 현실에 대한 긍정의식을 저버렸다는 비판이다. 조선 전기 성리학 교과서로 유행했던 『근사록』에 해당 대목이 수록되어 있다. 따라서 시인은 도불(道佛)에 종사했던 자신의 삶을 자조적으로 표현한 측면이 있지만, 누구보다 치열하게 저항했던 고독과 소외의 삶이 왜곡되는 것을 거부했던 것이다.

김시습에게도 물론 현실을 신랄하게 풍자한 작품이 있다. 강원지역을 떠돌아다닌 시절의 시모음인 「관동일록(關東日錄)」 시집에 수록된 <사서(社鼠)>에서 다음과 같이 읊었다.

鼠有戴冠者,	갓 쓰고 다니는 쥐가 있는데도
主家貓甚仁.	주인집 고양이는 너무 어질어
徒懷秦李嘆,	한갓 진나라 이사(李斯)처럼 탄식만 할 뿐
未有漢張嗔.	한나라 장탕(張湯)같이 욕 한번 못하네
白晝財生脛,	대낮에도 재물이 정강이에 붙어다니고
黃昏錢有神.	날 저물면 돈에 신기가 생긴다지요
人皆永某氏,	사람들은 모두가 영주땅 아무개처럼 굴지만
虛宿下臨身.	북쪽 별자리 불길하여 재앙이 몸에 지피리라

'사서(社鼠)'는 사직단에 숨어들어 사는 쥐를 말한다. 『한비자』에서도 술집의 사나운 개와 사직에 숨어사는 쥐를 나라를 망치는 난신과 간신에 비유했다. 이 작품에서는 처음부터 '갓 쓰고 다니는 쥐'라고 표현했다. 유교의 나라에서 사대부의 일원으로 문인관료가 된 사림들이 왕권에 기대어 권력과 재물을 농단한다. 임금과 법관들은 그들에게 어질기만 하다. 속수무책인지도 모른다. 이사(李斯)와 장탕(張湯)의 고사는 『고문진보』 전집에도 실려있는 <서수필(鼠鬚筆)>에서 가져왔다. 쥐가 천하의 밉상처럼 여겨지지만 그 수염으로 붓을 만들면 천하 명필이 된다는 내용이다. 왕휘지의 걸작 <난정서(蘭亭序)>도 바로 이 붓으로 썼다고 한다. 이사(李斯)는 쥐가 변소간에 있느냐 나라 창고에 있느냐에 따라 신세가 크게 갈리는 것을 보고 인간 처세의 비결을 깨달아서 탄식했다고 한다. 장탕(張湯)은 어린 시절 고기를 물어간 쥐를 잡아다가 중죄인으로 다루고 찢어 죽이는 형벌에 처했는데 훗날 한무제가 신임하는 유능하고 흑독한 법관이 되었다. 그에 비해 작가 당대에는 갓 쓴 쥐가 나라에 횡행하고 있고, 낮이나 밤이나 이익을 창출하느라 바쁘다. 그런데도 모든 사람들은 유종원의 <영모씨지서(永某氏之鼠)>에서 풍

자한 영주 땅의 아무개처럼 처신한다. 그 아무개 주인은 쥐띠에 태어나서 제 복을 기원한다고 쥐를 잡지 않아 온 집안이 쥐들 천국이 됐다. 그러나 새 주인으로 바뀐 뒤에 쥐들은 일망타진됐다. 이처럼 김시습의 작품은 쥐와 관련된 여러 전거를 가져와 서로 다른 처세 방식을 드러내며 우의를 효과적으로 창출해 냈다. 권력 자체가 무상한 것이지만 그것에 빌붙어 염치불구하고 이익을 탐하는 것은 결국 엄청난 재앙으로 되돌아온다는 것을 경고하고 있다.

김시습은 신유학을 국가 이념으로 삼은 사회에서 사대부로서의 진출을 포기하고 자기 삶의 거처를 불문(佛門)에 의탁했다. 스스로 변명하기를 조선사회에서는 손사막(孫思邈)이나 진단(陳摶)과 같이 살아갈 여건이 되지 않아 장삼을 걸치고 산인(山人)이 됐다고 했다. 그러나 그는 승려라는 외면적 표지에 구애받지 않고 유불도 삼교의 사상적 경계를 자유롭게 넘나드는 저술에 힘썼다. 그 가운데「잡저(雜著)」제1,2편의 총 20장은 불교와 도교에 대한 비판서로서 유명하다. 제1편 10장에서는 전통적 방외사상의 핵심인 불교를 비판하면서 새로운 개념의 방외인이 지녀야 할 사상적 지향점을 제시했다. 제2편 10장에서는 국가의 의례와 민간의 풍속에 스며든 제의적 성격의 기존 도교를 비판하면서 개인적 수련도교의 방향을 제시했다. <잡저> 전체의 사상을 종합하자면, 세속을 떠난 별도의 공간인 방외(方外)는 영원성과 보편성에 기준을 두어 독자적 지향점을 지녀야 하고, 세속의 삶이 영위되는 방내(方內)는 인간사회의 생업과 윤리에 표준을 두어서 맡겨진 임무를 충실하게 수행해야 한다는 것이다.

김시습은 불교 가운데 선교(禪敎)에 대해서 깊은 사색을 했다. 우선 선승(禪僧)의 방외인적 기질과 태도부터 문제 삼았다. '선(禪)'은 생각을 하지 않아 편안하고 한가한 것이 아니라 게으름 없이 생각을 수련하고 깊이 사유하는 것을 일컫는 말이라 했다. 그는 실제로 선가 저술이었던 동안상찰(同安常察, ?~961)의『십현담(十玄談)』이나 단하자순(丹霞子淳, 1964~1117) 등 북송의 조동종 선승들의『조동오위(曹洞五位)』저술에 대해 '요해(要解)'라는 이름으로 해설하면서 자기 사상을 구축해 나갔다. 여기서 주목되는 것은 무엇보다 글쓰기 방식에 대해 다양하게 의견을 제시했다는 데 있다. 그는 『십현담요해』에서 실상을 보이기 위한 언어적 방편으로서 '가명(假名)'의 개념을 사용했다. 또 『조동오위요해』에서는 정(正)과 편(偏)을 음과 양으로 이해하고 정편(正偏) 혹은 체용(體用)에 근거한 불교적 사유를 기(氣)에 근거한 유가의 현실주의적 사유에 연결시키고자 했다. 실천적으로는 이류(異類) 속으로 들어가 털을 드리우고 뿔을 뒤집어쓴 채 동화된다는 조동종의 '피모대각(被毛戴角)' 사상을 내세웠다. 이는 혜심이나 일연의 전례를 계승한 것이다.

또 김시습은 당대의 도교 전통을 비판하고 내단학(內丹學)에서 새로운 사유와 글쓰기 방식을 모색했다. 잡저 제2편에서는 당나라 도사인 손사막(孫思邈)의 명저 『천금방(千金方)』의 <양성편(養性篇)>을 수용하는 한편으로 송대 진도남(陳圖南)의 내단 이론을 받아들여 역리(逆理)에 의한 정기신론(精氣神論)을 다시 접맥시켰다. 그 가운데 <용호(龍虎)>장에서는 송말원초 유염(兪琰)의 『주역참동계발휘(周易參同契發揮)』를 선록하면서 용어 개념과 내단의 연단과정을 설명했다. '용호'라 함은 기본적으로 단(丹)을 이루는 소재로서 납과 수은, 즉 연홍(鉛汞)의 '우언(寓言)'이라 했다. '연홍으로 연단한다'고 말하는 과정은 연금술 자체를 뜻하는 것은 아니며 오히려 외단(外丹)의 개념을 빌려서 내단(內丹) 형성의 수련 과정을 우의적으로 표현한 것이라고 본 것이다. 변화무쌍한 용으로 비유된 수은은 목정(木精)이어서 지극히 부드럽고, 용맹무쌍한 범으로 비유된 납은 금정(金精)이어서 지극히 강하다. 이 둘은 그 자체로는 병합되기 어렵다. 그래서 용을 날아내리게 하여 남방에 위치시키는 과정을 무화(武火)로 핍박한다고 하고, 범을 굴복시켜 북방에 위치시키는 것을 문화(文火)로 단련한다고 비유했다. 그와 같은 과정이 사람 신체를 우의하는 정기(鼎器) 안에서 일어난다고 비유한 것이다.

그러나 김시습은 실직은 없이 품계만 차지한 채 놀고먹는 귀족계층의 우족(右族)과, 백성들에게 붙어먹으며 할 일이 없는 좌도(左道)들이 손은 놓은 채 백성들에게 기대어 산다고 비판했다. 그가 펼쳤던 선종과 내단의 인식은 철저히 새로운 개념의 방외인상을 구축하기 위한 발판이었다. 또한 가상과 역설의 우언적 글쓰기 방식은 다시 주기론적 현실주의와 결합하면서 방외인문학의 새로운 갈래 개척에 원동력이 됐다. 그는『전등신화(剪燈新話)』라는 전기소설집을 얻어 보고는 기존의 개념으로 설명될 수 없는 자신의 비평적 문학관을 펴는 계기로 삼았다. 여러 문체를 섞고, 사실과 허구를 아우르며, 골계와 유희 정신을 발휘할 수 있는 문학 영역을 발견한 기쁨을 표현했다. 더 나아가 비평을 실천으로 옮겨서 소설 시대를 앞당겨『금오신화』를 지어냈다. 그는 귀신을 부정하면서도 귀신들을 작품의 주인공으로 끌어들여 세상을 등진 선비들과 만나게 했다. 그것을 '풍류기화(風流奇話)'라고도 하고 '새로운 이야기', 즉 신화(新話)라고도 했다. 옥당(玉堂)에서 짓는 관각문학과는 너무도 동떨어진 문학, 인간 세상에서 보기 어려운 비주류의 새로운 문학을 짓는다고 자부했다.

김시습의 방외인문학적 성격은 윤주필,『한국의 방외인문학』, 앞의 책, 160~180; 219~233면 참조. 김시습의 사상과 글쓰기의 특징은 김윤수,「신돈복의 단학삼서와 도교윤리」,『도교의 한국적 변용』(아세아문화사, 1996) 293~294면; 최귀묵,『김시습의 사상과 글쓰기』(소명출판, 2001) 11~218면; 안동준,『한국 도교문화의 탐구』(지식산업사, 2008) 149~155; 169~196면 참조. 한편 오대혁,『≪금오신화≫의 연구 – 선사상적 사유체계를 중심으로』(동국대 박사, 2005)에서는 <금오신화> 5편을 김시습의 조동오위 이론에 적용시켜 해석했고, 오대혁,「김시습의 선불교적 현실주의와 ≪금오신화≫」, 조현설 외편,『한국 서사문학과 불교적 시각』(역락, 2005)에서는 선불교적 현실주의로 해석했다.

6.4.2. 남효온과 잠령칠현의 방외인 집단

남효온(南孝溫, 1454~1492)은 김종직의 제자이니 사림파에 가깝다고 하겠으나 문학적 성향이나 교유 관계로 보아서는 방외인적 성향을 더 많이 지니고 있다. 그는 김종직에게 스스로의 만가(挽歌)에 대해서 비평을 청했지만 사제간에 지향점의 차이가 컸으며, 오히려 김시습을 추종했던 자취가 현저하다. 실제 홍유손(洪裕孫)과 함께 잠령칠현(蠶嶺七賢)의 우두머리로서 벼슬길이 막혀 있었던 종실들과 어울려 풍류를 즐겼다는 『연산군일기』의 기사도 남아 있다. 홍유손은 김시습의 제문에서 남효온과의 사귐을 거론하면서 "평소 시정에서 어울리던 술꾼들"의 지도자가 모두 세상을 떠난 것에 대해 애도했다. 그럼에도 불구하고 남효온이 오직 세상에 대한 불만을 해소하는 방편으로 문학에 열중했다고는 할 수 없다. 그는 유학에 대한 자기 신념에 방외적 사유를 결합시키는 독특한 인식을 우언 글쓰기를 통해 표현해 내고자 했다. 우선 전통적 부(賦) 형식을 우언 양식으로 변형시켜 독특한 문학적 개성을 일구어냈다. <옥부(屋賦)>, <대춘부(大椿賦)>, <약호부(藥壺賦)>가 이에 해당되는 대표적 작품들이다.

<옥부>는 사람의 몸을 집에 유비시키면서 머리카락이 하얗게 센 주인옹(主人翁)과, 사방의 나그네들을 부하로 거느린 객(客)을 주인물로 등장시켜 가상적 서사를 진행시켰다. 주인옹이 오랜 세월 집을 잘 지키고 있는데 객이 나타나 노장(老莊)의 논리로 설득하고, 잘되지 않자 다시 생사의 허무함을 토로했다. 주인옹은 객의 목을 베어버려 집안의 평안을 되찾았다고 했다. 여기서 작가가 서문에서 스스로 암시했듯이, 주인 노인은 마음을, 객은 기운을 엉뚱하게 유인하는 객기 혹은 외물을 지향하는 욕심을 우의한다. 물론 집은 이들이 깃드는 몸뚱이라는 비유체계가 전제되어 있다.

그러나 작품의 우의가 서사적 줄거리로만 형성되는 것은 아니다. 주요 대목이 노인과 객의 쟁변으로 채워져 있고 보조 인물들도 등장하여 주인옹의 입지를 강화시킨다. 쟁변의 내용은 성리학과 도가의 논리적 대결이다.

보조인물로는 『장자』에서 유래한 성자(成者)와 태종사(太宗師), 성리학적 배경을 지닌 성성자(惺惺者)가 등장한다. 성자는 객의 명령에 따라 주인옹의 팔을 잡아 흔드는 동서남북의 떠돌이패이다. 『장자』에서 여러 은자들의 이름 가운데 흔히 들어가는 '성(成)'자에서 따왔다. 본 작품에서는 '성자백여(成者百餘)', '중성(衆成)'라는 표현을 구사하기도 했다. 자기 나름의 일가견을 가지고 세속인에게 어떤 도리를 깨우쳐 주는 방외인들의 존재와 특성을 상징한다. 또 성성자는 유혹과 변론을 일삼은 객을 참형에 처하게끔 주인옹을 유도하는 인물이다. 그것은 항상 올곧게 깨어있어 사리를 옳게 판단하려는 경(敬)의 마음을 의인화한 것이다. 이는 작가 스스로 서문에 밝힌 바와 같이 유가적 '극기 공부'를 형용한 것임에 틀림없다. 반면에 작품 끝에서는 평온을 되찾은 주인옹 곁에 태종사가 있어 무하유지향(無何有之鄕)과 광막지역(廣漠之域)을 함께 소요한다고 결말을 맺었다. 여기서 집과 주인옹의 의미는 몸과 마음으로부터 더 확장된다. 집은 건곤(乾坤)이 되고 주인옹은 태극(太極)을 의미하게 된다고 했다. 우주론적 배경의 도가적 사유와 심성론에 집착하는 성리학적 사유를 통합하고자 하는 작가의 의도가 깔려 있다. 따라서 <옥부>의 기본적 유비 체계는 {(집 : 주인옹 : 객)∽(몸 : 마음 : 물욕)∽(건곤 : 태극 : 만물)}로 요약된다. 윤리적 당위론과 상대적 존재론 사이에서 의미가 달라질 수 있는 개념들을 힘겹게 봉합했다고 할 수 있다.

 <대춘부>는 내가 꿈에서 대인(大人)을 찾아가 가르침을 청해서 『장자』의 「소요유(逍遙遊)」에 나오는 '대춘'이라는 나무를 두고 토론을 벌인다. 대인은 절대 자유의 경지를 주장했다면, 나는 「제물론(齊物論)」의 상대주의 관점으로 그를 반박했다. 대인은 다시 단순 상대주의를 부정하고 「제물론」 내용의 핵심이 「소요유」와 같은 경지임을 주장했다. 현명함과 어리석음이 같지 않고, 크고 작음의 등급이 다르다고 확언한다. 예를 들면 삼황오제나 요순우탕은 「소요유」의 지인(至人)이다. 이러한 분들은 불후의 사업과 덕을 후대에 끼쳤으니 '대춘'과 같다. 이에 비해 자포자기하는 어리석

은 자는 저녁에 생겨나서 아침에 시드는 버섯 '조균(朝菌)'이다. 따라서 대춘은 장자(莊子)의 말이지만 유학의 문맥에서도 설명이 된다고 설파했다. 결국 '나'는 방외의 말을 묻다가 학문하는 방법을 깨닫고 대인에게 절한 후에 꿈에서 깨어났다. 몽유기 형식의 우언 글쓰기를 통해 방외적 개념에 대한 방내적 해석의 가능성을 피력했다. 작가론적으로는 '나'를 내세워 도가의 초월적 삶의 태도를 보이고, '대인'을 통해서 지난날의 자신을 비판하면서 유·도가의 통합적 자세를 드러냄으로써 <옥부>의 주제 의식을 더 선명하게 드러내는 성과를 거두었다.

<약호부>에서도 방내의 학문과 방외의 방법론을 통합하려는 작가의 주제 의식이 다시 한번 변주된다. 약호는 단약(丹藥)을 제조하는 약항아리를 뜻하며 외단술(外丹術)의 상징이다. 내단학(內丹學)에서는 사람의 몸을 그러한 약항아리에 비유한다. 작품의 내용은 객(客)과 약옹(藥翁)을 등장시켜 외단술과 내단학의 관계와 의미를 따졌다. 객은 약옹을 만나 '신(臣) 장방(長房)'이라고 칭하고, 약옹을 '천사(天師)'로 받들어 신선술을 배우고자 했다. 그렇다면 이들의 관계 설정은 『태평광기』「신선」조에 실린 <호공(壺公)> 이야기를 선고로 활용한 것임을 알 수 있다. 본래의 신신 이야기는 신계로부터 인간 속세에 유배된 '호공'이 밤마다 병속을 드나들다가 여남(汝南)의 장사치 비장방(費長房)의 정성과 자질을 보고 병속의 신선세계로 데려갔다. 이후 비장방은 여러 단계의 수련을 거쳐 결국 지선(地仙)의 등급으로 속세에 되돌아와서 여러 이적을 나타냈다.

이에 비해 남효온의 작품은 형식적으로 비장방의 여행기처럼 꾸미면서 약옹을 찾아가 신선술의 방법을 토의하고 있다. 여기서 손님으로 신선세계에 들어선 비장방은 세상에서 소외된 말단 관리로 변형되어 있다. 약옹은 금단술(金丹術)의 위험성을 지적하면서 외단(外丹)의 여러 과정을 심신의 수련적 의미로 변형시켜 해독해준다. 이것은 외단과 내단을 우언의 유비 체계로 이해하는 방식이다. 그 같은 가르침에 대하여 객은 깨우침을 얻고서, "천지 간의 이치는 하나이고, 신선이 비밀스럽기는 하지만 이치 밖의 사물은

아니다"라고 선언했다. 그 가르침이 주공·공자와 다르지 않고 미묘함이 『주역』에 '참동(參同)'한다고 했다. 『주역』과 합하여 동일한 취지로 이해할 수 있다는 말이다. 위백양(魏伯陽)의 『참동계(參同契)』 논리와 표현이 본문 가운데 활용되고 있음을 암시하고 있다. 그 결과 객은 몸이 약을 달이는 화로와 솥이고, 마음이 단약인 줄 알겠다고 하면서 연단술의 여러 개념을 일일이 심신의 의미로 수용했다. 예를 들면 문무(文武)의 화후(火候)를 마음의 완급으로, 항룡(降龍)과 복호(伏虎)를 치달리는 욕심의 굴복으로 이해했다. 마지막으로 객은 자신이 깨달은 비결을 천군(天君)에게 알려주겠다고 했다. 작가는 성리학의 심성론에 경도되기보다는 도교의 연단술을 『주역』에 결합시켜 설명한 『주역참동계』를 수용하면서, 실천론적인 마음 수양과 몸 수련을 강조하고 도교와 유학적 개념의 접점을 찾고자 했다.

한편 스승 김종직에게 편지글과 함께 올렸다는 자기 만사의 <자만(自挽) 4장>은 김시습이 그렸던 자화상의 시 경향을 '자만시' 형식으로 구체화시키고 우언적 수법을 본격화한 것이어서 새로운 기원을 마련했다. 이는 와병으로 인하여 죽음을 사색했다는 창작동기가 있기는 하지만, 5언 장편 고시의 네 묶음은 그 자체로 시대와 불화했던 15세기 지식인의 일생 회고담이자 죽음에 대한 명상이다. 형식적으로 제1,2장에서는 우주적 배경 속에서 자기 죽음의 광경을 상상했다. 제4장은 자신의 장례식 광경을 상상했다. 이에 비해 제3장은 자신의 생전 모습과 살아남은 자들에 대한 당부서 우의가 깊이 배어있다. 일부를 발췌한다.

余嘗爲人時,	내 일찍이 살았을 적엔
擧世嘲散才.	쓸모없는 재주라고 온 세상이 비웃었지
賢人憎放浪,	현명한 분은 내 방랑을 미워했고
貴人陵傾頹.	높으신 분은 내 무너짐을 능멸했지
窮鬼逐猶隨,	궁짜 귀신은 쫓아내도 다시 따르고
孔方絶不徠.	돈은 끊어져 오지 않았으니
三十六年間,	서른여섯 해 동안

長被物情猜.	언제나 세상인심 시새움을 입었다네
-(중략)-	
玉皇向我笑,	옥황상제 나를 향해 웃으시고
群仙擁徘徊.	뭇 신선들은 나를 싸고 배회한다
承恩一朝間,	하루아침에 은혜를 입어
聲名振八垓.	명성이 온누리에서 진동한다
冥福誰我竝,	저승 팔자 나만 한 이 그 누구랴
毋爲我傾財.	돈 써가며 내 명복을 빌지 말라

산재(散才)는 '재목이 못 되는 나무'를 사람에 빗댄 것이다. 사람을 기능과 능력으로 평가하는 방법을 전제로 한다. 현인(賢人)은 사림파의 도맥에 포함되어 있는 스승들이다. 저자의 스승인 김종직이 대표적이다. 귀인(貴人)은 관각문인으로 시대의 문풍을 주도하거나 훈구파로서 조정의 실세를 장악한 사람들이다. 저자 당대 인물로는 채수(蔡壽)나 정창손(鄭昌孫)의 부류이다. 특히 저자는 유생의 신분으로 성종의 구언(求言)에 부응하여 올린 상소에서 국가 기휘를 건드리는 소릉복위(昭陵復位)를 진언하여 영의정 정창손과 도승지 임사홍 등이 그를 국문할 것을 주장하기도 했다. 이후로 저자는 생원시에 합격했을 뿐 다시는 과거시험에 나가지 않았다. 떼어낼 수 없는 궁핍에 시달리고 잠령칠현의 영수로서 혹은 여러 국가 기휘사를 기록한 작가로서 당대의 시새움을 입을 수밖에 없었다. 여기까지는 가상 공간에 생전의 일을 끼워 넣어 묘사했다. 이에 비하여 사후에는 옥황상제의 환영과 더불어 대단한 지위를 부여받는다고 상상했다. 중략한 부분에서는 저승 궁궐의 환영식을 야단스럽게 묘사했다. 김시습의 <남염부주지> 혹은 <용궁부연록>의 발상과 유사하다. 이처럼 더할 나위 없는 명복을 누릴 터이니 자기를 위해서 헛되이 돈을 쓰지 말라고 했다. 장례식을 간소하게 치르라는 너스레인 셈이다.

홍유손(洪裕孫, 1431~1529)은 김시습을 존숭하면서 남효온과 함께 잠령칠현의 일원으로 참여하여 방외인문학 사조에 동참했다. 방외인 문인들은

『초사』와 『장자』를 선호한다. 그것들에서 문학적 영감을 얻고 굴원이나 장주 및 관련 작가들을 추모하는 작품을 자주 짓는다. 홍유손은 가의(賈誼)의 <조굴원부(弔屈原賦)>에 차운하는 시에서 굴원을 금옥에 비유했다. 희귀한 가치를 지닌 귀금속은 자기 아름다움을 마음껏 드러내서는 안 된다. 자기 가치를 안으로 보존하면서 밖으로 드러나는 것을 차단하거나 지연시켜야 그 가치가 유지된다. 난세의 지식인은 이와 닮은꼴이다. 잘난 것을 드러내고 높은 지위에 오르는 것은 그들에게 치명적이다. 그러나 예외도 있다. 유가적 명분을 저버릴 수 없는 경우에는 안 되는 줄 알면서도 때로 부당한 현실에 항거하며 그 소용돌이에 휘말린다. 굴원을 조문하는 이유이다. 작가는 한때 이단으로 몰려 10여 년간의 귀양살이를 해야만 했다. 굴원이나 가의의 작품을 모방하면서 불우한 지식인의 동질의식을 가탁했다.

또 김시습을 애도하며 지었던 <제열경문(祭悅卿文)>은 제문이라고는 하지만 장편 고시(古詩)의 형식을 빌리면서도 초사에 가까운 사부(辭賦)의 미의식을 추구했다. 홍유손은 김시습보다 4세, 남효온보다 23세 연상이었는데 남효온이 한 해 전에 세상을 떴고 이제 김시습마저 세상을 버렸다. 작품 처음에는 김시습의 천재성을 읊었다. 특히 김시습을 두고 공자가 다시 태어났다고들 한다는 전언을 과감하게 밝혔다. 이는 흔히 윤춘년(尹春年)의 괴휼한 행동을 사림파의 시각에서 비난하기 위해 언급되는 내용이다. 그러나 홍유손은 그러한 대단한 명성을 다시 한번 확인하자는 것은 아니었다. 그에게는 김시습의 진면목에 더 많은 관심이 있으며 그것은 방외인문인의 동질의식에서 비롯된 것이다. 이들은 "이름은 실상의 손님"이라는 『장자』의 명실론을 수용하면서 글쓰기는 실상을 드러내기 위한 방편에 불과하다는 인식을 지니고 있었다. 따라서 홍유손은 불교와 도교에 대한 김시습의 비판이 그의 내면을 이해하는 데 중요하다는 점을 부각시켰다.

이어서 김시습과 남효온이 만년에 큰 나이 차이를 잊고 정신적으로 사귀었던 광경을 회고했다. 이승에서는 지음이었으니 서로 짝을 잃어 거문고 줄을 끊었었는데, 이제 저승에서 만나 유희하면서 멋대로 화답하고 함께 속세를 내려다보면서 너털웃음을 웃을 것이라 상상했다. 계속 이어지는 부분에서는 자신들의 교유관계를 묘사하면서 방외인 집단의 의미를 다음과 같이 확대시켜 나갔다.

素市飮之酒徒,	평소 저잣거리 어울리던 술꾼들
咸哀哭而痛切.	모두들 슬퍼 통곡함이 절절합니다
喟不再夫邂逅,	그 만남 다시 할 수 없으니 한숨짓고
憫幽明之永隔.	이승 저승 영원히 갈라지니 안쓰러워요
念公言之尋常,	공께서 평소 하신 말씀 생각해보면
不怪行而隱索.	괴상히 행동하고 숨은 것 들추지 않으셨지요
雖不講其內蘊,	가슴 깊숙이 간직한 것 비록 말씀 없으셨어도
誰不知夫素蹟.	누구라 모르리오 저 평소 은미한 비밀을
公雖隱而心妙,	공은 비록 숨기셔도 마음으로 통하니
知公者莫吾曹若.	공을 알고 있는 사람 우리들만한 이가 없지요

이른바 '저잣거리의 술꾼들'은 『연산군일기』에 부정적으로 상세히 보고된 바 있지만, 홍유손은 그 실체를 인정하고 오히려 자부심까지 느꼈다. 그들은 동대문 밖 대나무숲에서 남효온이 우두머리가 되고 홍유손이 차석이 되어 여러 종실과 함께 죽림칠현을 자처하며 술에 취해 방탕한 놀이를 했던 무리이다. 시인은 김시습과의 만남을 영결하는 자리에서 자신들의 관계를 재음미하면서 그 내면의 깊은 생각을 '우리들'보다 더 알고 있는 이는 없다고 단언했다.

홍유손은 삼교의 문자에 모두 정통했지만 어느 것 하나 자신이 지향하는 사상으로 자처하지 않았다. 더구나 무엇이라 규정짓기 어려운 무리의 좌장이 되었으니 굳이 여러 말 하지 않아도 심각한 논란을 불러일으켰다. 그러나 항상 부정적 평가만 있었던 것은 아니다. 남효온은 홍유손을 두고 칭송하기를 황산곡(黃山谷)의 시와 장자(莊子)의 문을 닮았고 제갈공명(諸葛孔明)의 재주를 지녔으며 행동은 동방삭(東方朔)과 같다고 평가했다. 허균은 홍유손을 꿈에 만나보고, 잘생긴 얼굴로 띠를 두르지 않은 갈옷에 버선 없는 맨발이었다고 시작품을 지었다. 또 그의 시문과 생애의 특징은 남효온의 평가를 요약하고, 마지막으로 한계령 금강산에 나타난 신선처럼 묘사했다. 방외인 문인들 가운데 가장 연장자이면서 아흔아홉 백수(白壽)를 누렸던 그는 금강산에 붙인 시 <제금강산(題金剛山)>에서 단군 임금보다 먼저 태어나서 기자 조선과 삼한을 두루 경험했던 적선(謫仙)으로 자처했다.

남효온과 홍유손의 방외인문학적 성격은 윤주필,『한국의 방외인문학』, 앞의 책, 93~97; 180~186; 234~238면 참조. 남효온의 부(賦) 작품은 문범두,「추강 남효온의 사유방식과 부」,『어문학』74(한국어문학회, 2001) 258~277면; <약호부>는 김종구,「추강 남효온 문학 연구」(성균관대 박사, 1998) 140~150면; 윤주필,「우언의 전통과 조선 전기 몽유기」, 앞의 책, 38~39, 56~58면에서 자세히 다뤘다.

6.4.3. 방외인문학의 확대와 임제의 기여

조선 전기 사대부 사회는 그야말로 다양한 성향의 지식인으로 구성되어 있었다. 그 다양성은 신분이나 행색의 외면적 표지를 뛰어넘는 것이었다. 이는 조선 후기에서 신분이 고착화되고 당색이나 사승관계의 범주를 뛰어넘기 어려웠지만, 그 대신에 서얼, 중인, 여성 등의 소수자 집단이 광의의 여항인문학 담당층으로 부각됐던 현상과 뚜렷이 대비된다. 조선 전기에는 도교적 인물로 알려졌거나 미천한 신분의 인물이면서 통념을 뛰어넘는 사유와 개성적 문학세계를 보여주었던 문인들이 방외인문학 사조의 주요 작가로 포함된다. 정희량, 정렴과 정작 형제, 서기, 어무적, 이지함, 박지화, 이달, 임제 등이 여기에 해당된다. 이들은 논의를 펴기도 하고 문학작품을 창작하기도 했지만 주로 후자를 선호했다. 물론 정희량처럼 두 작업을 동시에 전개하기도 하고, 이지함처럼 요약적 논설을 간단하게 남기는 경우도 없진 않았다. 이들은 세상에 대한 불만과 모색을 주로 문학 세계의 혁신을 통해 보여줌으로써 방외인문학의 문학사적 특징을 형성해 나갔다.

정희량(鄭希良, 1469~?)은 <산은설(散隱說)>에서 은거의 방법과 그 의의에 대해 따졌다. 설(說) 형식은 일화를 통한 교훈적 의미를 도출하는 것이 보통인데 이 작품은 은거의 일반론을 전개하면서 진정한 은거에 대해 논리를 집약시켰다. 고전적 연원으로서 자전(自傳)의 전범적 위치에 있는 당(唐) 육구몽(陸龜蒙)의 <강호산인전(江湖散人傳)>을 반의모방하면서 산림에 숨는 소은(小隱), 성시에 숨는 대은(大隱), 자취 없이 버려지는 산은(散隱)의 종류를 제시했다. 그러나 세상에 대한 미련을 버리지 않는 한 비방과 해코지가 생길 수밖에 없다고 하면서 자신은 '산은'을 개념적으로만 이해하고 말았기에 해를 입었다고 했다. 그러면서 '흩어짐'에 대한 논의를 계속 이어 나갔다. 성리학에서 말하는 태극, 천지, 사람의 윤리 등도 모두 흩어짐이 있어 큰 쓰임이 있다고 했다. 이 같은 쓰임 없는 것처럼 보이는 큰 쓰임에 자신은 숨고자 하니 사람들이 알 수 없을 것이라고 결론을 내렸다.

정희량은 이 글을 통해 겉으로만 무능한 척하는 것이 아니라 안으로도 무능하여 세상의 쓰임새로는 포착되지 않는 존재를 암시했다. 그는 시대에 대한 강한 부정의식을 그런 식으로 표출하면서 새로운 돌파구를 모색했다. 김종직의 문인으로 연산군 시절에 무오사화에 연루되어 유배되었다가 풀려나와 홍문관 관리에서 배제하는 조치를 받았다. 스스로 마음을 비우지 못해 그런 화를 입었다고 생각했으니 또 한 차례의 사화를 예견하고 잠적해버렸다. 그는 유배 기간에 거르지도 않은 전국술을 '혼돈주'라 부르며 즐겼다고 하면서 장편 고시의 <혼돈주가(混沌酒歌)>를 지었다. 처음과 끝부분을 발췌한다.

長繩欲說白日飛,   긴 끈으로 가는 해 잡아매려 했고
大石擬補靑天空,   큰 돌로 하늘 구멍 메워볼까 덤볐네
狂圖謬算坐護落,   희떠운 꾀 어그러진 셈 허풍선이라 걸려드니

半生倏忽成老翁.	나의 반생 훌쩍 지나 늙은이가 되었소
豈如飮我混沌酒,	차라리 좋으리라 이내 혼돈주 마시며
坐對唐虞談笑中.	요순과 마주 앉아 담소에 빠지련다

-(중략)-

一飮通神靈,	한 잔 마시니 신령과 통하여
宇宙欲闢如蒙朧.	우주가 열리는가 몽롱한 기분이고
再飮合自然,	다시 마시니 자연과 합하여
陶鑄混沌超鴻濛.	혼돈을 주물러 태초로 돌아가네
手撫混沌世,	손으로 혼돈 세상 쓰다듬고
耳聽混沌風.	귀로 혼돈의 바람 듣노라니
醉鄕廣大我酒主,	광대한 취향 세계 내가 바로 주인이라
此爵天爵非人封.	이 벼슬은 하늘 벼슬 인간 감투 아닐레라
何用區區頭上巾,	뭐 때문에 구구하게 두건으로 술을 짜리
淵明亦是支離人.	도연명도 알고보면 헌사로운 사람일세

시적 화자는 자기 자신을 되돌아본다. 제일 먼저 머리에 떠오른 건 역시 조정이다. 무모하지만 얼마나 순수하고 열정에 젖었던가? 비유하자면 해몰이꾼 희화(羲和)에게 행보를 좀 늦추게 하고 긴 끈으로 해를 하늘 복판에 매어 놓고자 했던 것은 한창나이에 현군을 만나고자 했기 때문이었다. 또 여와(女媧)처럼 하늘 구멍을 오색 돌로 메꾸려고도 했다. 마치 천지가 맞붙어 있는 혼돈을 다스리던 복희(伏羲)를 도우려고 그렇게 했다. 말하자면 임금을 도와 우주처럼 질서정연한 치세로 만들고자 애를 썼던 것이다. 그러나 이제 와 생각하면 그건 또 얼마나 희떠운 시도였고 잘못된 계획이었던가? 결국 황당한 사람이 되어 반평생을 헛되이 보냈다. 혼돈주 속에서 세상에서 누리지 못할 태평성대를 맛보는 것이 지혜로운 일이다. 혼돈주는 젊은 시절 사림파의 일원으로 큰 포부를 지니고 세상을 바꾸어보려 했던 삶의 방향과는 완전히 반대이다. 신령과 자연과 태초를 향한다. 비록 취향(醉鄕)의 무질서한 세계인 듯하지만 거기에서는 무엇보다 내가 주인이다. 마지막에서는

쓰고 다니는 두건을 벗어 필요한 대로 술을 걸러 마셨다는 도연명을 살짝 나무랐다. 혼돈주에는 어떤 인위적인 것도 섞지 않겠다는 골계스러운 타박이다.

정렴(鄭𥖝, 1506~1549)은 도가와 의술에 능한 가계에서 태어났다. 유의(儒醫)로서 중종의 병환을 진료한 적도 있고 경험에 기초한 의료서를 편찬하기도 했다. 그러나 그는 기본적으로 당대에 큰 기대를 걸지 않았던 비판적 사대부 지식인이었다. 그는 죽음을 앞두고 <자만(自挽)>시에서 40여 년의 생애를 독서와 음주로 요약했다. 복희씨 이상의 일을 고상하게 담론했을 뿐이지 세속의 일은 입에 담지 않았다고 자부했다. 안회(顏回)는 나이 서른에 아성(亞聖)으로 칭해졌으니 자신이 너무 오래 살았다고 너스레를 떨었다.

또 멋대로 부르는 노래를 자식에게 보였다는 의미의 <방가행시아(放歌行示兒)>에서는 초사체 형식을 빌려 앞의 시보다는 속마음을 조금 더 솔직하게 털어놓았다.

若有人兮倡狂,	여기 어떤 사람이 미쳤나 보네
衣不帶兮冠不纓.	허리띠도 매지 않고 갓끈도 풀려 있다
上託天兮下拓地,	위로는 하늘에 의탁하고 아래로는 온 땅을 헤매며
傍把日月之精靈.	옆으로 일월의 정령을 움켜 마신다
寄生溟海之滋兮,	바닷가에 이 삶을 붙여 본들
類楚囚之悲吟.	궁박한 포로 같은 슬픈 읊조림이라
言不見信兮行莫余知,	믿는 이 없는 내 말과 알아줄 이 없는 내 행실
援北斗而被襟.	북두성 국자를 기울여 흉금이나 털어 놀까
與濁世而浮沈兮,	혼탁한 세상과 더불어 부침하면서
酒肆藏名兮四十春.	주막집에 몸 숨긴 지 사십 년이라
明朝擧臂揮斥宇宙兮,	내일 아침 팔뚝 들어올려 우주를 휘젓고
與鴻濛而爲隣.	태초의 시간으로 이웃을 삼으리라

굴원(屈原)이 지었다는 「구가(九歌)」 가운데 <산귀(山鬼)>에서처럼 '어

떤 사람'의 형상을 해괴하게 묘사했다. 그는 옷차림만 이상한 게 아니다. 천지일월만을 말하여 세속에서는 포용되기 어려운 사람이다. 알고 보면 그는 굴원의 형상을 띠고 있기도 하다. 물가를 서성거려 보았자 고국과 임금을 그리워하는 초나라 포로처럼 슬픈 노래를 지어낸다. 국자처럼 생긴 북두성 자루를 잡고 술잔을 기울이며 속마음을 터놓고 싶었다. 「구가」의 <동군(東君)>에서는 간사한 무리를 상징하는 낭성(狼星)을 천궁(天弓)으로 쏘아 타락한 세상을 되돌린 다음에 그 같은 거대한 술판을 마련했다. 그것에 비해 본 작품의 시적 화자는 혼탁한 세상과 어울리면서 술집을 드나든 지 마흔 해가 되었다. 홀로 간직한 기개는 아직도 사라지지 않아 우주와 태초의 시공간을 넘나든다. 아들에게 보여주는 호기로운 노래이지만 슬픔이 서려있는 반어이다.

이지함(李之菡, 1517~1578)은 위 선배들에 비해 말과 글을 아꼈다. 포천과 아산 현감을 지내면서는 임진강의 범람을 막고 백성들을 구휼한 공적이 있다. 노구솥을 갓 대신에 쓰고 다니고 마포 강변 토담집에 주로 거주하여 '토정(土亭)'이라는 호를 얻게 되었다. 이색의 후손이며 서경덕의 문인으로서 사림파에게는 수리·천문·지리·음양·술서에 능한 기인(奇人)으로 평가됐다. 청빈하게 지내면서 백성들에게 실질적 이득을 끼쳤으니 크게 흠잡을 구석은 없지만 그렇다고 마냥 긍정적으로 평가됐던 것도 아니다.

그는 도잠의 <귀거래사>에 차운한 작품 <차도정절귀거래사(次陶靖節歸去來辭)>에서 자신의 지향점을 분명하게 표출했다. 우선 인(仁)을 안택(安宅)으로 여기고 그곳으로 돌아간다고 했다. 육신의 노예가 되지 않고 청빈을 즐기니 헐뜯음과 칭찬, 옳고 그름에 상관하지 않고 자유를 누릴 수 있다. 그에 비해 벼슬 세계는 복마전이고 죄인을 삶아 죽이는 형벌 솥가마이다. 그런데도 사람들은 소견 없는 여인네처럼 그곳을 흘금거린다. 사림파는 자신들의 처세관을 '출처행장(出處行藏)'이라고 부르며 독서인이자 관료인 양면의 삶을 조화롭게 살아가야만 한다고 말한다. 그러나 현실은 그렇게 이상적이지도 녹녹하지도 않다. 도연명이 원작품에서 읊은 것처럼 흰 구름이나 날짐승처럼 오가는 것을 마음대로 하지 못한다. 그렇다고 좋은 술과 안주를 마련한다든가 농사일에 종사하는 것도 그 작품처럼 되지 않는다. 특히 세상에서 자기를 알아주기를 바라지 말아야 한다. 지음(知音)을 구하지도 말아야 한다. 원래 도연명은 줄이 없는 무현금(無絃琴)을 즐기지 않았던가? 농사를 짓는다면 내 단전(丹田)에 곡식을 심어놓고 게으름 없이 북돋고 김매야 한다. 책을 읽는다면 『서경』이나 『시경』같은 고전을 즐길 뿐이다.

이지함은 세상살이의 원리와 교훈을 짤막한 세 편의 논설에 담았다. <대인설(大人說)>, <피지음설(避知音說)>, <과욕설(寡慾說)>이 그것이다. 이 작품들은 바람직한 인간상, 진정한 교유, 개인의 수양에 대해서 각각 따졌다. 기존의 개념과 용어를 사용하면서도 통념을 뒤집는 역설적 가치를 말했다. 인간이면 누구나 바라는 긍정적 가치로서 대인의 성취, 지음의 존재, 욕망의 조절 등이 있지만 그러한 통념들이 본연의 가치를 발휘하기 위해서 어떻게 해야 하는지 암시적으로 논리를 폈다.

'대인(大人)'은 『주역』, 『논어』, 『맹자』 등의 유교 경전에서부터 중요하게 사용된 개념이다. 임금의 지위에 오를 만한 덕을 갖추고 세상을 구제하는 유가적 성인을 의미한다. 반면 『장자』나 죽림칠현 작가였던 유령(劉伶)의 <주덕송(酒德頌)>이나 완적(阮籍)의 <대인선생전(大人先生傳)> 등에서는 인간의 유한성을 극복하는 방외적 존재로 부각되어 있다. 이에 비해 <대인설>에서 말하는 '대인'은 몰라서 신령스럽고, 다투지 않아 강하고, 욕심 내지 않아 부유하고, 벼슬하지 않아 귀할 수 있는 존재라고 했다. 물론 통념적으로 혼우, 나약, 빈궁, 미천한 자는 그럴 수 없을 듯하지만, 어떠한 시대인가에 따라 결과는 사뭇 달라진다. 치세라고 한다면 통념적 인간형에 대응하는 통념적 '대인'이 있을 뿐이다. 반면에 난세라고 한다면 알고, 다투고, 욕심내고, 벼슬하는 것이 오히려 혼후, 나약, 빈궁, 미천한 자이며, 그 반대편에 역설적 '대인'이 존재한다. 그러한 대인은 새로운 방외인상을 수용한 것이다.

'지음(知音)'은 지인(知人), 즉 '알아줌'의 인간관계 가운데에서도 독점적 의미가 가미된 개념이다. 지음은 세상이 알지 못하는 한 개인의 내면적 가치를 알고 있는 벗이기 때문이다. 붕우유신의 '믿음'은 보편성을 띤 윤리 덕목이지만, 지음은 수평적 인간관계로서 특수한 결속력을 지니고 있다. 그런데 <피지음설>에서는 "선비를 쓰이게 하는 것이 지음이지만 말세의 지음은 재앙을 옮긴다"고 했다. 가치체계가 전도되어 있으면 평소 유용하던 것이 오히려 흉물로 변하듯이, 현사(賢士)의 재앙이 대부분 지음에서 비롯되기 때문이다. 현명한 선비라면 지음 노릇을 하고자 하는 사람을 우선 피할 뿐이라고 했다. 여기서도 시대의 치란과 지식인의 출처를 긴밀히 연결시켜 논하고 있다. 재용·권세·재물이 재앙을 불러오는 것과 같은 논리이다. 그러나 난세를 피하는 데 그치지 않고 역설적 방법을 통해 진정한 가치를 추구하는 방외인의 긍정적인 모습도 필요하다. 만나서 재앙이 없는 경우는 오직 '전야(田野)와 산수(山水) 사이의 지음'일 뿐이라고 결론을 내렸다. 김안국의 경우처럼 향약(鄕約)과 이륜(二倫)을 유독 강조했던 16세기 사림파의 정치적 좌절을 상기시키면서, 민간과 자연에서 사귄 방외지우(方外之友)의 역설적 가치를 암시했다.

『맹자』의 '양심(養心)'설은 욕심을 줄이는 것을 으뜸으로 친다. <과욕설>은 이를 개인의 수양론으로 다루면서도 단순한 금욕주의를 주장하지는 않는다. 욕망을 줄이고 줄여서 없어지는 데까지 이르면 마음이 비고 신령스러워 밝아진다고 했다. 정성스러워 안이 없고 자유로워 밖이 없다고도 했다. 더없이 세밀한 것을 살피고 더없이 광대한 것으로 통하여서 안과 밖의 경계가 없어지는 경지에 이른다는 말이다. 그에 비해 욕망은 외면적으로 자아를 확장시키거나 지속시키고자 하는 개체적 본능이다. 안팎을 두어 잔달아지고 잔달아지다 보면 개체에 갇히게 된다고 했다. 그러면 내가 있는 줄은 알아도 남이 있는 줄은 모르고, 남이 있는 줄은 알아도 도리가 있는 줄은 모르게 된다고도 했다. 결국 마음이 물욕에 가려서 개인에 국한되면 그것으로 끝이며 그럴수록 개인은 왜소해진다. 반면에 마음을 비우게 되면 오히려 신령해져서 지극히 적은 부분까지도 보살피고 지극히 큰 것에까지 소통되는 효과를 얻는다. 이를 작가는 『중용』의 '중화(中和)'라는 개념과 연결시켰고, 다시 '공지부(公之父) 생지모(生之母)'라고 부연 설명했다. 아버지와 같은 공공성과 어머니 같은 생육의 미덕이 내 마음의 수양을 통해 가능하다고 본 것이다.

어무적(魚無迹)은 출신이 미천하여 행적이 잘 알려져 있지 않다. 어머니가 관비인 까닭에 관노(官奴)가 됐다가 면천 이후에 서얼에게 주어지는 율려습독관(律呂習讀官)이라는 말직에 몸담고 있었던 것으로 추정된다. 바닷가인 김해 임지에서 백성들의 고난을 몸소 체험하고 장문의 상소를 올렸지만 무시됐다. 그러나 몇몇 시작품과 그의 생애가 『속동문선』, 『국조시산』 및 야사 잡록에 실려 전하여 그의 문학적 명성을 대변하고 있다.

그 가운데 <신력탄(新曆嘆)>은 인간 생애의 100년을 아침저녁의 하루로 만들고 싶다고 전제하고 상상력을 한껏 펼쳤다. 『장자』 「소요유」편에서 말한 조균(朝菌)과 대춘(大椿)의 관점을 수용한 것이다. 그렇게 되면 아쉬운 봄꽃이 천년 동안 필 수도 있고, 밝은 가을달이 천년 내내 비출 수도 있다. 성군 요·순도 섭정자 주공도 아직까지 젊게 살아 있을 터이니 그들의 정치를 아침에 듣고 공자의 가르침을 저녁에 받을 수 있다. 시인은 모든 성인들의 정치와 사상을 직접 체험할 수 있으니 만민과 더불어 태평성대를 누리게 될 것이라고 기뻐하면서 만만 년에 한 번이나 책력을 새로 만들자고 했다. 책력은 중세 예약정치의 근간인데 전설적인 성군의 시대에서 시간이 멈춰버린 듯한 새로운 체계의 책력을 만들자는 공상을 토로했다. 백성을 위하지 않는 현실 정치의 모순을 천년왕국의 책력을 만들고 싶다는 꿈을 통해 에둘러 말한 셈이다. 이덕무는 자신의 시평집 『청비록(淸脾錄)』에서 이 시를 비평하면서 낙토(樂土)를 묘사한 백로국(白露國)과 같은 우언(寓言)이며, 화서지몽(華胥之夢)·괴안국(槐安國)과 비슷한 유형이라고 했다.

또 <작매부(斫梅賦)>는 더 기발한 시적 상상력을 동원해 비판력을 높였다. 어숙권(魚叔權)의 『패관잡기』에 창작 배경과 함께 실려 있는데 제목은 따로 없으며 악부시 2수로 이루어졌다. 앞 작품에서는 우선 시적 화자가 도끼질을 당해 쓰러진 매화나무의 목소리를 빌려서 때로는 절실하게 때로는 애잔하게 비극적 상황을 읊었다. 두 번째 이어지는 시에서는 농부의 시각을 빌려서 시골 농가에서 소유하고 있던 매실나무에 얽힌 억울한 사연을 다소 격앙된 목소리로 읊었다. 차례대로 인용한다.

世乏馨香之君子,	세상엔 명망 있는 군자가 없어
時務蛇虎之苛法.	시대가 뱀과 범같이 가혹한 법을 힘쓰네
慘已到於伏雌,	참혹함이 부화하는 암탉에까지 미치고
政又酷於童羖.	정치는 뿔 없는 양을 낳을 만큼 혹독하다네
民飽一盂飯,	백성이 밥 한 그릇이라도 배불리 먹으면
官饞涎而齎怒.	관에서는 군침을 흘리며 버럭 화를 내고
民暖一裘衣,	백성이 갖옷 한 벌이라도 따듯하게 입으면
吏攘臂而剝肉.	구실아치는 팔뚝을 걷어붙이고 벗겨간다네
使余香掩野殍之魂,	들에 굶어 죽은 혼령을 내 향기로 가려주고
花點流民之骨.	떠돌던 백성의 뼈에 꽃잎을 덮어준들
傷心至此,	내 마음 이처럼 아프니
寧論悴憔.	초췌한 내 모습이야 뭘 논하리
奈何田夫無知,	어쩌겠는가 농사꾼이 무지하여
見辱斧斤.	도끼질에 욕을 당했다 한들
風酸月苦,	바람은 시리고 달은 처량한데
誰招斷魂.	누구라 잘라진 내 혼령을 불러줄까

黃金子蘩, 吏肆其饕.	황금 열매 많이 달리면 구실아치 멋대로 토색질
增顆倍徵, 動遭鞭捶.	액수를 배로 늘려 거두면서 걸핏하면 매질하네
妻怨晝護, 兒啼夜守.	낮에 아내 지키며 원망하고 밤에 자식놈 지키며 운다네
茲皆梅祟, 是爲尤物.	이게 다 매실 동티요 잘난 놈인 까닭이라
南山有樗, 北山有櫟.	남산에 가죽나무 북산에 상수리나무 많아도
官不之管, 吏不之虐.	관에서 상관치 않고 아전도 모질게 굴지 않잖아
梅反不如, 豈辭翦伐.	매실나무 그만도 못하니 어찌 베어짐을 면하리

앞 시는 매화나무가 목격했던 것을 통해 백성들이 관청에 얼마나 시달려 왔는가를 폭로했다. 들에서 굶어 죽은 혼령들과 유민들의 뼈를 매화나무가 제 향기와 꽃잎으로 가려주었다는 데서는 참혹한 상황을 서정적으로 표현했다. 또 매화나무 자신이 무지한 주인 농부에게 도끼질을 당해서 욕을 본 것은 대수롭지 않은 듯 말했지만, 최후를 맞이해도 누가 초혼가를 불러 줄 이 없음을 한탄하여 백성들의 처지를 에둘러 표현했다. 또한 시 형식이 변화무쌍하여 정서가 크게 흔들리고 있음을 상징하고 있다.

뒤의 시는 주인 농부의 시각에서 매화나무의 횡액 사연을 노래했다. 매실이 많이 달릴수록 농부의 가정은 더욱 모진 상황에 빠졌다. 급기야 매실나무에 동티가 난 것이라 여기고, "잘난 나무 때문에 집안이 망가진다"고 판단하는 데 이르렀다. '우물(尤物)'은 바로 뛰어난 자질이 화근이 되는 그런 존재를 가리킨다. 매실나무의 최후가 안타깝지만 잘라버리지 않을 도리가 없었다. 앞 시에 비해서 형식이 4언 시경체로 정연하다.

이 연작시를 얻어본 김해 고을원은 크게 화를 내어 시 지은 자를 잡아다 죄를 다스리려 했다. 어무적은 절도사 박원종(朴元宗)에게 의탁하려고 도망했으나 이웃 고을 역사(驛舍)에서 병사했다. 『패관잡기』기 전히는 후일담이자 슬픈 시참(詩讖)이다. 잘린 나무의 목소리와 제 나무를 잘라버린 농부의 목소리를 번갈아 들려주는 시 수법이 권력자에게는 용서하지 못할 교묘한 도전으로 여겨졌을 것이다.

임제(林悌, 1549~1587)는 시인의 성품을 타고난 문인관료였다. 젊은 시절 과거에 여러 번 낙방하고 1570년(선조3) 22세에 속리산으로 성운(成運)을 찾아가 배웠다. 27세 겨우 사마시에 합격하고 이듬해 문과에 급제했다. 홍문관직 후보자 명단의 공식 기록인 홍문록(弘文錄)에 올랐지만 호방한 성격으로 인해 외직을 전전했다. 중앙에서는 예조 정랑과 춘추관 지제교를 지냈다고 기록되어 있으나 실직을 수행한 자취가 분명치 않다. 그는 성운을 평생의 스승으로 섬기면서 굳이 예법을 따지지 않는 자득적 성리학을 받아들였다. 그로 인해 젊은 시절의 방황을 청산하고 학문에 침잠할 때의 심정을 <의마부(意馬賦)>에서 다음과 같이 상세하게 표현했다.

우선 천지에 참여하는 한 존재가 '신명사(神明舍)'를 주재한다고 했다. 그것은 움직이면서도 형체가 없으니 가상하여 '말[馬]'이라 한다고 했다. 조식의 <신명사도>에서는 나라의 사직을 책임지는 태일군(太一君)이 신명사를 주재하는 것으로 가상했다면, 여기서는 신명사의 주체를 의마(意馬)로 비유하면서 역동적 특징을 서술했다. 이 말이 뛰어노는 형상을 장쾌하게 묘사하고, 지난날 작가가 꿈꾸었던 풍류객, 장군, 관료, 시인 등의 네 가지 삶의 방식을 요약했다. 다음으로는 이러한 정신적 방황 끝에 귀의처를 발견하는 생애 전환의 순간을 우의적으로 나타냈다.

> 여기 대인선생(大人先生)이 계셔 나의 갈팡질팡한 모습을 민망하게 여기시는 듯 말씀했다.

스승 성운을 '대인선생'이라 호칭하면서 의마로 날뛰던 자신과의 첫 만남을 객관화했다. 선생 말씀의 핵심은 다음과 같다. 자기 기량(伎倆)을 버리고 마음을 대방(大方)에 노닐게 하라. 대방은 작게 보면 사람 몸속에 있지만 넓게 보면 만물 변화의 근본이다. 수양을 통해 그것을 지켜내면 내 몸이 바로 하나의 태극이다. 하늘의 일월풍정(日月風霆)과 사람의 희노애락(喜怒哀樂)이 조화롭게 대응된다. 이는 성운의 철학을 임제가 계승한『중용』공부에 대한 요약이라 할 수 있다. 임제는 친구에게 부치는 시작품 <기신군형(寄辛君亨)>에서『중용』을 자기대로 읽고 나니 주자의『중용장구』가 고루함을 알았다고 고백했다. 고요한 달그림자, 봄에 다시 피는 매화나무에서 느껴지는 '생의(生意)', 즉 삶의 의지가 모두 내 몸에 있다는 것을 깨우쳤다고 읊었다.

또 임제의 <사사경호표(謝賜鏡湖表)>는 당나라 시인 하지장(賀知章)의 이름으로 황제에게 올리는 표문(表文)을 모의해 쓴 의제(擬製) 작품이다. 당 현종이 고향을 그리워하는 하지장에게 소흥(紹興) 경호(鏡湖)의 한 지역을 하사했다는 고사를 차용했다. 작가는 여기서 강호에 머물고자 하는 뜻과 임금의 은택을 잊지 않는 마음을 동시에 표현하여 사림파의 문제의식을 에둘러 나타냈다. 이러한 작품은 과거시험을 대비하던 시절의 습작일 가능성이 높다. 또 작가는 매화와 버들이 봄빛을 다툰다는 소재를 <매류쟁춘기(梅柳爭春記)>의 화훼 우언으로 꾸며내고, 여행기를 모은 작품집으로 『여등청사(旅燈青史)』를 남겼지만 문집에는 수습되지 않았다.

임제는 시인으로서의 기질을 끝내 버리지 못했다. 스스로 당나라 제일의 풍류객이었던 두목(杜牧)에 스스로를 비견했다. 그는 남효온을 비롯하여 방외인문인들의 전통이 되었던 <자만(自挽)>시를 임종에 앞서 다음과 같이 읊었다.

江漢風流四十春,　장강의 풍류 40년 세월 동안에
淸名嬴得動時人.　맑은 명성은 당시 사람 놀래키구 말구
如今鶴駕超塵網,　이제사 학을 타고 세속의 그물 넘어서니
海上蟠桃子又新.　바다 건너 반도 복숭아 또다시 익을 테지

'강한풍류(江漢風流)'는 두보시(杜甫詩)에서 강릉절도사 왕씨의 풍류를 용사했다. 애초 『세설신어』에 수록된 동진(東晉)의 유량(庾亮)과도 관련된 고사이다. 이에 비해 시인 임제의 생애는 풍류 쪽으로 한 걸음 더 나아갔다. 공명에는 뜻이 없어 외직을 전전했으니 균형 잡힌 출처관을 말하고자 한 것도 아니다. '청명(淸名)'은 그 같은 자신의 생애를 과장되게 스스로 칭송한 것이다. 예법을 지키는 선비를 상대하지 않고 통념을 넘어서는 대인선생을 흠모했기에 불우함 따위는 언급조차 하지 않았다. 이제 죽음을 앞두고 신선세계의 일원이 될 것을 상상했다.

그러나 무엇보다도 당시 사대부사회의 기휘(忌諱)였던 단종 관련 소재를 우언적 글쓰기로 작품화한 <원생몽유록>과 <수성지>는 그의 대표작이라 할 만하다. 이는 길이, 수법, 양식, 주제 등의 모든 면에서 단형 우언의 수준

을 훌쩍 뛰어넘었다. 앞 세대의 다양한 우언적 실험을 계승하면서 우언계 소설의 입지를 다졌다는 점에서 큰 의의를 지닌다. 우언의 양식화와 우언소설을 다루는 항목에서 함께 다루기로 한다.

어무적의 자료와 논의는 임형택, 「어무적의 시와 홍길동전 -이조전기 유민에 관한 사상과 문학-」, 『한국한문학연구』 3(한국한문학회, 1978) 7~27면 참조. 정희량, 정렴, 이지함, 임제 등의 논의는 윤주필, 『한국의 방외인문학』, 앞의 책, 187~194; 238~255면; 「임제」, 황패강 외 공편, 『한국문학작가론2』(집문당, 2000) 270~279면 참조. 자만시의 유래와 임제의 <자만>은 임준철, 「조선시대 자만시의 유형적 특성」, 『어문연구』 38-2(한국어문교육연구회, 2010) 385~387; 「조선시대 자만시의 공간과 사상」, 한국어문학국제학술포럼, 『Journal of Korean Culture』, 2013. 109~112면 참조.

6.5. 민족어 교술시의 우언적 수법

6.5.1. 악장·경기체가의 우언적 수사

　조선 전기에서 시가문학의 갈래 체계는 그 어느 시대보다도 다양하고 복잡하게 전개됐다. 한시에서 정통적 위치에 있는 근체시의 송시풍과 당시풍이 공존하였고, 가요풍의 악부시와 고시 형식이 다양하게 실험됐다. 또 사부(辭賦)의 영역에서는 교술시로서의 특징을 살리면서 우언적 수법을 가미하여 시인의 작가적 상황을 가탁했다. 이러한 실험과 개척에는 관각문인과 방외인 성향의 문인들이 경쟁적 관계에 놓이면서 분발했다고 할 수 있다. 반면에 국문시가의 경우에는 악장, 경기체가, 시조, 가사가 고려 후기 갈래 체계를 계승하면서 더욱 번성해 갔다. 이 가운데 시조와 가사는 사림파 작가들이 정치적 부침에 따른 처세관, 자연관, 개인적 상황 등을 표현하는 양식으로 발전시켜 나가면서 다른 국문시가 양식을 압도해 나갔다. 그에 비해 악장과 경기체가는 15세기 발전기를 거쳐서 16세기에 들어서자 새로운 활로를 찾지 못해 침체기에 들어섰고 조선 후기에는 소멸했다.

　악장은 대부분 선국의 노래이니 시대적 제한성이 있다. 나라를 다시 세우는 일은 쉽게 일어나지 않으므로 나라를 세우는 데 성공한 경우는 그것이 대단하다고 칭송하는 것이 당연한 일이었다. 그러나 그것은 특권이자 한계를 동시에 지니는 특수성이다. 그래서 건국에 합당한 명분을 찾아야 하고 나름의 합리성을 부여해야 한다. 그 방법은 신화적일 수도 있고 유가적 정치 윤리일 수도 있다. 또 그러한 주제의식을 노래로 만들어 의례적으로 반복하되, 노래 가사가 기억하기에 좋고 수사적으로 설득력이 있어야 한다. 정도전은 조선초기에 그러한 작업을 주도했다. 1393년(태조2) 7월 26일 실록 기사에 의하면 그는 왕에게 악장 제작의 필요성을 역설하고, 고려 왕조에서의 이성계 공적과 새로운 나라의 징조를 소재로 악장을 지어 바쳤다고 기록하고 있다.

　정도전의 <수보록(受寶錄)>은 4언 시경체의 한문 악장이다. 실록과 문집에 실려 있고 <용비어천가> 86장에서 다시 사용됐다. 이성계가 아직 왕위에 오르기 전에 어떤 사람이 지리산 석벽 가운데에서 이상한 글을 얻어서 바쳤는데, 그 뒤 수십 년 만에 그 말이 징험됐다는 서문이 달려 있다. 가사 내용은 다음과 같다.

彼高矣山,	높다랗다 저 산이여
石與天齊.	석벽이 하늘과 가지런하네
于以剖之,	그 석벽을 쪼개내어
得之異書.	이상한 글 얻었구려
桓桓木子,	굳세고 굳센 목자(木子)가
乘時而作.	때를 타고 일어나니
誰其輔之,	누가 그를 돕느냐
走肖其德.	주초(走肖)가 그러한 덕이로세
非衣君子,	비의(非衣)의 군자가
來自金城.	금성으로부터 오고
三奠三邑,	삼전삼읍(三奠三邑)이
贊而成之.	도와서 공 이루리
奠于神都,	신도에 자리 정하여
傳祚八百.	팔백 년 왕위를 전하리
我龍受之,	우리 용께서 그를 받으시니
曰惟寶籙.	이를 보배 비록이라 하도다

주제는 단순하다. 목자(木子), 즉 이(李)씨가 새로 나라를 세워 오래도록 지켜 가리라는 예언서를 받았다는 것이다. 다만 그 일을 도울 조력자들을 거론한 것이 특이한데 노래 가사에서 수수께끼 같은 호기심을 발동시키는 수사 전략을 구사했다. 수수께끼는 한편으로 정보를 차단하고 한편으로 실마리를 제공하여 진실을 발견하게끔 하는 언어 경합의 민속인데, 여기서는 한자의 파자(破字)를 통해서 건국의 주체를 각인시키는 효과를 노렸다. 그러나 그러한 수수께끼가 가사에 포함된 줄 알아도 해답이 분명하게 풀리는

것은 아니므로 노래 끝에 비밀스러운 서책이 따로 전승되는 것처럼 다음과 같이 인용하면서 주석을 달아놓았다.

  木子將軍劍, 走肖大夫筆. 목자의 장군 칼과 주초의 대부 붓
  非衣君子智, 復正三韓格. 비의의 군자 지혜는 삼한을 다시 새롭게 할 격
  三奠三邑, 應滅三韓. 삼전삼읍은 삼한을 응당 멸망시키리니
  朝鮮卜世八百, 卜年八千. 조선은 팔백 세, 팔천 년 점지되리라

 이 또한 한자 음의 운(韻)을 맞춰놓았으니 악장으로 삼아도 손색이 없다. 다만 예언의 핵심만 기록하고 있어 찬양하는 대목을 더 보태야 한다. 여기다 앞뒤 상황적 묘사를 더한 것이 <수보록>이라 할 수 있다. 주석에서는 태조 이성계야 이미 기정사실이므로 언급을 생략하고, 조준(趙浚), 배극렴(裵克廉), 작가인 정도전(鄭道傳)과 정총(鄭摠)·정희계(鄭熙啓)의 성명을 밝혔다. 혁명의 핵심세력이 누구인지를 흥미로운 언어 전략을 구사하며 간접적으로 드러냈다.

 또 <궁수분(窮獸奔)>도 정도전이 시경체 4언 한시로 지은 악장이다. 이성계가 고려말 왜구를 토벌한 공적을 찬양했다. 이 또한 실록과 문집에 수록되고, <용비어천가> 48장에서 다시 사용했다. 왜구들이 육지로 올라와 지리산에 숨어든 것을 퇴로가 막힌 들짐승에 비유하면서 이성계가 그들을 섬멸하여 백성들의 골칫거리를 해결한 사적을 칭송했다.

  有窮者獸, 奔于嶮巇. 궁지에 몰린 들짐승이 험한 산속으로 달아나니
  我師覆之, 左右離披. 우리 군사 덮치자 좌우로 우수수 무너졌네
  或殲或獲, 或走或匿. 죽이거나 사로잡고 달아나거나 숨고 하여
  死者粉糜, 生者褫魄. 죽은 놈은 썩어지고 산 놈은 넋이 나갔네
  不崇一朝, 廓以淸明. 아침나절이 다 못 되어 깨끗이 치워버리고
  奏凱而還, 東民以寧. 개가를 부르며 돌아오시니 동쪽 백성들이 평안해졌네

<수보록>은 왕위에 오를 조짐을 노래한 것이니 신화적 내용을 가지고 신비화하는 수사법을 구사했다면, <궁수분>은 왕위에 오를 만한 무공을 노래한 것이니 과대 포장하는 언어 전략을 선택했다. 그러기 위해서 적들을 오랑캐 정도로도 인정하지 않고 사냥꾼의 포위망을 벗어나 살길을 찾는 궁박한 처지의 짐승으로 비유했다. 짧은 노래인데도 세 차례나 한자 운(韻)을 바꾸면서 두 번째 단락에서는 사람과 짐승의 잡고 잡히는 광경을 긴박하고도 상세하게 묘사했다. 측성(仄聲) 가운데에서도 입성(入聲) 운을 사용해서 분위기를 최대한 고조시켰다. 최초의 상황 설명인 첫째 단락에서 평성 운을, 마지막 단락에서 다시 평성 운을 배치한 것과 좋은 대조를 이룬다.

　악장과 경기체가는 여러 가지 점에서 대조적이다. 악장의 형식은 다양하지만 신왕조의 건국을 찬양하자는 의도와 연향의 기능은 단일하다. 그에 비해 경기체가는 단일한 형식을 유지하면서 작가층에 따라 창작 의도와 기능이 다양하다. 경기체가 형식은 조선초에 악장으로 수용되기도 하고, 승려층에서 받아들여 포교를 위한 노래로 활용되기도 했으며, 사림파 작가들에게는 출처에 따른 갈등과 지향점을 반영하는 노래도 변용됐다.

　권근의 <상대별곡(霜臺別曲)>은 악장으로 불린 경기체가의 첫 작품이다. 『악장가사』에까지 수록되어 있으니 후대까지 악장으로 살아남은 성공작이라 할 수 있다. 성현의 증언에 의하면 성종조까지 사헌부의 신참례에서 자주 노래로 불렸고, 유몽인은 사대부의 청현직(淸顯職) 관리들이 즐기는 별곡(別曲)의 대명사로 이 노래를 기억했다. 신왕조의 기강을 앞세우면서 그 일에 종사하는 관리들의 기개와 자부심과 심지어 일탈을 주제로 삼았던 것이 사대부 유흥문화의 대명사처럼 부각됐다고 할 수 있다. 그러나 5장으로 이루어진 이 작품의 마지막 장에서는 경기체가의 정연한 형식과 '과시와 찬양'이라는 정서가 흐트러지면서 좀 더 속 깊은 내용을 다루고 있어 주목할 필요가 있다. 물론 이 제5장은 제4장이 비대해진 부록으로 볼 수도 있다. 어느 쪽이든 경기체가의 형식성이 훼손된 것은 마찬가지이다.

楚澤醒吟이아 녀는 됴ᄒ녀
　초나라 강가 깨어있는 자 읊조림이 너는 좋으냐
鹿門長往이아 녀는 됴ᄒ녀
　녹문산으로 아주 떠나버림이 너는 좋으냐
明良相遇 河淸盛代예
　명군과 양신이 만나 황하도 맑아진다는 태평성대에
驄馬會集이아 난 됴ᄒ이다
　청총마 타고 모여드는 일이 나는 좋더이다

'초택성음(楚澤醒吟)'은 전국시대 초나라 굴원의 행색에서 유래한 관습적 표현이다. '깨어있다'는 것은 초사 <어부사>에서 표현했던 대로 세상 사람이 모두 취해 있어도 홀로 깨어서 세속의 타락을 일깨우는 모습이다. 왕조의 정통성을 거부하고 재야에서 반발하는 방외인을 상징한다. '녹문장왕(鹿門長往)'은 동한(東漢)의 방덕공(龐德公) 고사에서 유래했다. '아주 떠나버렸다'는 것은 세속을 등지고 다시 돌아오지 않은 은자의 형상이다. 처사형의 사림들을 염두에 둔 표현이다. 반면 나머지 두 줄은 신왕조 사업에 동참한 자신들의 모습이다. 앞 장에서 서들먹거리는 듯한 사헌부 관리들의 파탈과 즐거움을 과시하던 분위기와는 사뭇 달라졌다. 태평성대를 맞이하여 관리로 나서는 것이 더 좋은 일이라는 원론적 주장으로 회귀했다. 그러나 이러한 문인관료의 출처 문제는 사림파 작가들이 경기체가를 지을 때에는 더욱 중요한 주제로 대두되었다. 그것은 갈래 형식과 내용의 심각한 부조화를 초래하면서 경기체가 양식을 쇠퇴와 소멸로 이끄는 주요 원인이 됐다.

경기체가는 기본적으로 사대부의 노래이지만 조선에서 크게 성행하면서 불교의 선승 작가층으로 확대됐다. 그 가운데 지은(知訔)의 <기우목동가(騎牛牧童歌)> 12장은 여러모로 주목되는 작품이다. 이는 1481년(성종12) 5월 치악산 상원암에서 간행된 『적멸시중론(寂滅示衆論)』에 수록되어 있으며, 김수온(金守溫)의 게송 등을 참고할 때 세조 때 창작됐던 것으로 추정된다. 작가는 『적멸시중론』에서 '적멸'의 본체와 '시중'의 효용을 논하고, 그를 다시 경기체가 형식의 12장으로 나누어 노래로 지어 불렀던 듯하다. 또 이 노래는 제목으로 볼 때 송나라 확암사원(廓庵師遠)의 <십우도송(十牛圖頌)>에서 연원한 <십우도> 문화와 관련성이 깊다. 12장은 서사 1-2장, 본사 3-10장, 결사 11-12장으로 구성되어 있어 안정감이 있다. 또 본사는 상구보리(上求菩提)와 하화중생(下化衆生)의 주제를 담았다. 각 장마다 반문하는 중간 후렴구는 일반 경기체가와 동일하나 종합하는 끝 후렴구에서는 "아[爲] … 경(景) 나는 좋아라[我好下ㅅ] 아미타불(阿彌陀佛)"로 변형시켰다.

권호문(權好文, 1532~1587)의 <독락팔곡(獨樂八曲)>은 경기체가의 해체를 보여주는 마지막 시기의 작품이다. 작가는 경기체가의 일반적 정서인 과시와 찬양 대신에 유학적 '독락'을 내세웠다. 제1장에서는 작품의 대전제로서 '태평성대(太平聖代)', '전야일민(田野逸民)'을 선언적으로 노래했다. 성리학의 도리를 지키며 처사적 삶을 누릴 수 있게 하는 조건이자 작가 자신의 위치 선정이다. 그러나 그것은 관습적 표현에 가까운 이상일 뿐이다. 제3장에서는 "사하사호(士何事乎)"라는 다소 원론적 질문을 던졌다. 나이 30세에 사마시에 합격한 후 더 이상의 과거공부를 포기하고 이황의 제자로서 도학자의 삶을 살아갔던 작가로서는 근원적 의문을 스스로 제기한 셈이다. 그에 대한 답변은 『맹자』의 '상지(尙志)'일 뿐이라고 하면서 그 뜻을 부연해 나갔다. 과거 합격의 명예와 이익을 도모해 얻는 영달은 그와는 반대되는 길이라 했다. 부귀를 추구하는 관료적 삶을 경계했다 할 수 있다. 그 대안으로서 모름지기 책 속의 성현을 모시고 언어와 정신을 밤낮으로 닦아나가는 길을 제시했다. 그것은 구체적으로 '상우천고(尙友千古)'의 학자적 삶이었다.

그럼에도 불구하고 마지막 장인 제7장에서는 도학자의 결실에 대한 회의를 감추지 않았다. 특히 다음과 같은 부분이 끼어 들어가 비대해짐으로써 가뜩이나 느슨해진 형식이 거의 해체되는 지경에 이르렀다. 원문을 제시하고 그 아래에 현대어로 풀어서 가사를 붙인다.

坐如尸 儼若思 終日乾乾 夕惕若하는 뜻은
  의젓이 앉고 엄숙히 생각하여 종일토록 떳떳하다가 저녁에 두려워하는 뜻은
尊事天君하고 攘除外累하여
  천군을 존경해 받들고 외물에 얽매임을 떨쳐버려서
百體從令 五常不斁하여
  모든 지체가 명령을 따르며 오상을 허물어뜨리지 않아
治平事業을 다 이루려 하였더니
  치국과 평천하의 사업을 다 이루려 하였더니
時也命也인지 迄無成功 歲不我與하니
  시운인지 운명인지 끝내 공을 이룸이 없고 세월이 나에게 시간을 주지 않으니
白首林泉에 하올 일이 다시 없다
  머리 세어 임천에서 하올 일이 다시 없다
우습다 山之南 水之北에 斂藏蹤跡하여
  우습다 산의 남쪽 물의 북쪽에 종적을 숨겨두고
百年閒老 景 그 어떠 하니잇고
  백 년 동안 한가로이 늙는 광경 그 어떠합니까

  번역하기 곤란한 개념적 한자어의 표현이 있지만 기시 형식을 연상시킬 만큼 화자의 내면 풍경을 형식적 제약 없이 드러냈다. 끝의 마지막 두 줄은 경기체가 형식으로 마무리하기 위한 최소한의 수습에 불과하다고 해도 지나친 말이 아니다. 『예기』, 『주역』에서 인용한 고명한 말씀이 시적 화자의 현실에서는 어그러졌다는 것을 허탈한 웃음으로 얼버무렸다. 그러나 이념과 현실이 어떻게 어긋났는지 구체적 언급은 회피했다. 그럼에도 불구하고 상상력을 보태면 마치 김우옹의 <천군전>을 뒤집어서 임제의 <수성지>로 옮겨가는 듯한 정서를 느끼게 한다. '치평사업'이 치국평천하(治國平天下)가 되기에는 자기의 일생 궤적과 너무도 동떨어져 있으므로 '백체종령'하는 천군의 나라에서 근신이 성을 다스리는 일에 힘쓰고도 만족스러운 결과에 이르지 못했음을 암시했다.

조선 전기의 노래 갈래체계는 조동일,『한국문학통사2』(지식산업사, 2005 제4판) 295~304면 참조. <상대별곡>은 조규익,「악장 엮어 읽기」, 박노준 편,『고전시가 엮어 읽기 (상)』(태학사, 2003) 365~370면 참조. <상대별감>의 전승 상황에 관한 증언은 성현의『용재총화』, 성현이 조카 성유본(成有本)의 사헌부 감찰 직임을 기념하여 준 <유본배감찰희증(有本拜監察戲贈)>시, 유몽인이 사행길에 평안감사 한준겸(韓浚謙)에게 준 <조천별곡봉정서백한익지(朝天別曲奉呈西伯韓益之)> 등에 있다. 경기체가의 갈래적 특징과 변화는 박경주,「15세기 말에서 16세기 초 경기체가 장르의 정서 변화에 대한 고찰」,『고전문학과교육』24(한국고전문학교육학회, 2012) 참조. <기우목동가>는「경기체가 <기우목동가>의 구조와 문학사적 위상」,『한국시가연구』25(한국시가학회, 2008) 37~56면; 최형우,「<기우목동가>, <진여자성가>의 <십우도> 문화 수용과 문학적 변용 연구」,『어문론총』74(한국문학언어학회, 2017) 231~235면 참조. <독락팔곡>은 김석회,「<독락팔곡>과 <전가팔곡>의 거리」, 박노준 편,『고전시가 엮어 읽기 (상)』, 앞의 책, 378~393면 참조.

6.5.2. 유배가사와 기행가사의 우언적 수법

사부(辭賦)는 한문학 양식 중에서도 고도의 수련이 필요한 영역이다. 운문적 표현과 산문적 구성을 동시에 고려해야 한다. 그러한 창작 조건 때문에 사부의 양식은 우언적 글쓰기가 자주 활용되고, 전범적 위치의 명작들은 양식의 변화를 촉진시켜 개별 형식으로 굳어졌다. 그에 비해 민족어 교술시에 해당되는 가사는 고려말 승려 계층에서 시작되었지만 조선조 사대부들이 작가층으로 등장하여 크게 발전시켰다. 사대부들은 지방 거주와 여행, 유배나 은거라는 실제 생활로부터 체험적 소재를 흔하게 구하고 비교적 자유로운 운문 형식을 활용하여 산문적 구성을 적극적으로 시도할 수 있었다. 사(辭)와 부(賦)는 미학적 창작 욕구를 만족시키고 문필력을 과시하기에 적합했다면, 가사는 생활상에서 우러나오는 절실함을 반영하고 노래로 부르기에도 유리했다. 그렇지만 사부와 가사는 교술시라는 공통점을 지니면서 창작 기법을 주고받았다. 그 둘은 경쟁적이기보다는 오히려 보완 관계에 놓여 있었다. 이에 비해 경기체가와 가사는 사림파가 자신들의 출처와 관련하여 내면의 고민을 표현하기 시작하면서 경쟁 관계에 놓였고 경기체가는 형식의 부자유 때문에 결국 가사의 대세를 이겨내지 못했다.

조위(曺偉, 1454~1503)의 <만분가(萬憤歌)>는 최초의 유배가사로서 절실한 표현에서뿐만 아니라 화자의 개성과 우언적 구성이 돋보여 후대에 큰 영향을 끼쳤다. 작가는 김종직의 처남이자 문인이었다. 성종조의 문인관료로 사가독서를 했으며 호조참판과 대사성을 역임했다. 연산군 때 동지중추부사로서 성절사(聖節使)가 되어 중국에 다녀오던 길에 무오사화가 일어나 의주(義州)에 유배됐다. 이 시기에 정희량과 함께 유배생활을 하면서 <규정기(葵亭記)>라는 정자 기문을 지어 임금에 대한 변함없는 충성심을 나타냈다. 그 뒤 1500년(연산6) 47세에 순천으로 이배되어서는 국문으로 장편 가사 <만분가>를 지었다.

이 작품은 서두에서부터 '천상 백옥경'의 '자청전(紫淸殿)'이라는 도교적 성성 공간을 설정했다. 그곳은 구민리나 떨어져 꿈에라도 갈둥말둥하다고 했다. 차라리 죽어서 억만 번 변화한 후 남산 두견새 넋이 되어 밤낮으로 울어도 소용없다고 했다. 그러니 아무리 멀어도 그곳으로 나아가 만나기만 만나면 자기 속에 있는 말을 끄집어내겠다고 다음과 같이 토로했다.

  삼청동리(三淸洞裏)에 저믄 하늘 구름되어
  바람에 흘려날아 자미궁(紫微宮)의 날아올라
  옥황 향안전(香案前)에 지척에 나아앉아
  흉중에 쌓인 말씀 싫도록 사뢰리라
  어와 이내몸이 천지간에 늦게 나니
  황하수 맑다마는 초객(楚客)의 후신인가 상심도 가이업고
  가태부(賈太傅)의 넋이런가 한숨은 무슨 일고
  형강(荊江)은 고향이라 십 년을 유락(流落)하니

백구(白鷗)와 벗이 되어 함께 늙자 하였더니
어루는 듯 괴는 듯 남에 없는 임을 만나
금화성(金華省) 백옥당(白玉堂)에 꿈에조차 향기롭다

'삼청동'은 도교 최상위 하늘을 비의한 동네의 이름이다. 지상의 궁궐 경복궁을 이웃하고 있다. 남산에서 나비로 변해 밤낮없이 울어대는 것보다는 그곳을 통해 임금을 지척에서 뵙는 길이 첩경이라는 상상력을 발휘했다. 그러나 그것은 미래의 희망일 뿐이다. 화자는 스스로를 초사의 작가 굴원이나 가의의 계승자로 규정했다. 그들의 <이소(離騷)>나 <조굴원부(弔屈原賦)>를 모방하여 임금을 걱정하고 재야를 떠도는 생애를 하소연하는 것을 운명으로 받아들였다. 어쩌다가 '남에 없는 임'을 만났던 것은 꿈같은 옛일이다. 여기서 '임'이 등장하는 것은 화자가 여성을 자처하며 이른바 충신연주(忠臣戀主)의 유비 관계를 설정했음을 짐작케 한다. '금화성'은 문하성(門下省)의 별칭이니 조정을 뜻한다. '백옥당'은 임금의 글을 짓는 최고의 문인 관료 집단인 홍문관을 미화한 이름이다. '임'의 은혜를 갚기 위해 그 같은 남성 공간에서 애를 썼지만 어젯밤 무서리가 섞어 쳐서 오늘에는 약수(弱水)만큼이나 사이가 떨어졌다고 했다. 이후로 그 고난의 크기가 어떠한가를 다각도의 비유로 절실하게 그려냈다.

또 한편으로 함께 놀던 '저네들'의 형편을 걱정했다. "강천(江天) 지는 해에 주집(舟楫)이나 무양(無恙)한가" 물으면서, 오도 가도 못한다는 염예퇴(灩澦堆)를 겨우 지나 만리붕정(萬里鵬程)에 나섰다가 바람에 달라붙어 흑룡강에 떨어진 형국이라 했다. 사림파들의 힘겨운 정계 진출과 첫 사화로 인한 패퇴를 비유했다. 더 나아가 이같이 뜻 있는 자들의 억울한 고난을 옛 사적에 견주면서 조물주를 못 믿겠다고 하면서도 하늘을 원망할 수도 없다고 했다. 도척과 백이의 영욕이 뒤집힌 세상사에 대해 『장자』 30편의 의론이 지나치게 많다고 하고, 남가일몽 같은 지난 꿈이 밉살스럽다고까지 했다. '임'을 그리는 화자의 여성성이 희석되고, 독서인으로서의 군자상이 부각된다.

임을 만나기 위해 갖은 상상을 다해보지만 임은 만날 수조차 없다. 이 또한 여러 극단의 비유를 동원했다. 체념을 하면서 고결한 생애를 죽림(竹林)에 부치고자 빈 낚시대를 들고 배를 띠워 보지만 어쩔 수 없이 다시금 임의 궁궐을 생각한다. 여기서의 화자는 은자 남성에 가깝다. 마지막 대목에서는 높은 뜻을 하늘의 말없이 나는 새에게 반문해 보지만 답답한 마음이 산과 돌처럼 쌓이고 비와 물이 되어 어디라도 울며 갈 것이라고 한탄했다. 임금을 만날 수 없는 격절감을 그처럼 표현하면서, 자기의 뜻을 알아줄 사람이 있으면 영원한 친구가 되겠다고 마무리를 지었다.

이처럼 화자는 만나지 못하는 '임'을 그리는 여성을 자처하면서도 불쑥불쑥 남성의 목소리를 함께 드러낸다. 또 그의 하소연은 극단의 상상력을 통해 만장기염을 토했지만 임과의 소통은 완전히 단절되어 혼자만의 넋두리가 됐다. 하늘에서 추락한 동료에 대한 염려를 곁들이기도 했고, 마지막에는 자신의 하소연을 들어줄 예상 청자를 임에서 지기(知己)로 바꾸었다. 경기체가와는 비교가 되지 않을 정도의 격렬한 정서를 쏟아냄으로써 발분(發憤)과 연군(戀君)이라는 주제의 균열을 일으켰다는 한계가 있지만, 그만한 표현과 구상을 담을 만한 가상적 장치를 마련함으로써 가사의 우언 담론을 시도했다는 의의가 있다.

이서(李緖, 1484~?)의 <낙지가(樂志歌)>는 유배가사에서 벗어나 은일가사로 전환한 작품이다. 작가는 왕족으로 1510년(중종5)에 역모 사건으로 모함을 받고 전라도 담양으로 유배되었다. 14년 만에 죄가 풀렸지만 그는 귀경을 단념하고 그곳에서 은거하다가 생을 마쳤다. 이 작품은 은거기에 지어진 것으로 추측된다. 유배에 대한 말은 한마디도 없이 자기 거처의 공간성과 삶의 시간성을 위주로 묘사했다. 처음에는 곤륜산에서 떨어져 나온 소중화를 언급하면서 조선의 팔도를 지나 전라도로 초점을 줄여나갔다. 호남 천리 53주(州) 각 고을 가운데 추월산이 담주(潭州)라고 소개하고 응봉(鷹峯) 아래 터를 닦아 초당 3칸을 지어놓았다고 했다. 이어서 '우리 대왕'과 '우리 대비'를 칭송하고 역대 성현의 모범을 열거했다. 그러나 마지막에는 삶의 방향을 분명히 정하기 위해서 다음과 같이 긍정과 부정의 사례를 대비시켰다.

　　누항단표(陋巷簞瓢) 잡아다가 안빈(安貧)이나 하여보세
　　평원식객(平原食客) 삼천 중에 모수자천(毛遂自薦) 우습도다
　　풍사우립(風簑雨笠) 떨쳐입고 부곽전(負郭田)을 갈아내니
　　유세육국(遊說六國) 소계자(蘇季子)의 요패황금(腰佩黃金) 불워하랴
　　죽리독좌(竹裏獨坐) 탄금(彈琴)하니 왕마힐(王摩詰)이 고인(故人)이오
　　천변진일(川邊盡日) 방화(訪花)ᄒ니 정명도(程明道)가 현사(賢師)로다
　　서불진의(書不盡意) 도불진정(圖不盡情) 이내 사업 뉘 알소냐
　　중장통(仲長統)의 낙지론(樂志論)을 아역사숙(我亦私淑) 하였어라

첫 두 줄은 자신의 능력을 감추고 스승의 도리를 묵묵히 실천했던 안연(顏淵)과, 수많은 식객 중에서 평원군의 눈에 띄지 않자 스스로를 추천하여 공을 세웠던 모수(毛遂)를 대비했다. 둘째 짝은 전국시대에 육국 재상이 된 소진(蘇秦)의 사적을 가져와 출세 전후를 대비했다. 소진은 고향에 금의환향하여 사람들의 대우가 완전히 달라진 것을 보고, 자기에게 낙양 성 밑의 두 이랑 밭이라도 있었으면 육국 재상의 인끈을 찼겠느냐고 반문했다는 고사를 활용했다. 화자에게는 담양 고을에 먹고 살 만한 전답이 있으니 굳이 귀경하여 출사하지 않겠다는 말이다. 셋째 짝은 왕유(王維)의 <죽리관(竹裏館)>과 정호(程顥)의 <춘일우성(春日偶成)> 구절을 따와서 그들의 담박하고 고상한 의취를 숭상했다. 넷째 짝은 이러한 인용 위주의 표현으로는 자신의 뜻을 다 나타낼 수 없다고 보아 후한말 중장통(仲長統)의 <낙지론(樂志論)>을 다시 거론했다. 당대 권력의 위세를 뛰어넘어 고금의 역사를 비평하고자 했던 중장통의 의식을 드러낸 글이다. 이는 훗날 김홍도가 그린 <삼공불환도(三公不換圖)>의 배경이 된 작품이기도 하다. 그러나 <낙지가>는 중장통의 비평의식을 굳이 들추어내지 않고 말이나 그림으로 다 전할 수 없는 고유의 사업이 있다고 해서 은미한 뜻을 암시했다. 이 작품은 한문 고전의 인용이 심하고 고유어 구사가 미약하다는 점에서 관념적 한계성을 지

니고 있지만, 은일가사의 정신적 지향점을 자국토 의식과 더불어 독립적인 향촌 마을에 두었다는 점에서 나름의 의의가 있다. 또한 공간의 장소성을 부각시키기 위해 기행가사와 같은 묘사가 처음으로 시도됐다는 측면에서 유배, 은일, 기행 가사의 공통분모를 보여주었다는 의의도 있다.

허강(許橿, 1520~1592)은 명종조에서 한강변의 유람을 노래한 <서호별곡(西湖別曲)>을 지었다. 그는 벼슬은 단념하고 지금의 서울 마포 지역의 서호(西湖)에서 은거한 인물이었다. 그 가장 큰 원인은 부친인 허자(許磁)가 을사사화에 얽혀서 유배지에서 타계한 정신적 충격 때문이었다. <서호별곡>은 한남 나루에서 출발하여 동작나루, 서강, 송호까지 뱃놀이를 즐기는 내용이니 기행 가사에 가깝다고 하겠지만, 화자는 출사를 포기한 '일민(逸民)'을 자처했고 유람의 장소와 정서는 거의가 중국 강남의 풍경을 겹쳐놓은 것이니 가상적 글쓰기에 의한 은일가사라고 할 수 있다.

'서호'는 임포(林逋)나 소식(蘇軾)과 같은 고전적 인물을 통해서 관념화되어 있었고, 명나라 초기에 전여성(田汝成, 1503~1557)의 여행 안내서 『서호유람지(西湖遊覽志)』 등이 유행하여 중국의 강남 문학지리학의 핵심 장소로 떠올랐다. 고려 때 개경 부근의 서호를 조성하려는 열기가 이미 『파한집』에 의해 증언되고, 조선에서는 마포 하류의 서강 양화도(楊花渡)가 그 장소로 비의됐던 것이다. 특히 한국, 일본, 베트남 등 동아시아 중세에 수용된 문화적 전유 현상의 하나로서 서호는 각국 현지의 장소에다 중국 강남의 문명적 의미를 중첩시키고 시문과 회화 등의 예술적 제재로 삼았다. 예를 들어 이제현이 개경팔경의 하나로 읊었던 <서강월정(西江月艇)>의 "풍류미필재서시(風流未必載西施)"라는 구절은 <악장어부사> 제9장과 <농암어부가> 제9장에서 지속적으로 인용됐다. 이러한 자국산 시구는 중국 송나라 선자화상(船子和尙)이 읊었던 '빈 배의 풍류'를 보강하고 구체화하는 데 활용됐다. 빈 배에 실린 달빛으로 충만감을 나타내면서 서시(西施) 같은 미인은 굳이 필요 없다는 사대부의 고상함을 확인하고 계승했다.

또 조선 전기에는 15세기부터 한강의 서호와 중국의 서호를 겹쳐서 사유하는 풍류 문화와 예술 창작이 만연했다. 안평대군이 집현전 학사들과 어울려 <서호십경시(西湖十境詩)>를 주고받았다. 잠령칠현의 일원이었던 무풍정(茂豐正) 이총(李摠)은 양화도(楊花渡)에 별장을 짓고 '서호주인'을 자처하며 문사들과 어울려 천여 편 시작품을 지었다. '잠령'은 한강 쪽으로 벼랑이 돌출되어 있어 '덜머리'로 불렸으며 오늘날 절두산으로 이름이 바뀌어 천주교 성지가 조성된 곳이다. 양화도 혹은 양화진이 여기에 있어 강화로 나가는 수로의 요충지이자 서울 근교의 고상한 유람처로 각광을 받았다. 그러나 이곳을 감상하는 태도는 문인 계층에 따라 상당한 차이가 있었다.

<서호별곡>은 서호를 가기 위한 뱃놀이에서 여러 곳 한강 나루의 풍경을 바라보며 한문 고전의 세계를 겹쳐놓았다. 거기에는 당대 한강 수역을 삶의 터전으로 살아가는 생활인의 모습이 좀처럼 포착되지 않는다. 다만 다음과 같은 구절은 화자의 내면을 가탁하면서 언뜻 고상한 풍류의 실상이 무엇인지 내비쳐서 주목된다.

별구(別區) 어촌(漁村)은 노하(露河)란 말이
왕유(王維) 망천(輞川)이며 유주(柳州) 노강(露江)이라
어류재량(魚罶在梁)하니 이 너의 생애로다

어촌이 형성되어 있는 노량진은 별도의 지역이라 했다. 중국의 강남지리를 겹쳐 보는 관점에서는 좀처럼 포착되지 않던 예외적 공간이다. 그럼에도 불구하고 왕유와 유종원의 생애를 다시 호출해 냈다. 왕유는 이임보 등이 장악한 당 현종의 조정과 별업이 있었던 망천을 왔다갔다하며 '역관역은(亦官亦隱)'의 모순된 태도를 취했다. 유종원은 영주자사로 좌천되어 갔을 때 <어옹(漁翁)>이라는 시를 지어 "애내일성산수록(欸乃一聲山水綠)"이라는 구절을 남겼다. 이는 <악장어부가>와 <농암어부가>에 수용되었을 뿐만 아니라 궁중 연희 <선유락(船遊樂)>의 모형 배 돛에까지 그대로 써놓았다. 어량에 통발을 설치하는 것이 그들의 생애라 했다. 강호의 고상한 즐거움이

아닌 생활상의 고뇌가 얼마간 묻어있다.

허강의 손자 허목(許穆)은 이 작품의 이본을 후대에 전하면서 발문을 통해 작가의 창작 배경을 밝혔다. 허강이 부친의 정치적 희생 때문에 서강에 은거하여 '서호처사'로 불렸으며 그 승경을 읊은 한시 200수를 지었다고 했다. 아울러 <서호사 6결>을 창작했는데, 양사언이 악부곡에 올려 <서호별곡>을 만들었다면서 감상평을 썼다. 노래로 부르고 듣는 <서호별곡> 가사에는 작가의 '우의(寓意)'가 완곡하게 가다듬어 있지만, 보면서 읊조리는 <서호사>에는 <어부사>의 창랑지수(滄浪之水), 이비(二妃)의 소상반죽(瀟湘斑竹), <이소>의 벽려(薜荔) 등으로 표현된 눈물과 여한이 배어있다고 했다. 은일가사가 가창 여부와 향유 조건에 따라 우의의 완급과 강도가 조절됐음을 짐작하게 한다. 작가는 중국 강남의 풍류 문화에 의지하고 있는 관념적 은자처럼 보이지만, 강호 시가의 구현에 있어 은일 가사를 택하게 된 은미한 창작 의도를 작품 속에 내장시켜 놓은 셈이다.

<만분가>는 유연석,「만분가의 내용적 고찰」,『한국시가문화연구』14(한국시가문화학회, 2004); 조하연,「<만분가>의 심리적 흐름과 '만분'의 함의」,『문학치료연구』37(한국문학치료학회, 2015) 참고. <낙지가>와 <서호별곡>은 최상은,「사화기 은일가사 <낙지가>와 <서호별곡>의 관념성과 작가의식」,『한민족어문학』71(한민족어문학회, 2015) 및『조선사대부 가사의 미의식과 문학성』(보고사, 2004);『가사문학의 이념과 정서』(보고사, 2006) 참고. <서호별곡>의 이본에 대해서는 김현식,「<서호별곡>과 <서호사>의 변이양상과 그 의미」,『고전문학연구』25(한국고전문학회, 2004) 참고. 서호(西湖)의 의미에 대해서는 윤주필,「한국 고시가의 강남 문학지리학」,『열상고전연구』(열상고전연구회, 2014) 472~478면; 김동준,「한국한문학사에 표상된 중국 서호의 전개와 그 지평」,『한국고전연구』28(한국고전연구학회, 2013) 85~98면 참조.

6.5.3. 정철 가사의 성취

정철(鄭澈, 1536~1594)은 가사 양식을 민족어 교술시의 최고 수준으로 끌어올렸다. 경기체가의 형식성을 걷어내고 자유로운 운율에 기대어 하고 싶은 말을 마음껏 표현했다고 해도 과언이 아니다. 사부(辭賦)의 최고봉들과 견주어도 손색이 없고 우리말의 묘미를 살렸다는 점에서는 애초 차원을 달리하는 것이니 '언소(諺騷)', 즉 우리말 이소(離騷)라는 칭송이 생겨날 정도였다. 그럴 수 있었던 것은 세밀한 관찰과 적절한 표현뿐만 아니라 상상력을 마음껏 펼칠 만한 뛰어난 구성의 덕택이다. 정철의 가사는 우언적 설정과 주제의 은미한 가탁을 통한 구성상의 특징을 지니고 있다.

<관동별곡>은 본격적인 기행 가사로서는 최초라고 할 만하다. 그 이전의 가사들은 유배나 은일의 주제가 기행과 겹치는 경우가 많았다. 이 작품에서는 화자의 최초 출발점과 심리적 고립감을 언급할 때만 그러한 경향이 제한적으로 나타난다. 화자는 애초 기행의 동기가 된 관동 관찰사의 임무를 맡았다고 하면서도 강호에 병이 깊어 죽림에 누웠던 강호인이라고 자처한다. 강호 가사의 넓은 범주를 염두에 두었음을 알 수 있다. 또 화자는 스스로를 나라를 떠나는 고신(孤臣)으로 형상화하면서 임금과의 거리를 측정하곤 했다. 심리적으로 출처의 문제를 늘 염두에 두고 있는 사대부의 내면 의식을 간헐적으로 드러내면서 초사(楚辭)의 강개한 미의식을 수용했다.

물론 작품의 중요한 기술 대상은 강원도의 자연 경관이다. 이는 여정을 따라가며 묘사하고 있지만 크게 보면 산수(山水) 대비로 구성되어 있다. 산의 경관은 금강산 유람으로, 물의 경관은 관동팔경의 유람으로 묘사됐다. 그러한 가운데 전자에서는 금강대 꼭대기에 선학(仙鶴)을 보고는 화자 스스로 '서호(西湖) 옛 주인'이라고도 하고, 후자에서는 동해 바닷가를 내려오며 '취선(醉仙)'이라고도 했다. 또 전자의 불정대에서는 이백의 <여산폭포(廬山瀑布)>시를, 후자의 의상대에서는 이백의 <등악양루(登岳陽樓)>시를 용사하여 산수 경관 묘사의 정점으로 삼았다. 특히 의상대의 일출에서

구름이 순식간에 걷히는 광경을 보고는 이백 시를 떠올리며 "시선(詩仙)은 어데 가고 해타(咳唾)만 남았나니 천지간 장한 기별 자세히도 하였구나"라고 했다. 여기에는 경관에 대한 찬탄 이상의 의미가 곁들여져 있다. 이러한 암시는 여정의 마지막인 망양정 관람 이후의 묘사를 통해 구체화된다.

<관동별곡>의 결사에 해당하는 망양정의 밤 풍경은 풍랑이 멎고 밝은 달이 뜨면서 시작된다. 화자는 이렇게 좋은 세계를 남에게 모두 보이고 싶어서 좋은 술을 건네며 달에게 말을 건다. 다분히 이백의 <월하독작(月下獨酌)>이나 앞에서 암시됐던 <등악양루> 구절을 활용한 설정이다. 그리고 화자는 잠이 들면서 선계를 몽유하며 '한 사람'과 대화하고 즐거운 만남을 가진다.

> "그대를 내 모르랴 상계(上界)의 진선(眞仙)이라
> 황정경(黃庭經) 일자(一字)를 어찌 그릇 읽어 두고
> 인간(人間)에 내려와셔 우리를 따르는가?
> 잠깐만 가지 마오 이 술 한 잔 먹어보오!"
> 북두성(北斗星) 기울여 창해수(滄海水) 부어내어
> 저 먹고 날 먹이거늘 서너 잔 거우르니
> 화풍(和風)이 습습(習習)하여 양액(兩腋)을 추켜드니
> 구만리 장공(長空)에 웬만하면 날리로다
> "이 술 가져다가 사해(四海)에 고루 나눠
> 억만(億萬) 창생(蒼生)을 다 취하게 만든 후에
> 그제야 다시 만나 또 한 잔 하잤고야!"

그 한 사람은 다름 아닌 이백이다. 화자가 이백처럼 달에게 술을 권하며 말을 걸자 꿈속에 이백이 나타나 화자의 전생을 말해주고 적선(謫仙)으로서의 동질의식을 표시한다. 이에 한껏 기분이 고양된 화자는 의상대에서 암시 받은 '장한 기별'과 꿈에 들기 전 모든 사람에게 보이고 싶었던 '이 좋은 세계'를 실현하고자 한다. 그것은 구체적으로 천하 사람들을 즐겁게 만든

후에야 자신도 즐거울 수 있다는 이상이다. 이는 다름 아닌 범중엄(范仲淹)의 <악양루기(岳陽樓記)>에서 제시한 "천하에 앞서 근심하고 천하에 뒤처져 즐긴다"는 선우후락(先憂後樂)의 정신을 주제로 삼음으로써 사림파 문인의 명분을 우의한 것이다.

그런 다음 그 한 사람은 학을 타고 날아 올라가고 화자는 잠을 깨어 망양정 바다를 굽어보는 것으로 설정했다. 꿈에 들기 전에 기다리던 달이 뜨기 시작했는데, 이제는 온 산과 온 골짜기에 아니 비친 데 없다고 했다. 화자가 염원했던 장한 기별과 천하만민의 좋은 세계가 실현되어 확인하고 있음을 의미한다. 부분적으로 몽유록 설정을 가사 형식에 담으면서 기행이 단순한 유람기에 그치지 않고 정치적 이상을 가탁했다.

정철의 <사미인곡>과 <속미인곡>은 더욱 문제작이다. 유배가사이면서 임금의 상징인 '미인'을 전면에 내세운 설정이 '언소(諺騷)'라는 평가에 더 적합하다. 물론 이 작품들의 먼 연원으로는 초사(楚辭) 작품인 <이소(離騷)>와 <사미인(思美人)>이 있지만 앞 세대 가사로서 조위의 <만분가>는 직접적으로 영향을 끼쳤다. 따라서 이들은 유배가사 가운데에서도 '미인사' 계열로 특별히 구분하기도 한다. 그럼에도 불구하고 <사미인곡>은 전통을 일신하여 특화시킨 요소가 두드러지고, <속미인곡>은 그것을 다시 한번 변형시켜 독자성을 확보했다. 그 같은 개성화 작업의 성공 요인은 여러 가지 측면에서 접근할 수 있지만 우언적 글쓰기의 정교함이 가장 중요했다고 여겨진다.

<사미인곡>에서 설정한 시공간은 화자가 광한전(廣寒殿)에서 내려온 지 3년이 된 지상이다. 그런데 화자는 엊그제 '임'을 모시다가 하계(下界)로 내려온 것처럼 느끼고 있다. 애초부터 한평생 연분으로 여기고 있었기 때문이다. 작품 처음에 "이 몸 삼기실 제 임을 조차 삼기시니"라고 대전제를 깔아 놓았다. 여기서 화자는 여성이며 '임'은 남성임을 분명히 했다. 이러한 가상적 설정은 한 번도 흔들리지 않는다. 이 점은 <이소>와 <만분가>와 견주어 볼 때 매우 특징적이다. 굴원의 작품에서 화자는 스스로의 올바름과 정당성

에 자부심을 느끼는 남성적 존재이며, 조위의 작품에서는 화자의 정체성이 여성과 남성을 오가며 갈등한다. 그에 비해 <사미인곡>의 화자가 여성으로 일관하는 정체성은 이하의 허구적 설정과 묘사를 핍진하게 만들어준다. 천상에서 쫓겨난 여인의 삶은 사계절에 걸쳐 묘사되는데 모두가 임을 만나기 위한 노력으로 채워진다.

봄에는 '황혼의 달'에서 임을 떠올리고 '창밖에 심은 매화'를 보내고 싶어 하지만 임이 자기를 기억해 줄까 자신이 없다. 여름에는 '오색선 풀어내어', '님의 옷 지어내'지만 찾아갈 길이 천·만리이고 또 자신을 본 듯이 반기실까 의심한다. 이러한 표현은 <만분가>에서 이미 구사된 것이지만 여성적 화자의 나약함은 절실함을 점층시키는 효과를 준다. 가을에는 '동산의 달'과 '북극의 별'을 보고 임에게 맑은 빛을 보내어 온 세상을 비추시고 '심산궁곡'까지 도달하게 해달라고 축원한다. <관동별곡>에서 품었던 이상을 재생하되 여성의 목소리를 빌려서 화자의 궁박한 처지를 얹었다. 겨울에는 '소상남반(瀟湘南畔)'의 추위에서도 임의 추위를 걱정하며 처마끝 햇볕을 거두어 "임 계신 데 쏘이고져" 염원한다. 치마를 여미고 소매를 반으로 거둔 채 '일모수죽(日暮脩竹)'에 기대이 심려에 빠진다는 묘사는 두보(杜甫)의 <가인(佳人)> 시구를 용사한 것이고 <만분가>에도 비슷하게 활용됐지만 임에 대한 걱정과 염원 끝에 이루어진 행위이기 때문에 여인의 애절함이 배어있다. 또 다음 단락에서 꿈에나 임을 보고자 하다가 잠을 못 이루고 밤을 지새우는 광경으로 이어지기에 어쩔 줄 몰라 하는 여인의 진정성이 느껴진다.

마지막 대목에서 화자는 언제나 그처럼 긴장된 상태로 지낼 수는 없으니 시름을 잊자고 다짐하지만 그럴 수 없음을 깨우친다.

    마음에 맺혀있어 골수에 사무쳤으니
    편작(扁鵲)이 열이 오나 이 병을 어찌하리
    어와 내 병이야 이 임의 탓이로다
    차라리 죽어져서 범나비 되오리라

꽃나무 가지마다 간 데 족족 앉아 가다가
향 묻은 날개로 임의 옷에 옮기리라
임이야 날인 줄 모르셔도 내 임 좇으려 하노라

임을 탓하지만 임을 향한 마음을 바꿀 수가 없다. 차라리 범나비가 되는 꿈은 밤잠을 못 이루다가 이뤄낸 공상이다. 『장자』의 호접몽은 애초 달관의 경지를 우의한 것이고, <만분가>에서는 "남가(南柯)의 지난 꿈이 싫고도 밉다"고 했지만, 여기서의 범나비는 임을 만나려 했던 수많은 시행착오를 극복하는 방법으로 상상하고 있다. 이 대목 뒤에 연결된 마지막 결사는 그동안 고려됐던 임의 반응에 대한 걱정을 떨쳐버리고 여성화자의 일방적 진정성을 선언하는 것으로 마감했다.

<속미인곡>은 <사미인곡>의 연속작이다. <사미인곡>은 여성 화자의 일관성과 진성성이 '나'의 시점에서 토로됐지만 결국 일방적인 것으로 끝을 맺었다. 그에 비해 <속미인곡>은 여성 화자가 복수로 등장하여 대화를 나누면서 전편의 일방성을 철회시켰다. 여인의 기구한 사연을 서사화할 수 있는 가상의 틀을 구성한 셈이다. 제3의 서술자가 따로 없어도 오직 대화를 통해서 우회적으로 사연을 들려준다. 여인의 속사정을 내밀하게 그려 하나의 장면화에 집중하고 있으며, 여인들끼리 내면 심리를 토로하면서 운문에 어울리게 했다. 이 같은 여러 측면에서 우언적 글쓰기가 전편에 비해 더 치밀해졌다.

<속미인곡>의 시공간적 설정은 전편과 대동소이하다. '천상 백옥경'은 광한전의 변형이며 <만분가>의 답습이다. 여인1은 여인2가 천상을 이별하고 지상에 나타난 것을 알고 있다. 처지가 비슷하다는 전제를 하고 있다고도 할 수 있다. 지상에서 할 일이라고는 없는데 누구를 보려고 날 저문 때에 어디를 가느냐고 물었다. 여인2는 임과의 사정 이야기를 털어놓으며 '조물의 탓'이라고 결론짓는다. 이에 여인1은 그것일랑 생각하지 말라고 충고한다. 이 같은 대화는 <만분가>에서 화자가 자포자기 상태에서 하늘을 원

망하고 다시금 철회하는 갈팡질팡하는 대목을 연상시킨다.

여인2는 "맺힌 일이 있다"고 하면서 수다스럽게 임에 대해 털어놓는다. <사미인곡>의 결말 대목에서 "마음에 맺혀 있어"라고 말했던 일방적 진성성을 확대해 나갔다. 헤어지기 이전 임을 모셨던 경험을 바탕으로 임을 그리워하고 그쪽 소식을 어떻게든 알려고 하는 자신의 노력을 여러 가지로 토로했다. 그러한 여러 시행착오 끝에 풋잠 속에서 임을 잠깐 보았지만 정에 겨워 말도 제대로 못 하고 깨어났다고 했다. 이후 마지막 대목에서 두 화자는 다음과 같이 작품을 마감했다.

> 어와 허사로다 이 임이 어데 간고
> 잠결에 일어나 앉아 창을 열고 바라보니
> 어여쁜 그림자가 날 좇을 뿐이로다
> 차라리 죽어져서 낙월이나 되어있어
> 임 계신 창 안에 번듯이 비취리라
> 각시님 달은커녕 궂은 비나 되소서

여인2는 꿈에 임을 만나는 일조차 허사임을 깨닫고 마지막 결단을 한다. 그러나 <사미인곡>의 결단과 크게 차이가 없다. 오히려 범나비의 절실함에는 못 미치는 느낌도 있다. <만언사>에서는 서두에서부터 억만 번 변화하여 남산 두견새가 되는 상상을 했지만 일찌감치 포기했다. 여인1은 '맺힌 일'의 마지막 대응에 흔쾌히 동의하지 못한다. 서술자의 시선은 이 두 여인이 공유한 '임'의 정서 뒤에 숨으면서 오히려 일방적 진정성의 한계를 드러냈다. 그것은 유배 상황을 가탁한 연주지사(戀主之詞)의 근본적 한계이기도 하다. 소외된 신하의 하소연을 수동적 여성상으로는 모두 표현할 수는 없기 때문이다. 그럼에도 불구하고 여성적 화자를 복수로 내세워 소외된 신하의 일방적 충심이 지니는 한계를 객관화함으로써 은미한 뜻을 드러내는 효과를 거두었다. 홍만종은 『순오지』에서 이 작품을 제갈공명의 <출사표>에 견줄 만하다고 평가했다.

<관동별곡>은 김병국, 「가면 혹은 진실 -<관동별곡> 평설」, 『한국 고전문학의 비평적 이해』(서울대 출판부, 1995); 김창원, 「관동별곡의 관찰사 여정과 심상지리」, 『한국시가연구』 27(한국시가학회, 2009); 성호경, 「가사 관동별곡의 종착지 월송정 부근과 결말부의 의의」, 『국문학연구』 22(국문학회, 2010) 참고. <만분가>와 양미인곡(兩美人曲)은 최상은, 「<만분가>와 <사미인곡>의 작품구조와 작가의식」, 『한민족어문학』 15(한민족어문학회, 1988) 281~294면; 김진욱, 「굴원이 정철 문학에 끼친 영향 연구 -사미인과 사미인곡의 관계를 중심으로-」, 『한국시가문화연구』 11(한국시가문화학회, 2003) 72~88면; 최미정, 「충신연주지사에서의 주체와 타자」, 『국문학연구』 18(국문학회, 2008) 55~102면; 조하연, 「<만분가>의 심리적 흐름과 '만분'의 함의」, 『문학치료연구』 37(한국문학치료학회, 2015) 131~164면 참조.

6.6. 우언 양식의 발달

6.6.1. 전기우언의 지속과 확대

고려 후기에는 이미 가전, 탁전, 자전, 몽유기 등이 형식이 섞이면서 전기우언(傳記寓言) 양식이 형성되어 나갔다. 특히 식영암 연감(淵鑑)은 <정시자전>에서 기존의 가전 형식을 허물고 몽유기 형식을 가미하고 자전적 상황을 가탁하는 실험을 시도해서 좋은 자극제가 됐다. 형식적으로 '전'이나 '기'가 아니더라도 작가의 주변 사물의 특정 상황을 의인화하면서 작가의 처지를 가탁하는 글쓰기가 지속됐다. 그러므로 굳이 사물의 일생을 비유하지 않아도 얼마든지 전기우언 양식의 외연을 넓혀 나갈 수 있었다.

정도전의 <묵죽부(墨竹賦)>는 붓과 벼루를 뜻하는 도홍(陶泓)과 관성자(管城子)가 무하씨(無何氏)라는 가상의 주인공에게 찾아가서 서화(書畵)를 창작하고 감상하는 행위를 가탁했다. 비록 '부'라는 전통 양식을 빌렸지만 의인화된 주인공들을 통해 묵죽화가 완성되어 가는 상황을 묘사하는 우언 글쓰기 전략의 창의성이 돋보인다. 하나의 상황과 장면을 묘사하는 가상적 공간의 봉유기 수법을 연상시킨다. 또 이첨의 <묵군부(墨君賦)>는 한 지방관이 조성한 다락 누각의 양쪽 벽에 붓으로 대나무 그림을 그린 것을 두고 그 의미를 다각도로 비유했다. 대나무에 가탁하여 군무(軍務)를 겸하는 지방 수령의 윤리적 책무를 송축했다. 이 같은 작품들은 굳이 가전의 형식을 빌리지 않고도 사물을 의인화하여 작가 주변의 특정한 상황을 우의하는 글쓰기 전략이 다양하게 구사될 수 있음을 보여준다.

사림파는 조정에 진출하던 시기에 붓을 의인화하여 여러 형식의 전기우언을 창작했다. 김일손(金馹孫)의 <관처사묘지명(管處士墓誌銘)>은 관처사 모술(毛述), 자(字) 술고(述古)가 죽음을 맞아서 저자가 그를 묻어주면서 그 일생을 묘지명 형식으로 쓴 우언이다. 처음에는 붓의 유래를 징횡하게 시술하면서 한유의 <모영전>을 비판하고 동방에 전래되어 유행한 붓에 대해서 기술했다. 예를 들면 몽념(蒙恬)의 추천으로 모씨(毛氏)가 관성(管城)에 봉해져 현달했다는 것은 진시황이 군현제(郡縣制)를 실시하고 실상 땅을 나누어 봉한 일이 없으니 잘못된 말이라 했다. 또 동방에는 초관족(貂冠族)에 비해서 고구족(羔裘族)은 비천하지만 오래 살고 건장하여 세상에 많이 쓰이며, 묘군족(卯君族)은 심지가 짧고 잘 부러져 사람이 숭상하지 않는다고 했다. 이는 물론 붓의 재료인 족제비털, 양털, 토끼털 등을 품평한 것이다. 이 가운데 묘군족은 신명(神明)의 후예라고 하지만 철로보(鐵爐步)와 같다고 했다. '철로보'는 실상이 없는 허구라는 뜻이다. 여기서 몽념과 신명 운운한 것은 모두 <모영전>에 대한 반론이다. 이 외에 다람쥐털 붓을 황관족(黃冠族)이라 하고 그 방계로 쥐털 붓을 갑자생(甲子生)이라 했다. 여기까지가 가전(假傳)으로 치자면 선계부에 해당된다.

다음으로 저자가 황관족의 후예인 '술고'와 함께 기거하며 친구 저생(楮生)과 교유한 일을 기술했다. 술고의 형제들은 유심(有心)과 무심(無心)이 있는데 저자는 무심을 택했다고 하면서 그 장점을 얘기했다. 그러나 겨울철에 물을 많이 마시어 얼었다가 화롯불을 쪼였더니 한열(寒熱)이 한꺼번에 몰아쳐 죽음에 이르렀다고 했다. 작가가 심(心) 없는 붓을 애용하다가 겨울 추위에 동파되어 못쓰게 되어버린 사연을 의인화한 것이다. 여기까지가 가전의 본전부에 해당된다. 이에 술고를 용산의 독서당 기슭에 묻어주면서 반년 만에 요절한 생애를 애도하며 묘지문과 명을 지었다. 세상에서 사우(四友)라고 부르는 저지백(楮知白), 역현광(易玄光), 석허중(石虛中)은 모른 체하고 그에게 자식도 없으니 저자의 동료인 목계(木溪) 강혼(姜渾)과 의논하여 사시(私諡)로 '문도처사(文悼處士)'라고 부른다고 했다. 앞날이 보장된 문인관료가 애지중지했던 붓이 망가지자 애도하는 마음을 흥미롭게 꾸며 표현했다. 저자는 조선 정계에 새롭게 진출하는 사림파의 핵심적 인물이지만 기본적으로 사장(詞章)을 중시하는 문치주의에 어느 정도 순응하고 사가독서라는 혜택을 최대한 누렸다고 할 수 있다.

또 최연(崔演)도 <봉관성자고(封管城子誥)>라는 작품을 지었다. 여기에서는 낡은 붓을 의인화하여 황제가 '관성'에 봉한다는 조서(詔書)의 형식을 취했다. 모곡(毛谷)의 일사(逸士)였던 주인공을 황제가 흑두상공(黑頭相公)으로 발탁했지만 이제 노둔하다고 사직하니 관성에 봉한다는 내용이다. 젊은 시절에 최고 문인관료의 지위에 오르고 적당할 때 은퇴하는 것을 최상의 부러움으로 여겼던 사림파의 처세관을 가탁했다. 윤현(尹鉉, 1514~1578)의 <모영찬(毛穎贊)>은 문방사우 가운데 가장 가까운 친구인 붓을 찬양하는 글이다. 이에 비해 고경명(高敬命, 1533~1592)의 <뇌언개수문(酹偃蓋叟文)>은 작가가 아끼는 노송이 나무꾼에게 해를 입은 것을 두고 천수를 누리지 못했다고 여겨서 술잔을 올리며 제사를 지냈다는 뇌문(酹文)이다. 작가는 소나무를 오랜 벗으로 여기고 길을 가다가 수레 덮개를 내리고 이야기를 곡진히 나눈다는 뜻의 '언개수(偃蓋叟)'라 한 것이다.

가전(假傳) 형식은 나름대로 계승되었지만 여러 작가에 의해 내적 변혁의 대상이 됐다. 정수강(丁壽崗, 1454~1527)의 <포절군전(抱節君傳)>은 대나무를 의인화하여 어려운 시대를 이겨나가는 사대부의 충절을 우의로 내세웠다. 대나무를 소재로 한 가전은 이미 혜심과 이곡의 선례가 있지만, 이 작품은 대나무의 선조를 강태공과 백이숙제와 관련시켜 두 계통으로 설정했다. 그 가운데 주인공 포절군은 후자에 해당하는 고죽군(孤竹君)의 후손이라고 했다. 그는 흑제(黑帝)와 동군(東君)이 다투던 시절에 얼굴빛 하나 고치지 않고 흑제를 섬기면서 휴척(休戚), 즉 기쁨과 슬픔을 함께하고 절의를 바꾸지 않았다고 했다. 작가는 연산조에 출사했던 문인관료로서 어려운 시대를 '흑제', 즉 겨울의 통치로 비유했지만 그 때문에 절개를 바꾸어서는 안 된다고 여겨서 포절군을 주인공으로 내세웠다. 정수강은 연산군이 폭군으로 변해가자 스스로 청맹과니를 칭탁하고 두문불출하여 사화를 모면했고, 중종반정으로 다시 관직에 나갔으나 을사사화 시기에는 동지중추부사의 원로여서 큰 피해를 입지 않았다.

최연(崔演)은 여러 편의 우언 작품을 지었는데 <국수재전(麴秀才傳)>도 그 가운데 하나이다. 오래된 소재를 의인화하면서 술에 관한 방대한 정보를 활용했지만 창조적인 반의모방의 묘를 살리지는 못했다. 다만 감귤, 매실,

배 등의 달콤한 과일을 의인화한 신하들이 염증을 일으킨 임금에게 국수재를 모함하는 대목은 은근한 풍자의 뜻이 있다. 그들은 국생(麴生)이 성현의 이름을 빌리고 재주를 빙자해서 감언으로 주상의 마음을 움직이지만 독기가 있어 사람의 창자를 문드러지게 한다고 탄핵했다. 이에 국수재는 외직을 요구하고 식읍에 봉해졌다. 그 후로 은둔하고 더 이상 벼슬하지 않아 일가를 이루었으며, 세상 사람들이 그의 어진 덕을 아껴서 좋은 일이 있으면 맞아들였다고 허구화했다. 다분히 중종조의 기묘사림을 연상시키게끔 우의를 설정한 허구적 구성이다.

반면에 성간(成侃, 1427~1456)의 <용부전(慵夫傳)>은 게으름뱅이 '용부'를 전기의 주인공으로 삼았다. 이 주인공은 실재하는 인물도, 성간 자신도 아닌 가상의 인물이다. 따라서 이 작품은 사물을 의인화하는 가전은 물론 작가 자신의 특징적 면모를 그리는 자전과도 성격을 달리하는 전기우언이다. 성간은 실제 독서광이라 할 만큼 서책을 좋아하였으니 게으름꾼 주인공과는 판이하다. 오히려 이규보의 <용풍>과 견주어 보면, 시큰둥한 생활태도를 지녀서 모든 것을 심드렁하게만 보던 주인공이 손님이 제공하는 주색에 이끌려 돌변했다는 설정을 반의모방했다고 보아야 적절하다. 다만 <용풍>에서의 '거사와 손님'의 관계는 <용부전>에서 '용부(慵夫)와 근수자(勤須者)'로 변용시켰다. 근수자는 용부와는 대척적 위치에 있는 인물이다. '필수적인 일을 부지런히 해내는 사람'이라는 의미를 이미 이름에서부터 지니고 있다. 근수자는 자신의 가치관과 처세관을 피력하며 용부를 설득하는 데도 부지런하지만 결국 실패한다. 오히려 용부는 인생을 더 깊이 성찰하는 태도를 보이며 근수자를 과격하게 내쫓았다. 문제는 그다음의 사건이다. 근수자는 정공법의 설득을 포기하고 술과 색녀를 통해 용부의 게으름증을 부지런한 성품으로 바꾸어놓았다. 서술자는 이후로 용부가 부지런함으로 일생을 마쳤다고 했다. 그러나 과연 그 부지런함은 무엇에 대한 부지런함인지 분명하게 기술하지는 않았다. 용부의 게으름과 부지런함은 대상이 무엇이냐에 따라 잠시 달라진 것일 뿐이지 용부의 가치관이 크게 바뀐 것은 아닐 수 있다. 서술자는 의도적으로 마무리를 흐리면서 용부의 반세속적 가치를 완전히 부정하지 않았다.

그에 비해 최충성(崔忠成, 1458~1491)의 <산당서객전(山堂書客傳)>은 탁전의 형식을 빌려서 작가의 건실하고도 철저한 가치관을 드러내는 데 주력했다. 그런데 주인공 '서생'은 어디 사람인지 모르고 성명이나 본관도 알기 어렵다는 것으로 시작했다. 오직 산당에서 독서를 과업으로 삼으면서 『소학(小學)』을 배우고 실천하는 데 주력하는 모습을 묘사했다. 주인공이 실천하는 행위마다 일일이 고시(古詩) 구절을 부기하여 정서적 공감을 불러일으켰다. 그리고 후반부에서는 혹문(或問)으로 누군가 묻고 서생이 답하는 설(說) 문체를 활용했다. 산중에서 독거하는 것이 불승과 다름이 없다고 지적하니 집안의 가난 때문이라는 취지로 서생이 답변하고 4언시 14운을 지어 속뜻을 밝혔다. 끝으로 서객이 어떤 사람인지 모르지만, 곁에 승려가 있어 전을 지어준다고 했다. 연보에 의하면 작가는 장성의 지방 사족인데 과거를 포기하고 전남 지역의 산중 사찰을 전전하며 김굉필, 정여창에게서 전수 받은 실천적 학문에 주력했다고 한다. 일체의 외면적 수식을 거부하고 실천주의를 지향하는 주인공의 모습을 효과적으로 그려냈다. 문학 형식으로 말하자면 탁전, 고시, 잡설을 혼용하여 자탁전(自托傳)을 지으면서 전기 우언 양식의 외연을 넓혀나갔다.

한편 송세림(宋世琳, 1479~1519)은 『어면순(禦眠楯)』이라는 골계집에 <모로쇠전(毛老金傳)>, <주장군전(朱將軍傳)> 등을 수록했는데 본인의 순수 창작품일 가능성이 크다. <모로쇠전>은 전라도 방언을 재미나게 이용하면서 '모로쇠'라는 인물의 가공적 일생을 탁전(托傳)의 형식으로 꾸민 것이다. 우선 모로쇠는 "거시기한 재주꾼"이라고 하면서 인정기술을 했다. 이목구비가 모두 병신인데도 가을 터럭을 보고 개미소리를 듣는 등의 여러 재주가 있다. 다리를 절고 불알이 썩었는데도 아들이 아홉이라고도 했다. 한번은 백설 같은 거위를 말처럼 타고 자루도 날도 없는 낫을 들고 동짓달 37일에 입산하여 풀을 베는데 다리 셋 달린 뱀이 달아나다가 낫을 물어뜯으니 낯이 박처럼 부풀어 올랐다고 했다. 수염 난 비구니를 만나 낯 고치는 비결을 듣고 감귤나무에서 방귀를 뀌어 석류를 따서 친구 없는 동네에 가서 동지들과 실컷 먹고는 죽으려다 죽지 않고 살려다 살지 못하고 마침내 어찌 됐는지 모르겠다고 했다. 말장난에 불과한 말도 안 되는 일화를 문장만 그럴싸하게 기술해 놓았다. 그리고는 '사신왈'까지 갖추어 놓았지만, 모로쇠는 어디 사람인지 모르겠다고 했다. 형식적으로는 탁전의 전형적 기술 방식을 모방했다. '모로쇠'라 이름했으니 내가 어찌 알며 내가 모르니 남들이 어찌 알겠는가라고 너스레를 떨었다. '무하자(無何子)'의 시나 보라고 하면서 다음과 같은 5언절구로 끝맺었다.

雪中桃藥發,　눈 속에 복숭아 꽃이 피고
霜後草芽肥.　서리 내려 풀싹이 통통해졌네
山上行舟日,　산 위로 배가 가는 날에
白烏處處飛.　흰 까마귀 곳곳에서 날리라

　무하자, 즉 '어디에도 없는 사람'이라는 뜻의 가공적 논평자를 내세워 안 되는 소리만 골라서 하니 모든 의미를 부정한 셈이다. 불가계 전기우언도 아니면서 사평 대신에 선시 같은 것을 제시했지만 그냥 웃고 즐기면 된다는 소리다.
　<주장군전>은 남성의 성기를 의인화하여 성행위라는 일반 상황을 가상하고 쓴 가전이다. 소재적으로 사대부 계층의 주변 사물이 아니고 인간적 보편성을 지니면서도 금기시된 성담론을 택했기 때문에 희필(戱筆)의 한계를 넘어섰다. 또 형식적으로 정통 가전(假傳)의 세부 대목을 모두 갖추고는 있지만 역사 지향의 연대기를 타파하고 모방 지향의 상황 묘사 방식으로 바꾸었다. 본전부에 해당하는 사적은 주맹(朱猛)이라는 가공적 인물의 성행위를 묘사한 것인데 가상국가에 빗대느라고 사연이 복잡해졌다. 배꼽을 뜻하는 제군자사(齊郡刺史)가 자신의 경내에 보지(寶池)라는 기름진 지역을

개발하자고 아뢰는 것으로 사건이 시작된다. 주인공 주맹이 추천되어서 주장군이 되어 공략에 나섰다는데 마지막에 지신(池神)이 양쪽 기슭의 신들과 협공하여 장군이 전사했다는 것이다. 왕이 소식을 듣고 '장강온직효사홍력(長剛溫直效死弘力)'이라는 공신 이름을 내리고 곤주(禪州)에 장사지냈다고 했다. 후일담으로는 장군이 모자를 벗고 머리를 드러낸 채 항상 그 연못 가운데에서 수영하는 것을 사람들이 보았으니 불생불멸의 석가모니 부처를 배운 자인가 반문했다. 사신평에서는 용감할 줄 알고 겁낼 줄 알며 살신성인한 자라고 그럴듯하게 붙여놓았다.

이 작품은 우언적 수사법을 활용하고 있기는 하지만 우의라고 할 것은 없고 호기심과 흥미를 유발하는 작문 연습용 본보기라고 할 수 있다. 그럼에도 불구하고 이같이 가전의 형식을 내용으로 뒤집는 파격적인 전환으로 인해 전기우언 양식의 범위와 경향은 더 넓어지고 다양해질 수 있었다. 한편에서는 김안로의 <성의관기>에서처럼 성리학의 심성론을 제재로 삼고 또 한편으로는 인간의 쾌락을 다루기 시작했기 때문이다. 이 작품은 조선 후기에서 화훼, 가금류, 끽연, 독서행위, 여성의 침선과 화장 등을 소재로 하는 모빙 지향의 전기우언이 성행하는 데 있어 선도적 역할을 했다는 의의가 있다.

<묵죽부>는 윤주필,「우언의 전통과 조선 전기 몽유기」, 앞의 책, 37~38면; <용부전>은 이래종,「<용부전>의 신고찰」,『태동고전연구』6(한림대 태동고전연구소, 1990) 50~75면 참조. <주장군전>은 최경환,「가전의 서술원리와 서술양식」,『한국문학형태론』(일조각, 1993) 163~181면; 조도현,「<주장군전에> 나타난 성 담론의 특징과 의미」,『어문연구』81(어문연구학회, 2014) 참조.

6.6.2. 가상 주체로 꾸미는 쟁변 우언

동아시아 한문학에서 가상적 주체가 우위를 다투는 쟁변 우언은 매우 오랜 전통을 지니고 있다. 이때 가상적 주체는 가상 인물, 역사 인물 혹은 의인화된 사물이다. 『장자』의 많은 내용이 이러한 우언 글쓰기의 이론과 실제를 보여준 이른 선례이다. 또 굴원의 여러 초사 작품과 사마상여의 <자허부(子虛賦)>, <상림부(上林賦)> 등은 우언 글쓰기를 구현하여 사부(辭賦)의 허구적 전통을 마련했다. 또 오대에서 당나라까지 산출된 돈황 변문(變文)에는 공자와 항탁, 날짐승 혹은 차와 물 같은 사물 등의 우위 다툼을 우언화한 작품이 다수 껴있어 쟁변 우언의 전통을 이어받았다.

김수온(金守溫)은 1457년(세조3) 명나라 사신으로 조선에 왔던 진감(陳鑑)의 작품에 차운하여 <희청부(喜晴賦)>를 지었다. 이 작품은 기본적으로 중국과 조선의 시공간을 가상적으로 체험하는 편력체 우언의 성격을 띠고 있지만, 자허자(子虛子)와 오유자(烏有子)라는 가공적인 화자를 등장시켜 쟁변 우언의 성격을 가미했다. 천하고금을 주유할 것인지 명나라 당대를 유람할 것인지 토의하면서 자허자와 오유자는 함께 거북점을 쳤다. 이에 뭇 신령들과 함께 상상 속에서 역사 세계를 여행하고, 다시 현실 세계에서 명나라와 조선의 문물을 바라보며 칭송했다. 뒷부분에서는 자허자와 오유자가 명나라의 성대함과 조선국의 현명함, 사신의 성실한 임무 수행 등을 인정하고 이별하는 것으로 마무리를 했다. 애초 진감은 자신의 사행이 순조로움을 기뻐한다는 의미로 기행시를 썼던 것인데, 김수온은 중국 사신의 귀국 여정이 순조롭기를 바라면서 중국과 조선의 질서와 번영을 우의로 삼았다. 후대에 유행했던 가사 작품 <만고가(萬古歌)>의 한문학적 연원이 됐을 법하다.

김시습의 <형영신(形影神)> 3수도 쟁변 우언의 성격을 지니고 있다. 다만 형체와 그림자의 다툼을 정신이 해결한다는 구성으로 보자면 송사형 우언이라고 해도 무방하다. 또 남효온의 부 작품 <옥부(屋賦)>, <대춘부(大椿

賦)>, <약호부(藥壺賦)>도 가상적 주체를 설정하여 문답을 전개했다. 그러나 주제적으로 주인옹이 욕망 제어를, 대인이 방외적 가치를, 약옹이 내단적 수련을 상대에게 알려주고 있을 뿐이며 어떤 다툼이 있는 것은 아니다.

최경회(崔慶會, 1532~1593)의 <송죽국쟁장설(松竹菊爭長說)>은 절개의 상징인 솔·대·국화의 세 식물이 서로 어른이라고 다투는 내용의 가공적 이야기이다. '설'이라는 문체로 제목을 삼았지만 쟁변 우언일 따름이다. 다툼의 당사자 3명과 심판자 1명이 가상적 주체인 데다가 작가의 분신인 서술자 1명을 다시 두어서 이중으로 액자 구성을 취하고 있다. 조래산(徂徠山)의 창염장부(蒼髥丈夫)는 이미 지조와 절개로 명성이 높다. 하루는 해곡(嶰谷)에서 고죽군(孤竹君)이 찾아왔는데 창염장부는 자신이 어른이라며 거만하게 대하니, 고죽군은 불쾌하여 창염장부를 인정하지 않았다. 이때 은일군자(隱逸君子)가 팽택(彭澤)으로부터 와서 두 사람에게 자신을 따르라고 하니, 이번에는 창염장부가 은일군자의 거만함을 꾸짖었다. 이에 세 사람이 스스로 절개가 뛰어난 근거를 들어가며 각각 자신들이 어른임을 주장했다. 곁에서 말다툼을 듣고 있던 대인선생(大人先生)이 대소와 고하를 따지면 일만 숭상하고 내실이 없게 된다고 질책하니 세 사람이 깨닫고 서로 절하면서 길을 양보했다. 이튿날 빙허자(憑虛子)가 이야기를 듣고 그들의 다툼이 군자답다고 평했다.

작가 최경회는 양응정(梁應鼎)과 고경명(高敬命)의 문인이다. 그는 어려서부터 문무의 자질을 겸비하였는데 이 글을 지어 충의의 뜻을 가탁했다고 한다. 문과급제자로서 사헌부 감찰, 호조·형조 정랑과 영해·담양 부사 등을 역임했다. 임진왜란 때는 시묘살이를 하면서 고향 화순에 의병청(義兵廳)을 설치하고 전공을 세웠으며 제2차 진주성 전투를 지휘하다가 삼장사의 한 명으로 순사했다. 작품에서 쟁장(爭長) 화소를 내세운 결과 선의의 경쟁을 우의하는 데 그친 것처럼 보이지만, 사림파가 분열하여 당쟁에 골몰한 것을 풍자하는 속뜻이 있다고 할 수 있다. 애초 송죽국(松竹菊)은 한(漢) 은사 장후(蔣詡)의 삼경(三逕), 즉 세 갈래길에 심어놓았다는 고사에서 유래하는 은자의 상징이다. 도잠의 <귀거래사>에도 "삼경이 황무하나 솔과 국화는 여전히 있다"라고 한 바 있다. 그런데 창염장부는 만물은 서로 같지 않은 것이 정상이라고 하고, 대인선생은 천지만물이 근본은 같은 것이어서 다툼은 부질없는 짓이라고 했다. 그에 비해서 빙허자는 다툼이 군자답다고 했다. 그러나 『논어』에서 공자가 말한 것처럼 패거리를 짓지 않아야 다툼이 경쟁이 되고 경쟁 속에서도 조화를 이룰 수 있다. 동서 붕당이 격화된 시기에 사림파 공동의 이상을 저버리지 말아야 한다는 정치적 우의를 추측해 볼 수 있다.

이 작품 이후로 유사한 성격의 식물들을 내세워 쟁변을 벌이는 우언 작품들이 이어졌다. 식물 쟁변우언은 동물 주인공의 작품에서처럼 삶의 욕망과 기지를 우의로 내세우는 경우는 드물다. 유즙(柳楫, 1585~1651)은 최경회와 동일한 제목의 작품을 지었는데 대인선생이 세 벗을 초청하여 시회를 가질 때 상좌 다툼을 벌이는 것으로 설정했다. 대인선생이 화해자로 나서고 서술자까지 겸했다.

정철(鄭澈)과 홍성민(洪聖民)은 선조조에서 격화된 사림파의 동서분당 사태에 중요 당사자들이다. 좌천과 유배를 경험하지 않을 수 없는 위치에 있었으니, 그에 따른 작품도 많을 수밖에 없었다. 예를 들면 정철은 풍파가 적은 곳이 곧 집이라는 뜻의 <소풍파처편위가(少風波處便爲家)>라는 제목의 고시를 지었다. 이는 송나라 최당신(崔唐臣)이라는 은자가 자신의 명함에 써넣었다는 시구를 제목으로 삼고, 작가 자신의 처지와 뜻을 갈매기와의 논쟁을 통해 가탁한 것이다. 갈매기는 낯이 익은 시인을 옛 친구라고 여기며 질책했다. 신선과 범인의 세계가 도저히 통할 수 없는 것인데 어디에서 돌아오느냐고 물었다. 시인은 옥황상제를 지적에서 만나는 은혜를 입었다고 했다. 그러니 적막한 물가에 지낼 것이 아니라 큰 도리가 행해져서 이무기가 용이 되는 때를 만났다고 변명한다. 이에 갈매기는 빙그레 웃으며 유하주(流霞酒)를 따라 주고 타이른다. 부귀공명으로 몸은 영광스럽지만 마음은 병이 든다는 취지의 긴 시를 지어주었다. 술판이 끝나자 배가 사라지고 석양 속에서 물새만 유유히 날고 있으니, 시인은 상대가 학을 탄 신선인가 여겼다.

이 시를 이어서 작가는 갈매기에게 답하는 한시를 하나 더 지었다. <성은가(聖恩歌) 답강호백구(答江湖白鷗)>이다. 후반부에서 시인은 갈매기에게 다음과 같이 적극적으로 변명을 한다.

江湖淸趣我豈無,	강호의 맑은 흥취 낸들 어찌 없으리
只緣天庭恩禮優.	단지 하늘같은 조정의 은혜 넓고도 두텁기 때문
微臣縱乏一字補,	나 같은 신하는 핵심 찔러 보필할 자질이 못되는데
聖恩看同夔契儔.	기(夔)·설(契)과 같은 재상감으로 보시니 성은인 것을
邦謨珍重納言地,	나라 살림 진중하여 말씀 간하는 지위인지라
是以東華吾久留.	이 때문에 궁궐에서 내 오래 머무름일세
歸來一計泛泛計,	돌아가겠단 계획이야 허튼 계획이 되었지만
庶待邦家餘債酬.	나라에 남은 빚 갚는 날을 기다려 주시게

정철은 스스로를 인간 세상에 어울리지 않는 적선(謫仙)으로 여기면서도 조정 정치에 대한 강한 의지를 포기하지 않았다. 그는 서인의 상성파였지만 문학적으로는 이처럼 모순 정서를 일으키는 시인이었다. 비록 수사적이기는 하지만 자기 임금이 성군이라는 인식을 바꾸지 않고 나라에 대한 빚을 갚아야 한다는 채무의식을 지니고 있으면서도, 강호에 대한 그리움을 잠재의식처럼 지니고 있었다. 이러한 형용모순의 정서 상황이 강호의 대명사인 갈매기와 시적화자를 대립시켜 우언시를 만들어냈다.

홍성민은 경상감사로 좌천되어 가면서 수레 끄는 말과 주인의 대화를 연작 잡체시 7수에 담았다. 말과 사람이 처음에는 논쟁을 벌이다가 차츰 해명이 되어가면서 서로를 이해하게 되고, 마지막에는 말을 몰던 역졸이 끼어들어 주인과 대화를 하는 것으로 마무리를 지었다. <가거마문거중주인(駕車馬問車中主人)>, <거중주인사가거마(車中主人答駕車馬)> 이하 일곱 작품이다. 그 가운데 제5와 제6수의 대화는 다음과 같이 전개된다. 말과 주인이 어느 정도 상호 공감대가 형성된 이후 재차 대화를 나누는 내용이다.

金馬門前汲淮陽,　　대궐문 앞 회양태수 급암(汲黯)은
曾與我祖爲相知.　　내 조상님과 잘 알고 지내시던 분
千百年後有我公,　　천여 년 뒤 시절에 나리께서 계시니
幸於吾身親見之.　　다행히도 이내몸 직접 뵈옵니다
爲盟不須三物血,　　맹세한다고 소·돼지·양의 피가 꼭 필요한가요
只一言　　　　　　 일편단심
願將丹心終始持.　　끝까지 간직하겠단 말 한마디면 되지요

爾不如爾祖榮,　　　네 영광이 네 조상만 못 하다만
汲乃千年正直者.　　급암이야 정직한 자의 표상이시지
爾未必不如祖,　　　네가 조상만 반드시 못하지는 않으며
人雖不如情不下.　　사람은 비록 못해도 마음이야 못지않으리
古今人物同不同未可知,　고금의 인물들 같은지 어떤지 알 수 없지만
此心明處惟誠也.　　이 마음 밝힌다면 오직 정성뿐이라네

몰던 말이 먼저 제 조상 자랑을 했다. 한무제 시절 강직한 신하의 대명사인 회양태수 급암(汲黯)을 들먹였다. 그러나 말의 조상이 급암을 모셨다면 지금의 후손 말도 급암 비슷한 사람을 모시고 있는 것이다. 주인이 임금에게 올바른 간언을 하다가 불이익을 당했다는 점을 강조하느라 우회적 언어 전략을 구사했다. 타는 말의 권면을 이어받아 주인이 대답했다. 급암과 시인의 마음이 비슷한지 여부를 판단하는 기준은 오직 '정성'뿐이라 했다. 작가의 경상감사 부임이 회양태수로 좌천됐던 급암의 사례와 비슷하다고 전제하고, 그 모든 결과가 '충성'에서 비롯된 것이라는 주장을 복잡하게 돌려서 말했다.

마지막의 제7수는 수레를 몰던 역졸이 의문을 제기하자 주인이 그에 대해 답변하는 내용이다. 비록 미천한 하인이라고는 하지만 사람한테는 대화

한마디 없이 가던 영남의 도백(道伯)이 수레를 끄는 말과 궁시렁궁시렁 얘기를 나누는 것을 역졸이 목격하고 끼어들었다. 그러나 주인은 '나의 무리'[吾徒]가 아니며 미덥지 못해서 함께 말하기 어렵다고 했다. 말에게나 물어 보지 자신에게 캐묻지 말라고까지 했다. 역졸은 의혹을 미처 풀지 못한 채 묵묵히 물러갔다고 마무리를 지었다. 주인의 속마음을 짐승하고는 나눌 수 있어도 믿음이 없는 사람하고는 대화가 되지 않는다는 역설을 마지막에 표현했다. 여기서 '오도(吾徒)'는 뜻을 함께하는 군자의 무리, 즉 선류(善類)의 붕당을 암시할 수 있다. 작가 홍성민은 1589년(선조22) 정여립 모반사건으로 불거진 기축옥사에서 동인측의 위관(委官)이었던 정언신(鄭彥信, 1527~1591)을 탄핵하다가 벼슬을 그만두고 이듬해 원치 않는 경상도관찰사 직분을 맡게 되었다. 작품 말미에는 청송에서 안동으로 가는 도중에 지었다고 부기되어 있다.

임제(林悌)의 <매류쟁춘기(梅柳爭春記)>는 이백(李白)의 '유여매쟁춘(柳與梅爭春)'이라는 시구를 인용해서 매화와 버들이 누가 더 어른인가 경쟁하는 과정을 기술한 우언 산문이다. 매생(梅生)과 유군(柳君)이 봄의 신 동군(東君)을 맞이힐 때 서로 자기가 앞에 서야 한다고 다투다가 동군에게 심판을 구하러 갔으나 이미 떠난 뒤여서 서로 화해했다는 희필에 가까운 작품이다. 서술자는 작품 말미에서 일인칭 '나'로 등장해 이상한 이야기를 듣고 '버들과 매화가 봄을 다툰 이야기'를 짓는다고 했을 뿐이다. 요약해 보면 다소 싱거운 설정이라고 하겠으나 애초 다툼이 일어난 동기나 말다툼의 전개를 보면 그렇지 않다. 애초 쌍방이 합의했던 약속을 서로 다르게 해석하면서 문제가 생겨났기 때문이다.

유군은 장유(長幼)의 예의를 키의 장단(長短)으로 해석하면서 '장자(長者)'인 자신을 능멸한다고 매화에게 눈을 부라렸다. 반면에 매생은 나이가 많고 적음으로 해석하고 버들처럼 스스로 큰 채히여 어른이 된디면 누구리도 어른이 될 수 있다고 반박했다. 버들과 매화는 옛 전고를 현란하게 사용하면서 상호 간에 '장(長)'의 의미를 이중적으로 해석했다. 그래서 약속은 파기되고 새로운 문제가 야기된다. 이후 작품의 대부분은 언변에 의한 다툼으로 채워진다. 서로의 주장이 몇 차례 교차되어 키, 미모, 가문, 쓰임새, 인기도 등을 싸움의 새로운 항목으로 계속 추가해 나갔다.

본 작품은 동물들의 나이다툼 혹은 자리다툼을 내용으로 하는 쟁장설화(爭長說話)의 수법을 어느 정도 수용하고 있다. 『삼국사기』의 <귀토지설>이나 『중종실록』의 <묘수좌>의 선례에 이어 민간 우언인 우화(寓話)가 한문 지식인의 우언 글쓰기에 포섭되는 양상을 보여준다는 점에서 의의가 있다. 그러나 본 작품에서 쟁장설화와 다른 점도 중요하다. 쟁장설화는 적어도 셋 이상의 동물들이 등장하여 서로 간에 우열을 다투다가 기지를 가장 잘 발휘하는 자가 이겨서 판가름이 난다. 이에 비해 본 작품은 두 가상 주체가 대등한 위치에서 다투고 결판이 쉬 나지 않자 공허한 말싸움으로 시간만 끌다 어쩔 수 없이 싸움을 멈추고 흐지부지 끝을 맺는다.

이러한 차이점은 <우예쟁전(虞芮爭田)>의 반의모방에 가깝다. <우예쟁전>은 훗날 주문왕(周文王)으로 추존되는 서백(西伯)이 은(殷)나라를 대신하여 천명을 이어받을 적임자였다는 문맥에 껴있는 삽입 우언이다. 서백의 영토에서는 덕화의 정치가 이루어지므로 농토의 경계를 다투는 싸움 자체가 일어나지 않거나 일어나더라도 예의를 좇아 상호 양보함으로써 해결된다는 우의를 지닌다. 따라서 '우예양반(虞芮讓畔)'이라는 사자성어로 일컫기도 한다. 그에 비해 본 작품은 가상주체가 자기에게 유리하게 예의의 문제를 해석하느라고 오직 다툼의 논리에만 충실하면서 다툼 자체를 즐기기까지 했다. 그 결과 아무런 소득도 얻지 못하고 일시적 화해로 사태를 미봉하는 데 그쳤다. 인간 사회에 대한 풍자를 우의로 삼고 있음은 물론이다. 작가 당대를 염두에 둘 때 조광조와 김안로로 대표되는 기묘사림과 사장파의 윤리적, 정치적 충돌을 연상시킨다.

동식물을 의인화시켜 자신들의 지위나 자리를 경쟁한다는 문학적 착상은 돈황 변문의 쟁기문학(爭奇文學)에서 이미 나타났지만, 매화와 버들의 봄맞이 경쟁은 이백 작품 이래로 여러 작가에 의해 지속적으로 반의모방됐다. 이백은 봄날 기생을 대동하고 양왕의 유적을 둘러보며 <휴기등양왕루(攜妓登梁王樓…)>라는 시에서 주인은 떠나고 봄날의 감격스러운 경관만 남았음을 읊었다. 한나라 경제(景帝)의 동생 양효왕(梁孝王)은 거대한 규모로 양원(梁園)을 조성하여 권력과 호사를 누렸던 인물이다. 이후 명나라 능운한(凌雲翰)은 <매류쟁춘(梅柳爭春)> 200수의 사집(詞集)을 지어냈고, 『전등신화』의 작가이기도 한 구우(瞿佑)는 여기에 화운을 해서 문학적 능력을 과시했다. 이러한 전례를 근거로 임제는 이 작품을 하나의 습작으로 지었던 것 같다. 그뿐만 아니라 그가 원작품을 지었다고 추정되는 <화사(花史)>에서도 유사한 발상을 왕조 교체의 설정에 재활용했다. 매류쟁춘의 제재는 이후 최효건(崔孝騫), 김시화(金時和) 등의 여러 작가가 수용하여 유사한 우언산문 작품을 남겼다. 그 가운데 어떤 작품은 국문으로 번역되어 규방의 독서물에 이바지하기도 했다. 국문 고소설 <매화전> 혹은 <매화양유전>에서도 주인공들의 남녀 결연과정에 복선 내지 중의적 의미로 활용되기까지 했다.

'쟁변 우언'은 대비적인 동식물이나 비슷한 용도를 지닌 보완재의 사물들이 사람처럼 우열을 다투고 제3의 존재가 그에 대해 판결한다는 구성을 가지고 있다. 쟁변 주체가 때로는 역사적 인물이나 가상적 인물로 확대된다. 일본 학계에서는 보완재 사물을 등장시키는 하위 유형을 특히 '이류논쟁(異類論爭)' 혹은 '쟁기문학(爭奇文學)'이라고 지칭한다. 김문경, 「동아시아 쟁기문학 고찰」, 『우언의 인문학적 위상과 현대적 활용』(박이정, 2006.) 307~408면 참조. 최경회 작품은 윤승준, 『한국 우언의 실상』(월인, 2009) 104~109 참조. 정철과 홍성민의 작품은 김진욱, 「정철 한시 세계관 연구」, 『한국시가문화연구』14(한국시가문화학회, 2004) 54~55면; 김준섭, 「졸옹 홍성민 문학연구」(성균관대 석사, 2014) 75~84면 참조. 임제의 <유여매쟁춘>은 나주임씨 문중에 전래되던 것이었는데 몇 차례 속간됐던 저자의 문집에도 수록되지 않다가 신호열·임형택 역주, 『백호전서·하』(창작과비평사, 1997)에 처음으로 소개됐다. 작품 연구로는 윤주필, 「<매류쟁춘>류 우언의 양식적 특성」, 『민족문화』18(한국고전번역원, 1995) 212~223면 참조.

6.6.3. 몽유기의 출현과 전개

현실과 꿈을 대비하여 액자 구성을 취하면서 우의를 곁들이는 이야기를 '몽유 우언'으로 유형화할 수 있다. 이러한 우언은 『장자』의 <호접몽>이나 『열자』의 <화서지몽> 등의 도가 계열 한문고전에서부터 풍부한 선례를 남겼다. 한국문학사에서는 연감의 <검설>, 정도전의 <원유가>, 김수온의 <고몽문>, 남효온의 <대춘부> 등이 몽유 우언을 실험한 좋은 선례이다.

이에 비해 정수강(丁壽崗)의 <취향기(醉鄕記)>는 가상 기문의 형식을 택하여 몽유기가 하나의 양식으로 출현할 기반을 마련했다. 술을 먹다보면 자기도 모르는 사이에 몇 천, 몇 만 리인지 알 수 없는 공간에 도달한다고 했다. 이러한 공간 설정은 당나라 왕적(王績)의 <취향기>를 수용하면서도, 그곳을 '낙토'라고 부르면서 '나'의 자리를 얻었다고 작가 자신의 감동을 덧보탰다. 마지막으로 "깨어있는 미치광이보다는 취한 진인이 낫다"고 선언하고 취향에서 노년을 마치겠다고 했다. 작품의 서술자인 '나'는 도취의 세계에서 진실을 찾을지언정 깨어있다고 자부하면서 굴원처럼 홀로 세상에 맞서 화를 자초하는 사람은 되지 않겠다는 말이다. 이 작품은 연산조와 중종조의 격동기를 지혜롭게 넘긴 작가의 현실 인식과 처세를 반영하고 있다는 점에서 그의 <포절군전>과 표리의 관계를 이룬다.

남효온(南孝溫)은 정수강과 동갑이지만 삶의 방식은 퍽 달랐다. 그는 <수향기(睡鄕記)>를 통해 몽유기라는 우언 양식을 좀 더 과감하게 실험했다. 본 작품을 두고 김종직은 한유의 <모영전>과 왕적의 <취향기>의 아류라고 비평하였다. 그러나 그 어느 쪽도 단순히 모방하는 수준에서 그치지 않고 우언 글쓰기를 훨씬 밀도감 있게 구사했다.

<수향기>는 모두 세 부분으로 구성되어 있다. 첫째, 몽유와 관련되는 고사를 두루 동원하여 공간적으로 재배치했다. 시성(詩城)과 취향(醉鄕)의 옆에 '수향'이 있고 그 고을 동서남북에 화서국(華胥國), 괴안국(槐安國), 나부촌(羅浮村), 북신지소(北辰之所), 양대(陽臺) 등이 있다고 했다. 또 장주

(莊周)와 진단(陳摶)이 고을 모퉁이를 들락날락한다고 해서 대표적인 역사 인물을 연결시켰다. 둘째, '나'는 그러한 상상의 공간으로 여행을 떠났다. 화서지국에서 진단의 사적까지 일곱 지역을 방문하여 마침내 시비를 벗어나고 시새움 부릴 대상조차 없는 대자유를 얻었다. 셋째, 여행을 마치고 현실로 복귀하니 방안에 있는 사람들과 아랫목을 다투어야 할 정도로 하찮은 사람이 되어 버렸다. 이에 기뻐하고 자축하면서 천군(天君)에게 고하니 천군이 그 경지를 인정하여 '내'가 글로 적어 기록했다고 했다.

<수향기>는 형식적으로 상상 공간의 전고를 가능한 대로 모아 재배치하고 가전과 취향기라는 선행 형식을 종합하여 몽유기 양식을 실험했다. 마지막으로는 '천군'을 동원해서 '나'의 경지를 성리학적으로 성찰한 것처럼 꾸몄다. 내용적으로는 정희량이 제시했던 산은(散隱)의 개념을 현실과 상상 속에서 형상화한 셈이다. 사대부의 출처관을 거부하고 진정한 학문 방법과 내면적 가치를 추구하는 방외인문학의 인식을 우언으로 말했다. 아직까지 일인칭 서술의 자기서사에 그치고 있지만, 현실과 몽중세계를 연결시켜 실천적 의미를 우의로 삼는다는 점에서 몽유록 양식을 선도했다고 평가할 수 있다.

성운(成運, 1497~1579)의 <취향기>는 정수강이나 남효온의 작품에 비해 현실 비판의 인식을 과감하게 드러냈다. 우선 처음부터 '나'라고 하는 1인칭 서술자를 작품 전면에 내세워 작가의 경험담인 것처럼 자연스럽게 여행기의 분위기를 조성했다. 나는 말세에 태어나 세속에 얽혀 있음을 슬퍼하여 취향에 이르게 됐다고 도입부를 서술했다. 그다음 취향의 지리적 특성과 거주자의 생활상을 기술했다. 그런데 이 고을을 진심으로 편안해 하고 즐거워하는 자를 묘사하면서 본 작품의 독특한 우의를 드러냈다. 취향의 거주자들은 쇠퇴한 세상의 불우한 방외인들로 요약된다. 따라서 그들은 어두움으로 도피한 것이 이니며, 애초 동기를 고려하면 결코 비난할 수도 없다. 마지막으로는 취향에서의 '나'의 체험을 기술했다. 처음에는 황홀하여 늘 웃고 떠들며 진정하지 못했지만, 오래 지나자 화락하여 '보이지 않고 들리지 않는

묘함'에 들어섰다고 했다. 스스로를 '불우한 사람들의 무리', '세속에서 도망친 일민(逸民)'으로 규정했다. 작가의 <허수아비 예찬>에서 말했던 경지를 스스로 실천하고 있음을 고백하는 자기서사의 우언이다.

반면에 김인후(金麟厚, 1510~1560)는 <취향>이라는 시에서 <취향기>의 기본 취지는 인정하면서도 다음과 같은 부분에서는 우려와 함께 대안을 제시했다.

 翻嫌入跌宕, 轉使人驕侈.
  질탕하여 점점 사람이 교만해지면 갑작스레 문제가 되네
 孔聖不及亂, 不可同日比.
  공자님 어지로움에 이르지 않으신 경지와는 사뭇 다르지
 顔瓢與曾歌, 得聖遑念彼.
  안자 증자 불우해도 성인 만나 저럴 겨를 없었는데
 南朝八達稱, 每傷名敎毁.
  남조의 여덟 달사는 유학의 도리 해쳤으니 마음 아플 뿐

질탕하다는 것은 어떤 사람이 지나칠 정도로 신이 나서 흥겨워하는 모습이다. 그 자체로 나쁠 것은 없다. 그러나 술에 취해서 술기운에 부림을 받는다면 문제가 아닐 수 없다. 더구나 술로 인해 교만해지는 것은 억압받았던 욕망이 조절되지 못하고 분출되는 보상심리의 현상이다. 병리적으로 술에 빠져 의존도가 높아진다는 말이다. 공자는 『논어』「향당」편에서 "오직 술만은 양을 미리 정하지 않되 어지러운 행동에는 이르지 않는다"고 했다. 술이 음식의 하나이지만 남과 함께 하는 화합의 기능이 있기에 예외를 둔 것이다. 안회는 가난을 편안하게 여기면서 도를 즐겼고, 증삼은 마을의 선비와 자녀들과 어울려 봄소풍을 즐겼다. 특별히 이 둘을 언급함은 한유(韓愈)가 <취향기>의 창시자 왕적(王績)의 후손을 전송하며 써준 <송왕함수재서(送王含秀才序)>를 원용한 것이다. 여기에는 취향을 선호하는 불우한 심사를 성인의 학문을 만나 풀어야 한다는 성리학자의 주문이 들어있다.

이들과 달리 심의(沈義)는 중종조 사대부사회에서 사장파와 사림파의 어느 쪽에도 전적으로 가담할 수 없는 위치에 있었다. 그는 자신의 문학적 능력과 이상을 <기몽(記夢)>이라는 작품을 통해 표현했다. 제목으로 보면 단순한 꿈 이야기처럼 여겨지지만 우언계 소설의 전범이 될 만한 내용과 구성을 갖추었다. 형식적으로도 전기(傳奇)를 벗어난 몽유록(夢遊錄) 양식을 실험했다고 평가된다.

<몽사자연지(夢謝自然志)>도 <기몽>과 비슷한 창작동기를 지니고 있다. <기몽>의 서두에서는 "마소처럼 번거로운 내가 근래 술병이 나서 항상 꿈을 꾸고 혹은 가위에 눌리기도 한다."라고 했고, <몽사자연지>에서는 "근래에 술병이 나서 정신없는 것이 예전보다 심하다."고 하였다. 사자연(謝自然)은 당나라 때의 여자 신선이다. 부모가 모두 문인관료 출신인데 어려서부터 벽곡 수련을 하고 서왕모와 위부인 등을 만나 욱일승천했다는 사적이 『태평광기』에 자세하다. 그러한 그녀가 꿈속에서 대낮에 작가의 집으로 찾아와 당나라 인물들에 대해 품평하니 작가는 이하(李賀)를 칭송하고 한유(韓愈)를 비난했다. 한유는 <사자연시(謝自然詩)>이라는 시작품에서 유교적 윤리에 근거하여 사자연을 비판했기 때문이다. 반면에 이하는 한유의 후배로서 죽음이나 귀신과 관련된 시를 많이 쓰고 20대에 요절한 천재 시인이다. 특히 이하는 <소소소묘(蘇小小墓)>에서 서호(西湖) 기슭에 있는 앞 왕조의 기생 소소소의 묘를 찾아가 연애를 벌이는 시상을 몽환적으로 전개했다. 따라서 작가의 꿈에 나타난 사자연은 그가 공명을 이루지 못함을 위로하며 자신과 천분이 있음을 암시한다. 이에 화자는 선낭(仙娘)을 찬양하는 글을 읊으면서 잠에서 깨어난다. 이 작품은 <몽기>에서 잠깐 언급됐던 화자 자신의 불우함의 원인과 보상 방법을 다시 특화시켜서 짤막한 가상 기문으로 만들었다. 그러한 점에서는 <몽기>의 후속편이라고도 할 수 있다.

이 이외에 상상 공간을 몽유기처럼 가상적으로 전개하면서 우의를 가탁하는 작품도 있다. 이목(李穆, 1471~1498)은 당현종이 월궁에서 노닐었다는 이야기의 속편이라는 뜻을 지닌 <속당명황유월궁기(續唐明皇遊月宮

記)>을 지어서 가상 세계를 기술했다. 시공간적 배경은 천보(天寶) 원년 (742) 추8월 경자일, 달의 광한전(廣寒殿)이다. 임금을 뜻하는 상(上)이 항아(姮娥)에게 불사약인 영약을 나누어달라고 했다. 그녀는 억조창생의 생명과 관련 있는 천자의 책임이 막중하다는 이유로 거절하며 심인(深仁)과 후덕(厚德)이 임금의 영약이라고 했다. 또 서왕모가 나타나 항아에게 불사약의 행방을 추궁하자 항아는 서왕모가 한무제와 쓸데없는 약속을 하여 세속의 정치를 망치게 했다고 반박했다. 서왕모가 세상 사람을 선계에 들였다고 다시 추궁하자 당현종의 술사 나공원(羅公遠)이 변명하니 서왕모가 사과하고 떠나갔다. 상이 월궁을 떠나오는데 항아가 문씨(文氏)와 주씨(酒氏)에 인접한 태백성(太白星)이 30년 동안 하계로 쫓겨난 사실을 말하며 편지를 써 보냈다. 상이 화청궁(華淸宮)에 돌아오니 유독 태사(太史)가 임금이 잘못한 처사였다고 간쟁했다. 상이 태백성에 해당되는 지상 사람을 찾게 하여 이백을 불러들이고 항아의 편지를 전했다.

이 작품은 이처럼 허구적 내용을 길게 이야기로 꾸며 나가되 군왕 이외에 3명의 인물을 등장시켰다. 항아는 헛된 신선술이 무용함과 윤리적 덕목이 임금의 영약임을 깨우쳤다. 태사는 임금이 음기에 빠지는 폐해를 비판했다. 이태백은 천상세계를 부정도 긍정도 하지 않으며 초자연의 영역을 암시했다. 서사적 문맥의 우의는 작가 당대의 정치 상황과 은연중 맞닿아 있다. 연산군은 경복궁 경회루 서쪽 편에 만세산(萬歲山)이라는 산대(山臺)를 세우고 그 위에 봉래궁(蓬萊宮), 일궁(日宮), 월궁(月宮)이라는 임시 집을 만들어 기녀들이 그 안에서 공연하게 했다. 임금은 용주(龍舟)라는 배에 타고 경회루 연못을 오가며 산대 공연을 관람했다. 연산군이 즐겼던 놀이의 환상성은 당현종이 월궁에서 관람했던 춤과 노래를 화청궁에 돌아와 악관들에게 재현하게 했다는 <예상우의무곡(霓裳羽衣舞曲)>과 크게 다르지 않다. 작가는 널리 퍼져있던 당현종의 월궁 유람기를 근간으로 하여 임금의 마땅한 통치 철학을 깨우치고 했다.

강유선(康惟善, 1520~1549)의 <신루기(蜃樓記)>도 신기루(蜃氣樓)라는

소재의 특수성에 착안하여 가상 공간을 설정하고 우의를 가탁했다. 남해의 광리왕(廣利王) 나라에서 신기루를 새로 짓는 과정을 묘사하고, 기문을 쓸 사람을 초빙하여 짓게 했다고 설정했다. 그 자초지종을 적은 것이니 가상적 누정기라 하겠지만 왕의 특별한 요구에 부응하기 위해서 온몸을 바치는 신하의 고충을 효과적으로 그려냈다. 이 작품은 동일한 소재를 활용한 가상 누정기의 우언 글쓰기를 선도했다. 차천로, 조찬한, 김시양, 장유, 이옥, 심능숙 등의 유사한 작품들이 줄을 이었다.

<취향기>와 <수향기>는 윤주필,「우언의 전통과 조선 전기 몽유기」, 앞의 책, 59~70면; <몽사자연지>는 이원주,「대관재의 <몽기>·<몽사자연지>고」,『한국학논집』5(계명대한국학연구소,1978) 876~878면 참조. 이목의 작품은 윤주필,『한국 우언산문 선집』, 앞의 책, 138~148면; 연산군의 산대놀이에 관해서는 사진실,『공연문화의 전통 – 악·희·극』(태학사, 2002) 88~89면 참조. 강유선의 <신루기>는 앞의 사림파의 우언 글쓰기에서 한 차례 다루었지만, 여기서는 우언 양식사의 측면에서 언급했다.

6.6.4. 심성우언의 출현과 전개

사람의 마음은 보이지 않아도 행동에 직접적으로 관련된다. 마음은 주관적 반성의 대상이자 객관적 관찰의 대상이기도 하다. 여기서 행위의 원인인 마음에 대한 반성적 인식과 표현이 발생한다. 우언 글쓰기는 마음의 문제를 가상적 구조에 담아 성찰하며 전범적 고전 작품들은 그러한 특징을 잘 갖추고 있어 후대에 큰 영향력을 끼쳤다. 초사의 <천문(天問)>, 양웅의 <축빈부(逐貧賦)>, 도잠의 <형영신(形影神)>, 한유의 <송궁문(送窮文)>, 유종원의 <천문천대(天問天對)>, 유우석의 <문친균부(問天鈞賦)> 등이 그러힌 구실을 했다.

한국 우언문학사에서는 이규보가 풍부한 선례를 개척해 놓았다. <구시마

문(驅詩魔文)>은 시인의 삶이 궁핍한 데 대한 반성적 성찰을 우언에 담았다. <문조물(問造物)>과 <토령문(土靈問)>은 사람의 차별의식을 문제 삼았다. 이 두 작품은 그의 <슬견설(蝨犬說)>의 주제를 좀 더 추상적으로 다루었다. <슬견설>은 경험적 일화를 내세워 통상적으로 개와 이의 죽음에 대해 달리 반응하는 인간의 정서를 문제 삼았다면, 두 작품은 하늘과 땅의 초월적 주재자를 내세워 삶과 죽음에 대한 인간의 반응을 다루었다는 점에서 상호 교환적 문맥을 형성한다.

또 정도전은 <심문천답(心問天答)>에서 마음의 불평과 사회적 불평등의 문제를 우언 글쓰기에 담았다. 그의 철학적 저술 <심기리편(心氣理篇)>도 유불도 삼교의 핵심 개념을 의인화해서 대화 형식으로 풀어나감으로써 종교 비판의 우의를 담았다. <사이매문(謝魑魅文)>은 유배라는 낯선 장소의 타자를 도깨비로 의인화하면서 결국에는 그들과 화해하게 되는 심리적 과정을 묘사했다.

이외에도 이달충의 <애오잠(愛惡箴)>은 좋아함과 싫어함의 정서가 자아와 타자의 관계에서 형성됨을 지적했다. 신개의 <양졸당기(養拙堂記)>는 작가 자신의 졸렬함을 의인화하여 제거하려 하지만 결국에는 다시 맞이하게 되는 과정을 언급했다. 성간과 성현 형제의 <용부전(慵夫傳)>과 <조용(嘲慵)>은 이규보의 <용풍(慵諷)>을 계승하면서 게으름으로 나타나는 무기력증을 다시 문제 삼았다.

조선에서 신유학이 국시로 정해지고 성리학이 심화되어 가면서 '심성'의 문제를 다루는 우언 글쓰기가 본격화됐다. 그것은 여러 유형으로 전개됐는데 가상 공간과 가상 주체를 다양하게 결합시켰다. 예를 들면 신명사(神明舍)라는 공간과 천군(天君)이라는 주체가 가장 대표적이다. 실제적으로는 선도적 작품과 후대의 문학적 관습에 따라 좀 더 복잡하게 계열화되어 갔다. 그 계열을 아래와 같이 정리하면서 해당 작품을 함께 살피기로 한다. 앞에서 고찰한 작품은 특징만을 요약하고 본절에서 처음 고찰하는 작품은 다소 상세히 언급한다.

첫째는 인간 심성의 형이상학과 교육적 수양론을 위해 창안된 도설(圖說)의 우언이다. 조선 전기 권근의 <천인심성합일도>와 정지운의 <천명도> 등으로 촉발된 성리학의 도설적 전통이 이황, 김인후, 기대승 등에게 비판적으로 계승됐다. 이들은 도상의 직관과 해설의 논리성에 기대어 인간 심성의 문제를 다루면서, 일면 유용성을 인정하면서도 일면 한계성을 지적하고 심성 도설을 개정해 나갔다. 반면에 조식은 <신명사도명(神明舍圖銘)>을 창안해서 전쟁을 암시하는 은유적 도상과 금언(金言)을 통해 심성의 우언적 표현 방식을 획기적으로 바꾸었다. 예를 들면 신명사를 사직에 빗대며 그 주인을 '태일진군(太一眞君)'으로 표상하고, 내정과 외치를 내무총재와 총사령부로 나누어 관장한다고 비유하고, 기미를 살피는 깃발들을 성곽 주변에 배치하여 군자의 굳센 기상과 여러 금기조항을 상징하게 했다. 조식의 작품은 후대의 여러 다른 경향을 선도하는 전범으로 작용했다.

둘째는 인간 심성을 지리적 형상으로 비유하는 가상 기문의 우언이다. 김안로의 <성의관기(誠意關記)>는 이 계열의 가장 이른 작품이다. '천군'의 나라를 설정하고 적군의 침략을 받아 성채와 관문을 견고하게 쌓았다고 가상했다. 성의관이 완성되자 그 나라가 어떻게 정비되고 회복되는지를 묘사했다. 사장파의 글솜씨에다 사림파의 문제의식을 담아서 작가의 정치적 입지를 강화시키고자 했다. 그에 비해 조식과 임훈의 <누항기>, 조식의 <행단기>는 공자 제자를 서술자로 내세워 안회와 공자의 거처를 묘사하고 그들이 후대에 끼친 정신세계를 우언 글쓰기로 표현했다. 김안로의 작품에 비해 심성론적 우의와 표현에서는 못 미치지만, 작가의 실천적 경험과 가치관이 투영되어 있어서 핍진함이 드러나 있다.

또한 김안로와 조식의 작품 이후로 그를 반의모방한 가상 기문의 작품들이 지속적으로 창작되어 하나의 유형을 이루었다. 이정(李楨, 1512~1571)의 <신명사부(神明舍賦)>는 신명사의 주인을 '천군'으로 설정했다. 부자와 군신의 윤리를 갖추었다고 하고 군자에게 적당한 곳이라 했다. 또 『중용』의 원리를 밝혀온 도통론에 입각하여 마음 수양을 강조했다. 몇 길 담장

안에 공자의 윤집(允執)이 있지만 행단(杏壇)이 풀에 묻혀 후대에 자취가 끊어진 것을 슬퍼한다고 했다. 그러나 이 신명의 집은 그대로 있어 송대의 성리학자들이 다시 빛을 밝혔다고 했다. 결론에서는 명(銘) 대신에 잠(箴)을 배치시켜 심통성정(心統性情)의 명제를 확인하고 도통의 주고받음이 분명함을 천명했다. 또 신명사를 보존하기 위해 경(敬)과 의(義)를 통해 성곽을 지키듯이 늘 깨어서 경계하고 삼가겠다고 했다. 조식에 비해서 성리학적 문맥을 강조하고 도통에 대해 깊은 관심을 기울였다. 수양론은 그대로 수용했으나 원작품에서 보여주었던 전쟁과 같은 마음 수양의 실천적 의지는 오히려 강렬하지 못하다. 신명사 계열은 조선 후기에 윤광계, 정홍명, 장유, 강대수, 하진, 이원조 등의 <신명사기(神明舍記)>, 곽종석의 <신명사부>에 의해 지속적으로 계승됐다.

또 권호문(權好文, 1532~1587)의 <계약옥시(啓鑰玉匙)>는 신명사의 통로로서 성의관(誠意關)을 가상한 부(賦) 작품이다. 성의관을 경(敬)이라는 열쇠로 열고 들어가 고요한 신명사에서 머물며 벼슬을 멀리 한 채 살아가겠다는 다짐을 했다. 신명사에 대해 『장자』의 허실생백(虛室生白), 『시경』의 원거서지(爰居棲遲)라는 표현을 통해 신비하고 이상적인 공간으로 묘사했다. 또 신명사의 주인을 천군으로 설정하고 영대(靈臺)에서 엄숙하게 손을 모으고 있다고도 했다. 작가는 벼슬살이와 성리 학문의 두 가지 선택 사이에서 후자의 길을 택하고, 자신이 조정에 추천되는 경우에는 국문 교술시를 통해서 한거(閑居)와 독락(獨樂)의 뜻을 나타냈다. 그러나 그러한 길을 택했다고 해서 결과가 늘 만족스러운 것도 아님을 솔직히 드러냈다. 따라서 자신이 선택한 애초의 뜻을 굳건하게 다지기 위한 방법을 우언적 글쓰기를 통해 에둘러 말했다고 할 수 있다.

한편으로 심성을 다루는 우의적 가상 기문의 유형으로 <공중누각기(空中樓閣記)>도 주목할 만하다. '공중누각'은 원래 송대 성리학자 소강절의 인품을 평가한 비유어였는데, 16세기 사림파에게 도학적 기상을 상징하는 어휘로 수용되어 작품화되기 시작했다. 박영(朴英)은 병조참판에 이르렀던 무신으로서 기묘사화 때 죽음의 문턱을 넘나든 이후 명철보신을 처세의 지혜로 삼았다. 그는 세속에 얽매이지 않는 '공중누각'의 내력과 미감을 짤막하게 가상적 심상 지리의 우언으로 꾸며내서 선편을 잡았다. 그 이후로 고응척(高應陟, 1531~1605), 이이(李珥, 1536~1584), 하항(河沆, 1538~1590) 등의 <공중누각부>가 조선 전기에 창작됐다.

고응척은 영남의 도학자로서 유교 경전에서 자득한 깨달음을 58편의 부(賦)와 28편의 시조로 나타냈다. <공중누각부>도 그 가운데 하나이다. 이 작품 이외에도 심성 우언의 색채를 띠는 작품이 적지 않아 함께 고찰할 필요가 있다. 예를 들면 시조 <명명덕곡(明明德曲)>에서는 방촌(方寸)의 신명(神明)이 만물의 해와 달이라는 시상을 전개했다. 종장에서는 학문이 아니면 일월식(日月蝕)이 두렵다고 했다. 그의 <본심여일월부(本心如日月賦)>에서도 같은 인식을 나타냈다. 이는 조식의 <신명사도>에서 신명사의 외곽에 둘러친 눈과 귀의 관문에 해와 달을 배치했던 것을 연상시킨다. <인귀관부(人鬼關賦)>와 <성의곡(誠意曲)>도 동일한 주제를 부연하거나 압축하여 표리 관계를 이루는 좋은 예이다. 『심경부주(心經附註)』「대학성의장(大學誠意章)」에서 '성의'는 인귀관이니 이 관문을 통과해야 진선할 수 있다고 했으니, 인귀관과 성의관은 동일한 의미를 지닌다. 다만 고응척의 작품에서는 사람이 되느냐 귀신이 되느냐는 성의의 관문을 통과하느냐 꿈의 관문을 통과하느냐에 달려 있는 것처럼 설정했다. 시조에서는 배곯아 섧다 해도 그림의 떡이 좋으냐고 하고, 종일 황하를 얘기한들 목마름을 어찌할 것이냐고 거듭 말했다. 종장에서는 『대학』「성의」장의 '부윤옥(富潤屋)' 어구를 동원하여 부자의 집이 윤택하듯 내면의 덕성으로 몸을 윤택하게 하라고 암시했다. 이러한 인식에는 조식의 <신명사도>에서 성곽의 북쪽 밖의 양옆에 꿈과 귀신을 배치하고, 남쪽 구관(口關)에서는 사물의 출입을 총괄히어 살피게 했던 것을 연상시킨다.

이이의 <공중누각부>는 소옹에 대한 작가의 인식과 현실 비판 의식을 상세하고도 묘미 있게 표현하고 있어 이 계열의 대표작으로 꼽을 만하다. 소옹은 백척간두에서 활보하여 구름길에 올라섰다고 하면서 세속의 학문과 대비시켰다. 묵적의 겸애는 결국 자기 닮은꼴을 양산함, 양주의 자애는 극단의 이기주의, 권모공리술은 파리 떼가 냄새를 쫓는 것, 허무적멸의 학문은 신기루가 바다에 떠 있는 것이라고 비판했다. 이들을 공중누각 위에서 분변한다면 한 차례의 웃음거리도 되지 못한다고 했다. 소옹은 아이들이 뛰노는 것을 좋아하여 묵묵히 베개에 기대어 놀이하는 것을 바라보았고, 흉중의 태극을 구슬놀이 하듯 굴리면서 천지의 호연지기를 토해냈다고 찬양했다.

이러한 소옹에 대한 평가는 이이의 또 다른 작품 <획전유역부(畫前有易賦)>에서 좀 더 구체적이며 비유적으로 전개됐다. '획전유역'은 천지자연에서 그 자체로 벌어지는 온갖 물상(物像)의 유비적 관계가 하도(河圖)나 복희씨의 팔괘(八卦)가 작성되기 이전부터 이미 역(易)이라는 의미이다. 이러한 소옹의 인식과 발언은 『주역』의 학문사에서 파천황의 새로운 세계를 열어주었다. 작가는 역학(易學)에 관한 이제까지의 업적들이 수주대토(守株待兎)처럼 어쩌다 얻은 성과에 불과하며 그 자리를 고수하고 있으면 궁해진다고 했다. 농환(弄丸)의 놀이처럼 천지의 역을 즐겼던 소옹의 안락와(安樂窩)에 주인이 없으니 자신은 누구와도 진리를 논할 수 없다고 했다. 그러나 그 도리가 어약연비(魚躍鳶飛), 즉 물고기 뛰어놀고 솔개가 나는 자연현상에서 여전히 살아있다고 했다. 천지자연 그 자체가 진리를 담고 있는 첫 번째 텍스트이니 누구라도 관찰을 통해 깨달을 수 있다고 본 것이다.

셋째는 심성의 조절 문제를 전쟁의 서사로 비유하는 가상 역사의 우언이다. 이 가상 역사의 시공간은 천군이 즉위하여 다스리는 나라이고, 가상 주체는 천군과 여러 신하와 그 나라를 침범하는 적군들이다. 가상 공간이 국가로 확대되고 가상 주체가 적대 세력까지 포함하여 다수의 인물로 복수화됐다. 조선 전기에 김우옹의 <천군전(天君傳)>, 임제의 <수성지(愁城誌)>, 홍성민의 <천군견지수공수성(天君遣志帥攻愁城)> 등이 이에 해당된다. 조선 후기에는 황중윤(黃中允)의 <천군기(天君紀)>와 정태제(鄭泰齊)의 <천군연의(天君衍義)> 등이 심성 가상왕국의 우언 소설을 선도했다.

<천군전>은 '전'의 형식을 차용하고 있지만 기존의 전기우언과는 매우 다른 특징을 지니고 있다. 천군의 내력과 나라 경영을 서사적으로 구성하면서, 특히 적군과의 공방 과정을 서사의 핵심으로 삼은 것은 이전의 심성 우언에서는 찾아보기 어렵다. 조식의 <신명사도명>이 도상적 우언이라면 이 작품은 서사적 우언인 셈이다. 마음의 집과 그를 둘러싸고 있는 적대적 세력이라는 공간적 환유를 마음 전쟁의 승패와 득실이라는 시간적 환유로 바꾸었다.

또 <수성지>는 심성 왕국의 구성에 문학적 심성과 역사적 감수성을 추가하여 입체적으로 다루었다. 성리학적 심성론에 의거한 마음 수양은 원칙론에 불과하다는 점을 반어적으로 드러내면서 현실적 갈등과 역사적 모순에 주체적으로 대응하는 방안을 문제의식으로 제기했다. 골계적으로 대단원을 마무리하고 있어 수양론적 대안을 제시하는 데 실패했지만, 문제 제기의 수준은 단순한 심성 우언의 차원을 넘어서고 있다. 근심의 성을 평정했다는 결말이 실제적 의미로는 도취에 의한 실패에 불과하니 화해의 대단원이 알고 보면 파국이어서 부조리를 꼬집은 골계에 가깝다. 이는 작품의 궁극적 우의이자 미의식이리고 판단된다. 위 두 작품은 16세기 우언소실의 영역을 확인시켜 주는 데 결정적 역할을 했다. 초기 소설의 우언 글쓰기를 다룰 때 위 두 작품을 다시 살피기로 한다.

홍성민의 작품은 천군이 지수에게 수성을 공격하라고 내리는 가상 조서(詔書)이다. 그러한 결정을 하게 된 까닭은 천군의 조정인 천정(天庭) 곁에 근심의 도적이 난공불락의 성을 쌓았기 때문이라고 배경 묘사를 했다. 이 같은 문제 설정은 <수성지>와 유사하다. 이 두 작품의 선후 관계는 알 수 없으나 비슷한 시대의 작가가 유사한 문제를 제기한 데에는 사림파 조정의 분열을 근심하는 은유가 깔려있다고도 볼 수 있다. 국생(麴生)을 환백장군(歡伯將軍)으로 삼거나 모영(毛穎)을 소단장군(騷壇將軍)으로 삼아 두 차례 토벌하여 일시적 성공을 거두었다고 중간 과정을 서술했다. 그러나 오래지 않아 수성이 더 독하게 자리를 잡자 지수(志帥)를 천정상장군(天庭上將軍)

으로 삼아 출격시킨다고 서사 내용을 전환하여 성리학의 수양론을 주지로 삼았다. 의(意)를 막료로 삼고 기(氣)를 졸개로 삼되 혈(血)과 결합되는 것을 경계하라고 하고, 지·인·용·관·순(智仁勇寬順)을 각 군의 대도독으로 삼아 지휘하라고 천군이 명령했다. 천군 스스로 오랫동안 주인 노릇을 못하고 허령(虛靈)함을 잃어버려서 '지수'를 불러들이지 않을 수 없다고 잘못을 반성하는 것으로 결론을 삼았다.

심성 우언의 전반적 고찰은 윤주필,「우언과 성리학 - 조선 전기 철학담론으로서의 우언문학사」,『퇴계학논집』7, 앞의 책; 김인경,「16~17세기 심성서사 연구」(고려대 박사, 2015) 참고. 조식의 <신명사도명>의 후속 작품은 전병철,「지리산권 지식인의 마음공부 - <신명사도명> 관련 남명학파 문학작품에 나타난 재해석의 면모와 시대적 의미」,『남명학연구』28(경상대 남명학연구소, 2009) 315~326면 참조. 김수영,「천군기 연구」(서울대 박사, 2011) 참고. 고응척의 부와 시조는 송재연,「작시원리를 통해 본 고응척 도학시조의 문학적 특성」,『어문학』116(한국어문학회, 2012); ≪심경부주≫의 수용은 강혜규,「천군계 작품의 사적 고찰」,『정신문화연구』110(한국학중앙연구원, 2008) 305~310면 참조. 이이의 작품은 곽신환,「율곡 이이의 소강절 역학 이해 -<획전유역부>와 <공중누각부>을 중심으로」,『동양철학연구』65(동양철학연구회, 2011); 김경호,「공중누각과 율곡 이이」,『양명학』46(한국양명학회, 2017) 참고.

6.7. 잡록집의 분화와 우언 모음집의 출현

6.7.1. 잡록집에 수습된 우언

조선 전기에는 고려 후기 잡록집의 전통을 이어받아서 여러 유형의 산문 저작을 발전시켜 나갔다. 이제현은 『역옹패설(櫟翁稗說)』 서문에서 '패설'의 범위에 대해 대체적으로 설명하여 잡록집 저술의 개념을 어느 정도 규정해 놓았지만, 서거정은 『필원잡기(筆苑雜記)』, 『태평한화골계전(太平閑話滑稽傳)』, 『동인시화(東人詩話)』를 저술하여 잡록집의 종류와 내용을 실제적으로 제시했다. 잡기와 골계전의 갈래적 지향을 분명하게 구분하고 시화를 별도의 영역으로 독립시켰기 때문이다. 그러나 그것이 곧바로 체계적 갈래론으로 대체될 수는 없었다. 잡기에는 사대부적 일화가, 골계전에는 소화가, 시화에는 문학적 일화가 중심이 되지만 다른 영역의 것도 부수적으로 섞였다. 이후의 잡록집에서는 여러 강화된 특성이 가미되어 야사, 일화, 소화, 민담, 시화 등이 분화되기도 하고 그것들이 다시 종합되기도 했다. 어떤 경우에는 종합된 잡록집 내부에서 제재와 갈래를 구분하여 집필하기도 했다. 거기에다 개인의 체험을 기록하는 일기 형태의 저술이 야사나 일화의 글쓰기와 이웃하여 나타나고, 서술자의 교훈적 의도를 가미한 개별 우언 작품이나 모음집이 소화나 민담과 섞여서 집필됐다. 또 성적 소재를 다루는 소화의 경우에는 단순한 변명으로서가 아니라 집필 의도를 밝히기 위해 오히려 용의주도한 우언 글쓰기를 시도하는 경우도 있다.

서거정은 『필원잡기』에서 조정에서의 일화나 당시 문화계의 야사를 적었다. 예를 들면 사헌부와 사간원은 조선초부터 설치됐던 양대 사정기관으로 밀접한 직무 관련성을 지니면서도 대립적이었다. 편자는 그 관계를 비유적으로 대비하면서 골계적 일화를 옮겨 놓았다. 나라에 금주령이 내렸을 때 대관(臺官)은 마시지 않아도 간관(諫官)은 태연히 술을 마신다. 간관의 하인은 붉은 옷을 입고 대관의 하인은 검정 옷을 입는데 붉은 옷을 입은 자가 매우 취해서 검정 옷을 입은 자를 보고 조롱하기를, "너는 네 상관처럼 썩

렁해서 술도 마시지 못하고 얼굴에 늘 검은 빛이 있어 옷도 역시 검다."라고 조롱하여 듣는 자가 모두 웃었다고 했다. 서술자의 의도는 임금을 상대하는 사간원은 비교적 자유로운 데 비해서 고위관료를 상대하는 사헌부는 지나치게 엄숙한 분위기가 있음을 전하고자 했다.

강희맹은『촌담해이(村談解頤)』서문에서 마을 늙은이들과 터놓고 이야기를 하면서 입 벌리고 웃을 만한 것들을 채록하여 책을 만들었다고 했다. 이야기 향유자가 사대부가 아니고 민간이며 그들과 터놓고 하는 이야기를 골라내어 너털웃음을 자아내는 설화집을 만들었다는 말이다. 그러나 공연한 짓을 한 것은 아니며 세속을 깨우치는 '은감(殷鑑)', 즉 반면교사의 거울이 되어 수신·제가·평천하에 효과를 낼 수 있다고 했다. 성현의 가르침도 여기에 지나지 않는다고까지 말했다. 파격적인 음담패설집을 만들고서 어떻게 이렇게까지 효용성을 장담할 수 있을까에 대한 의문을 자아낸다. 그럼에도 이 소화집에는 몇 가지 특징을 지니고 있어 예사롭지 않다. 우선 각 편의 수가 적은 대신에 그 길이가 길다. 대부분이 성적인 이야기이지만 속고 속이는 이야기가 겹쳐져 있어서 속임수에 대한 지적 유희를 즐기면서 거짓과 진실을 판단하게끔 유도한다. 더구나 10편 가운데 4편에는 서술자의 평론이 '태사공(太史公)'의 이름으로 덧붙여져 있다. 소화의 오락성과 교훈을 함께 고려한 서술적 의도가 곳곳에 드러나 있다. 타락한 모습을 통하여 더 강렬하게 윤리적 우의를 발견할 수 있다는 저술 전략이 깔려 있다.

예를 들면 첫 번째 이야기 <모란탈재(牧丹奪財)>는 평양기생 모란이 의정부에서 파견된 향리 이생(李生)의 재물을 털어먹는 내용이다. 그런데 서사 과정은 세 부분에 걸쳐 서술되고 마지막에 논평까지 덧붙였다. 우선 모란이 이생을 사랑의 포로로 만드는 교묘함과 재산을 모두 빼앗아 가는 과정을 서술했다. 다음에는 모란이 수행한 속임수 방법과 몇 단계의 절차를 이웃 노파가 나타나 이생에게 알려주었다. 그다음에는 이생이 사태를 깨닫고 모란을 찾아가 협박까지 하며 재물을 돌려달라고 해보았지만 조롱만 당했다. 결국 이생은 걸인 신세가 되어 처가에서도 쫓겨나고 모든 사람의 손가락질을 받았다. 태사공의 논평은 노파가 깨우쳐준 기생의 속임수를 처음, 중간, 결과의 세 단계로 정리하면서 논리를 부연했다.

이 외에 <계경주지(繫頸住持)>는 기생과 승려들이 주지승을 두고 파계시키는 내기를 한 이야기이다. 주지승은 기생에게 속아 넘어가 목에 끈이 묶이고 여러 승려 앞에서 망신을 당했다. 논평에서는 명성을 팔아 입신출세한 이후에 벼슬길에서 실절하는 사대부 계층에 대비시켰다. <청부독과(菁父毒果)>는 '주지 속여 먹은 사미승' 유형이어서 수록된 각 편 가운데 유일하게 성적 소재를 사용하지 않은 소화이다. 주지가 삶은 달걀을 혼자 먹으며 사미승에게 '무밑둥'이라고 속이니 사미승은 새벽에 수탉이 울 때 '무밑둥아비'라고 대꾸하고, 감을 혼자 먹으며 '독 과일'이라고 속이니 사미승은 일부러 잘못을 저질러 놓고는 독 과일을 먹었다고 응수했다. 속고 속이는 대결 국면에 말장난을 섞어서 지적 유희의 효과를 높였다. 논평에서는 늙은 중이 인애와 신의를 모두 잃었으니 사미에게 당할 만하다고 했다. 이 두 작품은 모두 불교 승려의 타락상을 소재로 삼았으나 우의 도출에서는 오히려 사대부 사회에 적용시키거나 유교의 윤리관을 적용하고 있다.

한편 서문에서는 '언서도혼(鼴鼠圖婚)', '교토시결송(狡兔之決訟)'을 언급하고 있는데 해당 본문은 현재 수록된 책이 전해지지 않고 있다. 편자는 민간 우언으로 전승되고 있던 <두더지혼인>과 <토끼의 명재판>을 소화의 관점에서 수용하되, 분수와 안위의 관련성이나 은혜를 저버리는 몰염치 등을 우의로 해석했다.

성현은 『용재총화(慵齋叢話)』에서 당시 사대부 문화 내지 일반 풍속과 관련된 이야기를 폭넓게 수록했다. 예를 들어 사헌부 내부의 독특한 규율과 적폐에 대해 상세히 기록했다. 특히 고참과 신참 사이에서 관습적인 집단 내 폭력이 공공연하게 시행되는 양상을 폭로했다. 신참을 신귀(新鬼)라 부르며 욕을 보이되, 사용되는 도구니 연출되는 상황에 별난 용어를 붙여 내적 전통을 수립해 가는 양상을 일일이 거론했다. 또 술에 취하면 권근의 <상대별곡(霜臺別曲)>을 부른다고 하여 사헌부의 풍류를 과시하는 광경을 부각시키기도 했다. 성종이 신참을 괴롭히는 이 같은 면신례(免新禮)를 금하여 조금 뜸해지기는 했지만 대부분 폐지되지 않고 그대로 남아 있다고 했다. 관습이 전통의 이름하에 적폐가 되었는데 임금의 의지로도 좀처럼 개선되지 않는다는 비판의식이 나타나 있다.

이와 같은 야사는 문신관료의 핵심이라 할 삼관(三館)의 면신례를 언급하는 데에서도 유사하게 나타났다. 그 가운데 예문관(藝文館)이 가장 심하다고 하면서 술자리가 파할 때 <한림별곡(翰林別曲)>를 부른다고 했다. 그 광경을 두고서는 맑은 노래와 매미 울음소리 사이에서 개구리 들끓는 소리가 섞여서 시끄럽다고 묘사했다. 중세 문치주의의 주도 계층이라 할 관각문인(館閣文人)들의 이러한 풍속은 조선 후기 '유희(儒戱)'의 연원이 되었으리라 추측된다. 과거급제자를 배출한 집안에서 문희연(聞喜宴)을 베풀 때 급제자의 얼굴에 먹칠을 하고 험한 옷을 입히는 등의 짓궂은 놀이가 '유희'라고 칭해지면서 의외의 생명력을 지니고 전승되었기 때문이다.

한편 『용재총화』에는 소화를 집중적으로 수록한 특정 권수가 있으니 골계전의 특성을 작품집에 적극적으로 수용한 셈이다. 이 가운데 못난 주인공이 상대 인물에 속아 웃음거리가 되는 바보 이야기에는 어느 정도 풍자성이 드러난다. 예를 들면 점술사가 어리숙한 시골 사람들에게 오히려 봉변을 당한다는 이야기가 대표적이다. 흔히 경을 읽는 법사는 눈면 봉사인 경우가 많으니 신체적 결함이 있다. 그런데도 시골 사람들을 겁을 주어 이득을 챙기려다가 자기 말을 곧이곧대로 믿는 순진한 사람들의 바보 같은 행위 때문에 낭패를 당한다. 서술자는 구체적으로 사건에 개입하지는 않지만, 웃음을 자아내는 상황 속에서 지적으로 우월한 점쟁이를 낮추고 그보다 못한 시골 사람들에게는 우호적이다. 속을 만한 바보가 속지 않고 속일 만한 점쟁이가 속는 역전을 보여주었다.

반면에 세 사람이 말 한 마리를 사서 누가 탈 것인가를 두고 기지 대결을 벌이는 이야기는 쟁장(爭長) 화소를 포함하는 쟁변 우언이다. <삼인공마(三人共馬)>라고 제목을 붙일 만한 단형 우언인데 줄거리만 제시하고 서술자는 되도록 개입하지 않았다. 서술에서는 『장자』의 어구를 빌려 두 주인공을 묘사하는 핵심적인 대목을 유식하게 표현했다. 주인공 청주인(靑州人)은 약삭빠른 사람이어서 말 등허리를 선점하여 타고 다니고, 죽림호(竹林胡)와 동경귀(東京鬼)는 말 머리와 꼬리나 차지해서 꼴을 먹이고 똥이나 치우며 노고가 자심했다. 그래서 '높고 멀리 노닌 사람'이 말 등을 차지하자고 내기를 하는 바람에 궤변을 가장 잘 둘러댄 청주인이 늘 말을 타고 다녔다고 했다. '고원(高遠)'한 인격을 지닌 사람이 아니라 머리 회전이 빠른 기민한 사람이 현실적 이득을 차지한다는 꾀보 이야기이다. 후반부의 언변 대결은 심익운(沈翼雲)의 잡설(雜說), 박지원(朴趾源)의 <민옹전(閔翁傳)> 등에 계승되지만, 이 작품에서 주인공의 이름들을 하필 그렇게 명명한 이유는 분명치 않다. 중국의 소화집이나 불경 소재의 우언을 차용했을 가능성도 있다.

또 『용재총화』에는 성 문제를 다룬 소화도 적지 않아 『촌담해이』을 잇고 『어면순』을 선도하는 구실을 했다. 그런데 여성들이 성 주체성을 가지고 성적 욕망을 당당히 드러내는 이야기들이 적지 않아 주목된다. 예를 들어 처녀가 문장, 무예, 전답을 각기 내세우는 좋은 혼처들을 마다하고 성능력을 과시한 쪽을 택했다는 이야기는 미혼 여성이 혼사와 성의 관계를 드러내놓고 말했다는 점에서 상식을 뛰어넘는 소화가 된다. 그러나 처녀의 행동이 비정상적이기 때문에 웃음을 자아내는 것은 아니다. 성적으로 여성은 주체적일 수 없다는 통념을 거부하는 서술자의 의식이 은연중 드러나면서 웃음을 동반한다. 처녀는 네 사람의 청혼 조건을 보고 7언절구를 지어 자기 뜻을 나타내며 지적 우위를 보이고 있다. 문장에는 수고스러움이, 활과 말에는 싸움과 죽음이, 물가 좋은 밭은 수해가 각각 위험스럽지만, 돌이 든 주머니를 거시기로 휘둘러 머리 위로 넘기는 것은 자기 마음에 꼭 맞는다고 표현했다. 지적 유희를 즐기면서 여성의 욕망을 긍정하는 성소화이다.

남효온의 『추강냉화(秋江冷話)』는 고독한 지식인의 신변사를 기록했다. 제목부터가 특이할 뿐 아니라 투한(偸閑)의 미의식으로 편찬한 관각문인들의 필기류 저술과 반대되는 성향을 띤다. 저자와 교유한 불우한 사림파 혹은 방외인 성향의 문인과 저잣거리의 소식을 많이 수록했다. 예를 들어 저자의 지음으로 여겼던 안응세(安應世, ?~1480)가 죽어서 본인이나 주변인의 꿈에 나타나 얘기와 시를 주고받았다는 사연을 적었다. 그 가운데 벗 고순(高淳)의 꿈에 안응세가 나타나 광막지야(廣漠之野)에서 평소처럼 시를 주고받았다고 했다. 안응세가 꿈에서 남효온에게 전해주라고 한 시는 다음과 같이 되어 있다.

    文章富貴摠如雲,   문장이란 부귀처럼 온통 뜬구름이라
    何須勞苦讀書勤.   어찌 힘들고 괴롭게 부지런히 독서해야 하는가
    但當得錢沽酒飮,   돈이 생기거든 다만 술 받아 마시고
    世間人事不須云.   세상의 인간사는 말하지 말지어다

부귀와 관련되는 '문장'은 사적으로 개인의 영달뿐만 아니라 공적으로는 치세를 장식하는 문장화국(文章華國)의 이념에 부응하는 문학이다. 그를 달성하기 위해서는 많은 독서와 단련이 필요하다. 무엇보다 과거시험의 문장 수업부터 게을리하지 말아야 한다. 남효온은 이 시절 나름대로 대과(大科) 시험을 준비하고 있었다. 그러나 이 세상이 치세가 아니라면 그것은 한낱 뜬구름과 같은 헛짓거리이다. 남효온은 저승으로 떠나보낸 친구의 충고처럼 세상의 문학과는 다른 길이 필요하다는 데 동의하면서 갈등하고 있었다. 문집에서는 『추강냉화』의 이 대목을 근거로 장편 5언고시를 지었다. 고희지(高熙之)의 <몽자정록(夢子挺錄)> 뒤에 붙이는 화답시이다. 고순과 안응세는 남효온의 벗이므로 '희지', '자정'등의 자(字)로 지칭했다. 돈 있으면 술 사먹으라는 말이 진실한 가르침이었다며 죽어서도 자기를 아끼는 마음에 고마워했다. 결국 남효온은 과거를 포기했다. 반면에 죽기 전까지 자신의 '가슴 시린 이야기' 냉화(冷話)를 기록하여 당대 지식인 사회의 이면을 증언했다.

김안로는 풍덕의 유배 기간에 『용천담적기(龍泉談寂記)』를 저술했다. 권

력 투쟁의 와중에서 휴지기를 보내면서 정신을 집중하거나 학문에 침잠할 수 없어 '패관소설(稗官小說)'을 지었다고 변명조로 서문을 썼다. 힘든 시기를 이겨내고 있다는 자기 암시와 치유 방법으로 잡록집 편찬에 힘쓴 셈이다. 정희량 기사에서는 길가 여관의 벽에 절구시 한 수가 적혀 있다고 하면서 인용했다.

風雨驚前日,　지난날에는 비바람에 놀라더니
文明負此時.　지금에 와서는 문명 세계를 저버리네
孤節遊宇宙,　외로운 지팡이로 우주를 거닐자니
嫌鬧並休詩.　소란 떨기 싫어 시짓기도 그만두노라

어떤 사람은 정희량의 작품으로 추측하고, 어떤 사람은 호사가들이 이런 시를 지어 사람들의 의심을 불러일으킨 것이라며 부정했다고 했다. 서술자의 판단은 유보한 채 전해들은 이야기를 그대로 수록하는 듯하지만, 세상을 외면하는 시상에 공감하는 의도를 내비쳤다.

『용천담적기』의 특징은 찬자 주변의 초자연적, 환상적 체험을 많이 수록하고 있다는 점이다. 내용적으로는 인물 전설에 해당되는 서사를 진행시키고 끝에서는 적절한 거리를 두어 논평하는 기사가 적지 않다. 그의 장인인 채수(蔡壽)가 어릴 적에 아버지 임소를 따라가 경산(慶山)에 살 때 귀신을 만나 동생이 죽기까지 한 사건을 기술했다. 그런데 채수는 조금도 상한 데가 없다고 하면서 사기(邪氣)가 사람을 상하게 할 때는 반드시 허한 때를 타니 사람의 기운이 온전하면 해치지 못한다고 했다.

또 <채생> 이야기나 <박생> 이야기와 같은 전기(傳奇) 서사가 7편 정도 수록되어 있다. 이는 조선 전기 잡록집의 주요 경향이었던 필기류의 일화나 패설류의 소화와는 전혀 다르기 때문에 작가의 서술 의도가 주목된다. 서술자는 서사 말미에 논평을 가하여 신이한 사적은 예외적 인물에게 일어난 특이한 체험으로 한정시켰다. 적어도 겉으로는 유가의 합리적 세계관을 따르면서 교훈성에 초점을 맞추고 있다. 그러나 서사 내용 가운데 이승에도 있을 법한 저승의 체험담이 미묘하게 현실을 비판하기도 한다. 예를 들어 <박생>에서 저승에 잘못 끌려갔다 되돌아 나오는 주인공에게 선대왕을 닮은 판관이 비단폭에다 글을 써서 옥함에 넣어주기를, "너희 나라 군주에게 전하라. 너희 나라 군주의 소문이 대단히 좋지 못하니 내가 정말 무안할 지경이다."라고 했다. 마치 채수의 <설공찬전>에서 후량(後梁) 태조 주전충(朱全忠)의 불충을 비판했던 것을 연상시킨다. 조선을 배경으로 하였으니 좀 더 직접적이라 하겠으나 저승왕의 말처럼 꾸몄으니 뼈아픈 지적이 어느 정도 용인된다. 그런데 서술자는 주인공의 이름과 직업은 물론이고 저승에서 들었다는 의원과 서자의 미래를 현실에서 일일이 확인했다. 그뿐만 아니라 옥함의 글이 흡사 연산군이 주색에 빠지고 음란함을 경계한 말 같다고 암시했다. 마지막으로 풍덕 유배 시절의 필명인 인성자(忍性子)의 명의로 내의원 박생에게 주는 교훈의 말을 논평으로 부기했다. <남염부주지>와 여러모로 유사하지만 소설의 영역으로 진입하기보다는 패설과 일화의 경계에서 기록성과 교훈성을 그대로 드러냈다.

이러한 서술 태도는 이후 전기 서사에도 지속된다. <남도 관찰사>는 엄한 관찰사를 기생이 휘어잡는 내용이어서 정남훼절담(貞男毀節談)에 속한다고 할 수 있다. 그런데 서사가 끝나고 요염한 여자의 해학성에 대하여 지루할 정도의 논평을 덧붙여 서술자의 균형감을 잃었다. 또 마지막 작품 <진산유자(晉山儒者)>는 주인공이 과거에 실패하고 귀향하다가 사람으로 변신한 뱀을 따라 동굴에 들어갔다가 겪은 이야기이다. 뱀 아비의 선한 마음 때문에 살아나오고, 그때 곁에서 들었던 독사 퇴치법과 교상 치료법으로 마을사람들의 환난을 구제했다. 『삼국유사』의 <김현감호>나 『수이전』의 <호원>의 주인공 '호랑이 처녀'의 역할을 '뱀 아비'가 수행하고 있다. 그러나 논평의 분량이 서사 분량과 맞먹을 정도이고, 민속적 측면에서 해충퇴치 약방문에 대해 상세히 고찰했다. 또 퇴치법을 누설한 뱀 아비의 실수와 그것을 헤아리는 고을원의 지혜를 서술하는 대목에서는 이규보의 <청강사자현

부전>에서 전고로 활용했던 '큰 거북과 뽕나무의 대화'를 길게 인용했다. 신령한 거북을 삶기 위해서는 남산의 땔나무를 모조리 써도 안 되지만 늙은 뽕나무를 사용하면 곧바로 익어버린다는 비밀이 동식물 당사자들의 대화를 통해 누설되고, 그것을 알아내는 지혜자가 있다는 내용이다. 남조 송(宋) 류경숙(劉敬叔)의 『이원(異苑)』에 출전을 두고 있다. 논평자는 뱀 아비가 포악한 세 아들 뱀을 타이르는 말 가운데 무심코 비밀이 누설되어 화를 당했다고 했다. 서사 주인공들의 갈등을 모순적 관계로 파악하는 대신에 인간 현세의 교훈성을 앞세우는 전설적 세계관에 머물렀다.

김정국의 『사재척언(思齋摭言)』은 일화와 소화를 고루 수록했다. 중종조의 정치 상황과 사대부 사회의 이면에 대해 증언하고 인간의 편향적 심성을 해학적으로 다루었다. 기묘사화의 서곡을 알리는 경상감사 이항(李沆)의 행적을 언급한 우언시 <삼토일악(三兎一鶚)>도 여기서 언급했다. 그러나 정치적 언급을 할 경우에도 사림파의 정신적 여유를 잃지 않으려는 서술자의 시선을 유지했다.

성종조의 이세정(李世靖)은 학덕이 높아 당시 재상들이 그 문하에서 많이 나왔고 지자 형제도 역시 그의 문인이었다. 그런데 이세정이 청양 현감이 되어서 첫 인사고과에서 낙제점을 받아 파출된 사적을 다루었다. 관찰사였던 최숙생은 훗날 그 이유를 다음과 같이 말했다는 것이다. 다른 고을 수령은 교활하나 도적이 한 명뿐이지만 청양 현감은 청백하기는 하나 여섯 도적이 아래에 있어 백성이 견딜 수가 없었다는 것이다. 한 도적은 수령이고, 여섯 도적은 육방의 아전을 가리킨 말이다. 학문과 행정 능력은 별개이며 백성에게 끼치는 영향력의 완급에서도 큰 차이가 난다는 점을 스승의 사례에서 찾아내어 해학적으로 기술했다.

한편 저자의 친형 김안국이 경상감사에 제수되어 갈 때 조령(鳥嶺)의 역원 정자에 쓰여 있었다는 두 수의 7언절구를 소개했다. 앞의 시는 명망 높은 젊은 관찰사를 맞이하는 데 대한 기대를 표시한 것이다. 김안국을 지칭했다고도 볼 수 있다. 이에 비해서 뒤의 시는 신랄한 풍자를 표현해 놓았다.

玉節朱鞍勞驛吏,	관찰사 요란한 행차에 역리들만 고생인데
曾無毫補到蒼生.	붓 놀려 백성을 위한 적은 한 번도 없었네
嶺南老冤皆三窟,	영남의 늙은 토끼들은 세 굴을 파는데
攬轡澄淸待國卿.	말고삐 잡고 고상하게 고관 자리 기다리네

여기서도 아전 등의 토호 세력을 교활한 토끼가 굴 세 구멍을 파놓고 만약을 대비한다는 고사에 비유했다. 그들이 있는 한에는 백성들이 편안할 수 없다. 그런데도 전임 관찰사는 지방민을 위한 행정을 펴나가는 데는 아무런 관심이 없고 오직 중앙 정계로 승진하는 데만 연연했다는 것이다. 지방관의 직책은 중앙 정계의 고관 자리로 도약하기 위한 도움닫기에 불과하다는 풍자이다. 서술자는 누가 썼는지 모르겠다고 하고 더 이상의 논평은 하지 않았지만, 김안국이 경상감사로 나가서 의학 언해서를 출간하고 향약과 소학 운동을 벌이며 성리학의 저변을 넓히고자 했던 것을 감안한다면 지방관의 역할과 평가에 대한 극명한 대비를 암시했다고 할 수 있다.

또 김안국이 이천과 여주로 유배되어 갔을 때의 일화도 여러 건 수록하고 있다. 물이끼를 섞어 만든 종이 수태지(水苔紙)의 제작법을 보급하기 위해서 먼 절의 승려에게 편지를 보내고 덧붙인 7언절구를 소개했다. 자신이 만들어 민생의 일용품으로 이익이 될 만하니, 유·불의 길이 다르지만 이로운 물건을 널리 전파하여 달라는 내용이다. 또 여주의 이호(梨湖)에서 거주할 때 형 김안국이 닭을 친 체험담을 수록했다. 고양이에게 물려서 어미닭은 죽고 병아리들은 다 죽게 됐는데 수탉이 품어서 모두 살려내어 '의계(義鷄)'라고 불렀다는 일화이다.

저자 김정국은 고집불통의 성격에 대해서 매우 비판적이었다. 여기에는 온건주의를 견지하며 사림파의 개혁을 점진적으로 추구했던 그들 형제의 가치관이 암시되어 있다. 예를 들면 남의 말을 곧이듣지 않는 어떤 수령이 생치(生雉) 몇 마리를 급하게 올리라는 관찰사의 문서를 받고 허둥대어 웃음거리가 됐다는 내용이다. '생치'는 한자 어휘로만 보자면 산 채로 잡은 꿩이지만, 아전들이 알려준 바와 같이 말리지 않은 것이면 건치(乾雉)에 대해서 생치(生雉)라고 한다는 것이다. 그런데도 수령은 화를 내며 사냥해서 죽은 것을 산 것이라 할 수 없다며 보고서에다 '사치(死雉)'를 대신 올린다고 했다는 것이다. 말인즉 옳지만 수령은 얼마 있지 않아 폄직되어 떨려났다고 했다. 실제 그런 일이 있다면 일화이겠지만, 이름을 밝히지 않은 어느 지방의 수령이 벽창호같이 처신하는 것을 과장되게 묘사했으니 소화에 가깝다.

또 부엉이 울음소리에 대한 미신 때문에 한 가장이 고집을 부리다 죽음에 이르렀다는 이야기도 소화이지만 민담적 요소가 훨씬 강화됐다. <휴류명(鵂鶹鳴)>이라 제목을 붙일 만한 작품이다. 속신어에 의하면 부엉이가 울면 온 집안이 불길해질 조짐인데 조건이 있다. 집주인이 부엉이 소리를 내어 부엉이가 이기지 못하고 소리를 그치면 그 소리가 길해지고, 주인이 이기지 못하면 일가가 액운을 받는다고 했다. 고지식한 사람이 한겨울에 옷을 벗고 잠들었다가 부엉이 소리를 듣고는 내기가 시작됐다. 밤새도록 나가서 울음 싸움을 그치지 않다가 기력이 소진한 것을 안주인이 발견했는데 마지막까지 목구멍에서 부엉이 소리를 내다가 새벽에 기절하여 죽었다고 했다. 서술자는 이 이야기가 고집으로 일을 망치는 사람의 경계로 삼을 만하다고 짤막한 논평을 했다.

또 쟁장 설화에 해당되는 민간 우언도 수록했다. 두꺼비, 토끼, 여우가 떡 하나를 차지하기 위해 기지 대결을 벌이는 내용이다. 처음에는 술을 못 마시는 사람이 먼저 먹기로 하는 내기를 벌였다. 누룩만 봐도 취한다, 보리밭을 지나도 취한다는 말을 한 토끼와 여우에 대해서 그런 말만 들어도 취한다고 한 두꺼비가 이겼다. 이에 다시 연장자가 먹기로 하는 내기를 했다. 앞의 두 동물이 천지개벽할 때 태어났다든가, 천지개벽 이전에 태어났다든가 한 데 비해서 두꺼비는 울면서 큰아들이 천지개벽 이전에 죽고 작은 아들이 천지개벽할 때 죽었는데 그대들은 살아남아 있으니 슬프다고 했다. 별도의 논평은 붙이지 않았다. <하마여토호득병(蝦蟆與兔狐得餠)>이라는 제목을 붙일 만하다. 『용재총화』의 <삼인공마(三人共馬)>와 비교해 볼 때 현실적 이득을 차지하기 위해 벌어진 다툼을 기지 대결로 해결한다는 서사구조가 동일하다.

송세림(宋世琳, 1479~1519)의 『어면순(禦眠楯)』은 『촌담해이』를 이어받아 패설집의 전통을 확대시켜 성담론 소화집에 더욱 근접시켰다. 이는 고부군(古阜郡) 지역의 민간 설화를 채집했을 뿐만 아니라 편자 자신의 창작품도 수록해서 우언 글쓰기 측면에서 획기적 진전을 이루었다.

이 가운데 전(傳) 형식을 취하고 있는 세 작품은 특히 주목된다. <임돈독전(林敦篤傳)>은 양반집의 신혼부부가 성적으로 무지하여 벌이는 시행착오를 그리고 있어, 실제 인물의 전기 형식을 취하고 있지만 구비전승을 적절히 가공한 것으로 추측된다. <모로쇠전(毛老金傳)>은 자가당착적인 언어유희를 반복적으로 구사하면서 말도 안 되는 주인공 '모로쇠'의 '거시기'한 일화를 탁전 형식에 담아냈다. <주장군전(朱將軍傳)>은 성담론을 통해 인간의 쾌락성을 우언 글쓰기의 대상으로 삼아 전기우언의 영역을 파격적으로 넓혔다.

또 『어면순』에는 동물 이야기도 심심치 않게 수록되어 있다. 그것들은 대개 민간 우언의 성격을 띠고 있다. <견족수사(犬足受賜)>는 개가 네 발을 가지고 오줌을 눌 때면 한 다리를 드는 내력을 이야기했다. 반고씨(盤古氏)가 통치하던 시절에 솥에게는 네 다리를, 개에게는 세 다리를 주었는데 개 무리들이 상소를 올려 솥의 다리 하나를 떼어 개에게 주게 했다. 이후로 개들이 왕의 선처에 감동하여 오줌을 눌 때면 그 다리를 들어 더러워지는 것을 피했다는 것이다. 소신화(小神話)의 내력담인 셈인데 사신(史臣)의 말에서는 임금과 신하의 관계를 문제 삼았다. 뒷날의 통치자들은 재야의 말을 잔혹한 형벌로 다스리니 아랫사람이 그 임금을 맹호와 독약처럼 본다고 비판했다. 상하관계에서 은혜와 존숭이 없는 정치를 한다는 말이다.

<노서절반(老鼠竊飯)>은 늙은 쥐가 젊은 쥐들에게 밥솥 넘어뜨리는 방법을 가르쳐 주어 밥을 먹게 해주었다는 지략담이다. 늙은 쥐는 애꾸눈의

장애가 있는 데다 성질이 고약하다고 했다. 그래서 뭇 쥐들이 부지런히 봉양하다가 먹고사는 게 풍족해지자 염증을 일으켜 받들지 않았다. 그러나 늙은 쥐의 지혜가 필요한 일이 생기자 다시 찾아가서 가르침을 청했다는 내용이다. 그런데 사신의 논평에서는 강태공과 상산사호의 노성함을 거론했다. 그들이 주나라와 한나라를 건립하는 데 결정적 역할을 할 수 있었던 것은 그 노성함 때문이라 했다. <늙은 쥐의 구실>이라는 우화는 고상안의 『효빈잡기(效顰雜記)』에도 실려 있다.

<영묘승마(鈴猫乘馬)>은 실행하지도 못할 일을 공연히 왈가왈부하며 열을 올린다는 두 개의 이야기를 나란히 싣고 논평을 가했다. 하나는 <고양이 목에 방울달기>의 서사 내용이다. 또 하나는 <사지도 않은 말 허리 부러질까 아들 야단치기>라고 할 만한 서사 내용이다. 아버지와 아들이 먼길을 가다가 지쳐서 여관에 들렀다. 아비가 말하기를, 여관이 무너지면 마를 심어 베를 짜서 좋은 말을 사 타고 다녀야겠다고 했다. 아들이 뒤에 있다가 말하기를, 말 꽁무니에라도 타면 어떻겠느냐고 했더니 아비가 크게 화를 내며 말허리가 부러지지 않겠느냐고 걱정했다는 내용이다. 서술자는 그 광경을 두고 <시골 사람 서울구경 사랑>에 비유했다. 벼슬을 구하러 서울에 가서 과거 낙방을 했지만 서울행차를 위안거리로 삼고 못 가본 시골 사람에게 허풍떠는 심리를 꼬집은 것이다. '사신왈'의 논평 대신에 호사자들이 그런 어리석은 자들을 두고 시구 하나를 만들었다고 했다. "말허리 부러질까 두려워 말라. 고양이 목에 누가 방울을 달 것인가?" 공염불을 일삼지 말고 생존을 위해서 실현 가능한 일을 강구해야 한다는 말이다.

송세림은 호남의 태인(泰仁) 재지사족의 가문적 기반을 지니고 대과에 장원급제하여 연산조에 진출했던 문인관료였다. 연산군의 지우를 입어 사화를 면했지만 연산군 말년과 중종 초년에 부모와 누이 상을 입어 출사하지 못했다. 중종의 사부였던 인연으로 반정공신에 봉해지지만 벼슬에 뜻을 버리고 은퇴한 후에는 세상에 대한 불평보다는 교육 사업에 열중했다. 호남에서 명성이 높은 정극인(丁克仁)과 교유하고 정언충(鄭彦忠), 김약묵(金若

默)과 같은 제자를 배출했다. 이들은 송세림과 함께 오늘날 정읍시 소재의 무성서원(武城書院)에 배향됐다. 말년이었던 37세 능성현감이 되어서도 서원 운영을 지속하고 송순(宋純)이 그에게 배움을 청하기도 했다. 그의 생애는 알려진 것처럼 불우한 처사형의 그것은 아니었다. 사장파의 능력까지 겸했던 지방 사림으로서 교육사업을 통해 영향력을 확대해 나갔던 지식인이었다. 송세림의 『어면순』은 서거정이나 강희맹보다 한 세대 뒤에 성소화와 우언 글쓰기를 결합시켜 골계전의 새로운 이정표를 세웠다고 평가할 만하다. 성여학(成汝學, 1557~인조조)의 『속어면순』과 그 안에 수록된 <관부인전(灌夫人傳)>도 그러한 영향 하에 지어진 것은 물론이다.

≪촌담해이≫의 기술방법에 대해서는 류정월, 「<촌담해이>에서 오락과 도덕의 상호작용」, 『한국고전연구』20(한국고전연구학회, 2009) 참조. 『촌담해이』는 1958년 민속학자료간행회에서 출간한 유인본 『고금소총』에 총10화가 전하지만, 서문의 내용과 수록된 작품의 수가 일치하지 않는다. 이본 비교와 패설집의 성격에 대해서 정용수, 『사숙재 강희맹 문학연구』(국학자료원, 1993) 156~170면 참조. ≪용재총화≫와 ≪추강냉화≫는 이은희, 「용재총화에 나타난 성담론 연구」, 『한어문교육』34(한국언어문학교육학회, 2015) 165~174; 정출헌, 「조선 전기 잡록과 추강냉화 – 남효온의 깊은 슬픔과 시대정신」, 『민족문학사연구』 54(민족문학사연구소, 2014) 153~168면 참조. ≪용천담적기≫는 현혜경, 「16세기 잡록 연구 – 음애일기·용천담적기·견한잡록을 대상으로-」, 『한국고전연구』6 (한국고전연구학회, 2000) 69~77면; 장영희, 「16세기 필기의 일고찰 – 기묘록과 용천담적기」, 『민족문학사연구』(민족문학사연구회, 2004) 184~191면 참조. 송세림의 생애는 임완혁, 「송세림론 -≪어면순≫의 저작 배경에 대한 일고」, 『한문학보』 14(우리한문학회, 2006) 참고.

6.7.2. 강희맹의 『훈자오설』의 실험

　강희맹은 우언 작가로서 뛰어난 업적을 남겼다. 시(詩), 찬(讚), 설(說) 등의 형식으로 우언을 쓰고, 『촌담해이』 소화집을 편찬하면서 사회적 맥락의 교훈을 도출해 내는 데 적극적이었다. 또 교훈성 자체를 전면에 내세우는 『훈자오설(訓子五說)』을 저술함으로써 우언 글쓰기를 본격적으로 실험했다. 이는 분량상 비록 소품집에 해당되지만 한국문학사에서 온전한 우언 전문서의 시원을 열었다. 거기에는 설(說) 형식을 표방한 다섯 개의 작품이 실려 있고 앞뒤로 저자의 서·발문까지 붙어 있어 외형을 완비했다.

　서문에서 저자는 함부로 이야기를 꾸며 만든 것을 해명하는 취지로 "언어가 속되면서도 의도가 예스러운 것이 지난날 성현이 남긴 뜻"이라고 했다. 이는 『촌담해이』 서문에서도 유사하게 언급한 서사문학 효용론이자 저자의 지론이다. 여기서는 민간 설화를 채집하여 가공하는 대신에 '설'을 빙자하여 이야기를 직접 만들었다는 것이 다를 뿐이다. 또 직접 나무라지 않고 은미하게 뜻을 보인 까닭에 대해서는 부자지간에 말이 완곡해야 한다고 했다. 이는 『장자·우언』에서 우언이 필요한 이유로 언급한 "친아비는 제 자식을 위해 중매서지 않는다"는 대목을 연상시킨다. 또 발문은 5설을 짓기 한 달 전에 아들에게 보낸 편지글을 옮겨 놓았다. 저자 자신의 체험으로서 학업 과정, 과거급제 이후의 근신, 조정 관리들의 성추문 등을 상세히 적었다. 그는 무엇보다도 세종의 외조카 집안의 후예이기 때문에 문벌 배경이 없는 가문의 자제보다도 평판이 쉽게 무너진다는 점을 강조하면서 몸가짐을 조심하여 스스로 권위를 유지하기를 바랐다.

　『훈자오설』의 수록 작품은 대개 민담에 가까운 일화와, 그에 대한 교육적 의미의 진술이라는 두 개의 큰 단락으로 구성되어 있다. 이는 흔히 체험담과 의론을 결합시키는 설(說)의 일반적 형식성에 근접해 있다. 그러나 내용적으로는 그 일화가 개성적 경험치를 넘어서는 유형화된 서사이며 그 담론 방식도 매우 다양하게 구사되고 있다. '설(說)'이라는 전통 문체는 기사보다 입언이 강조되고 논(論)과 더불어 논설체를 대표하지만, 직언보다는 우회적 표현을 써서 설득의 효과를 높이고자 하는 경향이 있어 '논'과 구별된다. 여기서 특정 사물이나 이야기를 통해 작가의 신념이나 상황을 가탁하는 '잡설(雜說)'이라는 형식이 분화되기도 했다. 그러나 이 작품집은 잡설보다 진일보하여 우언 글쓰기로 특화된 양식적 실험을 과감하게 시도했다.

제1편은 도둑의 아들 이야기를 다룬 <도자설(盜子說)>이다. 도둑질에 일가를 이룬 어떤 사람이 자식에게 술법을 전수했다. 아들은 자신이 아비보다 훨씬 낫다고 자부했지만 아비는 인정하지 않았다. 아들에게는 자득한 것이 없기 때문이다. 아비 도둑은 함께 일을 나가서 아들을 곤궁에 빠뜨리고 돌보지 않았다. 아들은 임기응변으로 도망쳐 나와 아비를 원망했다. 아비는 그제서야 아들을 인정하고, 그 뒤로 아들은 천하제일의 도둑이 됐다. 여기까지는 서사 단락이다.

작가는 이를 자신의 부자 관계에 적용하여 의미 도출의 논평자로 나섰다. 아들 도둑이 오만할 때는 잠영세족의 후예로서 선조들의 공업을 만만하게 여기던 시절에 해당된다. 아들 도둑이 곤궁에서 혼자 힘으로 빠져나온 것은 귀족의 후손이 경륜을 체득하는 과정에 비견된다. 따라서 그 후손들은 귀족의 기득권을 사양하고 학문에 열중하여 스스로의 힘으로 벼슬길에 나서서 성취를 이루어야 한다는 것이다. 이러한 의론은 서사 단락에 대한 우의 도출이다.

제2편은 뱀 잡아먹는 풍속을 이야기한 <담사설(啗蛇說)>이다. 강릉 지방에는 신비한 약재가 많다. 약초꾼들 가운데에는 뱀을 잡아먹는 사람도 있다. 그러나 내의원 의원이 처음 갔을 때는 그런 약초꾼을 동료들이 사람 취급을 안 해주었다. 의원이 여러 차례 가다 보니 점점 '뱀 잡아먹는 놈'들에 대한 조롱이 적어지고 조소하는 말도 없어졌다. 의원이 가만히 관찰해 보니, 모든 약초꾼들이 뱀을 잡아 끼니때가 되면 소금을 뿌려 구워 먹고 있었다. 그러면서 뱀독이 올라 죽는 자가 이어졌다. 여기까지가 서사 단락이다.

어찌 그리된 것인가? 서술자는 다음과 같이 말한다. 사람들의 성품이 나쁜 풍속에 물들어 갔기 때문이다. 처음에 그 잘못을 배척할 때는 성품을 온전하게 지닌 자가 많았다. 중간에는 성품을 온전히 유지하며 세속에 휩쓸리지 않는 자가 간혹 있었다. 끝에는 누구도 잘못을 알지 못해 비웃음이 일절 끊어지고 더러운 풍속을 편안하게 여겼다. 온 고을의 사람들이 그 천성을 잃은 것은 필시 나쁜 본을 만들어 오도한 자가 있기 때문이다. 이러한 의론은 서사 내용을 논평한 것이다.

여기서 작가의 목소리가 적극적으로 끼어든다. 이러한 시속의 변화 과정을 작가의 신분 계층에 적용시킬 수 있다. 사군자(士君子)는 재물, 음악, 여색 등의 탐욕이 천한 짓인 줄 안다. 또 그에 젖어들어 패망하는 것이 두려운 줄도 안다. 그러나 일단 맛을 들이고 부끄러움을 잊기 시작하면 남들이 치를 떨며 비웃는 소리도 듣지 못한다. 작가는 예상 청자인 자기 아들에게 부끄러움이 조금이라도 남아 있다가 사라질 때의 변화를 잘 살피라고 당부했다. 이러한 내용은 우의 단락이다. 서사를 통해 현상을, 의론을 통해 원인을, 우의를 통해 교육적 의미를 기술했다.

제3편은 산 오르는 능력을 이야기한 <등산설(登山說)>이다. 노나라 백성이 갑, 을, 병 세 아들을 두있다. 갑은 착실하시만 설름발이이며, 을은 호기심이 많지만 몸이 온전하며, 병은 경박하지만 용기가 있었다. 을과 병이 태산에 오르는 내기를 하는데 갑도 여장을 챙겼다. 을과 병이 갑을 비웃으며 먼저 떠나게 했다. 병이 산 아래에 머무르고 있을 때 을은 산허리에 이르러 날이 깜깜해졌다. 갑은 천천히 정상을 향해 길을 걸어 다음날 태산의 일출을 관람했다. 여기까지는 서사 단락이다. 시공간적 배경이나 주인공들은 다분히 가상적이다. 태산은 노나라 부근에서 제일 우뚝한 산이다. 굳이 춘추전국 시대를 설정했다. "공자가 태산에 올라 천하를 작게 여겼다"는 『맹자』의 언급을 연상시킨다. 주인공들의 이름은 모두 기호화했다.

아들들이 귀가하니 아비가 결과를 물었다. 병은 산기슭에 이르렀을 때 아직도 날이 훤했기에 제 민첩함을 믿고 신기한 꽃풀을 맘껏 구경하느라 아래쪽에서 방황했다. 을은 여러 봉우리에 취해서 두루 섭렵했지만 마침내

지쳐서 산 중턱에 머물렀다. 몸이 불구였던 갑은 한 길로만 나아가고 옆길로 새거나 멀리 쳐다볼 겨를이 없었다. 촌음을 아껴 가다 보니 절정에 다다랐다. 그곳에서 보낸 밤과 새벽의 체험은 즐겁고 진기했다. 아비가 그런 말을 듣고는 노둔한 증자(曾子)가 스승 공자의 핵심을 터득했음을 기억하라고 훈계했다. 이러한 내용은 상위 서사 단락이다. 앞의 서사 내용을 다시 이어지는 서사적 구성 가운데 재음미하고 교훈적 의미를 끼워 넣었다.

이어서 작가는 앞의 이야기를 덕업과 공명의 관계에 대비시켰다. 힘을 믿고 한계를 만든다든가 힘을 게을리해서 자포자기에 이르지 말고, 절름발이처럼 제 능력껏 애를 쓰는 사람이 되기를 희망했다. 이는 우의 단락이다. 기본 서사와 액자 서사에 이어서 최종적 우의를 제시했다.

제4편은 세 종류의 꿩 사냥을 이야기한 <삼치설(三雉說)>이다. 꿩은 음탕하여 장끼 한 마리가 여러 까투리를 거느리고 산다. 또 여름에 접어들면 장끼는 다른 수컷이 제 암컷을 거느릴까 봐 화를 내며 잘 싸운다. 사냥꾼은 잡아놓은 장끼를 미끼로 삼고 대롱을 불어 까투리 소리를 내어 다른 장끼를 유인하는 방식으로 수십 마리씩 잡는다. 여기까지는 내포 화자가 꿩 잡는 방식을 진술했으니 서사 주제를 내세우는 사전 설명이다.

이어서 '내'가 사냥꾼과 세부적인 것을 묻고 답했다. 실제 꿩 사냥을 할 때면 여러 경우가 생기지만 대개 세 종류로 나눌 수 있다. 첫째는 피리 소리와 미끼에 극도로 유혹되어 제 재앙을 잊은 놈이다. 단번에 잡는다. 둘째는 제 재앙을 짐작하고 경계하는 놈이다. 사냥꾼이 한번 허탕을 친 후에 틈을 타서 재차 시도해야 잡는다. 셋째는 암놈에 대한 욕망이 없는 듯 담담하여 사냥꾼이 애를 써 근접할 수는 있어도 그물을 쓰려고 하면 그림자를 보고 피해버리는 놈이다. 틈을 노려도 기술을 쓸 수 없다. 예비적 서사에서 설명했던, 하루에 수십 마리씩 잡는다는 놈은 첫째 부류의 꿩이다. 둘째 부류는 사냥 기술을 잘 닦아야 잡는다. 셋째 부류는 잡을 수 없는 놈이다. 종합하면 이 단락은 꿩의 욕망을 이용해 꿩 잡는 방법과 실제를 이야기했다.

이어서 사냥꾼은 꿩 사냥을 놀기 좋아하는 사람에게 적용시켰다. 첫째는 뻔뻔하게 잘못을 저지르고도 거리낌이 없어 스스로 죄망에 걸려드는 인간 유형이다. 둘째는 욕망을 부리다가 고난을 겪으면 후회할 줄 알지만 예전 감정을 잊지 못해 전철을 밟는 유형이다. 셋째는 노는 친구들이 기어이 자기 부류로 만들고야 말겠다는 식으로 나오면, 자칫 혼란에 빠지다가 후회하고는 유익한 친구를 사귀어 좋은 선비가 되는 유형이다. 사냥꾼의 덫과 술수는 노는 친구들의 유혹과 같고, 뭇 장끼를 마구 잡는 것은 선비들을 그릇된 지경에 몰아넣는 것과 같다. 내포 화자인 사냥꾼의 입을 통해 사대부 일반의 교훈을 제시했다.

끝으로 작가는 탄식하는 말을 덧붙였다. 피리소리와 미끼에 유혹되지 않을 수꿩이 드물 듯이 친구들의 그럴듯한 꼬드김을 좇지 않을 사람이 드물다고 했다. 예상 독자인 아들에게는 부모의 정을 내세워 "자식이 어떤 부류의 사람이 되기를 원하겠는가"라고 호소조로 말하며 제 분수를 살피라고 했다. 최종적으로는 작가의 목소리로 교육적 우의를 직접 드러냈다.

제5편은 저잣거리에서 소변보는 이야기를 한 <요통설(溺桶說)>이다. 큰 시장에는 급한 사람들을 위해 오줌통을 설치했지만 선비 자제들은 이용할 수 없었다. 그런데 시장 부근에 사는 귀족의 못난 자식이 몰래 오줌을 누곤 했다. 아버지가 엄히 금해도 듣지 않고, 관리자도 위세에 눌려 말리지 못했다. 자식은 무슨 대단한 일인 양 여겨 오줌 누지 못하는 이들을 비웃으며 부추겼다. 여기까지는 문제 상황의 제시이다.

아비가 자식의 방자함을 전해 듣고 꾸짖었다. 자식은 처음과 달리 사람들이 보고도 비난하지 않는다고 항변했다. 아비는 자식이 이미 남에게 버림을 받았다고 슬퍼했다. 자식은 아버지가 사사로운 정을 가지고 자기를 나무란다고 여겼다. 소원한 자들은 냉정하므로 그른 짓을 보고 아예 상대하지 않는 것이요, 부모는 사사로운 정이 있어 만에 하나 회개하기를 바라고 훈계하는 것이라고 아비가 다일렀다. 자식은 늙은 아버지가 견문이 좁아 사기를 금한다고 불평했다. 이처럼 세 차례 반복되는 토의 구조는 전체 서사에서 문제 상황이 갈등 상황으로 번져나감을 보여준다. 아비의 꾸짖음 속에서 문제의 이면적 의미가 드러나지만, 자식은 반발하면서 문제를 키워나갔다.
　얼마 후 아비가 죽었다. 자식이 예전처럼 오줌을 누다가 사람들에게 뒤통수를 맞고 기절했다. 깨어나서는 자기가 10년 동안 별일 없이 오줌을 누었다며 항변하다가 뭇 사람에게 몰매를 맞고 겨우 살아났다. 자식이 아버지의 훈계가 옳았음을 깨닫고 예전 버릇을 고쳐 착한 선비가 됐다. 이는 전체 서사에서 사건의 절정과 대단원을 보여준다. 문제 상황의 이면적 의미가 실제로 증명되고 뒤늦게 깨우쳐 문제 상황이 해결됨으로써 서사가 종결됐다.
　위 다섯 편의 우언 구조는 대체적으로 (1) 근간 서사, (2) 액자 서사와 의론, (3) 우의라는 세 단락의 구성을 기본으로 하고 있다. <도자설>은 (2)와 (3)이 합쳐져 있다. 우언적 '설' 형식에 가깝다. <요통설>은 (1)에 (2)(3)이 녹아있다. 일화에 가까운 서사 작품이다. 나머지 작품은 (1)(2)에서 내포 화자와 청자를 두어 이야기 속에 대화를 삽입시켜 서사 구조의 층차를 두고, (3)에서 작품 외부에 존재하는 작가의 목소리를 드러내면서 우의를 구체화했다. 그렇게 함으로써 (2)에서 진술된 서사의 이면적 의미를 다시 (3)에서 작가의 교훈적 의미로 전환시켰다. 게다가 다섯 작품의 배열도 의도적이다. <도자설>을 맨 앞에 두어 자득(自得)의 중요성을 청자가 스스로 음미하도록 유도하고, <요통설>을 맨 끝에 두어 귀족 자제가 평판 때문에 목숨을 잃을 수도 있음을 이야기 자체로 진술하여 충격을 주었다. 그보다 복잡한 구성을 띤 작품들은 중간에 배치하여 뻔뻔함, 자만심, 친구의 유혹 같은 주제를 단계적으로 음미하게 했다.
　『훈자오설』은 예화로 제시하는 이야기의 서사성을 높이면서도 서사, 의론, 우의의 단락들을 단계적으로 제시하여 설득의 효과를 높였다. 의론에서는 서사의 이면적 의미를 도출하여 우의의 구체성과 맞닿게 배려했다. 우의 단락에서는 작가의 의도를 간결하게 드러냈으며 어떤 때는 그것 자체를 생략했다. 작가는 서사적 흥미와 교훈성이 동시에 실현되도록 우언 글쓰기의 담론 전략을 세심하게 구사했다.

홍성욱, 「강희맹의 <훈자오설>고」, 『대동한문학』16(대동한문학회, 2002)에서는 작품 분석과 더불어 조선시대 계자설(戒子說) 유형의 작품을 비교했고, 안장리, 「강희맹의 생애와 문학」, 『열상고전연구』18(열상고전연구회, 2003)에서는 작가론적 관점에서 ≪훈자오설≫을 분석하여 참고가 된다. 정연봉, 「한국 한문 우언론 -우언의 원류와 양식적 특성에 관한 일 고찰-」, 『우리어문연구』22(우리어문학회, 2004) 121~124면에서 조선 전기 우언의 대표작으로 『훈자오설』의 <도자설>을 다루었다.

6.7.3. 성현의 『부휴자담론』의 성취

성현(成俔)은 <부휴자전(浮休子傳)>이라는 자탁전을 지은 적이 있다. '부휴자'는 청파거사(青坡居士)의 자호라고만 소개하고 신상 명세를 밝히지 않았다. 연산조의 대제학을 역임한 이후 작가 말년에 지은 작품으로 여겨진다. 부휴자가 경서와 역사서를 탐독하고 시와 거문고를 즐기며 산수와 낚시를 좋아하는 데 대해서 어떤 사람이 기롱하는 것을 해명하는 내용이다. 부휴자라는 호는 인간의 삶과 죽음이 "떠 있다가 쉬는 것"이라는 뜻에서 붙였다. 살아서 높은 벼슬을 지냈던 것이 제 소유는 아니니 영광될 것도 없고, 죽어서 무덤으로 가는 것이 참됨으로 회귀함이니 상심할 것도 없다고 했다. 작가는 마치 남의 일인 양 스스로 찬(贊)까지 붙였다. "선생의 도는 모든 선을 모아 온전함을 이루었다"고 했다. 부휴자라는 가공적 인물을 내세워 작가 자신의 가치 지향을 드러냈다. 자탁전의 형식에 토의 구조를 결합시키면서 전기우언의 양식을 실험했다는 의의를 지닌다.

성현은 '부휴자'라는 가공적 인물을 적극적으로 활용해 『부휴자담론(浮休子談論)』이라는 6권의 우언 담론집을 저술했다. 부휴자와 상대 논술자, 혹은 가공적 제3의 인물과 역사적 인물들을 담론의 주역으로 내세웠다. 또 2000년 이전의 선진(先秦) 혹은 한나라 초기의 고대문화를 시간적 배경으로 삼았다. 물론 우의의 적용 대상은 16세기초 조선의 정치 상황과 사대부

지식인의 처신이다. 크게 보자면 옛것에 빗대어 현실을 문제 삼았다는 점에서 의고탁금(擬古托今)의 고전적 우의 방식을 활용했다 할 수 있다.

『부휴자담론』은 모두 109개의 각 편을 「아언(雅言)」, 「우언(寓言)」, 「보언(補言)」의 3편에 배치했다. 세 편명은 서로 다른 담론 방식을 유형화한 것이므로 이전 잡록집보다 전문적이며 체계적이다. 그러나 동이점이 무엇인지는 편명과 수록 작품들을 통해 추론할 수밖에 없다. 그것은 대개 『장자·우언』편에서 언급한 '삼언(三言)'의 개념을 작가 나름대로 해석하여 가상적 담론에 적용시킨 결과물이라 추측된다. '아언'은 작품 속에 '부휴자'라는 내포 작가를 내세워 정면적 논설을, '우언'은 여러 종류의 가공적 인물을 내세워 측면적 논설을, '보언'은 『춘추좌씨전』, 『사기』 등의 구절을 근거로 역사상의 실존 인물을 내세워 반면적 논설을 구사했다. 따라서 「아언」편은 중세적 정치 윤리에 관한 일반 주제를 따진다. 「우언」편은 인간 심성의 보편적 덕목과 약점 등을 우회적으로 깨우친다. 「보언」편은 특정한 역사적 사건을 부연 기술하여 정치와 역사에 관한 비평의식을 담는다. 그러나 실제 각 편의 담론 방식은 매우 다양하며 주제의 범위도 넓다. 세 편목에 소속된 각 편의 주제와 이야기 방식에서 대강의 경향성은 인정되지만 세부적 변이 또한 적지 않다.

『부휴자담론』의 「아언」편은 2권 40항으로 이루어져 있다. 「아언1」(아언편 1권)에서는 주로 통치자의 덕목과 실제 상황을 다양하게 논란했다. 「아언2」(아언편 2권)에서는 사대부 계층의 인간상, 사업, 문화 등을 주제로 삼았다. 요약하자면 전편은 군도(君道)에, 후편은 신도(臣道)에 해당되는 주제들을 다룬 셈이다. 또 「아언」편은 '부휴자'라는 담론 주체가 각 편에 빠짐없이 등장한다는 특징도 지니고 있다. 그런데 부휴자 단독의 주장으로 끝나는 경우는 부휴자가 곧 작가의 분신으로서 성현 자신의 생각을 그대로 전달한다. 이러한 점에서는 설(說)이라는 전통 문체와 큰 차이점이 없다. 이에 해당하는 각 편은 모두 25편이며 「아언」편의 63%를 차지한다. 다만 이들의 담론 방식은 기본 개념을 제시하고 한문고전에서 여러 사례를 찾아

증거로 삼으면서 결론을 맺는다. 또 상고 시대, 후대, 현재의 차별성을 대비하는 방식도 애용했다. 결론에서는 속담이나 경구를 통해 주제를 부각시키기도 했다. 도가적 인물과 표현도 마다하지 않았다. 일반 설(說) 문체와 구별되는 특징은 설득 방식의 하나로 유비적 수사법을 자주 사용한다는 점이다. 다음에 몇몇 사례를 들어 본다.

<아언1-11>은 인재의 판별이 참소와 아첨 때문에 매우 어려움을 논술했다. 우선 『시경』의 <청승(靑蠅)>편 구절과 『논어』의 '스며드는 헐뜯음과 살가운 하소연' 구절로 말머리를 열었다. 이어서 잘못도 없이 야심가들에게 당하는 경우, 특별한 재능이 뛰어난 경우, 권력자의 뜻을 거스른 경우를 전고를 들어 설명했다. 결론에서는 군자와 소인의 관계에 대해서 비유적 금언을 여럿 들었다.

<아언1-17>은 용(龍)의 능력이 물과 구름을 통해 발휘된다는 명제를 가져왔다. 이는 한유의 <잡설(雜說)>에서 용과 구름의 관계를 비유적으로 말했던 인식과 유사하다. 한유의 비유는 이규보에 의해 시인과 작품의 관계로 재해석되기도 했다. 이에 비해 부휴자는 이러한 유비적 구조를 군신의 주종 관계에 적용시켰다. 임금의 능력은 신하의 상벌에서 나타나므로 그것을 통해 용인술을 발휘해야만 한다는 논지를 폈다. 『한비자』의 사상을 수용했다는 인상을 준다.

한편 <아언2-12>은 공자 이후의 학문과 사상을 비판하면서, 뭇 벌레가 학문이라는 나뭇잎을 갉아먹어 나무뿌리가 상하게 됐다고 비유했다. <아언2-16>은 군자와 소인의 여러 가지의 차이를 '빙탄불상입(氷炭不相入)'이라는 격언으로 결론지었다. <아언1-15>와 <아언2-8>은 "이름은 알맹이의 포장이요, 이로움은 의리의 해충이다", "이름은 알맹이의 손님이요, 도의 찌꺼기이다"라는 명제를 제시했다. 이들은 『장자』의 '명자실지빈야(名者實之賓也)'라는 명실론을 활용한 경구이며, 『주역』의 "이로움이란 의리의 조화(調和)이다"라는 도덕적 이익론과 배치된다.

<아언2-15>는 해충이나 맹수의 여러 위험성을 간신이 대인과 국가를 해

치는 구도에 유비시켰다. 또 독버섯이나 복어가 먹기는 좋으나 후유증을 일으켜 죽음에 이르게 한다면서 겉으로 잘 드러나지 않는 간사한 사람들의 해악에 비유했다. 또 <아언2-20>은 동물의 능력과 한계를 인간의 처세에 유비시켰다. 금수와 물고기들이 사람에게 없는 능력을 지녔으면서도 미끼에 걸려 사람에게 잡히는 것처럼 사람은 공명심과 물욕 때문에 죄망에 걸려 사지에 들어간다고 했다.

그러나 다루고자 하는 주제가 조금 더 복잡할 경우에는 본격적인 토의구조를 만들고, 우언적 특성을 가미하여 담론 방식의 변화를 꾀했다. 때로는 유가적 논술 주제를 도가적 표현으로 재해석하여 이면적 의미를 도출했다. 이에 해당하는 각 편은 총 11편이며「아언」편의 28% 정도를 차지한다. 앞의 담론방식이 '부휴자 단독의 논설'이라면, 이는 '토의구조의 논설'이며 보조적 방법을 적극적으로 활용한 것이다. 여기에는 대개 세 가지 진술 방식이 구사됐다.

첫째, 불특정인을 논란의 상대역으로 내세워 주제를 단계적으로 이끌어 나갔다. '혹문(或問)'항을 설정하고 부휴자와 불특정한 어떤 사람이 문답을 주고받는 형식이다. 물론 논란의 주역은 부휴자 쪽에 주어져 있다.

예를 들어 <아언1-1>은 "임금은 하늘과 같다"라는 명제를 내세우고 왕자(王者), 즉 '왕 노릇하는 사람'의 윤리나 지위를 '하늘'에서 찾았다. 그러나 하늘의 개념이 정작 무엇인지 말하기에는 간단하지 않으므로, 이어지는 <아언1-2>에서 본격적인 내용을 진술하고 새로운 토의 구조를 마련했다. 우선 부휴자가 하늘은 만물을 주재하는 주체로서의 하늘임을 전제했다. 이어서 스스로 '주재'의 뜻을 묻고 감응의 이치로 답했다. 여기까지는 부휴자의 발제이고 내용적으로 앞 편의 보충이다. 그러나 이에 대한 논란이 없을 수 없어 '혹문' 형식의 문답을 세 차례나 더 진행시켰다. 혹문 #1에서는 하늘이 사람들에게 감응하여 일일이 화복을 베푸는 주체인가 아닌가를 꼬집어 물었다. 혹문 #2에서는 하늘이 해로운 생물들을 번성하게 하는 까닭을 물었다. 혹문 #3에서는 빈부와 선악이 별 관련이 없게끔 하늘이 내버려두는 까닭을 물었다. 특히 세 번째 '혹문'에 대해 부휴자는 하늘이 만물의 차이를 모두 다 제어할 수 없고 사람들이 타고난 것을 다 구제할 수는 없다고 답했다. 이 같은 문답의 주제는 혜심의 <고분가(孤憤歌)>, 이규보의 <문조물(問造物)>, 정도전의 <심문천답(心問天答)>에서 다루었던 유사한 내용을 토의 구조를 통해 종합한 것이다.

둘째, '혹문' 대신에 논변의 상대역을 미상의 지식인으로 조금 더 구체화해서 토의구조를 진행시켰다. 그 상대역은 넓은 의미의 지식인을 연상시키는 막연한 호칭이지만, '혹인'이나 '손님'보다는 구체성을 지닌다.

예를 들어 <아언2-6>은 '산인(山人)'이 묻고 부휴자가 답하는 토의 구조를 유지해 나갔다. 귀신의 존재 유무, 제사의 유익성, 귀신의 정의에 대한 짧막한 문답에 이어서 귀신의 종류와 옳은 제사의 적의성, 사람의 죽음과 제사 신령의 관계, 복선화음의 원리와 범위에 대한 긴 문답을 차례대로 전개시켰다. 여기서 '산인'은 김시습과 같은 방외적 지식인이나 김종직과 같은 사림파 지식인을 연상시키며, 토의 내용도 조선 전기 지식인 사회에서 새롭게 제기됐던 제사의 근거와 귀신론의 정립과 관련하여 작가의 견해를 밝히기 위한 담론적 의도가 있었던 것으로 추측된다.

<아언2-7>은 '유생(柳生)'이 기호와 능력의 차이를 질문하는 데 대해서 부휴자가 답했다. 문왕, 자공, 증석 등의 유가적 사례와, 『장자』, 『열자』 우언에 등장하는 백정, 곱추, 수레 제작자, 목수, 연주가, 명의, 명궁, 연예인 등의 도가적 사례를 통해 기질지성(氣質之性)을 설명했다. 본연지성(本然之性)은 인의예지의 단서를 통해 선을 지향하는 변화를 꾀할 수 있지만, 기질지성은 오히려 바꿀 수 없다는 파격적 견해를 제시했다. 도덕적 능력은 배양할 수 있지만, 타고나는 기호는 애초 정해진다는 말이다.

이 외에도 동리생(東里生), 류생(劉生), 노생(盧生), 정생(丁生) 등이 묻고 부휴자가 답했다. 이러한 각 편의 문답을 통해 인성과 기질, 역사 치란의 영향력, 이단적 학문, 재능의 차이 등을 문제 삼았다. 16세기 성리학이 정착되기 이전에 사대부 계층에서 주제로 삼았던 철학적 명제들에 대해서 매우

실제적이며 개성적으로 탐구했음을 짐작할 수 있다. 예를 들어 "사람의 재주는 거기서 거기다"라는 일반적 인식에 대해 자연계의 다양성을 들어가며 반론을 제기했다. 또 사람이 선을 이루기 위한 능력이나 품성을 또 하나의 재능이라 하면서 본연지성의 변화 가능성을 시사하면서도 기질이나 기호는 잘 변하지 않는 것으로 이해했다. 한편 치세는 치세대로, 난세는 난세대로 후대에 지속적으로 영향력을 끼치므로 하늘의 도리를 사람 뜻대로 할 수 없다는 견해를 폈다.

셋째, 「아언」편에서 '아언'의 일반적 담론 방식과 다르게 변화시킨 예외적 작품이 존재한다. 삽화를 활용하고 가상적 주인공을 등장시켜 좀 더 우언적 글쓰기에 근접시켰다. 이는 단지 세 편에 불과하며 담론 방식에서는 「우언」편과 상통하는 성격을 지닌다.

<아언2-13>에서는 중국의 동쪽 변방 제(齊)와 서쪽 변방 농(隴)에 사는 사람의 삽화우언을 제시했다. 동쪽 바닷가에서는 산맥을 모르고, 서쪽 산악지대에서는 바다를 모르는 막힌 식견을 꼬집는 내용이다. 이에 대해 '혹인'은 부휴자를 '선생님'이라 호칭하면서, 고인이 남긴 찌꺼기 같은 문장을 훔치는 것보다는 유학의 도리를 당대에 시행함이 낫지 않겠느냐고 반론을 제기했다. 견문과 지혜의 대소를 운운하는 『장자』풍의 사유를 은근히 풍자한 것이다. 이에 대해 부휴자는 주어진 식견과 지혜가 작으니 세상에 크게 쓰일 수도 없고 당신에게 비웃음을 당할 만도 하다고 눙쳤다. 작가가 이러한 담론 방식의 혁신과 저술이 불러일으킬 사대부 사회의 반발을 충분히 의식하고 있었음을 짐작하게 하는 대목이다.

<아언2-19>는 허튼 늙은이라는 뜻의 '만랑옹(漫浪翁)'과 그 동료의 대화를 기술했다. 만랑옹이 남산에서 사는데 숲이 울창하여 대낮에도 부엉이가 울었다. 그것이 듣기 싫어 점쟁이에게 길흉을 물으려 하자 동료가 핀잔을 주었다. 남산은 부엉이의 문이고 나무는 부엉이의 집인데 만랑옹이 그곳을 침범해 들어왔으니 부엉이가 만랑옹을 불길하게 여길 일이지, 만랑옹이 부엉이 울음소리를 불길하게 여길 일은 아니라고 했다. 이에 대해 '군자'가

동료의 말이 옳다고 논평했다. 거주지는 자연환경까지 포함하는 것이니 그 것을 싫어해서는 안 되듯이 사람의 처세에 있어서도 출세와 지위에 따른 어려움을 수용해야 한다고 했다. 특이하게 '군자'라는 논평자를 별도로 내세워 가상 주체의 쟁론에 대해 우의를 부가했다. 「우언」편에 가장 근접해 있는 각 편이지만, 특정한 시공간적 배경 없이 사대부의 처세관을 토론하고 있기 때문에 「아언2」에 소속시킨 듯하다.

<아언2-22>는 노나라 닭을 뜻하는 노계(魯鷄)에 대해 이야기했다. 노계는 덩치가 커서 고니 알을 품고 새끼를 부화시키지만 새끼 고니는 끝내 어미닭의 품을 떠나간다고 했다. 노계의 정성과 보살핌에도 불구하고 고니는 닭 무리에 동화될 수 없다는 삽화우언이다. 서술자는 이를 다시 사람의 양자에 비유했다. 부모 사후에 양자는 노계가 부화시킨 고니처럼 아무런 소용이 없음을 주장했다. 조선 후기에 보편화된 입양 풍속의 사회상과는 판이한 작가의 비판적 인식을 엿볼 수 있다.

『부휴자담론』3,4권은 「우언」편 37개항으로 구성되어 있다. 「우언」편은 「아언」편에 비해서 서사성을 지닌 것이 큰 특징이다. 담론 주체는 불특정한 가공적 인물이거나 약간의 역사적 배경을 지닌 가상적 인물이 대부분이다. '부휴자'의 등장은 7편에서만 나타난다. 또한 서사에 대한 논평의 방식도 다양하다. 크게 보자면 (1) 서사와 논평을 분리하는 담론 방식과, (2) 서사 주인공의 발언을 통한 복화술적 담론 방식이 있다. 전자를 서사와 논평의 액자형 구조, 후자를 서사와 논평의 일체형 구조라 부를 만한데 후자가 「우언」편의 78%를 차지할 정도로 우세하다. 또한 서사는 주로 예화 혹은 비유담을 통해 진행된다. 역사 속에서 전거 사례를 가져오는 것은 「아언」편과 마찬가지로 빈번하다. 서사 방식과 논평 방식의 다양한 결합은 (1)과 (2)의 구조 안에서도 몇 가지 세부 유형으로 나뉜다.

첫째는 기상 서사의 예화를 들고 그를 논평하는 액자형 담론 방식이다. 모두 8편(22%)에 불과하지만 「아언」편의 담론 방식과는 다르게 서사를 근간으로 하여 우의를 도출하는 구조여서 의미가 있다. 이는 논평 방식에 따라 예화에 대한 대화형(對話型)과 사신형(史臣型)으로 나뉜다. 다음에 몇몇 각 편을 살펴본다.

<우언1-5>는 우선 주대부(朱大夫)라는 사람이 소경의 금(琴) 연주에 매료되어 배우기 시작하지만 실패하는 예화를 들었다. 이에 대해 어떤 사람과 부휴자의 문답을 통해 윗사람의 덕이 어떠해야 하는지 설파했다. 사람마다 할 수 있는 일이 있으니 대부는 정사를 돌보며 제 역할에 맞는 일에 힘써야 한다고 비평했다.

<우언2-18>은 고을원이 된 동곽선생(東郭先生)의 예화에 대해 어떤 사람과 부휴자가 대화를 통해 논평한다. 이념이나 청렴함을 앞세우지만 실제로는 무능하여 백성을 어렵게 만드는 관료들이라고 부휴자가 비판했다. '동곽선생'은 다분히 지방 출신의 사림파를 연상시키기에 충분하다.

<우언2-16>은 광평자(匡平子) 집에 불이 났다는 예화에 대해서 가공적 인물들의 대화를 덧붙였다. 예화의 주인공은 이름으로 보아서 선진시대 어떤 제후국 대부를 연상시키지만, 법률 시행과 공평 과세를 규찰하는 관리를 암시한다. 또 논평자 우승(右丞)은 그의 부관으로서 광평자의 평소 행실을 잘 관찰했던 존재를 암시한다. 일반 사람들은 천도가 무심하다고 광평자를 동정하는 데 비해서 우승은 실상을 털어놓으며 하늘의 벌을 받은 재앙이라고 속내를 털어놓았다.

반면에 단독 논평자로서 '군자' 혹은 '부휴자'를 내세우는 것은 사신형에 해당된다. <우언1-16>에서는 연나라 하위무사가 전쟁통에 출세를 했지만 하급관리처럼 겸손히 처신하고 자식들을 경계시키는 예화를 들었다. 이에 대해 군자는 그의 노래가 지극한 우의가 있음을 암시하면서 복록을 자손대까지 누리게 하는 훌륭한 처신이라고 평가했다.

또 <우언2-12>는 선비의 아내를 빼앗으려는 상관대부(上官大夫)의 예화에 대해 군자가 논평하면서 『시경・진풍』의 <형문(衡門)>장 구절을 인용했다. 이 시는 보통 은자의 즐거움을 노래한 것으로 해석하지만, 여기서는 분수에 맞지 않게 미인을 넘보는 자를 힐난하는 노래로 변형시켰다. 이처럼

『시경』의 특정 구절을 고사와 짝지어서 서정의 이면적 의미를 도출하는 방식은 『시경』의 초기해설서였던 한영(韓嬰)의 『한시외전(韓詩外傳)』에서 유래한 독특한 구성법이다.

또 <우언2-19>는 강가에서 부유하게 사는 노인이 쥐를 근절시키려다가 패가망신했다는 예화를 들고 부휴자가 논평을 가했다. 노인의 걱정과 집착, 근시안적 대책 등을 나라 경영과 유비시켜 평론함으로써 우의를 도출했다. 제시한 예화가 민간 우언, 즉 우화에 가깝다면 부휴자의 평론은 창작우언의 변용 양상을 잘 보여준다.

두 번째는 가상 서사 속에 논평이 내장되어 있는 일체형 구조의 담론 방식이다. 이것은 가상적 주체의 성격에 따라 시공간적 배경이 없는 것 12편, 시공간적 배경이 있는 것 9편, 역사 기사를 반의모방한 것 8편이 있다. 몇몇 대표적인 각 편을 살펴본다.

<우언1-4>은 선비 완(緩)은 느긋하게 유학을 공부하고 있는 사람이다. 부휴자는 선비들이 경술과 문장에 덜미가 잡혀 현실과 동떨어지게 된다는 점을 설파했다. '선비 완'은 활력 없는 인간 유형으로서 『장자』에 출전을 두고 있는 가공적 인물이다. 또 <우언1-7>과 <우언2-4>는 모두 동고자(東皐子)와 녹피옹(鹿皮翁)을 등장시켰다. 농사꾼 혹은 은둔자를 암시하는 이름의 동고자가 농사를 실패하고 치산을 이루지 못한다는 설정은 그 자체가 문제적이며 모순적 상황이다. 그에 비해 녹피옹은 유향(劉向)의 『열선전』의 손재주 좋은 신선을 연상시킨다. 그는 기계 설치를 잘했는데 산꼭대기에 있는 샘물에 사다리를 놓고 올라가 지초와 물을 마시고 득도했다고 한다. 둘 다 은자 계열의 가공적 인물이지만 녹피옹은 조언자로서 자기 분수를 알고 좀 더 계획적으로 일을 도모하라고 충고한다.

<우언2-8>은 어떤 경대부들의 처사에 대해서 어릿광대가 조롱하는 내용이다. 5개월긴 심한 가뭄이 들은 것이 문제적 상황이다. 갖은 방법을 다 써도 효과가 없자 경대부들이 결의를 하여 금주령을 내렸다. 이에 대해 어릿광대는 천지의 기운과 사람의 마음이 연결되려면 사람들에게 질탕 술을 먹

여야 한다는 억지 주장을 폈다. 사람의 마음이 화평해야 천지도 음양의 조화를 이루어 비를 뿌릴 것이라는 논리이다. 그러나 그렇게 말한 속뜻은 진심으로 가뭄을 근심하는 사람은 임금뿐이며, 신하들은 술과 노래를 금하지도 않으면서 모든 근심과 고통을 위에 전가하는 형국임을 비판하는 데 있다. 따라서 금주령을 풀어 사람의 화평한 마음으로 비를 내리게끔 하는 것이 낫다는 역설이다. 이 작품은 통치자, 귀족층, 민중의 수직적 질서가 역학적으로는 삼각 구도로 작용하는 중세적 모순을 폭로하고 있다.

또 <우언2-13>은 맹상군의 문객 전생(田生)과 맹상군의 문지기 앉은뱅이를 등장시켰다. 이 두 사람의 만남은 전국시대 제(齊)의 명장 전기(田忌)와 손빈(孫臏)을 연상시킨다. 역사적으로 전기와 손빈은 맹상군의 부친 전영(田嬰)을 보좌하여 마릉(馬陵) 전투에서 위나라에 크게 승리했다. 그에 비해 본 작품에서는 앉은뱅이 지혜자의 충고를 받아들인 전씨가 맹상군의 문객으로 발탁되고 크게 쓰임을 받은 것으로 서사화했다. 재주 있는 자는 언젠가 쓰일 때가 있게 마련이니 기다려야 한다는 우의를 지닌다.

<우언1-11>은 초나라 왕과 재상 손숙오(孫叔敖)를 등장시켜 '미숙(羋叔)'이라는 역사적 인물의 탐학을 논의했다. 역사 기사의 반의모방에 해당된다. 원말명초 유기(劉基)가 창작한 『욱리자(郁離子)』의 <미숙최과(羋叔最課)>에서도 유사한 소재를 다루고 있다. 이 작품에서는 손숙오의 발언 속에 구욕새가 초청하는 연회에 참여하려는 <까마귀와 장끼> 이야기를 삽화로 끼워 넣었다. 치장을 곱게 하는 장끼의 마음가짐과는 다르게 먹물을 뒤집어 쓰고 염치없이 행동하는 까마귀를 통해 탐묵(貪墨)의 개념과 역사적 인물 미숙의 독직(瀆職)을 풍자했다.

<우언1-13>은 전국시대 위나라의 말기에 군(君)을 칭하기 시작했던 위사군(衛嗣君)의 치명적 결함을 문제 삼았다. 그는 신하들을 가탈스럽게 사찰하는 것이 통치자의 총명이라고 착각한 제후로 유명하다. 그의 핵심 사적은 『자치통감』 등의 사서에 올라 있는데, 가상의 인물을 내세워 간언을 올리는 장면을 설정하여 역사적 비평을 가했다. 이는 「보언」편에 근접하는 담론

방식이지만, 논평자로 설정된 위대부 '성(成)'은 해당 역사기사에 포함되지 않는 가상적 인물이기 때문에 「우언」편에 소속시킨 듯하다. 역사적 인물과 가상 인물을 결합시켜 역사적 텍스트를 만들어내는 반의모방의 우언 글쓰기 수법이다.

이상과 같은 담론 방식을 통해 「우언」편은 사대부의 실제 삶과 밀착된 주제를 다루었다. 경술문장의 쓰임새, 관직의 적절성, 치산과 분수, 논공행상, 복록을 누리는 방법, 가뭄에 대한 대처, 어리석음, 재앙, 청렴과 졸렬, 지방관의 마음가짐 등을 문제로 삼았다. 「아언」편의 주제가 통치자와 신하의 도리에 관련되는 추상적 문제였다면, 「우언」편은 역사 담당층으로서 사대부의 구체화된 문제의식을 드러냈다. 예화, 삽화, 역사 상황 등을 활용하여 서사성을 강화시킨 「우언」편의 담론 방식이 그러한 주제를 다룰 가능성을 열어주었다.

『부휴자담론』 5,6권은 「보언」편 32개항으로 구성되어 있다. 「보언」편은 역사서에 수록된 경험적 서사를 활용하여 사실성을 높였다. 『춘추좌씨전』 등의 고전 역사서에서 특정 대목을 인용하되, 해당 역사 인물의 대화를 가공적으로 덧보태고 문세 상황을 부언해 나가면서 그 사석의 역사석 의미를 도출하는 담론 방식을 구사했다. 이러한 방식은 「우언」편에서 일부 구사되기는 했지만 역사적 인물과 상황이 배경으로 작용하는 데 그쳤다. 그에 비해 「보언」편은 특정한 역사서의 구절을 직접 인용함으로써 담론 주체들이 마치 다시 살아나 불분명하게 전승된 당시의 역사 상황을 재현하고 스스로 의미를 부연해 나가는 듯 꾸몄다. 역사적으로 춘추시대 21편, 전국 시대 9편, 서한 초기 2편의 기사를 인용하고 있으니, 고대 말기인 동주(東周) 시대를 각 편의 배경으로 삼은 셈이다. 인용된 역사서는 『좌씨전』이 압도적이며, 『전국책』, 『국어』, 『사기』, 『열녀전』, 『한서』가 보조적으로 활용됐다. 동이시이 우언의 발생기였던 고대말 혹은 중세이행기의 사적을 중세후기 지식인의 시각으로 가공하여 우의를 부여했다고 할 수 있다.

역사 서사에 대한 논평의 방식도 다양하다. 우선 특정 사적을 문제 삼는 발제자가 반드시 존재하며 그 내용이 「보언」편 담론의 핵심이 된다. 발제자들은 거의가 출전 역사서에 사적을 남긴 역사 인물이지만, 예외적으로 그 시대를 배경으로 한 가상적 인물이 동원되기도 한다. 또 그 내용은 원 출전에 근거를 두고 있지만, 이야기를 부연하고 가공하여 진술한다. 반면에 답변자는 문제를 일으킨 장본인이거나 문제적 상황에 처해 있는 곤궁한 사람이다. 그는 답변을 통해 발제자와 대화를 하기도 하고, 문제 지적을 받아들이지 않고 실행에 돌입한다. 그는 말이든 행동이든 문제 상황에 대한 지적에 가부간에 답변을 하는 주체이다. 그렇기 때문에 논평자 구실을 하는 '부휴자'가 「보언」편에는 전혀 등장하지 않는다. 논평이 특별히 강조된 작품에서만 '군자'가 예외적으로 등장한다. 서술자는 서사가 끝나고 문제 사적과 결과를 서술하면서 간접적으로 논평에 참여할 뿐이다.

「보언」편의 담론 방식은 다음과 같이 대별된다. 첫째, 역사 상황에 대한 역사 인물 간의 토의 구조이다. 모두 18편이며 56%에 해당된다. 둘째, 역사 상황에 대한 역사 인물의 논평 구조이다. 모두 7편이며 22%에 해당된다. 셋째, 역사 상황에 대한 가상 인물과 역사 인물 간의 토의구조이다. 모두 7편이며 22%에 해당된다. 첫째 방식이 「보언」편의 특징이라 할 수 있는 역사 기술의 모방 서사를 대표하고 있다. 둘째와 셋째 방식은 「우언」편에서 일부 비슷하게 시도됐다. 그러나 작가의 분신인 부휴자의 말 대신에 역사 인물의 입을 빌려 권위를 더하고 핍진감을 도모했다. 이러한 방식은 『장자』의 중언(重言) 수법을 구체화시킨 성과라고 평가할 만하다. 이제 각 방식의 대표적인 몇몇 각 편을 살펴본다.

<보언2-14>는 춘추전국 시대를 통해 여러 제후국이 넘보았던 천자의 구정(九鼎)에 관한 이야기를 다루었다. 이러한 내용의 기사는 여러 역사서에 나오지만 여기서는 진(秦)이 패권을 잡아가고 있던 전국(戰國) 말기의 동주(東周) 혜왕(惠王) 시대로 집중화시켜 이야기를 전개시켰다. 구체적 문면은 『전국책』의 「혜왕」조를 인용하면서 『좌씨전』이나 『사기』 등을 참고하여 흥미로운 주제를 적절하게 다듬었다. 특히 담론의 발제자 구실을 하는 주범

(周犯)이 망국의 빌미가 되는 구정을 없애라고 한 충고를 주 혜왕이 받아들이면서 서사가 핍진해졌다. 역사(力士)들로 하여금 구정을 깨뜨려 사수(泗水) 강물 깊은 곳에 내던졌다든가, 제후국의 분열과 전쟁이 가속화되면서 구정이 수만 마리의 소가 울듯이 종묘에서 진동했다든가, 진시황에게 구정이 없어진 사연을 변명하자 진시황은 물속을 수색했지만 찾지 못했다는 등의 대목들은 흥미롭다. 이는 『사기·봉선서』의 짤막한 기사를 근거로 부연한 것들이다. 천자의 권위나 왕실의 안위는 어떠한 상징물로도 보장되지 않으며 오히려 위태로움을 가중시킬 수 있음을 설득력 있게 묘사했다. 서사 밖의 인물에 의한 별도의 역사 비평을 회피하고 그 대신에 연의소설(衍義小說)의 위장 기법을 활용한 셈이다.

반면에 대화가 이루어지지 않고 답변자가 발제자의 비평을 거부하며 무모하게 실행에 옮겨 실패로 끝나는 각 편도 있다. 답변자의 위치에 있는 역사 인물은 대개 국가 통치자이다. 이에 비해 <보언2-15>는 한(漢) 소하(蕭何)와 진(秦) 소평(召平)의 대화가 결렬되는 내용이어서 예외적이다. 망국의 제후로서 야인 생활을 하던 소평은 '꾀주머니'라고 불릴 만큼 시대를 읽을 줄 아는 지혜의 소유자였다. 소평의 충고를 받아들여 토사구팽 당하지 않고 공신으로 살아남을 수 있었던 한고조의 재상 소하는 그에게 출사를 권유하지만, 그는 유쾌한 반어를 통해 출사가 무용함을 주장하면서 소하의 의도를 무산시켰다. 그 가운데 참외 재배의 체험을 통해 정성을 쏟을 때와 내버릴 때가 서로 다르다는 처세관을 제시한 것은 일종의 삽입우언이자 비유담이다.

<보언2-2>는 춘추시대의 위(衛) 의공(懿公)이 지나치게 학을 좋아하여 작위를 주고 수레에 태우고 다녔다는 사적을 다루었다. 『좌씨전』이나 『여씨춘추』에 나오는 이야기이다. 이 사적은 여조겸(呂祖謙)의 『동래박의(東萊博議)』에서도 역사비평의 대상이 됐을 만큼 유명하다. '위 의공의 학'은 중국 역사상 허울만 멀쩡한 문인귀족층의 형상이라고 뼈아프게 지적했다. 또 유기의 『욱리자』에서는 의공이 학을 좋아할 뿐만 아니라 싸움소나 잘 우는

말을 길러서 나라 풍속을 변질시켰다고 허구화하고 간언을 수용하지 않아 나라가 망했다는 가공적 서사를 부연했다. 이 작품에서는 대부 홍인(弘寅)이 간언하는 신하로 등장하며, 전사한 임금을 위해서 자신의 배를 갈라 창자를 꺼낸 뒤에 훼손되어 있던 의공의 간을 집어넣을 만큼 충성스러웠다. 서술자는 제후들이 그를 의롭게 여겨 위나라를 재건해주었다고 서사 결말을 맺었다. 이 작품은 『동래박의』의 문제의식을 『욱리자』의 담론방식에 담아내되, 파국에서 멈추지 않고 윤리적 성취의 대단원까지 갖추어 놓을 만큼 서사 내용을 가공했다. 끝에는 '군자'의 사평까지 덧붙여 서사와 논평을 결합시켰던 『좌씨전』의 액자 구조를 모방했다.

<보언1-13>은 전국시대에 위(魏)에서 초(楚)로 망명한 오기(吳起)가 재상이 되었다가 초나라 공족들과 마찰을 일으켜 모살 당한 사적을 다루었다. 오기는 권한을 주었던 초도왕(楚悼王)을 믿고 개혁을 추진했겠지만, 그러한 행위를 방성(方城)에 사는 익명의 야인이 위험하게 여겼다. '방성'은 초나라 북쪽 최전방에 위치해 있어 초 조정과 멀리 떨어져 있을 뿐만 아니라 위나라와 접경지대이기도 하다. 그런 곳의 야인이라면 오기가 초나라 조정에서 어떤 입장에 있는지를 위·초의 경계 선상에서 객관적으로 관찰할 수 있다고 보아 발제자로 내세웠다. 그러나 오기는 객경(客卿)이라는 불리한 처지를 아랑곳하지 않고 야인의 충고를 받아들이지 않았다. 왕이 죽자 그는 야인의 경고대로 비참한 최후를 맞이했다.

<보언2-16>은 한 무제때의 재상이었던 위기후(魏其侯) 두영(竇嬰)의 사적을 가져왔다. 전임 재상인 위기후가 새 재상인 무안후(武安侯) 전분(田蚡)과 틈이 벌어져 싸움을 하다가 끝내 모함에 걸려 기시형(棄市刑)에 처해졌다. 이러한 자초지종을 기록한 『사기열전』의 문면을 적절히 인용했다. 그러나 이 작품에서는 『사기』는 물론 『한서』의 해당 열전에도 전혀 나타나지 않는 문객을 내세워 위기후의 처세에 대해 문제를 제기했다. 세력의 소장성쇠에 유연하게 대처해야 함을 역설했고, 소인과 군자를 신중하게 구별해야 한다는 점 등을 지적했다. 이는 단순한 사마천의 사평을 가상적 인물을 통

해 부연하면서 작가 자신의 처세관을 투영한 것이다.

『부휴자담론』의 번역과 주해는 이래종 역주,『부휴자담론』(소명출판, 2004), 작품 분석은 이종묵,「부휴자담론과 우언의 양식적 특징」,『고전문학연구』5(한국고전문학회, 1990) 등이 기본적으로 도움이 되지만, 담론 방식과 의의에 대한 본격적 연구는 더 많이 필요하다. 황아영,「'부휴자'를 내세운 성현의 말하기와 그 의미- <부휴자전>·≪부휴자담론≫을 중심으로」,『한문고전연구』 27(한국한문고전학회, 2013) 7~35면; 윤승준,「≪부휴자담론≫을 통해 본 성현의 군신론」,『한국 우언의 실상』(월인, 2009) 41~65면; 주재우,「고전표현론의 관점에서 본 우언문학교육 - 성현의 ≪부휴자담론≫을 중심으로」,『고전문학과 교육』13(한국고전문학교육학회, 2007) 301~314면 참조.

6.8. 역학서에 수록된 우언

6.8.1. 『훈세평화』의 선례

조선 전기는 새로운 왕조의 외교 관계를 새로 정비하기 위하여 여러 방면의 국가사업을 벌여야 했다. 그 가운데 외교에 종사하는 전문 인력을 양성하는 제도로 역과(譯科) 과거시험을 개선해 나가고 필요한 교과서를 편찬 간행하는 사업을 추진했다. 글재주 있는 문관에게 한어(漢語)와 이문(吏文)을 익히도록 규정하거나, 중인 계층에게 역과시험 응모의 기회를 확대시키거나, 역학서(譯學書)를 합리적으로 개편해 나갔다. 그러나 핵심 역학서들이 정착되어 가는 과정에서 이전에 사용되던 많은 책들이 현재로서는 일실된 상태에 있다. 역학서는 외국어를 익히기 위한 교재이지만 내용적으로 우언문학과도 관련이 깊은 것은 학습의 능률을 고려했기 때문일 것이다.

이변(李邊, 1391~1473)은 조선 초기의 문과 급제자이면서 중국어에 정통하여 사역원의 핵심 관리가 되고 승진을 거듭했다. 그는 당시 중국어 역학서였던 『직해소학(直解小學)』, 『노걸대』, 『박통사』 등의 한계를 극복하기 위해 『훈세평화(訓世平和)』를 편찬하고 1473년(성종4) 임금의 재가를 얻어 간행했다. 이 책은 중국과 한국의 여러 책에서 세상에 교훈이 될 만한 흥미로운 이야기를 모아서 한문 고문과 중국어 백화로 적어놓았다. 책 제목으로 보아도 '훈세'는 주제 의식을, '평화'는 중국의 이야기꾼 문학인 강창(講唱)에서 연원한 서사 방식을 나타내고 있다. 이 가운데에는 풍자담, 동물 우화, 소화담, 우언 등이 10여 편 수록되어 있는데, 후대에 민담으로 흘러들어가 구비문학의 중요한 유형을 형성한 것들이 특히 주목된다.

<무염(無鹽)>은 춘추시대 제(齊) 경공(景公)의 사적을 이야기로 꾸민 것이다. 당시 명재상이었던 안영(晏嬰)의 꿈풀이를 따라서 사냥을 나갔다가 당돌한 처녀를 만나 지혜를 겨루는 내용이다. 그녀가 바로 후대에 박색(薄色)의 대명사로 알려진 '무염'이다. 결국 왕은 그녀를 왕후로 삼았다는 결말이지만, 지혜 겨루기의 내용이 통치자의 실수를 지적하는 것이어서 교훈

적 우의를 지닌다. 한국 설화 '이인으로 바뀐 못난 여자' 유형에서 유사한 지혜대결담이 발견된다.

몇 편의 우화 가운데에는 굶주린 참새와 까마귀가 쥐에게 곡식을 구걸하는 이야기, 토끼와 곰들이 입심으로 누가 더 잘났는가를 다투는 이야기 등이 있다. 사회 계층 간의 경제적 대립과 갈등을 심각하게 문제 삼기도 하고, 능력자를 이길 수 있는 엉뚱한 방법을 웃음을 섞어 다루기도 했다. 조선 후기 발달했던 동물우화 소설과 관련이 있다.

<거울을 모르는 노부부>는 『백유경(百喩經)』, 『소림(笑林)』, 『태평광기』 등의 다양한 연원을 지니고 있다. 이 이야기는 한국 설화에서 <거울을 모르는 사람들>의 유형을 형성하여 다양한 각 편들로 전승되고 있다. 시류를 따라가지 못하고 공연히 오해하면서 내적 갈등을 일으키는 사람들의 어리석음을 풍자하고 있다. 반면에 아내의 투기를 다룬 이야기로 <고을원 서신옹(徐神翁)>과 <꿈에서 얻은 천 냥> 등이 있다. 전자는 서거정의 『태평한화골계전』에 거의 유사한 이야기로 가다듬어져 실려 있다. 남편의 얼굴에 상처를 낸 부인을 처결하려던 고을원이 정작 자기 부인의 참견으로 판결을 하지 못해 똑같이 공처가의 모습을 보였나는 해학이 그려져 있다. 후사는 어떤 사람이 꿈에서 번 돈 이야기를 아내에게 하면서 첩을 사겠다는 말을 하였더니 아내가 가난한 처지에 생긴 돈으로 그런 짓을 한다고 크게 싸웠다는 내용이다. 이웃 사람이 평하기를 꿈 이야기를 가지고도 저렇게 싸우니 실제라면 살인이라도 나겠다고 비웃었다고 했다. 마치 <독장수구구> 유형의 설화처럼 자기 속셈과 억측에 골몰하여 공연한 일을 벌이는 인간 유형이다. 『어면순』의 <영묘승마(鈴猫乘馬)>에서도 이러한 주제를 문제 삼았다.

한편 장례 치르는 무덤이나 제삿집에서 빌어먹으면서 처첩에게 으스대는 사내 이야기 <걸식교처첩(乞食驕妻妾)>은 『맹자』에 실려 있어 잘 알려져 있다. 원래 문면을 그대로 전재한 깃은 그 자체로 우언의 성격을 지니고 있다는 것을 인식했기 때문일 것이다. 그러나 지금 사람들이 부귀영달을 구하는 방법을 보면 자기 집안 식구들이 이 사내의 처첩처럼 부끄러워하지

않을 경우가 드물다고 하는 우의는 분명하게 전달되지 않는 측면이 있다. 비록 고전에서 자료를 가져와 편찬하는 역학서라고 하더라도 원래 문맥을 현실에 적용하고자 하는 작가 의식이 어느 정도 개입할 때 본격적인 우언이 창작될 수 있을 것이다.

이변(李邊)의 『훈세평화』의 수록 작품과 이해는 박재연·안장리·이재홍 역해, 『훈세평화』(태학사, 1998)를 기본적으로 참고했다. 역학서에서 취급하는 우언과 그 기능에 대해서는 본격적인 논의가 필요하다.

6.8.2. 『경국대전』에 기록된 역학서와 우언 작품

『경국대전(經國大典)』은 조선초에 진행됐던 법전 편찬사업의 1차 완성본이다. 여러 차례의 보완 작업을 거쳐 1474년(성종5)에 반포된 이 법전의 「예전(禮典)」편에는 조선초기에 존재했던 다양한 외국어 교과서 이름이 올라 있다. 그 가운데 역관을 뽑는 규정의 「제학취재(諸學取才)·여진학(女眞學)」조에는 소아론(小兒論), 칠세아(七歲兒), 구난(仇難), 팔세아(八歲兒), 삼세아(三歲兒) 등의 책 이름이 적혀 있고, 현재 조선 후기에 간행된 만주어 교과서 『삼역총서(三譯叢書)』에 <소아론>, <팔세아>의 전문이 전해지고 있다. '구난'은 세 살배기 말[馬]을 지칭하는 여진어 '고난'의 취음으로 추정된다.

이 가운데 <소아론>은 공자가 천하를 돌아다니다가 한 어린아이를 만나 문답을 벌이고 공자가 지혜 대결에서 패배했다는 이야기이다. 충격적인 내용을 담고 있다고 하겠으나 이 이야기의 연원은 의외로 오래되었고 동아시아 여러 민족에게 광범위하게 유포되어 있었다. 여진학 교과서에 실려 있다는 것은 동아시아 북방 유목민족에게도 이 유형이 전승되었다는 사실을 증거한다. 애초 이 이야기는 중국에서 '항탁(項託/項橐)'이라는 7세 천재 소년의 존재와 함께 <공자 전승>의 한 가지 설화 유형으로 계승, 변형되어 왔다. 중국의 고대문헌에 그 편린이 남아 있을 뿐만 아니라 한나라 무덤 형식의 하나로 설치된 화상석(畫像石)에서도 적지 않은 자취를 남겨놓고 있다. 그러다가 중국 서쪽 변방의 돈황(燉煌)에서 당나라 무렵의 것으로 추정되는 해당 속문학 문서더미가 발견됨으로써 큰 주목을 받았다.

돈황 한문본은 공자가 항탁에게 패배한 후에 항탁을 살해하고, 항탁은 고향에서 다시 살아나 소아신(小兒神)으로 좌정한다는 결말을 지니고 있어 가장 특이한 서사화 과정을 거쳤다. 그러나 함께 발견된 티벳 고본에서는 이러한 과격한 결말이 없고 유희적인 언어경합담이 제거되어 있다. 심지어 항탁이라는 인물명 대신에 '소아'가 상대역으로 등장한다. 공자를 최대한 긍정적으로 인식하고 동자는 공자를 만나 자신의 능력을 보임으로써 세상에 이름을 드러내는 이야기이다. 북방 민족에 전승된 이야기의 특징을 그대로 간직하고 있다.

만주 지역의 전승인 <소아론>에서는 공자가 천하를 다스리는 위치에 있고 돌아다니는 목적도 순수(巡狩)에 가깝다. 따라서 소아의 이름은 굳이 말하지 않았고 다만 '삼세아'라고만 밝혔다. 공자와 소아가 벌인 문답은 모두 기지 대결의 성격을 띤다. 애초 문답은 이 아이가 '놀이'를 하지 않는 이유에 대해서 공자가 묻는 것에서 발단이 됐다. 아이는 "관원이 놀이 즐기면 국사가 어지럽고, 백성이 놀이 즐기면 농상(農桑)을 누가 거두랴"라는 의외의 대답을 해서 공자의 호기심을 자극했다. 공자는 "높은 산과 깊은 내를 없애고 관원을 없애면 세상이 고르게 되지 않겠느냐"는 질문을 다시 했다. 아이는 그런 것들을 없애면 "범과 곰, 남상이와 물고기가 의지해 살 데가 없게 되고, 관원을 없게 하면 백성들이 법례를 어찌 배우며 누구에게 힘을 얻겠느냐"고 반문했다. 공자가 '평천하(平天下)'라는 자신의 이상을 담은 물음을 던지고, 아이는 또다시 그를 여지없이 부정해버렸다. 이후로 수수께끼 문답이 지속되고 생활상의 관찰력을 시험하는 듯한 문답이 이어졌다. 그러나 묻고 답하는 주체가 바뀌어 소아 주도의 언어경합담이 다음과 전개되면서 결정적 반전이 이루어졌다.

> "여러 나무 중에 소나무는 어찌하여 겨울여름 없이 푸르고, 고니와 기러기는 물에 헤엄을 잘하고, 뻐꾸기는 우는 소리 큽니까?"
> "송백(松柏)은 속이 차 있어 겨울여름 없이 푸르고, 고니와 기러기는 발이 넓으므로 물에 헤엄을 잘하고, 뻐꾸기는 목이 길어 울음이 크니라."
> "송백은 속이 차 있어 겨울여름 없이 푸르다면 대나무는 어디 속이 차 있어 겨울여름 없이 푸르고, 고니와 기러기는 발이 넓어 물에 헤엄을 잘한다면 남생이와 물고기는 어디 발이 넓어 물에 헤엄을 잘하고, 뻐꾸기는 목이 길어 우는 소리 크다면 조그만 개구리는 어디 목이 길어 우는 소리 크다 하리까?"

이러한 내용은 굳이 공자 전승과 관련이 있는 것은 아니다. 요즈음의 난센스 퀴즈와 같은 황당문답을 통한 언어유희 전승이다. 그러나 서사적으로는 공자가 아이의 지혜를 실험해 보기 위해 짐짓 그러한 문답을 진행시켰다고 인정하면서 결말을 짓는다. 따라서 그러한 문답의 성격은 '쟁변'이 아니라 어디까지나 통치자가 베푼 '시험'이었다. 언어경합담의 사회적 기능이 경쟁적 유희만이 아니라 입사식이나 선발과도 관련되어 있음을 여실히 보여준다.

<소아론>과 함께 전해지는 <팔세아>는 여덟 살 아이가 5천 명의 선비를 제치고 임금 앞에 나서서 천지자연에 대한 지혜 문답을 겨루고 인정받아 발탁됐다는 내용이다. 이 모두 한국 민담에 전승되어 오는 <아지(兒智) 설화>의 지혜발견 하위유형에 해당된다. 조선 초기 만주어와 조선어로 대역 출간된 이 대본은 한국의 <공자동자문답> 유형의 지혜대결담 전승에 일정한 영향을 미쳤을 것으로 추측된다.

한편 중국 명나라에서 유행했던 <소아론>은 아동 계몽서인 잡자계(雜字系) 서책에 끼어들기도 했다. '잡자'라고 이름한 책들은 대개 서당 혹은 지

방의 학습소에서 아동용 교과서로 활용됐던 것들이다. 이는 소아 교육을 위한 잡다한 기초지식을 제공하기 위한 것임을 표지에서부터 나타내 보이고 있다. 『삼자경(三字經)』, 『백가성(百家姓)』, 『천자문(千字文)』 등도 잡자계 서책에 해당되는데, 명·청대에 유행한 『삼자경』에는 "지난날 중니는 항탁을 스승 삼았지. 옛 성현들은 부지런히 배우기를 숭상했지"[昔仲尼, 師項橐; 古聖賢, 尙勤學]라는 대목이 있다. 공자·항탁의 대립적 관계는 무시하고, 배우기에 힘썼다는 호학 정신을 대표하는 사례로 수록했다.

실제 한국에서의 전승은 한문본, 국문본은 물론 구비문학에서까지 다양하고도 풍성하게 이루어져 동아시아적 전승을 가늠하는 데 중요한 기준점을 제공하고 있다. 쟁변 주체를 '공자'와 '동자'로 객관화하여 지칭하고, 동자의 이름으로는 '항탁' 이외에도 '방희례(方希禮)', '방흘(方訖)', '방홀', '방울이' 등으로 다양하게 변이시켜 나갔다. 한국적 전승의 특징은 공자와 동자의 쟁변이 퍽 치열하게 전개됐다는 데 있다. 그것은 공자의 위선(僞善)과 동자의 위악(僞惡)이 부딪혀 심각한 수준으로 발전하는 것처럼 묘사하면서, 그 두 사람이 세상을 다스리는 방법을 두고 다툰다는 우의를 포함한다. 따라서 한국의 구비문학에서는 공자와 동자라는 문답 주체가 공사와 노척, 공자와 진시황 등으로 대체되어 치도(治道)의 정당성을 두고 대결하는 이야기로 변형되기도 한다. 결국 설화 대중에게는 이들이 같은 유형으로 인식되고 전승된 것이다. 또 무가(巫歌)에서 전국적으로 발견되는 <창세가>의 '인세차지(人世次知) 경쟁' 화소에도 <소아론>의 수수께끼 황당문답이 끼어들어 갔다. 국문소설의 영역에서는 <담낭전> 등의 파생작을 낳았다.

한편으로 조선조 16세기 전반까지 공자를 산대놀이에 등장시켰던 <문선왕희(文宣王戱)>가 있어 주목된다. 동아시아에서는 공자를 학문 세계의 제왕으로 여겨서 '문선왕(文宣王)'으로 떠받드는 것인데 그를 연희의 대상으로 삼았으니, 특히 유교국가 조선에서는 문제로 삼지 않을 수 없었다. 1539년(중종34) 5월에 비록 중국의 전례가 있는 것이지만 그대로 따라서 중국 사신에게 보이면 나라 체면에 손상된다고 여겨 금지시켰다. 그 연원에는

<공자동자문답> 유형이 만연되어 있던 중국 북방민족의 사례가 있음을 문신관료들이 지적했다. 남송(南宋)과 요(遼)의 외교 관계에서 유사한 상황이 문제시됐던 사적이 있었기 때문이다. 공자 모습을 본 뜬 잡상(雜像)이 단독으로 설치된 것인지, 아니면 다른 잡상과 함께 설치된 것인지 지금으로서는 알기 어렵다. 그러나 공자 잡상이 산대희에서 놀아졌다면 그 자체로 웃음과 풍자의 효과를 거둘 수 있었을 것이다.

　실제 중국에서는 돈황본 <공자동자문답> 유형보다 앞선 지혜대결담으로서 공자와 못난 제자 자우(子羽)의 문답 이야기가 발굴되기도 했다. 돈황본은 공자의 상대역을 어린아이로 바꾸었지만, 이 작품은 그 서사 구조와 수수께끼 화소를 원래대로 간직한 고본이다. '자우'는『논어』에서 언급됐던 '담대멸명(澹臺滅明)'이라는 공자 제자의 자(字)인데, 얼굴이 못생겨 재목감이 될 수 없다고 공자에게 푸대접을 받고 장강 유역으로 내려가 나름대로 제자를 많이 키워 제후들에게 명성을 날렸던 인물이다. 또 당나라의 <참군희(參軍戱)>라는 골계 화극(話劇)에서는 유·불·도교의 경전을 인용하면서 종교 창시자들에 관해 궤변을 늘어놓고 웃음을 자아내어 '삼교논형(三敎論衡)'이라는 국가적 종교 행사를 오락적 분위기로 이끌었다고 한다.

　<소아론>을 비롯한 <공자동자문답> 유형의 서사구조에 관해서는 민영규,「만주자(滿洲字) 소아론과 돈황의 항탁변문(項託變文)」,『강화학 최후의 광경』(우반, 1994) 149~151면; 전홍철,「돈황본 <공자항탁상문서>의 서사구조」,『중어중문학』15·16합집 (한국중어중문학회, 1994) 147~154면; 金文京,「項橐考 - 孔子的傳說」,『中國文學學報』創刊號(北京大學中文系·香港中文大學中文系, 2011) 1~19면 참조. 그 전승과 연원에 관해서는 윤주필,「한국에서의 <공자동자문답> 전승의 분포와 그 특징」,『열상고전연구』23(열상고전연구회, 2006);「<공자동자문답>의 동아시아적 전개 비교론」,『고소설연구』38(한국고소설학회, 2014);「동아시아 <공자동자문답> 전승의 연원 고찰」,『대동문화연구』89(성대 대동문화연구원, 2015) 참고.

6.8.3. 역학서 <오륜전비기>와 번안소설 <오륜전전>

조선 전기의 중국어 역학서는 애초 『노걸대』, 『박통사』, 『직해소학』로 정착되었다가, 중종 연간에 『직해소학』이 남송의 희곡 『오륜전비기』로 대체되었다. 『오륜전비기』는 오륜전(伍倫全)과 오륜비(伍倫備)라는 다분히 우의적인 형제 주인공을 중심으로 여러 조연 인물들과 함께 오륜(五倫)의 덕목을 실현해 나갔다는 도덕적 희곡이다. 주인공의 이름과 성격에서부터 모든 장면이 유교적 윤리를 고양하기 위한 것이어서 중국희곡사에서는 시대정신을 역행하는 실패 작품의 대표적인 예로 거론될 뿐이다. 그러나 한국에서는 16세기 중종조에서부터 크게 유행하여 희곡 이본, 언해본, 소설 이본 및 구술물과 판소리의 수용 등의 여러 문화현상을 불러일으켰다. 문명권의 판도에서 볼 때 어떤 국제적 전승물이 중심지에서는 전신자 이상의 의미를 찾기 어려워도 주변 지역에서는 그것을 수입하여 중요한 문화물로 가공 변형시키는 경우가 많다.

<오륜전비기>의 핵심적 주인공은 '오륜전'이다. 그에 버금가는 주인공은 이복동생 '오륜비'이다. 비록 배다른 형제이지만 부친 사후 홀어머니를 모시고 있으므로 이들은 오히려 가족윤리를 더 성실히 실천한다. 말하자면 가족 형성이 예외적이라 할지라도 오륜의 덕목을 실행함으로써 도덕적 굴절을 방지할 수 있음을 보여준다. 두 형제의 처들도 그와 유사하다. 형제의 스승 시선교(施善教)의 배다른 딸 자매인데 오륜 형제에게 함께 시집가서 동서 관계가 된다. 이후 이들이 형제와 동서로서, 시모와 며느리로서, 과거 수험생과 관료로서 행위를 해나가는 과정은 모두 오륜의 자장 안에서 조율된다.

한편 오륜 형제의 가족에는 선친의 친구 아들인 안극화(安克和)가 수양동생으로 끼어 있다. 놀기를 좋아하고 도교를 선호하여 비규범적 성격을 띠고 있다. 출사하는 두 형 대신에 홀어머니를 곁에서 모시는 역할을 하거나 형제들의 위기를 도맡아 처리하려는 인물이다. 한편 오륜전은 장타유(張打

油)라는 친구를 사귄다. 그러나 동일한 이념의 소유자는 아니며, 오히려 이름이 뜻하고 있는 것처럼 엉터리 행동을 일삼고 끝내는 이민족에 귀순하여 재상의 지위에 오른다. 오륜전을 이민족으로 끌어들이는 계책을 세우지만 끝내는 도움을 주고 붕우의 도를 실현한다. 이민족 임금도 그들 형제와 붕우의 도리에 감복하여 중화적 세계관에 귀의한다.

이러한 여러 경우는 오륜의 도덕적 실천을 가족으로부터 중세적 국제관계에 이르기까지 확장 적용한 예들이다. 그러나 이같이 오륜의 범위를 확대했음에도 불구하고 오륜적 관계로 포섭되기 곤란한 경우도 많다. 오륜전 가족이 접하는 주변 인물들이 바로 그러하다. 예를 들어 특정한 직임이 주어지는 주종, 상하, 직능 관계 등에서 얽히는 주변인물과 그러한 직임조차 분명치 않은 무명의 다수 민중이 등장한다.

<오륜전비> 희곡본은 오륜의 관계가 전형적이지 않고 순서도 뒤섞여 있다. 더구나 오륜의 범주로 잘 포괄되지 않는 관계도 못지않게 중요하게 다루었다. 그것은 주로 조연급 배역을 등장시킴으로써 제기되는 인간관계이다. 가노, 하님, 아전, 부랑인, 파견 관리, 매파, 점쟁이, 첩, 도적 떼, 오랑캐, 부하, 신선 등이 여러 상황과 사건에서 주인공과 관련을 맺는다. 중국 고전극의 용어로 말하자면 주연급 각색(角色)과 조연급 각색이 대립적 동선으로 짜여 있다. 주연 각색은 오륜전과 오륜비 형제, 그들의 처인 숙청과 숙수 자매, 대부인 범씨로 고정되어 있으나, 조연급 각색은 위에서 열거한 여러 인물의 배역을 중복되게 맡는다. 따라서 조연급 각색이 맡는 인물 배역은 고정되어 있지 않고, 각색 배우의 입장에서 보자면 일인다역으로 무대에 출연한다.

여기서 중국 희곡에서 특수하게 발달되어 온 '각색(角色)'이라는 개념과 그 구체적인 용어들이 조선에서는 생소하게 느껴졌을 것이다. '각색'은 대강의 성격을 부여받은 연기자의 성향과 종류를 가리킨다. 생(生)과 단(旦)은 남녀 주역의 각색이며, 정(淨) 축(丑) 말(末)은 주인공의 행동을 둘러싸고 희극적인 동작과 언어유희를 주로 맡는 조역의 각색이다. 이러한 개념과 어

휘에 따라 대사가 주어지는 <오륜전비기>의 대본을 조선 전기 독자들이 손쉽게 이해하기는 곤란했을 터이다. 말하자면 '각색'의 용어로 표시되어 있는 희곡 대본을 희곡 가운데 특정 인물인 '배역'으로 전환해서 '등장인물'을 파악하고 사건의 줄거리를 따라가야 한다. 거기다 중국어의 구체적 표현을 한문이나 국문으로 바꾸어 이해할 필요가 있었다.

소설본 <오륜전전(五倫全傳)>은 중종조의 권신이었다가 김안로와의 권력 투쟁에서 패하여 남쪽 유배처를 전전했던 이항(李沆)에 의해 국·한문본으로 번안됐다. 그는 예조판서와 의정부 고위관리를 역임하고 당연직인 승문원과 사역원의 책임자 지위에 있으면서 희곡본 <오륜전비기>의 유통 상황을 파악할 기회를 얻었고, 그 경험을 활용해 소설 <오륜전전>을 번안해 냈다고 추정된다. 희곡본 <오륜전비기>를 중국어 학습 교과서가 아니라 줄거리 위주로 수용하는 과정에서 갈래, 주제, 표기수단, 표현 등의 변화가 생겨날 수밖에 없었다. 그 가운데 주제적 측면에서 보자면 원본과 번안본이 모두 오륜이라는 유교적 윤리 덕목을 선양하자는 동일한 목표를 지닌 것 같지만, 세부적으로는 강조점이 달라서 주제의식에 차이가 생겨났다. 소설본은 맏아들 윤전(倫全)을 중심으로 가족사에 초점을 맞춘 반면에 희곡본은 삼형제 및 그와 관련된 인물 모두의 관계에 대해 비교적 골고루 관심을 가져서 윤리적 범주를 넓게 잡았다.

일찍이 이항은 조광조를 탄핵하는 대사헌으로 발탁되어 기묘사화를 주도하면서 "조정이 부자, 형제, 붕우의 도를 잃고 있다"는 윤리적 문제를 정치 쟁점화한 적이 있다. 이제 <오륜전전>에서는 소설적 감염력에 기대어 자신의 정치적 몰락을 윤리적으로 보상받고 더 나아가 자신의 입지를 되찾고자 문학의 정치적 우의성을 의도했던 것이다. 그러나 몽유록계 우언 소설과 같이 개인적 경험에 근거한 실제 상황을 환유하는 것은 아니었기 때문에 이항의 의도는 추상적 우의에 그칠 수밖에 없었다. 따라서 <오륜전전>은 낙서 이항이라는 사장파 계열의 문신에 의해 한문본과 국문본으로 번안됐음에도 불구하고, 사림파들에 의해 얼마든지 긍정적으로 수용될 여지를 남겼다. 현재 남아 있는 한문본 <오륜전전> 이본들은 그러한 재수용의 산물들이다.

조선조에 수용된 <오륜전비기>의 문면과 전반적 이해는 박재연 주해, 『오륜전비언해』(학고방, 1995)가 참고가 된다. <오륜전전>의 작가론 및 번안 과정과 성격에 대해서는 윤주필, 『윤리의 서사화 -<오륜전비> 수용 연구』(국학자료원, 2004)에서 종합적으로 다루었다.

6.9. 초기 소설의 우언 글쓰기

6.9.1. 초기 소설의 개념과 우언적 특징

한국의 고소설사에서 초기 소설의 연구는 적지 않은 문제점을 안고 있다. 그 가운데 소설이 언제부터 시작됐는가를 따지는 '소설 기점'에 관한 논쟁은 문제의 복잡함을 상징적으로 보여주고 있다. 초기 소설은 형성기 소설이라고 부르는 편이 이해의 관점을 유연하게 만들어준다는 점에서 유리하다. 그것은 근본적으로 '초기소설'의 문제는 미완의 형성기 문학사를 따지는 것이라는 점에서 출발해야 함을 의미한다. 여기에는 소설은 질적으로 여러 단계에 걸쳐 발전했고, 소설의 본질은 더 후대에 실현되고 완성됐다는 전제가 깔려 있다. 이러한 전제의 두 명제는 상호 모순적이다. 전자는 소설이 본질적인 자기 동일성을 갖지 않으며 미완성의 과정을 지녔다는 소설론에 근접하고, 후자는 소설이 사회적 현실을 재현하는 서사체로서 발생한 역사적 갈래라는 근대문학 소설론에 가깝다.

이러한 모순을 해결하기 위해서는 소설의 태반으로서 서사문학사의 맥락을 중시해야 한다. 족보가 불분명한 소설을 특정한 상위 갈래에 귀속시키기보다는 문학사 갈래교섭의 현상으로서 초기소설을 다루어야 실상을 존중하면서도 불필요한 이론적 논쟁에서 벗어날 수 있다. 17세기와 같이 소설 시대라고 부를 만한 뚜렷한 문학사적 현상을 준거로 삼고, 그 이전의 여러 서사체 양식의 독립과 복합 양상을 고려해야 한다. 소설이 서사체의 한 부류로 생겨났지만 모든 서사가 곧 소설을 지향했던 것은 아니다. 소설이 된 서사체도 있지만 반대로 소설이 되지 않은 서사체도 있는 법이다. 한국 고전문학사에서는 오히려 후자의 비중이 더 크다고 말해도 과언은 아니다. 그리고 양식의 복합 현상은 비단 서사문학에서 단일하게 이루진 것도 아니고 소설에서만 이루어졌던 것도 아니다. 조선 전기에서 발달한 잡록집 속에는 야사, 일화, 소화, 우화, 시화의 갈래가 혼재할 뿐만 아니라 개별 작품 내부에서 서사와 교술의 글쓰기가 동거하기 일쑤이다. 이미 그 안에서 소설의 성취에 육박하는 작품이 다수 발견될 여지를 안고 있다.

더 나아가 소설은 기존의 서사와 교술 양식을 수용하면서 자기 영역을 확보하여 갔다는 점을 인정할 필요가 있다. 동아시아의 전(傳)은 유래가 오래되고 중요했던 양식이다. '전'은 주인공에 관한 객관적 정보와 작가의 평가를 기술한다는 점에서는 교술에 속하지만, 주인공의 일생을 구성하는 사건의 연결은 서사에 속한다. 왕조나 귀족 가문의 일대기를 기술하는 것과는 다르게 역사 이면에 숨겨져 있는 인물을 대상으로 개인의 일생을 이야기한다는 측면에서 경험적 서사의 속성을 띤다. 또 기(記)는 개인의 경험을 공간적으로 재구성하며 지(誌), 록(錄) 등을 대표하는 형식이다. 이는 작가가 관람한 장소의 객관적 정보를 기술한다는 점에서 교술에 속하지만, 서술자가 체험한 장소의 정서나 공간적 이동과 사건을 이야기하는 측면에서 경험적 서사의 속성을 띤다. 전과 기는 시공간적 주안점에 차이가 있지만 경험적 서사를 기술하는 대표적인 정통 양식이다.

한편 당나라에서는 전기(傳奇)가 개발되어 환상적 내용에 가까운 개인의 특별한 체험을 이야기하는 양식이 정착됐다. 신라말에서 고려초기에 중국 문학을 체험했던 빈공제자 출신의 지식인들은 '전기' 양식을 수용해서 『수이전』 유형의 작품들을 창작했다. 전, 기, 지, 록의 형식을 포괄하는 전기(傳記) 양식이 객관적 기술의 교술적 속성과 개인의 경험을 이야기하는 서사적 속성을 함께 지녔던 데 비해서, 전기(傳奇)는 개인의 이면사인 기이한 체험을 이야기함으로써 교술성은 현저히 약화되고 그 대신에 서사성이 강화됐다. 또 전기(傳奇)는 기이함의 이면적 의미에 의문을 제기한다는 점에서 경이로움으로 기이함을 수용하는 지괴(志怪)의 설화적 속성을 탈피했다. 따라서 전기(傳奇)는 기존 통념에 대항하는 주제 의식을 표출한다는 점에서 진보적 경향성도 지녔다. 이러한 여러 가지 점에서 그것은 소설에 근접하는 서사문학사의 발전을 이룩했다고 평가된다.

한편 전기(傳記)는 허구성이 가미된 가전, 자탁전, 몽유기 형식의 전기우언 양식을 통해 또 다른 질적 변화를 겪었다. 전기(傳奇)가 전기(傳記)의 객관성을 부정하고 그 이면을 이야기하는 반어적 양식이었다면, 전기우언은 전기(傳記)에 허구성과 작의성을 가미하여 객관적 진술인 양 꾸민 이야기 속에 주제 의식을 가탁하는 역설적 양식이다. 소설이 잡록적 성격의 패설(稗說)에 머물지 않고 새로운 갈래로서 독립하기 위해서는 세계관적으로 설화적 수준에서 탈피하여 자아와 세계가 상호우위를 가지고 대결할 뿐만 아니라 양식사적으로 전기(傳記), 전기(傳奇), 우언(寓言) 등의 기존 전통을 넘어서면서도 그들을 종합해야만 했다.

우언은 전기(傳奇)나 전기(傳記)에 비해 상대적으로 독립된 특정한 양식으로 인식되지는 않는다. 그렇지만 우언은 단순히 단형의 창작우언이나 우화의 양식에 머무르지 않는다. 오히려 비유적이며 이중적 글쓰기 방식으로서 기존 형식을 모방하고 기존 양식을 전환하여 새로운 양식으로 만들어나가는 담론 전략이다. 교술적 담론에 삽입되는 우화 양식, 소화와 같은 유희적 서사 갈래에 교훈성을 침투시키는 이중적 양식, 가전과 몽유기 등의 전기우언, 가상적 주체의 허구적 쟁변우언 등이 그러한 사례들이다. 자기표현으로서의 경험적 서사, 가상적 존재나 사건의 이면적 의미를 중첩시키는 허구적 서사의 글쓰기 전략은 우언의 영역에서 오랫동안 실험되어 왔다. 그러한 측면에서 우언은 서사와 교술의 복합 갈래이자 이중적 글쓰기 방식이다. 그 안에서 문학사의 표층으로 역사적 갈래인 여러 양식이 발생했으며, 초기 소설도 그 가운데 하나라고 할 수 있다.

전기우언(傳記寓言)은 경험적 서사의 일종인 전과 기의 기존 형식을 차용하여 우의적인 허구적 서사로 탈바꿈시켜 만든 양식이다. 따라서 '전(傳)'의 형식을 빌려다가 가전/자전/탁전을 실험하는 데 그치지 않고, 기사체 형식을 필요한 대로 취하여 취향기, 기몽 등의 몽유우언을 만들어냈다. 전자의 양식은 비교적 잘 알려진 영역이지만, 후자의 경우는 가전과의 차별성을 강조하지 않거나 연구 인식이 부족했다. 전자가 단일한 가상 인물의 서사를 위주로 한 것이라면, 후자는 여러 인물이 등장할 수도 있는 가상 시공간의 서사를 중심에 놓는다는 차이점이 있다.

반면 전기우언은 기사체 형식이 공통 인자라는 점에서 가상 주체들의 논변을 허구화하는 의론체 형식의 우언과 구별된다. 의론체 우언에는 설/잡설 등으로 위장한 작품군, 의인화된 동식물 혹은 사물들의 기이한 쟁변, 역사적 인물 혹은 허구적 인물들의 가상적 토의 등이 포함된다. 이들은 대체로 논변우언(論辯寓言)의 범주로 포괄될 수 있다. 조선 전기 잡록집에 개별 작품들이 간간이 끼어들어 갔지만, 『훈자오설』과 『부휴자담론』은 이러한 범주에 속한 대표적 작품집이다.

'전기우언'이 상층 문인의 창작우언으로서 개별 양식을 개척해 나갔다면, '논변우언'은 하층의 민간 우언과 상층의 창작우언이 교섭하는 양상을 보였다. 그러나 불가계 전기우언에서 잘 드러나듯이 이들은 별개의 영역을 고수한 것이 아니라 상호 복합되기도 했다. 더구나 조선 전기에는 심성 의인의 전기우언 양식과, 단순 몽유기의 수준을 넘어선 몽유록 양식이 개척됐다. 이는 성리학의 이념적, 역사적 문제의식을 교술적 서사의 우언 글쓰기에 가탁하면서 갈래 운동으로 전개된 문학사적 현상이다. 이들 양식의 허구적 성격은 현실 재현적인 소설에서의 허구와는 성격이 다르다. 그것은 서사의 또 다른 의미구현 방식인 예시적 허구라는 점에서 여전히 소설 형성의 중요한 축으로 작용했다.

또 전기(傳奇)와 우언(寓言)은 상호 배제적인 범주 개념은 아니다. 전기는 기이한 사건을 통해 현실의 이면을 들추고 인간의 욕망과 현실의 부조화를 음미하는 성향을 지니고 있다. 이에 비해 우언은 글의 표면과 이면을 의도적으로 어긋나게 하면서 허구적 서사의 글쓰기 전략으로 기능하게 된다. 이러한 측면에서 우언과 전기는 얼마든지 병존할 수 있고, 그 둘의 만남은 소설의 형성과 밀접한 관련성을 갖게 된다. 세계관적 지향과 방법론이 겸비됨으로 해서 그 이전 서사 양식의 전통을 혁신하는 새로운 갈래를 탄생시켰다 할 수 있다. 문제는 그 질적 차별성과 혁신의 정도이다.

소설의 구현에는 전기(傳記), 전기(傳奇), 우언(寓言) 및 전설, 민담 등의 요소가 종합되지만 어떤 하나의 전통이 더 주도적일 수도 있다. 따라서 이를 근거로 소설 형성에 관해서 주도하는 계열로 분류하여 고찰하는 연구방법론이 개발되곤 했다. 그 가운데 하나가 우언계 소설이다. 우언계 소설에 있어 전기우언이나 논변우언을 통하여 소설에 근접한 정도를 따진다면, 남효온의 <수향기>를 가장 먼저 거론할 만하다. 이 작품은 가상적 시공간을 꾸며 편력 체험을 허구적으로 묘사하고 있다. 그를 통해 일상적 삶을 전복시킬 가치를 음미하고자 하는 서사 주체를 비교적 효과적으로 형상화하고 있다. 말미에서는 '천군'이라는 3인칭 가상 주체를 설정하기는 했지만 '나'의 이상향에 대한 탐구는 현실세계에까지 지속하고 통합하는 양상으로 전체를 관통하고 있다. 김종직은 이 작품을 두고 한유의 <모영전>과 왕적의 <취향기>를 본뜬 작품으로 평가하여, 그 연원이 될 만한 문학사적 전통을 상기시켰다. 그러나 이 작품은 여느 전기우언과는 다르게 현실세계에 대립되는 상상체계를 보여주고 그 가치를 탐색했다는 점에서 소설적 의도를 느끼게 한다. 그럼에도 불구하고 세상과의 시비를 멀리하고 다툼을 포기함으로써 하찮은 존재로 전락한 것이 오히려 참다운 가치에 다가선다는 우의는 그 심각성에 비해 지나치게 암시적이다. 그것은 『장자』「우언」편의 <양자거(陽子居)> 대복을 전거로 삼아 수사적으로 처리되고 있기 때문이다. 이는 서사적 계기성이나 현실과의 연계성을 약화시키는 요인으로 작용하고 있다. 우언계 소설의 가능성을 보여주었다는 데 의의가 있다.

이에 비해 '대관재몽유록'이라는 작품명으로 더 잘 알려진 심의의 <기몽>은 여러 가지 점에서 <수향기>와 대조된다. 우선 일인칭 서사 주체를 '우마주(牛馬走)'라고 표현하고 술병에 찌들어 늘 꿈을 꾸며 가위눌린다고 했다. 상징적이지만 세속에서 마소처럼 분주하게 제 몸을 부리며 불만족하게 살아가는 주인공을 내세웠다. 작품 결말에서 이러한 존재가 꿈에서 깨어나 궁색한 방안 풍경을 재확인해야만 했음을 묘사한 것과 수미일관 호응한다. 꿈속의 체험이 화려했던 만큼 현실의 부조리를 그렇게 부각시켰다. 꿈속은 그만큼 파란만장한 또 하나의 세계였다. 동방문학의 비조로 불리는 최치원을 천자로 삼고 동방과 중국의 역대 왕조의 문인들과 당대의 작가들을 문장왕국이라는 가상의 공간에 등장시켰다. 그런데 그 조정은 오로지 개인의 문장력에 의해서만 조직되기 때문에 현실의 위계질서가 뒤집어지는 일이 아무렇지도 않게 일어난다. 그곳에서는 세상에서 최고위 품계이거나 유학의 영수라도 대갓집 하인이 되기도 하고, 제 고집을 지키느라 백면서생으로 늙고 떠돌았어도 고관의 반열에 발탁될 수가 있다. 실제와는 정반대의 일이 가치 전복의 욕망처럼 부풀어 오르는 것이다. 그곳에는 인간 세상처럼 결혼도 있고 전쟁도 있지만 그 또한 오로지 문장의 지배를 받는다. '나'도 그 덕분에 부마가 되고 안동백(安東伯)의 봉작까지 받았다. 꿈속의 마지막 대목은 그 같은 욕망의 극한치를 상징적으로 묘사하고 있다. '나'의 배를 가르고 먹물을 가득 부어 한껏 부풀어 오르게 하지만 오히려 꿈밖의 나는 고통을 느끼고 어수선한 현실 속으로 깨어나야만 했다. 이 작품은 현실세계 너머에 있는 환상의 기이함을 드러내고 그를 통해 기존의 가치를 전복시키고자 하는 다소 심각한 주제의식을 지닌 것으로 이해될 만하다. 이 작품은 편력 전기우언의 전통 위에서 전기(傳奇)의 수법을 결합시켰으며 다음 세대에나 형식이 완비되었던 몽유록 우언소설의 효시로 간주해도 무방할 것이다.

그렇다면 이 작품의 소설적 성취는 무엇인가? 부조리한 현실의 위계질서는 꿈속에서 뒤집어지고 이상적 문장왕국이 대안으로 제시되지만, 깨어난 후 그 이상은 흩어져버리고 현실의 반어로 남는다. 가상으로 그려 본 이상은 현실과의 고리를 확보하지 못함으로써 가상의 이면적 의미를 음미해야만 최종적 주제가 파악된다. 김시습의 『금오신화』를 상기해 본다면, 이 작품의 꿈속 체험은 이계 체험이 현실에서 존재론적 변화까지 부추기는 것과는 차이가 있다. 허구적 서사를 구성한다고 하더라도 전기계 소설은 개인 주체의 욕망을 추구하기 위한 환상세계를 꿈꾸며, 우언계 소설은 현실과 이상의 거리를 음미하기 위한 가상세계를 그려놓는다. 환상은 이상과 현실을 하나의 자장 안에 포괄하려고 하지만, 가상은 현실과 이상의 부조화를 선명하게 드러내려 한다. 심의의 <기몽>은 후자의 특징을 처음으로 실험함으로써 새로운 성격의 서사적 주체를 탄생시켰다는 의의를 지닌다. '우마주'라는 일인칭 주인공은 꿈속의 '심공(沈公)'을 관찰하는 서술자이자 꿈을 깬 이후까지 스스로 돌아보는 되새김의 주체로서 현실과 이상이 대결하고 있는 전 서사과정을 음미하고 있다.

그러나 이 작품이 심각하기만 한 주제의식을 지닌 것은 아니다. 후대의 몽유록에 비하면 이상을 개인적 욕망의 추구와 일치시킴으로써 이념적 긴장감이 훨씬 덜한 편이다. 『열자』식의 달관주의적 삶의 태도, 환상적 꿈의 희열, 문사들에 대한 자유로운 포폄에서 오는 흥미 등이 작품의 전반적 미감을 지배하고 있다. 몽유자의 반평생 부침을 그리고 있는 부분에서는 <침중기>와 같은 당나라 전기(傳奇)의 영향을 수용했지만, 우언의 가상적 글쓰기로부터 발생하는 유쾌함이 더 큰 부분을 차지하고 있다. 김시습을 반란자로 꾸미고 그를 휘파람 하나로 물리쳐 안동백의 작위를 받는다는 설정은 김시습의 송시풍을 거부해서가 아니라 그의 심각한 삶의 태도와 문학행위를 반대한다는 우의가 들어 있다. 실제 이 작품은 당대는 물론 후대의 사대부 사회에서 우언 글쓰기의 독서물로 읽혔다는 증거가 여럿 발견된다.

초기 소설과 우언의 관련성에 대해서는 윤주필, 「우언문학사와 초기소설의 관련 양상」, 한국고소설학회 편, 『다시 보는 고소설사』(보고사, 2010) 41~68면에서 전면적으로 다루었다. 심의의 <몽기>에 대해서는 신재홍, 『한국 몽유소설 연구』(계명문화사, 1994) 79면에서 기본적으로 몽유전기소설(夢遊傳奇小說)에 귀속될 특징을 가졌지만 몽유록적인 성격도 아울러 지녔다고 하고, 조현설, 「형식과 이데올로기의 불화」, 『묻혀진 문학사의 복원』(소명출판, 2007) 132면에서는 '형식과 이데올로기의 불일치'를 몽유록의 본질적 특성으로 파악하면서 전기(傳奇)와 엄연히 구별되는 몽유록 양식에 진입했다고 보았다. 한편 엄기영, 「대관재기몽의 창작 방법 연구」, 『16세기 한문소설 연구』(월인, 2009) 223~249면에서는 창작 배경으로 『열자(列子)·주목왕(周穆王)』, 범진(范鎭)의 <장소각호적부(長嘯却胡賊賦)>, 『시인옥설(詩人玉屑)』 등을 고찰하고, 성균관의 도목정(都目政) 놀이를 문장 가상왕국의 실제적 근거로 추정했다.

6.9.2. 『금오신화』의 성취와 『기재기이』의 도전

　『금오신화(金鰲新話)』의 다섯 작품은 중국 전기소설(傳奇小說)의 전통을 수용하면서도 우언 글쓰기를 통해 작가의 치열한 주제의식을 가탁함으로써 한국 고소설의 이정표를 제시했다. 죽은 사람과의 사랑이나 선계·저승·용궁과 같은 별세계의 체험을 내용으로 하는 명혼전설이나 몽유전설은 『수이전』에서도 다루어졌다. 그러나 그 반어적 의미를 찾아내기 위해서 서술자가 주인공의 체험을 집요하게 추적하는 특징은 이전 필기 서사에서 성취된 적이 없다.

　예를 들면 성임(成任)이 『태평통재』에 수록한 <최치원>은 『신라수이전』을 출전으로 삼았다고 적어놓았지만 원본의 조선 초기 증보판으로 추측된다. 그보다 후대에 편찬된 『대동운부군옥』의 <선녀홍대(仙女紅袋)>가 오히려 원형에 가깝다. 이 두 이본의 핵심 내용은 중국 문헌에 전하는 <쌍녀분기(雙女墳記)>와 그대로 일치한다. 문제는 증보판 <최치원>이라고 하더라도 기이한 남녀 결연의 의미를 결국은 무상감의 표현으로 끝맺고 말았다는 점이다. 전기(傳奇)를 전기계 소설로 전환시키는 데 필요한 세계관과 갈래 의식은 분량이 크게 늘어나도 보충되지 않았다. 이에 비해 『금오신화』에서는 <최치원>의 끝 지점을 기이한 사건이 더 발전 심화되기 위한 출발점으로 삼았다고 할 수 있다.

　첫 수록 작품 <만복사저포기(萬福寺樗蒲記)>를 살펴보자. 열대여섯 살의 처녀의 몸으로 왜구에게 살해됐던 여주인공은 부처님상 앞에 나타나 스스로의 처지를 "길 이슬에 젖지 않아 뜬금없는 화를 피했다"라고 탄원했다. 이어서 부모가 딸자식이 정절을 그르치지 않은 것이 기특하다 여겨 한적한 곳에 임시 거처를 마련해 준 지 3년이 됐다고 밝혔다. 현실적으로 말하자면 그 임시 거처는 세상에서 격리된 자신의 무덤이며, 정절을 지켰다는 것은 곧 성폭력에 맞서 목숨을 버렸다는 의미이다. 세 해가 무심히 흘러버린 그 시점에서 이 여인은 세상에서 버림받은 남자 주인공과의 새 인연을 마주하고 있다.

　이 여인은 자신의 정절이 누구를 위한 정절인가에 대해 강한 의구심을 지니고 있다. 정절은 이념이 아니라 자신의 성적 주체성이라고 한다면 어떻게 해야 하는가? 처녀귀신 하씨녀와 불목하니 양생은 아무런 거리낌도 없이 만복사 후미진 골방에서 남녀의 정사를 벌였다. 그렇게 하룻밤을 보내고 새벽 동이 텄다. 여인은 양생과 손을 잡고 이슬이 흠뻑 내린 풀숲을 헤치고 자신의 거처로 갔다. 길이라고는 보이지 않는 곳이니 산 사람인 양생으로서는 의아하지 않을 수 없다. 양생이 "사는 곳이 어째 이러냐?"고 반문하자, 하씨녀는 홀로 사는 여인의 거처라서 그렇다며 농담조로 『시경』<행로(行露)>장의 첫 연(聯)을 읊었다. 전통적으로 '길 위의 이슬'은 성폭력의 이미지로 해석됐다. 처녀의 순결을 모욕하려는 남성의 폭력과 무질서한 시대의 풍속을 상징하기도 한다. 서사 주인공인 처녀는 함부로 혼인할 수 없음을 말하고 있는 것처럼 보인다. 그러나 그렇게 보는 것은 통념일 뿐이다. 처녀는 지금 농담으로 이슬을 운운하고 있다.

　이들에게 '길 위의 이슬'은 모순이자 역설이다. 그녀의 무덤은 '아름다운 성', 즉 가성(佳城)으로 미화되면서 정절의 이면을 은폐시키고 있다. 성삭 그들의 신접살림이 차려질 개녕동(開寧洞)은 전란의 와중에서 성폭력에 희생된 여인들의 공동묘지가 있는 곳이지 마을 이름과는 전혀 어울리지 않는 곳이었다. 두 남녀는 이제 기이한 만남을 더 깊은 만남으로 전환시켜야 하는 국면에 접어들었다. 이 기이한 만남을 의심의 눈초리로 보는 합리적 세계관을 어떻게 처리해야 하는가? 적어도 작중 주인공 양생에게는 절실한 문제이지만, 정작 그녀도 또한 하룻밤의 인연으로 끝날 수도 있다는 불안감을 떨쳐 버리지 못한다. 이들에게 '새벽이슬'은 더 이상 남성의 폭력성을 상징하지 않는다. 어젯밤 새로운 인연으로 만나 새벽길을 걸어온 이 신혼부부에게 이슬은 무덤처럼 봉인된 세상의 이념과 위선을 가르고 찾아온 축복이다. 실제 길 위에 이슬이 흠뻑 돋는 계절은 겨울이 다 지나갔다는 표징이다. 한나라 경전 주석의 완성자였던 정현(鄭玄, 127~200)은 <행로>장을 해석하면서 이슬은 봄의 둘째 달을 나타내며 2월은 '결혼의 달'이라고 말하고 있다.

<만복사저포기>는 <최치원>과 똑같이 명혼(冥婚) 이야기를 다루고 있지만 차이의 분기점은 이슬을 맞고 함께 걸어온 새벽 언저리의 시점이다. 이로부터 (1) 개녕동에서 사흘 머무른 후 이별잔치가 벌어지고, (2) 죽은 여인의 부모와 만남이 이루어지며, (3) 대단원의 결말을 보게 된다. 적어도 세 단계로 장면이 바뀌면서 수동적이던 남자 주인공은 결정적 변화를 지속해 나간다. 머뭇거리던 태도와 여인의 정체에 대한 의심의 눈길은 하씨녀의 이웃인 네 명의 처녀귀신들과 시회를 벌이면서 완전히 소멸된다. 하씨녀는 자신들의 만남에 감격해 하면서도 버림받지 않기를 소원한다. 그 만남이 일회적인 환상적 사건으로 그칠 것을 경계한 셈이다. 애초 비슷한 처지에 있었던 네 여인들은 이 비정상인 만남에 대해 번민과 회의와 당부의 복잡한 정서를 표현했다. 이들에 비해 이승의 남자인 양생의 태도 변화는 단호하다. 오히려 하씨녀의 경솔한 말을 탓하면서, "세세생생토록 짝이 되어 즐거움을 누리자"고 제의했다.

그러한 태도 변화와 실천 행위는 양생이 여인의 부모를 만나는 데서 극대화된다. 죽은 딸의 혼령 결혼을 액면 그대로 믿을 수 없었던 부모는 시험을 통해 그 진실성을 인정하게 된다. 여인에 대한 양생의 믿음은 이제 현실의 시공간을 개조하는 힘을 발휘한 셈이다. 양생은 부모가 믿음의 증표로 준 재산을 모두 팔아 그녀의 추모 경비에 털어 넣는다. 또한 그녀에 대한 추모가 완성됐을 때 그는 다시 장가들지 않고 현실 세계에서 종적을 감추어 버린다.

죽은 자가 먼저 말을 걸 수는 없어도 자기 주변에서 서성거리며 말을 걸어오는 자에게 예외적으로 응답할 수는 있다. 따라서 '명혼(冥婚)'은 극도의 갈등과 모순적 상황 속에서 산 자와 죽은 자가 만나게 된다는 서사적 화소(話素)가 된다. 그러나 그것은 그야말로 인연의 시작 그 이상은 아니다. <만복사저포기>에서 하씨녀는 "인연이 이미 정해졌으니 손을 맞잡자"라고 하면서 더 깊은 만남을 유도해 냈다. 이에 비해 <최치원>에서 두 여인은 하룻밤의 인연이 소진되어 감에 따라 천년의 한이 서릴 것을 극도로 슬퍼할 뿐이었다. 남주인공의 태도는 더 큰 차이를 드러냈다. 양생은 하씨녀와 영원한 '배우자'가 될 것을 다짐하는 데 비해 최치원은 기존 통념이 지배하는 일상적 삶으로 회귀해 버리고 말았다.

그렇다면 양생이 궁극적으로 도달한 지점은 무엇을 의미하는가? 그는 자기 여인이 폭력의 희생자임을 알게 됐다. 이 사실은 이전부터 알고 있었던 것이 아니다. 여인이 최초 부처상 앞에 나타나 통곡하는 글을 올릴 때도 '왜구의 침범'은 밝혔지만 '희생'은 말하지 않았고, 대신에 '정절을 지킴', '횡액을 피함', '초야에서 지냄' 등을 말하면서 자신의 죽음을 모호하게 표현했다. 그러나 알고 보면 모호한 것이 아니라 기존 통념을 따라 표현했을 뿐이다. '아름다운 성'의 위선은 그녀의 죽음에 대해서보다는 폭압에 굴하지 않았던 정절만이 중요하다. 그녀도 자신의 모순을 정확히 알지 못했으니 양생은 더 말할 것이 없었다. 이제 양생이 그녀 죽음의 비밀을 알고 난 후 그 희생을 보상할 정당한 절차를 모색하게 된다. 그것은 자신의 삶을 바치는 '추모'의 형태로 묘사되고 있다.

폭력과 희생, 그리고 추모의 구도는 작가론적 의미를 심각하게 내포하고 있다. 김시습은 <귀신(鬼神)>, <신귀설(神鬼說)> 등에서 귀신의 출현이 일시적이고 제한적이며 그 이상의 규범적 원리가 있음을 역설하고 있다. 그러나 소설에서는 윗글들에서 예외적으로나 인정했던 사람과 귀신의 잘못된 관계를 전면적으로 문제삼았다. 치세이거나 지인에게는 있을 수 없는 일이라고 하면서 부정적 현상으로 설명했던 '인심의 미혹'과 '삿된 기운'의 만남을 집요하게 추적하면서 세계관의 변화와 가치관의 대립을 총체적으로 그려냈다. 따라서 그러한 만남이 진실성을 획득하게 되면 역으로 당대가 치세도 아니고 지인도 없음을 폭로하게 된다. 합리적 세계관을 그것대로 보여주면서 이것이 실은 기존 통념이자 위선의 논리임을 알리는 일이 된다.

작가는 백성들이나 지식인들에게 강요되는 폭력과 희생을 여러 가지로 목도했다. 물론 이 점은 비단 김시습에게만 포착된 것은 아니다. 소재적인 측면에서 보면 <최치원>뿐만 아니라 조선 전기 잡록집에는 환상적인 기이한 만남을 서사화한 작품이 적지 않다. 『용천담적기』의 <채생(蔡生)>이나 <박생(朴生)>, 『태평한화골계전』의 <안륜(安倫)>, 『청파극담』의 <안륜(安撿)>, 『용재총화』의 <안생(安生)> 등이 그것이다. <만복사저포기>가 기이함의 이면을 음미함으로써 현실의 모순과 갈등을 투영하는 데 비해서 관각문인들의 사대부 일화는 귀신이야기를 '귀신 들림'으로 이해하고 부정한 세력의 축출을 통해 중세적 질서를 완성하자는 합리적 세계관으로 문제를 해결하려 든다. 따라서 설사 귀신이 나타나는 과정을 핍진하게 묘사한다 해도 그것은 '귀신소동'이라고 하는 일탈적 상황 이상이 될 수 없다.

이러한 차이는 작가들의 세계관과 밀접히 관련된다. 관각문인은 당대를 치세로 믿기 때문에 문제적 상황이 있다 하더라도 그것은 위계질서의 확립과 정통에의 복귀를 통해 수습될 수 있다고 보았다. 그들의 세계에서는 파탈은 있어도 변혁이나 반역은 없다. 파탈은 질서가 작용하는 삶의 폭을 넓혀준다는 면에서 문제적이기보다는 보완적이므로 얼마든지 포용될 수 있다. 이에 비해 방외인문인은 당대를 말세로 바라본다. 당대의 현실을 지탱해 줄 이념은 깨졌고 그 대안은 아직 마련되지 않았다. 그러한 문제적 상황이 지속되는 현실은 모순되고 위선적이다. 오직 역설을 통해 대안을 모색할 뿐이다. 여기서 기존 통념에 맞서는 세계관적 변환이 시도되고 그것은 서사문학의 새로운 글쓰기, 즉 작가 스스로 '신화(新話)'라고 명명한 소설로 구현된다.

『금오신화』의 나머지 4편은 이 같은 소설적 전환을 구현하는 데 있어 서사적 전통으로부터 더 많은 것을 혁신했다. <이생규장전(李生窺墻傳)>은 현실세계에서 혼사 장애를 극복하는 일은 거의 목숨을 걸고 이룩해야 함을 보여준다. 그렇게 성취된 부부의 결합은 다시 생사를 넘나드는 지극함으로 발전한다. 홍건적의 난에서 아내는 절개를 지키느라 죽음을 택했고, 남편은 아내의 혼령을 맞이하여 부부의 정을 확인하는 일에만 전념하며 끝내 그를 따라 죽음에 이른다. 여인이 보여준 삶의 주체성과 확고한 절개에 공감하고 그를 추모하는 서사적 역할이 남주인공에게 주어졌다. 생육신의 한 사람인 작가의 입장에서 볼 때 순절에 대한 공감과 확산을 주제로 삼았다고 할 수 있다.

<취유부벽정기(醉遊浮碧亭記)>는 역사의 문제를 다루었다는 점에서 획기적이다. 공간적 배경은 고조선 사적이 있는 평양이고 시간적 배경은 세조 초기이니 작가 당대이다. 그런데 팔월 한가위로부터 한 달간 주인공이 남모를 환상에 사로잡혀 죽음에 이른다는 줄거리여서 충격적이다. 뱃놀이를 즐기는 현세적 시간과 동떨어져 아득한 옛 사적을 기웃거리는 홍생은 역사의 이면을 음미하는 서사적 역할을 부여받았다. 역사의 이면은 옛날 기자조선(箕子朝鮮)의 왕녀 '선아(仙娥)'가 증언했던 위만(衛滿)의 찬탈에만 국한되지 않는다. 선녀와 만나기 직전에 홍생은 심지어 대동강에 수장됐던 수나라의 군사를 조문하고 매미의 울음을 제왕의 원망 섞인 넋두리라고 읊조렸다. 역사의 뒤안길로 스러진 희생자에 대한 안쓰러움과 보편적 공감대는 역사 속에서 당대의 모습을 읽고 당대의 모순을 역사 속에서 깨닫게 만드는 '조고상금(弔古傷今)'의 겹쳐보기에서 비롯됐다. 이는 환상직 만남의 액자 도입시와 같은 구실을 할 뿐 아니라 실제 기씨녀와의 문답은 이 작품의 시간적 배경인 세조조의 상황을 교묘하게 겹쳐놓고 있다. "필부의 손에 종사(宗社)를 잃었다"라든가 "조선의 왕업이 추락했다"라는 표현도 그렇거니와 왕녀가 죽음을 기다리고 있을 때 신인(神人)의 불사약을 먹고 구제된다는 설정은 단종이 청령포에서 죽음을 맞이한 후 신선이 되어갔다는 민간전승을 연상시킨다. 홍생의 최초 자질인 '불우지사(不遇之士)'는 이제 당대의 부조리를 깨닫는 예민한 선각자로 발전되는 셈이다. 그러나 그 깨달음을 실천할 공적 공간이 부재하므로 그는 비쩍 말라가는 병을 앓고 죽게 된다. 신선을 만나 시해선(尸解仙)이 됐다는 결말은 주인공이 역사의 희생자 대열에 동참하는 것 이외에 달리 할 일이 없었음을 낭만적으로 표현한 것에 지나지 않는다.

<남염부주지(南炎浮洲志)>는 더욱 이채를 띤 작품이다. 공간 배경은 오직 주인공 박생의 서실과 꿈속 남염부주로 한정되며, 서사적 내용이라고는 박생이 저승을 다녀온 후 곧바로 현실을 정리하고 죽었다는 것뿐이다. 따라서 이 작품은 실제적 삶의 갈등을 형상화하는 것이 아니라 당대적 통념과 대안적 세계관의 대결상을 우의로 삼는 데 목적이 있다. 이 작품에서 서사 구조의 핵심은 박생과 염라대왕의 토의 과정이며, 그것은 작품의 주제를 담은 우언적 장치인 셈이다. 그러나 주인공의 의식 단계와 변화 구도는 다른 작품과 다르지 않다. 박생이 평소 생각을 정리하여 지었다는 <일리론(一理論)>은 굳어있는 현실적 사유구조를 반영한다. 그것은 자신의 한계를 넘는 새로운 체험을 긍정할 수도 없고, 대립적 상황을 포괄하기도 힘든 정명론(正名論)의 글쓰기이다. 세계관적 변화의 계기는 주인공이 부정하던 염마왕을 만나 그의 모순을 발견하는 데에서 촉발된다. 염마왕은 자기의 존재 기반인 남염부주가 별세계임을 부정하면서 박생이 지녔던 이념의 정당성을 조목조목 밝혀나간다. 그것은 <일리론>의 세부 각론인 듯이 보이지만 글쓰기 태도로 말하자면 오히려 다원주의라고 부를 만한 것이다. '바른 것으로 그른 것을 제거한다'는 유가적 글쓰기와 '그른 것으로 그른 것을 제거한다'는 불가적 글쓰기를 대등한 가치로 대립시킨 것도 바로 그러한 다원주의의 이론적 기반 위에서 가능하다. 이를 통해 박생은 간신이 득세하는 현실의 부조리와 그것이 완전히 뒤집히는 염부주의 역설적 의미를 파악하고 오히려 자신의 모순을 깨달으며 염라왕의 존재에 경의를 표하게 된다. 그러나 이들의 의기투합이 현실적 대안으로 발전할 가능성은 매우 적다. 염마왕이 별세계의 존재를 부정하면서도 박생을 자신의 후계자로 세우는 또 한 번의 모순은 박생이 염마왕의 뜻을 추모한다는 의미를 지닐 때만이 해결된다. 그것은 죽어서라도 시역간흉(弑逆姦兇)의 무리를 징치하겠다는 염마왕의 서원을 박생이 계승했다는 우의를 발생시킨다. 이는 폭압의 현실 구조에 맞서는 시대의 예외자로서 고독감을 떨쳐버리지 못했던 김시습의 존재 방식을 반영하고 있다.

<용궁부연록(龍宮赴宴錄)>은 작가 김시습의 면모를 더욱 적극적으로 반영하고 있다. 우선 주인공 한생은 서두에 제시되어 있는 박연폭포와 같은 존재이다. 그는 젊어서부터 글을 잘 지어 조정에 이름이 알려지고 문사로서 명성이 높았지만 내면의 능력은 진정으로 알려지지 않은 채로 남아있다. 그것은 구경거리로만 삼고 한갓 격식으로 제사나 지내주는 박연폭포와 다를 바 없다. 깊이를 알 수 없는 폭포 안의 세계에서 주인공이 자신의 능력을 발휘하는 것은 누구에게 말하기 어려운 자기 점검이자 연민이다. 이는 <남염부주지>와 좋은 대조를 이룬다. 한생은 박생 같은 강개지사이자 논객이기보다는 글솜씨가 뛰어난 문사이다. 그는 사태의 진실을 파악하기보다는 자기 내면적 욕망이 투영된 용궁에서 회고적 감상에 빠진다. <남염부주지>에는 시가 한 편도 없었던 데 비해서 이 작품은 시의 활용도가 제일 높다. 또 보조인물로 등장하는 게와 거북이에 대한 묘사에서는 가전(假傳)의 전통을 수용하기도 했다. 작가의 입장에서도 이를 통해 문학적 능력을 최대한 발휘한 셈이다. 그러나 그러한 문학적 수식이 빚어내는 용궁 잔치의 흥청거림은 예외 없이 끝에 가서는 인생의 덧없음을 나타내는 애상으로 변질된다. 용궁에 대한 세부 묘사는 세종의 어선에서 경험했을 법한 작가의 추억을 비의했을 가능성이 충분하지만, 그럼에도 불구하고 젊은 시절의 자부심은 덧없는 추억거리가 될 뿐이다. 작품에서 주인공에게 준 용왕의 신표는 이제 가슴 한켠에 묻어두고 영원히 비밀에 부칠 일이었다. 이 작품은 작가 자신에 대한 연민이자 시대의 희생자를 추모하는 또 다른 형태의 자서전이다. 몽유록과 같은 자기서사의 우언계 소설에 근접했다고 할 수 있다.

신광한(申光漢)은 1533년(중종28), 나이 50세 때『기재기이(企齋紀異)』를 지었다. 작품 네 편 가운데 하나인 <서재야회록>에서 창작연대를 작품 속에 암시해 놓아서 추정이 가능하다. 그가 기묘사림으로 몰려 경기도 여주에 은거한 지 12년 되던 해이다. 작품 내용으로나 간행할 때의 문인들의 발문으로나『금오신화』의 성취에 도전하고자 하는 문인 의식이 작용했다고 보인다.『금오신화』는 전기(傳奇)의 전통을 우언 글쓰기로 혁신하여 소설을 만

들었다면, 『기재기이』는 우언(寓言)의 전통을 확대하고 전기(傳奇)의 방식을 가미하여 소설을 만들었다. 『금오신화』는 서사 그 자체에 우의가 내장되어 있는 데 비해서 『기재기이』는 액자 구조에 의한 가상적 서사의 중층성 때문에 우의가 형성된다.

<안빙몽유록(安憑夢遊錄)>은 '안빙(安憑)'이라는 은자의 꿈 이야기이다. 그는 과거시험 첫 번째 관문에 막혀 가난하게 지내는 선비이다. 그는 정원 나무에 '편히 기대어' 있다가 꿈속 세계에 들어가 화훼 왕국을 관찰하게 됐다. 그곳은 선대왕이 후사가 없어 여러 신하의 공화(共和)를 거쳐 옹립된 모란 여왕이 다스리는 나라였다. 그는 왕권의 태생적 한계를 지녔기에 유독 자신의 치세를 누차 강조할 만큼 강박증에 시달리며 자신의 약점이 언급될 때면 민감하게 반응한다. 마침 안빙을 포함하여 여러 내외빈이 초청되어 궁중에서 시회(詩會)를 베풀려는 시점이었다. 그러나 잔치의 참여자들은 자리다툼 때문에 설전을 벌이고, 농담과 희롱 때문에 사이가 틀어진다. 오얏꽃과 복숭아꽃의 정령이자 전한(前漢)의 이부인과 반첩여의 형상으로 그려진 왕의 후궁, 솔·대·국화의 정령인 거친 성격의 은자, 매화와 연꽃의 정령인 여성스러운 고사(高士) 등은 서로 화합될 수 없는 군상들이었다. 결국 소통 부재의 상황만 연출하고 잔치는 파국을 맞이한다. "각자 지키는 것이 있어 그를 빼앗을 수 없다"고 하면서 자리를 박차고 일어났던 수양처사와 동리은일의 발언은 식물의 속성이자 그 자리에 참석한 군신들의 공통된 성향이었다.

꿈속 인물들의 모습은 안빙이 꿈에서 깨어나 자신의 정원에 배치된 식물 군상으로 모두 환유된다. 그러나 그들이 공화국과 같은 정치 체제하에서 여러 갈등을 드러내는 모습은 궁극적으로는 작가의 현실세계를 우의함으로써 의미를 지닌다. 중종이 연산군의 반정 세력에 의해 옹립되어서 정통성을 확보하기 위해 사림파를 중용하였지만, 권신과 사림 혹은 사장파와 사림파의 여러 가지 대립 분열상을 조정하는 데 실패했던 모습이 상징적으로 묘사되고 있다. 그 가운데 출사와 은둔에 관계되는 행동 양식이 식물의 정령들에

게서 유형화되어 나타난다는 점은 중요하다. 그들은 특정 식물의 자연적 특성을 단순히 의인화한 것은 아니다. 역사 인물의 형상이 함께 투영되어 있어 꿈속 왕국에서 유형적 성격과 행위를 보였다. <화왕계>에서처럼 모란여왕의 통치 공간이 조성되어 있으면서도 폐신(嬖臣)과 야인(野人) 사이에서 갈등했던 모습이 이 작품에서는 좀 더 정교하게 묘사되었다.

그러나 안빙은 자기 정원에 꽃나무들이 심어진 위치를 통해 꿈속의 이상한 나라를 이해하고 만다. 더구나 서재의 휘장을 내리고 독서에 전념하면서 다시는 정원을 돌아보지 않았다는 것으로 작품을 마감했다. 여기서 그 '정원'은 단순히 은자의 정원만은 아닐 것이다. 좌고우면하고 있는 임금의 정원, 즉 조정(朝廷)을 환유하고 있다. 작가의 입장에서는 당분간 자의반 타의반 은거는 계속될 수밖에 없는 상황을 그것대로 인정하되, 언젠가는 사대부 사회의 소통이 이루어질 수 있으리라는 막연한 희망을 걸었을 것이다. 육두품 출신의 설총은 자신의 처지를 야인 백두옹에게 투사하여 신문왕으로부터 국학 설립의 책임자로 발탁되는 정치적 우의의 실현을 이루어냈다. 이에 비하면 작가 신광한은 자신의 혁혁한 가문과 사림파적 지향 사이에서 너무도 복잡한 상황에 치해있었다.

<서재야회록(書齋夜會錄)>은 어떤 사부(士夫)의 서재에서 벌어진 밤 모임에 관한 이야기이다. 주인공은 세상에서 배척당해서 궁색하게 지내면서도 뜻이 커서 두문불출하며 서책이나 즐기는 위인이다. 성명도 생략하고 적지 않는다고 하고 삼인칭 서사 시점을 유지해서 자전(自傳)의 전통을 활용했다. 그런데 문방사우의 정령들이 밤중에 주인공의 서재에서 수상한 모임을 벌이는 것을 엿보고는 서로 만나 정체를 확인해 나가다가 평생의 벗이 되었다는 것이 서사의 주요 내용이다. 우선 주인공은 고양씨(高陽氏)의 후예라고 자신을 소개하면서 고령 신씨의 가문을 암시하고 한편으로 쫓겨난 신하의 대명사인 굴원의 <이소>를 연상시켰다. 또 수신 위주의 학문 넉분에 구사일생으로 역경에서 빠져나와 가까운 벗들에게 버림받고 가문으로부터 꾸지람을 들었다고 했다. 결국 주인공 '사부'는 벼슬한 경험이 있는 유

가적 지식인을 뜻하며, 기묘사림으로 몰려 은거한 작가의 분신임은 물론이다. 문방사우의 정령들도 버림을 받은 처지에 있는 것은 동일하다. 주인공을 포함하여 이들 4인은 상호 정체를 알아가면서 학문에 대한 자부, 불우한 처지에 대한 공감대를 넓혀 나갔다. 주인공은 날이 밝아서야 잠자리에서 그들의 정체를 깨닫고 자신이 쓰다 버린 문방사우를 확인하기에 이른다. 장독 뚜껑을 덮어두었던 종이에 나머지 세 물건을 싸고 으슥한 곳에 묻으면서 제문을 길게 지어 추모했다. 붕우의 믿음은 모든 관계와 덕목의 바탕이 되는데 세상이 타락하여 큰 도리가 막히고 만남의 이유가 사라져 이끗만이 지배한다고 비판했다. 네 벗이 자신과 평생의 사귐을 맺고 세상을 논했으니 사람들이 사물만 못해서 되겠냐고 반문했다. 문방사우의 정령들이 그날 밤 꿈에 나타나 주인공의 수명이 40년이나 더 연장될 것임을 알렸다는 것으로 작품이 마무리된다.

　작가는 가계적으로 신숙주의 손자이고 김안로의 처조카이면서도 기묘사화에 연루된 이후 사림파의 처사적 생활태도로 일관하면서 각성의 시간을 가졌다. 쓰임을 다한 문방사우를 추모함은 기묘사화의 원인인 소통 부재가 결국 사대부 사회의 공통된 믿음이 부재하기 때문이라는 점을 냉철하게 비판하고 있는 셈이다. 그럼에도 불구하고 자신의 불우함을 견뎌내면서 깨어진 도리의 회복을 희망하는 듯한 여운을 남겼다.

　한편 <최생우진기(崔生遇眞記)>와 <하생기우록(何生奇遇錄)>은 앞의 두 작품과는 서사 방식이 다르다. 앞의 작품들은 작가의 대리자인 주인공의 소유물에 인격을 부여하는 가상적 사건이 서사의 핵심이어서 우언 글쓰기를 위주로 했다면, 이 작품들은 제3의 인물인 주인공의 신이한 체험이 서사의 핵심이어서 전기(傳奇)의 전통을 적극적으로 활용했다. 그 점에서 이 작품들은 전기계 소설의 영향력에 이끌려 있으며, 그것을 기준점으로 삼으면 『금오신화』의 아류로서 소설이 되다가 만 이상한 작품으로 평가되기도 한다. 그러나 『금오신화』의 <용궁부연록>이나 <만복사저포기>와 유사한 구조를 지녔지만 반어, 모순, 역설의 미감을 위주로 하는 우언계 소설의 특징이 중요하게 드러나 있다. 서사가 작품의 주제의식을 담은 우의를 배치하기 위한 장치로서 기능하기 때문에 작위적이며 어색한 부분이 발생하지만 오히려 독자는 그로 인해 우의를 보충하여 작품을 읽게 된다. 다양하게 전개된 서사문학사의 전통 속에서 그 자체의 실험 의식과 주제적 의미를 평가해야 마땅하다.

<최생우진기>는 최생이 진인들을 만났다는 이야기의 기록이다. 서사의 핵심은 최생의 체험담이지만 작품의 기술은 몇 겹의 액자 구조를 지니고 있어 함께 살펴야 한다. 진인들의 세계는 세속에서 알 수 없는 공간이다. 그곳의 진실은 주인공의 이야기를 통해 알려지는데 최생은 두타산 꼭대기 절벽 위에서 추락하여 실종됐다. 최생이 진실을 알기 위해 용궁에 찾아들어가 용왕을 만나는 과정을 핵심 서사로 삼되, 그의 친구인 증공선사가 최생을 잃었다가 다시 만나 진실을 듣고 그것을 세상에 알리는 과정이 모두 탐색담의 구조를 띠고 있다. 환상과 현실을 넘나드는 최생, 최생과 깊이 사귀었던 증공, 증공의 이야기를 듣는 주변의 승려, 그리고 서술자가 몇 겹의 액자를 구성하고 있다. 그뿐만 아니라 진실을 전달하는 데 있어 결정적 증인 역할을 하는 증공은 주변으로부터 도무지 신뢰할 수 없는 화자로 그려지고 있다. 이와 같이 진실 전달의 과정이 여러 겹으로 지연 구조를 이루고 있는 것이 이 작품의 결정적 특징이 된다.

그렇다면 탐색을 거듭해 나갔던 그 진실의 내용은 무엇인가? 그 핵심은 최생이 두타산 용추폭포로 들어가 용왕이 베푼 유불도선(儒佛道仙)의 진기한 모임에서 겪은 이야기이다. 그런데 용왕을 만나는 장면은 마치 『장자』 「도척」편에서 공자가 도척을 만나는 광경을 연상시킨다. 최생이 모임을 찬양하는 <용궁회진시(龍宮會眞詩)> 30운을 단숨에 지어 바치자 용왕은 그 가운데 한 구절을 거론했다. 홍수와 가뭄을 하늘의 운수로 돌리는 아첨꾼의 유자들과, 그를 살피지 못하여 하늘로부터 버림받은 당시의 임금들 때문에 세상의 교화와 도덕이 쇠미해지고 민생이 답답하게 됐다고 신랄하게 비판했다. 최치원의 화신인 동선(洞仙)도 그러한 뜻에 동의하면서 인간 세상을

내려다보고 싶지 않다고 하면서도 자신의 옛 고향 땅을 그리워했다. 최생은 증공을 하루아침에 배신하게 된 것을 부담으로 여기고 인간 세상에 잠시 돌아가기를 원하자 동선은 은근히 당부의 말을 건넸다. 배워서 가능한 요순 임금을 공부해야 하며, 분수에도 없는 신선이 되고자 해서는 안 된다는 인식을 나타냈다. 천자로서 만세의 웃음거리가 된 진시황과 한무제는 그런 일로 천하를 번거롭게 만들었으니 그들의 이름을 따서 시호를 '포정(暴政)'과 '우철(愚徹)'이라 할 만하다고 풍자했다. 최생은 증공에게 이러한 진실을 누설하지 말라고 하면서 이야기를 들려주었지만, 증공은 최생이 입산하여 떠나간 뒤 이 일을 자주 이야기했다고 하면서 작품을 마무리지었다.

서술자는 최생의 체험담을 기술하는 존재이다. 증공으로부터 전해 들었고 그 이야기의 진실성은 담보할 수 없다. 이는 현실 정치에서 작가의 처지와 태도를 그대로 반영하고 있다. 신광한은 임금과 신하와 백성의 관계에 대해 나름대로 진실을 간파하고 있지만, 그것을 드러내는 데에는 지연될 수밖에 없는 정치적 구조 속에 얽혀 있는 것이다. 그렇다고 하더라도 유가의 도리, 요순 임금의 정치 철학만은 타락한 현실의 회복 가능성과 함께 저버릴 수 없다. 이는 「용궁부연록」의 애상적 허무감 혹은 추모의식과 반대되는 정서이다. 이는 작가가 신이한 이야기에 접근하는 태도가 어떠한 것인지 잘 보여준다. 신이한 세계는 실제적 삶을 투영하기 위한 것이기보다는 타락과 회복, 현실과 당위를 함께 고려하기 위한 지연과 유보의 사유 공간이다.

<하생기우록>은 하생의 기이한 인연에 관한 이야기이다. 명혼(冥婚) 이야기를 근간으로 하면서도 액땜 이야기의 도액(度厄) 화소를 가미하면서 모든 갈등이 화해에 이르는 과정을 그렸다. 주인공 하생은 명문가의 여인과 혼인하고 입신양명까지 이루었으니 세속적 공명주의를 표면적 주제로 삼았다. 반면에 그 주제를 뒷받침하고 있는 근거는 애초 최생의 일생을 예언했던 『주역』의 점괘 '명이지가인(明夷之家人)'이다. 이는 최생의 기이한 만남뿐만 아니라 그로부터 파생되는 주변 사람들의 생애까지 예언하는 묵시록적 구실을 한다. 이 점괘는 지화(地火) 명이괘(䷣)에서 풍화(風火) 가인괘

(䷝)로 옮겨가는 괘상이다. 명이괘의 다섯 번째, 여섯 번째 음효가 변하여 양효가 됨으로써 가인괘로 변화됨을 나타낸다. 여기서 명이는 현재의 상황을, 가인은 미래의 상황을 암시한다. 명이괘는 전통적으로 밝음이 땅속으로 들어가는 암흑의 시대를 상징해 왔다. 혼암 군주가 위에 있어서 현명한 인재들이 재앙을 당하는 불길한 상황을 상징한다. 작품에서는 여인의 아버지가 저지른 죄악, 그로 인한 아들들의 희생, 여인의 중음신(中陰神)적 상황, 불공정으로 인한 하생의 과거 낙방 등이 사회적 모순으로 구체화되어 있어 그러한 상징을 우의로 전환하고 있다. 이에 비해 가인괘로 변화하는 데 있어 근원이 되는 상구(上九)효, 구오(九五)효는 신뢰와 위엄이 조화를 이루고 가장이 가족 구성원을 감화시키면 길하다는 것을 예언한다. 여기서 가문은 국가의 표상이다. <가인 구오효>의 단사(彖辭)에서 '왕(王)'을 주체로 언급한 것은 가문이나 국가의 대표자 혹은 통치자를 통틀어 지칭한 것이다. 이러한 점괘의 변화 상징은 하생과 여인의 시련과 통과제의를 거치는 서사를 통해서 완벽하게 성취된다. 하생이 자기 운명을 향해 나아감으로써 여인은 이승과 저승의 갈림길에서 벗어났고, 여인의 부친은 고관으로서 애초 많은 사람을 상하게 했던 과오에도 불구하고 무고한 사람을 살리고 신분이 미천한 하생을 사위로 인정하여 '불충부자(不忠不慈)'의 혐의를 떨쳐버렸다. 더구나 하생 부부가 '적선(積善)'과 '여경(餘慶)'이라는 두 아들을 두어 모두 현달했다는 대단원을 맞이한 것은 완벽한 화해가 이루어졌음을 보여 준다. 그것은 믿음과 위엄이라는 가장의 덕목이 국가 경영에도 그대로 적용된다는 암시이다. 『금오신화』가 폭력과 희생 그리고 추모의 구도를 통해 방외인문학의 비판적 특성을 나타냈다면, 이 작품은 폭력과 희생을 신의의 윤리를 통해 해결해야 한다는 사림파문학의 낙관론적 현실관을 우의했다.

≪금오신화≫의 작품론은 윤주필, 『한국의 방외인 문학』, 앞의 책, 333~349면; ≪시경≫ <행로>장에 대한 해석은 윤주필, 「수수께끼의 계기와 기능(1)」, 『문헌과 해석』 73

(문헌과해석사, 1015) 107~111면 참조. ≪기재기이≫ 작품론은 김근태, 『한국 고소설의 서술방식 연구』(집문당, 2000) 130~140면; 조동일, 『한국문학통사 2』(지식산업사, 2005. 4판) 477~478; 498면; 엄기영, 『16세기 한문소설 연구』, 앞의 책, 11~188면 참조. ≪금오신화≫와 ≪기재기이≫의 비교 논의는 윤채근, 『소설적 주체, 그 탄생과 전변』(월인, 1999) 123~365면; 「중세 동아시아 소설에 나타나는 방황과 미로의 유형들과 그 의미」, 『한문학논집』 21(근역한문학회, 2003) 105~123면 참조.

6.9.3. 우언문학사를 통해 본 16세기 소설사

16세기는 고소설사에 있어 다소 침체된 시기로 인식되어 왔으나 연구 시각을 바꿀 필요가 있다. 16세기 침체론은 대개 15세기 『금오신화』라는 고소설사의 이정표와 17세기 본격적인 소설시대의 도래라는 뚜렷한 문학사적 표지 사이에서 상응할 만한 걸출한 작품이 별로 없다는 인식에 뿌리를 두고 있다. 그러나 16세기 문학담당층의 성격을 고려한다면 그들이 산출한 소설 작품을 달리 해석해야 마땅하다. 훈구파들과 사림파의 정권 교체에 따른 정치 이념 내지 문학 인식의 충돌은 사대부 사회를 격동시켰으며 그들에게 시련과 기회를 동시에 안겨주었다. 그로부터 사대부문학의 사조는 본격적인 분화 단계에 이르렀고 이는 서사문학에 있어서도 질적인 전환을 가져왔다. 그러한 문학사적 변화의 핵심에 우언계 소설이 위치하고 있으며 16세기 소설사에 대한 새로운 인식을 위해서도 이 점은 중요하게 다루어지지 않을 수 없다.

16세기는 연산군 치세하에서 시작되었다. 성현은 이 시기에 『용재총화』라는 잡록집과 함께 『부휴자담론』이라는 특이한 우언집을 지었던 것으로 추정된다. 그는 이미 노성한 대신으로서 연산조에서 지중추부사, 한성부판윤, 양관대제학, 대사헌을 역임했다. 이 저술은 비록 강한 교술적 주제 의식으로 인하여 16세기 소설사와 직접적으로 연관되는 것은 아니지만, 주제적 양식에 있어 서사와 의론을 결합시키는 다양한 방법론을 실험했다는 의의가 특출하다.

한편 1511년(중종6) 채수의 <설공찬전> 파동은 진술 방식의 문제보다는 내용의 환상성으로 인해 벌어졌다. 공식적, 주제적 언어가 될 수 없는 '근거 없는 말' 이른바 불경지사(不經之辭)가 논란의 중심이었다. 그것은 문인이 문장력을 과시하고 싶은 욕구에서 비롯된 것이라든가 잡록류에 흔히 끼어 들어가는 기이한 목격담의 진술이라고 변명하더라도 때로는 만만치 않은 파장을 불러일으킬 수 있음을 보여준 사건이었다. 환상은 기본적으로 상상 체계를 구성하는 한 방식이며, 현실과의 관련 여하에 따라 얼마든지 가상적 요소로 변화되어 우의적으로 해석될 여지를 지닐 수 있기 때문이다. <설공찬전>은 작가의 사위인 김안로의 『용천담적기』에 비추어보더라도 작가의 실제 체험담에 기초하여 지은 것일 가능성이 농후하다. 그렇지만 작품 안에 이승과 저승의 지위가 완전히 뒤바뀐다는 윤회화복의 말을 담고 있어서 읽는 사람에 따라서는 체제 전복의 위험한 상상을 불러일으킬 수도 있고, 다양한 현실적 의미를 부여할 수도 있다.

그 한 예로서 양(梁) 태조 주전충(朱全忠)이 당나라를 반역한 죄로 지옥에 있다거나 여인네가 글을 알면 서승에서 소임을 맡아 편하게 지낼 수 있다거나 하는 환상적 내용이 설공찬의 저승 목격담으로 이야기되고 있다. 이는 근거 없는 하찮은 이야기라고 치부하면 그만일 것 같지만, 오히려 그러한 무심함을 빌미 삼아 국문본으로까지 번역하여 향유층을 넓혀갔다고 할 때는 문제가 심각해진다. 오히려 김시습의 <남염부주지>에서는 그 같은 전복의 서사를 치밀하게 전개해나갔지만, 한문 소설이어서 설공찬의 무심한 환상담보다 파급효과는 덜 했을 것이다. 『용천담적기』의 <박생>도 또한 현실 정치에 대한 풍자성이 더 직접적이지만 지식인 사회에서 한정된 범위로 유통되었기 때문에 무사히 넘어갔다. <설공찬전>을 반드시 우언계 소설에 편입시키지는 않더라도 현실의 위계질서를 진도시키는 내용을 포함하는 소설에서는 우언적 독해가 가능하다는 점에서 함께 논의될 수 있다.

1529년(중종24) 심의는 '우마주(牛馬走)'라는 1인칭 시점의 서술자를 내세워 <기몽>을 창작했다. 1531년(중종26) 이항은 금고되어 있는 상황에서 '낙서거사'라는 필명으로 <오륜전전> 번안소설을 국문과 한문으로 썼다. 또 1533년(중종28)에 신광한은 15년가량의 오랜 은거 기간에 『기재기이』 4편을 지어 우언계 소설에 새로운 지평을 열었다. 모두가 중종 연간에 진행되었던 훈구파와 사림파의 충돌이나 권신간의 권력투쟁의 상황 속에서 만들어진 작품이라는 공통점이 있다. 이들은 16세기 사대부 작가들의 소설적 지향을 정초해 놓았다. 특히 15세기 『금오신화』의 성취와 대비해 볼 때 그러한 특성은 분명하게 드러난다. 김시습은 다섯 작품의 배열을 상당히 의도적으로 했다고 여겨지는데, 그것은 전기계 소설로부터 우언계 소설까지의 편차를 보이고 있다. 이에 비해 중종조의 작가들은 우언적 골격 위에 전기적 요소를 결합시켰다. 특히 신광한의 네 작품은 몽유록, 가전체, 탐색담, 애정담의 배치를 통해 우언계 소설로부터 전기계 소설까지의 영역을 포괄하고 있다. 그뿐만 아니라 현실과 환상 세계의 대결적 국면이 『금오신화』에서는 화해 불가능의 파국으로 끝나는 데 비해서 『기재기이』에서는 대결을 대단원의 화해로 마무리 짓고 있다. 이러한 측면에서 보자면 『기재기이』의 전기적 속성은 그만큼 약화되어 있다. 환상 세계의 기이함이 현실과 연결됨으로써 이 작품집은 기이함의 미의식에 사로잡히지 않고 오히려 현실의 가상적 의미를 획득하게 된다. 작가는 은거를 통해 도리의 실현과 훗날에 대한 희망을 버리지 않고 있음을 작품 속에 투영시키고 있다.

한편 김시습의 열렬한 숭배자였던 윤춘년(尹春年)은 명종 연간(1546~1567)에 『전등신화구해(剪燈新話句解)』를 세 차례나 증보 간행했다. 윤춘년 편집의 조선판본 『금오신화』도 이 무렵에 출판됐을 가능성이 크다. 그가 국가의 도서 편찬과 간행 부서인 교서관의 책임자를 여러 차례 맡았었기에 가능한 일이었다. 그런데 흥미롭게도 『기재기이』 또한 비슷한 시기에 간행됐다. 1553년(명종 8년) 신광한이 좌찬성으로서 교서관의 책임을 겸직하고 있을 때 그의 문인이자 부서의 실무자였던 신호(申濩)와 조완벽(趙完璧)에 의해 출간되었다. 이들도 스승의 작품이라는 점을 혐의스럽게 여기고 발문에서 피혐(避嫌)의 논리를 밝히는 한편으로 이 작품집을 기존의 소설과는 차별화시켜 간행의 명분으로 내세우고 있다. 우선 작가의 문장에서 유희적 필치 때문에 의도하지 않은 가운데 저절로 기이하게 됐다고 했다. 또 인륜을 붙들어 세워 유교의 가르침에 많은 공이 있어 보통의 소설들과는 동일한 차원에서 말할 수 없다고 했다. 이는 문인이자 출판자의 평가를 통해 작품의 창작 의도를 간접적으로 나타낸 것이라 보아도 무방할 것이다. 작가는 굳이 전기계 소설이 추구하는 기이함을 탐닉하지 않으면서도 가상의 상상 체계를 통해 이상과 현실의 갈등을 신의를 매개로 화해시키고자 우언 소설을 만들었다는 말이다. 이러한 의식은 김시습의 소설관과 좋은 대비를 이룬다. 김시습은 <전등신화>를 읽고 충격에 빠져 독후감 대신에 긴 고시 <제전등신화후(題剪燈新話後)>를 지었다. 그는 문학의 교훈적 기능을 인정하기는 했지만 재미와 감동을 앞세우고 골계와 유희의 미감을 긍정하면서 다양한 문체가 어우러진 반유가적 서사문학의 전통에 깊이 매료됐다. 또 자신의 충격을 글쓰기 실천에 옮기면서 <제금오신화(題金鰲新話)> 2수로 자신의 뜻을 밝혔다. 그는 치세를 빛내주는 옥당의 글쓰기에 마음이 없다고 하면서 '기이한 이야기', '세상에서 보지 못한 글'을 애써 추구한다고 했다.

16세기 중반에는 『금오신화』와 『기재기이』로 대표되는 두 소설집이 윤춘년과 신호라는 서로 다른 추종자에 의해 출간되는 진풍경을 연출했던 것이다. 그러나 그 어느 것도 <설공찬전>이나 <오륜전전>(혹은 오륜전형제전)과 같이 국문으로까지 번역이 되어 많은 독자들의 탐독 대상이 되지는 못했다는 점도 눈여겨볼 필요가 있다. 내용이 환상적이냐 우의적이냐에 상관없이 더 많은 계층이 공감하는 일상의 비근한 상상력을 어떻게 확보하느냐에 소설시대 실현의 조건이 달려 있었다.

반면 16세기 후반은 우언소설이 본격화된 시기라 할 수 있다. 김우옹이 1566년(명종21, 27세)에 <천군전>을, 임제가 1583년(선조16, 35세)에 <수성지>를 창작했다. <원생몽유록>, <유여매쟁춘>도 임제의 작품으로 추정된다. <화사>는 오늘날 전해지는 이본의 대부분은 조선 후기 작품으로 판단되지만, 또한 그 대부분이 임제를 작자로 비정하고 있다. 전기우언, 몽유록, 쟁변우언, 가상왕국의 서사에 이르기까지 여러 단계의 우언 양식이 그에 의해 실험됐다고 할 수 있다. 실제로 그의 대표작인 <수성지>는 이 같은 여러 우언 양식을 적절히 활용하여 우언계 소설의 명편을 일구어낸 결과물이라고 평가된다.

16세기 소설사에 대한 반성과 새로운 인식에 대해서는 민족문학사연구소 고전소설사 연구반 엮음, 『묻혀진 문학사의 복원 - 16세기 소설사』(소명출판, 2007) 참고. 본 항의 주제와 관련해서 윤주필, 「우언문학사와 초기소설의 관련 양상」, 한국고소설학회 편, 『다시 보는 고소설사』, 앞의 책, 59~64면 참조. 윤춘년이 간행한 『금오신화』는 현재 중국 대련도서관에 소장되어 있다. 발굴 경위와 일본 간행본 비교는 최용철, 『금오신화의 판본』(국학자료원, 2003); 「≪전등신화≫ 주석본과 ≪금오신화≫ 비평본의 전파와 회귀」, 『민족문화연구』 66(고려대 민족문화연구원, 2015) 339~407면 참조.

6.9.4. 우언계 소설의 정착과 성취

임제(林悌)의 <원생몽유록(元生夢遊錄)>은 원자허(元子虛)라는 가상적 인물의 꿈 이야기이다. 꿈의 내용이 단종의 폐위와 관련된 것이니 원자허를 두고 생육신의 하나인 '원호(元昊)' 등의 실존 인물을 연상할 수도 있지만, 기본적으로는 역사적 모순에 대해 강개한 의식을 지닌 방외인적 지식인을 상징한다는 점에서 가상 인물의 역할을 부여받고 있다. '자허'라는 명칭 자체가 원래부터 가공적 인물의 대명사이기 때문이다. 또 원자허 이후로 꿈속 세계를 안내하는 사람이나 꿈속의 인물들은 고유 명사 대신에 묘사적 명칭을 부여받을 뿐이다. 심지어 자허가 깨어나서 자신이 목격한 몽중사를 전하자 그에 대해 평론을 전개하는 인물조차 상징적 이름만이 소개된다. 그뿐만 아니라 몽유의 공간적 배경은 이중적으로 묘사되어 있다. 자허는 지레 그곳을 장사(長沙)의 강 언덕이라고 여긴다. 왕처럼 생긴 사람은 초의제(楚義帝)의 사적을 슬프게 노래한다. 왕 앞에 자리한 다섯 신하는 침강(郴江)을 언급하기도 하지만 집현전(集賢殿)의 사적을 회고하기도 한다.

그러나 마지막에 나타나는 무인까지 포함하여 여섯 신하의 노래는 그들 자신의 정서를 읊은 것이 아니라 육신(六臣)에 대한 후대의 추모와 평가, 즉 남효온의 <육신전> 내용을 복화술처럼 토로하고 있다. 또한 자허를 꿈속 세계로 안내하고 산 사람과 죽은 사람을 연계해 주는 폭건자(幅巾者)의 노래도 그 자신의 정서는 아니다. 후대인의 추모와 평가가 가탁된 점은 육신의 경우와 다르지 않다. 남효온이 과거를 포기하고 평생 포의로 지냈던 특징적 면모를 잡아 그처럼 이름 짓고 사육신의 사적을 후대에 전달한 공로를 작품 안에 녹여냈다. 그 위에다 남효온의 개인사에 대한 공감의식을 포개놓은 것이다.

원자허는 원호라는 특정인뿐만 아니라 사육신에 가해진 폭압의 정치현실과 그들의 충절을 기리는 강개한 선비를 폭넓게 상징한다. 또 원자허의 몽유 공간은 김종직이 <조의제문>에서 배경으로 삼은 전국시대 초나라의 사적과 조선 세조조 초년의 정국 위에다가 그 이면의 역사를 기억하는 문제적 지식인의 당대 상황까지도 덧보태고 있다. 원자허가 몽중세계에서 벗어나 해월거사(海月居士)의 공감과 논평을 접한 것은 작품 외적 상황에 해당되지만, 우의적으로 보면 주제 의식의 최종 결론에 해당된다. 이 논평자는 묘하게도 생육신의 대표적 인물인 '매월당 김시습'의 명의를 연상시키지만 남효온보다도 더 국외적 위치에 있으므로 원자허의 경우와 마찬가지로 가공적 존재이다. 그는 역사의 원리에 대해서 회의한다. 유가의 전통적 이념이라 할 '상고(尙古)' 정신을 뒤집은 '조고(弔古)' 의식에는 어떠한 원리가 숨어 있는가? 실제 역사에서는 명분과 의리가 시운과 세력에 의해 무참히 짓밟히는 일이 빈번하게 발생하는 현상에 주목한다고 할 때 이념과 현실의 불일치는 모순 그 자체이다. 해월거사는 현재적 역사의 변경 가능성을 저울질하는 과정에서 그러한 모순을 극복하고자 하는 철학적 전망이 한계에 봉착하고 만다는 점을 솔직하게 드러냈다.

<원생몽유록>은 정권 찬탈과 같은 아픈 역사의 기억을 다루고 있다는 점에서 김시습의 <취유부벽정기>의 문제의식을 계승했다. 또 몽유의 가상적 서사를 활용해서 중층의 우의적 구조를 만들었다는 측면에서는 심의의 <기몽>에서 이룩한 몽유록 양식을 진일보시켰다. 그런데 당대 역사를 거론하고 그로부터 역사적 우의를 다각도로 음미하게끔 배려해서 우언계 소설의 정착을 앞당겼다고 평가할 수 있다. 이 작품 이후의 몽유록 양식은 역사적 고통과 난관에 처할 때마다 사유 도구로서 재생되곤 했다. 임진왜란과 병자호란의 충격과 원인을 표현하고자 할 때는 물론이고 개화기에 외세와 중세적 가치가 역사적 질곡으로 작용할 때 몽유록 소설이 성행했던 이유이다.

한편 김우옹의 <천군전>과 임제의 <수성지>는 여러모로 대비되는 문제작이다. 이들은 마음을 하나의 국가이자 전쟁터로 우의화하면서 죽느냐 사느냐의 싸움을 거쳐서야 마음의 나라가 비로소 평화를 얻는다는 서사 과정을 그려냈다. 사물 의인을 통해 인간사를 가탁했던 전기우언의 전통을 수용하면서도 성리학적 수양론을 허구적 서사화의 대상으로 삼았다는 공통점이 있다. 그러나 이 두 작품 사이의 차이점도 크다. <천군전>은 오만과 나태라는 심리 내부의 적 때문에, <수성지>는 역사적 모순이라고 하는 마음 외부의 갈등 때문에 싸움이 벌어졌다. 또 그 해결 방법에 있어서도 <천군전>은 성리학적 개념인 공경(恭敬)과 의리(義理)라는 추상적 이념을 심리 내부의 방어자로 내세움으로써, <수성지>는 음주라는 외부 기제를 통해서 사건의 심각성을 무너뜨려 각각 마음의 전쟁에서 승리했다.

그러나 <수성지>를 자세히 읽어 보면 <천군전>의 서사를 초반부에 이미 포함하고 있다. <수성지>의 서사 단위로 보자면 강충(降充) 원년~2년에 걸쳐 심성 왕국의 혼란과 해결이 한 차례 진행되어 심리적 평화를 유지한다. 그러나 성리학적 수양론으로 설명하기 어려운 역사적 갈등이 닥쳐오자 문학적 감상주의와 함께 더 심한 혼란이 닥쳐와서 해결방법을 찾지 못한다.

이를 복초(復初) 원년의 상황으로 묘사했다. 이처럼 갈등의 서사가 성리학적 회복이 이루어진 '복초'의 시절에 다시금 진행된다는 점은 <원생몽유록>에서 문제시됐던 이념과 현실의 모순을 원론적으로 제기하고 있다. 초회왕과 굴원이 웅거하고 있는 '근심의 성'은 애초 천군의 통치 영역과는 별개로 끼어들어 온 환상 공간이다. 천군은 붓의 의인화인 관성자(管城子)를 대동하고 그곳으로 나아가 역사에 희생된 무수한 영혼들을 만나 보고 추모하기에 이른다. 역사의 희생자들끼리 동일한 상상 공간에 모여들어 집단이나 개인에게 끼친 역사의 부조리를 끝없이 성토하는 듯한 분위기는 관찰자로 하여금 조고상금(弔古傷今)의 우울증에 빠져들게 만든다. 이러한 구성은 몽유록의 확대판이다. 그러나 성리학적 역사관의 파탄을 극적으로 폭로하는 근심의 성은 현실의 거울로 작용하는 가상적 세계이다. 더 이상 변경할 수 없는 역사적 모순에 망연자실하기보다는 현재와 미래를 어떻게 방향 지을 것이냐의 문제를 되비추어야 하는 것이다. 작가의 분신인 '시름 성 밖의 한 사람'이 느닷없이 나타나 천군과 관성자의 거동을 비웃는 장면은 골계적이면서 천군의 주체 의식을 회복하라는 촉구에 불과하다. 이미 죽어버린 귀신들 속에서 서성거리지 말고 현실을 응시하라는 비아냥은 성리학적 수양론은 물론이고 '귀신들의 점고 장부'에 불과한 역사책의 탐닉마저도 거부해야 한다는 인식을 표현하고 있다.

 그러한 인식의 전환을 계기로 복초(復初) 2년이 시작된다. 성리학적 이치의 주재자였던 무극옹(無極翁)은 자취를 감춰버리고 강충(降衷) 시절의 주인옹(主人翁)은 태도를 바꾸어 술의 의인화인 국양장군(麴襄將軍)을 천거했다. 그들은 근심의 성을 단번에 공략하여 궁극적 평화를 가져오는 영웅이 되었다. 여기서 주인옹의 성격은 기존의 이원론적 성리학의 개념으로는 설명되기 어렵다. 그렇다고 술을 마시고 모든 고민을 털어버리자는 자포자기의 몰지각적 주체는 결코 아니다. 그러한 표면적 우의는 골계직 비의식을 조성하는 너스레일 뿐이다. 이념과 역사의 불일치라는 현실 상황에서 주체적 대응의 원리를 발견하는 성리학적 방법론은 기(氣) 자체의 이(理)를 파악하는 길밖에 없다. 주인옹은 바로 그러한 철학적 인식의 서사적 주체라고 규정할 수 있다. 임제가 성리학자라고는 할 수 없어도 방황과 고민 끝에 성운(成運)의 문하에서 『중용』을 통해 발견한 '생의(生意)'는 주인옹의 변신을 뒷받침해주는 개념이다.

고소설은 환상, 가상, 이상이라는 상상 체계에 기대어 현실을 문제 삼고 서사를 진행시킨다. 특히 우언계 소설은 주로 가상의 시공간을 통해 작가의 주제의식을 재음미하는 중층적 서사를 구성해낸다. 사림파가 16세기 정치적 주역으로 등장해 가는 와중에서 이 시기 문인 작가들은 이념과 현실의 괴리를 보여주는 사건의 예시를 통해 가상적 서사 구조를 만들고 대안을 모색할 수 있는 계기를 마련하고자 했다. 이는 흥미 추구의 통속적 소설관에는 어울리지 않는 창작 의도이다. 16세기 소설사에서 몽유록과 심성 전기우언의 양식이 우언계 소설로 자리잡아 갔던 이유이다.

몽유록 양식의 특질과 문학사적 의의에 대해서는 정학성, 「고전소설의 양식과 비판정신」(월인, 2015) 353~416면; 신해진, 「조선 중기 몽유록의 연구」(박이정, 1998) 266~286면; 김정녀, 「조선 후기 몽유록의 구도와 전개」(보고사, 2005) 31~56면이 기본적으로 참고가 된다. <원생몽유록>의 이본유통 상황과 연구사적 검토는 윤주필, 「<원생몽유록> 연구의 비판적 이해」, 『고소설연구사』(월인, 2002) 187~205면; 작품의 원전과 후대 개작의 가능성에 대해서는 정출헌, 「<육신전>과 <원생몽유록> -충절의 인물과 기억서사의 정치학」, 『고소설연구』 33(한국고소설학회, 2012) 5~47면 참조. 몽유록의 주제적 의미와 철학적 관련성은 조현우, 「몽유록의 출현과 '고통'의 문학적 형상화 -<원생몽유록>과 <금생이문록>을 중심으로」, 『한국고전연구』 14(한국고전연구학회, 2006) 279~309면 참조. <천군전>과 <수성지>의 비교는 허원기, 「심성도설의 도상학적 의미와 심성우언소설」, 우언문학회 편, 『우언의 인문학적 위상과 현대적 활용』(박이정, 2006) 165쪽 참조.

6.10. 우언 비평의 여러 양상

6.10.1. 관각문학의 우의론

　권근의 『입학도설』은 기본적으로 교육적 목표를 지니고 있는 저술이다. 그는 자신의 저술 총론인 <천인심성합일지도>에서 선이든 악이든 그것은 의지의 문제이므로 자포자기로 가느냐, 존양성찰로 가느냐에 따라 얼마든지 바뀔 수 있게끔 선택의 갈래를 그려놓았다. 예를 들면 그는 '소인(小人)' 대신에 '중인(衆人)'이라는 어휘를 굳이 사용했다. 자포자기하여 금수로 떨어지지 않는 한 누구라도 심성 수양을 통해 군자의 경지로 돌아갈 수 있다고 했다. 또 군자라고 하더라도 천인합일의 경지에 이르기 위해서는 경(敬)을 위주로 수양을 게을리하지 말아야 한다고 보았다. 도심(道心)은 하늘의 성명(性命)에서 발원하여 선하지만 미세하므로 경(敬)으로 확충해야 하고, 인심(人心)은 형기(形氣)에서 나와 선과 악의 기로에서 위태롭고 떨어질 듯하므로 더욱 경(敬)을 위주로 삼아야 한다고 했다. 주돈이(周敦頤)의 <태극도설>과 비교해 볼 때, 권근은 형이상학적 우주론에 대한 그림은 간략히 그린 반면에 그곳에 없는 인성론과 수양론을 자세히 그려놓았다.

　이러한 의도를 수용하여 조카인 권채(權採)는 <작성도(作聖圖)>라는 주사위 놀이를 만들고 <작성도론(作聖圖論)>도 썼다. 이에 대한 기록이 서거정의 『필원잡기』와 성현의 『용재총화』에 상세히 전한다. 현재 그림판은 전하지 않고 있지만, 『작성도론』은 1454년(단종2)에 목판으로 간행된 희귀본이 전한다. 여기에는 도상론을 비롯하여 성리론·음양론·조화론·기질론 및 총론 등의 13종이 있고 그 아래 여러 절목이 있다. 이는 고려시대부터 유행하던 <성불도(成佛圖)>나 하륜(河崙)이 만들었다는 <종정도(從政圖)>와 유사한 주사위 판놀이의 해설집이라 할 수 있다. 예를 들면, 놀이 도구인 주사위 6면을 [그림 7-1]과 같이 세 개의 대면(對面)으로 나누어 성성(誠誠), 경경(敬敬), 위사(僞肆)를 상대시켜 써넣는다. 그러면 세 등급의 글자가 배치되는 셈인데, 자포자기의 길보다 수양의 길로 접어드는 확률을 높이

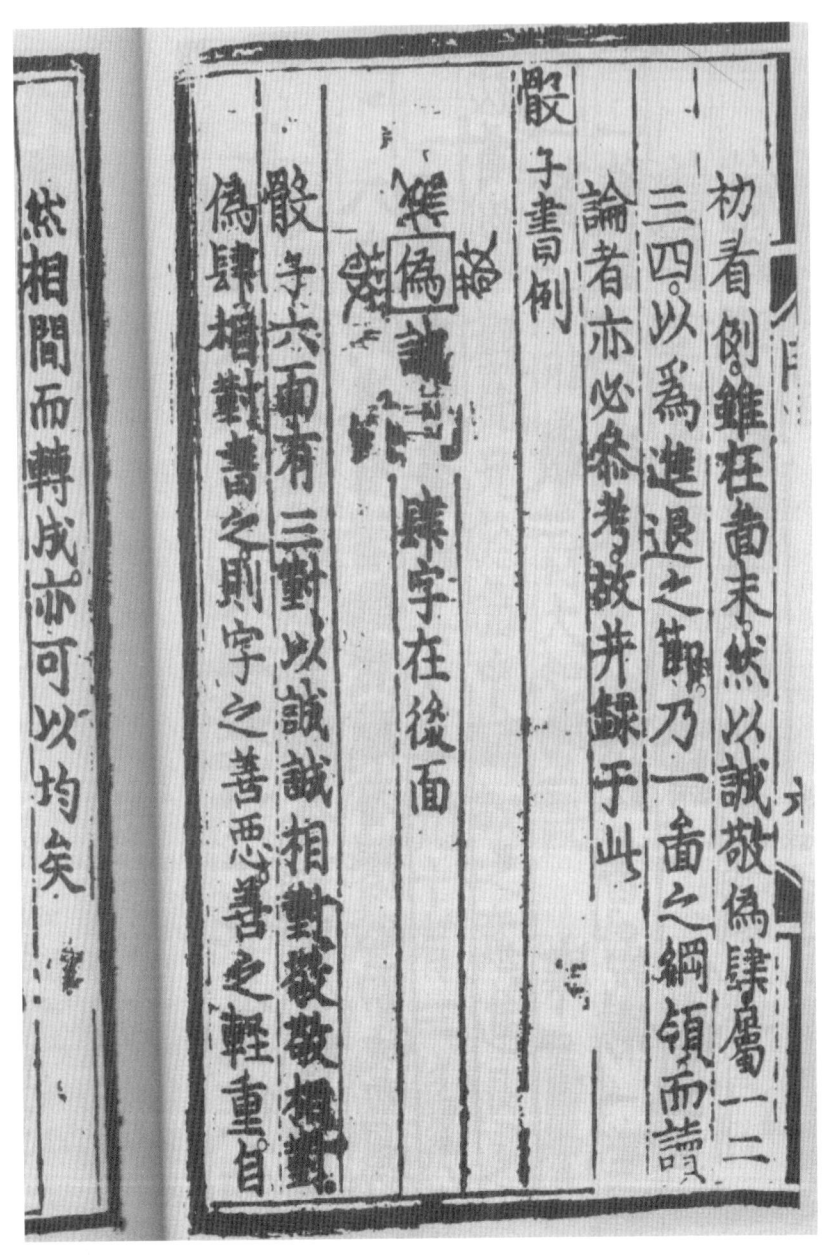

[그림 7-1] 권채의『작성도』<투자(骰子: 주사위) 서례(書例)>

고 수양의 등급에서도 경·성(敬誠)에 차등을 둔 것이다. 또 놀이하는 방식에 있어 3인 이상의 사람이 판놀이(board game)를 하되, '성인이 되는' 작성(作聖)의 선후를 다투는 것이 아니라 학자의 진보와 성인의 길에서 함께 완성해 나가도록 협력하고 기다리는 구조를 취하였다. 만약 판이 한 번도 끝나지 않았는데 최하위의 길인 자포자기 혹은 이단에 떨어지는 사람이 있으면 기질의 권역에서 다시 나아가도록 한다. 이와 같은 규칙을 정한 이유는 성현(聖賢)이 사람을 선으로 옮겨 변화시키려 하는 뜻을 취한 것이라고 했다.

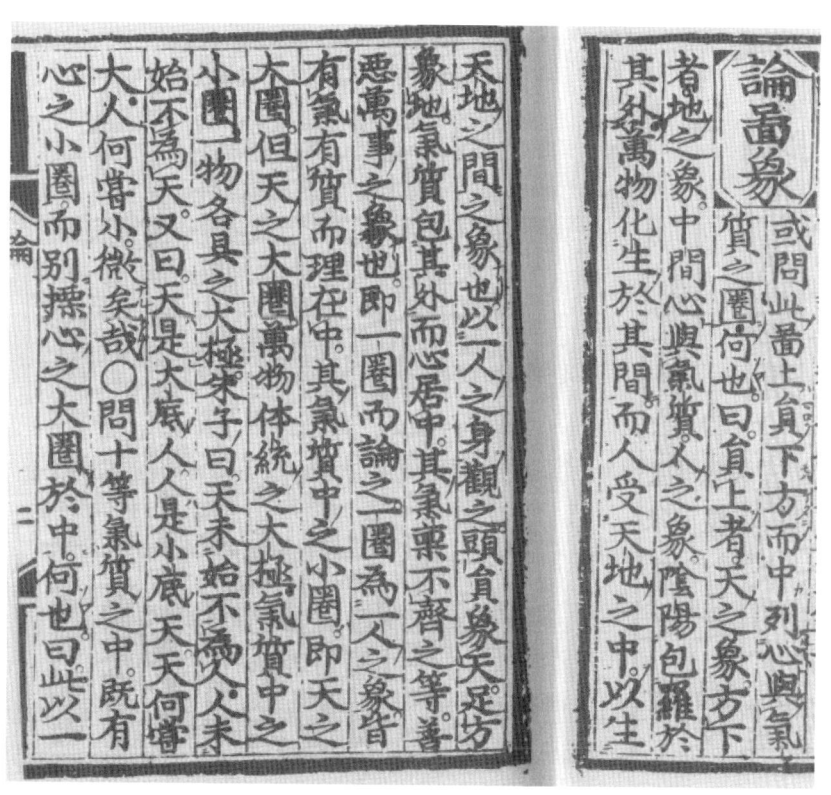

[그림 7-2] 권채의 『작성도(作聖圖)』 도상론(圖像論)

현재 <작성도>는 놀이판이 남아있지 않고 놀이 규칙도 분명치는 않지만, 기본 놀이방식은 『작성도론』에 의거해 유추해 볼 수 있다. 이 가운데 [그림 7-2]에 보인 <논도상(論圖象)>은 놀이판에 대한 의미를 문답 형식으로 설명한 도상론(圖像論)이어서 주목된다. 예를 들면 이 도판은 위는 둥글고 아래는 네모지며 가운데에다 심(心)과 기질(氣質)의 권역을 나열했는데, 그 이유를 천·지·인 삼재의 도상으로 설명했다. 이 이외에도 사람에 해당되는 큰 권역에 작은 여러 권역을 배치하되, 성도(聖道)와 이단, 소인과 학자 등을 위치시키고, 성현(聖賢)의 길은 밑에서 위로 가고 우불초(愚不肖)의 길은 위에서 아래로 가는 방향에 대해 설명하고 있다. 이 모든 해설에는 기본적으로 눈에 보이는 도상을 통해서 추상적인 유학적 심성 수양론을 익히게 하려는 의도가 배어있다. 놀이 자체가 성리학에 기반한 유교적 우의론(寓意論)을 기반으로 하고 있다.

조선초기 문인들 가운데 신숙주, 이승소, 서거정 등은 많은 제화시(題畫詩)를 남겼다. 이들은 회화를 문학의 수준으로 감상하면서 그를 종합하는 예술론을 전개했다. 북송 시기의 소식과 황정견에 의해 제창된 시화일률론(詩畫一律論)을 수용하면서도 당대 관각문인의 예술적 취향을 비평하는 이론적 근거를 제시하고자 했다. 특히 서거정은 제화시 200여 수를 지어 그림과 시의 밀접한 관련성을 증명해 보였다. 당시의 대표적인 문인화가 강희안(姜希顔)은 서거정, 성현 등에 의해 시서화(詩書畵) 삼절(三絶)로 칭송되기도 했다.

반면에 강희맹은 성리학적 경학론과 시·서화의 예술적 비평론을 조화시키는 데 있어 적극적인 논의를 폈다. 이파(李坡)에게 보내는 답장 편지인 <답이평중서(答李平仲書)>에서 그는 예술론 일반, 도덕과 예술의 관계, 예술의 효용성, 예술의 궁극적 경지 등에 대해 두루 따졌다. 우선 그는 사람의 뜻을 어디에, 어떻게 두느냐를 따지면서 우의(寓意)와 유의(留意)를 군자와 소인의 경지로 구분했다. 이는 구양수와 소식이 전개했던 바, 군자가 유익한 외물에 마음을 가탁한다는 '우의론'을 계승 발전시킨 것이다. 그는 사상적 근거를 분명하게 제시하면서 공자의 '유어예(遊於藝)' 사상, 주자의 '완물적정(玩物適情)'과 육예론(六藝論) 해석을 끌어오면서 덕(德)과 인(仁)의 함양을 연결시켰다. 따라서 강희맹은 서화를 기예의 일종이라고 하면서도 도덕적 이상과 상보적 관계를 맺는 것으로 보았다. 이러한 관계는 기예를 팔아먹고 사는 자들이 예술에 마음을 매어두는 것과는 다른 것으로 구분했다. 어찌 보면 문인화가와 직업적 화가의 차별화이기도 하지만, 추상적으로는 예술이 현실적 효용성을 목적으로 하느냐의 여부를 논의한 견해이기도 하다. 그는 서화의 목적으로 정신을 느긋하게 만들고 본성을 함양한다는 이신(怡神)과 양성(養性)을 제시했다.

그러나 『서경』에서 유래한 '완물상지(玩物喪志)'의 금기, 혹은 성리학에서 경계하는 '완물상지'의 문필 행위에 비추어 볼 때 회화에 대한 긍정적 이론은 반론이 예상되는 것이다. 그는 이에 대해서 도덕과 예술을 마치 음식과 차의 관계로 유비시켜 설명했다. 그는 예술이란 사물에 집착하는 유의(留意)에서 벗어나서 사물을 관찰하고 의미를 찾아내는 우의(寓意)를 통해 즐거움을 누리는 행위라고 보았다. 그러한 예술은 궁극적으로 도덕의 근원인 천기(天機)를 남구하는 통로라고 주장하면서 그림을 천시하는 견해를 반박하고 문인화(文人畵)의 의의를 긍정했다. 이 같은 우의적 예술론은 그의 우언 글쓰기뿐만 아니라 농사, 원예, 정원 조성 등에도 그대로 적용됐다. 사물의 세밀한 관찰을 통한 인간정서의 가탁과 함양이 우언 창작의 원동력이 되어 강희맹은 주목할 만한 우언 작품을 많이 남겼다.

강희맹 또한 여러 편의 제화시를 지어 그림에서 어떠한 의미를 읽어냈는지 살필 수 있다. <제조상선백마도(題曺尙膳白馬圖)>에서는 역동적인 백마의 그림을 보고 말의 기상을 전달받을 수 있다면, 그림을 보는 것이 실제 말을 사는 것보다 의미가 더 충만하므로 진가(眞假)를 가릴 필요가 없다고 했다. 명가(名家)의 논제였던 '백마비마(白馬非馬)'의 명실론을 내세워 조선 초기부터 유행했던 <팔준도(八駿圖)>의 진정한 의미가 어디에 있는지를 따진 셈이다. 예술에서 다루는 완물(玩物)의 목표를 사물 자체에 두기보다는 뜻을 가탁하는 데 둠으로써 예술의 가상성이 오히려 진실성을 드러내 보이는 수단임을 강조한 것이다.

또 <제이후혼화병(題李侯渾畫屛)>에서는 그림 병풍으로부터 산수의 기이한 형상과 청각적 심상을 묘사했다. 묘사라는 측면에서 시와 그림이라는 다른 매체 속에서 공통적으로 느껴지는 심상을 전달했다. 반면에 다리 위까지 물살이 넘쳐나는 상황에 처한 그림 속의 인물과 시적 화자를 동일시하면서 두려운 심정을 나타냈다. 나귀도 주춤거리며 반걸음도 옴짝달싹하지 못하는 상황에서 사람마저 위태롭다고 하면서, 마지막으로는 외험(外險)과 내험(內險)을 대비하고 시인 나름의 우의를 가탁했다. 사람의 마음이란 '염예퇴'의 깊이와 '태행산'의 높이를 지닌 것인데도 안으로 숨겨져 있어 예방하기 어렵다고 했다.

한편 그는 호랑이가 토끼를 덮치는 그림을 직접 그리고 나서 제화시를 지은 적도 있다. <희작산군박토도(戱作山君搏兎圖)>라는 4언 잡체시에서 토끼를 꾀 많은 짐승으로 묘사하면서 피할 만한 굴을 두세 개 예비로 여기저기 파놓고 떨기나무 숲속에 의탁하여 사람에게 교만하게 굴었다고 묘사했다. 간신의 형상을 그처럼 묘사했다 할 수 있다. 그러나 범의 서슬 푸른 어금니에 걸리게 되면 그 탐욕과 혼탁함을 징계할 수 있다고 했다. 그림에 동물을 등장시켜 역동성을 추구하면서도 인간사를 가탁할 수 있게끔 화제(畫題)를 제시했다.

관각문인의 제화시 유행에 사상적 근거가 됐던 우의적 인식은 관념적이지만 그 추상성에 힘입어 조선초기 상층문화의 폭을 확장시키는 데 결정적 구실을 했다. 별장, 정자, 원예, 석가산 등의 조성에는 자연을 문명 속으로 끌어들여 일상 속에서 이상 공간을 즐기고자 하는 욕구가 공통분모로 작용하고 있다. 성염조와 그의 세 아들이 조성하고, 채수가 인공폭포까지 곁들이며 조성했다는 석가산은 서거정, 이승소, 성현 자신, 김수온 등에 의해 <석가산기(石假山記)>의 소재가 됐다. 그러나 이러한 작품들에서 주제로 삼은 것은 교묘한 제작 기술이 아니다. 와유(臥遊)의 흥취를 거론하면서 현실적 여건 안에서 승경의 정취를 맛보는 것에 의미를 두었다. 그들은 성리학적 도덕론과 문학예술의 우의론을 통해 완물상지라는 유학적 금기를 벗어던지고 새로운 국가와 문명의 건설이라는 자부심을 내면화하는 한편으로 문화의 향유 범위를 한껏 확장시킬 수 있었다. 이는 재지사림의 출신인 사림파의 강호문학이 자연에 사람이 귀의하면서 인간 심성을 비추어보고자 했던 인식과 좋은 대조를 이룬다.

『작성도론』은 일본 내각문고(內閣文庫) 소장본인데 이우성 편, 『서벽외사해외수일본 2: 작성도론 외 3종』(아세아문화사, 1990)에 영인되어 있다. 이에 대한 논의는 신상필, 「천군류 출현의 철학적 기반과 서사문학적 지위」, 『한문학보』23(우리한문학회, 2010) 289~293면; 허광호, 「주돈이와 권근의 천인합일사상 비교 -태극도설과 입학도설을 중심으로」, 『동양고전연구』66(동양고전학회, 2017) 251~273면 참조. 조선초기 관각문인의 예술관과 제화시에 대해 고연희, 「조선초기 산수화와 제화시 비교고찰」, 『한국시가연구』 7(한국시가학회, 2000) 343~347면; 이은주, 「15세기 제화시 연구」(서울대 석사, 2001) 21~49면 참조. 강희맹의 우의적 예술론은 김재숙, 「강희맹 '우의' 개념이 연원과 문인화론」, 『동양철학』44(한국동양철학회, 2015) 99~126면 참조.

6.10.2. 사림파문학의 탁물우의론

유학의 전통에서 산수는 단순한 자연 경관에 그치지 않는다. 무엇보다도 공자의 '요산요수(樂山樂水)' 발언은 인자(仁者)와 지자(智者)의 형상으로 연결되어 있다. 또 공자가 제자들의 꿈을 물어보면서 증점(曾點)의 뜻에 찬성했다는 내용은 자연과 어울리며 살아가고자 하는 인간의 우아한 풍취를 나타낸다. 어른과 아이들이 동행하여 기수(沂水)에서 목욕하고 무우(舞雩)에서 바람을 쐰 후에 노래하며 돌아온다는 것이 그것이다. 이 같은 유학의 자연친화적 성향은 신유학을 이념으로 삼았던 조선 전기의 사대부들에게 기본적으로 문화적 지향의 근거로 작용했다. 심지어 윤춘년(尹春年, 1514~1567)은 김시습의 기행시집「사유록(四遊錄)」의 일부인 <유관서관동록(遊關西關東錄)>의 발문을 붙이면서 김시습의 경지를 공자에 비견하여 물의를 일으킨 바 있다. 하지만 그 근거가 실은 '요산요수'에 있음을 분명하게 밝혔다. 유학적 명분을 일거에 무너뜨려 조선 정권의 치명적 약점으로 작용했던 계유정난과 사육신사건을 목격했던 김시습이 그나마 심리적 안정을 되찾았던 방법은 여행을 통해 명산대천을 탐방하고 고적을 살피는 데 있었기 때문이다.

재지사족의 사림파가 중앙정계로 진출하면서 겪었던 16세기의 정치적 좌절과 부분적 성공은 자신들의 출신지에 소재한 자연 산수를 재인식하는 계기가 됐다. 그것은 단순히 퇴휴의 공간만이 아니라 자연을 내면화하는 문학적 과제를 불러일으켰다. 산수는 여행의 탐방 대상인 단순한 경치가 아니며 그렇다고 곧바로 성리학의 이론을 적용할 생경한 철학 소재도 아니다. 그 과제는 서정시를 통해 사물과 자아의 조화를 꾀하는 문학적 방법론과 실천을 필요로 하는 성질의 것이었다. 이러한 동기 때문에 그들의 산수 문학 특히 강호시가는 관각문인들과는 다른 미의식을 담기에 이르렀다. 그러한 문학적 실천이 완성되기까지 사림파는 산수문학에 대한 논쟁을 내부적으로 꾸준히 전개해 나갔다.

16세기 후반에 조선 성리학의 수준을 급상승시킨 정상의 철학자들이 주자(朱子)의 <무이도가(武夷櫂歌)> 10장을 문학 비평의 대상으로 삼았다. 이 작품을 어떻게 해석할 것인가를 두고 보기드문 논쟁이 전개됐으며, 무이구곡(武夷九曲)을 본뜬 구곡시(九曲詩) 계열의 문학 창작으로까지 확대 수용됐다. 그 논쟁의 핵심에는 주기론자 기대승이 있다. 그는 이황과 사단칠정(四端七情)을 논하는 서간을 주고받는 와중에 있었다. 먼저 이황은 당시 주류를 이루고 있었던 김인후의 <무이도가> 수용 방식에 의문을 표시하면서 기대승의 평소 의견을 물었다.

김인후(金麟厚)는 당시 유포되었던 주해서를 전폭적으로 긍정하면서

<무이도가>를 '입도차제(入道次第)', 즉 학문의 진보와 단계를 나타내는 우언시로 이해했다. 이에 대해서 이황은 주자의 본의가 이처럼 구구하지 않을 것 같다고 평하고 자기 견해를 밝혔다. 그에 비해 기대승은 <무이도가>에 시인 스스로의 상황과 처지를 빗댄 실질이 있다고 인정했다. 그러한 견해를 '자황유실(自況喩實)'이라는 어휘로 표현했다. 그러나 경물을 형용하는 뜻에 더해서 다시금 도학을 끌어다 비유하는 뜻이 있다면, 이는 두 가지 마음이 되는 셈이라고 비판했다. 결론적으로 기대승은 <무이도가>가 '인물기흥(因物起興)', 즉 대상을 통해 흥을 일으켜서 흉중의 정취를 묘사한 작품이라고 보았다. 그래서 뜻을 붙이거나 말을 풀어나간 그것들이 모두 청고화후(淸高和厚) 충담쇄락(沖澹灑落)하여 기수(沂水)에서 목욕하는 증점의 기상과 똑같이 쾌활한 것이라 평했다. 시인이 뜻을 붙인다고 하더라도 경물과 동떨어진 별도의 의도가 있는 것이 아니라 대상으로부터 흥을 일으키는 데 부수되는 감상의 수준이기에 쾌활한 기상을 드러내 보인 것이라고 이해했다. 대상과 자아의 틈새가 보이지 않는 조화롭고 우아한 미의식에 산수시의 본령이 있다고 본 것이다.

기대승(奇大升)은 산수시의 핵심을 흥(興)으로 여겼다 할 수 있다. 물아일체가 이루어져서 시인의 마음이 분열 없이 작품 속에 투영되는 것에 서정시의 본령이 있다고 믿었다. 이에 비해서 이황은 <무이도가>의 기존 주석서에 큰 불만을 느끼면서도 마지막 수인 제9곡(第九曲) 시에 있어서만은 어느 정도의 우의성이 있음을 인정했다. 무이산 아홉 번째 계곡의 경치는 산이 다하고 물이 질펀하게 흘러서 절경이 없고 유람의 흥취가 사라지는 곳인데, 주자는 지극히 평범한 이곳의 경물에서 어부가 도화원(桃花源)을 찾아가는 것처럼 별건곤(別乾坤)의 기쁨을 얻는다고 묘사했기 때문이다. 이황은 이를 두고 본래 경치를 묘사하고자 한 말이었지만 그 사이에 탁흥우의(托興寓意)가 없지 않다고 예외를 인정한 것이나. 흥을 매개로 했다는 점에서는 기대승의 의견과 다르지 않지만 작품의 마지막 장에서 궁극적으로는 우의가 형성된다고 보았다. 그러나 그 내용이 구체적으로 무엇인가에

대해서 천착하지 않으면서, 우의가 시인의 본의보다는 독자의 수용 관점이 기준이 되어 형성된다는 선에서 김인후와 기대승의 입장을 절충했다.

이황(李滉)은 서정시론에 대해 깊이 사색하고 많은 산수시와 시조를 지었다. <도산잡영(陶山雜詠)>에 딸린 기문과 <도산십이곡(陶山十二曲)>의 발문은 바로 그의 시론과 문학적 실천 사이 관계를 잘 보여주는 자료이다. 앞의 글에서는 책을 물리고 밖으로 나와 산책을 하면서 눈에 부딪히는 경물에 의해 흥(興)을 내고 취(趣)를 이룬다고 했다. 또 네 계절의 경치가 다르므로 취(趣)가 무궁하다고 했다. 흥은 사물에 부딪혀 일어나는 정서이고, 취는 그 결과 형성되는 미감이다. 합해서 '흥취(興趣)'라고 할 수 있다. 이황은 이 개념을 매개로 사물과 만나기 이전의 형이상학적 사유와, 사물을 만난 이후에 즐거움을 느끼고 표현하는 단계의 문학적 실천을 매끄럽게 연결시키고자 했다. 그는 보편적 질서를 확인하는 지적 작업에서 느낀 감개의 정서와, 그 질서의 구체적 사례인 다양한 경물을 목격하며 느낀 흥취와, 흥취가 배가되어 우리말 노래로까지 표현하지 않으면 안 되는 미감을 모두 담을 수 있는 도구로 서정 시가를 실험했다. 그는 비루하고 각박한 정서를 말끔히 씻어내고 보편적 이치와 구체적 감발이 융통하는 시가의 효용성을 강조했다. 그러기 위해서 온유돈후(溫柔敦厚)의 미의식을 서정시의 본령이자 비평의 척도로 제시했다.

이이(李珥)는 『정언묘선(精言妙選)』을 편찬하면서 시가의 정수가 무엇인지를 보여주고자 했다. 그는 총 8권의 풍격을 차등 있게 제시하면서 그 기준을 밝히고 해당되는 작품을 실었다. 그는 시의 원류를 '충담(沖澹)'의 미의식으로 보고 단계적으로 내려가 '미려(美麗)'한 것에 이르면 시의 본정신이 없어진다고 보았다. 그 가운데 두 번째 단계는 '한미청적(閑美淸適)'을 위주로 뽑은 작품들이다. 이 단계는 조용히 자득함이 우흥(寓興)에서 비롯되고 사색으로는 이를 수 없는 경지라고 했다. 첫째 단계의 충담이 아무런 걸림이 없는 담박한 정서를 위주로 하는 데 비해서 한미의 단계는 사물에 부딪혀 촉발된 흥취를 위주로 하기에 물상에 대한 표현이 많게 마련이다.

여기서 다시 갈라져 나간 셋째 단계의 청신(淸新)은 언어 감정이 비록 탈속의 경지에 들어 있다고 하더라도, 기발한 의상과 의경에 의한 언어의 긴장을 수반하는 경우가 많아 평정한 어세를 유지하는 한미와 차이를 지닌다. 이렇게 단계화하는 미감을 비교해 보면 이황이 제시했던 '온유돈후'는 한미청적에 가깝다 할 수 있다. 따라서 이이는 그보다 더 근원적인 탈속의 미감과 더 표현적인 감성의 미감을 함께 제시함으로써 서정의 세계를 세분화하면서도 각자의 특성을 인정하고자 했다 할 수 있다.

<무이도가> 비평과 수용 양상은 이민홍, 『사림파 문학의 연구』(월인, 2000) 95~172면 참조. 이황의 시론과 '흥'의 의미는 신연우, 『이황 시의 깊이와 아름다움』(지식산업사, 2006) 91~126면 참조. 이이의 『정언묘선』에 대해서는 김태환, 『율곡 시대의 미학』(신아출판사, 2003) 97~127면 참조.

6.10.3. 도가 한문고전의 해석과 우언론

『노자』와 『장자』에서 비롯한 도가 계열의 한문고전은 문학론을 전개할 때 중요한 전범서로 작용했다. 그들은 정체가 불분명한 비정통 문학의 글쓰기를 구사하는 데 있어 사상적 전거가 될 수 있었기 때문이다. 세종조에는 주자소(鑄字所)에서 인쇄한 『장자』를 문신들에게 나누어 주고, 세조조에는 『장자』, 『노자』를 진강하게 하거나 『장자』, 『노자』, 『열자』 등을 나누어 주고 기한에 맞추어 읽도록 명했다. 1483년(성종14)에는 그러한 도가서를 경연에서 강독하는 문제를 두고 임금과 승정원 관리들 사이에서 심각하게 의론이 일어나기도 했다. 또 경축일에 진연(進宴)을 벌이면서 신하들이 만세를 부르고 임금이나 왕실의 어른에게 이른바 '화축(華祝)'을 올리며 장수를 비는 전례가 있었는데, 여기서 '화축'의 유래는 화(華) 땅의 봉인(封人)이 요(堯)에게 축수했다는 『장자』의 내용에 전거를 두고 있어 논의와 관습의 거리감을 조성했다.

한편 이이(李珥)는 『순언(醇言)』 40장을 지어 『노자』의 전문 주해서를 편찬했다. 그는 선조조의 사림파 집단이 윤리적 명분론에 집착하고 동서분당의 대립을 조성하고 있는 상황에서 『노자』를 재해석함으로써 정치 권력화하는 언어와 사상의 폐해를 치유하고자 했다. 또한 이 저술은 그의 문학론과도 기본 사상을 공유할 뿐만 아니라 미학적 근거를 제시하고 있다고 판단된다. 비움과 절제의 미학을 도체(道體), 심체(心體), 수기치인(修己治人) 등의 성리학적 체계로 재해석하여 오히려 사림파의 윤리적 집착을 비판하고 보완하고자 했다.

그는 '소리'를 기본 출발점으로 삼아서 '소리의 울림'이라는 자연적 현상을 관찰하여 인간의 특수한 형태인 문학을 이해하고자 했다. 이러한 측면은 주기론자의 사유 방식을 여실히 반영하고 있다. 그러나 소리보다는 말이, 말보다는 글이, 문사(文辭)보다는 시(詩)가, 시 가운데에서도 성정의 원류인 고요한 미감이 더 가치가 있다고 보았다. 애초 한유(韓愈)가 제시했던 "잘 울리는 것이 좋은 문학"이라는 '선명(善鳴)'의 문학론적 개념을 가져오면서도, 작가의 처지를 반영하는 표현적 기능보다 오히려 마음을 비움으로써 큰 울림을 이룰 수 있다는 무위의 미학을 접맥시켰다. 이이는 『순언』에서 사람의 본체가 마음에 있고 그것을 비운 상태가 곧 대기(大器)이며, 또 그것에 대기(大氣)가 쌓이므로 그것들에서 울려나오는 것을 대음(大音)이라고 했다.

이이는 『정언묘선』에서 뛰어난 시작품의 기준을 제시하면서 인위적 조탁이나 감정의 전이를 경계하고 자연스러움과 심원한 여운을 강조했다. 문학이 '충담', '한미', '청신' 등의 미의식을 지닐 때 심성을 기르고 흉중의 찌꺼기를 쓸어낼 수 있다고 했다. 좋은 시가 도학적 수양에 큰 효험이 있다고 한 셈인데 그러한 미학의 사상적 근거는 『순언』에서 구체화했다고 할 수 있다. 『순언』은 무위(無爲)와 충기(冲氣)가 근원적 조화를 이루어내는 것에 큰 가치를 두었다. 이를 통해서 유가의 목적 지향적 가치관이 현실에서 충돌을 일으키는 상황을 보정할 수 있으며, 문학에서도 인위성을 뛰어넘는 문학적 가치를 최상의 것으로 추구할 수 있게 된다. '정언(精言)'이 인간의 정채로운 말인 문학작품을 뜻한다면, '순언(醇言)'은 인간의 순박한 가치를 드러내 주는 자연 그대로의 말이라는 의미를 지닐 것이다. 이 두 개념에는 미학적 관점과 윤리적 관점이 상호 침투해 있다.

『장자』에 대한 전문 주해서는 조선 전기에 나타나지 않았지만, 『장자』에 근거하여 문학론을 펴거나 글쓰기 창작에 활용하는 사례는 오히려 『노자』에 비해 더 빈번했다. 우선 서거정은 사마천의 <골계열전>이나 『태평광기』에 대해서 관각문인들과 토론을 벌이면서 자신이 편견을 지니고 있었음을 실토했다. 패관(稗官)에 모여진 소설(小說)이 여항의 비루한 말이어서 세교(世敎)와는 무관하며 한갓 골계의 지름길이라고만 여겼던 것이 오류였음을 고백했다. 그럼에도 불구하고 자신이 『태평한화골계전』의 작가가 되어서는 자서(自序)를 통해서 예상되는 비판을 객(客)을 내세워 다음과 같이 전제했다.

> 한갓 잣달세 냉탕한 말을 주워 보아서 일 좋아하는 자들이 턱 벌리고 웃을 뿐이니 이는 배우의 우두머리에 불과하다. 세교에 무슨 보탬이 되는가? …… 예전에 열어구(列禦寇)와 장주(莊周)가 도리를 정밀하게 보고 세상에 깊이 분격하여 궤변의 격앙된 이야기와 기굴한 글을 만들었다. 북치고 춤추는 듯 변화하고 넘놀며 퍼져나가되 황당무계한 비정상적인 이야기를 섞어 넣어서 오히려 성인의 문하에서 죄를 지었다. 대개 장자와 열자는 성인 문하의 죄인이지만 그대는 장자 열자의 죄인이니 내가 그대를 인정할 수 없다.

『장자』, 『열자』 등의 저술이 잘못된 세상에 대한 저항의식의 산물임을 인정하되 정통적 글쓰기에서 벗어났음을 비판하고 있다. 당대를 치세라고 여겼던 관각문인의 관점에서는 굳이 그러한 도가적 글쓰기를 따를 필요가 없다는 주장이다. 물론 고전의 다양한 전거를 들어서 나름의 변명을 하고 정당성을 확보하지만, '패설(稗說)'이라는 비정통 서사문학의 연원을 도가

고전에서 찾는 기본 인식은 당시 문인관료들에게 일반적이었음을 짐작하게 한다. 성현의 『부휴자담론』에서 '아언', '우언', '보언'의 영역을 두었던 것은 그러한 인식을 글쓰기 창작에 적용하여 적극적으로 실험한 사례라고 할 수 있다.

이에 비해 임훈(林薰)은 농사철에 달팽이를 보고 <와부(蝸賦)>를 지으면서 마지막 대목에서 작품의 원리를 밝혔다. 미물이지만 큰 원리를 비유하고 있다면서 장자의 '우물지론(寓物之論)'을 계승하여 나름대로 "저러한 내 마음을 깃들인다[寓夫余心]"고 했다. 동물을 비유의 소재로 삼은 우언의 궁극적 의미가 결국 작가의 속마음을 덧붙이는 우의임을 설명한 셈이다. 작가는 달팽이를 통해서 인간의 처신이 어떠해야 하는가를 역설했다. 유용하거나 아름다운 자질, 혹은 사납거나 욕망의 행위와는 완전히 다른 길이 있음을 생각하게 됐다는 것이다. 무용하고 누추하고 아무런 일을 하지 않는 듯이 보이더라도 모든 존재에는 고유의 성품과 때와 기운이 있다고 주장했다.

또 차천로(車天輅, 1556~1615)는 <백이사명설(伯夷死名說)>에서 우언의 언어관이라 할 명실론(名實論)을 논하면서 마음과 자취의 관계를 문제 삼았다. 백이는 명분이나 명예에 사로잡혀 그런 것이 아님을 여러 사적을 들어 주장했다. 또 장자는 백이의 그러한 점을 모르는 자가 아님에도 불구하고 세상을 바로잡고 싶은 분기에 격앙되어 백이와 도척을 대비시키면서 똑같이 본성을 해쳤다고 헐뜯었다는 것이다. 따라서 장자의 우언(寓言)이나 치언(卮言)이라는 것들도 과격한 말이 많고, 특히 백이의 죽음에 대해 언급한 <변무(騈拇)>편은 함부로 말한 것이 훨씬 많다면서 <다기망양(多岐亡羊)> 우언 등과 함께 편목의 전체 내용을 아울러 비판했다.

이이의 『순언』과 미학사상에 대해서는 김학목, 『율곡 이이의 노자』(예문서림, 2001); 『초원 이충익의 담노 역주』(통나무, 2014); 김주수, 「≪순언≫과 ≪정언묘선≫의 시학사상」, 『한국한시연구』 14(한국한시학회, 2006) 334~355면; 「율곡의 대기(大器) 대음(大

晉)의 문예 의식」, 『한국시가연구』 23(한국시가학회, 2007) 182~195면 참조. 이이의 문학사상은 조동일, 『한국 문학사상사 시론』(지식산업사, 1998 제2판) 187~201면; 『한국의 문학사와 철학사』(1996) 185~200면 참조. 우언의 명실론과 ≪장자≫ 논의는 윤주필, 「한문 문명권의 우언론 비교 연구」, 한국우언문학회편, 『동아시아 우언론과 한국의 우언문학』(집문당, 2004) 14~24면 참조.

6.10.4. 소설의 우언론

　서거정은 구비전승의 서사가 기록 서사로 전환됐던 한문학권의 전통을 숙지하고 있었다. 게다가 주변의 관각문인들에 의해 이미 광범위하게 그 전통이 계승되고 있음도 목격했고 스스로도 『골계전』을 지었다. 이로부터 필기나 시화와는 구별되는 양식으로서 '패관소설' 혹은 '패설'이라는 갈래가 본격적으로 문제시되었다 할 수 있다. 서거정의 제자인 표연말(表沿沫)은 스승의 『필원잡기』가 야사와 언행록을 겸하고 있어 패설과는 다르다고 했다. 패설은 기괴함을 수집하면서 넓은 지식의 섭렵을 과시하고 이야기꾼의 유희에 도움이 되는 것에 불과하다고 보았다. 이세좌(李世佐)도 마찬가지 논법으로 비평하되 단적으로 '골계소설(滑稽小說)'에 견줄 수 없다고 차별화했다.

　반면에 양성지(梁誠之)는 서거정의 <동국골계전>을 우리나라의 '패관소설'로 규정하고 이제현의 '패설'과 함께 영원히 전해질 것이라 칭송했다. 다만 명나라 때 유배되어 『귀전시화(歸田詩話)』를 저술했던 구우(瞿佑)의 『전등신화(剪燈新話)』와는 다르다고 한 것이 특이하다. 서거정의 영달에 비해서 구우는 불우한 처지에서 불만을 나타내고자 저술 활동을 했다고 차별화했던 것이다. 이러한 비평의식은 '패설'이라는 서사 갈래가 '신화(新話)'라고 구분되는 새로운 양식의 고소설 갈래로 이행되는 것이 그렇게 손쉬운 일이 아님을 보여준다.

　이에 비해 김시습은 『전등신화』를 꼼꼼히 읽고 서사문학의 새로운 가능성을 발견했다. 그는 이러한 독서의 감동을 <제전등신화후(題剪燈新話後)>라는 장편 고시로 나타냈다. 핵심 부분을 발췌한다.

語關世教怪不妨,	괴이한들 어떠하랴 교훈에 관계되고
事涉感人誕可喜.	허탄함이 재미있어 사람을 감동시키네
曾見河間記淫奔,	<하간전> 한번 보니 사랑 행각 기록했고
復見毛穎錄無是.	<모영전> 다시 보니 허구적 기록이라
濩落大瓠漆園吏,	장자는 텅 빈 박을 띠우라는 <소요유> 짓고
怪詭天問三閭子.	굴원은 괴상한 질문으로 <천문>을 지었네
又閱此話踵前踐,	이제 <전등신화> 읽어보니 이 전통을 따라
夔罔騰逴魚龍舞.	숲속 정령 뛰어놀고 어룡이 춤을 춘다
上駕屈莊軼韓柳,	굴원 장자 멍에 매고 한유 유종원 앞지르며
六六巫山走雲雨.	무산 십이봉 운우지정 구름비 뿌리는구나

괴이하고 허탄한 이야기가 유가적 윤리와 관련되고 감동을 준다고 했다. 정통적 글쓰기에 집착하지 않는다면 패설이든 소설이든 문학적 효용성에 아무런 문제가 되지 않는다는 비평적 인식을 드러냈다. 더구나 그러한 전통은 이미 오래전부터 마련되어 있었다고 했다. 유종원의 <하간전(河間傳)>은 음행으로 타락한 여인에 관한 전기이다. 한유의 <모영전(毛穎傳)>은 사물을 사람처럼 꾸민 가짜 전기이다. 이처럼 한유와 유종원을 거론한 것은 이미 『전등신화』 초간본에 실린 작가 주변 문인들의 비평을 요약적으로 참고한 결과이다. 특히 오식(吳植)은 <전등신화>의 문장은 전기(傳奇)에 해당되지만 그 뜻은 제자백가의 우언(寓言)이라 했다. 또 계형(桂衡)은 <모영전>과 <하간전>을 직접 언급하면서 전대의 비평적 관점을 소개했다. 그러나 장자와 굴원에 대한 언급은 김시습의 독창적 견해이다. 그는 '신화(新話)'의 의의가 내용의 흥미성 못지않게 우언 글쓰기에 있다고 여겼기 때문이다. 장자와 굴원을 우언 작가의 시원으로 이해하고 패설이 새로운 갈래로서의 '소설'로 전환하기 위해서는 우언의 전통을 계승하지 않으면 안 된다

고 판단했던 듯하다.

　김시습은 <금오신화>를 지으면서 자신의 소설적 비평관을 실천으로 옮기는 심회와 의도를 자못 의미심장하게 7언절구 2수에 담았다. <전등신화>의 다소 장황한 감상과는 확연히 다른 태도를 보이면서 말을 아꼈다. 밤새도록 등잔불 돋으며 향을 사르고 앉아 '인간불견서(人間不見書)'를 한가롭게 저술한다고 했다. 그리고 옥당(玉堂)에서 짓는 관각문학에는 이미 마음이 없다고도 했다. 인간 세상에서 쓰이는 글은 마다하고 굳이 무슨 의미가 있는지 변명해야만 하는 새로운 글을 내단수련이라도 하는 듯이 정좌하여 쓰고 있는 것이다. 세상에서 이제까지 보지 못했던 글을 쓰겠다는 결기보다는 오히려 세상에 내보이지 않을 비밀스런 우언적 글쓰기의 글을 짓고 있다는 선언일 수 있다.

　1559년(명종14) 임기(林芑)가 주해하고 윤춘년(尹春年)이 교정하여 『전등신화』의 구해본(句解本)을 목판으로 간행했다. 임기는 발문에서 한유의 <모영전>이 당대에 '박잡무실(駁雜無實)'하다고 비평을 받았고 구우의 작품은 그보다 더 심한 것이라고 비판하는 사람이 있음을 밝히면서 자신이 행한 작업의 가치를 따졌다. 성현의 글인 경(經)과 전(傳)이 진리를 파악하기 위한 도구라고 한다면, 이 저술은 경전을 이해하기 위한 도구라는 논리를 폈다. 여기서 '도구'라는 뜻의 어휘로서 『장자』의 '전제(筌蹄)', 즉 물고기나 짐승을 잡는 통발 혹은 올무의 개념을 구사했다. 윤춘년도 또한 <전등신화>의 이야기가 신이한 자취와 남녀의 감정을 풀어냈지만 작가의 의도는 선악보응이 매우 분명함과 군신의 만남이 심히 어려움을 가탁했다고 비평했다.

　한편 김안로는 『용천담적기』에서 김시습을 언급하면서 <금오신화>를 거론했다. 그가 금오산에 들어가 글을 지어 석실에 숨겨놓으면서 "후세에 자기를 알아줄 사람이 있을 것이다"라고 했다는 것이다. 이러한 일화의 의미를 두고 김안로는 '술이우의(述異寓意)', 즉 신이한 이야기를 풀어내어 자기 뜻을 가탁했다고 본 것이다.

낙서거사(洛西居士)로 자호한 이항(李沆)은 번안소설 <오륜전전(五倫全傳)>을 지으면서 긴 서문을 붙였다. 그는 중국에서 전래된 소설이나 희곡이 민간에서 구비전승되는 유통 상황을 설명하면서 '오륜전 형제의 이야기'를 언급했다. 말하자면 중국의 원대 희곡이었던 <오륜전비기(五倫全備記)>가 한어 역학서는 물론이고 그 내용의 구술물과 그를 베껴 쓴 국문본 등으로 다양하게 유통됐던 것이다. 이에 이항은 순정한 한문본 소설로 번안하고 다시 국문본 소설로 번역했다. 가정으로부터 국가 및 문명권에 이르기까지 '오륜(五倫)'을 '온전'[全]하고도 '완비'[備]된 모습으로 실천한다는 윤리적 우의를 담고 있는 작품의 특성을 살려서 '사람들을 인도하고 권유하는 방편'으로 삼을 수 있다고 본 것이다. 또 유성룡의 부친이기도 한 유중영(柳仲郢)이 충주의 고을원으로 부임하여 이 작품을 수습한 데 대해서 심수경(沈守慶)은 발문을 쓰면서『전등신화』,『전등여화』등의 가치와 대비했다. 그것들은 볼 만한 문사(文詞)를 늘어놓았지만 골계희담(滑稽戲談)에 불과할 따름인데, <오륜전전>은 세교(世敎)를 사모하고 일용(日用)에 절실한 것이라고 평가했다.

어숙권(魚叔權)은『패관잡기』에서 동국의 '소설(小說)'을 열거하면서 시화, 필기, 패설은 물론이고 강희안의『양화소록(養花小錄)』, 김시습의『금오신화』, 남효온의『육신전』, 최부의『표해기』, 김정의『제주풍토기』등을 포함시켰다. 그러나 김시습의 작품에 대해서는 별도로 언급하면서 <남염부주지>를 '소설' 가운데 최고의 작품으로 평가하고 특히 주인공이 염마왕과 세간의 일을 묻고 답한 대목을 주목했다. 평생의 지향을 풀어냈다고 하면서 전등신화를 모방했어도 입의(立意)와 출어(出語)는 그보다 낫다고 평가했다. 주제 인식과 표현 기법의 양 측면에서 모두 뛰어남을 인정한 셈이다.

또 어숙권은 송세림의『어면순』을 동생인 송세형(宋世珩)이 교서관 제조로서 사사롭게 출간한 사실을 두고 그럴 만한 가치가 없는 책이라고 비판했다. 특히 그 안에 실린 <주장군전>을 비난하면서 한유의 <모영전>과 대비했다. <모영전>에 나타난 작가의 문필력이 대단함에도 불구하고 논자들은 '박잡무실'하다고 비판했으니, 거기에 견줄 수 없는 이 작품과 송세림의 필력은 불후의 명예를 얻기 어렵다고 했다. 우언과 희필 사이에서 작품의 평가가 갈리고 있음을 확인할 수 있다.

이에 비해 정사룡(鄭士龍)은 『어면순』에 대해서 다른 의견을 제시했다. 선비가 유능한 재질을 갖추고 있으나 시대에 뜻을 펴지 못하면 반드시 '소설'에서 유희하며 자기 뜻을 붙이는 것인데, 독자들이 글에서 '골계'만을 알아볼 뿐 그 지향을 따지지 않는다고 비판했다. '소설 우의론'의 일반론을 편 셈이다. 송세림의 경우도 여기에 해당된다고 하면서 비록 유희(遊戱)에 근본하고 있어도 권계(勸戒)의 뜻이 그 가운데 깃들여져 있다고 했다. 패설 양식을 희필과 우언의 통합으로 이해하고 있는 것이다. 송세형의 부탁에 응해서 <어면순>의 발문으로 쓴 글이므로 긍정적 의미를 적극적으로 평가한 측면이 있지만, 어숙권의 시각과는 대척적인 입장에서 정반대의 논리를 조합해냈다는 데 의의가 있다.

김시습의 소설 비평은 윤주필, 『한국의 방외인문학』, 앞의 책, 175~179면 참조. 한편 김시습의 "한저불견인간서(閑著不見人間書)"라는 표현은 구우의 조카인 구섬(瞿暹)이 중간본 『전등신화』에 붙인 시에서 "녹득인간미견서(錄得人間未見書)"라는 표현을 변형시킨 것인데, 안동준, 『한국 도교문화의 탐구』(지식산업사, 2008) 185~192면에서는 "세상에 내보이지 않을 글"을 엄숙하게 지은 것이라 풀이하고 역리(逆理)의 창작방법을 알리는 핵심어로서 재해석했다. 이항의 <오륜전전> 서문의 비평의식과 우언문학사적 의미는 윤주필, 『윤리의 서사화 -<오륜전비> 수용 연구』, 앞의 책, 44~58면 참조. 『전등신화구해』의 임기 발문과 윤춘년의 <제주해전등신화후(題註解剪燈新話後)>는 한국학중앙연구원 소장의 필사 희귀본에 수록되어 있다. 소설 비평자료는 무악고소설자료연구회 편, 『한국 고소설 관련 자료집Ⅰ』(태학사, 2001) 75~85; 99~120면, 간호윤, 『한국 고소설 비평 용어 사전』(경인문화사, 2007) 141~142면 참고.

찾아보기

1. 인명, 지명, 별명

가의(賈誼) ································ 325, 422
가충(賈充)의 딸 ··························· 286
각범(覺範) ······································ 242
감은사(感恩寺) ······························· 68
갑사(岬寺) ······································ 218
강남의 풍경 ··································· 449
강릉태수 ··· 77
강수 ··· 70, 139
강유선(康惟善, 1520~1549) ······ 384, 478
강태공 ··· 403
강혼(姜渾) ····································· 460
강화/ 강화도/ 천도 ························ 193
강효문 ··· 337
강희맹(姜希孟, 1424~1483) ······ 265, 320, 341, 488, 501
강희안(姜希顔) ······························ 566
개경/ 환도/ 개성 ············· 111, 204, 364
개로왕 ··· 135
거교(鉅橋) ····································· 201
거타지(居陀知) ······························· 88
걸루(桀婁) ····································· 134
걸승(乞升) ····································· 232
걸주(桀紂) ······································ 97
견훤 ·· 88, 96
경덕왕 ······························· 78, 82, 152
경문왕 ·· 86
경박호 일대 ·································· 101
경복궁/경회루 ······················· 403, 478
경복흥(慶復興) ······························ 305
경원이씨(慶源李氏) ······················· 242
경종의 미망인 ······························· 116
경호(鏡湖) ····································· 434
계룡산 ··· 112
계림황엽 ·· 107

계립령(鷄立嶺) ······························· 66
계빈왕(罽賓王) ······················ 86, 100
계형(桂衡) ···································· 578
고경명(高敬命, 1533~1592) ······ 461, 467
고구려/ 계승자/ 첩자 도림(道琳) ···· 134, 193, 224, 226
고깔바위[弁巖] ····························· 308
고도녕 ·· 148
고려 태조의 답서 ··························· 97
고령 신씨 ····································· 549
고봉자(高峯子) ···························· 400
고소대(姑蘇臺) ···························· 238
고순(高淳) ···································· 492
고압아(古押衙) ···························· 156
고양씨(高陽氏)의 후예 ················ 549
고영중(高瑩中, 1133~1208) ············ 188
고응척(高應陟, 1531~1605) ·········· 483
고죽군(孤竹君) ······················ 461, 467
고희지(高熙之) ···························· 492
공민왕 ·································· 278, 311
공양왕 ·· 310
공자(孔子) ····················· 84, 76, 124, 380
공자와 항탁 ································· 466
곽여(郭璵) ···································· 119
곽예(郭預) ···································· 257
곽외(郭隗) ···································· 406
관동팔경 ······································ 452
관용방(關龍逄) ···························· 325
광리왕(廣利王) ···················· 385, 479
광평자(匡平子) ···························· 514
광한전(廣寒殿) ···························· 478
구당협(瞿塘峽) ···························· 391
구봉령(具鳳齡, 1526~1586) ·········· 403
구양수(歐陽脩) ···························· 254

구우(瞿佑) ······················· 473, 577
국원경(國原京) ·························· 198
굴원(屈原) ············· 223, 325, 335, 422, 427, 441, 466, 549
궁예 ····································· 108
권건(權健, 1458~1501) ············· 355
권근(權近, 1352~1409) ····· 320, 329, 338, 396, 563
권람 ···································· 337
권우(權遇, 1363~1419) ············· 335
권채(權採) ····························· 563
권호문(權好文, 1532~1587) ···· 442, 482
귀룡동(歸龍洞) ······················ 116
근개루왕(近蓋婁王) ················· 134
금강(錦江) ····························· 112
금강령 ································· 88
금강산/ 유람 ···················· 328, 452
금산사 ································ 88
금성대군(錦城大君) ················· 346
기대승(奇大升, 1527~1572) ··· 396, 399, 571
기벌포(伎伐浦) ······················· 62
기준(奇遵, 1492~1521) ····· 372, 378, 399
기철(奇轍) ····························· 304
길재(吉再, 1353~1419) ········· 319, 333
김경신(金敬信) ······················· 85
김굉필(金宏弼) ············ 365, 368, 371
김구용 ································· 307
김극기 ································· 252
김대경(金臺卿) ······················· 297
김부식(金富軾) ············ 124, 131, 252
김수온(金守溫, 1409~1481) ··· 341, 345, 441, 466
김시습(金時習, 1435~1493) ··· 319, 376, 410, 422, 577
김시화(金時和) ······················· 473
김신윤(金莘尹) ······················· 129
김안국(金安國, 1478~1543) ········ 368, 395, 495
김안로(金安老, 1481~1537) ··· 357, 358, 371, 402, 492, 555, 579
김안로와 송인수 ····················· 384
김알지 ································· 37

김약묵(金若默) ······················· 499
김양상(金良相) ··················· 83, 85
김용행(金用行) ······················· 147
김우옹 ··························· 557, 560
김유신 ··················· 56, 58, 63, 151
김응렴 ································· 86
김인경(金仁鏡, ?~1235) ············ 190
김인문 ································· 59
김인후(金麟厚, 1510~1560) ··· 396, 476, 570
김일손(金馹孫) ······················· 459
김정(金淨) ····························· 374
김정국(金正國, 1485~1541) ··· 371, 495
김종직(金宗直, 1431~1492) ··· 320, 362, 408, 425, 445, 474
김주원(金周元) ······················· 85
김천(金闡) ····························· 156
김춘추 ··················· 56, 66, 229
김충공(金忠恭) ······················· 142
김헌창(金憲昌) ······················· 143
김흠돌(金欽突) ······················· 68
끄레이로프 ··························· 12
나공원(羅公遠) ······················· 478
나라(奈郞) ····························· 78
나부촌(羅浮村) ······················· 474
나숙(羅淑) ····························· 382
나식(羅湜, 1498~1546) ············ 381
나주 회진 ····························· 325
낙랑공주 ······························ 45
낙산사/ 관음보살 ······· 223, 224, 225, 229
낙서거사(洛西居士) ················· 580
남산 삼화령 ··························· 82
남양반도 ······························ 57
남효온(南孝溫, 1454~1492) ······· 320, 321, 363, 417, 474, 491, 537, 559
낭산(狼山) ······················ 58, 75
노량진 ································· 450
노산군 ································· 362
노수신(盧守愼) ······················· 385
노힐부득 ······························ 229
녹진의 충고 ··························· 144
농옥(弄玉)과 소사(簫史) ············ 100
누졸재(陋拙齋) ······················· 309

찾아보기 | 583

능운한(凌雲翰)	473
다물후의 딸	45
단군(檀君)	34, 228, 236
단속사(斷俗寺)	83
단하자순(丹霞子淳, 1964~1117)	414
달달박박	229
담대멸명(澹臺滅明)	528
당 태종	56
당(唐) 순종(順宗)의 양위	247
당태종	61
당항성(黨項城)	57
당현종	234, 478
대동강	111
대무신왕	43
대슬슬(大瑟瑟)	102
대야성(大耶城)	57, 61, 66
대주산(大珠山)	94
대혜종고(大慧宗杲)	327
덕유산	112
덕홍(德洪)	242
도잠(陶潛)/도연명	211, 327, 411, 427
도조(度祖)	88
동명왕/동명성왕(東明聖王)	195, 226
동방삭(東方朔)	292, 357, 365, 423
동산재(東山齋)	119
동안상찰(同安常察, ?~961)	414
동주(東周) 혜왕(惠王)	518
동평왕(東平王) 유운(劉雲)	406
두경승(杜景升)	256
두목(杜牧)	435
두보(杜甫)	455
두영철(杜英哲)	289
라퐁텐	12
류경숙(劉敬叔)	495
마릉(馬陵)	516
마암(馬巖)	312
마야부인	230
마이산	112
망양정	453
맹가(孟軻)	69
맹상군	516
모수(毛遂)	448
목우자(牧牛子) 지눌(知訥)	214

묘청	111
무량수전	230
무성서원(武城書院)	500
무안후(武安侯) 전분(田蚡)	520
무위자(無爲子)	344
무의자(無衣子)	215
무이산 아홉 번째 계곡	571
무풍정(茂豐正) 이총(李摠)	450
무하씨(無何氏)/무하자(無何子)	459, 464
무함(巫咸)	223
무휼	43
문계창(文繼昌)	371
문무왕	58, 61
문비(文妃)	102
문성왕(文聖王)	76
문창후(文昌侯)	140
문충(文忠)	290
민사평(閔思平, 1295~1359)	282, 290
민장사(敏藏寺)	152
박상(朴祥, 1474~1530)	373
박세통(朴世通)	39
박연폭포	547
박영(朴英, 1471~1540)	372, 482
박원종(朴元宗)	433
박지원(朴趾源)	491
반고/반고씨(盤古氏)	184, 498
반양산(半洋山)	313
반월성	36
반첩여(班婕妤)	375
방덕공(龐德公)	441
방몽(逢蒙)	402
배주(拜住)	286
백거이(白居易)/백낙천	119, 170, 174, 249, 270
백안독고사(伯顔禿古思=바옌툭스)	285
백운의 낭도	156
백운자(白雲子)	243
백월산(白月山)	230
백이와 도척	576
범교(範敎)	87
범려(范蠡)	238
범일조사	232

범중엄(范仲淹) ············· 403, 454
범태(范泰) ····················· 86
법류사(法流寺) ················· 80
법해(法海) ····················· 78
변화(卞和) ················ 300, 366
보우(普愚, 1301~1382) ········· 277
보장왕 ···················· 56, 63, 65
봉덕사/ 신종 ················ 74, 76
부유자(浮遊子) ················ 357
불국사(佛國寺) ·············· 78, 79
비류국/비류수 ················ 35, 45
비장방(費長房) ················ 419
비장산(臂長山) ················ 149
비처왕(毗處王) ················· 63
비형랑 ························ 229
빙허자(憑虛子) ················ 467
사가자(四佳子) ················ 340
사량부(沙梁部) ················· 68
사마상여(司馬相如) ······· 287, 466
사자산(獅子山) 갑사(岬寺) ······ 217
사자연(謝自然) ················ 477
사천왕사/사천왕천 ······ 58, 75, 78, 81
삼각산 진관사 ················ 116
상주(尙州) ····················· 60
상홍양(桑弘羊) ················ 210
서거정(徐居正, 1420~1488) ····· 337, 340,
   487, 566, 575, 577
서시(西施) ···················· 238
서왕모 ························ 478
서호(西湖)/ 주인/ 처사 ······ 450, 451, 477
석가불/ 마야부인/ 깨달음 ···· 80, 231, 278
석경당(石敬塘) ················ 101
석불사(石佛寺) ················· 78
석상경저(石霜慶諸) ········ 214, 215
석상산(石霜山) 숭승사(崇勝寺) ··· 213
석왕사(釋王寺) ················ 117
선덕여왕 ················ 56, 58, 150
선덕왕 ························ 83
선도산(仙桃山) ················ 149
선도해(先道解) ················· 65
선원사 ······················· 282
선인왕검(仙人王儉) ············· 31
선자화상(船子和尙) ········ 265, 449

선화공주 ······················ 53
설인귀(薛仁貴) ················· 61
설총 ···················· 54, 69, 139
성간(成侃, 1427~1456) ······ 341, 347, 462
성덕왕 ························ 76
성여학(成汝學, 1557~인조조) ···· 500
성염조(成念祖) ················ 341
성우(成遇) ···················· 380
성운(成運, 1497~1579) ······ 380, 433, 475
성임(成任) ················· 341, 540
성충(成忠) ····················· 62
성현(成俔, 1439~1504) ········ 320, 341,
   348, 440, 489, 507
세검정 계곡 신영동 ············· 60
소망지(蘇望之) ················ 210
소세양(蘇世讓) ················ 401
소송(蘇頌) ···················· 404
소순(蘇洵) ···················· 341
소식(蘇軾) ············· 210, 352, 449
소옹(邵雍) ···················· 372
소정방(蘇定方) ················· 58
소진(蘇秦) ················ 298, 448
손빈(孫臏) ···················· 516
손사막(孫思邈) ················ 414
손숙오(孫叔敖) ················ 516
송도 ························· 193
송세림(宋世琳, 1479~1519) ····· 463, 498
송세형(宋世珩) ················ 580
송순(宋純) ···················· 500
송악군 ······················· 108
송옥(宋玉) ···················· 127
송인수(宋麟壽, 1499~1547) ····· 384
수로(首露/水路)/수로부인 ···· 39, 77
수선사(修禪寺) ················ 212
숙손통(叔孫通) ················ 352
순임금 ·················· 87, 134, 388
순정공(純貞公) ················· 77
순흥부(順興府) ················ 346
승통(僧統) 시의(時義) ········· 272
시선교(施善敎) ················ 529
식부궁(息夫躬) ················ 406
식영암(息影庵) ········· 214, 282, 346
신개(申槩, 1374~1446) ········· 335

신검	88
신광한(申光漢, 1484~1555)	377, 547, 556
신도징	233
신숙주(申叔舟)	377, 566
신식(新息)의 고을원	240
신씨(愼氏)의 복위	374
신용개(申用漑)	377
신유림(神遊林)	58, 75
신잠(申潛)	376
신준(神駿)	243
신충(信忠)	83
신호(申濩)	556
심수경(沈守慶)	580
심양왕(瀋陽王) 왕고(王暠)	286
심의(沈義, 1474~?)	357, 477, 537, 555
심익운(沈翼雲)	491
심정(沈貞)	357
아방궁(阿房宮)	312
아사달산(阿斯達山)	236
아소카왕/아육왕	73
아진포	36
아황과 여영	87
안극화(安克和)	529
안락선생(安樂先生)	372
안락와(安樂窩)	484
안연(顔淵)	390, 448
안영(晏嬰)	522
안응세(安應世, ?~1480)	492
안종(安宗)	116
안회(顔回)	387
야율연희(耶律延禧)	102
약산동대(藥山東臺)	49
약야계(若冶溪)	210
양(梁) 태조 주전충(朱全忠)	555
양성지(梁誠之)	577
양웅(揚雄)	167, 179
양원(梁園)	473
양응정(梁應鼎)	467
양혜왕(梁惠王)	130
양화도(楊花渡)	449
양효왕(梁孝王)	473
어무적(魚無迹)	431
어숙권(魚叔權)	431, 580
어화원(御花園)	165
여근곡(女根谷)	57
여여거사(如如居士) 안병(顔丙)	327
여와(女媧)	426
여조겸(呂祖謙)	519
여희(驪姬)	134, 363
연(燕) 소왕(昭王)	406
연감(淵鑑, 1280?~1360?)	214, 459
연개소문	66
연변 조선족 자치주	101
연산군	478, 494
연산부(延山府)	49
연운(燕雲) 16주	102
염예퇴(灩澦堆)	391, 446
염정수	307
영묘사/ 탑	57, 150
영변 지역	49
영안과 의란	101
영제(靈帝)	239
영척(甯戚)	300
예산농은(猊山農隱)	218
예종	119, 124
오기(吳起)	520
오대산	73
오륜비(伍倫備)	529
오륜전(伍倫全)	529
오세문(吳世文)	222, 235
오식(吳植)	578
오왕 부차(夫差)	238
오유자(烏有子)	403, 466
오잠(吳潛)	285
옥문지(玉門池)	57
완산 땅 아들	88
완적(阮籍)	429
왕거인(王巨人)	88
왕검조선	32
왕륜사	312
왕비 송씨	43
왕숙문(王叔文)	247
왕안석(王安石)	210
왕연(王衍)	208
왕욱(王郁)	116

왕유(王維)	448, 450
왕융(王融)	107
왕자 호동	45
왕장(王章)	404
왕적(王績)	474, 476
왕질(王佚)	247
왕창근(王昌瑾)	108
요석궁	54
용양(龍陽)	252
용춘	229
웅녀(熊女)	32
원광(圓光)	148
원성왕	85, 264
원숙(元叔)	385
원주/ 치악산	308, 310
원천석(元天錫, 1330~1395 이후)	308, 319, 327
원호(元昊)	558
원효	54, 232
월명사(月明師)	82
월왕(越王) 구천(句踐)	238
월지궁(月池宮)	143
위(衛) 의공(懿公)	519
위기후(魏其侯) 두영(竇嬰)	520
위백양(魏伯陽)	420
위사군(衛嗣君)	516
유광식(柳光植)	168
유기(劉基)	354, 516, 519
유량(庚亮)	435
유령(劉伶)	429
유리왕	43
유몽인	440
유방선(柳方善, 1388~1443)	337
유비자(有非子)	295
유성룡(柳成龍, 1542~1607)	333, 407
유염(俞琰)	415
유우석(劉禹錫)	182, 247
유종원(柳宗元)	87, 142, 247, 364, 378, 450, 578
유중영(柳仲郢)	580
유즙(柳楫, 1585~1651)	468
유청신(柳淸臣)	285
유향(劉向)	188

유화	43
육구몽(陸龜蒙)	425
육조 혜능(慧能)	213
윤공지타(尹公之他)	402
윤기(尹愭)	142
윤춘년(尹春年, 1514~1567)	422, 556, 570, 579
윤탁(尹倬)	384
윤택(尹澤)	259
윤현(尹鉉, 1514~1578)	461
응렴(膺廉)	86
의상	232
의자왕	56, 61
의종	161
이견대(利見臺)	68
이계동(李季仝, 1450~1506)	355
이고(李翺)	370
이곡(李穀, 1298~1351)	219, 239, 296
이규보(李奎報, 1168~1241)	170, 206, 208, 222, 234, 245, 252, 270, 301, 349, 401
이달충(李達衷, 1309~1384)	293
이목(李穆, 1471~1498)	363, 477
이백	352, 367, 385, 399, 452, 471, 473
이변(李邊, 1391~1473)	522
이보흠(李甫欽)	346
이비(二妃)	451
이사(李斯)	413
이상은(李商隱)	286
이색(李穡, 1328~1396)	259, 296
이서(李緖, 1484~?)	447
이석형(李石亨)	342
이세정(李世靖)	495
이솝(Aesop)	4, 12
이순(李純)	83
이순우(李純祐)	168
이숭인(李崇仁, 1347~1392)	305, 312
이승소	265, 566
이승휴(李承休, 1224~1300)	235, 257
이신(李紳)	243
이심원(李深源)	359
이안뉴(李安杻)	338
이암(李巖)	282, 382

이연경(李延慶) ·················· 384
이윤보(李允甫)/ 동생 ········ 248, 272
이이(李珥, 1536~1584) ···· 483, 572, 574
이익(李瀷) ······················· 139
이인로(李仁老, 1152~1220) ··········· 164, 188, 242, 252
이인임(李仁任)/ 인척 ········ 221, 305, 307
이자(李耔) ······················· 357
이자겸 ···························· 124
이정(李楨, 1512~1571) ··············· 481
이제현(李齊賢, 1287~1367) ··········· 237, 256, 264, 282, **285**, 293
이조(李肇) ······················· 254
이종휘(李種徽) ·················· 140
이지명(李知命) ·················· 168
이지저(李之氐) ·················· 242
이지함(李之菡, 1517~1578) ········· **428**
이첨(李詹, 1345~1405) ····· **220**, **241**, 459
이파(李坡) ······················· 566
이하(李賀) ······················· 477
이항(李沆) ········· 371, 495, 531, 556, 580
이황(李滉, 1501~1570) ············· 320, **393**, **442**, 572
인성당/인성자(忍性子) ········ 360, 494
인희전(仁熙殿) ·················· 312
일암(一菴) ······················· 342
일엄(日嚴) ······················· 223
일연(一然, 1206~1289) ············· 227
임기(林芑) ······················· 579
임대림(林大臨) ·················· 242
임백안(任伯顏) ·················· 285
임연(林衍) ······················· 237
임유무(林惟茂) ·················· 237
임제(林悌, 1549~1587) ············· **433**, 471, 557, 558, 560
임종비(林宗庇) ·················· 127
임진강 ···························· 111
임춘(林椿, 1150~1202 추정) ········· **167**, 207, 243, 258, 283
임포(林逋) ······················· 449
임훈(林薰, 1500~1584) ········ **387**, 576
자공(子貢) ······················· 387
자사(子思) ······················· 395

자우(子羽) ······················· 528
잠령칠현(蠶嶺七賢) ············· 417, 450
잠삼(岑參) ······················· 267
장뇌(張耒) ······················· 365
장단부(長湍府) ·················· 290
장문중(臧文仲) ·················· 390
장사(長沙)/경잠(景岑) ·········· 213, 559
장사감무(長沙監務) ············· 293
장석(匠石) ·················· 294, 366
장양(張讓) ······················· 239
장의사(莊義寺) ·················· 60
장일(張鎰) ······················· 257
장자(莊子)/장주(莊周) ···· 25, 283, 293, 423, 474, 576
장자(莊子)와 혜자(惠子) ········ 346
장자와 굴원 ······················ 578
장지연 ···························· 16
장지화(張志和) ·················· 265
장춘랑/장춘 ·················· 60, 152
장탕(張湯) ······················· 413
장한(張翰) ······················· 367
장횡거(張橫渠, 1020~1077) ········· **186**
저군(儲君) 김수종(金秀宗) ········· 143
저수량(褚遂良) ·················· 368
전기(田忌) ······················· 516
전여성(田汝成, 1503~1557) ········· **449**
전영(田嬰) ······················· 516
전횡(田橫) ·················· 313, 368
절두산 ···························· 450
정극인(丁克仁) ·················· 499
정도전(鄭道傳, 1342~1398) ······ 307, 310, 313, 319, 320, **322**, 437, 459
정렴(鄭濂, 1506~1549) ············· **427**
정명도(程明道) ·················· 373
정몽주 ···························· 307
정사룡(鄭士龍) ·················· 581
정수강(丁壽崗, 1454~1527) ···· **461**, 474
정습명 ···························· 128
정언신(鄭彦信,1527~1591) ········· **471**
정언충(鄭彦忠) ·················· 499
정윤의(鄭允宜) ·················· 257
정이(程頤)/정이천(程伊川) ······ 372, 404
정지운(鄭之雲) ·················· 395

정철(鄭澈, 1536~1594) **452**, 468
정총(鄭摠) 307
정태제(鄭泰齊) 484
정항(鄭沆) 121
정현(鄭玄, 127~200) **541**
정혜공주(貞惠公主) 99
정호(程顥) 412, 448
정효공주(貞孝公主) 99
정희량(鄭希良, 1469~?) 382, **425**, 445, 475
정희인(鄭希仁) 353
제갈공명(諸葛孔明) 423, 457
제경공(齊景公) 84, 522
조광조 371, 378, 381, 384, 399, 402
조래산(徂徠山) 467
조선(朝鮮) 40, 235
조식(曺植, 1501~1572) 320, **389**
조완벽(趙完璧) 556
조위(曺偉, 1454~1503) **445**
졸옹(拙翁) 217
주돈이(周敦頤) 330, 563
주맹(朱猛) 464
주범(周犯) 518
주선왕(周宣王) 375
주자(朱子)/주희(朱熹) 332, 395, 404
주전충(朱全忠) 494
죽령(竹嶺) 66
죽림칠현 423
죽림호(竹林胡) 491
중원(中原) 198
중장통(仲長統) 448
증삼(曾參)/증자(曾子) 380, 390, 504
증점(曾點) 569
지귀(志鬼) 150
지눌(知訥, 1158~1210) **262**
지리산 청학동/석벽 245, 438
지암(止菴) 307
지은(知恩) 441
진(陳) 후주(後主) 121
진감(陳鑑) 466
진강후(晉康侯) 최충헌 177
진관사(津寬寺) 116, 342
진단(陳摶)/진도남 414, 415, 475

진도옥(秦韜玉) 92
진목공(秦穆公) 100
진문공(晉文公) 237
진번(陳蕃) 404
진성여왕 88
진자앙(陳子昻) 241
진지대왕 229
진평왕 52, 150
진헌공(晉獻公) 134
진화(陳澕, 1180경~1230년대 추정) ... **189**
진흥왕 155
차천로(車天輅, 1556~1615) **576**
창원(槍原) 44
채륜(蔡倫) 220
채수(蔡壽, 1449~1515) **354**, 493, 555
천조제(天祚帝) 102
천주사(天柱寺) 82
철원/ 발삽사(勃颯寺) 109
청파거사(靑坡居士) 507
청하후(淸河侯) 114
청허자(淸虛子) 355
초나라 회왕(懷王) 362
초의제(楚義帝) 362, 559
초평왕(楚平王)의 아들 소왕(昭王) ... 135
최경회(崔慶會, 1532~1593) **467**
최당(崔讜) 188
최당신(崔唐臣) 468
최수성(崔壽峸) 382
최승로(崔承老, 927~989) **114**
최승우(崔承祐) 96
최약(崔瀹) 122
최언위(崔彦撝) 96
최연(崔演, 1503~1546) **401**, 460, 461
최영(崔瑩) 310
최우(崔瑀) 214
최유(崔裕) 251
최유청(崔惟淸) 123
최자(崔滋, 1288~1260) **192**, 250, 258
최충(崔沖) 192
최충성(崔忠成, 1458~1491) **365**, 463
최치원(崔致遠) 70, 81, 90, 121, 139, 222, 292, 537, 551
최해(崔瀣, 1287~1340) 206, **217**, 292

최효건(崔孝騫)	473
추남(楸南)	63
충담사(忠談師)	82, 84
충렬왕	236
충목왕	238
충선왕	285
충주 지방	198
충지(冲止, 1226~1293)	**274**
충혜왕	238
취족원(取足園)	218
치희(稚姬)	42
침강(郴江)	559
탁문군(卓文君)	287
탄현(炭峴)	62
태백거사	346
태봉 왕 궁예	108
태자 도절/해명/신생(申生)	43, 134
태조 왕건	110
태종무열왕	54, 58, 61, 76
태현(太賢)	78
토정(土亭)	428
토함산	36, 79
파초혜청(芭蕉慧淸)	215
팔공산	96
팔학사(八學士)	350
팽택(彭澤)	467
편작(扁鵲)	347
평양	61, 111, 193, 364
포석정	88
표연말(表沿沫)	577
표훈 대덕	83
품석(品釋)	61
풍당(馮唐)	69
풍악산	328
하륜(河崙, 1347~1416)	**328**
하백의 딸 유화	34
하지장(賀知章)	434
하항(河沆, 1538~1590)	**483**
하후승(夏侯勝)	380
한금호(韓擒虎)	96
한명회	337
한수(韓壽)	286
한양	112, 364

한영(韓嬰)	515
한유(韓愈)	138, 140, 246, 249, 255, 325, 335, 365, 370, 403, 459, 476, 477, 509, 574, 578
한중왕(韓中王)	314
합관요(蓋寬饒)	292
합천	57
항아(姮娥)	167, 478
항우(項羽)	362
항탁(項託/項橐)	525
해곡(嶰谷)	467
해동 증자	62
해명태자	132
해모수	34
허강(許橿, 1520~1592)	**449**
허균(許筠)	408
허난설헌	92
허목(許穆)	451
허자(許磁)	449
헌강왕	88
헌덕왕	142
헌안왕	86
혁거세왕	36
현종(顯宗)	116, 226
혜공왕	83, 85
혜근(惠勤)	282
혜근(惠勤, 1320~1376)	**279**
혜시(惠施)	293
혜심(慧諶, 1178~1234)	212, 262
혜홍(惠洪)	242
호공(瓠公)	36
호동왕자	132
호원사(虎願寺)	153
혼수(混脩)	283
홍만종	115, 293, 298, 457
홍성민(洪聖民, 1536~1594)	405, 468
홍언박(洪彦博)	298
홍유손(洪裕孫, 1431~1529)	417, **421**
홍유후(弘儒侯)	140
홍인(弘裔)	520
화희(禾姬)	42
확암사원(廓庵師遠)	442
환웅(桓雄)	32, 228

환인의 손녀 ·· 32
환제(桓帝) ·· 240
황준량(黃俊良,1517~1563) ················· **402**
희종(熙宗) ·· 177

2. 서명, 편명, 작품명, 어구

<가거마문거중주인(駕車馬問車中主人)>
·· 469
<가난(家難)> ·· 326
<가문장아기> ··· 53
<가인(佳人)> ·· 455
<가표(賈彪)> ·· 240
<간혜(簡兮)> ·· 253
<간화결의론(看話決疑論)> ················ 262
<감도해(感渡海)> ································ 258
「감통」편 ··· 233
<강남녀(江南女)> ·································· 92
<강호산인전(江湖散人傳)> ················ 425
<개를 타이르다> ································· 173
<개원천보영사시(開元天寶詠史詩)> ·· 234
<거북이와 토끼 이야기> ······················ 65
<거울을 모르는 노부부> ···················· 523
<거중주인사가거마(車中主人答駕車馬)>
·· 469
<걸교문(乞巧文)> ································ 247
<걸식교처첩(乞食驕妻妾)> ················ 523
<검(黔) 땅의 당나귀> ························· 87
<검설(劍說)> ······································· 283
<견군룡무수설(見群龍无首說)> ········ 407
<견족수사(犬足受賜)> ························ 498
『경국대전(經國大典)』 ······················· 524
<경려분각기(警慮焚刻記)> ················ 366
<경명(鏡銘)> ······································· 403
<경설(鏡說)> ······························· 186, 246
<계경주지(繫頸住持)> ························ 489
『계림잡전(鷄林雜傳)』 ······················· 147
<계약옥시(啓鑰玉匙)> ························ 482
『계원필경집』 ······································· 94
<고검(古劍)> ······································· 310
<고경(古鏡)> ······································· 310
'고귀위(高貴位)' ································· 117

<고금(古琴)> ······································· 310
「고려사 속악」편 ································· 290
<고루가(枯髏歌)> ································ 279
<고몽문(告夢文)> ································ 346
『고문상서』 ··· 141
<고분가(孤憤歌)> ················ 263, 323, 511
<고양이 목에 방울달기> ···················· 499
<고을원 서신옹(徐神翁)> ·················· 523
<고의(古意)> ··· 93
<고정(古鼎)> ······································· 310
<고풍(古風)> ······································· 335
<골계열전> ·· 575
<공무도하(公無渡河)> ························ 351
<공무도하가(公無渡河歌)> ·················· 38
<공방전(孔方傳)> ······················· 207, 209
<공자 전승> ·· 525
<공자동자문답> 유형 ·························· 29
<공자동자문답> ·································· 526
<공중누각기(空中樓閣記)> ········ 372, 482
<공중누각부> ······································ 483
『공화국(Politeia)』 ································ 4
<공후인(箜篌引)> ································ 352
<공후인(箜篌引)> ·································· 40
<과욕설(寡慾說)> ································ 429
<곽문전(郭文傳)> ································ 275
<관뇌괴무검(觀儡傀舞劍)> ················ 401
<관동별곡> ·· 452
「관동일록(關東日錄)」 ······················· 413
<관부인전(灌夫人傳)> ························ 500
<관처사묘지명(管處士墓誌銘)> ········ 459
<광변(狂辨)> ······································· 182
<괴뢰부(傀儡賦)> ································ 383
'교토삼굴(狡兔三窟)' ·························· 372
'교토지결송(狡兔之決訟)' ·················· 489
「구가(九歌)」 ······································ 427

찾아보기 | 591

<구계(口戒)> ……………………… 372
『구당서』 ……………………………… 131
『구삼국사(舊三國史)』 …… 132, 145, 235
<구시마문(驅詩魔文)> …… 179, 325, 479
<구약> ……………………………………… 4
<구지가(龜旨歌)> ………………………… 38
『국사보(國史補)』 …………………… 254
<국선생전(麴先生傳)> ……………… 208
<국수재전(麴秀才傳)> ……………… 461
<국순전(麴醇傳)> …………………… 207
『국어(國語)』 …………………… 77, 517
<국자지공지기(國者至公之器)> …… 188
<굴원의 이소> ………………………… 166
<궁수분(窮獸奔)> ……………………… 439
『권수정혜결사문(勸修定慧結社文)』 262
<귀거래사> …………………………… 428
『귀전록(歸田錄)』 …………………… 254
『귀전시화(歸田詩話)』 ……………… 577
<귀지가(龜旨歌)> ……………………… 77
<귀책전(龜策傳)> …………………… 210
<귀토지설(龜兔之說)> …… 19, 64, 136
<규정기(葵亭記)> …………………… 445
『근사록』 ………………………… 407, 412
<금남야인(錦南野人)> ……………… 325
「금남잡제(錦南雜題)」 ……………… 322
'금대기(今代紀)' ……………………… 236
『금양잡록(衿陽雜錄)』 ……………… 345
『금오신화(金鰲新話)』 …… 538, 540, 556, 580
<금중소(禁中笑)> …………………… 170
『금중잡저시고(禁中雜著詩藁)』 …… 118
<기구답(氣毬答)> …………………… 174
<기난심(氣難心)> …………………… 326
<기몽(記夢)> …… 167, 477, 537, 556, 560
<기사(紀事)> 5수 …………………… 260
<기사뇌가(碁詞腦歌)> ………… 264, 375
<기신군형(寄辛君亨)> ……………… 434
<기우목동가(騎牛牧童歌)> ………… 441
<기유삼월치관후작(己酉三月褫官後作)> ……………………………………… 292
<기이(紀異)>편 ……………………… 228
『기재기이(企齋紀異)』 ………… 547, 556
<기조설(忌蚤說)> …………………… 344

「김유신전」 ………………… 64, 136, 137
<김종직론(金宗直論)> ……………… 408
<김현감호(金現感虎)> …… 153, 233, 255
<김후직전> …………………………… 140
<까마귀>[烏] …………………………… 49
<까마귀와 장끼> ……………………… 516
<꼭두각시놀음> ……………………… 322
<꽃왕 우언> …………………………… 67
<피꼬리> ……………………………… 243
<꿈에서 얻은 천 냥> ………………… 523
'나옹삼가(懶翁三歌)' ………………… 279
<낙오당감흥(樂吾堂感興)> ………… 295
<낙지가(樂志歌)> …………………… 447
<낙지론(樂志論)> …………………… 448
<난정서(蘭亭序)> …………………… 413
<난조시(鸞鳥詩)> ……………………… 86
<남도 관찰사> ………………………… 494
<남산>편 ……………………………… 300
<남염부주지(南炎浮洲志)> …… 546, 555, 580
<남제류최교감운(南堤柳崔校勘韻)> ‥ 192
<남풍가(南風歌)> …………………… 388
<남훈전기(南薰殿記)> ……………… 388
<내 덕에 산다> ………………………… 53
『냉재야화(冷齋夜話)』 ……………… 242
『노걸대』 ……………………………… 529
<노기(老妓)> ………………………… 171
<노니는 물고기> ……………………… 171
<노무편(老巫篇)> …………………… 223
<노서절반(老鼠竊飯)> ……………… 498
<노옹화구(老翁化狗)> ……………… 151
『노자(老子)』 …… 25, 141, 345, 350, 573
<노장(老將)> ………………………… 171
<녹진전> ……………………………… 140
『논사록(論思錄)』 …………………… 399
『논어』 ………………………………… 429
『논어·안연』편 ………………………… 84
<논일엄사(論日嚴師)> ……………… 223
<농암어부가> ………………………… 449
<농자대(農者對)> …………………… 345
<뇌언개수문(酹偃蓋叟文)> ………… 461
<누풍년송(屢豊年頌)> ……………… 403
<누항기(陋巷記)> ………… 387, 390, 481

<늙은 쥐의 구실>	499
『능가경(楞伽經)』	282
<다기망양(多岐亡羊)>	576
<다주론(茶酒論)>	294
<단군신화>	31
<달관부(達觀賦)>	357
<담낭전>	527
<담사설(啗蛇說)>	502
<답객난(答客難)>	365
<답남추강서(答南秋江書)>	363
<답석문(答石問)>	183, 299
<답이평중서(答李平仲書)>	566
<답전부(答田夫)>	325
<당랑거철(螳螂拒轍)>	97
『당서(唐書)』「예문지(藝文志)」	222
<대관부(大觀賦)>	357
'대관재몽유록'	537
『대동문수(大東文粹)』	16
「대무신왕 본기」	132
『대방광불화엄경(大方廣佛華嚴經)』	81
<대음희성부(大音希聲賦)>	404
<대인기원(代人寄遠)>	114
<대인선생전(大人先生傳)>	429
<대인설(大人說)>	429
『대지도론(人智度論)』의 <술파가(述波加)>	150
<대천지답(代天地答)>	263
<대춘부(大椿賦)>	417, 466
『대학장구』	360
<대홍수 설화>	26
<도미열전>	134
<도산십이곡(陶山十二曲)>	572
<도산잡영(陶山雜詠)>	572
<도솔가>	82
<도원가(桃源歌)>	189
<도원변(桃原辨)>	403
<도원역(桃源驛)>	251
<도자설(盜子說)>	502
<도화녀 비형랑>	229
<독락팔곡(獨樂八曲)>	442
<독사감우(讀史感遇)>	241
<독암선옹모과목장설(禿庵禪翁木苽木杖說)>	282
<독장수구구>	523
『동국사략』	375
『동국통감』	375
<동군(東君)>	428
『동래박의(東萊博議)』	519
<동명왕편(東明王篇)>	41, 224
『동문선』	219, 340
『동사열전(東史列傳)』	140
「동이열전(東夷列傳)」	131
『동인시화(東人詩話)』	340, 487
『동인지문』	219
<동인지문(東人之文) 서문>	218
<동정송(東征訟)>	274
<동지신죽(東池新竹)>	118
<두더지혼인>	489
<득일(得一)>	345
<들불>[野燒]	95
<들여우> 일화	149
<등산설(登山說)>	503
<등악양루(登岳陽樓)>	452
『마하승기율(摩訶僧祇律)』	271
<마환우설(馬換牛說)>	406
<만고가(萬古歌)>	235, 375, 466
<만복사저포기(萬福寺樗蒲記)>	540
<만분가(萬憤歌)>	445, 454
'만성풍우근중양(滿城風雨近重陽)'	242
'만세산(萬歲山)'	478
<만파식적(萬波息笛)>	68
<매류쟁춘기(梅柳爭春記)>	435, 471
<매어옹문답서(賣魚翁問答敍)>	405
<매어옹행(賣魚翁行)>	406
『맹자』	402, 429, 442, 523
<맹타(孟他)>	239
<메추라기>[鶉]	49
<명명덕곡(明明德曲)>	483
<명물기(名物記)>	379
<명반오문(命斑獒文)>	178
'명자실지빈야(名者實之賓也)'	509
『명종실록』	377
<명후(銘後)>	379
<모란탈재(牧丹奪財)>	488
<모로쇠전(毛老金傳)>	463, 498
<모영전(毛穎傳)>	138, 167,

    248, 459, 474, 578, 580
<모영찬(毛穎贊)> ································· 461
<모춘문앵(暮春聞鶯)> ··························· 258
<목가산기(木假山記)> ··························· 341
'목계가(木鷄歌)' ······································ 290
"목마른 놈이 샘 판다" ·························· 304
『목민심서』「애민(愛民)」 ····················· 241
<몽비부(夢悲賦)> ··································· 176
<몽사자연지(夢謝自然志)> ···················· 477
<몽유(夢遊)> ·· 373
<몽유선작(夢遊仙作)> ··························· 170
<몽자정록(夢子挺錄)> ··························· 492
<묘수좌(猫首座)> ··································· 384
<묘포서설(猫捕鼠說)> ··························· 401
<무쌍전(無雙傳)> ··································· 156
<무염(無鹽)> ·· 522
<무염판속설(貿鹽販粟說)> ···················· 406
<무염화상비명(無染和尙碑銘)> ··············· 94
<무왕> ·· 52
『무의자시집(無衣子詩集)』 ···················· 263
<무이도가(武夷櫂歌)> ··························· 570
'무자기(毋自欺)' ···································· 307
<무장공자전(無腸公子傳)> ···················· 248
<묵군부(墨君賦)> ··································· 459
<묵죽부(墨竹賦)> ··································· 459
<묵행자전(默行子傳)> ··························· 254
<문대균부(問大鈞賦)> ··························· 182
<문두견(聞杜鵑)> ··································· 376
<문부산(蚊負山)> ··································· 265
<문선왕희(文宣王戱)> ··························· 527
'문원전(文苑傳)' ···································· 138
<문자부산(蚊子負山)> ····························· 97
<문조물(問造物)> ······· 184, 323, 480, 511
<문천균부(問天鈞賦)> ··························· 479
『물보(物譜)』 ··· 115
'물오여야(物吾與也)' ···························· 186
'물조장(勿助長)' ···································· 342
<미숙최과(半叔最課)> ··························· 516
<민농(憫農)> ·································· 243, 274
<민암부(民巖賦)> ··································· 391
'민오동포(民吾同胞)' ···························· 186
<민옹전(閔翁傳)> ··································· 491
<바위 위 작은 소나무>[石上矮松] ······· 95

<바위에 흐르는 샘물>[石上流泉] ········· 95
<박생(朴生)> ·································· 493, 544
『박통사』 ··· 529
『반야심경(般若心經)』 ·························· 343
<반이소(反離騷)> ··································· 167
<발도가(撥棹歌)> ··································· 266
<발치문(拔齒文)> ··································· 356
<방가행시아(放歌行示兒)> ···················· 427
<방서(放鼠)> ·· 173
<방선부(放禪賦)> ··································· 176
<방휼상지(蚌鷸相持)> ····························· 97
<백관잠(百官箴)> ····································· 76
<백납가(百衲歌)> ··································· 279
<백운거사어록> ···································· 210
<백운거사전> ····················· 206, 211, 217
<백운과 제후> ······································ 155
『백유경(百喩經)』 ································· 523
<백이사명설(伯夷死名說)> ···················· 576
<백이열전> ··· 124
<백주(柏舟)> ·· 253
'백척간두수진보(百尺竿頭須進步)' ··· 213
'백체종령(百體從令)' ···························· 324
<벌가(伐柯)> ·· 54
<범려오호(范蠡五湖)> ··························· 238
<범사정기(泛槎亭記)> ··························· 377
『법화영험전』 ······································· 152
<변무(騈拇)>편 ····································· 576
<병중잡설(病中雜說)> ··························· 347
<보개(寶蓋)> ·· 151
「보언(補言)」 ··· 508
「보언」편 ··· 517
『보한집(補閑集)』 ······················· 118, 250
『보한집』 하권 뒷부분 ······················· 253
<복거(卜居)> ·· 375
<복재기(復齋記)> ··································· 307
<본심여일월부(本心如日月賦)> ············ 483
<봉(蜂)> ·· 286
<봉관성자고(封管城子誥)> ···················· 460
'봉래궁(蓬萊宮)' ···································· 478
<봉왕대명(蜂王臺銘)> ··························· 402
'부윤옥(富潤屋)' ···································· 483
『부휴자담론(浮休子談論)』 ······· 354, 507,
    536, 554

『부휴자담론』「보언」편 ·················· 364
<부휴자전(浮休子傳)> ················· 507
<비각시론육수(秘閣試論六首)> ········· 352
<비단가(臂短歌)> ······················ 275
"빈 배 가득 달빛 싣고 돌아온다" ····· 267
<빈녀(貧女)> ··························· 92
<빈녀음(貧女吟)> ······················· 92
<빙도자전(氷道者傳)> ················· 213
'빙탄불상입(氷炭不相入)' ·············· 509
『사기』 ································· 517
『사기(史記)』「평준서(平準書)」 ····· 209
<사리화(沙里花)> ······················ 289
<사미인(思美人)> ················ 19, 454
<사미인곡> ···························· 454
<사미인사(思美人詞)> ················· 358
<사사경호표(謝賜鏡湖表)> ············ 434
<사서(社鼠)> ·························· 413
'사서성호(社鼠城狐)' ·················· 297
<사설(師說)> ·························· 365
<사설(蛇說)> ·························· 381
「사유록(四遊錄)」 ····················· 570
「사육(四六)」 변려문 ·················· 219
<사이매문(謝魑魅文)> ··········· 325, 480
<사인이필묵견혜(謝人以筆墨見惠)> ·· 167
『사재척언(思齋摭言)』 ··········· 371, 495
'사절유택(四節遊宅)' ···················· 88
<사지도 않은 말 허리 부러질까 아들 야단치기> ······················· 499
<산가서(山家序)> ················ 319, 333
<산거백절(山居百絶)> ················· 376
<산귀(山鬼)> ·························· 427
<산꼭대기 아슬아슬한 바윗돌[山頂危石] ································ 95
<산꼭대기 아슬아슬한 바윗돌[山頂危石] ································ 95
<산당서객전(山堂書客傳)> ············ 463
「산목(山木)」편 ······················· 297
<산목자구부(山木自寇賦)> ············ 358
<산석영정중월(山夕詠井中月)> ······· 270
<산은설(散隱說)> ······················ 425
『삼강행실도』의 <이씨감연(李氏感燕) 364
「삼계(三戒)」 ·························· 378
<삼공불환도(三公不換圖)> ············ 448

<삼교일리론(三敎一理論)> ············ 327
『삼국사기』 ················· 145, 224, 235
『삼국사기·설총전』 ······················ 15
『삼국사기』「궁예전」 ·················· 108
『삼국사기』 열전(列傳) ·················· 64
『삼국사기』 <최치원전> ················ 107
『삼국사략』 ···························· 221
『삼국사절요』 ···················· 146, 155
『삼국유사』 ···························· 227
『삼국유사』「만파식적」조 ············ 139
『삼국유사』「수로부인」조 ·············· 76
『삼국유사』「탑상」편 ··················· 72
<삼도부(三都賦)> ················ 193, 364
<삼마시(三魔詩)> ················ 171, 180
『삼역총서(三譯叢書)』 ················ 524
<삼우설(三友說)> ················ 329, 338
<삼인공마(三人共馬)> ··········· 490, 498
『삼자경(三字經)』 ····················· 527
<삼치설(三雉說)> ······················ 504
<삼토일악(三兎一鶚)> ················· 495
<삼해(三解)> ·························· 399
<상각간김충공서(上角干金忠恭書)> ·· 143
<상대별곡(霜臺別曲)> ············ 440, 489
<상림부(上林賦)> ······················ 466
<상야(上邪)> ·························· 290
<상진평왕서(上眞平王書)> ············ 141
<새끼 뱀>[小蛇] ······················· 117
'새옹지마(塞翁之馬)' ·················· 293
<색유(色喩)> ·························· 182
<서강월정(西江月艇)> ················· 449
<서경별곡> ···························· 288
『서경』 ································ 567
<서광(鼠狂)> ·························· 172
<서동> ································· 52
<서명(西銘)> ·························· 186
<서명(鋤銘)> ·························· 403
<서상화(瑞祥花)> ······················ 121
<서수필(鼠鬚筆)> ······················ 413
<서재야회록(書齋夜會錄)> ············ 549
「서정록(西征錄)」 ····················· 401
<서파삼우설(西坡三友說)> ············ 338
<서호별곡(西湖別曲)> ················· 449
<서호사 6결> ·························· 451

<서호십경시(西湖十境詩)> ·················· 450
『서호유람지(西湖遊覽志)』··············· 449
<석가산기(石假山記)> ··············· 341, 568
<석가산부(石假山賦)> ······················ 350
<석가산폭포기(石假山瀑沛記)> ······· 355
<석가출산상(釋家出山相)> ·············· 278
<석고(石鼓)> ······································ 375
<석문(石問)> ······································ 299
<석불가탈견(石不可奪堅)> ··············· 190
<석의(釋疑)> ······································ 298
<석죽화(石竹花)> ······························ 128
<석탈해> 전승 ····································· 35
<석허중부(石虛中賦)> ······················ 358
<석화음(惜花吟)> ······························ 275
<선녀홍대(仙女紅袋)> ············· 153, 540
「선덕왕 본기」·································· 66
'선명(善鳴)' ·· 574
『선문염송(禪門拈頌)』······· 149, 212, 267
<선유락(船遊樂)> ······························ 450
<선탈망(蟬脫網)> ······························ 265
<설(說)> 형식 ····································· 298
「설검(說劍)」편 ·························· 169, 283
<설공찬전> ······················· 354, 494, 555
『설원(說苑)』「지공(至公)」편 ··········· 189
「설총전」······································· 64, 136
<성도기(成道記)> ······························ 229
<성불도(成佛圖)> ······························ 563
<성은가(聖恩歌) 답강호백구(答江湖白鷗)>
 ·· 469
<성의곡(誠意曲)> ······························ 483
<성의관기(誠意關記)> ·············· 359, 481
<성인백세사론(聖人百世師論)> ······· 365
<성학십도(聖學十圖)> ······················ 399
『세설신어』····························· 367, 435
<소관부(小觀賦)> ······························ 357
『소림(笑林)』····································· 523
<소소소묘(蘇小小墓)> ······················ 477
<소아론(小兒論)> ······························ 524
<소악부> ··· 292
<소풍파처편위가(少風波處便爲家)> · 468
<소학(小學)> ····································· 463
『소화시평』······················ 115, 293, 298
<속당명황유월궁기(續唐明皇遊月宮記)>

<속미인곡> ··· 454
『속어면순』······································· 500
<속진학해(續進學解)> ······················ 365
<송궁문(送窮文)> ······························ 179
<송궁문(送窮文)> ··············· 325, 337, 479
<송대부시(宋大夫詩)> ······················ 342
<송명주호심사(宋明州湖心寺)> ······· 126
<송왕함수재서(送王含秀才序)> ······· 476
<송장사인지강동(送張舍人之江東)> ·· 367
<송죽국쟁장설(松竹菊爭長說)> ······· 467
<송풍악승서(送楓岳僧序)> ·············· 328
<송풍정의 누운 소나무[松風亭偃松] ···
 ·· 127
<송한시랑적조주서(送韓侍郎謫潮州序)>
 ·· 368
<수강궁관렵(壽康宮觀獵)> ·············· 258
<수관불여수도론(守官不如守道論)> ·· 248
'수구초심(首丘初心)' ·························· 294
<수궁가> ··· 66
<수보록(受寶籙)> ······························ 437
<수삽석남(首揷石枏)> ······················ 152
<수성지(愁城誌)> ··············· 360, 443,
 484, 557, 560
『수이전(殊異傳)』····················· 145, 235
『수이전』 유형 ·································· 254
<수향기(睡鄕記)> ··············· 321, 474, 537
『순언(醇言)』····································· 574
<순오지> ··· 457
『순자』·· 391
<슬견설(蝨犬說)> ······················ 185, 480
<슬잠(蝨箴)> ····································· 178
<승목설(升木說)> ······························ 344
<승자림치우담(僧子林癡愚譚)> ······· 254
『시경』······································ 352, 482
 『시경·진풍』의 <형문(衡門)>장 ······ 514
 『시경』<청승(青蠅)>편 ·················· 509
 『시경』<행로(行露)>장 ·················· 541
<시골 사람 서울구경 자랑> ············· 499
<시냇물>[溪水] ································· 117
『식영암집』······································· 282
<신공사뇌가(身空詞腦歌)> ·············· 264
『신당서』··· 131

『신당서』「예문지(藝文志)」 ………… 146
<신돈(辛旽) 2수> ………………… 293
『신라수이전』 ………………… 148, 540
<신력탄(新曆嘆)> ………………… 431
<신루기(蜃樓記)> ………… 385, 478
<신명사기(神明舍記)> ……………… 482
<신명사도명(神明舍圖銘)> … 391, 481
<신명사명(神明舍銘)> ……………… 360
<신명사부(神明舍賦)> ……… 481, 482
<신석(神釋)> ……………………… 411
『신약』 ……………………………… 4
『신의상법요(新儀象法要)』 ………… 404
『심경(心經)』 ……………………… 407
『심경부주(心經附註)』 ……………… 360
『심경부주(心經附註)』
「대학성의장(大學誠意章)」 ……… 483
<심기리편(心氣理篇)> ……… 326, 480
<심난기(心難氣)> ………………… 326
<심문(心問)> ……………………… 323
<심문천답(心問天答)> ……… 480, 511
<심신문답(心身問答)> ……… 174, 270
<십우도송(十牛圖頌)> ……………… 442
<십의잠(十宜箴)> ………………… 358
『십현담(十玄談)』 ………………… 414
『·십현담요해』 …………………… 415
<쌍녀분기(雙女墳記)> ……………… 540
<아계부(啞鷄賦)> ………………… 125
<아도기라(阿道基羅)> ……………… 147
<아도화상비> ……………………… 147
<아미타상찬(阿彌陀像讚)> …………… 81
<아생(我生)> ……………………… 412
「아언(雅言)」 ……………………… 508
「아언」편 ………………………… 513
<아지(兒智) 설화> ……………… 526
<악양루기(岳陽樓記)> ……………… 454
<악의벌제격(樂毅伐齊檄)> ………… 403
『악장가사』 ………………………… 440
<악장어부사> ……………… 267, 449
<안노설(雁奴說)> ………………… 401
<안동자청(安東紫靑)> ……………… 290
<안륜(安倫)> ……………………… 544
<안륜(安崙)> ……………………… 544
<안민가> …………………………… 82

<안빙몽유록(安憑夢遊錄)> ………… 548
<안생(安生)> ……………………… 544
<앙마(秧馬)> ……………………… 387
'애내일성산수록(欸乃一聲山水綠)' … 450
<애대조(哀大鳥)> ………………… 375
<애오잠(愛惡箴)> …………… 295, 480
<애추석사(哀秋夕辭)> ……………… 305
<애추석사(哀秋夕詞)> ……………… 358
<약계(藥戒)> ……………………… 365
<약명시(藥名詩)> ………………… 360
<약호부(藥壺賦)> …………… 417, 467
'양경시부(良鏡詩賦)' ……………… 190
<양어설(養魚說)> ………………… 379
<양자거(陽子居)> ………………… 537
<양졸당기(養拙堂記)> ……… 335, 480
<양초부(養蕉賦)> ………………… 342
<양치기소년> ……………………… 401
『양화소록(養花小錄)』 ……… 341, 580
<어가오(漁家傲)> ………………… 266
<어가자(漁家子)> ………………… 267
『어면순(禦眠楯)』 …… 463, 498, 523, 580
<어부(漁父)> ……………………… 167
<어부(漁夫)> ……………………… 267
<어부사(漁父辭)> ………… 19, 441, 451
<어부사(漁父詞)> ………………… 265
<어사용> …………………………… 54
'어약연비(魚躍鳶飛)' ……………… 484
<어옹(漁翁)> ……………………… 450
<어화원 귤나무> ………………… 168
'언서도혼(鼴鼠圖婚)' ……………… 489
<얼룩개에게 명하는 글> …………… 178
<엄광론(嚴光論)> ………………… 389
『여등청사(旅燈靑史)』 ……………… 435
<여산폭포(廬山瀑布)> ……………… 452
<여색을 깨우침> ………………… 182
『여씨춘추(呂氏春秋)』 ……………… 191
<여융부(女戎賦)> ………………… 363
<역대가(歷代歌)> ………… 222, 235, 375
『역옹패설(櫟翁稗說)』 ……… 256, 487
『연산군일기』 ……………………… 423
<연아(演雅)> ……………………… 296
<연아체> …………………………… 301
<연양(延陽)> ……………………… 49

찾아보기 | 597

〈연자부(燕子賦)〉 ··············· 294
『열녀전』 ····················· 517
『열자』 ············· 539, 573, 575
〈영답형(影答形)〉 ··············· 411
〈영동사(詠東史)〉 ··············· 142
〈영묘승마(鈴猫乘馬)〉 ······ 499, 523
〈영사(詠史)〉 ··················· 239
〈영사잡언(詠史雜言)〉 ············ 360
〈영양축정애이포일(羚羊逐晴崖以曝日)〉
 ······························ 410
〈영주사부(永州蛇賦)〉 ············ 364
〈영화원(詠畫猿)〉 ··············· 383
『예기』 ······················· 443
〈예산은자전(猊山隱者傳)〉 ··· 206, 217
〈예상우의무곡(霓裳羽衣舞曲)〉 ···· 478
〈오경천견록(五經淺見錄)〉 ········ 330
〈오관곡(五冠山)〉 ··············· 289
〈오류선생전(五柳先生傳)〉 ········ 211
『오륜전비기』 ··················· 529
〈오륜전전(五倫全傳)〉 ······ 531, 556, 580
〈오원자부(烏圓子賦)〉 ············ 340
「오칠(五七)」 근체시 ············ 219
〈오호도(嗚呼島)〉 ··············· 313
〈옥부(屋賦)〉 ··············· 417, 466
〈옥수후정화(玉樹後庭花)〉 ········ 121
〈온달〉 ························ 52
 〈온달전〉 ···················· 155
〈와(蝸)〉 ······················ 387
〈완주가(翫珠歌)〉 ··············· 279
〈왕력(王曆)〉편 ················ 228
〈외부(畏賦)〉 ·················· 175
〈요가연부(姚家鳶賦)〉 ············ 364
'요산요수(樂山樂水)' ············ 569
〈요잠(腰箴)〉 ·················· 178
〈요통설(溺桶說)〉 ··············· 505
'요해(要解)' ··················· 414
〈용궁부연록(龍宮赴宴錄)〉 ··· 547, 552
〈용궁회진시(龍宮會眞詩)〉 ········ 551
〈용문기(龍門記)〉 ··············· 388
〈용부전(慵夫傳)〉 ······ 348, 462, 480
〈용비어천가〉 ············· 438, 439
『용재총화(慵齋叢話)』 ····· 278, 489, 544, 554

'용주(龍舟)' ··················· 478
『용천담적기(龍泉談寂記)』 ······· 360, 492, 544, 555, 579
〈용풍(慵諷)〉 ············· 180, 480
〈용호(龍虎)〉장 ················ 415
〈우견기구인우의(偶見氣毬因寓意)〉 ·· 174
'우마주(牛馬走)' ··············· 537
〈우서문제선자(偶書問諸禪者)〉 ···· 275
「우언(寓言)」 ············· 508, 513
〈우예쟁전(虞芮爭田)〉 ············ 472
〈우예질궐성송(虞芮質厥成頌)〉 ···· 403
〈우흥(寓興)〉 ··················· 90
〈우희조가(憂喜鳥歌)〉 ············ 264
『욱리자(郁離子)』 ······· 354, 516, 519
'운곡시사(耘谷詩史)' ············ 309
『운곡행록(耘谷行錄)』 ··········· 308
〈운당게(賞簹偈)〉 ··············· 342
〈운로음(耘老吟)〉 ··············· 309
'울타리에 앉은 쇠파리' ··········· 286
"웃다가 빠진 턱을 뉘에게 물으랴" ·· 304
〈원가〉 ························ 83
〈원귀(原鬼)〉 ·················· 255
〈원생몽유록(元生夢遊錄)〉 ······· 321, 557, 558
〈원유(遠遊)〉 ··················· 19
〈원유가(遠遊歌)〉 ··············· 311
'원자허(元子虛)' ··············· 558
'월궁(月宮)' ··················· 478
〈월등사죽루죽기(月燈寺竹樓竹記)〉 ·· 282
〈월정화(月精花)〉 ··············· 292
〈월하독작(月下獨酌)〉 ············ 453
위동평왕책문식부궁
 〈爲東平王責問息夫躬〉 ········ 406
〈위리기(圍籬記)〉 ··············· 378
〈위선최락(爲善最樂)〉 ············ 376
〈유견(諭犬)〉 ·················· 173
〈유관서관동록(遊關西關東錄)〉 ···· 570
「유리왕 본기」 ············ 41, 132
〈유선가(儒仙歌)〉 ··············· 292
〈유어(游魚)〉 ·················· 171
'유어예(遊於藝)' ··············· 567
'유여매쟁춘(柳與梅爭春)' ······· 471, 557
〈유일선자답운(有一禪者答云〉 ···· 275

<유자가여수성(儒者可與守成)> ········ 352
<유자후문질평(柳子厚文質評)> ········ 247
<육낙설(鵹駱說)> ······················· 363
<육송정기(六松亭記)> ··················· 335
<육신전> ····················· 321, 559, 580
<육십명(六十銘)> ························ 379
<육십명서(六十銘序)> ··················· 379
'윤공지채(尹公之臺)' ···················· 402
'읍혈사(泣血詞)' ························· 275
<의당한유청물납불골표(擬唐韓愈請勿納佛骨表)> ························ 335
<의동파십론(擬東坡十論)> ············· 352
<의마부(意馬賦)> ························ 434
<의송악비청북벌표(擬宋岳飛請北伐表)> ························ 335
의송장사인귀강동서
    <(擬送張舍人歸江東序)> ············ 367
<의송한유폄조주서(擬送韓愈貶潮州序)> ························ 370
<의이태백여두자미(擬李太白與杜子美)> ························ 399
<의자도부(擬自悼賦)> ··················· 375
<의저수량간립무씨위후소(擬褚遂良諫立武氏爲后疏)> ·················· 368
<의제왕전힝묘지(擬齊工田橫墓誌)> ··· 368
<의해(意解)> ······························ 400
『이륜행실도』 ····························· 369
'이름[名]은 명령[命]이다' ············· 379
'이름은 실질/실상의 손님' ············· 400
<이불 속에서 웃다> ···················· 170
<이비충(二飛蟲)> ························ 360
<이상자대(異相者對)> ··················· 183
<이생규장전(李生窺墻傳)> ············· 544
<이소(離騷)> ··············· 19, 223, 305,
    370, 373, 446, 451, 454, 549
『이원(異苑)』 ······························ 495
<이유심기(理諭心氣)> ··················· 326
<이인보감여귀(李仁甫感女鬼)> ······· 254
<이재양민론(理財養民論)> ············· 399
<이해(理解)> ······························ 400
<익재진자찬(益齋眞自讚)> ············· 287
'인간불견서(人間不見書)' ··············· 579
<인귀관부(人鬼關賦)> ··················· 483

「인성록(忍性錄)」 ························· 360
<인정전기(仁政殿記)> ··················· 388
'일곡량주(一斛梁州)' ···················· 239
'일궁(日宮)' ································ 478
<일리론(一理論)> ························ 546
'일모수죽(日暮脩竹)' ···················· 455
<일십체(一十體)> ························ 342
<임강지미(臨江之麋)> ··················· 378
"임금님 귀는 당나귀 귀" ················ 86
<임돈독전(林敦篤傳)> ··················· 498
『입학도설(入學圖說)』 ······· 330, 393, 563
<자만(自挽)> ······················ 427, 435
<자만(自挽) 4장> ················ 363, 420
<자만시(自挽詩)> ························ 412
<자벌레> ···································· 301
'자부사군(資父事君)' ······················ 50
'자불어(子不語)' ·························· 403
<자송(自訟)> ······························ 306
<자송편(自訟篇)> ························ 306
'자지곡(紫芝曲)' ·························· 306
『자아타카』 ··································· 65
『자치통감』 ································· 516
『자타가(Jataka)』 ···························· 4
<자허부(子虛賦)> ························ 466
<작매부(斫梅賦)> ························ 431
<작성도(作聖圖)> ························ 563
<작성도론(作聖圖論)> ··················· 563
<작시(作詩)> ······························ 360
<작약 응제시> ···························· 120
'작제건(作帝建) 설화' ····················· 88
<잡설(雜說)> ············ 246, 366, 491, 509
「잡저(雜著)」 ······························· 414
<장산가(瘴山歌)> ························ 360
<장암(長巖)> ······························ 288
<장암곡(長巖曲)> ················ 264, 375
<장양부(長楊賦)> ························ 167
『장자(莊子)』 ············· 4, 25, 378, 418,
    422, 429, 466, 482, 509, 573, 575
『장자 소요유』편 ················· 374, 418
『장자 외물』편 ···························· 210
『장자 우언』편 ···················· 501, 508
『장자 제물론』편 ························· 186
『장자』「도척」편 ··························· 551

찾아보기 | 599

『장자』「어부」편 ·················· 390, 411
『장자』「우언」편 ························ 537
『장자』의 중언(重言) ·················· 518
『장자』의 호접몽 ························ 456
「장춘랑(長春郞)·파랑(罷郞)」 ·············· 60
<재인전(梓人傳)> ················ 143, 367
<저생전(楮生傳)> ························ 220
『적멸시중론(寂滅示衆論)』 ············ 441
<적해(跡解)> ······························ 399
『전국책』 ································ 372, 517
『전등록(傳燈錄)』 ·························· 206
『전등신화(剪燈新話)』 ·········· 416, 577, 580
『전등신화구해(剪燈新話句解)』 ········ 556
『전등여화』 ···································· 580
<전부언(田夫唁)> ·························· 329
<절명시(絶命詩)> ·························· 363
<점필재(佔畢齋)> ·························· 408
『정감록』 ·· 113
<정과정곡> ·································· 288
『정관정요』 ···································· 391
<정명론(正名論)> ·························· 368
<정부원(征婦怨)> ·························· 114
<정석가> ································ 288, 290
<정시자전(丁侍子傳)> ····· 214, 346, 459
『정언묘선(精言妙選)』 ···················· 572
<정읍사> ·· 51
<제금강산(題金剛山)> ·················· 424
<제금오신화(題金鰲新話)> ············ 557
<제두성공자화조(題杜城公子畫鵰)> ·· 382
<제망매가> ···································· 82
<제명도선생묘비음(題明道先生墓碑陰)>
·· 368
「제물론(齊物論)」 ·························· 418
<제열경문(祭悅卿文)> ·················· 422
<제왕운기(帝王韻紀)> ············ 31, 235
<제이후혼화병(題李侯渾畫屛)> ······ 568
<제전등신화후(題剪燈新話後)> ·· 557, 578
<제조상선백마도(題曺尙膳白馬圖)> ·· 567
『제주풍토기』 ································ 580
<조굴원부(弔屈原賦)> ············ 422, 446
『조동오위(曹洞五位)』 ······ 231, 232, 414
『조동오위요해』 ···························· 415
<조명설(釣名說)> ·························· 407

「조선열전」 ···································· 131
<조신전(調信傳)> ·············· 229, 231, 233
<조용(嘲慵)> ·························· 348, 480
<조의제강중문(弔義帝江中文)> ······· 408
<조의제문(弔義帝文)> ······ 321, 362, 408
『종경록(宗鏡錄)』 ···························· 94
<종정도(從政圖)> ·························· 563
『좌씨전』 ························ 133, 135, 517
『좌씨전』 문공(文公) 18년 ············ 297
<주덕송(酒德頌)> ·························· 429
'주몽 이야기' ································· 34
<주봉설(酒蜂說)> ·························· 385
<주서문(呪鼠文)> ·························· 179
「주송(周頌)」 <소비(小毖)>편 ········ 226
『주역참동계발휘(周易參同契發揮)』 ·· 415
『주역참동계』 ·································· 420
『주역』 ············ 336, 393, 407, 429, 443, 509
『주역』 관괘(觀卦) ························ 237
『주역』의 학문사 ·························· 484
<주옹설(舟翁說)> ·························· 329
<주인문천(主人問泉)> ···················· 174
<주장군전(朱將軍傳)> ······· 463, 498, 580
<주장자여탈(拄杖子與奪)> 화두 ···· 215
<죽리관(竹裏館)> ·························· 448
<죽부인전> ···································· 219
<죽존자전(竹尊者傳)> ············ 213, 282
<죽통미녀(竹筒美女)> ···················· 151
『중관론(中觀論)』 ··························· 343
<중니봉부(仲尼鳳賦)> ···················· 124
'중류지주(中流砥柱)' ····················· 333
<중양절(重陽節)> ·························· 242
『중용장구』 ···································· 434
『중용』 ·· 395
『중용』 공부 ·································· 434
『중종실록』 ···································· 372
『중편조동오위(重編曹洞五位)』 ······ 227
<쥐>[鼠] ··· 49
<쥐를 놓아줬다> ·························· 173
<쥐를 저주하는 글> ······················ 179
<쥐의 광란> ························ 172, 179
<증사우(贈四友)> ·························· 166
<증영(贈影)> ·································· 295
<지기삼사(知機三事)> ····················· 56

<지지헌기(止止軒記)> ·········· 177, 211
<지지헌명(止止軒銘)> ················· 177
'직불의(直不疑)' ························· 298
『직해소학』 ······························· 529
<진달래꽃>[杜鵑] ······················· 95
<진산유자(晉山儒者)> ··············· 494
<진삼국사표(進三國史表)> ········ 131
『진심직설』 ······························· 280
<진학해(進學解)> ······················· 365
<쫓겨난 딸> ································ 52
<차도정절귀거래사(次陶靖節歸去來辭)>
·· 428
<차마설(借馬說)> ······················· 301
'차옹취적비취어(此翁取適非取魚)' ··· 267
<차익재운(次益齋韻)> ················ 295
<찬기파랑가> ······························ 82
<참곡궤문(斬曲几文)> ················ 247
<참군희(參軍戲)> ······················· 528
『참동계(參同契)』 ······················ 420
<창랑가(滄浪歌)> ······················· 411
'창랑지수(滄浪之水)' ·················· 451
<창세가> ·························· 26, 27, 527
<채생(蔡生)> ······························ 544
<채생> 이야기 ···························· 493
<저봉> ······································· 288
<처용가> ······································ 88
<척확(尺蠖)> ······························ 301
<천군견지수공수성(天君遣志帥攻愁城)>
·· 407, 484
<천군기(天君紀)> ······················· 484
<천군연의(天君衍義)> ··············· 484
<천군전(天君傳)> ·········· 360, 443, 484
557, 560
『천금방(千金方)』<양성편(養性篇)> · 415
<천답(天答)> ····························· 323
<천답주인(泉答主人)> ··············· 174
<천대(天對)> ····························· 263
<천명도(天命圖)> ·············· 332, 481
<천명도설후서(天命圖說後敍)> · 395
<천문(天問)> ········ 19, 182, 263, 299, 479
<천문천대(天問天對)> ··············· 479
「천백(千百)」 산문 ···················· 219
'천상천하유아독존' ····················· 279

<천인심성분석(天人心性分析)> ······· 330
<천인심성합일(天人心性合一)> ······· 330
<천인심성합일도(天人心性合一圖)> ······
396, 481
<천인심성합일도설> ·················· 393
<천지왕본풀이> ·························· 28
'철로보(鐵爐步)' ························· 460
<청강사자현부전(淸江使者玄夫傳)> ······
······················ 177, 208, 210, 494
<청부독과(菁父毒果)> ················ 489
『청비록(淸脾錄)』 ······················ 431
<청승(靑蠅)>편 ·························· 286
『청파극담』 ······························· 544
<체직후(遞職後)> ······················· 293
<초만(草蔓)> ····························· 369
<초부(樵賦)> ····························· 294
『초사』 ······································ 422
'초택성음(楚澤醒吟)' ·················· 441
<초환유자문(招宦遊子文)> ········ 367
<촉견폐일설(蜀犬吠日說)> ·· 404, 405
<촉규화(蜀葵花)> ······················· 91
『촌담해이(村談解頤)』 ······· 488, 498
<촌중금영(村中禽詠)> ··············· 360
<최군묘지명(崔君墓誌銘)> ········ 217
<최생우진기(崔生遇眞記)> ·· 550, 551
<최치원> ···························· 153, 540
<최항(崔伉)> ······························ 151
『추강냉화(秋江冷話)』 ··············· 491
<추풍(秋風)> ····························· 353
<축빈부(逐貧賦)> ················ 179, 479
<축시마(逐詩魔)> ······················· 401
<축시마문> ································ 401
<축장설(畜獐說)> ······················· 378
<춘일우성(春日偶成)> ··············· 448
『춘추좌씨전』 ···························· 517
<출사표> ··································· 457
<출산게(出山偈)> ······················· 279
<출산상찬(出山相讚)> ········ 268, 278
<취가(醉歌)> ····························· 295
'취생몽사(醉生夢死)' ·················· 412
<취유부벽정기(醉遊浮碧亭記)> · 545, 560
<취향> ······································ 476
<취향기(醉鄕記)> ················ 380, 474

찾아보기 | 601

<치어(致語)> ················· 177	'하로록(何撈攊)' ·············· 266
<치전설(治田說)> ············· 360	<하마여토호득병(蝦蟆與兔狐得餠)> ·· 497
"친아비는 제 자식을 위해 중매서지 않는다"	<하비후혁화전(下邳侯革華傳)> ······· 248
·································· 501	<하생기우록(何生奇遇錄)> ······ 550, 552
<칠인설(七人說)> ············· 181	<하처난망주(何處難忘酒)> ········ 119
'큰 거북과 뽕나무의 대화' ········ 495	<학기류편(學記類編)> ·········· 399
'탄로보(炭爐步)' ·············· 210	<한림별곡(翰林別曲)> ······ 190, 490
<태극도설(太極圖說)> ····· 330, 563	『한비자』 ···················· 509
<태재골계록(泰齋滑稽錄)> ······ 338	『한비자』「고분」편 ············· 263
『태평광기』「신선」조 ··········· 419	『한서』 ······················ 517
『태평광기』 ·········· 155, 477, 523, 575	『한시외전(韓詩外傳)』 ······· 142, 515
『태평광기』의 <신도징(申屠澄)> ···· 153	<한중우음(閑中偶吟)> ·········· 381
『태평통재』 ··················· 540	<함덕(含德)> ·················· 345
『태평한화골계전(太平閑話滑稽傳)』······	<해가(海歌)> ················ 39, 77
··············· 340, 487, 523, 544, 575	『해동고승전』 ················· 147
<토계(土階)> ················· 387	『해동문헌총록』 ··············· 282
<토끼의 명재판> ··············· 489	『해동악부』 ··················· 139
<토령문(土靈問)> ·········· 182, 480	<해론가> ····················· 60
<토로질비(兔獹迭憊)> ············ 97	<해조음(解嘲吟)> ·············· 303
『파한집(破閑集)』 ······· 164, 242, 449	<행단기(杏壇記)> ·········· 390, 481
『판차탄트라』 ·············· 12, 384	<허부찬(虛父贊)> ·············· 380
<팔 짧은 자를 위한 노래> ········ 275	<허수아비 예찬> ················ 476
'팔관회(八關會)' ················ 73	'허실생백(虛室生白)' ············· 482
'팔세아(八歲兒)' ··············· 524	<헌화가> ····················· 77
<팔여거사자서(八餘居士自序)> ···· 371	<형영신(形影神)> 3수 ··········· 327
<팔준도(八駿圖)> ··············· 567	<형영신(形影神)> ······· 411, 466, 479
『패관잡기』 ·············· 431, 580	<형증영(形贈影)> ··············· 411
'평상심시도(平常心是道)' ·········· 275	<호공(壺公)> ·················· 419
<포사자설(捕蛇者說)> ············ 364	<호량지락(濠梁之樂)> ············ 346
<포유고엽(匏有苦葉)> ············ 352	<호승(虎僧)> ·················· 254
<포전합환과설(圃田合歡瓜說)> ···· 377	<호원(虎願)> ·················· 152
<포절군전(抱節君傳)> ······· 461, 474	<호접몽> ····················· 474
『표해기』 ····················· 580	<혼돈주가(混沌酒歌)> ············ 425
'풍류기화(風流奇話)' ············· 416	<혼천의기(渾天儀記)> ············ 404
'풍류미필재서시(風流未必載西施)' ··· 449	<홍라녀(紅羅女)> ··············· 101
<풍부(風賦)> ·················· 127	<화귀거래사(和歸去來辭)> ····· 165, 245
『풍아록(風雅錄)』 ··············· 351	'화란(畵鸞)' ··················· 59
<풍왕서(諷王書)> ················ 15	<화보주인(花報主人)> ············ 174
'풍요(風謠)' ·················· 129	<화사(花史)> ·············· 473, 558
<피지음설(避知音說)> ············ 429	<화서지몽> ···················· 474
『필원잡기(筆苑雜記)』 ······ 340, 487	「화식지(貨殖志)」 ··············· 209
<하간전(河間傳)> ··············· 578	『화엄경』 ······················ 232
<하늘의 대답> ················· 324	<화왕계(花王戒)> ····· 15, 19, 64, 67, 136

<화왕설(花王說)> ·················· 15
<화왕장미백두옹지설
　(花王薔薇白頭翁之說)> ·········· 15
<화정절형영신삼수(和靖節形影神三首)>
　······························· 411
「환골탈태법(換骨奪胎法)」··········· 242
<황금대기(黃金臺記)> ············· 406
<황조가(黃鳥歌)> ··················· 38
<황종부(黃鍾賦)> ················· 375
<황창무> ·························· 60
<획전유역부(畫前有易賦)> ········· 484
『효경』 ····························· 50
『효빈잡기(效顰雜記)』················ 499

<후산가서(後山家序)> ············· 319
<후산가서(後山家書)> ············· 333
<후유선가(後儒仙歌)> ············· 292
『후한서』 ··························· 131
『훈세평화(訓世平和)』················ 522
<훈요십조(訓要十條)> ············· 110
<훈자시(訓子詩)> ················· 123
<훈자오설(訓子五說)> ····· 341, 501, 536
<휴기등양왕루(携妓登梁王樓…)> ···· 473
<휴류명(鵂鶹鳴)> ·················· 497
"흥(興)을 내고 취(趣)를 이룬다" ······ 572
<희작산군박토도(戲作山君搏兎圖)> ·· 568
<희청부(喜晴賦)> ················· 466

3. 핵심 어휘

가공의 산 ······················· 341
가람 배치 ························ 79
가상 국가/세계/왕국 ··· 464, 478, 484, 538
가상 기문/누정기 ············ 372, 385,
　388, 474, 481, 479
가상 서사 ················· 513, 548
가상 역사/인물 ········ 484, 518, 558
가상 전기/조서/편지 ··· 205, 399, 406, 485
가상(假相) ······················· 343
가상과 역설 ····················· 416
가상의 원리/공간/미학 ········ 9, 355,
　356, 359, 538
가상적 역사기행 ·················· 311
가설의 논리 ····················· 328
가섭불(迦葉佛)의 연좌석(宴坐石) ···· 72
가장의 덕목 ····················· 553
가전(假傳) ··············· 19, 163, 205
가족과 친구 ····················· 326
가짜 선비 노릇 ··················· 93
가축과 주인 ····················· 126
가탁과 우의 ····················· 248
가탁성 ···························· 3
각색(角色) ······················· 530
간관(諫官) ······················· 487

간부를 둔 본처 ··················· 299
간신의 형상 ····················· 568
간화선(看話禪) ··············· 262, 327
갈매기와의 논쟁 ·················· 468
감계(鑑戒) ·················· 110, 254
감문(感舊) ······················· 257
감우시(感遇詩) ··················· 241
감하후(監河侯) 원룡(元龍) ········· 385
갑(甲)과 을(乙) ··················· 345
갑자사화 ························ 363
갓 쓴 쥐 ························ 413
강궁(强弓) ························ 44
강창(講唱) ······················· 522
강충(降充) ······················· 560
강한풍류(江漢風流) ··············· 435
강호 가사/문학/시가 ····· 452, 569, 570
개구리 ··························· 57
개인 서사의 진실성 ··············· 148
개인의 일생 ····················· 148
객경(客卿) ······················· 520
거미와 매미 ····················· 177
거북 등짝 ························ 62
거북[龜] ························· 39
거사불교(居士佛敎) ··············· 270

찾아보기 | 603

거울	109
거울의 명문(銘文)	108
거인신	37
건괘(乾卦)	408
건국신화	224
건국의 노래	437
건망증 심한 사람	298
검약과 공평	202
검은 여우	149
격구놀이	198
격물치지	299
격언	345
경(敬)과 의(義)	482
경(敬)의 마음	418
경세론(經世論)	399
경험적 서사	534
경효(獍梟)	97
고경(古鏡)	108
고관대작의 출세와 몰락	289
고궁론(固窮論)	179
고대 말기	14, 25
고대 영웅의 최후	133
고려의 국운	293
고신(孤臣)	452
고양이와 병아리/쥐/ 수좌	340, 384
고집불통	496
고참과 신참	489
곡굉이침지(曲肱而枕之)	391
곡신불사(谷神不死)	350
곤충 왕국	402
곧은 낚시	266
골계담/골계록/골계소설/골계 화극/골계희담	
	299, 338, 528, 577, 580
골계적 우언 글쓰기	335
골계적 인물	357
골육상쟁	87
공기(公器)	189
공로 다툼	294
공명심과 물욕	510
공사연향(公私宴享)	290
공성불거(功成不居)	238
공지부(公之父) 생지모(生之母)	431
공처가	523

과거불	72
과거시험의 후유증	400
과부 공주	54
과부의 야합	88
관각문(館閣文)/문인/문학	141,
490, 566, 579	
관광(觀光)	237
관극시	322, 401
관료 해학성/지식인/ 삶	257, 329, 442
관물(觀物)	302
관성/관성자(管城子)	309, 459, 561
관음보살/관음상	152, 230, 232, 276
관탈민녀형(官奪民女型) 설화	134
광막지야(廣漠之野)/ 광막지역(廣漠之域)	
	418, 492
괘관(掛冠)	411
괘불(掛佛)	279
괴력난신(怪力亂神)	224
괴안국(槐安國)	431, 474
교룡(蛟龍)	379
교활한 토끼	496
구난(仇難)	524
구법(求法) 설화	232
구비춘추(口碑春秋)	257
구산선문(九山禪門)의 선맥	216
구언령(求言令)	358
구정(九鼎)	518
구층탑	73
구학(口學) 입언(立言)	94
국문 교술시	163
국생(麴生)	485
국선(國仙)의 무리	82
국태민안(國泰民安)의 요체	84
국학(國學)	68, 140
군사 훈련	142
군신창화	122
군자와 소인	509, 566
군자의 기상	393
굴산산문(崛山山門)	233
굶주린 참새와 까마귀	523
궁궐 낙성	388
권신과 사림	548
권태감	180

귀신론	511	나비와 거미	291
귀신소동	544	낙수신인(洛水神人)	177
귀양살이	326, 330	난새/ 난새와 명검	59, 100
규풍(規諷)	358	난세의 지식인	422
그림의 떡	483	난센스 퀴즈	527
근기(根機)	216	난초	370
근수자(勤須者)	348, 462	날파리	352
근심의 성	443	남귤북지(南橘北枳)	165
금갑(琴匣)	63	남산 신	88
금단술(金丹術)	419	남산의 빛나는 돌	300
금언시(禽言詩)	118	납과 수은	415
금자연화경(金字蓮花經)	152	낭서(郎署)의 직	70
급진 개혁파	307	낭성(狼星)	428
기(氣)와 의(意)	259	낭승(郎僧)의 가객	82
기계식 괴뢰(傀儡)	356	낭호지광(狼虎之狂)	97
기러기 떼	401	내궁(內宮)	82
기모(氣母)	211	내단학(內丹學)	415, 419
기묘사화	370, 372	내룡(來龍)	112
기생의 속임수	489	내물왕계	83, 85
기속악부	290	내원(內院)의 탑	82
기수(沂水)	569	내제석궁(內帝釋宮)/ 내제석원(內帝釋院)	
기우(杞憂)의 화신	175		82, 83
기인(奇人)	428	냉화(冷話)	492
기인의 삶	358	노계(魯鷄)	513
기일원론(氣一元論)	185	노부 보고 그물 짊어진다	304
기자조선(箕子朝鮮)	545	노음(老陰)의 숫자	336
기전체(紀傳體)	131	노자(老子)	337
기지 대결/ 싸움	35, 490, 497, 525	녹문장왕(鹿門長往)	441
기질지성(氣質之性)	511	녹슨 거울	187
기축옥사(己丑獄事)	407, 471	녹피옹(鹿皮翁)	515
기형 오이	377	논변우언(論辯寓言)	536
길 위의 이슬	541	논평 구조	518
김매는 늙은이	309	논호림(論虎林)	153
꽃과 나비	291	농민들과의 대화	345
꽃동산[香園]	69	농사꾼의 힐난	325
꽃은 주인이 없다	120	뇌물	239
꽃을 사랑하는 벌님	253	누런 나뭇잎	279
꾀꼬리	42, 192	늙은 여우	293
꾀보 이야기	491	능문능리(能文能吏)	161
꿈이야기	364	니문(泥文)	49
꿩 사냥	504	다듬이 소리	117
나랏무당	223	다라니 은어(隱語)	88
나무와 불	50	다원주의	546

찾아보기 | 605

다툼의 논리 ······ 472	도상적 우언 ······ 485
단비(短臂)하다 ······ 276	도상학적 우의/ 의미 ······ 75, 81
단약(丹藥) ······ 419	도설/ 도설학(圖說學) ······ 330, 395, 481
단전(丹田) ······ 429	도솔천 ······ 81, 82
단종복위 모의 사건 ······ 347	도액(度厄) 화소 ······ 552
달걀을 쌓는 것 ······ 44	도의지교(道義之交) ······ 338
달빛 길어 올리기 ······ 271	도자/도자검(道者劍) ······ 213, 283
달팽이 ······ 387	도참문/설/시 ······ 62, 108, 198
닭울음 ······ 117	도학과 문장 ······ 358, 362
담은선생(談隱先生) ······ 326	도학자의 삶 ······ 442
담이 몸보다 크다 ······ 304	도혈(陶穴) ······ 403
당교(唐橋) ······ 60	도홍(陶泓) ······ 459
당나귀 귀 ······ 87	도화원(桃花源) ······ 190, 245, 571
대관(臺官) ······ 487	독관처사(獨觀處士) ······ 175
대관선생(大觀先生) ······ 357	독서광/ 독서당 ······ 460, 462
대기(大器) ······ 188	독수리 ······ 382
대기대용(大機大用) ······ 281	돈오(頓悟)와 점수(漸修) ······ 282
대기문답(對機問答) ······ 215	돈황(燉煌) ······ 279, 294, 466, 472, 525
대나무 ······ 213, 220, 342, 461	돌려말하기/에둘러말하기 ······ 209, 252
대단원의 화해 ······ 556	돌부처 ······ 233
대목수 ······ 142	돌북 ······ 375
대별왕과 소별왕 ······ 27	돌에 대한 물음 ······ 299
대비의 원리 ······ 9	돌의 물음 ······ 183
대왕풍(大王風) ······ 127	돌피 같은 이야기 ······ 256
대유(大儒) ······ 408	동경귀(東京鬼) ······ 491
대인/대인선생(大人先生) ······ 350, 365, 418, 367	동경노인(東京老人) ······ 107
	동고자(東皐子) ······ 515
대인작(代人作) ······ 114, 118	동곽선생(東郭先生) ······ 514
대장괘(大壯卦)/ 대장기(大壯旗) ······ 393	동군(東君) ······ 461
대장장이 ······ 36	동리생(東里生) ······ 511
대춘(大椿) ······ 431	동물 고사/우언/우화소설 ······ 96, 401, 523
대취타(大吹打) ······ 119	동물들의 나이다툼/세계 ······ 297, 472
대효(大孝) ······ 134	동방유자의 시초 ······ 140
덜머리 ······ 450	동서분당 ······ 405, 407
도깨비 ······ 325	동선(洞仙) ······ 551
도끼자루 ······ 54	동아시아의 역사관 ······ 110
도덕과 예술의 관계 ······ 566	동요 ······ 88
도덕적 강박증/ 이익론 ······ 87, 509	동정귤(洞庭橘) ······ 165
도리(桃李)의 화려함 ······ 336	동쪽 울타리 ······ 286
도리천(忉利天) ······ 58, 81	두견새 ······ 376
도문병행(道文竝行) ······ 360	뒤섞어 부풀린 말[釀辭] ······ 137
도문상수(道文相須) ······ 259	딴말하기 ······ 209
도상/도상물(圖像物) ······ 74, 78, 109, 330, 392	땅의 신령 ······ 182

땔감 ·· 50
뗏목을 띄운다 ································· 377
마(魔) ···································· 171, 337
마니 보배구슬 ······························· 279
마른 해골 ·· 281
마름의 권세 ···································· 240
마을굿 ·· 77
마음 공부/나라/밭/전쟁 ······· 329, 342, 560
마퉁이 ··· 52
막힌 식견 ·· 512
만랑옹(漫浪翁) ······························· 512
만리붕정(萬里鵬程) ······················· 446
만물화생(萬物化生) ······················· 330
말과 주인의 대화 ·························· 469
망국의 빌미 ···································· 519
망년우 ··· 282
망조 ································ 62, 63, 88
매사냥 ··· 297
매실나무/ 매화나무 ······················· 432
매화와 버들 ···································· 435
맹랑하고 허튼 말[孟浪謬悠之言] ······ 168
면신례(免新禮) ······························· 490
명가(名家) ······································ 567
명검설(名劍說) ······························· 168
명나라 사신/태조 ················ 310, 466
명분과 이익 ···································· 400
명실/ 명실론(名實論) ············ 341, 422,
    509, 567, 576
명예를 낚는 미끼 ·························· 407
명이지가인(明夷之家人) ················ 552
명철보신 ··· 483
명혼(冥婚) 이야기 ········· 540, 542, 552
모과나무 지팡이 ···························· 282
모란 꽃/여왕/왕[花王] ······· 57, 69, 548
모방의 원리 ······································· 9
모순 정서 ·· 469
모순(矛盾) ······································ 277
모영(毛穎) ······································ 485
모학사(毛學士) ······························· 221
목민(牧民) ······································ 353
목수 ·· 366
목자(木子) ······································ 438
몸뚱이 주머니 ································ 356

못난 자식/제자 ······················ 505, 528
몽고 병란/침략 ······················ 162, 232
몽사로(夢死老) ······························· 412
몽유 우언 ······························· 364, 474
몽유기(夢遊記) ··············· 19, 163, 205,
    215, 346, 459
몽유록(夢遊錄)/소설/우언소설 ··········· 321,
    375, 454, 477, 538, 560
몽유전설 ··· 540
몽조(夢兆) ······························· 85, 372
묘간(墓諫)/ 묘소충간 ···················· 142
무과급제자 ····································· 372
무극선생(無極先生) ······················· 404
무극옹(無極翁) ······················ 357, 561
무근화 ··· 28
무당의 공수 ···································· 349
무망괘(无妄卦) ······························· 393
무명(無明) ······································ 271
무명공(無名公) ······························· 372
무시공(亡是公) ······························· 351
무시옹(無是翁) ······························· 295
무열왕계 ·· 83
무오사화 ······················ 362, 363, 445
무용담 대결 ···································· 256
무위(無爲)와 충기(沖氣) ················ 574
무위의 공간 ···································· 184
무위의 미학 ···································· 574
무하유/무하유지향(無何有之鄕) ········ 211,
    166, 403, 418
무현금(無絃琴) ······························· 429
무화(武火) ······································ 415
묵경(墨卿) ······································ 359
묵시적 우의 ···································· 109
문경지교(刎頸之交) ························· 98
문공(蚊公) ······································ 357
문답 형식/ 문답시 ·················· 376, 174
문두루 비법 ······································ 78
문명의 가공성/역사 ················ 28, 221
문무(文武)의 화후(火候) ··············· 420
문방사우 ······················ 243, 358, 460
문수보살 ·· 73
문신관료 ································ 201, 490
문이재도론(文以載道論) ················ 259

문인 관료/출처/학자 ·············· 191, 283, 362, 441	반의모방(反意模倣) ············ 6, 9, 25, 179, 305, 311, 325, 327, 337, 364, 425, 462, 472, 516
문인의 기본 처지 ························ 93	반절(反切) ························ 59, 218
문인화(文人畵) ························· 567	발분(發憤)과 연군(戀君) ············ 447
문자무졸(文字蕪拙) ····················· 132	발영시(拔英試) ························ 350
문장과 도덕의 관계 ··················· 259	발해의 왕족 ···························· 102
문장왕국 ································· 538	방내의 학문 ···························· 419
문장화국(文章華國) ··················· 492	방외우/방외지우/방외의 벗 ······· 216, 342, 430
문창성(文昌星) ························ 167	
문학의 반성적 기능/ 효용성 ······ 161, 253	방외의 방법론 ························ 419
문학지리학 ······························ 449	방외인문학 ····························· 553
문학행위의 상징 ······················· 186	배역(背逆)의 형상 ···················· 112
문화(文火) ······························ 415	배의 난파 ······························· 382
문화적 전유 ···························· 449	백두옹(白頭翁) ···················· 68, 140
문희연(聞喜宴) ························ 490	백로국(白鷺國) ························ 431
물 건너기 ································· 41	백룡과 흑룡 설화 ······················ 88
물고기의 즐거움 ······················· 293	백마비마(白馬非馬) ··················· 567
물과 배 ·································· 391	백성은 물이고 임금은 배이다 ······ 391
물시계 ··································· 404	백성의 마음/아궁이 ············· 392, 84
물아의 관계/ 물아일체 ············ 302, 245	백장(百丈)/ 청규(淸規) ········· 149, 277
물이 든 실 ····························· 291	백제의 멸망 ······························ 62
뭇 사람의 마음/입 ······················ 77	뱀의 혀/ 잡아먹는 놈 ············ 87, 502
미녀로 화한 여우 ························ 93	버드나무 ································ 192
미륵 부처/불/신앙 ········· 53, 82, 108, 230	벌과 꽃/ 벌왕 ···················· 286, 402
미륵과 석가 ······························ 27	법거래 ··································· 215
미언대의(微言大義) ···················· 132	벙어리 닭 ······························· 125
미의(微意)/ 미지(微旨) ·········· 150, 251	벼룩 ····································· 344
미치광이/ 미친 사나이 ············· 54, 40	벽려(薜荔) ····························· 451
미타불/미타원(彌陀院) ················ 80	벽사진경의 의례 ························ 83
미혹 중에도 진심이 있다 ············ 280	변신 설화 ································ 94
민간 우언 ························ 3, 70, 498	별건곤(別乾坤) ·················· 235, 571
민목(民牧) ····························· 353	별원(鼈䵷) ······························· 96
민물(民物) ····························· 129	보리씨 ···································· 43
민족어 교술시 ····················· 444, 452	보살검 ·································· 283
믿음과 위엄 ···························· 553	보타낙가산 ····························· 232
바둑 두기 ······························ 134	복괘(復卦) ····························· 307
바람 공 ·································· 174	복마산 ···································· 81
바보 거지/온달/이야기 ············ 52, 490	복선화음(福善禍淫) ·············· 324, 511
박색(薄色)의 대명사 ··················· 522	복초(復初) ······················· 359, 561
박잡무실(駁雜無實) ···················· 579	복호(伏虎) ····························· 420
반궁수(反弓水) ························ 112	복화술적 담론 방식 ··················· 513
반어적 골계/상황 ················ 209, 399	복희(伏羲) ····························· 426
반언(反諺) ····························· 363	

본과 보기의 관계/글쓰기	113, 136
본래성	280
본연지성(本然之性)	511
봉몽(蜂蒙)	402
봉채지독(蜂蠆之毒)	97
봉황새	124, 259
부군(副君)	143
부뚜막 조왕신	240
부모국	237
부부의 금슬	100
부서진 배	382
부싯돌	338
부엉이/ 울음소리	497, 512
부유(腐儒)	358
북경담수(北京談叟)	193
북신지소(北辰之所)	474
북악 신	88
북인과 남인	407
불가적 글쓰기	546
불경 우언/판각	12, 201
불경지사(不經之辭)	555
불교 교종/쇄신	273, 277
불교 영험서사/전기우언	155, 299
불국토(佛國土)	72
불귀신	150
불면증	366
불보살 만나기	231
불우(不遇)	422, 475, 545
불행과 요행	287
붉은 까마귀	45
붕새	375
붕우의 도	530
비둘기	43
비로자나불	80
비선 실세	240
비속	229
비움과 절제의 미학	574
비유담(Parable)	4, 64
비유적 금언	509
비흥과 풍유의 관계	251
비흥기탁(比興寄託)	241
비흥풍유(比興諷諭)	250
빈공과(賓貢科) 합격자	89
뻐꾸기	115
뿌리 없는 꽃	28
뿔술잔	338
사괘(師卦, ䷆)	336
사뇌가	82
사단(四端)과 칠정(七情)	396
사대 외교	204, 237
사대부 시학/유흥문화	245, 440
사림파/ 문학	362, 553, 569
사림파의 선조/윤리/처세관/희생	320, 321, 364, 461, 574
사부(史部) 잡전류(雜傳類)	146
사부(辭賦)	444, 452
사생아	89, 116, 147
사신(詞臣)과 유신(儒臣)	123
사자전승(師資傳承)	283
사자후(獅子吼)	297
사장파와 사림파	548
사직단의 벌	285
사탕발림	279
사헌부의 신참례	440
산나물 냄새	272
산대(山臺)/산대놀이	478, 527
산수 문학/대비	431, 452, 570
산은(散隱)	475
산의생(散宜生)	403
산재(散材)/산재(散才)	378, 421
삶	93
삶의 미학/의지	371, 434
삼관(三觀)	343
삼관(三館)의 면신례	490
삼교논형(三敎論衡)	528
삼성(三聖)	32
삼세아(三歲兒)	524
삼언(三言)	4, 508
삼월 삼짇날	84
삼인칭 서사/서술자	375, 549
삼청(三淸)/삼청동	184, 446
삽입우언	353, 519
상고(尙古) 정신/상우천고	559, 442
상관대부(上官大夫)	514
상구보리(上求菩提)	442
상머슴	239

| 상상 공간/체계 ············· 477, 555
| 상제(上帝) ····················· 32
| 상화시(賞花詩) ················ 120
| 생(生)과 단(旦) ················ 530
| 생멸하는 존재 ················· 272
| 생의(生意) ···················· 434
| 생치(生雉) ···················· 496
| 서경담수(西京談叟) ············ 364
| 서도변생(西都辨生) ············ 193
| 서량자사(西凉刺史) ············ 239
| 서방정토 ················· 78, 342
| 서사문학 효용론 ················ 501
| 서사와 논평/의론 ······ 513, 520, 554
| 서사적 우언 ···················· 485
| 서역(西域)의 상인 ·············· 298
| 서인풍(庶人風)/서인검 ···· 127, 284
| 서정시 ················· 244, 570, 572,
| 서향화(瑞香花) ················· 121
| 석교(石交) ···················· 358
| 석남꽃 가지/석남(石南) ········· 152
| 석허중(石虛中) ················· 460
| 선공후사(先公後私) ············· 124
| 선류(善類) ················ 352, 471
| 선문구산(禪門九山) ············· 277
| 선비 완(緩) ···················· 515
| 선비의 가치/양육 ·········· 366, 367
| 선우후락(先憂後樂) ············· 454
| 선재동자(善財童子) ············· 232
| 선종 승려/열전 ······· 162, 206, 212
| 설득의 수사법 ··················· 3
| 성경(誠敬) ···················· 366
| 성군의 덕 ······················ 408
| 성덕대왕신종(聖德大王神鍾) ····· 78
| 성리학/ 도통/ 수양론 ····· 185, 327,
| 332, 362, 560
| 성모(聖母) ···················· 149
| 성성자(惺惺者) ················· 418
| 성요신(星曜神) ················· 109
| 성의관(誠意關) ················· 482
| 성자(聖者) ···················· 213
| 성자(成子) ···················· 348
| 성자(成者) ···················· 418
| 성장과 성숙 ···················· 209

| 성적인 이야기/욕망 ········ 488, 491
| 성폭력 ························ 541
| 세속과 강호 ···················· 376
| 세속적 공명주의 ················· 552
| 세한(歲寒)의 벗 ················· 342
| 소나무 ··················· 220, 342
| 소단장군(騷壇將軍) ············· 485
| 소득과 위험 ···················· 345
| 소릉복위(昭陵復位) ············· 421
| 소리의 울림 ···················· 574
| 소박미 ························ 387
| 소상남반(瀟湘南畔) ············· 455
| 소상반죽(瀟湘斑竹) ············· 451
| 소설시대/ 우의론 ········· 554, 581
| 소수자 집단 ···················· 424
| 소신화(小神話) ················· 498
| 소아신(小兒神) ················· 526
| 소악부(小樂府) ············ 163, 288
| 소외된 신하 ···················· 457
| 소인과 군자 ··············· 404, 520
| 소인당(小人黨) ················· 407
| 소중화(小中華) ············ 235, 447
| 소통 부재 ················· 88, 548
| 소품문 ························· 20
| 소화담 ························· 59
| 속고 속이는 이야기 ·············· 488
| 속담 ·························· 304
| 속악가사 ······················ 163
| 속이는 짓 ······················ 268
| 송도변생(松都辯生) ············· 364
| 송백(松柏)의 지조 ··············· 336
| 송사형 우언 ···················· 466
| 송아지 ························· 59
| 송원왕(宋元王) 고사 ············ 210
| 송인(宋人) ···················· 300
| 쇠칼 ·························· 338
| 쇠파리 ························ 286
| 수련도교 ······················ 414
| 수렵 ·························· 142
| 수성의 문인관료 ················· 329
| 수수께끼 ········· 41, 44, 57, 59, 63, 85,
| 87, 109, 150, 218, 229, 438, 527
| 수양의 길 ······················ 563

수운의상대(水運儀象臺) ················ 404	신하의 역할/ 임금 ················ 84, 126
수이전 일문(逸文)/문체 ············ 145, 155	신화(新話) ············ 319, 416, 544, 578
수주대토(守株待兔) ··················· 484	신화적 세계관/사유 ············ 14, 25, 224
수탈꾼 ······························ 289	신흥사대부 ······················ 295, 309
수태지(水苔紙) ······················ 496	심간(心肝) ··························· 67
수평적 갈등 ·························· 65	심군(心君) ·························· 307
순절에 대한 공감과 확산 ·············· 545	심성 우언/도설/왕국 ··· 322, 360, 481, 485
술의 의미 상징 ····················· 209	심통성정(心統性情) ·················· 482
술이우의(述異寓意) ·················· 579	심학(心學) 입덕(立德) ················ 94
숫돌과 숯 ··························· 36	십법계(十法界) ······················ 342
숫처녀/숫총각 ······················· 291	십철(十哲) ··························· 76
스스로를 꾸짖는다 ··················· 306	쑥돌과 보물 돌 ······················ 300
승과시험 공부선(功夫選) ·············· 279	아내와 신하/투기 ··············· 326, 523
시간(尸諫) ·························· 142	아동 계몽서 ························· 526
시공간적 본래성 ····················· 281	아미타불(阿彌陀佛) ········ 78, 230, 442
시광(詩狂) ·························· 292	아버지의 훈계 ······················ 506
시대와 불화한 사람/ 예외자 ······ 310, 546	아유(阿諛)의 문학 ··················· 161
시로 쓴 자전(自傳)/자화상 ········ 309, 410	악부시/악부잡체 ·············· 290, 351, 406
시마를 몰아내는 글/시도깨비 ····· 179, 349	악어와 원숭이 ························ 65
시무책(時務策) ······················ 114	악장과 경기체가 ····················· 437
시역간흉(弒逆姦兇) ·················· 546	안방 구들 ·························· 240
시운론(時運論) ······················ 259	안빈낙도(安貧樂道) ·················· 391
시인론/ 자화상 ················· 246, 260	안인(安忍)의 경지 ··················· 269
시징(詩徵)/시참(詩讖) ······· 53, 180, 433	안택(安宅) ·························· 428
시해선(尸解仙) ······················ 545	안피준익(鴳披鴨翼) ··················· 96
시화일률론(詩畫一律論) ··············· 566	알레고리 문학 ······················· 21
식물 쟁변우언 ······················· 468	알아줌의 행위 ······················ 155
식영(息影) ·························· 295	암주(庵主) ·························· 215
신군(神君) ·························· 374	액막이 의례/민속/ 액땜 ······ 82, 179, 552
신귀(新鬼) ·························· 489	액자 구성/구조 ················ 467, 548
신기루 ······························ 385	앵무새 한 쌍 ························ 85
신도설(新都說) ······················ 113	야래자의 자식 ······················· 89
신령한 거북 ························· 495	야인의 충고 ························ 520
신명사(神明舍) ············ 270, 434, 480	야호선(野狐禪) ······················ 149
신모(神母) ······················ 43, 45	약석지언(鍼石之言) ·················· 143
신비한 솥 ··························· 45	약성(藥性) ·························· 366
신사무옥 ················ 374, 376, 377, 378	약수(弱水) ·························· 446
신선술 ······························ 419	약옹(藥翁) ·························· 419
신선(神聖) ·························· 209	양대(陽臺) ·························· 474
신시(神市) ·························· 228	양사(釀辭) ·························· 137
신악부(新樂府) ······················ 352	양성(養性) ·························· 567
신인종(神印宗) ······················· 78	양식 생성의 우언 ····················· 10
신하를 기르는 도리 ·················· 164	양심(養心) ·························· 430

양육의 우의	341
양재역사건	384
어근당(御近當)	117
어릿광대	515
어머님의 늙어감	290
억울한 죽음	340
언개수(偃蓋叟)	461
언소(諺騷)	452
언어 경합/유희	29, 438, 525, 526
얼음	213
여래검/여래선(如來禪)	283
여민동락(與民同樂)	130
여성적 화자	457
여우가 나는 골짜기	93
여항인문학	424
역관은(亦官亦隱)	450
역사 글쓰기/기행/우언/비평	146, 235, 311, 364, 375
역사와 문학	145, 163
역학서(譯學書)	522
역현광(易玄光)	460
연석(燕石)	300
연아체(演雅體)	297
연주지사(戀主之詞)	174, 457
연홍(鉛汞)	415
연화장(蓮花藏)	80
연희 갈래	322
염결주의(廉潔主義)	87
영대(靈臺)	312
영모(翎毛) 잡화(雜畵)	382
영물시(詠物詩)	94, 118, 172, 301
영사시(詠史詩)	235, 237
영산재(靈山齋)	279
영양괘각(羚羊掛角)	411
영웅의 마음	314
예방의학	347
예술가/예술론/ 가상성	411, 566, 568
예시적 허구	536
예악 관념/정치	224, 375
예언서	438
오백 열사	313
오색 돌	426
오온(五蘊)의 깊은 바다	267

오인(五忍)	269
오줌통	505
오해와 해결의 이야기	298
옥석구분(玉石俱焚)	95
옥중시	88
옥황/옥황상제	305, 323
온유돈후(溫柔敦厚)	572
와유(臥遊)	355, 568
와주(瓦注)	243
완물상지(玩物喪志)	195, 301, 567
완물적정(玩物適情)	567
왕대나무	342
왕정 복귀/복고	202, 237
외단술(外丹術)	419
외험(外險)과 내험(內險)	568
요 임금 흙계단	300
요(遼)나라	101
요통(妖通)	94
욕계의 제천(諸天)	81
용과 구름	246, 509
용궁 잔치	547
용두회(龍頭會)	359
용마(龍馬)	177
용부(慵夫)	462
용사론(用事論)	243
우군우민(憂君憂民)	334
우리말 이소(離騷)	452
우물지론(寓物之論)	576
우물흥회(寓物興懷)	310
우승(右丞)	514
우언 글쓰기	162, 163, 454, 456, 205, 498, 506
우언계 소설	477, 537, 554, 558
우언과 희필	581
우언문학의 전성기	19
우언시	411
우언의 유비 체계	419
우언전기 양식	346
우의(寓意)/유의(留意)	343, 566, 567
우의담(Allegory)	4
우의적 장치	334
우정과 애정 사이	65
우족(右族)	415

우화(Fable)	4
우흥촉물(寓興觸物)/우흥	249, 572
울보 공주	52
원거서지(爰居棲遲)	482
원나라의 일본 침공	258
원숭이의 심장	65
원시유학의 이념	85
원시천존(元始天尊)	184
원앙과 봉황	100
원의 부마국	236, 286
원종의 복위/폐위	236
월과(月課)	136
위만(衛滿)의 찬탈	545
위험한 상상	555
유·불(儒佛) 지식인	344
유·선(儒禪) 조화	275
유가(瑜伽) 승려	78
유가적 글쓰기	546
유교의 학술	407
유배	370, 378, 406, 447, 454
유불 교섭	270
유불도선(儒佛道仙)	551
유비적 수사법	509
유사(儒士)	283
유아(儒雅)	122, 124
유위의 공간	184
유유상종	96
유의(儒醫)	427
유자나무[橙]	167
유체이탈	312
유하주(流霞酒)	468
유학자 열전	70
유희(儒戲)	221, 490
육두품의 한계	69
육예론(六藝論)	567
육침(陸沈)	305
윤리적 가치/우의/관점	132, 488, 575, 580
율려습독관(律呂習讀官)	431
율장(律藏)	271
은감(殷鑑)	488
은구어(銀口魚)	346
은미한 뜻	448, 457
은사의 노래	306
은일가사	447
은일군자(隱逸君子)	467
을사사화	380, 382, 449
음괴(淫怪)	254
음담패설집	488
음분시(淫奔詩)	126
음식과 차의 관계	567
응제시(應製詩)	118
의계(義鷄)	496
의론체 우언	351
의마(意馬)	359
의미 조흥구(助興句)	266
의인화(擬人化)	323, 337, 343, 356, 359, 375, 418, 459, 460
의작(擬作)	136, 335
의제(擬製)	367, 406, 434
이기(利器)	169, 209, 283
이기론	330
이류중행(異類中行)	213, 228, 269
이무기	367
이상한 관상쟁이	183
이소사대(以小事大)	203
이숭인의 장살(杖殺)	314
이신(怡神)	567
이야기꾼 문학	522
이야기꾼	199
이와 개의 이야기	185
이욕의 문	90
이원집정제/ 권력체계	161, 191
이익은 손해의 주인	400
이인으로 바뀐 못난 여자	523
이지러진 지혜	271
이호(梨湖)	496
익우(益友)	338
인간 처세의 비결	413
인간의 화복/물욕/쾌락	293, 298, 465
인공 산/정원	341, 350
인귀교환(人鬼交驩) 설화	254
인물 도상/전설	76, 493
인물기흥(因物起興)	571
인사 개혁	304
인생 바다의 어려움	352

인세차지(人世次知) 경쟁 ····················· 527
인왕도량 ··· 76
인자(仁者)와 지자(智者) ···················· 569
일곱 가람 ··· 72
일민(逸民) ··· 449
일상 속의 문학론/일상사 ············ 260, 275
일심삼관(一心三觀) ································· 342
일인칭 서술자 ··· 375
일일삼성(一日三省)의 자료 ··················· 288
임금의 사냥놀이 ······································· 258
임제종(臨濟宗) ·· 242
입도차제(入道次第) ··································· 571
입의 관문 ··· 356
자국토 의식 ··· 449
자기서사 ·································· 216, 330, 337
자득(自得)의 중요성 ································· 506
자루 빠진 도끼 ·· 54
자문자답 ··· 400
자부(子部) 소설가류(小說家類) ·········· 146
자연계의 다양성 ······································· 512
자전(自傳) ···························· 19, 205, 309, 549
자찬(自讚) ·· 211
자천하는 편지 ·· 168
자청전(紫淸殿) ·· 445
자탁전(自托傳) ······························ 217, 463, 507
자포자기의 길 ·· 563
자허자(子虛子) ································ 351, 466
자호설(自號說) ·· 338
자황(自況) ·· 171, 571
잘 울리는 것이 좋은 문학 ··················· 574
잡기패설류/잡록집 ······················ 254, 371, 533
잡상(雜像) ·· 355
잡설(雜說) ·· 502
잡자계(雜字系) 서책 ································· 526
잡저(雜著) ·· 177
잡체시(雜體詩) ·· 297
장단구(長短句) ·· 172
장륙존상(丈六尊像) ···································· 73
장미아가씨[薔薇女] ·································· 69
장유(長幼)의 예의 ···································· 471
장적(戕賊) ·· 50
장타유(張打油) ·· 529
재리지신(財利之臣) ··································· 210

재목 구하는 이야기 ······························ 366
재목이 못 되는 나무 ···························· 421
재야지식인의 절개 ································ 127
쟁기문학(爭奇文學) ································· 472
쟁변 우언 ································ 294, 466, 490
쟁장(爭長) ············· 35, 467, 472, 490, 497
저생(楮生)/저지백(楮知白) ··················· 460
적선(謫仙) ····································· 424, 453
전국(戰國) 말기 ·· 518
전기(傳奇)/ 온권(溫卷) ·········· 154, 493, 534, 578
전기(傳記) ··· 534
전기(傳奇)와 우언(寓言) ······················ 536
전기소설(傳奇小說) ································· 540
전기우언(傳記寓言) ································ 19, 163, 205, 216, 218, 321, 360, 459, 462, 534
전생담 ··· 65
전야일민(田野逸民) ································ 442
전제(筌蹄) ··· 579
전환기의 논리 ·· 296
절대 자유의 경지 ································· 418
절름발이 ··· 503
접시꽃 ·· 91
정(淨) 축(丑) 말(末) ······························ 530
정관지치(貞觀之治) ································ 374
정기(鼎器) ·· 415
정기신론(精氣神論) ································ 415
정남훼절담(貞男毁節談) ························ 494
정명론(正名論)의 글쓰기 ····················· 546
정상/비정상 ································ 251, 405
정신적 질환/가탁물 ···················· 142, 245
정여립 모반사건 ····································· 471
정유삼흉(丁酉三凶) ································ 384
정의대부(正議大夫) ·························· 193, 201
정주학(程朱學)의 교과서 ····················· 407
정취보살 ··· 232
정치와 문학/학문 ······················· 126, 358
정치적 우의 ·················· 112, 301, 362, 531
정혜결사(定慧結社) ································ 262
제3의 서술자 ··· 344
제비 무덤 ··· 364
제사의 근거 ··· 511
제석(帝釋) ············· 32, 58, 83, 85, 236

제오륜(第五倫) ················· 298	중성(衆成) ················· 418
제왕의 탄생/제왕학 ············ 109, 391	중세 보편/숭문/문치주의 ···· 224, 252, 490
제자백가(諸子百家) ················· 25	중세적 윤리/모순 ············ 133, 516
제호(提壺: tíhú) ················· 115, 582	중세후기 ················· 185 236
제화시(題畫詩) ················· 382, 566	중신아비 ················· 54
제후(齊侯) ················· 347	중언(重言) ················· 4
조계종 제2세 ················· 262	중음신(中陰神) ················· 153
조고상금(弔古傷今) ············ 545, 559, 561	쥐불놀이 ················· 95
조균(朝菌) ················· 419, 431	쥐의 방자함 ················· 173
조동종(曹洞宗)/조동선 ············ 213, 269	지감(知鑑) ················· 155
조롱을 해명하는 노래 ················· 303	지괴(志怪) ················· 534
조물주에게 묻다 ················· 184	지괴(志怪)와 전기(傳奇) ············ 146, 155
조사(祖師) ················· 213, 215	지렁이 ················· 88
조사(弔辭) ················· 362	지방관의 덕목 ················· 347
조사선(祖師禪)/조사검 ················· 283	지상국 부인 ················· 28
조연급 배역 ················· 530	지선(地仙) ················· 419
조적(祖狄)의 고사 ················· 96	지수(志帥) ················· 485
조정의 뱀 ················· 364	지연 구조 ················· 551
존양성찰(存養省察) ················· 342	지우(知遇)/지음(知音) ············ 215, 429
존자(尊者) ················· 213	지인(至人) ················· 418
존재론과 당위론 ················· 327	지인담(知人譚) ················· 155
존주의리(尊周義理) ················· 97	지주비(砥柱碑) ················· 333
종교의 타락/ 좌도(左道) ············ 88, 416	지팡이 시자 ················· 283
주객 문답 ················· 319, 366, 371	지혜 겨루기/대결담 ············ 522, 528
주기론적 현실주의 ················· 416	시황씨 ················· 357
주대부(朱大夫) ················· 514	직박구리 ················· 115
주먹 재상/바람 ················· 256, 257	직업 관료/화가 ············ 161, 567
주사(呪詞) ················· 151	직한림원(直翰林院) ················· 177
주사위 놀이 ················· 563	진가(眞假) ················· 341
주선(酒仙) ················· 399	진성(眞性) ················· 343
주선(畫膳) ················· 77	진성(鎭星/塡星)의 소상(塑像) ········· 109
주성(酒聖) ················· 292	진여(眞如)의 세계 ················· 277
주인과 손님 ················· 177	진주 캐는 사람들 ················· 90
주인옹(主人翁) ················· 417, 561	진진찰찰(塵塵刹刹) ················· 281
주장자(拄杖子) ················· 214, 283	집료(集蓼) ················· 226
주지 속속 먹은 사미승 ················· 489	집현전(集賢殿) ················· 559
주춧돌/ 기둥 ················· 294, 300	징비(懲毖) ················· 226
중간 갈래 ················· 3, 373	짝패(the double) ················· 27
중광(重光) ················· 210	차군(此君) ················· 343
중구선생(中丘先生) ················· 283	참새떼 ················· 289
중국 강남 ················· 152	참요(讖謠)/참언(讖言) ····· 53, 62, 88, 107
중묘(衆妙)의 황홀함 ················· 357	창업의 철학자 ················· 329
중생의 마음 ················· 264	창염장부(蒼髥丈夫) ················· 467

창작우언	3, 70, 205
창화시	119
책문(策問)	237
천군(天君)	324, 359, 366, 420, 443, 475, 480, 561
천궁(天弓)	428
천기(天機)	567
천리향	121
천문천답(天問天答)	323
천변(天變)	376
천부지모(天父地母)	28
천상 백옥경	445, 456
천수관음보살(千手觀音菩薩)	276
천연의 요새	201
천운의 순환	308
천원지방(天圓地方)	396
천인감응설(天人感應說)	324
천지의 생육	341
천태종	342
천하제일의 도둑	502
천황씨	357
철옹성	49
철죽꽃	77
청강사자(淸江使者)	177
청담(淸淡)	208
청동거울	310
청백리의 정신	123
청야작전(淸野作戰)	95
청은(淸隱)	380
청주인(靑州人)	491
체제 전복	555
초기 소설	533
초사(楚辭)/초사체	19, 182, 363, 427, 452
초파리	357
촉땅의 개	404
최씨 정권	162
추도문학/추모담	60
축국(蹴鞠)	175
춘추필법	235
출처에 따른 갈등	440
충묵선생(沖默先生)	175
충신연주/충군연주	253, 288, 446
충직한 첩	299
취향(醉鄕)	426
층위의 원리	9
치성광여래(熾盛光如來)	109
치언(巵言)	4, 576
칠성각 신앙	109
칠세아(七歲兒)	524
칠십이 제자	76
칠장복(七章服)	362
칭찬과 비방	400
카오스/코스모스/카오스모스	30
탁물우의(托物寓意)	244, 250, 258
탁전(托傳)	19, 205, 463
탁흥우의(托興寓意)	571
탈속의 미감	573
탐색담	41, 551
태극진군(太極眞君)	334
태백성(太白星)	68, 478
태사공(太史公)	488
태종사(太宗師)	418
태지(苔紙)	369
토계(土階)	403
토끼	382
토끼와 곰	523
토끼의 '간'	66
토목공사	312
토성신(土星神)	109
토의 구조	518
토착화된 기이담	155
토호/ 권세가	289, 496
퇴로가 막힌 들짐승	439
투한(偸閑)의 미의식	491
트릭스터(trickster)	35
티벳 유배형	285
파계시	54
파자(破字)	438
파탈의 넓이와 진폭	356
판놀이(board game)	565
패관소설(稗官小說)	493
패랭이꽃	128
패설(稗說)	487, 535, 575
편력체 우언	466
평지파란(平地波瀾)	405

폐신(嬖臣)	68
포곡(布穀: bùgǔ)	115, 582
포교를 위한 노래	440
포도나무 그림	383
폭건자(幅巾者)	559
폭력과 희생	553
표전문(表箋文)	335
풍교(風敎)	253
풍수지리	110, 112, 116, 198
풍아(風雅)의 정격과 변격	259
풍영(諷詠)	235
풍월(風月)과 유아(儒雅)	123
풍유(諷諭)	252, 253, 257, 292, 293, 298
풍전한(風顚漢)	54
플라톤	4
피맺힌 노래	274
피모대각(被毛戴角)	214, 228, 415
필화사건	314
하늘 받칠 기둥	54
하늘이 준 창고[天府]	198
하도낙서(河圖洛書)의 신화	177
하루살이	357
하백풍이(河伯風夷)	177
하층민 모자	148
하화중생(下化衆生)	442
학동을 호리는 이야기	93
학문하는 방법	419
한고조의 삼척검	310
한도주인(漢都主人)	364
한림(翰林)/한림학사	70, 168
한문 가요/악장	279, 437
한미청적(閑美淸適)	572
할미십갑이[白頭翁]	69
항룡(降龍)	420
항마촉지인(降魔觸地印)	78
해동기로회(海東耆老會)	188
해룡	77
해몰이꾼 희화(羲和)	426
해월거사(海月居士)	559
해주최씨(海州崔氏)	192
향가	53
향약(鄕約) 교화사업	369
허수아비	380
허탈한 웃음	443
현부(玄夫)	210
형성기 소설	533
형식 차용의 우언	10
혜계(醯鷄)	357
호가호위(狐假虎威)	294
호녀의 실패담	33
호랑나비	284
호랑이처녀	233
호문지주(好文之主)	119
호색한	294
호설(號說)	338
혹문(或問)	510
홍건적의 난	544
홍문록(弘文錄)	433
홍익인간(弘益人間)	32
화도사(和陶辭)	165
화백회의(和白會議)	67
화복의 문	372
화상석(畵像石)	525
화서국(華胥國)	474
화서지몽(華胥之夢)	431
화씨벽(和氏璧)	300, 366
화엄불국토/화엄원/일승사상	79, 80, 81
화의론자	204
화쟁(和諍)	70
화청궁(華淸宮)	478
화초재배	341
화축(華祝)	573
화해 불가능의 파국	556
화훼 우언/왕국	435, 548
환관정치	239
환백장군(歡伯將軍)	485
환상	538, 555
환유의 수사법	209
환해(宦海)	90, 352
활력 없는 인간	515
황당기궤(荒唐奇詭)	224
황당문답	29, 526, 527
황룡파(黃龍派)	242
황보씨	116
황산벌 전투	58

황소(黃巢)의 난	154
황언우어(荒言寓語)	403
후당(後唐)	101
후루룩비쭉새	115
후백제/후삼국	96, 112
훈구대신	340

흉조	62, 63, 88
흉중의 찌꺼기	574
흑두상공(黑頭相公)	461
흑제(黑帝)	461
흙계단 3층	387
희론(戲論)	256